# 세종이 꿈꾼 나라

**실록으로 읽는 세종의 위업**

# 세종이 꿈꾼 나라
**실록으로 읽는 세종의 위업**

| 인쇄일 | 초판 2쇄 인쇄 | 2021년 04월 26일 |
|---|---|---|
| 발행일 | 초판 2쇄 발행 | 2021년 05월 03일 |
| | 초판 1쇄 발행 | 2020년 03월 15일 |

| | |
|---|---|
| 지은이 | 이석제 |
| 펴낸이 | 이호림 |
| 펴낸곳 | 인간과자연사 |
| 출판등록 | 1997년 11월 20일 제1-2250호 |
| 주소 | (03385) 서울시 은평구 연서로 230-2, 2F(대조동) |
| 대표전화 | 010-7645-4916 |
| 이메일 | hnpub@hanmail.net |
| 인쇄 | 천일 02-2265-6666 |

| | |
|---|---|
| ISBN | 978-89-87944-63-0  03910 |

ⓒ 이석제, 2020

# 세종이 꿈꾼 나라

실록으로 읽는 세종의 위업

이석제 지음

인간과
자연사

# 실록에서 찾아낸 '인간 세종' 그 위대한 고뇌의 순간들

세종의 위대한 업적 두 가지를 들라고 하면, 누구나 '한글 창제'와 '4군 6진 개척'을 들 것이다. 그러나 그 두 가지 가운데 어느 것 하나만이라도 구체적으로 설명해 보라 하면, 거의 모든 사람들이 입을 굳게 닫아 버린다. 유명한 인물이나 사건에 대해 사람들은 흔히 잘 알고 있다고 생각하지만, 설명을 요구받으면 그제야 자신의 무지를 깨닫게 된다. 세종의 두 가지 위업도 그런 예에 속할 것이다. 그렇지만 이 두 가지는 세종의 위업이기에 중요한 것이 아니라 민족 존립의 필수적인 요소들(문자와 영토)이기에, 그에 대한 무지를 더 이상 방치할 수 없는 것이다.

만일 한글이 창제되지 않았다면 지금 우리는 어떤 글자를 쓰고 있을까? 아니, 우리의 언어생활은 어떻게 되어 있을까? 단언할 수는 없지만, 한글 창제 이전의 상태에 머물면서 모든 문서를 한자로 기록하고 중국어를 제2 국어쯤으로 사용하게 되지 않았을까. 그렇다면 지금 우리가 사용하고 있는 우리말의 상당수는 사라져 버렸을 것이다.

오늘날 세계에서 사용되고 있는 수많은 글자들 가운데 가장 과학적이고 기능적인 글자는 단연코 한글이다. 이는 우리만의 생각이 아니라 전 세계의 언어학자들이 공인하고 있는 바이다. 그러니 한글이 우리나라가 아닌 강대국에서 사용되었다면, 전 세계가 공용하는 글자가 되었을지 모른다. 컴퓨터와 전자 기술의 눈부신 발전으로 삶의 모든 영역이 빠르게 디지털화되어 가고 있는 오늘날, 한글의 기능적 우수성은 더욱더 진가를 발휘하고 있다. 자음은 왼손으로, 모음은 오른손으로 칠 수 있게 된 문자는 한글뿐이다. 그래서 한글은 중국이나 일본 문자보다 무려 7배나 빠르게 입력할 수 있는 것이다.

그런데 이처럼 우수한 한글의 탄생에 관해서는 정확하게 알려진 게 거의 없다. 대다수의 사람들이 한글은 세종과 집현전 학자들의 공동연구에서 탄생한 것으로 막연하게 알고 있을 뿐이다. 그리고 세종의 역할은 지휘·감독에 그친 것으로 알고 있다. 이 정도로만 알고 있어도 크게 문제 될 것은 없다. 그렇지만 자신의 무지를 억측과 폄하로 포장하는 이들도 있다. 게다가 갖가지 허무맹랑한 탄생설까지 난무하고 있다. 심지어 한글은 문자가 아니라 발음부호에 지나지 않는다고 주장하는 학자도 있다. 그 사람은 한글 이외의 다른 문자들은 발음부호가 필요할 만큼 문자와 소리가 일치하지 않는다는 사실을 필연적인 법칙으로 여긴 나머지, 그런 문자들과 구별되는 한글을 문자가 아니라고 주장하고 있는 것이다. 그렇지만 한글은 소리와 정확하게 일치하기 때문에 발음부호가 따로 있어야 할 필요가 없는 완벽한 문자인 것이다.

학문의 이름으로 통용되는 이러한 오해와 억측을 보면서 나는 한글 창제의 실상을 알고 싶어졌다. 그래서 금맥을 캐 들어가듯『세종실록』을 조금씩 캐 들어가기 시작했다. 깊이 들어가면 들어갈수록, 한글은 그 누구의 도움도 받지 못한 채 세종이 직접 창제한 업적임을 확인하고 놀라움을 금치 못했다. 나는 탄성과 한숨을 번갈아 터뜨리면서 많은 생각에 빠져들었다.

'한 인간으로 이 세상에 태어나 과연 얼마나 많은 일을 할 수 있을까?'
'인간 능력의 한계는 어디까지일까?'
'한 사람의 힘으로 한글과 같은 문자체계를 창조해 내는 일이 과연 가능한 일일까?'

사람들은 위대한 작품 앞에서 놀라움과 함께 환호를 보내기도 하지만, 마음 한구석으로는 두려움과 함께 질투와 의혹 그리고 견제의 심리에 빠져들기도 한다. 어떤 학자들은 한글은 한 인간의 힘으로 만들어 낼 수 있는 것이 아니라며, 세종을 위인화하거나 신격화하지 말라고 말한다. 이런 사람들은 세종이 다른 사람들에게서 도움을 받은 것으로 단정하고, 공론화한다.

　나는 이번 연구를 하는 동안 세종을 위인화하거나 신격화하려는
생각은 조금도 없었다. 한글을 홀로 창제했다고 해서 한글 자체의 우
수성이 더 높이 칭송되거나 폄하되는 것도 아니다. 따라서 나는 사실
을 확인하는 데 온 힘을 기울였고, 그 결과 '한글 창제'가 세종의 나라
와 백성에 대한 지극한 사랑에서 비롯되었다는 사실을 알게 되었다.
그리고 중국에 대한 사대사상에 빠져 있는 신하들과 외부의 시선에
노출되지 않은 채 홀로 긴 세월을 바쳐 만들어 낸 것임을 알게 되었
다. 그래서 작은 읍성을 쌓았다는 정도의 사실까지 세밀히 기록하고
있는 실록에 한글 창제와 관련된 기록은 단 한 번도 나오지 않는다.
아니, 딱 한 번, 세종 25년 12월 30일의 기록에 '임금께서 훈민정음 스
물여덟 글자를 만드셨다.'라고 나올 뿐이다. 철통같이 비밀을 유지하
며 10년 세월 동안 몸과 마음을 다 바쳐 홀로 훈민정음을 만든 그 정
신이 얼마나 드높고 숭고한가!

　'6진 개척'에 대해서도 우리는 수박 겉핥기 식으로만 알고 있을
뿐이다. 여진을 정벌하거나 왜구의 침략을 막아 내는 것은 마음만으
로 되는 일이 아니다. 그것은 다양한 병법의 통달, 진법에 대한 이해
와 실전에서의 변용 능력, 다양한 무술 훈련, 그리고 무엇보다 신무기
의 개발과 활용법을 숙지하고 실전에 활용하는 능력 등이 전제되어
야 한다. 그런데 세종은 그 모든 일을 지휘·감독하는 일에 진력했다.
거의 모든 군사훈련이 있는 곳에는 그가 있었고, 화약을 만드는 방법

을 개선하기 위해 화약 공장을 자신의 행궁 근처에 설치하였으며, 각 도에 내려보내는 각종 무기의 숫자와 용도까지 소상히 꿰고 있었다. 그럴 만큼 세종의 국방 의식은 투철했다.

우리는 세종을 위대한 임금, 즉 성군으로 부른다. 그러나 나는 이번 연구를 통해 세종을 그렇게만 부르고 말 수는 없다는 사실을 뼈저리게 느꼈다. 세종의 삶에는 수많은 생각과 고뇌, 그리고 셀 수 없이 많은 불면의 밤들이 있었다. 이처럼 세종이 겪어 내거나 해낸 일들을 하나하나 들추어 가는 동안, 용광로 속에 자신의 몸을 내던져 서서히 산화해 한 줌의 재가 되어 가는 그분의 모습이 선연히 떠올랐다. 그것은 결코 허구가 아니었다. 그것이 세종의 참모습이었다. 그리고 그 모습을 그대로 전하는 것이 나의 임무라고 생각했다. 그런 까닭에, 나는 이 책을 서술하면서 실록에 기록된 그분의 '참모습'을 전경에 내세우기로 마음먹었다.

세종은 한글과 운명을 함께했다.
한글에는 세종의 혼이 깃들어 있다.
우리는 매일 한글을 사용하며 세종의 숨결을 느낀다.
이것은 우리가 누리는 지극한 축복이다.

이 책의 서술적 특징은 앞에서 말한 주제들을 『세종실록』을 통해 찬찬히 차근차근 확인해 간다는 점이다. 여기에는 그럴 만한 이유가 있다. 나는 전문 역사학자가 아니기에 섣부른 역사적 해석을 가하기보다는 우리의 역사적 사료들 가운데 가장 믿을 만한 '실록'을 통해 당시의 사실을 꼼꼼히 확인하는 데 역점을 두었기 때문이다. 그래서 나는 주관적인 해석을 덧붙이기보다 『세종실록』을 주제별로 정리하고 간단한 안내의 글을 덧붙이는 데 그쳤다.

　끝으로 『세종실록』을 번역해 주신 세종대왕기념사업회에 깊이 감사드린다.

2020년 3월
한내 이석제

## 2부 ❀ 강력한 백성의 나라

# 3부 ❀ 세종, 직접 훈민정음을 창제하다

**일러두기**

1. 이 책은 역사적 사료인 『세종실록』을 주제별로 정리해 최대한 원본에 가깝게 번역, 해석해 이를 토대로 안내의 글을 덧붙였다.

2. 한자어의 경우 한자를 병기하였으며, 다만 현재에도 흔히 쓰거나 앞에서 한두 번 나와서 쉽게 알 수 있는 한자어는 병기하지 않았다.

3. 연도 표시는 왕의 재위 연도로 표시했지만, 중요한 해에 해당하는 연도는 괄호 속에 서력기원 연도를 기재했다. 예) 태종 18년(1418)

1부 ✦ 성군의 길

# 1 장

# 숙명적으로 다가온
# 성군의 길

자신의 왕위 승계 과정에 정당성이 확보되지 않은 태종으로서는 자식 대의 왕위 승계에 상당히 고심했을 것으로 보인다. 태종은 즉위한 지 4년이 되는 해(1404)에 10세에 이른 장자 양녕군을 세자로 삼는 한편 양녕군과 가까웠던, 자기 부인의 핏줄인 처남(양녕군의 외삼촌 민무구, 민무질)들을 제거하였다. 만약의 경우 권력이 외척에게 넘어갈 것을 염려했던 것으로 보인다.

그렇지만 우리의 관심은 장차 임금의 자리에 올라 성군의 과업을 이루어 내게 되는 충녕대군에게 있다. 성군의 길은 왕이라고 해서 갈 수 있는 길이 결코 아니다. 그 길은 화려한 비단길같이 보이기도 하지만, 오히려 무수한 고난과 역경을 딛고 나아가야만 하는 가시밭길일 수밖에 없다. 이러한 사실을 온몸으로 증거한 분이 다름 아닌 세종이다. 세종은 그 길을 숙명적인 것으로 받아들였다. 그러지 않고서야 수많은 병고에 시달리면서 그 길을 끝까지 걸었을 리 없다.

이제 충녕대군이 성군의 길에 들어서는 과정을 실록을 통해 하나하나 짚어보기로 한다.

## 1. '충녕은 편히 즐기면 된다'

충녕대군이 17세에 이르기까지 장차 왕(세종)이 되리라는 것을 짐작하는 사람은 아무도 없었다. 17세에 이른 충녕의 됨됨이를 기록한 실록을 보면, 충녕은 그 나이에 이미 학문과 예능에 특출한 재능을 지니고 있었음을 알 수 있다. 세자인 양녕에게 '금슬(琴瑟)[1]'을 가르쳤을 만큼 기예가 출중했다. 이런 모습을 본 임금(태종)은 형제의 화목을 가상히 여겼다. 이때까지 태종은 충녕에 대해 '할 일이 없으니 평안하게 즐기기나' 하면 된다고 생각했다.

■ 태종 13년(1413년) 12월 30일 (충녕대군 17세)

이해 겨울에 세자(양녕)와 여러 대군과 공주가 헌수하고 노래와 시를 아뢰었다. 충녕대군이 임금에게 시의 뜻을 물었는데, 심히 자세하니 임금이 가상하게 여겨 세자에게 말하였다.

"장차 너를 도와 큰일을 결단할 자이다."

---

1   거문고와 비파(琴瑟). 둘의 사이가 좋음.

세자가 대답하였다. "참으로 현명합니다."

임금이 일찍이 충녕대군에게 "너는 할 일이 없으니 평안하게 즐기기나 할 뿐이다." 하였으므로, 이때에 서화(書畵)·화석(花石)·금슬(琴瑟) 등 모든 유희 애완의 격물(格物)을 두루 갖추지 않음이 없었다. 그러므로 충녕대군은 예기(藝技)에 정(精, 섬세)하지 않은 바가 없어 세자가 충녕대군에게 금슬을 배웠기 때문에 화목하여 틈이 없으니, 임금이 심히 그 화목한 것을 가상하게 여겼다.

## 2. 물망에 오른 충녕대군

그렇지만 2년이 지난 시점, 그러니까 충녕이 19세에 이르렀을 때의 기록을 보면 태종의 생각에 일말의 변화 조짐이 나타난다. 충녕대군의 됨됨이를 본 남재가 여러 사람이 있는 자리에서 "왕의 아들이라면 누군들 임금이 되지 못하겠느냐."라는 말을 하게 된다. 태종이 이를 전해 듣고 크게 웃으며 "과감하다! 그 늙은이가." 하고 말한다. '과감하다'는 남재가 위험을 무릅쓰고 한 말임을 암시한다. 그럼에도 '크게 웃은' 것은 태종이 남재의 생각을 수긍하고 있다는 것을 내비친다. 남재는 그때 이미 충녕이 왕위에 오를 만한 인물임을 알아보았다.

- 태종 15년 12월 30일 (충녕대군 19세)
충녕대군이 의령부원군(宜寧府院君) 남재에게 연향(접대)하였다. 대군이 남재를 그 집에서 연향하였는데, 남재가 여러 사람이 있는 자리에서 대군에게 "옛날 주상께서 잠저(潛邸, 임금이 되기 전의 시기, 또는 그때 살던 집)에 계실 때 내가 학문을 권하니 주상께서 말하기를, '왕자는 참여할 데가 없으니 학문은 하여 무엇 하겠느냐?' 하기에, 내가 말하기를, '군왕의 아들이 누가 임금이 되지 못하겠습니까?' 하였는데, 지금 대군이 학문을 좋아하는 것이 이와 같으니 내 마음이 기쁩니다." 하니, 뒤에 임금이 듣고 크게 웃으며 "과감하다! 늙은이가." 하였다.

■ 태종 16년 1월 8일 (충녕대군 20세)

이날 세자가 성(盛)한 복장을 하고 모시는 자를 돌아보며 "신채(身彩, 몸단장)가 어떠한가?" 하니, 충녕대군이 "먼저 마음을 바로잡은 뒤에 용모를 닦으시기 바랍니다." 하매, 모시는 자가 탄복하였다. "대군의 말씀이 정말로 옳으십니다. 저하께서는 이 말씀을 잊지 말기를 바랍니다."

세자가 매우 부끄러워하였다.

이 뒤에 세자가 모비(母妃, 원경왕후)에게 말하였다.

"충녕의 어짊은 우연한 것이 아닙니다. 국가의 대사를 장차 함께 의논하겠습니다."

왕비가 이 말을 임금에게 하니, 주상이 듣고 마음이 편안치 아니하였다.

## 3. 태종의 마음은 편치 않았다

'마음이 편안치 아니하였다'는 말은 태종이 자신의 마음이 양녕

대군에서 충녕대군으로 기울어짐을 감지하고 고민에 빠져들었음을
암시한다. 그것이 이미 사관의 눈에 띄었으니 다른 사람들도 눈치챘
을 가능성이 크다.

- 태종 17년 10월 6일 (충녕대군 21세)

좌정승 박은이 심온(세종의 장인)과 더불어 말하기를, "충녕대군이 어질
어서 중외(中外, 조정과 민간을 아울러 이르는 말)에서 마음들이 쏠리니 마땅
히 여쭈어서 처신할 바를 스스로 알게 하시오." 하였으나, 심온이 듣고
여쭙지 않았다.


## 4. 양녕대군의 성품과 행실

아버지 태종과 달리 편안히 왕위 계승자가 된 양녕대군은 자유분
방한 성격을 지닌 데다가 세자로서의 궁중 규범에서 어긋나는 행동
까지 하여 이따금 문제를 일으키고는 하였다. 실록은 세자의 사람됨
이 광포하고 음란하고 오락에 빠져 학문을 등한히 하였다고 적고 있
다. 그리고 그러한 판단의 근거들을 세세하게 기록하고 있다. 그렇지
만 양녕대군은 자신의 잘못을 인정하기는커녕 왕에게 상소하여 부왕
을 원망하고 자기 변명에 급급했다. 그러던 양녕은 결국 여자 문제로
건너서는 안 되는 강을 건너고 말았다.

■ 태종 18년 5월 30일 (충녕대군 22세)

세자가 내관 박지생을 보내 직접 쓴 글을 상서하였는데, 사연은 이러하였다.

"전하의 시녀는 다 궁중에 들이는데 어찌 다 중하게 생각하여 이를 받아들입니까? 가이(加伊)를 내보내고자 하시나, 그가 살아가기가 어려울 것을 불쌍히 여기고 또 바깥에 내보내 사람들과 서로 통하게 하면 성예(聲譽, 세상에 떨치는 이름과 칭송받는 명예)가 아름답지 못할 것이므로, 이 때문에 내보내지 아니하였습니다. 지금에 이르도록 신의 여러 첩을 내보내 곡성이 사방에 이르고 원망이 나라 안에 가득 차니 어찌 스스로에게서 반성하여 구하지 않으십니까? 선(善)함을 책한다면 이별해야 하고 이별한다면 상(祥)스럽지 못함이 너무나 클 것인데, 신은 이와 같은 일이 없었던 까닭으로 악기의 줄을 끊어 버리는 행동을 차마 할 수가 없었고, 장래 성색(聲色, 말소리와 얼굴빛)을 마음대로 할 계책을 오로지 뜻에 따르고 정에 맡겨서 지금에 이르렀습니다.

전하는 어찌 신이 끝내 크게 효도하리라는 것을 알지 못하십니까? 이 첩 하나를 금하다가 잃는 것이 많을 것이요, 얻는 것이 적을 것입니다. 어찌하여 잃는 것이 많다고 하느냐 하면 능히 천만세 자손의 첩을 금지할 수 없으니 이것이 잃는 것이 많다는 것이요, 첩 하나를 내보내는 것이 얻는 것이 적다는 것입니다.

왕자(王者)는 사(私)가 없어야 하는데, 신효창(申孝昌)은 태조를 불의(不義)에 빠뜨렸으니 죄가 무거운데 이를 용서하였고, 김한로(金漢老)는 오로지 신의 마음을 기쁘게 하기를 일삼았을 뿐인데 포의지교(布衣之交, 벼슬하지 않을 때 사귐)를 잊고 이를 버려서 폭로하시니, 공신이 이로부터 위험하여질 것입니다. 숙빈(淑嬪, 양녕의 부인)이 아이를 가졌는데 일체 죽도 마시지 아니하니 하루아침에 변고라도 생긴다면 보통 일이 아닙니다. 이제부터 스스로 새사람이 되어 일호(一毫)라도 임금의 마음을 움직이지 아니할 것입니다."

임금이 이를 읽어 보고 육대언(六代言)과 변계량에게 내보이고, "이 말은 모두 나를 욕하는 것이니 이른바 '아버지가 올바르게 하지 못한다.' 라는 말인데, 내가 만약 부끄러움이 있다면 어찌 감히 이 글을 너희들에게 보이겠느냐? 모두 망령된 일을 가지고 말을 하니 내가 변명하고자 한다." 하고, 임금이 "옳다. 세자는 나의 선(善)하라고 꾸짖는 말을 싫어한다. 옛날에 아들을 바꾸어 가르쳤으니, 금후로는 대신이 이를 가르치고 나는 관대할 것이다. 내가 옛날에 내풍류(內風流, 궁내의 노래와 춤을 맡아보던 창기)를 들이었는데, 다만 내 몸이 한가로운 데 나아가기 위함이었고 태조(太祖)의 오락을 위함이었던 것을 지신사(知申事, 대언사의 정3품 벼슬)가 알고 있는 바이다. 형세가 장차 가르치기가 어렵겠으니 이를 어떻게 처리할까?" 하다.

박지생에게 명하여 세자에게 전하여 유시(諭示, 타일러 가르침)하였는데, 그 사연에 이르기를, "일전에 내가 너에게 김한로가 여자를 바친 일을 고(告)하고, 또 '이 말이 만약 나간다면 국가에서 반드시 이를 죽이고자 할 것이다.' 하였고, 김한로도 또한 '신의 죄는 열 번 죽어야 한다.' 하였는데, 너는 어찌하여 김한로가 죄가 없다고 생각하는가? 신효창이 왕명을 받고 태조를 수종(隨從, 따라다니며 시중을 듦)하였던 까닭에 유사(有司)가 비록 청하더라도 내 마음에는 미편(未便)하다고 생각하여 윤허하지 않았는데, 너는 어찌하여 신효창의 죄가 무겁다고 생각하느냐? 숙빈이 아이를 가졌기 때문에 죄인의 딸이라고 혐의하지 아니하고 전(殿)에 돌아오게 하였는데, 비록 죽더라도 내가 어찌 아까워하겠느냐? 내가 어찌 죽을 먹지 않아 변고가 있으면 보통 일이 아니라고 하여 내 마음이 움직일까 두려워하겠는가? 사부(師傅, 세자를 교육하는 벼슬), 빈객(賓客)이 김한로와 절연(絶緣)하여 어버이로 삼지 않기를 청하였기 때문에 절연하여 나주(羅州)로 부처(付處)하였다. 만약 다시 청함이 있으면 그의 죽음은 반드시 있을 것이다." 하였다.

세자의 사람됨이 광포(狂暴)하고, 미혹(迷惑)하고, 음란하고, 오락을 즐기고, 말을 달리기를 좋아하고, 유생을 좋아하지 아니하고, 학문을 일삼지 않았다. 매양 서연(書筵, 세자에게 강훈하는 자리)에는 병이라 칭하고 나오지 않다가 서연관(書筵官)이 두세 번씩 청한 뒤에야 혹은 나왔다. 강론하는 스승이 앞에 있으면서 전에 한 말과 지나간 행동을 이끌어다가 되풀이하여 이를 타일러도 전심(專心)하여 이를 듣지 않았다. 그가 좋아하는 사람은 활 쏘고 말 타고 힘이 센 무사(武士)가 아니면 반드시 맞추는 폐인(嬖人, 비위를 맞춰 사랑을 받는 사람), 영인(伶人, 악공과 광대를 통틀어 이름)의 무리였다.

일찍이 임금이 강무(講武)로 평강(平康)에 출행하던 날에 연고를 칭탁하고 나오지 않아 도성(都城) 문에서 배송하는 예(禮)를 폐하였으나, 즉시 그날 그 군소배(群小輩)를 거느리고 몰래 금천(衿川)·부평(富平) 등지로 가 말을 달려 사냥하고 매를 놓고 배 띄워 즐기다가 3일 만에 돌아왔다. 또 임금이 중국 조정(朝廷) 사신을 연회하던 날에 세자에게 명하여 시연(侍宴)하게 하니 바야흐로 창기에게 빠져 병이라 핑계하고 따르지 않았다. 함길도절제사(咸吉道節制使)가 훌륭한 매를 바친다는 소문을 듣고 사람을 시켜 길에서 요구하게 하여 유혹하여 이를 빼앗고 다른 매를 대신하여 바치게 하였다. 또 4월 8일 밤에 궁의 담장을 넘어가 간사한 소인배 무리와 더불어 탄자(彈子)²를 가지고 등(燈)을 쏘는 놀이를 하였다. 일찍이 폐인(嬖人) 구종수(具宗秀), 영인(伶人) 이오방(李五方) 등과 몰래 결탁하여 담장을 넘어서 궁에 들어오게 하여 바둑 두고 술 마시면서 저녁까지 이르렀고, 혹은 달밤에 군소배와 담장을 넘어 나가 길 위에서 노닐고 비파를 치면서 놀이하였다. 또 이오방 등과 더불어 구종수 집에 가 술에 취하여 새벽녘까지 이른 적이 두 번이었는데, 그 일이 발각되자 구종수, 이오방 등이 모두 복주(伏誅, 사형)되었다. 제(禔)가 잘못을 뉘우친다는 뜻으로 맹세의 글을 지어 종묘(宗廟)에 고하였으나, 얼마 안 되어 어리(於里)를 김한로의 집에 숨겨 두고 다시 전에 들이었다가 일이 또 발각되니, 임금이 종사(宗社)의 대계(大計)를 위하여 통절히 이를 꾸짖어 거의 스스로 새사람이 되도록 하였고 또 김한로를 외방에 유배하였다. 세자가 도리어 원망하고 분개하는 마음을 품고 드디어 상서하였는데, 사연이 심히 패만(悖慢, 거칠고 거만함)하고 또 큰 글씨로 특별히 써서 2장이나 부진(敷陳)³하여 심히 무례하였다.

이에 조말생에게 명하여 세자의 글을 가지고 영의정 유정현(柳廷顯), 좌의정 박은 등에게 보이고 말하였다.

"세자가 여러 날 동안 불효하였으나, 집안의 부끄러움을 바깥에 드러

---

2 총알과 같이 작은 돌을 쏘는 기구
3 임금에게 자신의 견해를 진술함.

낼 수가 없어 나는 항상 그 잘못을 덮어두고자 하였다. 다만 직접 그 잘못을 말하여 뉘우치고 깨닫기를 바랐는데, 이제 도리어 원망하는 마음을 가지고 싫어함이 이와 같은 지경에 이르렀다. 내가 어찌 감히 숨기겠는가?"

## 5. 세자를 폐해야 한다는 상소

이윽고 저간의 사정을 알게 된 신하들은 종묘와 사직의 안위를 위해 세자를 폐해야 한다는 상소를 올리게 된다. 세자가 간신의 말을 듣고 여색에 빠져 불의를 자행했다는 것, 이런 행동이 물의를 일으키자 스스로 반성하고 새사람이 될 생각은 하지 않고 도리어 아버지인 왕을 원망하고 오만하게 상서까지 올렸다는 것, 그래서 여러 분야의 신하들이 죽음을 무릅쓰고 상서를 올리게 되었다는 것이다.

- 태종 18년 6월 2일

의정부(議政府)·삼공신(三功臣)·육조(六曹)·삼군도총제부(三軍都摠制府)·각사(各司)의 신료들이 상소하여 세자를 폐하도록 청하였다. 유정현, 박은, 한상경, 유창, 정탁과 육조, 삼군, 대간(臺諫)[4]에서 모두 조계청(朝啓廳)에 나아오니, 조말생·이명덕 등이 전지(傳旨)하기를, "세자 이제(李禔)가 간신의 말을 듣고 함부로 여색에 빠져 불의를 자행하였

---

4 간언(諫言)을 맡은 관리. 사헌부(司憲府)와 사간원(司諫院)의 벼슬을 모두 이르는 말

다. 만약 후일에 생살여탈(生殺與奪)의 권력을 마음대로 한다면 형세를 예측하기가 어려우니 여러 재상들은 이를 자세히 살펴서 나라에서 바르게 시행하는 것이 마땅하다." 하였다.

이리하여 의정부·육조·삼공신·삼군도총제부·문무 대소 각사 신료 등이 상언(上言)하였다.

"신자(臣子)의 직분은 충효에 있고, 충효가 궐(闕)하면 사람이 될 수가 없는데, 하물며 세자이겠습니까? 지난번에 세자가 역신(逆臣) 구종수 등과 사통하여 불의를 자행하였으니 즉시 폐하여 추방하는 것이 합당한데, 전하께서 적장(嫡長, 정식 혼인관계에서 태어난 장자)이라 하여 차마 갑자기 폐하지 못하였습니다. 또 세자에게 스스로 그 잘못을 진달(陳達)하여 이미 종묘에 고하게 하고 또 상서하게 하여 그가 자신(自新, 스스로 새사람이 되는 것)하고 자애(自艾, 스스로 악을 버리고 선을 닦고 행함)하기를 바랐으니, 전하의 마음이 자애롭다고 이를 만합니다. 세자로서 마땅히 해야 할 바는 깊이 스스로 각성하여 그 허물을 피하여 종묘의 중책을 이어받고 군부(君父)의 은혜에 보답할 것을 생각해야 하는데, 세자는 일찍이 허물을 뉘우치고 자신(自新)하려는 뜻이 없고 간신 김한로의 음모를 듣고 다시 전일의 잘못을 저질렀으니 자못 심함이 있었습니다. 그 죄가 하늘을 속이고 종묘를 속이고 임금을 속이고 아버지를 속이는 데 이르렀으니, 그가 종사(宗社)를 이어받아 제사를 주장할 수 없음은 또한 더욱 분명합니다. 전하가 이에 부자(父子)의 사사로운 은의(恩誼)[5]로서 다만 김한로를 외방으로 내치기만 하였으니, 종사와 국

---

5    은혜로운 정의(情誼)

가의 대계(大計)에 있어서 어찌 되겠으며, 억조(億兆) 신민들의 소망에 있어서 어찌 되겠습니까? 대소 신료(大小臣僚)들이 분하고 답답하게 여기지 않음이 없으니 일이 중한 것을 돌아보아 감히 말을 내는 것입니다. 이제 세자는 오로지 허물을 뉘우치지 아니할 뿐만 아니라 도리어 원망하고 노여운 마음을 일으켜 오만하게 상서하여 그 사연이 패만(悖慢)하고 조금도 신자(臣子)의 뜻이 없었으니, 신등이 놀라고 두려워하고 전율하여 죽음을 무릅쓰고 상서합니다. 전하는 종사(宗社) 만세의 대계를 생각하여 대의(大義)로써 결단하여 세자를 폐해 외방으로 내치도록 허락하시면 공도(公道)에 심히 다행하겠으며 종사에 다행하겠습니다."

사간원(司諫院)[6]에서 상소하였다.

"신하가 임금에 대하여 오히려 또 이와 같이 하여야 하는데, 하물며 지금 세자가 전하에게 순종하지 않는 경우이겠습니까? 엎드려 바라건대, 전하는 세자로 하여금 허물을 뉘우치고 자신(自新)한 뒤에야 이에 그 자리를 회복하게 하여서 종묘(宗廟)·사직(社稷)의 근본을 튼튼하게 하고 신민의 소망을 위로하소서."

사헌부(司憲府)[7]에서 상소하였다.

"저부(儲副, 세자)를 세우고 곧 문신(文臣)으로서 서연(書筵, 왕세자 앞에서 경서를 강론하던 자리)을 겸하여 맡게 한 것은 도의를 강(講)하여 밝혀서 날마다 선한 데로 나아가고 사악한 것을 받아들이지 않으려는 것인데,

---

6  국왕에 대한 간쟁(諫諍)과 논박(論駁)을 담당한 관청
7  조선시대 3사 중 하나로 관리들의 비위(非違)를 감찰하던 기구

불행하게도 세자는 간신의 말을 믿고 따라서 불의를 자행하였습니다. 전하는 부자의 은의로서 차마 폐출하지 못하였습니다. 이제 또 (세자가) 분노하여 상서하였는데 그 사연이 불공(不恭)하였으니, 부자의 뜻에 있어서 어찌 되겠으며 대소 신료의 소망에 있어서 어찌 되겠습니까? 인심이 돌아가는 바로써 천명을 알 수 있으니, 전하는 대의로 결단하여 세자를 폐출하여 외방으로 내치소서. 그 서연관(書筵官)[8]으로 도성에 머물고 있는 빈객 이하도 또한 직첩을 거두고 법대로 시행하소서."

## 6. 태종, 세자를 폐하여 추방하다

세자의 행동이 지극히 무도하여 종사를 이어받을 수 없다는 신하들의 상소를 받아들인 태종은 결국 세자를 폐하여 광주로 추방한다. 그런데 새로운 세자를 고르는 일에 대한 의견이 분분하다. 양녕의 아들을 고르자는 의견, 점을 쳐서 뽑자는 의견, 어진 사람을 뽑자는 의견 등이 나온다. 여러 의견들에 혼란을 겪던 태종은 결국 어진 사람을 뽑자는 쪽으로 기운다. 나라의 근본을 세우는 일이니 어진 사람을 뽑는 것이 마땅하다는 것이다. 그런데 임금의 눈에 둘째인 효령대군은 미약했다. 임금의 마음은 결국 충녕대군에게 쏠린다. 실록이 전하는 바에 의하면, 충녕은 총명하고 민첩하고 학문을 좋아하고 매사에

---

8  서연(書筵)은 왕세자가 경서(經書) 등을 강론하는 것이다. 서연을 하는 곳을 서연청이라 하고, 서연관은 왕세자 교육을 담당하는 관청인 세자시강원(世子侍講院)에 속한 관리들을 말한다. 임금이 경서 등을 강론하는 것은 경연(經筵)이라 한다.

신중하고 사람들에게 자애로웠다. 태종은 결국 충녕대군을 새로운 세자로 삼고 나서 통곡한다. 장자를 내친 그의 마음이 어찌 편할 수 있었으랴.

- 태종 18년 6월 3일

세자 이제(李禔)를 폐하여 광주에 추방하고 충녕대군으로서 왕세자를 삼았다.

임금이 "백관들 소장의 사연을 읽어 보니 몸이 송연(竦然)하였다. 이것은 천명이 이미 떠나가 버린 것이므로 이에 따르겠다." 하였다.

영의정을 비롯한 문무백관이 조계청에 모이니, 지신사 조말생 등에게 명하여 전지하기를, "세자의 행동이 지극히 무도하여 종사를 이어받을 수 없다고 대소 신료가 청하였기 때문에 이미 폐하였다. 옛날에는 유복자를 세워 선왕의 유업을 이어받게 하였고, 또 적실의 장자를 세우는 것은 고금의 변함없는 법식이다. 제(禔)는 두 아들이 있는데 장자는 나이가 다섯 살이고 차자는 나이가 세 살이니, 나는 제의 아들로서 대신 시키고자 한다. 장자가 유고하면 그 동생을 세워 후사로 삼을 것이니, 왕세손(王世孫)이라 칭할지 왕태손(王太孫)이라 칭할지 고제를 상고하여 의논해서 아뢰어라." 하였다.

한상경(당시 우의정) 이하 군신은 모두 제의 아들을 세우는 것이 가하다고 하였으나, 유정현(당시 영의정)은 "신은 배우지 못하여 고사를 알지 못합니다. 그러나 일체는 권도와 상경이 있으니 어진 사람을 고르는 것이 마땅합니다." 하였다.

박은은 "아비를 폐하고 아들을 세우는 것이 고제(古制)에 있다면 가

(可)합니다만, 없다면 어진 사람을 골라야 합니다." 하고, 조연 · 김구덕 · 심온 · 김점 · 유은지 · 이춘생 · 최운 · 문계종 · 이배 등 15인이 말하기를, "어진 사람을 고르소서." 하였다.

이원은 "옛사람은 큰일이 있을 적에 반드시 거북점(龜占, 거북 껍질로 치는 점)을 쳤으니, 청컨대 점을 쳐서 이를 정하소서." 하니, 조말생 등이 돌아와 내전에 들어갔다.

임금이 좌우를 물리치고 "제경(諸卿)9들이 무엇이라고 하던가." 하니, 조말생이 여러 신하들의 의논을 바쳤다. 임금이 이를 읽어 보고 "나는 점을 쳐서 이를 정하겠다." 하니, 조말생이 나갔다.

임금이 내전으로 들어가 여러 신하들의 어진 사람을 고르자는 청을 왕비에게 말하니, 왕비가 불가(不可)한 것을 말하기를, "형을 폐하고 아우를 세우는 것은 화란(禍亂)의 근본이 됩니다." 하였다.

임금도 또한 이를 옳게 여겼으나, 한참 만에 곧 깨달아 "금일의 일은 어진 사람을 고르는 것이 마땅하다." 하고, 즉시 최한에게 명하여 뒤쫓아 가 조말생을 도로 데려오게 하였으나, 최한이 이르기 전에 조말생이 이미 여러 신하들에게 전지(傳旨)10하여 이르기를, "장차 이원의 의논을 따르겠다." 하였다.

조말생이 돌아오니, 임금이 "의논 가운데 점괘를 따르도록 원한다는 말이 있었기 때문에 나도 이를 하고자 하였다. 그러나 나라의 근본을 정하는 것은 어진 사람을 고르지 않을 수가 없다." 하고, 곧 전지(傳旨)

---

9 여러 경(卿). 경(卿)은 임금이 고위 관리들을 일컫는 존칭이다.
10 임금의 뜻을 관청이나 관료들에게 전함.

하기를, "나는 제(禔)의 아들로서 대신 시키고자 하였으나 제경(諸卿)들이 모두 '불가하다.'라고 하니, 마땅히 어진 사람을 골라서 아뢰어라." 하였다.

유정현 이하 여러 신하들이 또 "아들을 알고 신하를 아는 것은 군부(君父)와 같은 이가 없습니다." 하니, 임금이 "옛사람이 말하기를, '나라에 훌륭한 임금이 있으면 사직(社稷)의 복이 된다.'라고 하였다. 효령대군(孝寧大君)은 자질이 미약하고 또 성질이 심히 곧아 개좌(開坐)[11] 하는 것이 없다. 내 말을 들으면 그저 빙긋이 웃기만 할 뿐이므로 나와 중궁은 효령이 항상 웃는 것만을 보았다. 충녕대군(忠寧大君)은 천성이 총명하고 민첩하고 자못 학문을 좋아하여 비록 몹시 추울 때나 몹시 더울 때를 당하더라도 밤이 새도록 글을 읽으므로, 나는 그가 병이 날까 봐 두려워하여 항상 밤에 글 읽는 것을 금지하였다. 그러나 나의 큰 책은 모두 청하여 가져갔다. 또 치체(治體)[12]를 알아 매양 큰일에 헌의(獻議)[13]하는 것이 진실로 합당하고 또 생각 밖에서 나왔다. 만약 중국의 사신을 접대할 적이면 신채(身彩)와 언어 동작이 두루 예(禮)에 부합하였고, 술을 마시는 것이 비록 무익하나 중국의 사신을 대하여 주인으로서 한 모금도 능히 마실 수 없다면 어찌 손님을 권하여 그 마음을 즐겁게 할 수 있겠느냐? 충녕은 비록 술을 잘 마시지 못하나 적당히 마시고 그친다. 또 그 아들 가운데 장대한 놈이 있다. 효령대군은 한

---

11　자세하게 조목조목 일을 처리함.
12　세상을 다스리는 방법. 정치의 방법
13　신하들이 정사(政事)에 관한 일을 논의해 그 결과를 임금에게 아룀.

모금도 마시지 못하니 이것도 또한 불가하다. 충녕대군이 대위(大位)[14]를 맡을 만하니 나는 충녕으로서 세자를 정하겠다." 하다.

유정현 등이 "신등이 이른바 어진 사람을 고르자는 것도 또한 충녕대군을 가리킨 것입니다." 하여 의논이 이미 정하여지자, 임금이 통곡하여 흐느끼다 목이 메었다.

이윽고 조말생 등에게 하교하기를, "대저 이와 같이 큰일은 시간을 끌면 반드시 사람을 상(傷)하게 된다. 너는 선지(宣旨, 임금의 명령)를 내어 속히 진하(陳賀)하게 함이 마땅하다." 하니, 이때 문무백관(文武百官)들이 예궐(詣闕)하여 세자를 정한 것을 하례하였다.

임금이 즉시 장천군(長川君) 이종무를 경도(京都)[15]에 보내어 종묘에 고하기를, "세자 제(禔)가 지난해 봄에 허물을 뉘우치고 스스로 꾸짖는 글을 지어서 고(告)하였으므로 신이 오히려 보존하였는데, 1년이 되지 못하여 다시 전일의 잘못을 저질러서 자못 심함이 있었으나 신이 또 가볍게 꾸짖어 그가 뉘우치고 깨닫기를 바랐습니다. 요즈음 다시 상서하였는데 그 사연이 심히 패만(悖慢)하여 전혀 신자(臣子)의 예가 없어 대소 신료가 합사(合辭, 사연을 합하여 상소함)하여 폐하기를 청하고, 충녕대군이 효성스럽고 우애스럽고 온화하고 인자하여 진실로 저부(儲副)에 합당하다는 여망이 있었으므로, 이것을 감히 고합니다." 하고, 또 상호군(上護軍) 문귀를 전지관(傳旨官)으로 삼아 최한과 더불어 백관(百官)들이 폐하자고 청한 장소(章疏)를 가지고 경도(京都)로 가서 양녕에

---

14 임금 자리. 높은 관직
15 한 나라의 수도. 종묘(宗廟)와 사직(社稷)이 있는 곳. 여기서는 한성(漢城)을 가리킨다.

게 보이고, 또 폐하여 내친다는 뜻을 유시(諭示)하게 하였다. 그때 유정현 등이 양녕과 가속(家屬)을 춘천(春川)에 내치도록 청하니 임금이 그대로 따랐다.

한참 있다가 전교(傳教)하기를, "중궁이 성녕대군(誠寧大君, 태종의 4남)이 졸하면서부터 하루도 눈물을 흘리지 않는 날이 없는데 양녕을 가까운 고을에 두기를 청하여 소식이라도 자주 듣기를 바라고, 또 물이 깊어 떠나보내기가 어려우니 그를 사제(私第)에 내보내 물이 줄기를 기다려서 곧 보내라." 하니, 유정현 등이 "경도에 머물러 둘 수는 없습니다." 하였다.

임금이 옳게 여겨 즉시 명하여 첨총제(僉摠制) 원윤을 배치관(陪置官)으로 삼아 경도에 가서 근수비(根隨婢)[16] 13명, 종[奴] 6명, 화자(火者) 4명으로 하여 양녕을 광주(廣州)에 내쳐 안치(安置)하게 하고, 이에 하교하였다.

"세자를 어진 사람으로 세우는 것은 곧 고금(古今)의 대의(大義)요, 죄가 있으면 마땅히 폐하는 것은 오로지 국가의 항구한 법식이다. 일에는 하나의 대개(大概)가 있는 것이 아니므로 사리에 합당하도록 기대할 뿐이다. 나는 일찍이 적장자(嫡長子) 제(禔)를 세자로 삼았는데 나이가 성년에 이르도록 학문을 좋아하지 아니하고 성색(聲色)에 빠졌었다. 나는 그가 나이가 어리기 때문이라 하여 거의 장성하여 허물을 고치고 스스로 새사람이 되기를 바랐으나, 나이가 20이 넘어도 도리어

---

16 따라다니며 시중을 드는 계집종

군소배와 사통하여 불의한 짓을 자행하였다. 지난해 봄에는 일이 발각되어 죽임을 당한 자가 몇 사람이었다. 제가 이에 그 허물을 모조리 써서 종묘에 고하고 나에게 상서하여 스스로 뉘우치고 꾸짖는 듯하였으나, 얼마 가지 아니하여 또 간신 김한로의 음모에 빠져 다시 전철을 밟았다. 내가 부자의 은의(恩誼)로서 다만 김한로만을 내쳤으나, 제는 이에 뉘우치는 마음이 있지 아니하고 도리어 원망하고 노여운 마음을 품어 분연(憤然)히 상서하였는데, 그 사연이 심히 패만하여 전혀 신자의 뜻이 없었다.

정부(政府)·훈신(勳臣)·육조(六曹)·대간(臺諫)·문무백관(文武百官)이 합사(合辭)하고 소장(疏狀)에 서명하여 말하기를, '세자의 행동이 종사(宗社)를 이어받아 제사를 주장하거나 막중한 부탁을 맡을 수가 없습니다. 태조(太祖)의 초창(草創)한 어려움을 우러러 생각하고 또 종사 만세의 대계를 생각하여 대소 신료의 소망에 굽어 따르시어 공의(公義)로써 결단하여, 세자를 폐하여 외방으로 내치도록 허락하고 종실에서 어진 자를 골라 즉시 저이(儲貳, 세자)[17]를 세워서 인심을 정하소서.' 하고, 또 '충녕대군(忠寧大君)은 영명공검(英明恭儉)[18]하고 효우온인(孝友溫仁)[19]하며 학문을 좋아하고 게을리하지 않으니, 진실로 저부(儲副, 세자)에 부합한다는 여망이 있습니다.' 하였다. 내가 부득이 제(褆)를 외방으로 내치고 충녕대군을 세워 왕세자로 삼는다. 아아! 옛사람이 말

---

17  황태자나 왕세자. 임금의 다음 지위라는 뜻. 국저(國儲)·동저(東儲)라고도 한다.
18  뛰어나게 영특하고 총명하며, 공손하고 검소함.
19  부모에 효도하고 형제를 우애하며, 온화하고 어짊.

하기를, '화(禍)와 복(福)은 자기가 구하지 않는 것이 없다.' 하니, 내가 어찌 털끝만큼이라도 애증의 사심이 있었겠느냐? 아아! 중외(中外)의 대소 신료는 나의 지극한 생각을 본받으라."

충녕대군은 총명하고 학문을 좋아하여 덕망이 날로 높아지니 중외에서 마음이 쏠리고 양궁(兩宮, 왕과 왕비)이 총애하기를 더욱 성(盛)하게 하였다. 제(禔)가 그와 같이 광포하고 방종하여 나라 사람들도 또한 그가 지워진 중임(重任)을 감당하지 못할까 염려하였으나, 임금은 일찍이 폐하거나 새로 세울 생각이 없었으므로, 군신이 청하자 오히려 어렵게 여겼고 중궁도 또한 불가(不可)하다고 말하였다. 군신이 굳이 청하자 이에 따르니, 중외에서 흡연(洽然, 매우 흡족)히 기뻐하고 경축하였다. 이숙번[20]이 일찍이 임금에게 "사람들이 모두 '충녕이 가산(家産)을 다스리지 않으니 정직한 자라고 이를 만하다.'라고 합니다." 하였다.

상당군(上黨君) 이애가 여러 차례 은근한 뜻을 보였고 성달생, 이굉이 모두 수종(隨從)하기를 원하여 공효(功效, 공들인 효과)를 이룰 뜻을 가졌으며, 이적도 또한 대군(大君)에게 사뢰기를, "이적도 인친(姻親)의 연고가 있으니 나아가 뵈올 수가 있습니다." 하였다.

외인(外人)으로서 만나 뵙기를 원하였으나 만나지 못한 자가 많았다. 한때 대군의 덕을 경모하여 사람들이 모두 마음을 돌림이 이와 같았

---

20  이숙번(李叔蕃, 1373~1440) : 1398년 안산군지사(安山郡知事)로 있을 때 이방원[李芳遠, 뒤에 태종(太宗)]을 도와 병력을 출동시켜 정도전(鄭道傳)·남은(南誾)·심효생(沈孝生) 등을 제거하는 등 제1차 왕자의 난에 공을 세워 정사공신(定社功臣) 2등에 책록되고, 1415년 안성부원군(安城府院君)에 봉해졌다. 그러나 자신의 공이 워낙 큰 것에 자만하자 탄핵을 받아 1417년 경상도 함양에 유배되었다. 세종 때 헌릉[獻陵, 태종(太宗)의 능] 비문에 오류가 발견되자 태종 때의 사실을 자세히 알고 있다 하여 서울로 불러올렸다. 오류의 수정이 끝나자 안산으로 보내져 그곳에서 죽었다.

다. 대군이 평상시에 거주할 적에 부인을 경대(敬待)하여 그녀가 나아가고 물러갈 때는 반드시 일어나서 보내고 맞이하였다. 그때 임금이 창덕궁에 임어(臨御)하니 대소인(大小人)이 경복궁을 지나면서 하마(下馬)하는 자가 적었으나, 대군은 지날 적마다 반드시 내렸는데 비록 저녁이든 밤이든 비가 오든 눈이 오든 폐하지 않았으니, 그 공경과 신중함이 천성에서 나온 것이 이와 같았다고 한다.

사신 황엄이 대군을 보고 매양 똑똑하고 밝은 것을 칭찬하여 "영명(英明)하기가 뛰어나 부왕을 닮았다. 동국(東國)의 전위(傳位)는 장차 이 사람에게 돌아갈 것이다." 하였는데, 이때 이르러 원민생이 세자를 봉하도록 청하는 표문(表文)을 가지고 연경(燕京)에 이르니 황엄이 그가 오게 된 일을 물었다.

원민생이 "세자를 바꾸기를 청합니다." 하니, 황엄이 "필시 충녕을 봉하도록 청하는 것이리라." 하였다.


## 7. 충녕대군의 덕망들

실록에 기록되어 있는 충녕대군의 수많은 덕망들은 곧 왕위에 오를 사람에 관한 것이니만큼 다소 과장이 있었을지 모른다. 그러므로 우리는 세자로 책봉되기 이전의 기록들에서 그의 인간적 면모들을 좀 더 소상히 살펴볼 필요가 있다. 그러면 그의 진면목이 사실 그대로 드러나게 될 것이다.

■ 태종 13년 12월 30일 (당시 17세)

서연관(書筵官)에서 병풍을 만들어 『효행록(孝行錄)』에서 뽑아 그림을 그리고 이어서 이제현의 찬(贊)과 권근의 주(註)를 그 위에 썼는데, 이 것이 이루어지자 세자가 충녕대군으로 하여금 해석하게 하였다. 충녕 대군이 즉시 풀이하였는데 그 뜻이 곡진(曲盡, 자세하고 간곡함)하였다.

■ 태종 16년 2월 9일 (당시 20세)

임금이 "집에 있는 사람이 비를 만나면 반드시 길 떠난 사람의 노고를 생각할 것이다." 하니, 충녕대군이 "『시경(詩經)』에 '황새가 언덕에서 우니 부인이 집에서 탄식한다.'라고 하였습니다." 하다.
임금이 기뻐하여 "세자가 따를 바가 아니다." 하였다.

학문을 좋아하면 자칫 문약에 빠질 수 있으나 충녕은 대단한 결 단력을 보였다. 세자가 일찍이 임금 앞에서 사람의 문무(文武)를 논하 다가 "충녕은 용맹하지 못합니다." 하니, 임금이 "비록 용맹하지 못 한 듯하나 큰일에 임하여 대의를 결단하는 데에는 당세에 더불어 견 줄 사람이 없다."라고 하니, 외유내강형의 인간인 것으로 보인다.

■ 태종 16년 7월 18일

여러 신하에게 잔치하니, 다투어 연구(聯句)²¹를 바치어 심히 즐기었

---

21  한시(漢詩)의 대구(對句). 몇 사람이 모여 구를 이어 가면서 지은 시

다. 노성(老成)한 사람을 버릴 수 없다는 데에 말이 미치자 충녕대군이 "『서경(書經)』에 '기수준(耆壽俊, 나이 먹고 경험 많고 뛰어난 사람)이 궐복(厥服, 맡은 일)에 있다.'라고 하였습니다." 하니, 임금이 그 학문이 방향을 통한 것을 감탄하고 세자를 돌아보며 "너는 학문이 어째서 이만 못하냐?" 하였다.

■ 태종 18년 1월 26일 (당시 22세) (4남 성녕대군의 병이 심해졌을 때)
청성군(青城君) 정탁이 『주역(周易)』으로 점을 쳐서 임금에게 올리자 충녕대군이 나아와 이를 풀이하기를 심히 분명하게 하니, 세자가 마음으로 감복하고 좌우 신하들이 모두 감탄하여 칭찬하였다.

■ 태종 18년 2월 4일
충녕대군이 의원(醫員) 원학을 거느리고 밤낮으로 성녕의 곁에 있으면서 자세히 방서(方書, 의학서적)를 궁구하여 일찍이 손에서 놓지 않았고, 친히 약이(藥餌, 약 되는 음식)를 잡아 병을 구료하니, 양전(兩殿)[22]이 그 지성에 감복하였다.

## 8. 충녕은 무엇보다 학문을 좋아하였다

5세에서 7세 즈음에 어깨 너머로 공부를 시작한 세종은 10세에 스승 이수로부터 본격적인 개인 교습을 받기 시작했다. 자기 책뿐만 아니라 아버지 태종의 서실에 있는 책들과 스승의 책들을 두루 섭렵하여 17세쯤에는 안 본 책이 거의 없을 정도였다. 경서, 법서, 문학, 역사, 천문, 지리, 의학 등등에 관한 많은 책을 뜻을 캐 가면서 읽었고, 열 번 스무 번씩 읽은 책도 헤아릴 수 없이 많았으며, 어떤 책은 100번 이상 읽어 그 책에 관한 것이면 어느 한 구절만 대도 그 출처를 대고 그 뜻을 이야기할 정도였다.

독서에만 너무 열중한 나머지 병석에 눕자 아버지 태종이 당분간 책을 절대 읽지 말라는 독서금지령까지 내렸으나, 누워서도 책을 손에 들고 있을 정도여서 태종은 충녕군 방에 있는 책을 병이 나을 때까지 딴 곳으로 옮겨 놓도록 명하였다. 그런데 병풍 틈에 『구소수간(歐蘇手簡)』이라는 중국의 문장가 구양수와 소식이 주고받은 편지를 모아 놓은 책 한 권이 끼어 있었다. 병석을 떨치고 일어났을 때 그 책은 거의 떨어져 있었고, 그 책에 있는 글을 전부 외워 버렸다. 그리하여 22세 즉위 무렵에는 상당한 학문적 수준에 올라 학문과 이론 면에서는 왕이 될 만한 준비가 충분히 되어 있었다.

세종은 20세 전후에 이미 『주역』, 『시경』, 『서경』뿐만 아니라 여러 분야의 고전과 의서에도 능했던 것으로 보인다. 총명함은 많은 업무를 감당해야 하는 왕의 자격에 부합하는 것이었고, 실제로 왕이 된 후 수많은 업적을 쌓는 바탕이 된다.

## 9. 폐세자한 아비의 마음

태종은 폐세자된 양녕대군에게 소주와 약주, 그 밖의 건강을 보존하기 위한 보약 등을 보냈다. 술은 상처받은 아들의 마음을 위로하기 위한 것이고, 약은 마음의 상처가 건강을 해치는 쪽으로 번질 것을 우려한 것이었다. 충녕의 형님에 대한 마음도 극진했다. 왕위에 오른 이후에도, 아니 그의 전 생애 동안 조금도 변하지 않았다.

■ 태종 18년 6월 4일

소주와 약주를 양녕에게 내려보냈다. 또 의원 정종하, 한용진 등에게 명하여 서로 교대하여 광주(廣州)에 가서 약을 시탕(侍湯)하여 병을 치료하게 하고, 이어서 소합원(蘇合圓) · 청심원(淸心圓) · 양비원(養脾圓) · 목향원(木香圓)을 내려보냈다.

■ 태종 18년 6월 6일

원윤이 돌아와 "양녕이 동대문에 이르러 신에게 묻기를, '경은 무슨 일로 오는가?' 하므로, 대답하기를 '호송(護送)입니다.' 하였습니다. 양녕이 또 '이 땅을 다시 볼 길이 없을 것이다. 아아!' 하고, 또 광나루에 이르러 배를 타고 눈물을 흘렸습니다. 또 작별할 때 신에게 '내가 성질이 본래 거칠고 사나워 보통 때 나아가 뵈올 적에 말이 반드시 불공(不恭)하였다. 이제 이에 다시 상서한 글을 보니 불공하기가 이와 같았다. 죄가 심하였으나 죽지 않은 것은 주상의 덕택이니 어떻게 보답하고 사례하겠는가? 내 성질이 겁약(怯弱)²³하기 때문에 짐작(斟酌)²⁴을 잘못하여 자주 불효를 범하였으니 어찌 성상을 보기를 기약하겠는가?' 하였습니다. 그 시비(侍婢) 13명은 나라에서 정한 숫자인데 소아(小兒)로서 더 따라가는 자가 2명이었으므로, 신이 사계(四季) 등 2명을 빼앗아 한경(漢京)으로 보냈습니다." 하니, 임금이 "2명은 모두 그 첩인데 경이 빼앗은 것은 잘못이다." 하고, 즉시 명하여 광주(廣州)로 보내게 하였다.

## 10. 태종, '성군의 이름을 후세에 남기도록 하라'

10년 된 세자 양녕을 폐하고, 22세의 젊은 충녕을 갑자기 왕위에 앉힌 것은 어디까지나 아버지 태종의 결단이었다. 태종 18년(1418) 6월에 왕세자로 책봉되고 2개월 만에 갑작스럽게 왕이 된 세종은 세자로서의 수업을 받지 못하여 국왕으로서 나라를 통치하는 방법을 잘 알 수는 없었을 것이다. 피도 눈물도 없는 무지막지한 태종이었지만 예리한 혜안은 있었는지 일찍이 세종의 성군 될 가능성을 예지하고 있었던 것 같다. 아버지 태종은 '역사의 악업은 모두 내가 짊어지고 갈 테니 주상은 성군의 이름을 후세에 남기도록 하시오.' 하는 간곡한 당부를 하였다.

또한 이 왕위 계승에 즈음하여 태종은 앞으로 세종이 정치를 하는

---

23  겁약(怯弱). 겁이 많고 연약함.
24  사정이나 형편 따위를 어림잡아 헤아림.

데 위협이 될 인물들을 제거하기로 한다. 태종은 이미 수많은 사람들을 끔찍한 죽음으로 몰아넣은 바 있다. 자신의 이복동생인 방번과 방석을, 또 정몽주와 정도전을 죽이고 처남들(세종의 외삼촌)마저 없애 버리지 않았던가. 이제 태종은 자기 마음에 안 들거나 세종의 앞길에 걸림돌이 될 만한 인물들은 조금도 주저함이 없이 처치하였다. 세종의 장인인 심온 가문과 자신의 권위에 도전한 강상인, 박습 등을 제거하였다. 왕의 외척이 강해지면 왕권이 약해지기 때문이었을 것이다. 그리하여 갑자기 왕위에 오른 세종에게는 탄탄대로가 열리게 된다.

태종의 악업들의 최대 수혜자가 공교롭게도 세종이었으니 세종은 성군이 되라는 아버지의 당부를 마음 깊이 새겼을 것이다. 성군의 길을 가는 것만이 아버지 태종의 악업과 함께 피로 얼룩진 초기 왕조의 흔적을 지우고 조선 왕조의 영광스러운 미래를 기약할 수 있는 길이었다. 그리하여 많은 번민과 고뇌 속에서 세종은 뚜벅뚜벅 그 길을 걸어가게 된다.


## 11. 세종의 처절한 애도

세종이 즉위한 지 4년이 되는 해(1422년)에 태종은 병석에 누운 지 보름 만에 죽음을 맞이하게 된다. 세종은 적잖이 당황하였던 것으로 보인다. 태종이 병석에 눕자 세종은 먹는 것, 자는 것까지 물리치고 지극한 정성으로 아버지를 간호한다.

■ 4년 4월 25일 (26세)

태종이 갑자기 병환이 들다. 고기반찬을 들지 아니하다.


■ 4년 5월 2일

태종의 병이 어렵게 되었다. 임금이 어찌할 줄 모른다.


■ 4년 5월 8일

임금이 태종을 간호한 이래 약품이나 음식과 반찬을 모두 친히 받들어 올리고, 병환이 심할 때는 밤새도록 간호하여 잠시라도 옷을 벗고 자지 아니하였다. 이날 저녁 태종의 병환이 심하게 되다.


■ 4년 5월 10일 (태종 승하)

신하들이 죽 들기를 청하였으나 거절하다.


■ 4년 5월 11일

변계량 등이 "병을 간호한 이래 지금까지 음식을 아니 드시니 몸이 상할까 걱정입니다." 하니, 임금이 "어제 정부에서 청하고 경들이 또 청하니 내가 오늘 저녁에 들겠노라." 하다.

저녁 제사 뒤 신하들이 모두 나와 울면서 "전하께서 부왕의 병환이 위중한 때로부터 지금까지 음식을 들지 아니하셨습니다. 옛말에 '죽은 이를 위하여 산 사람을 상하게 하지 말라.' 하였으니, 전하께서는 애통한 마음을 절제하고 음식을 드시어 큰 효도를 하소서." 하다.

이에 임금이 묽은 죽을 조금 들었으나 하루 한 끼에 그치다.

▪ 4년 5월 13일

임금이 비로소 죽을 드신다.


▪ 4년 6월 16일

임금이 처음으로 상복 차림으로 임시 천막[여막(廬幕)]에서 정사를 보다.


▪ 4년 9월 6일

임금이 백관을 거느리고 발인제를 거행하다.

의정부 신하가 "이제 큰일이 끝났으니 전하는 내실에 드시옵소서." 하
니 허락하지 아니하다.


▪ 4년 9월 18일

임금이 졸곡제(卒哭祭)[25]를 거행하고 비로소 고기반찬을 바치게 하다.


▪ 4년 9월 21일

이직[26] 등이 "졸곡 뒤에도 소선(素膳, 고기·생선 없는 반찬)하시어 파리하

---

25  삼우제(三虞祭)를 지낸 뒤에 곡(哭)을 끝낸다는 뜻으로 지내는 제사. 사람이 죽은 지 석 달 만에 오
는 첫 정일(丁日)이나 해일(亥日)을 택해 지낸다. 우제(虞祭)는 사자(死者)의 체백(體魄)을 매장한 뒤
그 혼을 위안하는 제사이다. 장례 날에 초우제(初虞祭)를 지내고, 초우제를 지낸 다음의 첫 유일(柔
日, 일진의 천간(天干)이 을(乙)·정(丁)·기(己)·신(辛)·계(癸)인 날)에 재우제(再虞祭)를 지내며, 재우
제를 지낸 다음의 첫 강일(剛日, 일진의 천간이 갑(甲)·병(丙)·무(戊)·경(庚)·임(壬)인 날)에 삼우제
(三虞祭)를 지낸다(『한국일생의례사전』).

26  이직(李稷, 1362~1431) : 1392년에 이성계(李成桂) 추대에 참여해 지신사(知申事)로서 개국공신 3등
이 되고 성산군(星山君)에 봉해졌다. 1412년 성산부원군(星山府院君)으로 진봉되고, 1414년 우의정
에 승진되어 진하사(進賀使)로서 명나라에 다녀왔다. 1424년 영의정에 오르고, 1427년 좌의정으로
은퇴했다.

고 검게 되어 놀랍게 생각하지 않는 사람이 없으며, 평소 육식이 아니면 식사를 드시지 못하시는데, 이제 소선한 지도 이미 오래되어 병환 날까 염려됩니다." 하니, 임금이 "상중에 고기 먹는 것이 예로 보아 어떨까, 경들은 내가 소선에 익숙하지 못하여 병날까 염려한 것이다. 내가 이제 병도 없으니 어찌 예에 범할 수가 있겠는가? 승려는 항상 소식만 하여도 오히려 살찐 자가 있는데 나만 소선을 못한다는 말인가. 다시는 말하지 말라." 하다.

■ 4년 11월 1일

임금이 허손병(虛損病, 만성 피로와 권태감)을 앓은 지 여러 달이 되매 정부(政府)와 육조(六曹)에서 고기반찬 자시기를 청하여 두세 번에 이르렀으나 듣지 아니하고, 병세는 점점 깊어 약이 효험이 없다.

육조당상(六曹堂上)과 대간(臺諫)이 더불어 청하기를, "평인들이 만사를 제폐하고 상제(喪制)를 지켜 행하여도 3년 안에 병에 걸림을 오히려 면치 못하거늘, 하물며 전하께서 지존하신 몸으로 소찬(素饌)만 잡수시고 만기(萬機, 정치상의 온갖 기틀)를 보살피시면서 3년의 상제(喪制)를 마치고자 하신다면 병이 깊어 치료하기 어렵게 되시리니, 옛사람이 말하기를, '죽은 이를 위하여 산 사람을 상해하지 말라.'라고 하였으며 또 '육즙으로서 구미를 돕는다.'라는 말도 있습니다. 이제 세자가 어린데, 전하께서 법도만 군이 지키어 병환이 깊어져서 정사를 보지 못하시게 된다면 종사와 생령(生靈)[27]의 복이 되지 않습니다." 하다.

---

27  살아 있는 일체의 생명. 생명보다 더 넓은 의미이다. 국민·백성·민생을 의미하기도 한다.

임금이 "내가 본디 병이 없고 늙지도 어리지도 않으니 어찌 감히 뒷날에 병이 날까 봐 염려하여 고기를 먹겠느냐." 하며 굳이 고집하고 듣지 않으므로, 모두 내정(內庭)[28]까지 나아가 기어이 청을 이루려고 하다.

임금이 마지못하여 "여러 경(卿)이 청하기를 마지아니하니 오늘은 마땅히 소찬을 아니 하겠노라." 하니, 여러 신하들이 육찬(肉饌)을 진어함을 꼭 보고자 하니 임금이 "임금은 진실로 필부(匹夫)도 속일 수 없거든 하물며 대신(大臣)에게랴." 하면서, 이에 육찬을 잡수시다.

궁궐에서 누가 죽는 일이 발생했을 때에는 고기를 먹을 수 없었고, 나라에 재앙이나 재해가 닥쳐 흉년이 들어도 고기를 먹을 수 없었다. 혹은 반찬의 가짓수를 줄였다. 태종이 갑작스런 중병에 앓아눕자 세종은 밤을 새워 가며 지극정성으로 간호한다. 그리고 열흘 동안 거의 굶다시피 했고, 상을 당하고 난 이후에는 5개월 가까이 그 좋아하는 육식을 입에 대지 않았고, 침실이 아닌 임시 천막에서 자면서 정사를 보았다. 그러다 결국은 힘이 없고 피로감이 몰려오는 허손병까지 앓게 된다.

---

28  임금이 사적인 생활을 하는 궁궐의 내부

# 백성을 향한 세종의 마음

## 1. 백성들의 고충을 널리 듣다

**'세종 즉위'** (즉위년 1418년 8월 10일)

갑작스럽게 왕위에 올랐지만 세종은 자신이 가야 할 길이 무엇인지 잘 알고 있었다. 그에게는 무엇보다 백성을 향한 어진 마음이 있었다. 왕위에 오른 첫해부터 백성들의 삶의 고충을 널리 듣고 그들의 궁핍한 삶을 살피고 병든 이들을 어루만져 주었다. 특히 백성을 굶어 죽게 한 관리들은 상하를 막론하고 관직을 파하거나 곤장을 때려 엄히 다스렸다. 백성에게 돌아갈 물자를 가로챈 수령은 사형을 면치 못했다.

■ 3년 2월 5일

교지를 내리기를, "근년 이래로 수재와 한재가 잇따라서 연년이 흉년
이 들었고, 지난해가 더욱 심하여 민생이 불쌍하게 되었으니, 각 도 감
사와 수령들은 구제 물품을 가지고 병신이나 병든 사람을 우선으로
구제해 주어라. 장차 순행하여 물어볼 것이니, 만약에 여염 가운데 한
백성이라도 굶어 죽은 자가 있다면 중죄로 처단할 것이다." 하다.

■ 원년(元年, 1419)[29] 1월 17일

강원도 행대(行臺, 지방 행정을 감찰하는 관리) 김종서가 "경차관(敬差官) 김
습이 흉작을 풍작으로 꾸며 과중하게 간평(看坪)했습니다."라고 아뢰
니, 임금은 "이야말로 토색질하는 놈이니 엄중히 처벌해야 한다."라고
하다.

■ 원년 8월 14일

임금이 화주(和州)목사, 철원 도호부사(都護府使) 등 8명을 기민 구제에
근실하지 아니하였고 법에 위배된 것이 있다 하여 형장 100대를 치다.
진성(珍城)현감은 기민이 단지 1호뿐이라 하여 2등으로 감하여 형장 80
대, 합천감고(陜川監考)는 기민이 단지 1호라 하여 3등으로 감하여 형
장 70대, 덕산(德山)현감 등 세 사람은 살피는 데 실수하여 가감하여
나누어 주라는 명령을 잘 지키지 못하였으므로 볼기 50대에 모두 벌

---

29  1년. 보통 즉위한 다음 해를 이르는데, 왕에 따라 즉위년을 원년으로 하기도 한다.

금만 받고, 진위기관(振威記官) 등 네 사람은 기민 구제의 쌀을 도용하였으므로 형장 70대, 철원감고는 나이가 늙어서 어리석으므로 말감(末減)[30]하여 볼기 50대, 그 외의 수령 70명과 감고 세 사람은 경미하므로 특별히 그 죄를 면제시키다.

■ 4년 10월 9일

지서흥군사(知瑞興郡事)가 몸소 친절히 구제하지 않았으므로 그 관직을 파면하고 속장 80대에 처하다.

■ 4년 10월 29일

곽산군(郭山郡)[31]의 백성이 굶어 죽어 지군사(知郡事)[32]를 곤장 100대를 치다.

■ 5년 6월 6일

의금부에서 "금성(金城) 현령(縣令)·감고(監考) 등이 구호를 잘못하여 백성을 굶어 죽게 했으므로 법 위반에 해당하니 곤장 100대에 처하소서." 하니, 이훈에게는 곤장 90대에 처하고 나머지는 법대로 처단하라고 명하다.

---

30  감면하여 가장 가벼운 형벌에 처함.
31  평안도(平安道) 의주목(義州牧)에 속한 군
32  군(郡)을 맡아 다스리는 장관(長官). 3품관으로 임명할 경우에는 판군사(判郡事), 3품 이하의 관원으로 임명할 경우에는 지군사라 하였다. 세조(世祖) 12년(1466)에 군수(郡守)로 고쳤다.

■ 5년 6월 8일

의금부에서 "홍천현감이 능히 구호하지 못하여 백성들을 굶어 죽게 한 것은 그 죄가 곤장 100대에 해당됩니다." 하니, 외방에 부처(付處)[33] 하라고 명하였으니 원종공신의 후예라 하여 감형한 것이다.


■ 5년 6월 9일

지곡산부사(知谷山府使)를 기민(飢民, 굶주린 백성)을 구제하지 못해 곤장 90대에 처하다.


■ 5년 6월 10일

예조판서 황희가 "고양현(高陽縣)에 굶어 죽은 사람이 있다고 하여 승정원주서(承政院注書)로 가서 살펴보게 하였더니, 사비(私婢) 모란(牧丹)의 모자(母子) 세 사람이 굶주려 부종(浮腫)이 났고 어린이 1명은 굶어 죽었다 합니다." 하므로, 의금부에 명하여 현감을 추핵(推覈)[34]하고, 곤장 80대 죄를 주다.


■ 5년 6월 15일

의금부에서 "판정주목사(判定州牧使), 지수천군사(知隨川軍事), 정녕현령(定寧縣令) 등이 구호하지 못해 백성을 굶어 죽게 하였으니 죄주기를 청합니다." 하니, 각각 곤장 90대에 처하다.

---

33  어느 한 곳을 지정해 머물러 있게 하는 것으로, 형벌의 하나이다.
34  죄인을 추궁하고 신문하여 범죄의 실상을 자세히 조사해 캐어 내는 것

▪ 5년 6월 27일

사헌부에서 "평산부사(平山府使) 이중경이 능히 흉년을 구제하지 못하여 백성들이 굶주려 부황이 났으니 죄주기를 청합니다." 하니, 곤장 60대에 처하고 직첩은 거두지 말라고 명하다.


▪ 5년 7월 16일

의금부에서 "황해·평안·강원 삼도의 감사(監司)들이 도내의 인민들을 많이 굶어 죽게 하였는데 수령은 죄를 논단하고 감사는 죄를 주지 않으니 실로 불공평합니다."라고 하니, 평안도·강원도 감사의 관직을 모두 파면하다. 황해도 감사는 논죄하지 않았으니 굶주린 백성의 수효가 적은 때문이다.


▪ 5년 7월 20일

형조에서 "임강현감(臨江縣監) 이명의가 구호하는 미두(米豆)와 장(醬)을 줄여서 주어 백성들이 굶주려 죽고 부종(浮腫)[35]이 나게 하였습니다." 하니, 곤장 60대를 치게 하다.


▪ 5년 7월 25일

우봉현령(牛峯縣令)[36]이 구호하지 못하여 백성들로 하여금 굶주려 부종이 나게 하였으므로, 곤장 60대를 치고 관직을 파면시키다.

---

35  몸이 붓는 증상
36  우봉현(牛峯縣) : 황해도(黃海道) 연안도호부(延安都護府)에 속한 현

▪ 5년 8월 21일

의금부에서 "지창성군사(知昌城郡事)가 구호하지 못하여 백성들이 굶주려서 부종이 나게 되었습니다." 하니, 곤장 60대를 치게 하다.

▪ 6년 8월 15일

최세온을 목 베다.

처음에 최세온이 덕천(德川) 고을의 수령이 되어 관가 물건을 도적질한 것이, 계산하면 장물(贓物)이 40관이요, 기민(飢民)에게 줄 구호미를 감(減)한 것이 장물은 57관이므로 이에 헌사(憲司)[37]에서 탄핵하여 청하니, 임금이 "이 사람은 구호미를 도적질하여 백성들을 굶어 죽게 하였으니 다른 장물 먹은 관리와 비할 것이 아니다." 하고 목 베게 하다.

## 2. 백성의 굶주림을 방치한 관리는 엄벌

앞에서 본 바와 같이 세종은 사헌부, 의금부, 형조 등 유관 부서들을 통해 올라온 상서를 참조하여 백성들의 굶주림을 방치하거나 비리를 저지른 자들의 관직을 파기하거나 곤장을 때리게 하였다. 관청의 재물을 도적질하거나 백성에게 돌아갈 구휼미를 빼돌린 수령은 목숨을 부지할 수 없었다. 세종은 이에 그치지 않고 좀 더 능동적으

---

37  시정(時政)을 논의하고, 백관(百官)을 규찰하며, 기강과 풍속을 바로잡고, 억울한 일을 없애 주는 일 등을 맡은 사헌부(司憲府)

로 벽지에 사는 백성들을 구휼하고 관리들의 비리를 살피기 위한 암행 감사를 실시하기도 한다. 제 역할을 다하지 못하거나 비리를 저지른 관리들은 파면을 당하거나 곤장을 맞기도 했다. 이 가운데 가장 눈에 띄는 것은 한성 부윤(현재의 서울 시장에 해당)을 파면한 일과 평안 감사를 귀양 보낸 일이다.

■ 10년 2월 23일

황해도 기민진제(飢民賑濟)[38]의 검찰관과 평안도 검찰관 등이 하직 인사하니, 임금이 불러 "친히 촌락과 산골짜기의 깊고 먼 곳을 다니면서 굶주리는 사람이 있거든 쌀, 콩, 소금, 장을 주어 구제하여 살리고, 또 수령으로서 굶어 죽은 사람과 부종이 난 사람을 숨긴 자가 혹시라도 나타나거든 형률에 의거하여 단죄하되, 3품 이상의 수령은 보고하고 4품 이하의 수령은 바로 치죄(治罪)하고, 만약 감사(監司)가 원행(遠行)하여 구호의 일이 급박하거든 그대들이 창고를 열어 구호하도록 하라." 하다.

■ 11년 4월 26일

함길도 경차관(敬差官)이 "북청부(北靑府)의 백성 세 사람이 기근으로 부종이 나고, 도내(道內)에 기근으로 인하여 이사하는 사람도 많이 있는데, 감사(監司)와 도사(都事) 등이 즉시 보고하여 구호하지 않았으니

---

38  굶주린 백성을 구휼함. 구휼은 백성들이 흉년 등으로 곡식이 떨어지거나 가혹한 형벌 등으로 어려운 상황에 처했을 때 국가에서 백성들의 처지를 생각하여 구제하던 일이다.

죄를 다스리소서." 하니 파면하다.

■ 12년 6월 13일

형조에서 "남양부사(南陽府使)가 굶주린 백성을 구제하지 아니하여 부
종이 남에 이르게 하였으되, 감고(監考) 오천수 · 정자의 등이 즉시 관
가에 고하지 않았으니, 천수와 자의는 율이 장(杖) 100에 해당하고 목
(卜)[39]은 90에 해당합니다." 하니, 각각 2등을 감하되 속장(贖杖)에 처하
지는 말라고 명하다.

■ 13년 11월 18일

형조에서 "판의주목사(判義州牧使) 이상홍, 판관(判官) 김상안, 지벽동군
사(知碧潼軍事), 지여연군사(知閭延軍事), 전(前) 판강계도호부사(判江界都護
府使), 지이산군사(知理山郡事), 전 지창성군사(知昌城郡事) 등이 일찍이 낮
은 지대에 사는 백성들을 옮겨 두지 않았으므로 지난 6월에 큰물이 져
서 민가를 떠내려가게 했으며, 또 이상홍과 김상안 등은 홍충 등 5명에
게 강을 건너가서 왕골을 가져오게 하여 물에 빠져 죽게 했으며, 또 큰
물에 경비하지 않아서 강충 등 6명을 물에 빠져 죽게 했으니, 상안은
중형에 따라 장(杖) 60에 해당하고 상홍은 장 80에 해당합니다." 하니,
명하여 상안 등에게는 3등을 감형하도록 하다.

---

39  남양부사(南陽府使) 송목(宋卜)

- 17년(1435) 7월 26일

판한성부사(判漢城府使)와 부윤(府尹)⁴⁰ 김맹성의 관직을 파면시키다. 굶주린 백성들이 도시에서 3일 동안이나 빌어먹었는데도 그들을 능히 검거하여 구호하지 못한 까닭이다.

- 29년 4월 13일

의금부(義禁府)에서 "평안도 감사와 지상원군사(知祥原郡事)의 흉년 구제를 잘못한 죄는, 평안도 감사는 장성현(長城縣)에 귀양 보내고 지상원군사는 속전(贖錢)⁴¹을 받지 말고 곤장에 처하라." 하다.


## 3. 자신을 돌이켜 보는 마음

이제 잠시 눈을 안으로 돌려 세종의 마음을 살펴보기로 하자. 세종은 나라 안에서 일어나는 모든 불미스러운 일과 불행한 일을 자신의 탓으로 돌렸다. 그는 모든 것은 그 자신의 부덕의 소치이니 모두 다 자신의 책임이라고 생각했다. 그래서 세종은 자연의 도리야 어쩔 수 없지만 사람이 할 수 있는 것은 모두 다 한다는 태도를 견지했다. 그렇지만 당시에는 사람이 할 수 있는 것이 지금보다 훨씬 한계가 클

---

40  한성사(漢城事)에는 최고 책임자인 판윤(判尹, 정2품)과 다음 책임자인 좌·우윤(左右尹, 종2품)을 두었는데, 부윤(府尹)은 좌·우윤을 말한다.
41  죄를 면하기 위해 바치는 돈

수밖에 없었으니 세종의 마음은 한없이 아프고 어찌할 바를 몰라 괴로웠다. 세종 자신이 할 수 있는 일에는 지방에서 새로운 생산품을 공물로 바치는 것을 받지 않는 것도 포함돼 있다.

■ 4년 11월 14일

임금이 "경들의 의사는 이미 알겠으나, 외방 각 도에서는 사무를 아뢰기 위하여 오는 사람도 또한 있을 것이니, 어찌 진선(進膳)[42]하기를 기다려서야만 겨우 국가의 일을 알게 되겠느냐." 하니, 또 아뢰기를, "전하는 자봉(自奉, 자기 몸을 보양함)은 박하게 하시면서 인민(人民)에게는 후하게 하시니 전하의 생각하심이 지극하시고 극진하시어서 신들이 감히 다시 청하지 못하겠사오니, 다만 신물(新物, 새로 난 산물)이 있으면 임금에게 올리는 것이 무엇이 백성에게 해롭겠습니까." 하니, 임금이 "백성이 밥을 먹기 어려움이 금년과 같은 해가 없거늘, 어찌 반드시 면 지방의 물건을 기다린 후에야 자봉을 하겠느냐. 비록 주방(廚房)[43]에 없더라도 저자에서 사서 먹을 수 있다." 하고 이내 윤허하지 아니하다.

■ 5년 4월 25일

임금이 가뭄을 걱정하여 하교하기를, "내 들으니 '임금이 덕이 없고 정사가 고르지 못하면 하늘이 재앙을 보여 잘 다스리지 못함을 경계

---

42   각 도(道)에서 서울의 각 전(殿)에 바치는 물선(物膳). 선(膳)은 선물(膳物)이나 반찬(飯饌)의 뜻이다.
43   음식을 만들거나 차리는 방

한다.' 하는데, 내가 변변하지 못한 몸으로 신민의 위에 있으면서 밝음을 비추어 주지 못하고 덕은 능히 편안하게 하여 주지 못하여, 수재와 한재로 흉년이 해마다 그치지 아니하여 백성들은 근심과 고통으로 호구(戸口)가 유리(流離)되고 창고도 텅 비어서 구제할 수 없다. 이제 정월 달을 당하여 다시 바짝 마른 재앙을 만나게 되었다. 조용히 허물 된 까닭을 살펴보니 죄는 실로 나에게 있다. 마음이 아프고 낯이 없어서 어떻게 할 줄을 알지 못하겠다. 행여 충직한 말을 들어서 행실을 닦아 화기(和氣)를 부를까 하노니, 대소 신료들은 제각기 힘써 하늘의 경계를 생각하여 위로 과궁(寡躬)[44]의 잘못과 정령(政令)의 그릇된 그것과 아래로 사람들의 기쁨과 근심 걱정과 백성들의 이롭고 병 되는 것을 거리낌 없이 마음껏 직언하여 나의 하늘을 두려워하고 백성을 걱정하는 지극한 생각에 부응되게 하라."라고 하다.

▪ 5년 5월 2일

임금이 가뭄을 근심하여 "가뭄의 재앙은, 책임이 실로 나에게 있다. 지금부터는 비록 약에 타서 쓸 한 잔 술이라도 다시 내전에 들이지 말라." 하다.

▪ 5년 5월 3일

임금이 약에 타는 술까지 물리치고 소금국으로 대신하니, 영의정 유

---

44　덕(德)이 적은 몸이라는 뜻으로 임금이 자신을 가리키는 말

정현, 예조판서 김여지, 대사헌 하연 등이 청하기를, "전하께서 부왕의 상(喪)에 너무나 슬퍼하고 정성을 극진히 하여 근심이 쌓여 병환이 나셨으니, 만일 술로 복약(服藥)하지 아니하시다가 병환이 깊어지시면 종사(宗社)와 백성이 어찌 되겠습니까." 하면서 같이 눈물을 흘리면서 말하니, 임금이 "다시 말하지 말라. 내가 덕이 부족한 사람으로 백성의 위에 인군이 되었으니 가뭄의 재앙은 나를 꾸짖는 것이다. 어찌 한 몸만 위하여 술을 마실 것인가." 하다.

- 5년 5월 6일

찬성 유관, 판서 김여지 등이 술 드시기를 청하니 임금이 "술 한 잔이 비록 하늘의 뜻을 돌릴 힘은 없으나 마음에는 실로 미안함이 있다." 하고 허락하지 아니하다.


## 4. 사람이 할 수 있는 일이면 무엇이든 한다

해야 할 일은 너무도 많은데 거의 평생 가뭄이 세종을 자꾸 뒤에서 잡아당긴다. 과학 문명이 고도로 발달했다고 하는 지금 세상에도 가뭄이 오래 지속되면 속수무책으로 하늘만 바라볼 뿐이니, 그 당시에 무슨 묘책을 세울 수 있었겠는가. 그래도 세종은 온갖 기우제와 비방까지 받아들이며 가뭄을 해결하려 만방으로 노력하였다. 그리고 가벼운 죄를 진 사람은 석방하기도 했고 관청에 바치는 술도 금지시켰다. 세종은 사람이 할 수 있는 일에 최선을 다 했다. 당시 거의 매년 찾아오는 가뭄과 또 그에 대한 대책을 세우느라 애태우는 세종의 모습을 보면, 당시 세종이 얼마나 악조건 속에서 그 많은 업적을 이루어 냈는지 알 수 있다.

■ 원년(1419) 5월 23일
도총제 노귀산에 명하여 북교(北郊)에서 기우제를 올리게 하다.
예조에서 "이제 여름을 당하여 달이 넘도록 비가 오지 아니하니, 비옵건대 당나라의 개원례(開元禮)에 의하여 원통한 옥사를 심리하고 궁핍한 자를 구제하고 사람의 해골과 짐승의 뼈를 묻어 주어야 할 것입니다." 하니 그대로 따르다.

■ 원년 5월 27일
임금이 가뭄을 걱정하여 산선(繖扇)[45] 받는 것을 거두라 하다.

■ 원년 5월 29일
가뭄으로 인하여 풍운(風雲) · 뇌우(雷雨) · 산천 · 삼각(三角) · 목멱(木覓) · 한강 · 태일(太一)에 비를 빌고, 각 종파의 중들로 하여금 흥복사(興福寺)에 빌었으며, 아이들은 푸른 옷차림으로 석척(蜥蜴, 도마뱀)을 부르며 경복궁 경회루 못가에서 빌게 하고, 무당을 모아 비를 빌게 하기도 하다.

---

45 임금의 거동 때의 의장(儀仗)의 하나. 베로 우산같이 만들었으며 임금에 앞서서 간다.

▪ 원년 6월 1일

사직에 비를 빌기를 명하다.


▪ 원년 6월 3일

임금이 "이토록 가무니 정사하기 어렵구나." 하다.


▪ 2년 5월 3일

박은, 정탁에게 명하여 재계하고 원구단에 비를 빌게 하다. 이날에 비 오다. 2월부터 이제까지 비가 오지 아니하여 임금이 매우 진념하여 여러 곳 신사(神祀)에 두루 빌게 하고, 무릇 옛 문서에 기재되어 있는 비를 비는 방법은 거행하지 아니함이 없었고, 찬(饌)을 감하고 옥사를 다시 살피고 하여 하늘의 경계함을 공경하여 근신하였더니, 이제에 이르러 연일 비가 내려 전야(田野)가 흡족히 젖다.


▪ 4년 7월 1일

오랫동안 비가 내리다가 여러 날 폭양으로 건조하게 되다.


▪ 4년 7월 2일

가뭄으로 인하여 죄수의 죄상을 조사하여 경한 자를 석방하다.


▪ 4년 7월 4일

예조에서 보고하기를, "가뭄이 극심하여 벼[禾] 싹이 마르고 있으니, 중과 무당을 시켜서 비를 빌게 하고 시장을 옮기고 우산을 자르고 범

[虎]의 머리를 양진(揚津)<sup>46</sup>과 한강에 던지소서." 하니 그대로 따르다.

### ▪ 4년 7월 9일

여러 도에 기근이 들었는데 강원도가 더욱 심하다.

창고가 거의 비어 백성을 구휼할 수 없고 떠돌아다니는 자도 또한 금지할 수 없다. 임금이 크게 염려하여 경차관(敬差官)을 각 도에 나누어 보내어 창고를 열어서 구휼하게 하고, 만일 수령으로서 정신 차려 고찰하지 아니하여 백성들을 부황 나게 한 자는, 3품 이상은 보고하여 논죄하고 4품 이하는 직접 처단하게 하고, 복명(復命)<sup>47</sup>하는 날에 각각 도내의 기민 수효를 보고하게 하다.

### ▪ 4년 7월 10일

한재로 인하여 공상(供上: 높은 관청에 물품을 바치는 일)하는 술을 금지하다.

### ▪ 4년 7월 27일

호조에 전지(傳旨)하기를, "경기 · 황해 · 평안 · 강원 · 충청 등 도는 장마로 대맥 · 소맥이 여물지 아니하여 민간에 보리씨가 없으니, 경상 · 전라 두 도에서 보리씨를 팔아다가 준비하라." 하다.

---

46  진(津)은 강을 건너기 위한 나루터를 말한다.
47  명령을 받은 일에 대해 그 처리 결과를 보고함.

▪ 4년 8월 1일

호조에 전지하기를, "금년에 곡식이 귀하여 쌀값이 오르니 창고에 있는 묵은쌀 5,000석도 민가에 판매시키도록 하라." 하다.


▪ 5년 7월 12일

임금이 경연관(經筵官)[48]에게 "하늘이 가물어 마음이 글에 있지 않으므로 경연에 나가지 않는다. 경들도 이를 알라." 하다.


## 5. 죽음의 문턱에 이르다

이처럼 가뭄에 백방으로 대처하고 백성의 삶을 보살피고 정무를 돌보느라 세종은 자신의 안위를 돌볼 겨를이 없었다. 세종은 대소 신료들의 의견을 존중했지만, 그들이 하나 마나 한 말을 상소하거나 할 때엔 신료들을 한자리에 모아 놓고 가뭄이나 구휼 대책 등을 구체적으로 논의하게 했다. 결국 세종은 과로가 쌓여 죽음의 문턱에까지 이르게 된다.

---

48  경연(經筵)은 군주에게 유교의 경서와 역사를 가르치던 교육제도 또는 그 자리로, 경연에 참석해 강(講)하는 관리를 경연관이라 하였다. 경연은 정책협의기구로서의 기능도 컸다. 세종은 즉위년 8월 11일 좌의정 박은(朴블) 등을 경연관으로 임명하고, 10월 7일 경연에 처음 나아가 『대학연의(大學衍義)』를 강했다.

▪ 7년 6월 16일

정부와 육조에 전하기를, "가뭄이 너무 심하니 몹시 근심스럽다. 내가 비록 말하지 아니하더라도 경들이 어찌 근심하고 걱정하지 아니하겠는가. 전일에 가뭄으로 말미암아 정치에 간절한 말을 구하였더니, 혹은 말하기를, '배를 타는 일은 괴로운 일이니 마땅히 벼슬을 주어 수고함을 위로하여야 한다.'는 등과 같은 요긴하지 않은 말이 꽤 많고 백성을 편안하게 하는 간절하고 요긴한 말이 없었으니, 경들은 내일 대궐에 들어와서 각각 백성들이 마음으로 기뻐할 만한 민생에 요긴하고 간절한 말을 진술하도록 하라." 하다.

▪ 7년 6월 17일

임금이 지신사 곽존중을 시켜 전지하기를, "이제 이렇게 가물어 말라 들어가는 것은 그 허물이 어디에 있는지 알지 못하거니와 이제 몇 가지 백성을 편하게 할 법령을 선포하여 하늘의 꾸지람에 답하고자 생각하노니, 그 각각 생각한 것을 다 말하라." 하다.

▪ 7년 6월 19일

이날로부터 조회를 받고 정사를 보며 경연에 나아가는 것을 정지하니 가뭄을 근심함이었다.

북교(北郊)에서 비를 빌다. 범[虎]의 머리를 한강 양화진(楊花津)에 집어 넣다.

■ 7년 6월 20일

예조에서 "『문헌통고(文獻通考)』[49]에 동중서(童仲舒)의 기우하는 법에 의거하오면 '도성 남문을 닫고 북문을 열어 놓는다.' 하였습니다." 하고, 또 "무당을 모아서 기우하는데 고열(苦熱)에 솜옷을 입고 화로를 머리에 이게 하는 것은 신에게 기도하는 뜻에 어그러짐이 있사오니, 이후로는 솜옷 입히는 것과 화로 이는 것을 하지 말게 하고, 3일 동안 정성스럽고 부지런하게 기도하도록 하소서." 하니 그대로 따르다.

■ 7년 6월 21일

각처에 전교하여 새로 조성하는 것과 보수하는 것을 일절 정지하게 하다.

무당을 모아 동교(東郊)에서 비를 빌게 하다.

예조에서 "동중서의 비를 비는 법에 의거하여 지방 인민들로 하여금 각기 이사(理社, 토지의 신을 제사 지내는 당집)에 나아가서 빌게 하고, 또 한성과 지방의 사람들도 집집마다 집에서 빌게 하소서." 하니 그대로 따르다.

■ 7년 6월 22일

임금이 밤을 새워 백관의 진언한 것을 읽고 날이 밝으매 지신사 곽존중을 내전으로 불러 들어오게 하여 말하기를, "내가 어젯밤에 진언한

---

49  중국 송말(宋末) 원초(元初)의 학자 마단림(馬端臨)이 저작한 제도와 문물사(文物史)에 관한 저서. 20년에 걸쳐 완성하여 1319년에 간행했다.

것을 다 보았는데 역시 취할 만한 그것이 있으니 너는 정부와 육조와 같이 의논하여 보라. 내가 마땅히 빨리 시행하겠노라." 하다.

동자(童子) 70명과 도롱뇽을 모아서 경회루 연못가에서 비를 빌다.

저자를 옮기고 양산과 부채를 폐지하고 도살(屠殺)⁵⁰하는 것을 금하다.

경시서(京市署)에 전지하기를, "이제 한재가 심중하니 한성 안의 각 집에서 모두 재계하고 집집마다 기우제를 지내고, 한성 안에서 금령을 범한 자를 이제 우선 보증 받고 석방하라." 하다.


▪ 7년 7월 1일

임금이 "가뭄이 너무 심하다. 소나기가 잠시 내렸으나 안개가 끼고 흙비가 왔을 뿐이었다. 기후가 순조롭지 못하여 이렇게 되니, 장차 벼농사 형편을 나가 보리라." 하고, 드디어 서문 밖에 나가 두루 살피고 돌아와서 대언(代言)들에게 "금년 벼농사는 모두들 '꽤 잘 되었다.'라고 하더니 오늘 보니 눈물이 날 지경이다." 하다.

이날 행차에 다만 입번(入番)⁵¹한 내금위 사금(內禁衛司禁)만 거느리고 산(繖)과 선(扇)은 쓰지 않았다.

벼가 잘 되지 못한 곳을 보면 반드시 말을 멈추고 농부에게 까닭을 물었다. 점심을 들지 않고 돌아오다.

---

50  소 · 돼지 등을 잡아 죽이는 것
51  당번(當番)이 되어 근무처에 들어감.

■ 7년 7월 5일

전지하기를, "내가 천재(天災)를 송구스럽게 여겨 일찍이 정전(正殿)을
피하였던 것인데, 지금 한재(旱災)가 더욱 심하니 이에 본궁으로 피해
있고 싶기는 하나, 오히려 군사들이 한둔하게 될 것이 염려되니 초6일
에 창덕궁으로 옮기는 것이 마땅하겠다." 하다.
원단(圓壇)[52]에 기우제(祈雨祭) 올리다.


■ 7년 7월 7일

임금이 가뭄을 민망하게 여겨서 신하들을 불러 "20년 이래로 이와 같
은 가뭄은 보지 못하였는데 생각건대 내가 덕이 없기 때문이라, 감히
커다란 집에 편안히 있을 수 없어서 본궁으로 피하여 있고자 하나, 더
위는 혹심한데 군사가 있을 만한 곳이 없어서 그냥 이 궁에 거처하는
것이다. 궁중에 거처할 만한 곳이 세 곳인데 내가 정전(正殿)에 거처하
지 않고 바깥 측실(側室)에 가서 거처하면서 재앙을 그치게 할 도리를
생각할까 한다. 그러나 오히려 서이궁(西離宮)에 나가서 하늘의 꾸지람
에 답하였으면 하는 생각인데 어떠하냐?" 하다.


■ 7년 7월 11일

임금이 "내가 원단에 향을 전하던 날(7월 4일)은 밤낮을 꼬박 오도카니
비를 기다렸는데, 서풍이 그치지 않아서 마침내 비는 오지 않을 것인

---

52  천자가 하늘에 제사 지내는 곳. 원구단(圓丘壇) 또는 환구단(圜丘壇)이라고도 했다.

가 깊이 염려하였다. 한참 뒤에 동풍이 불기 시작하더니 사흘 안에 세찬 비가 내렸다. 이것은 오로지 경들의 정성이 하늘을 감동시킨 때문이므로 말 1필씩을 주어서 비가 온 것을 기뻐하는 나의 뜻을 표시하는 것이다." 하다.

■ 7년 7월 27일

처음으로 한성과 기내(畿內)[53]에 중들과 무녀를 시켜 기우(祈雨)하고, 또 여염집 사당과 마을 사당에도 한날한시에 모여 3일 한정으로 기우하도록 하였다.

■ 7년 7월 28일

의정부와 육조에서 대궐에 나아가 문안하였다.

임금이 가뭄을 걱정하여 18일부터 앉아서 날 새기를 기다렸다. 이 때문에 병이 났으나 외인(外人)에게 알리지 못하게 하였는데, 이때 와서 여러 대신이 알고 고기 찬 드시기를 청하였다.

■ 7년 7월 29일

임금이 "내 병은 어제부터 나았으니 다시는 문안하지 말라." 하였다.

영돈녕 유정현이 지신사(知申事) 곽존중에게 "임금의 체후(體候)[54]가 편

---

53  고대의 서울을 중심한 사방 500리 이내의 땅. 경기도 일원을 말한다.

54  남에게 안부를 묻는 경우 그의 기거(起居, 일상생활, 일정한 곳에서 잠을 자고 식사를 하는 것 등 일상적인 생활을 하는 것)를 높여 일컫는 말

하지 못한 지가 이미 여러 날이었으나, 신하가 즉시 알지 못하였으니 크게 유감스럽소. 어찌 알리지 않았소." 하니, 곽존중이 "일찍이 분부하시기를, '내 병은 경미하니 여러 대신에게 알리지 말라.'라고 하셨기 때문에 이내 알리지 못했습니다. 만약 병환이 위독하시다면 비록 임금의 분부가 그러할지라도 어찌 감히 말씀드리지 않았겠습니까. 궐내에 있는 약방 대언(의무비서관)과 저만이 알고 있을 뿐이고 그 밖에는 대언들도 알지 못하고 있습니다." 하였다.

유정현이 "그전에 태종께서 조그만 병환에 걸리셨는데 여러 신하가 문안하느라고 진퇴하는 데에 폐가 있을까 염려하여 외인에게 알리지 않으셨는데, 나는 불가하였다고 생각하오. 대저 병은 증세가 여러 가지여서 처음엔 작은 듯하다가 갑자기 위독하게도 되는 것이니 반드시 증세에 따라 조심스레 다스려야 후환이 없는 것인데, 위독하게 되어서 능히 구원할 수 없게 됨에 비하면 마땅히 신하들로 하여금 약을 의논하여 올리도록 해야 할 것이지, 신하들로 하여금 알지 못하게 해서는 아니 되오. 또 의원들이 어찌 능히 병 증세를 참으로 알며, 어떤 증세라고 하면서 약을 올리는 것도 또한 믿을 수 없는 것이오. 반드시 대신을 시켜 의원을 거느리고 증세에 따라 약을 올리도록 하는 것이 옳다고 나는 생각하오. 지금은 임금의 병환이 조금 나으시나, 후일에는 마땅히 이와 같이 할 것이며, 중궁(中宮)께서 편하지 못하여도 또한 대신이 주장하도록 하여야 하오. 모름지기 이와 같이 아뢰어서 일을 정할 것이니 소홀히 해서는 아니 되오." 하였다.

■ 7년 윤7월 2일

명나라 전 황제에 대한 거애(擧哀, 초상 난 것을 알림)를 행하다.

임금은 병으로 나오지 못하였고, 고기 찬을 폐하였다.


■ 7년 윤7월 3일

비가 오다.

평안도 감사가 급보(急報)하기를, "사신 4인이 7월 28일에 요동을 출발
하여 나온다고 합니다." 하니, 원접사(遠接使)로 형조판서 권진과 도총
제 이발을 시켜 선온(宣醞, 술과 찬)을 가지고 마중 가게 하였다.


■ 7년 윤7월 4일

비가 오다.


■ 7년 윤7월 5일

비가 오다.

의정부에서 백관을 거느리고 경복궁에 나아가 4품관 이상이 성복(成
服)하였다. 제용감제조(濟用監提調)[55] 김겸이 참최복(斬衰服, 상복)을 바치
어 을시(乙時)[56]에 임금이 궁중에서 성복하니, 몸이 편찮기 때문이었다.

---

55  제용감은 모시[苧]·마포(麻布)·피물(皮物)·인삼(人蔘) 등의 진상, 사여(賜與)되는 의복·사라(沙
羅)·능단(綾緞)에 관한 일, 교환수단으로 통용한 포화(布貨)의 관리 등을 맡아본 관청이고, 제조는
그 관청의 책임자이다.
56  24시간 가운데에 여덟 번째 시간. 오전 6시 30분부터 7시 30분까지이다.

▪ 7년 윤7월 6일

비가 오다.

의정부에서 백관을 거느리고 경복궁에 나아가 곡례를 행하다.

▪ 7년 윤7월 7일

비가 오다.

▪ 7년 윤7월 8일

비가 오다.

의정부에서 백관을 거느리고 경복궁에 나아가 상복을 벗다.

▪ 7년 윤7월 9일

비가 오다.

▪ 7년 윤7월 10일

비가 오다.

임금이 의정부와 육조에 명 사신을 맞이할 방도를 의논케 하다.

여러 사람이 의논하여 "사람을 시켜 중국 사신에게 말하되 '전하께서는 두통과 이질(痢疾)을 여러 날 앓으시는 중이다. 이달 초2일에 선황제(先皇帝)의 돌아가심을 듣고 병중임에도 곧 여러 신하를 거느리고 거애하시었고, 얼마 후에 당신네가 온다는 것을 들었을 때는 전하의 병세가 조금 낫다가 이달 초7에 병환이 다시 도져서 오는 16일에는 사신을 맞이하지 못할 듯하니 유후사(留後司)에 조금 머무르며 전하의 병세가 낫기를 기다리기 바란다. 전하의 병환이 쾌차되시지 않아서 온 나라가 매우 걱정하는데 사신의 의견을 듣고자 한다.'라고 해야겠습니다." 하니, 임금이 "좋다." 하고, 곧 좌부대언(左副代言) 김자에게 명해 두 사신에게 가서 의논하도록 하였다.

▪ 7년 윤7일 12일
비가 오다.
2품직 이상이 문안하다.

▪ 7년 윤7월 13일
유조 받든 사신이 유후사에 머물러 있다는 좌부대언 김자의에게 "유조를 받든 사신이 전하의 체후(體候)가 편하지 못하시다는 말을 듣고 놀라고 근심하여 유후사에 머물러 환후가 회복되기를 기다리고자 합니다." 하였다.

▪ 7년 윤7월 18일
의정부와 여러 조(曹)에서 2품직 이상이 문안하다.

▪ 7년 윤7월 19일
임금이 병을 참으면서 소연(素輦)을 타고 왕세자 이하 백관을 거느리고 모화루에 거둥하였다. 흰옷을 입고 유조를 맞이하여 경복궁에 와서 곡례(哭禮)를 의식대로 행하였다.
사신과 사례(私禮)를 행한 다음 사신은 사관에 돌아가고, 임금은 백관을 따라서 오지 못하게 하고 지름길로 환궁하였다. 임금이 편찮았으나 시의(侍醫)[57] 외에는 대소 신하들이 뵈올 수 없었으므로 임금이 오랫동안 병환이 경한가 중한가를 몰랐는데, 이날 백관이 임금의 얼굴빛이 파리하고 검어졌음을 보고서 비로소 병환이 심한 줄을 알고 모두 놀랐다.

■ 7년 윤7월 21일
임금의 병환으로 왕세자가 대신해서 조서(詔書)를 맞이하겠다고 알리다.

■ 7년 윤7월 22일
등극사(登極使)[58] 예부 낭중 초순과 홍려소경, 노진이 입경하다. 세자가 하마연을 행하다.

■ 7년 윤7월 23일
세자가 명을 받들고 태평관에 가서 익일연(翌日宴)을 베풀다.

■ 7년 윤7월 24일
임금의 병환이 심하여 대신들이 종묘사직과 산천에 기도하다.

---

57  임금의 병을 전문적으로 맡아보는 의사
58  이해 5월 명나라 홍희제(洪熙帝)가 죽고 선덕제(宣德帝)가 등극했는데, 새 황제의 등극 조서(詔書)를 받들고 온 사신

병조판서 조말생과 이조판서 허조 등이 임금의 병환이 심하다는 것을 듣고 걱정하여 여러 대언과 의논하고 종묘와 산천에 기도하고자 하여 이조 정랑 김종서를 시켜 영돈녕(領敦寧)[59] 유정현, 영의정 이직, 우의정 유관에게 가서 가부를 물으니, 모두 "기도를 속히 행하는 것이 마땅하다. 이전에도 임금이 병이 있으면 종묘와 산천에만은 기도하였다."라고 하고, 지신사 곽존중이 "사직은 일국 토신의 으뜸인데 산천에만 기도하고 사직에는 기도하지 않는 것은 의리상 부족한 일인가 합니다." 하니, 대신들이 모두 옳다 하였다.

길일을 가려 대신과 근시(近侍)[60]가 종묘, 사직, 소격전(昭格殿),[61] 삼각산, 백악산(白嶽山), 목멱산(木覓山), 송악산(松岳山), 개성 덕적도(德積島), 삼성산(三聖山), 감악산(紺岳山), 양주 서낭당에 기도하였다. 처음에 대신이 부처를 모신 절에도 기도하려고 하였는데 임금이 이 소문을 듣고 중지시켰다.

### ▪ 7년 윤7월 25일

요동 의원(醫員)으로서 하양이라는 사람이 사신 제현(齊賢)을 따라왔었다. 지신사 곽존중이 명을 받들고 하양을 청해서 임금의 병을 진찰시켰다.

---

59 종친부에 속하지 않은 종친과 외척을 위해 설치되었던 관서인 돈녕부(敦寧府)의 최고 책임자인 영돈녕부사(領敦寧府事, 정1품)

60 임금을 측근에서 모시는 일 또는 그러한 신하. 주로 왕명의 출납을 담당하는 승정원(承政院)의 승지(承旨)나 환관(宦官), 사관(史官) 등을 말한다.

61 도교(道教)의 초제(醮祭)를 주관하던 도관(道觀). 조선 건국 초에 상제(上帝)와 성신(星辰) 그리고 노자(老子)에게 초제하기 위해 세운 것인데 세조 때 소격서(昭格署)로 이름을 바꾸었다.

하양이 나와 "전하의 병환이 상부는 성하고 하부는 허한 것은 정신적으로 과로한 때문이다. 먼저 소담(消痰)할 약을 복용하고 다음에 비위(脾胃)⁶²를 온화하게 할 약을 복용한 다음에 조리할 약을 진어(進御)하여야 할 것입니다." 하면서 향사칠기탕(香砂七氣湯)과 양격도담탕(涼膈導痰湯)을 합제(合劑)한 방문을 내었다. 그러나 이 약은 의서(醫書)에 보이지 않는 것이므로 진어하지 않았다.

▪ 7년 윤7월 29일

사신이 "지금 출발할 때를 당해서 우리들은 비록 전하의 병환을 직접 문병할 수 없으나, 내관 대인은 친히 궐내에 들어가서 문병하는 것이 가하오." 하니, 민생과 곽존중이 "전하께서 능히 기동하지 못하는데 존사를 어찌 접견하겠소." 하였다.

사신이 "우리들이 복명할 때에 황제께서 전하의 병세가 어떤가를 물으시면 뵈옵지 못하였다는 것으로 대하는 것이 가하겠소? 이 뜻을 전하께 알리기를 청하오." 하였다.

▪ 7년 8월 1일

사신 제현(齊賢)이 "황제께서 만약 전하의 병환을 물으시면 소인은 장차 무엇이라고 아뢰오리까." 하고, 드디어 본궁(本宮)에 나아가서 문병하였다. 세자가 대문에 나가서 안으로 맞아들였다.

---

62　음식물의 소화와 흡수를 담당하는 장부(臟腑)에 대한 통칭

세 사신이 제현을 맞이하여 전하의 안부를 물으니, 제현이 곽존중 등을 앞으로 내세워서 듣게 하면서 세 사신에게 "전하께서 병이 심하고 파리하시더이다." 하다.

(임금의 문병을 마친 사신 제현에게 밖에 남아 있던 세 사신이 임금의 용태를 물었고, 제현은 곽존중에게 듣게 하며 세 사신에게 설명하였다.)


■ 7년 8월 9일

임금의 병환이 이날부터 조금 나아서 여러 대신에게 "내가 처음 병을 앓기 시작한 지가 벌써 50일이 되고, 그동안에 몹시 앓던 것도 또한 열흘은 되었다. 그러나 내 심기(心氣)가 혼미하지 아니하니 차차 나을 줄로 안다. 사신들이 떠날 적에 자기네가 압록강을 넘기 전에 나의 병이 낫거든 사람을 보내 알려 달라고 하였으니 사람을 시켜 알리는 것이 어떠하냐." 하다.


■ 7년 8월 14일

이조에서 삼군도진무(三軍都鎭撫)에 문신으로 교대로 임명하고자 하여 맹사성과 신상을 천거한 일이 있었는데 임금의 병환이 위중하여 곧 임명하지 못하였더니, 이때 이조판서 허조가 호조판서 안순과 예조판서 이맹균을 더 천거하였으나 임금은 맹사성을 임명하다.


■ 7년 8월 16일

임금이 대신들에게 "내 병이 낫기 시작하였으니 이제부터는 자주 문안하지 말라." 하다.

▪ 7년 8월 19일

대언이 비로소 대내(大內)에 들어와 일을 보고하다.


▪ 7년 8월 23일

임금이 "내 병이 다 나았으니 지신사와 약방 대언이 서로 번갈아 입직(入直)하라." 하니, 곽존중·정흠지 등이 "성상의 체후가 비록 편하다 하시나 기력이 아직 충실하지 못하시니 예전과 같기를 기다려서 번갈아 입직하기를 청합니다." 하니 그대로 따르다.


▪ 7년 8월 26일

전지하기를, "내 병이 완전히 나았으니 지신사와 약방 대언들은 입직하라. 딴 예에 따라서 곽존중, 정흠지와 의원 양홍달, 조청에게 각각 안장 갖춘 말 1필씩과 박윤덕, 노중례에게 각각 말 1필씩을 주라." 하다.


▪ 7년 8월 29일

임금이 "내가 내달 초2일부터 정사를 보려고 한다." 하니, 지신사 곽존중이 "전하의 체후가 좋아지신 지가 오래지 않았으니 기체를 편하게 수양하시다가 내달 보름 뒤에 조회를 보셨으면 합니다." 하다.
임금이 "내 오랫동안 여러 대신을 접견하지 못하여 보고 싶은데 여러 대신은 어찌 나를 보고 싶지 않겠는가. 그러므로 내가 속히 정사를 보고자 하는 것이나, 마땅히 다시 생각해 보리라." 하다.

▪ 7년 9월 8일

효령대군,[63] 공녕군,[64] 근녕군,[65] 의성군[66]을 불러 술자리를 베풀다.


▪ 7년 9월 11일

임금이 후원에서 말을 타고 병후(病後) 기력을 시험해 보다.


## 6. 관 짤 것을 의논하는 신하들

50여 일의 와병 끝에 세종은 병석에서 떨쳐 일어났다. 천만다행이
다. 먼 훗날 세종은 가뭄에 대한 걱정 때문에 병환을 얻었던 일을 술
회한다. 이 술회에서 세종은 자신의 관을 짤 것에 대해 논의하는 신
하들의 말을 듣고 자기 병이 얼마나 위중한지 알고 있었다고 밝힌다.


▪ 22년 5월 8일 (44세)

우찬성(右贊成) 하연과 예조판서 민의생 등이 "근자에 전하께서 가뭄
을 근심하여 술을 드시지 않으니 신등은 참으로 이것으로 인하여 건
강을 잃으시어 신민의 근심을 끼칠까 두려워합니다. 또 어제의 비가

---

63  효령대군(孝寧大君, 1396~1486) : 태종과 원경왕후(元敬王后) 민(閔)씨 사이의 둘째아들인 이보(李補)
64  공녕군(恭寧君, 1402~1467) : 태종과 신빈(信嬪) 신(辛)씨 사이의 아들인 이인(李祀). 1433년 함녕군
    (諴寧君)으로 고쳤다.
65  근녕군(謹寧君, 1401~1461) : 태종과 신빈(信嬪) 신(辛)씨 사이의 아들인 이농(李襛)
66  의성군(誼城君, 1411~1493) : 효령대군(孝寧大君)의 맏아들인 이용[李宏, 또는 이채(李寀]]

비록 흡족하지는 못하나 화곡은 다시 소생할 수 있으니 조금 염려를 놓으실 수 있습니다. 원컨대 술(약술)을 내오는 것을 허락하소서." 하고, 인하여 술을 드리었다.

임금이, 만일의 사태에 대비한 은밀한 논의가 병석의 세종 귀에 들리다.

"을사년(세종 7년, 당시 29세)에 내가 가뭄을 근심하여 술을 내오지 못하게 하여 시기가 지나도록 먹지 않아 병을 얻어 신하들이 나를 위하여 두려워한다. 나도 역시 이 뒤로부터 매양 하늘의 재앙을 당하면 비록 음식을 감하게 하나 주린 것을 참는 데에 이르지 않게 하고, 기운이 만일 순조롭지 못하면 혹 술을 마시기도 한다. 또 근일에 복약하는 것으로 인하여 술을 마시니 이것으로 또한 족한 것이다. 어찌 다시 술을 내올 것인가. 경등은 말하지 말라." 하다.

▪ 31년 11월 15일 (53세)
임금이 우부승지 이계전에게 "을사년(7년, 당시 29세)에 위태로운 증상이 백에 하나도 살 가망이 없을 정도로 병이 중하고 극히 심각해 외간(外間)[67]에서 관곽(棺槨)[68]을 짜기까지 하였다. 그러나 나는 아직까지 무슨 증세인지 알지 못하고 있는 것이다." 하다.

---

67  ① 친척이 아닌 남 ② 자기 집 밖의 다른 곳
68  시체를 넣는 속 널과 겉 널(관)

## 7. 세종의 일상

세종은 새벽 5시에 일어나 밤늦게까지 일했다. 손 놓고 한가로이 앉아 있을 때가 없었다. 늘 새벽에 정사를 시작하고 이어서 경연에 나아가기를 게을리하지 않았다. 글을 읽으며 밤중이 되어도 그치지 않으니 아버지 태종이 "과거 보는 선비는 몰라도 어찌 임금이 이렇게까지 할 수 있느냐." 하고 걱정할 정도였다.

새벽부터 밤늦게까지, 어떤 때는 잠 못 이루고 날을 새야 할 만큼 세종의 일과는 그야말로 숨 돌릴 새가 없었다. 젊었을 때야 체력으로 버틴다 하지만, 나이가 들수록 그 많은 일을 해내는 데에는 체력적 한계가 따를 수밖에 없었다. 이처럼 빡빡한 일정 속에서도 세종은 손에서 책을 놓지 않아 임금이 읽어야 할 책들 가운데 읽지 않은 것이 없었으며, 경서는 100번 이상 읽기도 했다.

▪ 세종의 일과표

5시  기상

죽을 먹는다

5시 30분~8시  조회

아침 식사

10시~12시  윤대

점심 식사

2시~4시  경연(학술토론 및 정책토론)

4시~6시  상소문

저녁 식사

7시~9시  도승지 정책회의 및 신임 관리 면담

10시  야참. 이후 개인 시간


왕은 하루 5회 식사, 이른 아침의 초조반, 아침 수라, 점심의 낮것
상과 저녁 수라, 밤중에 내는 야참 등이 있었다.


▪ 14년 5월 3일

우의정으로 물러난 유관이 "이전에는 3, 4일씩 건너서 조계(朝啓)[69]를 거
행하여도 오히려 임금의 몸이 피로하실까 두려워하였는데, 지금은 날
마다 조계에 납시고 또 상참(常參, 중신과 시종관이 편전에서 임금께 정사를 아
뢰는 일)의 예까지 거행하셔서 근심하시고 노고를 하심이 지나치시니
신의 마음이 불안하옵니다. 원컨대 상참은 중지하시옵소서." 하다.


▪ 5년 8월 4일

경기 · 충청 · 경상 · 전라 · 강원 · 황해 · 함길도의 감사에게 전하여
칠목(漆木, 옻나무) 열매를 이삭까지 달아서 따서 아무 탈 없이 하여 한
성으로 올려 보내도록 하다. 대개 기름을 짜서 임금이 밤에 독서하는
데 제공하려 한 것이니, 그 기름이 연기가 없고 밝은 때문이다.


---

69  매일 아침 문무백관이 상복(常服) 차림으로 임금을 조알하는 상참(常參)을 마친 후 조신(朝臣)들이
    임금에게 국사(國事)를 아뢰는 정규 회의

▪ 원년 2월 17일

탁신은 "신이 일찍이 대궐에 나아가 전하께서 손에서 책을 놓지 아니하시고 밤이 깊어야 주무신다는 말을 듣고 무엇보다 기뻤사옵니다. 원하건대 전하께서 이 마음을 지키시어 게을리 마시옵소서." 하다.

▪ 5년 12월 23일

『통감강목(通鑑綱目)』[70]을 강독한 끝에 임금이 동지경연사(同知經筵事)[71] 윤회에게 "진서산(眞西山)이 말하기를, '『통감강목』은 권질(卷帙)이 많아서 임금은 다 보기가 쉽지 않다.'라고 하더니, 내가 경자년(세종 2년)부터 강독을 시작하여 지금까지 이르렀는데, 그 사이에 혹은 30여 번을 읽은 것도 있고 혹은 20여 번을 읽은 것도 있기는 하나 참으로 다 보기는 어려운 책이다."라고 하다.

임금이 잠저(潛邸)에 있을 때부터 학문을 좋아하고 게을리하지 않아서 일찍이 경미한 병환이 있을 때도 오히려 독서를 그치지 아니하므로, 태종께서 작은 환관을 시켜 그 서책을 다 가져다가 감추게 하고 다만 『구소수간(歐蘇手簡)』만을 곁에 두었더니 드디어 이 책을 다 보시었다. 즉위하심에 이르러서는 손에서 책을 놓지 않아 비록 수라(水刺)를 들때도 반드시 책을 펼쳐 좌우에 놓았으며, 혹은 밤중이 되도록 힘써 보시고 싫어하지 않으셨다.

---

70  중국의 역사책. 사마광(司馬光)의 『자치통감(資治通鑑)』을 강(綱)과 목(目)으로 나누어 편찬한 것이다. 주희가 직접 만든 범례 한 권에 의해 그 문인 조사연(趙師淵) 등이 전편 59권을 편찬했다.
71  경연청에 소속된 종2품 관직

일찍이 근신(近臣)에게 "내가 궁중에 있으면서 손을 거두고 한가롭게 앉아 있을 때는 없다." 하셨으니, 이러하시기 때문에 경적(經籍)에 널리 통하시었고 심지어는 본국 역대의 사대문적(事大文籍)에 이르기까지 보시지 않은 것이 없었다.

▪ 20년 3월 19일

"내가 경서(經書)와 사기(史記)는 보지 않은 것이 없고, 또 지금은 늙어서 능히 기억하지 못하나 지금에도 오히려 글 읽는 것을 치우지 않는 것은 다만 글을 보는 동안에 생각이 일깨워져서 여러 가지로 정사에 시행되는 것이 많기 때문이다."

▪ 32년 1월 18일

임금이 돈독하게 학문을 좋아하기를 게을리하지 않아, 집현전을 설치하고 문사(文士)를 모아서 강관(講官)[72]에 충당시키고 밤마다 3, 4고(鼓)가 되어야 비로소 취침하며, 중관(中官, 내시)을 보내어 숙직하는 곳에 가서 고문(顧問)하기를 끊이지 아니하므로, 당직(當直) 된 사람은 반드시 밤새도록 의관을 단정히 하고서 기다려야 했었다.

▪ 32년 2월 22일

"왕은 매일 사고(四鼓)에 일어나서 환하게 밝으면 군신의 조참을 받은

---

72  임금이나 세자가 경연(經筵)이나 서연(書筵)을 할 때 경서 등을 강론하는 문관(文官). 그러나 여기에서는 집현전(集賢殿) 관리들에게 강의하는 관리를 말한다.

연후에 정사를 보며, 모든 정사를 처결한 연후에 윤대(輪對)를 행하여 나라를 다스리는 도리를 묻고, 수령의 하직을 고하는 자를 불러 보고 면담하여 형벌 받는 것을 불쌍하게 생각하며 백성을 사랑하라는 뜻을 타이른 연후에 경연(經筵)에 나아가 성학(聖學)[73]에 잠심(潛心)[74]하여 고금을 강론한 연후에 내전으로 들어가서 편안히 앉아 글을 읽으시되, 손에서 책을 떼지 않다가 밤중이 지나서야 잠자리에 드시니, 글은 읽지 않은 것이 없으며 무릇 한 번이라도 귀나 눈에 거친 것이면 종신토록 잊지 않았는데, 경서(經書)를 읽는 데는 반드시 100번을 넘게 읽고 자사(子史, 공자의 손자)는 반드시 30번을 넘게 읽고, 성리(性理)의 학문을 정밀하게 연구하여 고금에 모든 일을 널리 통달하셨습니다."

## 8. 세종이 좋아한 운동, 타구와 승마

세종은 격무로 누적된 스트레스를 풀고 건강도 보살피기 위해 타구(打毬)를 즐겼다. 실록의 설명에 따르면 타구란 현재의 골프와 흡사한 경기였다. 타구는 무엇보다도 멀리 갈 필요 없이 내정에서 할 수 있어 좋았고, 특히 추운 겨울철에도 할 수 있는 좋은 운동이었다. 세종으로서는 아버지와 함께 즐길 수 있어서 더욱 좋았을 것이다. 말년의 태종은 날씨가 쌀쌀할 때 즐길 수 있는 것 중에서 임금과 타구를

---

73  성인(聖人)이 주창하고 가르치거나 닦아 놓은 학문. 곧 유학(儒學)
74  어떤 일에 마음을 두어 깊이 생각함.

하는 것이 제일이라고 말했다. 덕분에 세종의 건강에도 많은 보탬이
되었을 것이다.

당시에는 마땅한 교통수단이라야 말 외에 특별한 것이 없어서 이
동할 때에는 보통 말을 타게 되었다. 세종도 밖으로 시찰을 나간다든
지 군사 훈련을 간다든지 할 때에는 말을 타야만 했다. 세종은 말에
대한 지식도 상당했던 것으로 보인다. 이러한 점은 건강 증진 측면에
서 많은 도움을 주었을 것이다. 세종은 병을 앓고 난 후 말 타기로 기
력을 시험해 보기도 했다. 그러나 35세 이후에는 타구 구경, 투호 구
경이나 매사냥 등을 자주 하게 된다.

▪ 3년 11월 25일

태종이 임금과 더불어 비로소 신궁의 내정에서 타구를 하다. 일기가
추워서 교외에는 나갈 수 없으므로 내정에서 이 놀음을 하였는데, 이
듬해 봄에 이르러서야 그치었다. 타구를 같이 한 사람은 효령대군, 익
평부원군(益平附院君), 경녕군, 공녕군, 의평군(義平君), 순평군(順平軍),
한평군(漢平君), 도총제(都摠制) 이징, 이담, 광록경(光祿卿) 권영균이다.
타구하는 방법은 편을 나누어 승부를 겨루는 것이다. 치는 몽둥이는
모양은 숟가락과 같고 크기는 손바닥만 한데, 물소 가죽으로 만들었으
며 두꺼운 대나무로써 합하여 자루를 만들었다. 구의 크기는 달걀만
한데 마노(瑪瑙), 혹은 나무로써 만들었다. 땅을 주발과 같이 파서 이름

을 와아(窩兒)<sup>75</sup>라 하는데 전각(殿閣)을 사이에 두고 섬돌 위 혹은 평지에 구멍을 만든다. 공을 치는 사람은 꿇어앉거나 서서 구를 치는데 구가 날라 넘어가기도 하고 비스듬히 일어나기도 하고 구르기도 하여 각기 구멍 있는 데의 적당한 데 따라서 한다. 공이 구멍에 들어가면 점수를 얻게 된다.

▪ 3년 11월 26일

신궁에 문안하여 태상왕(태종)을 모시고 타구했는데 태상왕이 이기다. 태상왕이 병조에 "무릇 진 사람은 잔치를 베풀지 않는가."라고 하니, 조말생이 "먼저 패한 사람은 작은 잔치를 베풀고, 뒤에 패한 사람은 큰 잔치를 베푸소서."라고 하다.

전일에는 태상왕이 지고 오늘은 임금이 진 까닭이다.

▪ 3년 11월 30일

신궁에 문안하니 태상왕이 잔치를 베풀고 풍악을 연주하다. 효령대군, 공녕군, 순평군, 도총제 이징, 이담, 한평군, 의평군, 광록경 권영균 등이 잔치에 배석하여 해가 져서야 잔치를 파하다. 전일에 타구 놀음을 하다가 진 때문이다.

---

75　땅을 주발 모양과 같이 파서 공을 들여보내는 구멍

- 4년 1월 4일

태상왕과 임금이 내정에서 타구를 하는데 효령대군과 인, 석근, 원생, 군생과 조연, 이징, 이담, 권영균 등이 들어와서 모시다.


- 4년 1월 11일

태상왕과 임금이 종친을 거느리고 내정에서 타구를 하다.


- 4년 1월 12일

태상왕이 수강궁에 거둥하였는데 임금이 나아가서 뵙다. 풍악을 베풀고 술자리를 마련하였으며 내정에서 타구를 하다.


- 4년 1월 22일

태상왕과 임금이 경복궁에 가서 술자리를 베풀고 풍악을 연주하고 타구를 하다.


- 원년 8월 28일

노상왕(정종)이 광진(廣津)에 있었는데 상왕(태종)은 임금과 더불어 동교(東郊)의 대산(臺山)으로 거둥하여 노상왕을 맞이하여 술자리를 베풀다. 매우 즐기다가 해가 질 무렵에야 파하다.

상왕은 백마를 타고 돌아오던 도중에 말에서 내려 하연을 불러 "이 말의 안장을 바꾸어 임금에게 바치라. 내 평소에 이 말이 양순하므로 아끼었더니 주상에게 물려 주노라." 하고, 이어 다른 말을 바꾸어 타고 가다.

■ 2년 2월 15일

상왕 태종과 세종 두 임금이 군장산(軍藏山)과 금굴산(金堀山)[76]에서 사냥을 구경하다.

상왕이 "바닥에 돌이 많아서 말이 만일 쓰러지면 후회한들 소용이 있겠느냐. 나와 주상이 돌아다닌 지가 벌써 10여 일이 되었으니 후회되는 일이 생기지 않게 하겠노라." 하고, 드디어 말을 달리지 아니하다. 낮참에 산 아래에서 머무르다.

■ 3년 2월 26일

상왕이 용문산(龍門山)에서 사냥할 때 손수 사슴을 쏘아서 잡았다. 임금은 거상(어머니 상제)을 마치지 아니하였으므로 활과 화살을 잡지 아니하고 효령대군과 함께 한 모퉁이에 말을 세우고 상왕이 짐승 잡는 것을 보고만 있었다.

■ 7년 5월 11일

임금이 대언(代言) 등에 "내가 말을 탄 지가 날이 오래되었으니 교외에 나가서 농사도 보고, 또 효령(孝寧)이 서교 별서(西郊別墅)[77]의 강 위에 정자를 짓고 나에게 와서 보라고 청하므로, 오는 13일에 효령과 함께 갈 것이니 그대들은 그리 알라."라고 하다.

---

76  태종과 세종은 2월 2일 강무(講武)를 위해 해주(海州)로 떠나 22일 환궁하였다.
77  효령대군이 서교에 별장을 지었는데 세종이 희우정(喜雨亭)이라 이름을 내렸다. 성종 갑진년(1484)에 월산대군(月山大君)이 고쳐 짓고 망원정(望遠亭)이라 했다. 현재 마포구 합정동에 있다.

■ 7년 5월 13일

이날 임금이 홍제원(洪濟院), 양철원(良哲院)[78]에서 영서역(迎曙驛)[79] 갈

두(加乙頭)[80] 들에 이르기까지 고삐를 잡고 천천히 가는 길에 밀, 보리

가 무성한 것을 보고 임금이 흔연히 기쁜 빛을 띠고 정자 위에 올라

막 잔치를 벌이는데, 마침 큰비가 좍좍 내려서 잠깐 사이에 네 들에 물

이 흡족하니 임금이 매우 기뻐서 이에 그 정자의 이름을 희우정(喜雨

亭)이라고 짓다.


■ 7년 5월 15일

임금이 왕세자 이하 문무 군신을 거느리고 나아가 모화루에서 영접하

여 사신과 더불어 나란히 말을 타고 태평관(太平館)에 이르러 하마연

(下馬宴)을 베풀다.


■ 7년 7월 1일

벼가 잘되지 못한 곳을 보면 반드시 말을 멈추고 농부에게 까닭을 물

었다.


■ 7년 9월 11일

임금이 후원에서 말을 타고 병후(病後) 기력을 시험해 보다.

---

78  원(院)은 여행자를 위한 숙박시설이다. 현재의 홍제동과 불광동 사이에 있던 원으로 추정된다.
79  현재의 은평구 불광동과 대조동 인근에 있던 역으로 서울과 관서(關西) 지방을 연결하는 대로역(大
    路驛)이었다.
80  마포구 합정동에 있던 마을로서, 망원동의 원마을로 덜머리라고도 한다.

▪ 7년 10월 9일

임금이 "사복시에 탈 만한 말이 없다. 지난번 광주(廣州)에서 훈련할 적에 탔던 말이 날뛰고 길들지 않았는데 이는 조련하지 아니했기 때문이다. 또 해주에는 새와 짐승들이 많으니 사냥을 해가면서 조련할 수가 있다.

▪ 7년 11월 20일

임금이 대언(代言)들에 일러 "내가 잠저(潛邸)[81]에 있을 때 일찍이 이 일을 시험하여 보았는데 참으로 말 타기를 익히는 데에 도움이 되므로, 태종 때에 하고자 하였으나 마침 유고(有故)하여서 실행하지 못하였다." 하다.

(여기서 '시험해 보려 한 일'은 '격구'이다.)

▪ 24년 3월 14일

중궁의 행차가 삼석탄(三石灘) 다리 가에 이르니, 먼저 다리 양측에 장(帳)을 드리운 후 중궁은 연(輦)에서 내려 걸어서 지나가고 임금은 뒤에서 말을 타고 건넜다.

▪ 31년 2월 23일

함길도 감사에게 유시하기를, "그 도는 본디 호마(胡馬)[82]가 생산되는

---

81  국왕이 즉위하기 전에 거주하던 사저
82  만주나 중국에서 나는 말. 전하여 오랑캐의 병마(兵馬)를 가리킨다. 키가 크고 날렵하게 생겼다.

땅이다. 태조께서 타시던 팔준마(八駿馬)도 실로 그 땅에서 났고, 그 뒤에 밤색말[栗色馬]과 옥비흑마(玉鼻黑馬)도 몸이 크고 건장하여 내가 탔는데, 이제 들으매 도내(道內)에 좋은 말이 없다고 하나, 민간에서 매매하는 야인의 말이나 그곳에서 생산한 말 가운데 널리 구하고 정밀하게 골라서 그 값을 넉넉하게 주고 빈마(牝馬, 암말)·모마(牡馬, 숫말) 아울러 10필을 보내되, 만약 쉽게 구할 수 없으면 억지로 구할 필요는 없다." 하다.

# 3 장

# 성군으로 가는 가시밭길

## 1. 태종의 죽음, 양녕대군에 대한 논란

태종은 세자 자리에서 쫓겨난 양녕대군을 가엾게 여겨 일생 동안 잘 대해 달라고 세종에게 부탁했다. 세종은 자신에게 왕위를 넘겨 준 양녕대군에 대해 진심으로 고마워하는 마음을 가졌기에 양녕을 지키기 위하여 온갖 노력을 다한다.

그렇지만 '폐세자'라는 엄청난 사건이 개재되어 있었기에 당사자들과는 무관하게, 말하기 좋아하는 사람들로 인해 형제간에 오해가 싹틀 수도 있고, 권력을 탐하는 무리들이 형제간의 싸움을 부추길 가능성이 없는 것은 아니었다. 태종이 살아 있는 한 폐세자 양녕대군을 둘러싼 문제들이 크게 대두될 수는 없었다. 그러나 태종의 갑작스러운 죽음으로 인해 세종과 양녕대군에 대한 소문과 그에 대한 경계심이 일었다.

- **6년 10월 27일**

갑사(甲土) 지영우(池英雨)는 말을 만들어 견룡(牽龍)[83] 노치(盧致)에게 이르기를, "내가 들으니, 임금이 철원에 거둥하여 군사를 삼기(三岐)에 모을 때 양녕대군이 수강전(壽康殿)에 나가 병권을 장악한다 하는데 그런가?" 하였다.

난언죄(亂言罪)[84]를 범한 갑사 지영우에게 장(杖) 100, 도(徒) 3년에 처하였다.

(실제로 10월 2일, 세종은 강무하던 중 철원 삼기에 머물렀다.)

## 2. 양녕대군에 관한 헛소문

태종 사망 후 2년 지난 어느 날, 어떤 군사가 양녕대군이 혁명을 일으키려 한다는 말이 있는데 그게 맞느냐 하고 다른 사람에게 물어봤다고 한다. 놀랍고도 섬뜩한 일이 아닐 수 없다. 정확히 알 수는 없지만 사람들 사이에 그런 말이 오갔던 것은 사실일 것이다. 게다가 원래 왕위는 양녕 것으로 되어 있었으니, 양녕과 끈이라도 닿을 수

---

83  궁궐을 지키던 숙위군(宿衛軍)
84  난언은 정사(政事)와 관련된 것을 꺼리지 않고 되는 대로 말하는 것인데, 난언한 자에 대해서는 임금에게 보고하여 조사케 하고 장(杖) 100대, 유(流) 3,000리의 형에 처하며, 만약 임금에게 저촉되고 실지로 해로운 말을 한 경우에는 참형에 처하고 재산을 몰수하였다.

있는 사람들이 미련을 버리지 못하고 간혹 쉬쉬하며 끼리끼리 그런 말을 입에 올릴 수도 있지 않았을까? 호랑이도 때려잡았을 만큼 호기롭고 배포가 센 양녕이었으니, 그가 왕으로 적합하다고 생각하는 사람들도 있었을 것이다.

게다가 사헌부, 사간원, 정부, 육조 등에서 태종의 졸곡을 마치기도 전에 양녕대군을 궁에서 내쫓으라는 상소가 계속된다. 법대로 하면 양녕은 '죄를 짓고 쫓겨난' 사람이다. 그런데 그런 사람이 크고 작은 문제를 일으킨다. 그래서 신하들의 상소는 빗발치고, 난폭한 양녕과 '간사한' 그의 장인 김한로가 무슨 변을 일으킬지 모른다는 신하들의 상소가 올라온다. 이처럼 계속되는 양녕에 대한 논란 속에서 세종의 극진한 우애는 어떻게 되었을까? 실록은 이러한 사실들을 꽤 소상히 기록하고 있다.

- 4년(1422) 4월 26일
양녕대군을 불러 태상왕의 병을 간호하게 하다.

- 4년 5월 10일
태종 승하

- 4년 5월 19일
사헌부에서 양녕대군을 내쫓을 것을 상소하다.

태종의 병간호를 위해 올라와 있던 양녕대군을 태종상 며칠 후부터 돌려보내라는 상소가 연이어 올라오니, 임금이 "여러 왕자들이 상차에 있는 것이 무엇이 불가하냐. 부모의 초상은 인생에 한 번 당하는 일인데 아들 되는 마음으로 어찌 차마 보내겠는가?" 등으로 차일피일 미루었다.

임금과 신하의 줄다리기는 계속해서 이어졌다.

"신등이 전일에 청하였을 때 말씀하시기를, '내가 친히 말해서 보내겠다.' 하셨는데, 지금까지 내보내지 않고 있으니 실로 미안한 일입니다."

"아비 장례가 사람의 도리로서 마지막이기 때문이다. 이제 상고를 당하였으니 졸곡 전에 어찌 차마 돌려보내겠는가. 비록 여러 달 동안 있다 할지라도 무엇을 할 수 있겠는가. 산릉이 끝나면 반드시 돌아갈 것이리라."

"태종이 말씀하시기를, '내가 죽은 뒤에는 오늘과 같이 해서는 아니 된다.' 하시었으니, 유교가 지극한 것이라 어찌 산릉 전후를 가지고 한정하리오."

사헌부, 사간원, 정부, 육조 등에서 계속해서 외방으로 쫓을 것을 청하자 결국은 더 이상 버티지 못하고 6월 7일 양녕대군이 이천으로 돌아가다. 거기서 또 양녕이 남의 집 개를 훔쳐 오게 하는 등 양녕 주위와 관련하여 여러 가지 말썽을 일으키니 사간 · 사헌 · 의정부 · 육조 · 대간에서 양녕대군을 탄핵하였다.

■ 5년 3월 13일

이천현(利川縣)에 전지하여 양녕대군을 지금 청주로 옮기는데 만약 역마가 모자라면 쇄마(刷馬)[85]를 폐단 없이 번갈아 보내게 하였다.

결국 양녕대군을 이천에서 청주로 옮길 수밖에 없었다.

또 양녕(청주 거주)과 장인 김한로(연기 거주)를 멀리 하라 하고, "양녕은 이미 나라에 죄를 얻어 밖으로 쫓겨났고, 김한로의 사람됨은 마음이 간흉하여 서로 가까운 데 있게 되면 장래에 화를 꾸며 낼 염려가 있으니, 바라건대 전하는 한로를 먼 지방으로 옮겨서 양녕과 서로 접촉하지 못하게 하고, 접촉을 금하고 방어하는 것을 엄하게 하여야 합니다." 하니, "장인과 사위 사이에 소식을 서로 통하는 것이 무엇이 불가한가." 하다.

"청주(淸州)에 옮겨 두었지만 한로가 있는 연기(燕岐)는 청주와 겨우 20여 리 떨어져 있을 뿐이니, 신등은 생각하기를, 양녕의 횡역(橫逆) 방종함과 한로의 음흉 간사한 것으로 보아, 그 거처가 매우 가깝게 되면 불측의 변(變)을 만들 것이니 어찌 그 사이에 조짐이 없겠습니까?" 하다.

결국 장인 김한로를 죽산(竹山)으로 옮기다.
1년 뒤 양녕대군을 이천(利川)으로 돌아오게 하였다.
신하가 "종사의 대계(大計)도 생각하지 아니하시고 다만 우애하는 사

---

85  지방에 배치한 관용의 말, 또는 이러한 말의 이용을 규정한 법. 주로 사신의 왕래나 진상품의 운반 및 지방관 교체 시에 이용되었다.

은(私恩)만으로 급자기 양녕을 이천으로 돌아오게 하시니 다시 돌아오지 못하도록 하시기를 청합니다." 하자, 임금이 "이제 간관(諫官)들이 모두 전정(殿庭)에 나왔기로 나도 경근한 마음으로 바로 앉아 밥을 먹지 못하고 있다. 경들이 비록 말하여도 종시 허락하지 아니할 것이오." 하니, 대간(臺諫)들이 명을 듣고 다만 저녁 수라가 너무 늦을까 염려되어 물러 나왔다.

세종이 "경들이 말한 것은 이치에 합당하나 내가 하는 일도 또한 불의한 것은 아니다. 이제 양녕을 이천에 거처하게 한 것은 태종께서 정하신 것이니 내가 끝내 윤허할 수 없다." 하다.

결국에 "경등은 앎이 고금을 통달하면서도 어찌 이치를 알지 못하는가. 대저 신하가 간하는 법이 세 번 간하다 듣지 아니하면 벼슬을 그만두는 것이거늘, 이제 10여 차를 두고 들어와 청하는 것은 너무 번삭한 일이 아닌가." 하니, 신하가 "신등의 직분이 언관(言官)[86]에 있기 때문에 청한 것은 기어이 윤허를 얻으려는 것이므로 차례가 넘은 줄도 알지 못하였습니다. 이제 전교(傳敎)를 받고 보니 황공하기 그지없나이다. 벼슬자리에 있기가 어려우니 모두 물러가려고 사직하나이다." 하다.
임금이 "옛날 신하가 세 번 간하다가 듣지 아니하면 벼슬을 버리고 간다는 것은 이와 다르다. 임금이 혹 행실이 부정하였다거나 혹 환관(宦

---

86 간관(諫官). 임금에게 간언하는 일을 맡은 관원. 사헌부(司憲府)와 사간원(司諫院) 관원을 통틀어 이르는 말

官)이나 궁첩(宮妾)의 말을 들어서 일을 그르쳐 가는 경우에 세 번 간하였다가 듣지 아니하면 가는 것이 마땅하려니와, 지금 양녕을 이천으로 돌아오게 하는 것은 비록 조금 미편한 점은 있을지 몰라도 대의에 해로울 것은 없는 것인데 어찌하여 사직하려는가. 경들은 그 직책에 그대로 있어라." 하였다.

이후 사사건건 신하들은 양녕에 관하여 딴지를 걸어 왔으나, 세종의 마음은 변함없이 양녕을 보호해 주는 것이었다.


## 3. 신하들의 끈질긴 상소와 간청

양녕을 이천으로 올라와 살게 한 임금에게 신하들은 다시 멀리 내치라고 간한다. 임금이 저녁 수라를 들지 못할 만큼 신하들의 간청은 끈질기게 지속된다. 정말 종묘사직의 안위를 걱정하는 신하들의 마음이 그토록 지극한 것인지 알 수 없지만, 신하들의 간청은 너무 지나치다. 결국 세종은 신하들을 꾸짖지 않을 수 없게 된다.

"경등은 앎이 고금을 통달하면서도 어찌 이치를 알지 못하는가. 대저 신하가 간하는 법이 세 번 간하다가 듣지 아니하면 벼슬을 그만두는 것이거늘, 이제 10여 차를 두고 들어와 청하는 것은 너무 번삭한 일이 아닌가."

이처럼 끈질기게 지속되는 신하들의 간청에도 불구하고 세종의 마음은 변치 않는다. 형을 잘 보살피라는 아버지의 말씀이 있었기 때문이기도 하지만, 그의 천성 자체가 도리에서 어긋나는 일을 결코 하지 않을 만큼 곧았기 때문이다.

양녕에 관계되는 상소장은 한번 시작되면 계속 줄기차게 올라온다. 어떤 때는 도대체 끝이 안 보일 정도이다. 임금도 나중에는 신하들을 꾸짖기도 하지만, 신하들의 상소가 법도에 어긋나는 것이 아닌한 직위 해제와 같은 제재는 가하지 않은 채 끈기 있게 대한다. 그러면서도 세종은 때때로 단호한 의지를 천명한다. 세종은 양녕을 접견하는 데 5단계가 있었노라고 말한다.

▪ 20년 1월 5일

임금이 "양녕이 내침을 당한 뒤 내가 접견하는 데 다섯 가지 절목(節目, 조목)이 있었으니,

첫째는 성문 밖에서 접견하는 것,

둘째는 한성에 들어오게 하는 것,

셋째는 궐내(闕內)에서 접견하는 것,

넷째는 호종(扈從, 보호하여 따라감)하도록 하는 것,

다섯째는 한성에 머물러 있게 하는 것이며,

무릇 이 다섯 가지 절목에 대해 대간(臺諫)뿐만 아니라 온 나라 신하중에 간하지 않는 사람이 없었으되, 나는 지성껏 타일러 끝내 윤허하지 않았노라. 이번에 구종을 하사한 것은 장차 한성집에서 살게 하고자 한 것이다. 구종을 하사한 것은 사소한 일인데도 지금 대간들이 이와 같이 논쟁을 하니, 차라리 양녕을 한성집에서 살게 하여 나의 뜻을이루겠다. 대간으로서 하고 싶은 말이 있거든 죄다 말하라. 나의 뜻은

이미 정해졌으니 돌릴 수 없는 것이다." 하다.

■ 12년 1월 29일 (양녕에 관한 상소는 다 태워 버려라)

임금이 "일반적으로 대간이 진언할 적에 보면, 어느 한 사람이 주창하면 비록 그것을 들어주지 않을 줄을 뻔히 알면서도 모두들 연달아 그칠 줄 모르고 떠들어대니 이것을 어찌 옳은 일이라 하겠는가." 하고, 대언 등에 "양녕에 관계되는 모든 장소(章疏)는 다 태워 버리라." 하니, 대언 등이 태우지 말기를 청하므로 그대로 따르다.

■ 12년 10월 10일 (판에 박은 듯한 것뿐이다)

임금이 "전일에 벌써 여러 대신과 의논하였는데 어찌 반드시 여러 간원(諫員)들에게까지도 알려야 되겠느냐. 그대들이 올릴 상소에도 다른 말은 없고 옛적 글과 판에 박은 듯한 것뿐이니 나는 처음과 끝에 적힌 몇 글자만 볼 뿐이다. 뒤에 아무리 상소를 할지라도 나는 반드시 보지 않을 것이다. 또한 양녕이 지금 돌아가려는 판인데 그대들이 늦게야 상소를 올리니 이는 다만 전례를 되풀이할 뿐이다." 하다.

이계손 등은 "시기는 전후가 다르나 사건의 내용은 한가지며, 사람은 옛적과 지금이 다르다 할지라도 마음은 마찬가지입니다. 그러므로 올릴 글월도 내용이 같지 아니할 수 없습니다. 날이 늦어서 글월을 올린 것은 성상께서 알리시지 않았기 때문에 신등이 늦게야 알게 된 까닭입니다." 하니, 임금이 "양녕이 이제 돌아가려 하니 다시 말하지 말라." 하다.

▪ 13년 10월 18일

장전(帳殿)[87]에 나아가 양녕대군을 불러 보고 이내 연회를 베풀다.

이날 아침에 승정원에 "진헌(進獻)[88]의 큰일에 관계되는 외에는 일체 공사(公事)는 보고하지 말도록 하라." 하다. 대간이 비록 왔으나 또한 아뢰지 말도록 한 까닭으로 대간의 상소도 모두 아뢰지 못했다.


▪ 14년 8월 16일 (소장을 불태워라)

임금이 "진부한 말들을 주워 모아 소로 써서 오니 전후에 올릴 장소(章疏)를 모두 다 불태워라." 하다.

안숭선, 정갑손 등이 "대간(臺諫)의 말은 일찍이 옳지 않은 것이 없으며, 성상께서 윤허하지 않으시는 것도 또한 옳지 않은 것이 없사온데, 어찌 간(諫)하는 소(疏)를 불태워서 뒷세상의 평판을 끼치겠습니까. 비록 이 소를 불태우시더라도 사관이 모두 이를 쓰게 되니 무엇이 이익이 있겠습니까." 하니, 임금이 "그렇다." 하다.


▪ 15년 12월 27일 (봉장은 접수 말라)

사간원에서 상소하니 임금이 "이제부터는 양녕이 들어온 때 이와 같은 봉장(封章, 단단히 봉한 상소)은 다 접수하지 말라. 또 이 봉장의 글은 도대체가 진부한 말뿐이다. 전일에 올린 것과 다름이 없으니 목판에 새

---

87  임금의 임시처소. 차일(遮日, 햇빛을 가리기 위해 치는 천막)을 치고 휘장으로 사방을 둘러막고 바닥을 높여서는 별문석(別紋席)이나 채화석(綵花席) 등을 편다.
88  임금에게 예물을 바치거나 중국에 공물을 바치는 일

겨 두고 찍어서 들여오는 것이 아니냐. 또 이 봉장은 거꾸로 접어서 봉하였구나. 만약 이것까지도 아울러 전교(傳教)한다면 간관(諫官)이 반드시 피혐(避嫌)[89]할 것이다. 그렇더라도 역시 전교할 것인가." 하매, 도승지 안숭선이 "비록 피혐하더라도 사리는 마땅히 전교하여 그의 죄를 알게 하여야 하겠습니다." 하니, 임금이 "그렇다면 이것도 아울러 전교하라." 하다.

## 4. 신하들의 과도한 상소와 세종의 반격

신하 된 자의 도리로서 임금의 안위를 걱정하는 것은 당연한 일이다. 그렇지만 사간원, 사헌부, 정부, 육조를 비롯하여 수많은 신료들이 때로는 홀로, 때로는 함께 양녕대군에 관한 상소를 올린다. 세종은 그때마다 윤허하지 않거나 꾸짖기도 한다. 그리고 기회가 있을 때마다 양녕대군의 형편을 혜량하여 좀 더 나은 삶을 살 수 있도록 조처한다. 세종은 양녕에게도 다른 형제들처럼 하인을 허락하게 하고 연로한 나이를 들어 한성에서 살 수 있도록 조처한다. 이러한 조처를 반대하는 상소가 계속 올라오자 세종은 형을 위해 자신이 책망을 달게 받겠다고 선언하기에 이른다. 그러자 신하들은 세종 20년 초사흘부터 열흘 동안 하루도 거르지 않고 연명으로 상소한다.

---

89  어떤 사건에 관련되어 다른 사람에게 혐의(嫌疑)를 받으면 그 혐의를 피하기 위해 사건과 관련 있는 모든 언행(言行)과 출퇴(出退)를 삼가는 일

▪ 19년 11월 11일

종친부 전첨사(宗親府典籤司)에 전지하기를, "양녕대군에게도 딴 종친과 같이 조례(皀隸, 하인)를 주라." 하다.


▪ 19년 12월 19일

사헌부에서 상소하였지만 일이 양녕에게 관계된 것은 보고하지 말라는 어명이 있었으므로 보고하지 않다가 오래 지난 후에 보고하였으나 윤허하지 아니하다.


▪ 19년 12월 20일

사간원에서 상소하기를, "신하가 되어 임금에게 죄를 지으면 조정에 설 수 없고, 자식으로서 아비에게 죄를 얻으면 형제와 나란히 설 수 없습니다. 양녕대군은 군부(君父)에게 죄를 지어서 종사(宗社)에 절연(絕緣)되었습니다. 태종께서 대의로써 결단하시어 위로 종묘에 고하시고 아래로 신료에게 유시하시고 외방에다 내쳐 두시고, 이어서 여러 신하들에게 명하시기를, '양녕의 진퇴(進退)는 나라에 맡긴다.' 하시고, 또 명하시기를, '내가 죽은 뒤에는 한성에 왕래하지 못한다.' 하셨습니다. 그 환난을 염려하고 훈계를 드리우심이 깊고도 간절하시었습니다. 전하께서는 다만 우애하시는 정으로써 자주 불러 보시고 또 호종하게까지 하시었습니다. 그러나 양녕이 폐출된 이래로 지금 20년이 되었으나, 한성집에 살도록 명할 수 없었음과 종들을 하사하도록 명할 수 없었음은 진실로 대의가 은정(恩情)보다 중하여서 감히 태종께서 남기신 훈계를 어기지 못하셨던 것입니다. 이제 구종(驅從)[90]을 하사하시고 조정에 출입하도록 명하시어 의친의 반열에 서게 하시었습니다. 전하의 우애하시는 정으로는 스스로 그만두지 못하시는 것이나, 태종께서 종사를 위한 큰 계책에는 어떻게 되겠습니까. 태종께서 남기신 훈계를 따르시고 국가의 대의를 생각하시어 구사(驅史)와 조례(皂隷, 관아에서 부리던 하인)를 도로 거두시고, 양녕으로 하여금 편하게 살도록 하여 명을 보전하게 하시기를 엎드려 바라옵니다." 하다.

▪ 19년 12월 21일

대간에서 연명 상소

▪ 19년 12월 22일

우사간, 대사헌, 좌찬성 등이 아뢰다.

장령, 정언 등이 "전일에 상소한 것을 윤허하셨는지 아닌지를 알지 못하겠습니다." 하니, 승지가 "양녕에게 관련된 일은 보고하지 말라는 전지가 이미 있어 계달할 수 없소." 하다.

장령 등이 종일토록 전정(殿庭)에 섰다가 계청(啓請)[91]하지 못하고 물러가다.

---

90  벼슬아치를 따라다니던 하인. 구사(驅使)는 임금이 종친 · 공신 · 당상관 등에게 내려 이들을 모시고 다니는 하인무리이다.
91  임금께 아뢰어 청함.

▪ 19년 12월 26일

좌찬성 신개, 이조판서 하연 등이 "신등이 들으니 근일에 대간에서 여러 번 봉장(封章)을 바쳤으나 모두 윤허를 받지 못했다 합니다. 신등은 윤허하는 것이 마땅한 줄로 생각합니다." 하니, 임금이 "지금 형제간에 같이 즐거워하는 이때, 이같이 아뢰니 불편하기 그지없다." 하매, 신개 등이 "후일에 다시 계달하겠습니다." 하다.

▪ 20년 1월 3일

대간(臺諫)에서 연명(連名)으로 상소하였다.

그런데 승정원에서는 이 소장이 양녕대군에 관련된 일이라 하여 마침내 임금에게 올리지 않았다.

이때 승정원과 명령을 전달하는 내수(內竪) 등은 "임금께서 일찍이 '양녕대군에 관련된 소장은 올리지 말라.'라는 교지가 있었기 때문에 올리지 않았다."라고 하였다. 그러나 실상은 소장은 올렸으며 임금도 또한 모르지 않았으니, 이렇게 올리지 못한 척하는 것은 대개 간관의 말을 막으려는 때문이었다.

▪ 20년 1월 4일

헌납(獻納, 사간원의 정5품 벼슬), 지평(持平, 사간원의 종5품 벼슬) 등이 승정원에 나아가 "어제 올린 교장(交章)$^{92}$은 이미 보고되었는지 모르겠습니

---

92  두 개 이상의 기관에서 같은 내용의 글을 상소할 때 사연을 합해 함께 상소하던 일

다." 하니, 좌승지(左承旨)가 "이 앞서 대간들이 보고한 것으로서 '양녕에게 관련된 것은 보고하지 말라.'라는 명이 있었던 까닭으로 아뢰기가 어렵고, 또 오늘은 종친들이 잔치에 모여 있으니 더욱 아뢰기 어렵습니다." 하니, 헌납 등이 "신등의 청함이 윤허를 얻지 못하였을 뿐 아니라 아직 보고되지도 못하였으니 억울함을 이길 수가 없습니다." 하다.

■ 20년 1월 5일

헌납 배강, 지평 권자홍 등이 다시 양녕대군에 관한 일을 아뢰다.

이내 의정부에 전교하기를, "양녕대군이 전일 젊었을 때 행실에 덕망이 없어 대통을 계승할 수 없었던 까닭으로 태종께서 외방으로 방치하셨을 따름이나, 부자간에는 본디부터 모반한 죄가 없었고 형제간에도 또한 시기하고 싫어하는 일이 없었는데도 의친(懿親)의 장(長)으로서 오랫동안 외방에 쫓겨나서 종친의 반열에 참예하지도 못하였으니 나의 마음에 항상 미안하였다. 이제는 이미 나이도 연로하였으니 한성 집에 들어와서 살게 하여 때때로 만나보고 우애하는 정을 펴고자 하노라." 하다.

■ 20년 1월 6일

대사헌(大司憲), 우사간(右司諫) 등이 아뢰다.

임금이 하교하기를, "경은 일찍이 근시(近侍, 임금을 가까이에서 모시는 신하)로 있었으니 벌써 내가 윤허하지 않을 줄을 알았을 터인데 어째서 이같이 군이 청하는 것인가. 남들이 말하지 않고 있음을 나무랄까 두려워서 그러는가. 대간(臺諫)이란 직책에 힘껏 하고자 하여 그러는 것인가." 하니, 안숭선이 "신이 어찌 안팎이 다른 마음을 가지겠습니까. 윤허받기를 기대할 뿐입니다." 하다.

의정부와 육조에서 연명으로 상소하니 임금이 "경(卿) 등은 모두가 나를 그르다 하니, 나는 형을 위해서 책망을 달게 받겠다." 하다.


■ 20년 1월 7일

대간에서 연명으로 상소하였으나 윤허하지 아니하다.


■ 20년 1월 8일

대간들이 직무를 전폐하고 대궐에 나아와 양녕에게 하사한 구종(驅從)을 도로 거두고 한성집에 살지 못하게 할 것을 종일토록 청하였으나, 임금은 윤허하지 않으면서 "대저 간신(諫臣)이 오랫동안 궐정(闕廷, 임금의 처소)[93]에 서 있으면 임금은 마음이 편치 못하여 끝내는 억지로라도 따르게 된다. 그러나 이 일은 나의 뜻이 이미 결정되어 있으므로 경등이 비록 궐정에 오래도록 서 있다 하더라도 나는 윤허할 수 없으며, 만약 할 만한 말이 있으면 날바닥이라도 와서 청할 것이요, 그처럼 종일토록 오래 서 있지는 말 것이다." 하니, 대간들이 "이 일 외에는 달리 할 말은 없습니다." 하다.

---

93  대궐(大闕), 궁궐(宮闕)

■ 20년 1월 9일

대간들이 모든 일을 전폐하고 궐정에 나아가 다시 양녕대군에 관한 일을 간하여 두 번, 세 번 굳이 청하였으나 윤허하지 않다.


■ 20년 1월 10일

우사간, 장령(掌令) 등이 아뢰다.

이조판서 하연(河演)이 아뢰다.

성봉조가 "태종께서 생전에 비록 들어오게 하였더라도 교지를 내리시기를, '내가 죽은 후에는 한성에 들어오지 못한다.' 하셨는데, 지금 태종께서 돌아가신 후에 전하께서 들어오도록 하셨으니 우애하는 정으로서는 지극하나 태종의 유교(遺教)[94]에는 어떠합니까?" 하므로, 임금이 "나도 벌써 알고 있는 것인데, 경등은 말만 하면 반드시 우애하는 정이라 하니 내 실은 부끄럽다. 만약 나의 우애하는 정이 지극히 정성스러워 남을 감동되도록 하였다면 경등이 어찌 이같이 시끄럽게 하겠는가. 나는 실로 부끄럽게 여기는 것이다. 그러나 내가 경등의 뜻을 억지로라도 따라서 전일에 비록 교지는 내렸으나, 상시로 집에 살지 못하며 또 조정 반열에도 참예하지 못하고 한성 밖으로 나가도록 한다면 딴 종친과 크게 간격이 있는 것이다. 다만 구종 같은 것은 모두 사소한 일이므로 경등이 비록 청하여도 나의 뜻이 결정되었으니 다시는 말하지 말라." 하다.

---

94  국왕의 유서(遺書), 유명(遺命)

대간이 직무 전폐하고 대궐에 나아와서 재삼(再三) 청하였으나 마침내 윤허하지 아니하다.

의정부·육조와 집현전 부제학(集賢殿副提學) 이상의 여러 대신이 연명으로 상소하기를, "예로부터 명분이 있던 자가 폐출을 당하고서 그 신명(身命)을 그대로 보전한 자가 대개 적습니다. 혹 보전한 자가 있다 하여도 낮추어 외군(外郡)에 봉해 자취를 감추고 몸을 마치게 하였을 뿐이었고, 궐내에 출입하여 임금 앞에까지 가까이 온 자는 있지 않았고, 더구나 손에 활을 잡고 임금 앞에서 말을 달려 짐승을 쫓는 자는 없었으며, 또 추종(追從)과 하인이 앞뒤에서 옹위하여 한성에 치달리는 자는 없었습니다. 전하께서는 하나같이 군부의 유훈을 따르시고 양녕을 한성집에 살게 하는 교지를 도로 거두시기를 엎드려 바라옵니다." 하니, 임금이 "내가 전일에 양녕에게 한성집에 들어와서 살도록 이미 교지를 내렸으나, 지금 대신과 대간 등이 여러 차례 간청하니 억지로 그 뜻을 따라서 혹 한성에 오기도 하고 혹 외방에 나가도록 하였은즉, 이것은 실상 한성집에 항상 살고 있는 것이 아니다." 하다.

■ 20년 1월 11일

우헌납, 지평 등이 "신등이 의정부에 내린 교지를 엎드려 듣자오니 '이제 대신, 대간들의 여러 차례의 간청에 따라 억지로 그 뜻을 좇아 양녕에게 혹 한성집에 왔다가 혹 외방에 갔다가 하도록 하겠다.' 하셨으니 신등은 기쁘기 그지없으나, 구종을 도로 거두시라는 청은 윤허하지 않으셨습니다." 하니, 좌승지가 "오늘 아침에 명하시기를, '대신과 대간이 양녕대군이 한성집에 들어와서 사는 것은 마땅하지 못하다는 것을 여러 차례 간청하기에 이미 윤허했으나, 구종에 대해서는 내가 늙은 형에게 7, 8명 노복(奴僕)을 하사한 것이 의리에 무슨 방해가 있다는 것인가. 대신과 대간이 아무리 간한다 할지라도 나는 끝내 윤허하지 않을 것이니, 대간들이 만약 오거든 이 뜻을 타일러서 다시 보고하지 말라.'라는 성상의 하교가 지엄하시니 들어가 아뢰기가 어렵소." 하였다.

잠깐 후에 임금이 이를 듣고 "양녕을 한성집에 살게 하는 것이 마땅치 못하다는 청은 이미 그대로 따랐으니 너희들의 말을 내가 윤허하지 않은 것이 아니고, 구종 같은 것은 내가 끝내 윤허할 수 없으므로 장차 신(神)에게 맹세코자 한다. 이 명을 벌써 내렸는데 너희들은 다시 무엇을 청하는가. 대저 맹세하는 것은 임금으로서 하는 일이 아니나 이런 것이라도 말하여 나의 뜻을 보이는 것이니, 너희들은 장차 나를 맹세하도록 한 다음에 돌아가겠다는 것인가. 지금 대간으로서 모여 의논한 자는 누구누구인가." 하니, 우헌납 등이 "귀신을 두고 맹세하겠다는 명은 듣지 못했으나 다만 윤허하시기를 청할 뿐입니다. 신등이 어찌 감히 전하께서 맹세하시기를 바라겠습니까. 회의한 자는 장령 성봉조, 최호생, 사간 임종선, 헌납 조자, 정언 신평, 이예손입니다." 하니, 임금이 대간들을 모두 불러 꾸짖기를, "신을 두고 맹세한다는 말은 임금으로서 할 말은 아니나, 나의 형제간에 지극한 정의를 대간들에게 깨우쳐 주고자 하는 까닭에 오늘 아침 이미 근신(近臣)들에게 말하였다. 너희들이 이 명을 듣고서도 오히려 궐정에서 간쟁하기를 그치지 않는 것은 무엇인가. 세 번 간한다는 번수를 채우려는 것인가. 또는 나에게 맹세하도록 하려는 것인가. 죄다 말해 보라." 하니, 대간들이 모두 "신등은 이런 명을 듣지 못했으며 어찌 감히 이런 것을 계산한 짓이겠습니까." 하다.

임금이 노하여 승지들에게 "오늘 아침에 내가 말한 바를 어찌하여 즉시 대간들에게 말하지 않았는가. 근신의 책임은 이같이 하는 것이 옳은가." 하고, 드디어 이견기를 의금부에 가두도록 명하였다.


■ 20년 1월 12일
이견기를 석방하여 직(職)에 나오게 하다.


## 5. 양녕에 관한 20년 전쟁

그 시대 사람들의 명분, 법도, 도리, 우애 등 유교적 가치를 견지하기 위한 노력은 참으로 집요하고 눈물겹기까지 하다. 신하들도 그랬지만 임금 또한 그러했다. 그렇지만 가치의 지향점을 바꾸어 국가를 부강하는 데 전념했다면 더 좋지 않았을까?

양녕대군을 경계하고 가혹하게 대우하는 것이 나라의 안위에 반드시 필요한 것이었다면 당시의 신하들은 천하에 둘도 없는 충신들이었겠다. 그렇지만 한 나라의 안위가 폐세자 된 자 한 사람만 경계하는 것으로 완결되는 것은 아닐 것이다. 당시의 신하들은 만에 하나 있을지 모르는 가능성에 과도한 경계심을 보였다. 어쩌면 임금의 안위를 걱정하는 자신들의 마음을 강하게 드러내 보이고 싶었던 것일지도 모른다.

그렇지만 신하들의 끈질긴 공격에 대한 세종의 변명은 놀라운 데가 있다. 신하들이 임금이 '우애' 때문에 법도를 어긴다고 몰아붙이자 세종은 이렇게 반격한다. "경등은 말만 하면 반드시 우애하는 정이라 하니 내 실은 부끄럽다. 만약 나의 우애하는 정이 지극히 정성스러워 남을 감동되도록 하였다면 경등이 어찌 이같이 시끄럽게 하겠는가. 나는 실로 부끄럽게 여기는 것이다." 이런 말로 미루어 볼 때 세종은 '우애하는 정'뿐만 아니라 논리적 사유 또한 놀랄 만큼 탁월했다.

이제 양녕에 관한 20년 전쟁을 정리해 보자.

▪ 22년 2월 6일

임금이 "대간이 양녕의 일을 말한 것이 거의 20년이나 되었으나 내가 모두 듣지 아니하였는데, 이제 또 간청하여 마지않는 것은 무엇 때문이냐. 전후(前後)의 상소를 내가 모두 보지 아니하였으니 대간에게 다 돌려주어라. 만일 가져가지 아니하거든 두어 두고 거두지 말라." 하고, 또 "만약 양녕의 일을 말한다면 접견하지 않으려고 한다. 양녕의 집을 짓는 것이 끝나기 전에는 내가 다시는 정사를 보지 않으리라." 하다.

## 6. 결과—세종의 승리

양녕을 보호하기 위하여 신하들의 고래 심줄보다 더 질긴, 폭풍보다 더 세찬 압력에 20년 그 기나긴 세월 동안 세종은 태산과 같이 꿋

꿋하게 버티어 주었다. 그것은 그야말로 단기필마의 외로운 싸움이었다. 세종은 '나는 형을 위해서 책망을 달게 받겠다.'라고 선언하며 양녕을 보호한다. 만일 다른 임금이었다면 신하들 등쌀에 형을 영영 돌아올 수 없는 곳으로 유배하거나 목숨을 거두었을 것이다. 그럴 만큼 신하들의 공격은 집요하고 끈질겼다. 하지만 세종은 그 모든 공격을 다 이겨냈다. 참으로 놀라운 끈기와 집념이었다. 세종은 모든 일에서 그와 같았다.

2부 ❖

# 강력한 백성의 나라

# 1 장

# 강한 군대를
# 양성하기 위한 집념

## 1. 세종은 문약하지 않았다

'문약(文弱)'이란 공부에만 열중하여 정신적 기개와 현실적 타개 능력이 미약한 상태를 일컫는다. '공부를 열심히 하면 나약해진다'는 것이 진리라면 세종만큼 문약한 사람도 없었을 것이다. 그렇지만 세종은 생의 마지막 순간까지도 동남쪽의 왜인과 서북쪽 야인의 침략으로부터 백성을 지키고 구토(舊土)[1]를 회복하여 후손에게 남겨 줄 영토를 확보하기 위해 노심초사했다. 왜인과 야인에 대한 세종의 경계심은 끝이 없었다. 결과적으로 오늘과 같이 한반도의 강역이 고려보다 영토(평안도와 함경도)가 넓혀져 확정된 것은 세종의 이와 같은 야심

---

1   옛 영토

찬 구토회복의 연장선상에서 비롯되었음을 알 수 있다.

이런 세종시대로부터 140년이 지난 시점에 참으로 치욕스러운 외침들이 있었다. 임진왜란과 이어서 발생한 병자호란이 그것이다. 뒤집어 이야기하면 세종은 150년 전에 바로 이러한 국가적 환란에 철저하게 대비하였다.

그렇다면 세종시대에 외침에 대한 대비는 구체적으로 어떠한 수준이었을까? 그리고 그와 같은 대비가 지속되었다면 과연 임진왜란과 병자호란 같은 침략이 있을 수 있었을까? 그러한 침략이 있었다면 어떻게 막아냈을까? 자못 궁금하지 않을 수 없다.

우리는 이런 점과 관련하여 『세종실록』의 기록들을 하나하나 살펴볼 필요가 있다. 세종 자신이 말했듯이 그는 치국과 관련된 책이면 안 본 것이 없었고 경서들은 100번 이상 읽었다. 이렇게 쌓은 학문은 당대 최고 수준이어서, 일반적으로 세종의 무(武)에 대한 지식과 대비책은 좀 떨어지지 않았을까 생각하기 쉽다. 그래서 나는 이런 점에 유의하여 『세종실록』을 꼼꼼하게 들여다보았다.

▪ 32년(1450) 2월 14일
임금이 동부승지 정이한에게 "왜인, 야인을 상대하는 것은 관계되는 것이 가볍지 않은데, 편안한 것이 몸에 배어 해가 오래고 날이 깊어 모든 일에 게으르고 늦어질까 두려우니, 마땅히 삼가 조심하기를 항상 하루같이 하여 혹시라도 조금도 허술함이 없도록 하라." 하고, 즉시 예조와 병조에 명하여 "해당되는 관리를 경계하여 단단히 타일러 삼가게 하라." 하다.

밤 9시경에 이르러 도로 편하지 않았다.


▪ 6년 2월 30일

군기감(軍器監)[2]에 명하여 경복궁(景福宮)에서 포를 쏘게 하다.


▪ 6년 5월 16일

임금이 궁중에서 밤이면 가끔 포를 쏘았다.

이날 서운관(書雲觀)에서 "오늘 새벽 북방에 포 소리 같은 소리가 들렸다."라고 아뢰므로, 승정원(承政院)에서 아뢰다.

임금이 승정원 등을 나무라기를, "그대들이 궁중에서 포 쏘는 것을 모르고 변괴(變怪)라고 하는가." 하다.

춘추관(春秋館)에서 듣고 "사책(史册)[3]에 써도 좋으냐." 하다.


## 2. 최강의 나라를 향한 포고

태종의 3년상(4년 5월 10일 승하)이 거의 끝나갈 무렵 어느 날, 임금이 경복궁에서 포를 쏘게 하였고, 그 이후에도 가끔 밤에 궁중에서 포를 쏘게 하였다. 국상(國喪)으로 인해 음주 가무, 풍악도 정지하고 숨소리마저도 조용하던 궁궐에서 어느 날 밤 갑자기 대포 소리가 났으니 백

---

2  병조에 속해 병기 · 기치 · 융장 · 집물 따위의 제조와 관리를 맡아보던 관아
3  사관이 쓴 기록. 역사상의 기록. 사기(史記)

성과 관리들이 얼마나 놀랐으랴. 북방에서 포 소리가 들리니 웬 변괴냐고 묻는 사람도 있었다.

그것이야말로 세종 대왕의 가슴에서 터져 나오는 사자후(獅子吼)요, 온 나라와 백성에게 외치는 피맺힌 포효이며 후손들에게 전하는 강력한 맹세였다. 최강의 나라를 만들어 이제는 더 이상 어떠한 외침도 없게 하겠다는 각오를 다짐하는 소리요, 한 치 한 평의 땅이라도 외적에게 짓밟히는 것을 결코 용납하지 않겠다는 포고였다.

■ 6년 9월 24일

임금이 동교(東郊)에서 크게 사열(査閱)하고, 문무 군신들이 갑주(甲冑)를 갖추고 시종한다. 임금이 금갑을 입고 단 위에 나아가니 백관이 갑주를 갖춘 그대로 사배(四拜)하고 나서 좌우로 나누어 섰으며, 오소(五所)의 장졸들이 각기 그 열에서 역시 각 유사와 함께 일시에 사배하다. 삼군(三軍)의 장수가 각기 그 소속을 거느려 앉고 일어나고 나아가고 물러감이 한결같이 의식과 같이하니 임금이 매우 가상히 여기다.

군사의 수효는 5,015명이다.

대열하는 날, 날이 밝기 전 10각에 군사가 모두 엄정하게 장비를 차리는데, 기병이나 보병이 모두 갑옷을 입고 각기 곧은 진(陣)을 하고서 기다리고 장군과 대장은 각기 의식대로 기와 북이 있는 아래에 선다. 그날 밝기 전 7각에 북을 한 번 치면 궁전문과 성문을 열고, 밝기 전 5각에 북을 두 번 치면 종실 이하 문무 여러 관원이 모두 갑주를 갖춘다. 밝기 전 2각에 북을 세 번 치면 모든 시위 관원이 각기 그 연장과 복색을 차리고 거가(車駕)[4]가 움직인다.

왕세자 이하 문무 여러 관원이 시위하기를 보통 의식과 같이한다. 거가가 단소에 이르면, 병조판서가 갑주로 말을 타고 인도하여 도단소(都壇所) 북쪽 화문으로 들어가 소차 앞에서 말에서 내려 막차로 들어가게 하다.

지통례(知通禮)가 왕세자를 인도하여 막차로 들어가게 하며, 통례문(通禮門, 조회와 의례를 관장하던 관청)이 종실 이하 문무 여러 관원을 나누어 인도하여 대차의 남쪽으로 들어가서 문관은 동쪽에, 무관은 서쪽에 서게 하되 중심이 머리가 되게 하고, 관위를 달리하여 여러 줄로 모두 북향하여 서게 한다.

지통례가 왕세자를 인도하여 갑주를 갖춘다. 들어와서 자리에 나아가 서게 하다.

전하가 금갑주를 입고 소차에서 나와 대차로 들어가서 자리로 나아가다.

## 3. 세종의 군사 훈련

세종은 군대를 훈련시키면서 실제로 전투 준비가 잘 갖추어져 있는지 살폈다. 어느 날 군대는 세종 앞에서 다섯 차례 모의 전투를 한다. 세종은 기초적인 병법을 얼마나 숙지하고 있는지도 살폈지만, 기

---

4    임금의 수레. 혹은 임금의 행차

본적인 군사적 지식을 빈틈없이 실행에 옮기지 못하는 군인들이 있으면 지위 고하를 막론하고 엄격히 처벌했다.

세종은 그 어떤 군주보다 백성의 고달픈 삶을 깊이 헤아렸지만 수재나 한재가 들었을 때 강무(講武, 군사 훈련)를 중지하자는 상소나 간청은 좀처럼 받아들이지 않았다. 그럴 만큼 군사훈련을 중시했기 때문이다. 그래도 한재가 들었을 때 군대를 사열하는 일을 두고 깊은 고민에 빠져 대신들에게 의논케 하기도 했다.

■ 8년 9월 23일

임금이 경복궁에 거둥하여 머물러 잤으니 내일에 있을 대열(大閱, 임금의 군대 검열)에 일찍 거둥하려 하기 때문이다.


■ 8년 9월 24일

동교(東郊)에서 대열하기를 의식과 같이하다.

군사의 총수는 9,700명이다.

찬성(贊成) 최윤덕과 도총제(都摠制) 황상과 공조판서 조비형과 도총제 이순몽 등을 좌우대상(左右大廂)의 장수(將帥)로 나누어 삼고, 진(陣)을 변경할 때마다 한 번씩 도전(挑戰)하여 좌우상이 서로 이기고 지고 하다가 제5차의 도전에 좌상군이 이기고 우상군이 패하였는데, 그 좌상(左廂)[5]의 군졸이 쇳[金]소리를 듣고도 물러가지 않으니 임금이 병조판서

---

5    좌익(左翼)에 소속된 군대. 또는 그 군영(軍營)

이발에게 "북을 울리면 진군하고 쇠를 울리면 퇴군하는 것은 군중(軍中)의 상법(常法)이거늘 이제 사졸들이 물러가지 않는 것은 병법에 어긋나는 것이다. 전일(前日)에 미리 연습한 본의가 어디에 있는가." 하다.

병조에서 "좌우상의 장수가 능히 군사를 지휘하지 못하여 쇳소리를 듣고도 물러가지 아니하고 명령을 어기면서 싸움을 강행하였으니, 청하건대 이를 유사(攸司)에 내려 그 연유를 국문(鞫問, 임금이 명한 중죄인 심문)하도록 하소서." 하니 그대로 따르다.

■ 8년 10월 1일

사헌부에서 "군중의 호령은 장수만이 할 수 있는 것인데 최윤덕, 조비형, 이순몽, 황상 등은 여러 날 연습을 했는데도 성상께서 친히 사열하실 적에 좌우상(左右廂)의 제4, 제5가 도전할 때에 의주(儀注)[6]에 의하지 않고 무기를 가진 군사들과 구원하는 군사들로 하여금 서로 밀고 쫓게 해서 사졸들을 많이 상하게 했습니다. 박정신은 구원하는 군사로서 혼자서 마음대로 밀치고 쫓아갔으며, 병조판서 이발 · 좌랑(佐郎) 이사맹 등은 주장(主將)의 임무를 맡아 가지고 오로지 이를 상고하여 살피고 또 여러 날 연습했는데도 착오를 일으킨 것이 이와 같음에 이르렀사오니, 모두 옳지 못한즉 율에 의해서 죄를 논하소서." 하니, 명하여 권복 등 19인에게 각각 편(鞭, 회초리) 50대에 처하다.

---

6    여러 가지 의식의 상세한 절차, 또는 이를 기록한 서첩(書牒). 의주(儀註)라고도 한다.

▪ 15년(1433) 8월 10일

임금이 대언 정분에게 "내가 크게 군사 사열을 하기 위하여 이미 각
지방 별패군의 번 드는 것을 정지시켰다가 가을을 기다려 징집하려
하였는데, 금년에는 각 지방에 혹은 수재로 혹은 한재로 곡식들이 잘
되지 못하였기에 내가 깊이 딱하게 여겨 군사 사열을 정지하는 것이
어떨까 싶은데, 또 생각하니 군사 사열은 큰일이라 폐할 수 없는 것이
다. 반드시 항상 훈련해 두어야만 군사들이 고루 익숙해지고 기구와
기계가 엄밀히 정비되어 뜻밖의 사변에 대비할 수 있으므로, 별패를
징집하여 대사열을 하고 즉시 놓아 돌려보내는 것이 폐해가 없을 듯
도 싶어서, 내가 두 가지로 생각하면서 가부를 알지 못하겠으니 그것
을 대신들로 하여금 의논을 모아 아뢰게 하라." 하다.


▪ 15년 9월 24일

임금이 동교(東郊)에 거둥하여 군사를 의식과 같이 크게 사열하다.


## 4. 진법과 전투 상황에서의 변화

세종은 진법(陣法)에 대해서도 깊은 관심을 갖고 있었으며, 손수
진법을 만들어 검토하게 하여 삼군을 오진으로 개편하여 병졸들이
실수하는 일이 없게 하였다. 전투 상황에서 대형의 변화에 대해서도
변계량과 구체적으로 논의하고, 그것을 기록하여 올리게 한다.

- 3년 5월 18일

임금이 대궐 안에서 그린 진법 한 축(軸)을 내어 주니 변계량이 참고해서 연구하여 오진법(五陣法)을 만들어 올리므로, 훈련관으로 하여금 이 진법에 의거하여 교습하게 하였다. 이때에 와서 삼군(三軍)이 변하여 오진(五陣)이 되었으니 차례를 잃은 병졸이 없었다.


- 3년 5월 20일

임금이 변계량에게 "지금 경이 지은 진설(陣說) 안에 적군에게 응전할 즈음에 후위(後衛)가 먼저 나가서 적군에게 응전한다는 설과, 부딪히는 곳에서 먼저 나간다는 설은 모두 한쪽에 치우친 듯하다. 내 생각에는 중위(中衛)의 주장(主將)이 임시로 포치(布置)하여 혹은 앞으로 가기도 하고 혹은 뒤로 가기도 하고, 혹은 왼쪽을, 혹은 오른쪽을 가기도 하여 그 주장의 지휘를 따르게 하는 것이 옳겠다." 하니, 변계량이 "후위가 먼저 나간다는 설은 오진본법(五陣本法)에서 나왔으며, 부딪히는 곳에서 먼저 나간다는 설도 또한 제가(諸家)[7]의 진법에서 나왔으니, 모두 폐지할 수 없으므로 그 설을 둘 다 두기를 청합니다." 하다.

임금이 "나의 말한 바와 경이 말한 바를 빠짐없이 써서 올리라." 하다.

---

7 ① 문내(門內)의 여러 집안 ② 여러 대가(大家) ③ 제자백가(諸子百家). 여기서는 병법(兵法)을 저술한 여러 전문가를 말한다.

## 5. 첩보와 국가 기밀의 중요성

여진을 정벌한 후 적진을 염탐할 필요가 대두하자 세종은 평안
도 절도사 이천에게 정보 수집에 관한 과거 사례들을 설명하며 적진
에 대한 정보를 수집하여 보고하게 한다. 세종이 지시한 방법은 사형
수들 가운데 지략과 용기가 있는 자를 찾아내 적진을 염탐하게 하고,
성과를 보인 죄수는 사면해 주는 것이다.

세종은 또한 염초(焰硝, 화약) 굽는 비법이 왜인에게 전수될 것을 미
연에 방지하는 한편 그 생산량을 늘려 화포 연습에 지장이 없도록 한
다. 그 밖의 군사 기술에 대해서도 철저한 보안을 유지하도록 한다.

▪ 19년 10월 17일

평안도 도절제사 이천에게 "병가(兵家)는 오직 정직함만 숭상할 뿐만
아니고 부득이하면 기이한 술책도 겸용하여야 한다. 옛 장군으로서 죄
수(罪囚)의 무리를 사(赦)하여서 그 힘으로 성과를 얻은 자가 있었고,
죄수의 무리로서 자원하여 힘써 성과를 올려 제 몸을 속죄한 자가 있
었다. 한고조(漢高祖)가 영포(英布)[8]를 취할 때와 이광리(李廣利)가 이사
(貳師)를 공격하면서 사형수를 사하여 종군토록 한 것이 이것이다. 지
금 파저강을 토벌(여진 정벌)한 후에 적의 동정을 몰라서는 안 된다. 십
악(十惡)을 범한 자는 진실로 사(赦)해 줄 수 없지만, 그 나머지 도내(道

---

8    전한(前漢) 육안(六安) 육현(六縣) 사람. 법을 어겨 경형(黥刑)을 당해 경포(黥布)로도 불렸다. 유방
     (劉邦)을 도와 전한을 세운 장군이다.

內)의 사형수 중에서 저쪽 길을 알고 용략(勇略)이 있는 자 두어 사람을 선택하여 강을 넘어서 들어가도록 하여 낮에는 산의 숲에 숨고 밤을 틈타 가만히 다니면서 적의 소굴을 염탐하게 하여 죗값을 속(贖)하게 한다면, 적의 형세를 거의 알 수 있을 것이다. 가부를 세밀하게 헤아려서 아뢰도록 하라." 하다.

■ 8년 12월 13일

병조에서 강원도 감사의 관문에 의거하여 보고하기를, "도에서 바치는 염초는 영동연해(嶺東沿海)의 각 고을에서 구워 만드는 것이므로, 이로 인하여 사람마다 그 기술을 전해 배웠사온데, 간사한 백성이나 주인을 배반한 종들이 무릉도(茂陵島, 울릉도)나 대마도 등지로 도망하여 가서 화약을 만드는 비술을 왜인에게 가르치지나 않을까 염려되오니, 이제부터 연해(沿海) 각 수령들로 하여금 화약을 구워 만들지 못하게 하소서." 하니 그대로 따르다.

■ 14년 2월 13일

임금이 좌우의 신하들에게 "염초를 굽는 일은 그 공(功)이 쉽지 않으며 저장된 것도 많지 않다. 만약 이것을 성을 공격하고 진(陣)을 함락시키는 데 사용한다면 염초의 소비량은 매우 많을 것이다. 만약 저장한 염초의 소비를 적게 하기 위하여 화포를 익히지 않는다면 또한 필요한 시기를 당하여 응변(應變)하지 못할 것이다. 만약 널리 염초를 준비하여 날마다 화포술을 연습하게 하려면 장차 어떻게 하면 좋겠는가." 하니, 찬성(贊成) 허조와 판서 신상이 "염초를 굽는 곳은 경상도·

전라도 · 충청도의 세 곳뿐인데, 왜인들은 본래 성질이 간교하고 또 하도(下道)에 와서 사는 자도 많으니, 만약 그들이 그것의 굽는 기술을 본다면 반드시 능히 전습(傳習)[9]하여 갈 것입니다. 그렇게 되면 화를 장차 예측할 수 없을 것이니, 마땅히 동계(東界, 함경도), 서계(西界, 평안도) 양계(兩界)에서도 또한 다 염초를 굽게 하며 항상 화포를 익히게 하는 것이 좋겠습니다." 하다.

■ 19년 3월 19일

함길도 도절제사에게 전지하기를, "편전(片箭, 아기화살, 작고 짧은 화살)은 적을 제어하는 이로운 무기이니 군사 된 자가 익히지 않을 수 없는 것이다. 일찍이 의논하는 자가 말하기를, '이적(夷狄)[10]이 중국의 기예(技藝)를 익혀 알아서 중국을 해하였으니 진(晉)나라의 오호(五胡) 같은 것이 그것이다. 편전을 연습할 때에 야인으로 하여금 익혀 볼 수 없게 하여 개와 쥐처럼 도둑질하려는 꾀를 예방하는 것이 상책이다. 혹시라도 그 기술을 알아가지고 본토에 전한다면 해가 됨이 적지 않을 것이다.' 라고 하나, 길주(吉州) 이북은 기민들이 야인의 여러 종족과 섞여 산 지가 오래이니 억지로 저들로 하여금 보지 못하게 한다면, 저들이 반드시 의심을 내어 전심(專心)하여 엿보아가지고 그 기술을 배우게 될 것이다. 경이 관찰사와 익히 의논하여 항상 사졸로 하여금 야인들이 보는 곳에서 편전을 연습하지 말게 하며, 야인이 익히 보지 못하게 하고,

---

9 기술이나 지식 따위를 다른 사람으로부터 배워 익힘.
10 오랑캐. 중국에서 동쪽 민족을 이(夷)라 하고, 북쪽 민족을 적(狄)이라 하였다.

또 숨기고 비밀히 하는 뜻을 알지 못하게 하라." 하다.

■ 27년 12월 26일

임금이 승정원(承政院)에 "옛날에 한승순이 중국 조정에 가다가 도둑에게 겁탈(劫奪)을 당하였다. 그 뒤에 형부(刑部)에서 그 도둑을 잡아 그 물건을 모조리 찾았는데 작은 조각편지[片簡]까지도 나왔다. 만일 비밀문서가 있었다면 후회한들 무슨 소용이 있는가. 조극관이 일찍이 '비밀의 일은 사목(事目)에 적어서는 안 됩니다.' 해서, 내가 옳게 여기었다. 지금 경등은 이 뜻을 알지 못하고 천문(天文)과 같은 비밀한 것도 모두 사목에 적으니 대단히 불가하다. 금후로는 비밀한 일은 사목에 적지 말고 따로 한 본(本)을 써서 통사(通事)로 하여금 노중(路中)에서 외어 익히고, 의주(義州)에 이르거든 머물러 두고 가게 하라." 하다.

## 6. 강무의 중요성

강무(講武, 왕의 친림 하에 하는 군사 훈련)란 군사를 이끌고 야외에서 이동하며 훈련하는 것으로, 주로 산에서 짐승을 몰며 사냥하는 방법이 이용되었다. 강무는 1년에 봄·가을로 2차례, 매번 짧게는 4~5일에서 길게는 10여 일씩의 기간에 행해진다. 신하들 중에는 여러 가지 이유를 들어 강무 중지를 청하곤 했지만 강무에 대한 세종의 의지는 단호했다. 세종은 강무의 중요성을 이렇게 강조했다.

"강무는 국가의 중요 행사로 폐지할 수 없다. 강무를 실시함에 내가 그 폐해가 되는 것을 모르는 것은 아니다. 만일 폐해를 생각하면 풍년이 들었을 때라 한들 어찌 폐가 없겠는가."

"나라가 평안하게 다스려져서 군사들이 전쟁하는 수고로움이 없고 편한 데에만 습성이 되어 강무하는 것도 꺼리니, 만일 군사들을 훈련하고자 할진댄 이같이 편안하게 할 수는 없겠다."

"평상시에 비록 군사들이 진법을 익힌다 하더라도 창졸간에 실수가 있을까 염려되는데, 만약 평상시에 익히지 않게 되면 어찌 시기에 임하여 응변(應變)할 수 있겠는가."

"또 군사들이 추위와 더위를 무릅쓰고 몸소 스스로 익숙하게 연습하여야 군사의 일을 거의 알 것이다."

강무 기간 중에는 여러 가지 일이 일어났다. 뜻밖에 세종이 활을 쏘아 사슴과 노루를 잡는 것도 볼 수 있었다. 또 야외 이동 군사훈련이었으니 크고 작은 사고가 발생하기도 했다. 병사가 사슴에 받히거나 호랑이에 물리기도 했고, 화살 맞은 큰 멧돼지에 임금 말이 받혀 죽는 일도 있었다. 임금의 막사 안으로 화살이 날아들기도 하였다.

세종 13년 2월, 훈련 1주일째쯤 지난 어느 날 군졸들이 산으로 출발한 뒤 갑자기 진눈깨비가 내리고 날씨가 몹시 추워져 구조할 겨를도 없이 잇따라 쓰러졌다. 날은 이미 새벽에 이르고 결국 사망자 26명에 말 69필, 소 1두가 죽었다. 그러나 그것은 강력한 나라를 만들기 위한 값진 희생이었으니 강무는 계속되어야만 했다.

■ 8년 1월 16일

임금이 "지난번 그대들이 글월을 올리어 금년 봄의 강무를 중지하기를 청했는데 말의 내용이 매우 간절하였고, 지금 또 글월을 올리었으니 나는 매우 가상히 여기는 바이다. 그러나 강무는 국가의 중요한 행사이므로 폐지할 수 없는 것이다." 하다.

우헌납 정갑손이 "근래에 해마다 한재로 인하여 농사에 실패하여 경기도의 백성은 현재 식량이 핍절되고 있습니다. 전하께서는 그 백성의 딱한 사정을 구제하여 바야흐로 식량의 대출을 실시하시면서 또 강무를 실시하신다면 사람들이 보고 들으면 어떻게 생각하겠습니까." 하니, 임금이 "강무를 실시함에 있어서 내가 그 폐해가 되는 것을 모르는 것은 아니다. 그러나 만일 폐해를 생각하면 풍년이 들었을 때라 한들 어찌 폐가 없겠는가. 또한 더구나 선왕 때부터 이루어 놓은 법이므로 더욱 폐지할 수 없다." 하다.


■ 13년 1월 18일

지평(持平, 사헌부에 속하는 종5품 벼슬) 허후가 "이번 강무에 강원도에 이르러서 하루를 유숙한다 하온데, 본도의 작년 농사의 실패는 성상께서도 아시는 바입니다. 비록 그 공봉(供奉)하는 비용을 감한다 하더라도 대가(大駕)가 머무를 것 같으면 그에 따른 폐단이 어찌 없겠습니까. 만약 부득이해 강원도 지경에 이르게 되옵거든 한번 몰이한 뒤에 경기로 돌아와 유숙하게 하고, 강원도 감사(監司)는 와서 알현하지 말게 하여 지대(支待)의 폐단을 없게 하옵소서." 하니, 임금이 "헌사(憲司)의 소청은 실로 옳은 말이다. 그러나 이번 계제를 버리고 가지 않으면 뒤에 훈런할 여가가 없다. 또 강무란 놀며 구경하려는 것이 아니라 오로지 제수[乾豆]를 장만하고 군사를 조련하기 위한 것이다. 근래 국가가 무사하며 장병이 태만 해이해지고 있어 강무의 행사는 실로 폐지할 수 없는 것이며, 하물며 왕복이 겨우 10일밖에 소요되지 않고 그에 따른 모든 물건을 이미 숙소로 옮겨 놓았으니, 강원 지경으로 돌아가고 돌아가지 않는 것은 다시 변동이 없게 하라." 하다.

■ 19년 9월 11일

사간원 우정언 조석문이 "금년의 흉년은 작년보다 덜하지 아니하오니, 청하건대 강무를 정지하시되 만일에 부득이하면 그 날수를 감하게 하소서." 하니, 임금이 "강무는 조종(祖宗)께서 이루어 놓은 법이요, 군사상 국가에서 소중히 여기는 것인데 오활한 무리들이 매양 이를 중지하기를 청하였다." 하고, 조금 있다가 임금이 승정원에 명하기를, "오늘날은 군사가 강무하는 것을 꺼리고 이렇게 시끄럽게 떠드니, 이 것은 다름이 아니라 우리나라가 평안하게 다스려져서 군사들이 전쟁하는 수고로움이 없고 편한 데에만 습성이 되었으므로 봄·가을에 강무하는 것도 오히려 꺼리니, 내 생각으로는 만일 군사들을 훈련하고자 할진댄 이처럼 편안하게 할 수는 없겠다. 또 사간원에서 그 날수를 감하기를 청하나, 대저 강무라는 것은 병졸을 훈련하는 것이다. 만일에 강무를 하지 않는다면 그만이거니와, 강무를 하고자 할진댄 7, 8일을 거행함도 오히려 많다고 하여 그 날수를 감하겠느냐. 내가 열흘이나 한 달을 거행했다든가 머물러 있기를 즐겨 돌아오기를 잊어버리는 일도 없이 오직 춘·추 2회로 8, 9일 동안 거행하였는데도 오히려 이를 그치도록 청하니 너무한 것이 아니겠는가. 사간원에서는 필시 임금의 행차에 비용을 이바지하고 운반하는 번거로움이 있다고 해서 정지하기를 청하니 내가 세자로 하여금 대행시키고자 하노라." 하다.

■ **19년 9월 14일**

대신들이 모두 나가니 임금이 승지에게 "지금은 무사들이 무예와 싸우는 일을 꺼리고 안일을 도모하고자 하여 강무를 회피하므로 다투어 가면서 폐단이 있다 하고 대성(臺省)에서도 간쟁까지 하게 되었으니, 금년의 봄철 강무도 하여야 할 것이나 대신들과 대간(臺諫)들이 여러 번 중지하기를 청하므로 내 이를 정지하게 하여 지금은 대간에서도 그쳤으나, 필시 이것으로 임금을 구슬려대어 강무할 때마다 문득 말하고자 할 것인데, 이것이 어찌 내 하고 싶은 대로 하는 일이겠는가. 옛날의 성왕(聖王)들은 옷을 드리우고 앉아서 다스림을 이루었으나 또한 사철의 전렵(畋獵, 사냥)은 폐하지 않았는데, 하물며 군사를 힘쓰는 나라에서 폐할 것인가. 평상시에 비록 군사들이 진법(陣法)을 익힌다 하더라도 창졸간에 실수가 있을까 염려되는데, 만약 평상시에 익히지 않게 되면 어찌 그 시기에 임하여 응변할 수 있겠는가. 지금 사람들은 모두 강무하는 것이 폐단이 있다고 말하나, 나는 강무할 때마다 반찬으로 이바지하는 물건을 감하게 하고 외방의 진상도 감하게 하였으며 접대의 비용도 미리 준비해 두었다가 운반을 한다든가 분주히 하는 폐단이 없게 하였다. 만약에 군사들에게 자기가 준비하였던 양식을 싸 가지고 가게 한 것은 폐단이라고 할 수 있겠으나, 그러나 평상시에도 그 집에서 스스로 갖추어서 먹던 것을 단지 각각 싸 가지고 가게 할 뿐이니 무슨 폐단이 있겠는가. 만일에 이것을 폐단이라 해서 매양 큰일을 못하게 되면 어느 때가 좋다는 것인가. 이제 조석(朝夕)으로 이바지하는 반찬 등도 감하고자 하고, 또한 그곳에 이른다 하여도 모두 먹을 것이 있을 것이니 경중(京中)의 물건을 싸 가지고 가지 않아도 될 것이다. 또 외방에 나갈 때는 반드시 구할 것과 준비할 것이 가장 간단하여야 할 것이니 경등은 물러나서 병조와 함께 의논하여 간단하고 편리한 것을 힘써 갖추게 하라." 하다.

• 31년 1월 20일

의정부에서 "강원도는 실농으로 백성의 생활이 곤란하오니, 청하옵건대 동궁(東宮)의 강무를 정지하옵소서." 하니, 임금이 "지금 동궁도 행하지 말기를 청하기에 내가 이미 꾸짖었다. 강무하는 일은 조종(祖宗)께서 만들어 놓으신 법인데 내가 병 때문에 친히 행하지 못한 적이 여러 해가 되었으며, 이 까닭으로 일이 날마다 그릇됨이 많으니 강무는 행하지 아니할 수 없다. 또 군사들이 추위와 더위를 무릅쓰고 몸소 스스로 익숙하게 연습하여야 군사의 일을 거의 알 것이다." 하다.

# 강무 일정표

| 연도 | 봄 | | | 가을 | | |
|---|---|---|---|---|---|---|
| | 장소 | 시작 | 끝 | 장소 | 시작 | 끝 |
| 즉위년 | | | | 계산·차과령 | 10/9 | 10/11 |
| 원년 | 철원·평강 | 3/10 | 3/20 | | 11/3 | 11/13 |
| 2년 | 해주 | 2/1 | 2/22 | 대비 졸(卒) | 7/10 | |
| 3년 | 이천 온천 | 4/18 | 4/25 | 임진 | 10/11 | 10/16 |
| 4년 | 임강<br>철원 사냥<br>태종 졸(卒) | 3/9<br>3/28<br>5/10 | 3/16<br>4/6 | 상중 중지 | | |
| 5년 | 상중 중지 | | | 상중 중지 | | |
| 6년 | 상중 중지 | | | 평강 | 9/27 | 10/5 |
| 7년 | 철원·평강 | 3/9 | 3/19 | 광주 | 9/28 | 10/2 |
| 8년 | 횡성 | 2/13 | 2/19 | 평강 | 10/4 | 10/11 |
| 9년 | | | | 광주 | 10/1 | 10/5 |
| 10년 | 양주 | 3/9 | 3/12 | 양주 | 10/4 | 10/12 |
| 11년 | 평강 | 2/26 | 3/6 | | | |
| 12년 | 평강 | 3/9 | 3/17 | 중국 사신 | 중지 | |
| 13년 | 평강 | 2/12 | 2/21 | 중국 사신 | 중지 | |
| 14년 | 평강 | 2/19 | 3/2 | 양주 | 9/27 | 10/2 |
| 15년 | 온수 | 3/25 | 4/23 | 평강 | 9/27 | 10/5 |
| 16년 | 평강 | 2/6 | 2/19 | 평강 | 9/28 | 10/6 |
| 17년 | 철원 | 2/13 | 2/22 | 수원 | 10/10 | 10/14 |
| 18년 | 철원 | 3/ | 3/19 | 흉년 중지 | | |
| 19년 | 흉년 중지 | | | 철원 | 10/2 | 10/12 |
| 20년 | 정지 | | | 제릉 | 10/9 | 10/14 |
| 21년 | 철원 | 윤2/19 | 윤2/28 | 흉년 중지 | | |
| 22년 | | | | 평강 | 10/1 | 10/10 |
| 23년 | 온양 온천 | 3/17 | 5/5 | 세자빈 졸(卒) | 7/24 | |
| 24년 | 이천 온천 | 3/3-3/16 | 4/16-4/22 | 양주(세자) | 10/7 | 10/10 |
| 25년 | 온양 온천 | 3/1-3/3 | 4/3-4/6 | 가뭄 중지 | | |
| 26년 | 초수리 | 2/28-3/2 | 5/3-5/7 | 가뭄 중지 | | |
| 27년 | 가뭄 중지 | | | | | |
| 28년 | 왕비 졸(卒) | 3/24 | | 상중 | | |

# 강무일지

## 1. 강무일지의 의미

조선조의 역사기록과 보존에 관한 노력은 세계에 유례가 없을 만한 것이다. 세종의 「강무일지」가 만들어져 지금까지 보존되고 있는 것도 그러한 역사의식의 결과이다.

앞에서 보았듯이 강무는 봄과 가을에 걸쳐 1년에 두 차례씩 각기 열흘 정도 진행된 군사 훈련이었다. 태종의 사망(4년 5월 10일) 후 일시 중단되었던 강무는 세종 6년 가을부터 다시 시작되었다. 「강무일지」는 그렇게 진행된 강무의 시간과 장소, 그리고 내용을 간략하게 기록해 놓은 것이다. 여기에는 「강무일지」의 중요한 부분만 발췌했지만 그 분량이 상당하다. 「강무일지」를 읽어 보면 '강무'라는 이름의 군사 훈련이 얼마나 철저한 계획 아래 진행되었는지 알 수 있다.

■ 6년 9월 14일

강무지응사(講武支應使)가 보고하기를, "이번 가을에 강무할 때의 금령
(禁令) 조목은,

1. 도차사원(都差使員)[11]을 임명하여 소재한 고을 수령으로 하여금 접대
   할 모든 일을 단속해서 거행하게 할 것,

1. 사복시(司僕寺)의 마필(馬匹)은 들풀이나 곡초를 물론하고 먹일 것,

1. 사옹(司饔) · 사복(司僕) · 충호위(忠扈衛)와 상의원(尙衣院)의 여러 관
   원들이 각 고을의 공급하는 관리를 마음대로 구타하지 못하고, 만약
   어기고 그릇된 것이 있으면 대언사(代言司, 비서실)에 신고할 것,

1. 시위(侍衛)[12] 대소(大小) 군사의 마필을 먹일 건초는 각 숙소에 미리 적
   치하여 놓고, 비록 부족하더라도 민간에서 거둬들이지 말게 할 것,

1. 경기도 · 함길도 · 평안도 · 황해도의 진상은 행재소(行在所)로 바칠
   것이요, 기타 각 도에서는 한성으로 진상할 것,

1. 부득이하여 물이 깊은 곳에 다리를 놓는 이외에는 도로를 수리하지
   말 것,

1. 그 도의 감사(監司) · 수령관과 경과하는 고을 수령 외의 각 고을 수
   령들은 지경(地境)을 넘어와서 현신하지 못하게 할 것,

1. 어가를 따르는 각 역의 역마는 한성을 떠난 지 3일 후에 요(料)를
   줄 것,

1. 위의 항목에 해당하는 사건 외에 감사나 수령이 민간에서 거둬들여

---

11  중요한 임무를 띠고 지방에 파견되는 차사원 중의 우두머리
12  임금을 곁에서 모시고 호위함. 혹은 호위하는 사람

은밀하게 인정을 쓰는 자는 어가를 따르는 찰방(察訪)이 무시로 수
색하고 체포하여 논죄하게 할 것

등입니다." 하니 그대로 따르다.


### ▪ 6년 9월 27일

강무를 행할 것을 고하는 제사를 종묘에 지내고, 이날 거가(車駕)가 떠
나서 양주(楊洲) 녹양평(綠楊平)[13]에서 낮참으로 머물렀다. 경기감사 김
겸과 경력 배환과 양주 부사 이승직이 조복을 갖추고 맞아서 알현하
고, 감사가 술 50병을 올렸으므로, 시위하는 신하들과 장군절제사(掌軍
節制使)에게 나누어 하사하였는데 미천한 자에게까지 몫이 돌아갔다.
저녁에 풍천(楓川)에 머무르다.


### ▪ 6년 9월 28일

연천(漣川)의 가사평(加士平)과 불로지산(佛老只山)에서 몰이하고 낮참
으로 연천에서 머무르다. 남평현감(南平縣監) 신회가 조복을 갖추고 맞
아서 알현하다.

행차가 저녁에 송절원평(松折院平)에 머무르다.


### ▪ 6년 9월 29일

철원의 가을마고개(加乙麻古介)에서 몰이하고 낮참으로 진의천(珍衣川)


---

13  현재의 지하철 1호선 녹양역 부근

에 머무르다. 부사(府使) 유미가 조복을 갖추고 맞아서 알현하다.

저녁에 행차가 마산(馬山)에 머무르다. 감사가 또 청주 1,000병과 탁주 200동이[盆], 닭 200마리, 돼지 52마리를 올렸으므로 역시 모두 나누어 주다.

■ 6년 10월 1일

평강(平康)에서 훈련하고 낮참에 식송(植松)에서 머무르다. 강원도 감사 한유문, 도사(都事) 이옹, 현감 최집이 조복을 갖추어 입고 마중 나와 알현하다.

저녁에 평강 적산(積山)에서 머무르다.

■ 6년 10월 2일

철원 풍천 벌과 평강(平康) 노벌을(蘆伐乙)에서 훈련하고 낮참에 을전(乙田)에서 머무르다.

저녁에 철원 풍천 삼기(三岐)에서 머무르다.

■ 6년 10월 3일

철원 고석정(高石亭) 벌에서 훈련하다.

저녁에는 영평(永平)[14] 굴동(屈洞)에서 머무르다. 영평현감 민공이 조복을 갖추어 입고 마중 나와 알현하다.

---

14  현재의 포천시 영중면 영평리로 비정(比定)한다.

■ 6년 10월 4일

점심때에 포천현(抱川縣) 안기역(安奇驛) 서쪽 벌에 도착하다. 임금이 호가(扈駕)한 대신에게 술대접하려다가 다른 일로 인하여 대접하지 못하고, 좌의정 이하 재상과 대언(비서관), 대성(臺省)으로 하여금 장전(帳殿) 남쪽에서 술을 마시게 하다. 장령(掌令) 양활이 육대언(六代言)과 술을 마셨는데, 큰 그릇으로 각각 한 잔씩 마시고 취해서 토하고 큰소리를 지르면서 좌석에 누어버려 아전이 부축하고 나와 풍헌(風憲)[15]의 체통을 잃게 되었다. 이보다 앞서 양활이 소(疏)를 가지고 궐내에 들어갔었는데, 형방대언(刑房代言, 법무 비서관) 김자가 여러 대언들과 술을 마시고 떠들면서 오래도록 나와 응접하지 아니하므로 헌사(憲司)에서 죄주기를 청한 일이 있었다.

이제 김자가 임금의 명령을 빙자하고 여러 동료와 계획적으로 큰 술잔을 골라서 대신(臺臣)에게 술을 권하여 실수하게 하였으니 그 마음씨가 좋지 못하고, 양활도 규찰(糾察)의 책임을 지고 있어 모든 사람이 우러러보는 터인데 스스로 요량하지 아니하고 억지로 마셔 실수를 하게 되었으니 그도 또한 절조가 없는 사람이다.

포천현감 김항이 조복을 입고 마중 나와 알현하다.

저녁에 포천현 매장원(每場院)[16] 벌에서 머무르다.

---

15  풍기를 바로잡고 관리의 정사청탁(正邪淸濁)을 감찰 규탄하는 사헌부의 직임
16  포천현에 있던 숙박시설

- 6년 10월 5일
환궁하다.


(이번 강무에서 세종은 대단한 활 솜씨를 보여 사슴 2마리와 노루 8마리를 잡았다.)


- 7년 3월 9일
임금이 철원, 평강(平康) 등지에서 강무하다.
이날 거가(車駕)가 출발하여 점심참에 양주 사천동(沙川洞) 어구에서 머무르다.
거가를 수종하는 당상관(堂上官)에게는 친히 술잔을 내리고 3품 이하에게도 술을 내리다. 이로부터 거가가 회정할 때까지 이 예로 하다.
저녁에 풍천평(楓川平)에 머무르다.


- 7년 3월 10일
연천(漣川)의 가여평(加舁平)과 부로지산(夫老只山)에서 몰이하다. 임금이 사슴 1마리와 노루 1마리를 쏘아 잡다.
연천현감 신회가 조복을 갖추고서 맞아 알현하다.
오봉산(五峰山)에서 몰이하고 저녁에 송절원(松折院)[17] 앞에 머무르다.
신회가 증회(贈賄, 뇌물을 줌)할 물건을 은닉해 두었다가 금란(禁亂)하는 찰방(察訪)에게 발각되어 추핵(推劾)[18]하고 보고하니 이를 용서하다.

---

17  연천에 있던 숙박시설
18  죄인을 심문하고 조사함.

- 7년 3월 11일

가을마고개(加乙麻古介)의 동쪽 산에서 몰이하다. 임금이 노루 2마리를 쏘아 잡다.

점심참에 철원 진의천(珍衣川) 냇가에서 머무르다. 철원 부사(府使) 유미가 조복을 갖추고서 맞아 알현하다.

가을마고개의 서쪽 산에서 몰이하다. 임금이 사슴을 쏘아 잡다.

저녁에 철원 마산(馬山)에 머무르다.


- 7년 3월 12일

풍천역평(楓泉驛平)과 포평(浦平), 노곤족평(爐昆足平)에서 몰이하다.

점심참에 철원의 저산평(猪山平)에 머무르다.

노벌(蘆伐)에서 몰이하여 임금이 활을 쏘아 노루 2마리를 잡다.

저녁에는 평강의 갑비천(甲非川) 냇가에서 머무르다.


- 7년 3월 13일

천암관(穿巖串), 장망평(獐望平)에서 몰이하다. 임금이 활을 쏘아 노루 2마리를 잡다.

점심참에 장망산(獐望山) 서쪽 동구에 머무르다.

장망산 북관(北串)과 두이포(豆伊浦)의 북쪽 산에서 몰이하다. 임금이 노루를 쏘아 잡다.

저녁에 금음굴(今音崛)에서 머무르다.

■ 7년 3월 14일

분수령평(分水嶺平)과 유점산(杣岾山)에서 몰이하다.

점심참에 동평(東平)에 머무르고 저녁에 돌아와 전영(前營)에 머무르다.

감사가 따로 술과 어육을 바치니 종친과 호종하는 대소의 신하와 아래로 천한 자에 이르기까지 이를 나누어 주다.


■ 7년 3월 15일

좌의정 이원이 악차(幄次, 임금이 거둥할 때 잠깐 쉴 수 있도록 장막을 친 곳)에 이르러서 문병하매 임금이 "나는 아무 병도 없는데 이 말이 어디에서 나왔는가." 하니, 이원이 "주서(注書) 반효경이 말하였습니다." 하다.

임금이 반효경의 망언에 노하여 그의 집으로 돌아가라고 명하다.


■ 7년 3월 16일

가두등(加豆等) 및 적산(積山)의 동평에서 몰이하다. 군사에게 명하여 금수를 쏘아서 몰아내라고 하다.

점심참에 적산 남평에서 머무르다.

감사가 술과 고기를 바치매 이를 신하들에게 나누어 주어 천한 자에게까지도 고루 미치다. 명하여 강원 감사 한유문을 악차로 불러들여 친히 술잔을 내리고 이내 명하여 술잔을 돌리라 하고, 한유문과 이옹에게 각기 옷 한 벌을 내리다.

평강의 남평에서 몰이하다. 저녁에 철원역 앞들에서 머무르다.

▪ 7년 3월 17일

다야잔평(多也盞平)과 고석정관(高石亭串) 일대에서 몰이하다.

점심참에 고석정 냇가에서 머무르고, 저녁에는 영평(永平)의 굴동(堀洞)에서 머무르다.

영평현감 민공이 조복을 갖추고 맞아 알현하다.


▪ 7년 3월 18일

보장산(寶藏山)에서 몰이하고, 점심참에 영평현의 서평(西平)에서 머무르다.

거가가 수여동(水餘洞)에 이르러 매를 놓아 사냥하는 것을 구경하고, 저녁에 매은장원(每隱場院) 남평(南平)에 머무르다.

포천현감 김항이 조복을 갖추고 와서 맞아 알현하다.


▪ 7년 3월 19일

경기 감사 김겸과 경력 안숭선에게 각기 옷 한 벌을 하사하다.

거가가 녹양역평(綠楊驛平)에 이르러 매를 놓아 사냥하는 것을 구경하다.

세자가 와요평(瓦窯平)으로 영접하러 나오다.

점심참에 다야암(多也巖) 남평에 머무르다.

한성에 있던 각 관아에서 모두 흥인문(興仁門) 밖으로 나와 거가를 맞이하여 궁으로 돌아가다.


▪ 7년 9월 28일

광주(廣州) 지역에서 강무하다. 이날 낮참에 검단산(黔丹山) 서쪽 들에서 머무르다.

경기 감사 심도원, 경력 안숭선, 경기·강원도 찰방 양질, 경기·충청
도 찰방 이길배, 광주목사 민심언, 판관 이줄이 또한 마중 나와 뵈었다.
호종한 여러 신하에게 음식을 대접하도록 명하고, 감사가 진상한 술은
시위한 군사에게 나누어 주었는데 천한 자에게도 몫이 돌아갔다.
검단산에서 몰이하다. 임금이 친히 사슴 1마리를 쏘아 잡았다.


■ 7년 9월 29일

건지산(巾之山)에서 몰이하다. 임금이 사슴 1마리를 쏘다.

낮참에 아고개(牙古介) 동구에서 머무르다.

저녁에 경안역(慶安驛)[19] 아래쪽 평지에 유숙하다.


■ 7년 10월 1일

문현산(門懸山)에서 훈련하고, 낮참에 산 아래 들에서 머무르다.

수행한 여러 신하에게 음식을 대접하고, 시위군사(侍衛軍士)에게 술을
내리고, 별도로 장군절제사(掌軍節制使)에게 술과 고기를 내리다.

저녁에 대왕평(大王平)에서 머무르다.


■ 7년 10월 2일

행차가 마전포(麻田浦)[20]로 건너 돌아와 살곶이[箭串] 냇가에서 낮에 머

---

19  경기도 광주시 역동(驛洞)에 있던 역
20  송파구 삼전동(三田洞)에 있던 마을. 이 마을에 삼[麻]을 많이 심어 마을 이름이 유래되었다.

무르고 해가 져 환궁하다.

■ 8년 2월 13일

강원도 횡성(橫城) 등지에서 강무하다.

이날 행차가 출발하여 묘적사(妙寂寺)[21]의 북쪽 산에서 몰이하다.

■ 8년 2월 14일

행차가 지평(砥平)의 지덕원(祗德院) 냇가에 이르러 낮에 머무르다.

■ 8년 2월 15일

저녁에 사기소(沙器所)에서 머무르다.

■ 8년 2월 16일

한성에 남아 있는 대신 등이 녹사(錄事) 고상충을 보내 화재가 일어난 상황을 보고하니, 임금이 떠나려 하다가 이 소식을 듣고 크게 놀라 병조판서 조말생과 대언 등에게 "이번 길은 본시 내가 오고 싶지 않은 것을 경등이 군이 나에게 가자고 청하였고, 또 어제 길에서 폭풍이 심히 불고 몸이 불편하여 나는 궁으로 돌아가고 싶었는데 경등이 또 청하므로 돌아가지 아니하였으나, 나는 이번 길이 천심(天心)에 합당하지 아니하여 재변이 이렇게 생긴 것인 줄로 생각하고 깊이 후회하는

---

21  경기도 남양주시 와부읍에 있는 절

바이다. 내일은 궁으로 돌아갈 터이니 몰이꾼은 모두 돌려보내도록 하라."하고 그대로 유숙하다.

■ 8년 2월 17일

눈이 내리고 바람이 몹시 불다.

저녁에 행차가 돌아오다가 흥덕원(興德院) 아래 들에 이르러 머무르다.

■ 8년 2월 18일

행차가 돌아오다가 낮참에 양근(陽根) 앞 냇가에 이르러 머무르고, 용진(龍津)을 건너 저녁에 강변에 머무르다.

■ 8년 2월 19일

행차가 건원릉 아래 들에 이르러 머무르다. 신시(申時)[22]에 궁으로 돌아오다.

■ 8년 8월 23일

임금이 "사냥은 내가 즐겨 하는 것이 아니고 다만 강무하기 위한 것이다. 만약 이를 폐하고 행하지 않는다면 조종에서 이루어 놓으신 법을 잃어 버리게 될 것이며, 평강(平康)의 강무장(講武場)은 또한 몹시 멀지도 않다."하고, 인하여 도진무(都鎭撫)[23] 최윤덕에게 "강무할 때 군사

---

22　24시의 열일곱째 시. 곧, 오후 3시 30분부터 4시 30분까지이다.
23　조선 초기에 둔, 의흥친군위(義興親軍衛)와 삼군진무소(三軍鎭撫所), 오위진무소(五衛鎭撫所) 따위의 으뜸 벼슬

들이 갑옷을 입고 말을 달리며 활을 쏜다면 견고한 갑옷을 입는 데 익
숙하여 강무하는 본의와 거의 합치할 것이나 말을 피곤하게 하는 폐
단을 가져올 우려가 있다." 하니, 최윤덕이 "한번 이를 시험해 보면 그
편리 여부를 가히 알 수 있을 것입니다." 하다.

## 2. 사냥과 전투 훈련

「강무일지」에는 사냥 이야기가 많이 나온다. 세종은 자신이 사냥
을 즐기지는 않지만 선대에 정해 놓은 법을 어길 수 없어서 폐지하지
않고 시행하고 있다는 말을 한다. 세종의 말처럼 강무 시에 하는 짐
승 몰이와 활쏘기는 사냥 자체를 즐기기 위한 것이 아니라 일종의 군
사 훈련이었다. 세종은 사사로운 이익을 위한 사냥으로 짐승들이 희
귀해진 곳에는 사냥 금지령을 내리고 불법으로 사냥을 한 사람을 조
사하게 한다.

▪ 8년 10월 4일
임금이 평강 등지에서 강무하고 서산(西山)에서 몰이하다.
낮참에 양주(楊洲) 남쪽 들에 머무르다.

▪ 8년 10월 5일
낮참에 연천의 공성(孔城)에 머무르고, 불현산(佛見山)에서 몰이하다.
임금이 노루 1마리를 쏘아 잡다.

■ 8년 10월 6일

철원 가마현(加麻峴)에서 몰이하고, 낮참에 병교(竝橋)에서 머무르다.


■ 8년 10월 7일

철원 노전(蘆田)에서 몰이하고, 낮참에 평강 식송(植松) 들에 머무르다.


■ 8년 10월 8일

풍천(楓川)²⁴ 들에서 몰이하고 노전(蘆田)²⁵에 이르렀다가 돌아오다. 낮
참에 풍천에서 머무르니, 어가를 따르는 종친과 부마(駙馬) 및 재추(宰
樞), 대언(代言)에게 술과 안주를 나누어 주고 아래로 군사들과 천한 자
들에게까지도 몫이 돌아가게 주다.


■ 8년 10월 9일

철원 고석정(高石亭)²⁶에서 몰이하고, 낮참에 그곳에서 머무르다.


■ 8년 10월 10일

낮참에 포천의 안기역(安奇驛)에서 머무르니 전평현감(前平縣監) 김훤
이 맞아 뵙다. 저녁에 매은장원(每隱場院) 들에 이르러 머무르다.


---

24 철원
25 갈대밭
26 강원도 철원군 동송읍 장흥리에 있는 정자. 한탄강변에 위치한 정자의 이름이지만 우뚝 솟은 화강
  암바위를 지칭하기도 한다.

- 8년 10월 11일

낮참에 덕수원상동(德水院上洞)에서 머무르다.

궁에 돌아오자 각 사(司)가 시위(侍衛)하되 막(幕)에 머무르다.


- 9년 1월 20일

임금이 노량(路梁)을 건너 금천(衿川)에 행차하여 매사냥을 구경하고
돌아오다가 강 위에 이르렀을 때 마침 눈바람이 갑자기 일어나고 물
결이 세차서 배가 통행하지 못하다. 언덕 위의 새로 만든 큰 배에 의지
하여 어가를 머물게 하고, 금천현(衿川縣)의 미두(米豆)를 가져와서 어
가를 따라온 군사들에게 식료(食料)로 나누어 주게 하다. 밤중이 되어
서도 바람이 오히려 그치지 않고 흰 기운이 은하수처럼 동서로 하늘
에 뻗치다. 땅거미가 질 때 우의정 황희와 호조판서 안순이 대가(大駕)
가 강을 건너지 못하여 들에서 머문다는 말을 듣고 문안을 하고자 하
여 와서 강머리에 이르렀으나 강을 건너지 못하다.


- 9년 1월 21일

파루(罷漏)²⁷ 때 강을 건너서 대궐로 돌아오다. 좌의정 이직은 풍질(風
疾)을 앓아 휴가 중에 있었는데도 나가서 대가(大駕)를 남대문 밖에서
맞이하였는데 백관들이 모두 따라 미치지 못하였다.

이직 등이 길 위에서 문안드리니 임금이 "태종께서 매사냥을 구경하

---

27  오경삼점(五更三點)에 큰 쇠북을 삼십삼천(三十三天)의 뜻으로 서른세 번 치던 일. 서울 도성 안에
    서 인정(人定) 이후 야행(夜行)을 금했다가 파루를 치면 풀렸다.

시러 강을 건너가지 아니하셨으니 그 지략이 지극하셨다 하겠다. 나는 남의 말을 잘못 듣고 강을 건너가서 놀다가 이러한 눈보라의 변을 만났으니 이는 하늘이 나를 책망한 것이다. 이제부터는 자중하여 아예 강을 건너가서 매사냥을 구경하지 않을 것이다." 하면서 배 부리는 사람에게 미두(米豆)를 차등 있게 내려 주다.

사헌부에서 임금이 바람의 변고를 만나 들에서 머물렀는데도 예조에서는 백관들을 모아 임금의 안부를 물을 줄 알지 못했다고 판서 신상과 정랑(正郎) 정갑손을 탄핵하니, 임금이 헌부의 장무를 불러 전교하기를, "오늘의 일은 나의 허물이니 그만두라." 하다.

■ 9년 10월 1일

광주(廣州)에서 강무하다.
이날 낮참에 신원동(新院洞)에서 머무르고, 검단산(劍斷山)에서 몰이하다. 양녕대군을 부르다.

■ 9년 10월 3일

장령 윤수미가 "초하룻날 양녕대군을 부르셨을 때 신은 초차(草次)에서 잠깐만 뵈올 따름이리라 생각하였는데 이제까지 돌아가지 않고 사격장에 출입하니 진실로 합당치 않습니다." 하니, 임금이 "오늘은 날도 저물었으니 내일 회가(回駕)할 때 돌려보내겠다." 하였다.
다시 청하였으나 윤허하지 아니하였다.

- 9년 10월 4일

양녕대군, 효령대군과 함께 매사냥하다.


- 10년 3월 9일

양주(楊州) 등지에서 강무하다.


- 10년 3월 10일

중보포(中寶浦)의 언덕에 머물러 숙박하다.


- 10년 3월 11일

월개전(月介田)의 언덕에 머물러 숙박하다.


- 10년 3월 12일

독포평(禿浦平)에서 주정(畫停)[28]하니 왕세자가 와서 영접하다.


- 10년 10월 4일

임금이 양주에 행차하여 풍천 들에 머무르다.


- 10년 10월 5일

송절원(松節院)에 머무르다.

---

28  임금이 거둥하는 도중에 점심참으로 머물러 쉼.

- 10년 10월 6일

과이말흘(過伊末屹)에 머무르다. 밤에 큰비가 내렸다.


- 10년 10월 7일

비가 왔다. 강원도 감사가 방물(方物, 고장의 특산물)과 주육을 올렸다.


- 10년 10월 8일

그대로 머무르다.


- 10년 10월 9일

철원부(鐵原府) 다야잔(多也盞)에 머무르다.


- 10년 10월 10일

영평현(永平縣) 굴동(屈洞)에 머무르다.


- 10년 10월 11일

심한 안개가 끼어 몇 걸음 밖의 사람도 분별하지 못하다.

포천현 매장원(每場院)에 머무르다.


- 10년 10월 12일

소낙비가 오고 뇌성하고 번개 치다.

낮참에 미사리원(彌沙里院) 북쪽 들에서 머무르니 왕세자가 와서 맞이

하다.

- 11년 2월 26일

평강(平康) 등지에서 강무하고, 이날 양주 풍천평(楓川坪)에 머무르다.


- 11년 2월 27일

송절원에 머무르다


- 11년 2월 28일

마산에 머무르다


- 11년 2월 29일

갑비천에 머무르다


- 11년 2월 30일

금음굴에 머무르다


- 11년 3월 1일

동산에 머무르다.


- 11년 3월 2일

적산에 머무르다.

평강현감(平康縣監) 최중기 및 수장인(守場人)[29] 전언 등 12인을 의금부에 가두라고 명하니, 이는 강무장 안에서 사렵(私獵)을 금하지 않아서 금수(禽獸)가 희소하였기 때문이다.

- 11년 3월 3일

철원 다야잔(多也盞)에 머무르다.

- 11년 3월 4일

굴동에 머무르다.

- 11년 3월 5일

매장원에 머무르다.

임금이 화재가 났다는 소식을 듣고 깜짝 놀라며 훈련하는 것을 보지 아니하다.

예조에 전지하기를, "환궁할 때에 각 전(殿), 각 궁(宮) 및 의정부와 육조는 풍정(豐呈, 임금의 경사가 있을 때 무엇을 바치던 일. 기생이나 재인의 연희를 곁들였다)을 올리지 말라." 하다.

- 11년 3월 6일

문무 여러 신하가 흥인문(興仁門) 밖에서 반열을 지어 맞이하다.

---

29  강무장을 지키는 사람

환궁하면서 곧 호조에 전지하기를, "화재를 당한 각 집을 자세히 조사하고 병오년(4년)의 예에 의해 진제할 미곡을 주라." 하다.

의금부 제조를 불러 이르기를, "평강(平康) 등지에 있는 강무장에 방화(防火)와 사렵(私獵)을 금한 지가 해가 넘었으니 의당 그새 짐승이 번식하였어야 할 터인데 지금 매우 희소하고 또 짐승을 잡은 듯한 곳이 많아 그 사렵을 한 형적이 분명하니 아직 형은 가하지 말고 먼저 그 정실을 감고(監考) 전언(全彦) 등에게 물어 보라." 하였다.

### ▪ 11년 3월 8일

전언 등 11인을 고문하였으나 모두 그 실정을 고백하지 않으매, 임금이 좌대언 정연에게 "내 생각에 평강현감은 강무장에서 사렵(私獵)[30]한 것을 필연 몰랐을 것이다. 이곳은 실상 공한(空閑)[31]하고 넓은 땅이므로 만약 깊이 들어가서 사냥을 행한다면 수령이 어찌 능히 다 알겠느냐마는 감고 전언 등은 반드시 서로 알고 있었을 것이다. 이것은 비록 작은 일이나 전원이 똑같이 속이고 바른대로 승복(承服)하지 않음은 매우 가증(可憎)하니 그 진상을 드러내지 않을 수 없다. 일찍이 들으니 지난 겨울에 노루와 사슴의 고기를 시장에서 많이 팔았다고 한다. 경기 땅에 노루, 사슴이 모이는 곳은 다만 이곳이 있을 뿐이니 만약 그 고기의 출처를 따지면 사렵한 정상이 자연히 드러날 것이다." 하였다.

---

30  강무장에 들어가 몰래 사냥을 하던 일
31  하는 일이 없어 한가함. 비어 있음.

- 11년 3월 9일

의금부 도사 정사를 회양(淮陽)에 보내어 강무장에서 사렵한 사람을 국문하게 하였다.


- 12년 3월 9일

평강 등지에서 강무하다.

어가가 양주의 풍천에 머무르다.


- 12년 3월 10일

송절원(松節院)에 머무르다.


- 12년 3월 11일

마산(馬山)에 머무르다.


- 12년 3월 12일

평강의 적산에 머무르다.


- 12년 3월 13일

적산(積山)에 머무르다.


- 12년 3월 14일

다야잔(多也盞)에 머무르다. 강원도 감사 조치에게 옷을 하사하였다.

병조에 전지하기를, "이제부터 무예를 연습할 때 삼군(三軍)에서 각기

의원 1인을 정하여 군대를 따르게 하여 군졸이 병이 있으면 치료하게
하라." 하였다.


▪ 12년 3월 15일
영평(永平)의 굴동에 머무르다.


▪ 12년 3월 16일
포천의 매장평에 머무르다.


▪ 12년 3월 17일
어가가 다야암(多也巖)의 언덕에 이르니 왕세자가 와서 뵈옵고, 중궁(中
宮)과 정부와 육조에서도 풍정을 바치다.
백관들은 흥인문 밖에서 맞이하다.


▪ 12년 9월 23일
풍양 강무 예정
중국 사신으로 중지



## 3. 중국 사신으로 인한 강무 중지

중국 사신이 잇달아 오니 그 접대에 큰 비용이 들뿐더러 많은 인
원이 소요된다. 게다가 세종이 그토록 중시하는 강무가 중지되었다.

훈련 상황을 중국 사신들에게 알리고 싶지도 않았을 것이다.


■ 13년 2월 12일

평강(平康) 등지에서 강무하다.

양주(楊洲) 풍천평(楓川平)에서 하룻밤을 머무르니 왕세자가 호종하다.


■ 13년 2월 13일

연천(漣川) 송절원(松節院) 들에 머무르다.


■ 13년 2월 14일

마산(馬山) 벌판에 머무르다.


■ 13년 2월 16일

평강현(平康縣) 적산(積山) 들에 머무르다.

감사(監司) 고약해를 불러 "이 도(道)가 농사를 낭패하여 강무가 부당
하나, 다만 금수(禽獸)가 곡식을 해치는 일이 많다는 말을 듣고 왔노라.
농사를 낭패한 곳은 몇 읍이며 지대(支待, 공적인 일로 온 높은 벼슬아치에게
관아가 먹을 것과 쓸 것을 대는 일)에 응하는 곳은 몇 읍이나 되는가." 하니,
고약해가 "단지 영동(嶺東) 지방이 농사를 낭패하였사오며 지대에 응
하고 있는 곳은 영서(嶺西) 부근의 수 개 읍뿐입니다." 하다.


■ 13년 2월 18일

대야잔(大也盞) 들에서 백치(白雉, 흰 꿩) 2마리를 포획하다. 대가를 호종

하는 신료들이 하례를 드리니 받지 아니하다.

■ 13년 2월 19일

영평현(永平縣) 굴동(堀洞)에 머무르다.


## 4. 강무에서 발생한 돌발적 사고들

■ 13년 2월 20일

진눈깨비가 내리다.

짐승을 영평현 보장산(寶藏山)으로 몰려고 몰이꾼이 이미 출발하였다. 대가를 따르는 대신들이 아무도 이를 말리는 자가 없었는데, 총제(摠制) 홍약이 유독 그 불가함을 주장하니 드디어 중지하다.

대가가 포천 매장원에 이르러 머무르다.

진눈깨비로 인하여 날씨가 몹시 한랭하고 길이 진창이 되어 인마(人馬)가 모두 휴식을 얻지 못하였으며, 혹은 추위에 얼고 굶주리어 현기증을 일으키며 얼어 죽어 넘어진 자가 많았다. 도진무(都鎭撫) 성달생이 이 사실을 아뢰다.

임금이 크게 놀라 즉시 감사(監司) 민의생에게 명하여 기마인(騎馬人)을 보내어 술과 밥을 가지고 이를 먹여 구하게 하다.

해가 질 무렵에 도진무 신상이 뒤따라 이르러 길가에서 이미 기절한 자 3명 외에 거의 사경에 이른 자가 무수(無數)하고 또 말이 넘어져 있는 것이 상당수임을 보고 이 사실을 아뢰니, 승전색(承傳色) 최습이 "성총제(成摠制)가 이미 아뢰어 즉시 감사로 하여금 구호하게 하였으니, 비록 다시 계달한다고 하더라도 별다른 방책이 있을 수 없고 감사의 조치 여하에 달려 있을 뿐이오." 하다.

밤에 이르러 임금이 이를 몹시 근심하고 다시 물어 보므로 최습이 신상의 말한 바를 이야기하다.

즉시 내사(內史) 전길홍에게 명하여 급히 신상의 막사(幕舍)로 가서 그 연유를 물으니 신상이 "신이 이 상황을 이미 최습에게 고한 바 있습니다." 하다.

임금이 비로소 사람과 말들이 많이 넘어져 있는 것을 알고, 곧 대언(代言) 김종서, 남지, 송인산, 안숭선 등과 병조 정랑 김영, 이만간 등에게 명하여 술과 밥을 가지고 길을 따라 그들을 구호하게 하였으나, 따라간 자들이 모두 춥고 피곤하여 남을 구조할 겨를도 없이 잇따라 넘어지는 현상이 생겨 사람이 모자라 다 구조할 도리가 없게 되자 즉시 안완경을 시켜 달려가 아뢰다.

임금이 또 사복시(司僕寺) 소속 기병 20명을 발송하여 술과 밥을 가지고 가서 구조하게 하니 밤은 이미 새벽에 이르고 있었다. 이로 말미암아 살아난 자도 매우 많았으나, 미처 구조하지 못하여 결국 사망한 자가 26명에 이르고 말 69필과 소 1두가 죽다.

세종 13년 2월 훈련 1주일쯤 지난 어느 날, 군졸들이 산으로 출발한 뒤 갑자기 진눈깨비가 내리고 날씨가 추워져 군졸들을 구조할 겨를도 없었다. 새벽에 이르기까지 눈 속에서 빠져나오지 못하여 사망자 26명에 말 69필, 소 1두가 죽었다. 백성을 끔찍이 사랑했던 세종의 마음은 찢어지는 듯 아팠으리라. 그렇지만 그것은 나라를 지키기 위한 값진 희생이었으니 강무는 계속되어야 했다.

그 이듬해 봄 강무에서 임금의 막사 안으로 날아든 유시(流矢, 빗나간 화살, 또는 어디서 날아왔는지 모르는 화살)에 대해 세종은 조사하지 말고 그냥 넘기라고 명했는데, 신하들이 다시 청하자 조사케 하여 태형에 처한다.

그 밖에 사슴이 사람을 들이받거나 화살에 맞은 큰 멧돼지가 말을 들이받아 죽게 하거나 독이 들어 있는 나물을 먹고 사람이 죽거나 범의 공격을 받고 상처를 입는 등의 사고가 발생한다.

그런가 하면 임금이 탄 말이 어떤 논의 벼 한 줌을 먹는 일이 발생하자 세종은 그 논 주인에게 쌀 한 섬을 주어 보상했다.

강무가 끝나면 세종은 다음 날 새벽부터 일상으로 돌아가 정무에 임했다.

■ 13년 2월 21일

낮참에 대야원평(大也院平)에 머무르다.

중궁(中宮)과 성비전(誠妃殿), 그리고 의정부·육조에서 풍정(豊呈)을 올리니 임금이 사람과 말이 죽은 것을 생각하고 잠깐 들고 곧 철거하게 하다.

■ 13년 2월 22일

김종서, 남지, 송인산 등이 다시 "20일 비가 내릴 때 윤수는 병으로 사막(私幕)에 있었사오며, 안숭선은 자신이 한자리에 있었다고 하나 성달생·신상의 말을 미처 듣지 못하였고, 황보인[32]과 신등은 같이 그 말을 들었사오나 그의 구료를 서두르지 못하여 필경 인명과 말의 많은 사망을 내게 되었던 것으로, 황보인이 이미 그 집에서 대죄하고 있사온즉 신들도 역시 대죄하고자 하옵니다." 하니, 임금이 "장관(長官)이 이미 자기 집으로 돌아갔으니 경들은 혐의하지 말라." 하다.

이때 대언(代言)들이 어느 한 작은 집에 모여 무릎을 맞대고 앉아 있었는데 신상·성달생 등이 큰소리로 외친 것을 어찌 듣지 못했단 말인가? 안숭선만은 미처 듣지 못했다고 한 말을 여러 대언들은 임금이 믿지 않고 혹시 힐책하지나 않을까 두려워하였으나, 마침내 그 죄를 모면하고 황보인의 직위를 대신하게 되었으니, 당시의 사람들이 이를 보고 천도(天道)는 알 수 없다고 하다.

* 13년 가을에는 중국의 사신들이 연달아 와서 가을 강무가 중지되었다.

▪ 14년 2월 19일
평강 등지에서 강무하다.

▪ 14년 2월 20일
송절원(松折院)에 머무르다.

---

32  황보인[皇甫仁, ?~1453(단종 1년)] : 지신사(知申事)였는데 세종 13년 2월 20일 발생한 매장원(每場院) 동사(凍死) 사건에 책임을 지고 사임했다. 1447년 우의정이 되었고 양계축성(兩界築城)의 일에 전념했다. 1451년 영의정이 되었는데 1453년 계유정난 때 피살되었다.

- 14년 2월 21일

용담역(龍潭驛) 화창(禾倉)에 머무르다.


- 14년 2월 22일

석교(石橋)에 머무르다.


- 14년 2월 23일

유시(流矢)[33]가 임금의 막사 안에 날아들다.

안숭선 등이 "궁궐을 향하여 화살을 발사하는 일은 일찍부터 금방(禁防)의 법령이 있습니다. 지금 대가(大駕)가 친히 임어(臨御)하였는데 안쪽을 향하여 화살을 발사하였으니 그 죄가 가볍지 않습니다. 청하건대 국문하게 하소서." 하니, 임금이 "다투어 쏘는 사이에 잘못 쏘아 위내(圍內)에 들어온 것이니 추문하지 말라." 하다.

숭선이 거듭 "이 일을 내버려두고 문책하지 아니하면 뒤에 징계할 바가 없습니다." 하여 심문하라고 명령하였더니 바로 환자(宦者) 유실이었다.


내문(乃文)에 머무르다.

포위를 뚫고 달아나는 사슴이 시위패(侍衛牌) 김득부, 고귀충 등을 받아 상해를 입혔으므로 내사(內史) 김맹과 내의(內醫) 박윤덕에게 명하

---

33  빗나간 화살

여 약을 주어 구료하게 하다.

임금이 대언(代言) 등에게 "삼군(三軍)에 소속된 의원이 약을 주어 구료하는 것은 그 법이 이미 섰는데, 오늘 좌군(左軍)의 의원은 어째서 약을 주어 구료하지 아니하는가." 하다.

승선이 "그 의원을 찾았으나 찾을 수가 없습니다. 병조로 하여금 추국하게 하소서." 하다.

■ 14년 2월 24일

병조에서 "유실은 근시(近侍)로서 시위하는 일을 즐겨하지 아니하고 함부로 말을 달려 사슴을 쫓았으니 공경하고 삼가는 뜻에 어긋남이 있습니다. 그의 죄를 다스리게 하소서." 하니, 내시부(內侍府)에 내려 태(笞) 40대의 형에 처하게 하라고 명령하다.

■ 14년 2월 25일

구목(驅牧)이 산을 감시하는데 한 마리의 큰 멧돼지가 화살에 맞고도 포위망을 뚫고 나와서 내구마(內廐馬)를 들이받아 죽게 하였다. 사복제조(司僕提調)[34] 최윤덕, 정연 등이 "여러 관원들이 조심하여 간수하지 않아서 내구마를 받히어 죽게 했으니 그 죄를 다스리게 하소서." 하니, 임금이 "뜻밖에 생긴 일이니 어찌 큰 멧돼지가 꼭 이 말에게 달려와서 부딪칠 줄을 알았겠느냐. 그 일은 거론하지 말라." 하다.

---

34  궁중에서 사용하는 가마와 말 등을 관리하는 사복시(司僕寺)의 책임자

마관장(馬串場)에 머무르다.

좌대언 김종서에게 활과 화살을 내려 주며 "항상 차고 있다가 짐승을 쏘라." 하다.

■ 14년 2월 26일

적산에 머무르다.

■ 14년 2월 27일

환궁하는 날에 풍정(豊呈)[35]을 정지하라고 명령하다.

신상, 최사강, 우승범 등이 "강무하신 지 여러 날 되었는데 안온하게 환궁하게 되어 풍정을 베풀어 헌수(獻壽)하는 것이니, 청하건대 정지 시키지 마십시오." 하다.

임금이 "풍정은 여러 신하들을 향연(饗宴)하기 위한 것으로 그 유래가 오래되었다. 더군다나 이번 행사에는 날씨는 온화하고 또 아무런 부족한 일이 없었다. 마땅히 풍정을 개설하여야 할 것이다. 그러나 내가 몸에 열이 나 오래도록 장전(帳殿)에 있을 수 없다. 태종께서 말씀하시기를, '풍정을 어찌 반드시 길가에서만 개설하겠는가.'라고 하셨다. 환궁하여 2, 3일 뒤에 사정전(思政殿)에 개설하는 것이 어떤가." 하다.

---

35  임금이나 왕후 등에게 음식을 풍성하게 차려 올리는 일

■ 14년 2월 28일

다야잔(多也盞)에 머무르다.

강원도 감사 황보인을 장전에서 인견하고 옷을 하사하였다.


■ 14년 2월 29일

임금이 최윤덕 등에게 "나는 내일에는 다시 더 짐승을 쫓지 않고 바로 매장원(每場院)에 닿았다가 초1일에는 한성에 돌아가고자 하는데 어떤 가." 하니, 윤덕이 "내일은 다만 보장산(寶藏山)에서만 짐승을 몰이하고 바로 매장원에 도착하였다가 이튿날 입경(入京)하시는 것이 좋겠습니다." 하고, 홍해·최사강·홍인·홍약 등이 "이미 기일을 획정하였으며 또 급히 돌아가야 할 이유도 없으니 나아가고 그치는 것을 예정 기일대로 하는 것이 좋겠습니다." 하니 홍해 등의 논의에 따르다.


■ 14년 2월 30일

영평현(永平縣)의 전평(前平)에 머무르다.

삼군의 장수들에게 전지하기를, "금장산(金藏山) 몰이는 항오(行伍)[36]가 정제(整齊)[37]하지 못해 짐승들이 빠져 달아난 것이 많다. 금년의 몰이꾼[驅軍]은 전보다 배나 되는데 사냥한 짐승의 수량은 전일보다 적다. 내일의 몰이에는 마땅히 항오를 정제하여야 하겠다." 하니, 최윤덕이 "신에게 실로 죄가 있습니다." 하다.

---

36  군대를 편성한 대오(隊伍)
37  정돈하여 가지런히 함.

▪ 14년 3월 1일

매장원(每場院)에 머무르다.

독이 있는 나물을 먹고 죽은 사람이 둘이 있으므로, 병조에 명령하여
사망한 수군(水軍)의 예에 의하여 치부(致賻, 임금의 명으로 부의를 내려주는
일)하고 복호(復戶, 부역이나 조세를 면하는 일)하게 하다. 또 두루 군중(軍中)
에 타일러서 이름 모르는 야채를 먹지 못하게 하다.


▪ 14년 3월 2일

백관들이 흥인문(興仁門) 밖에서 맞아 궁궐로 들어오다.


▪ 14년 9월 27일

양주(楊州)에서 강무하다.

행차가 월개전(月介田)에 머무르다.


▪ 14년 9월 28일

월개전에 머무르다.


▪ 14년 9월 29일

월개전에 머무르다.

임금의 탄 말이 다른 사람의 벼 한 줌을 먹었는데, 임금이 "농부가 농
사짓기에 매우 고생했는데 내 말이 먹었으니 마땅히 그 대가를 받아
야 될 것이다." 하면서 쌀 1석(石)을 내리다.

■ 14년 9월 30일

중보포(中甫浦)에 머무르다.


■ 14년 10월 1일

중보포에 머무르다.


■ 14년 10월 2일

백관이 어가(御駕)를 흥인문 밖에서 맞이하다.


■ 14년 10월 3일

사정전(思政殿)에서 잔치를 베풀다.


■ 15년 9월 27일

임금이 평강 등지에서 강무하는데 왕세자 이하 종친, 부마 및 의정부,
사헌부, 사간원의 각 한 사람씩이 호종(扈從)하게 하다.
회암산(檜巖山)에서 훈련하는 것을 구경하고 양주 풍천 벌에 머무르다.


■ 15년 9월 28일

가아 들과 연천 벌에서 사냥하고, 송절원 들에 머무르다.


■ 15년 9월 29일

철원 가마(加麿) 벌에서 사냥하는데 철원 부사 조양이 고을 입구에 마
중 나와 배알하였다. 임금이 마산에서 머무르고 잡은 날짐승을 종묘에

천신(薦神)하게 하였다.

■ 15년 9월 30일
반포에서 사냥하다. 평강의 적산 벌에 머무르다

■ 15년 10월 1일
적산에 머무르다.

■ 15년 10월 2일
재송(栽松)의 들에서 사냥하고, 철원의 대야잔에서 유숙하였다.
의금부에 명하여 환자(宦者)[38] 최언을 결박해 오게 하니, 왕명을 받들
고 가고 오는 것을 지연(遲延)한 죄 때문이었다.

■ 15년 10월 3일
고석정(高石亭) 등지에서 사냥하고, 영평의 굴동에서 유숙하였다.

■ 15년 10월 4일
매장원의 들에 유숙하였다.
해청(海青=海東青, 송골매)을 놓아서 천아(天鵝, 고니)를 잡다.
이때 우연히 왕세자의 말이 진흙 속에 빠져서 나올 수가 없게 되었는

---

데 첨지중추원사(僉知中樞院事) 마변자, 상호군 한방지, 겸사복(兼司僕)
성승이 진흙 속에 달려 들어가서 세자를 붙들고 나오다.


- 15년 10월 5일

환궁하니, 도성에 머물렀던 모든 관원들이 흥인문 밖에 나와 맞이하다.


- 15년 10월 6일

근정전에 나아가 조회를 받다.


- 16년 2월 6일

임금이 왕세자를 인솔하고 평강 등지로 강무하러 가다.
양주 언덕에서 훈련하고, 풍천평에 머물러 자다.


- 16년 2월 7일

연천 언덕에서 사냥하고 낮참에 주정소(晝停所)에서 여염집의 늙은 부녀
들을 보고, 명하여 공궤하게 하고, 송절원평(松折院平)에 머물러 잤다.

## 5. 신호체계의 정비

사냥할 때 취각(吹角)[39]으로만 신호를 하여 앞으로 나아가거나 중지하는 데 혼선이 생기자 세종은 세 가지 색깔(홍색, 청색, 백색)의 깃발을 흔들어 우군, 좌군, 중군의 진퇴까지 별도로 전달할 수 있는 신호체계를 만들어 시행케 하였고, 그 후 신호에 제대로 응하지 못한 사람은 처벌하였다.

 ▪ 16년 2월 8일

연천 · 철원의 산곡에서 사냥하다. 도로 송절원평으로 돌아가 머물렀다. 병조에 전지하기를, "몰이꾼의 진퇴를 취각으로만 신호하기 때문에 알기가 어려워서 난잡한 행동으로 질서를 잃곤 하니 진실로 불가한 일이다. 금후로는 대가(大駕) 앞에 청 · 홍 · 백의 삼색 대휘(大麾)[40]를 받들어 놓고, 대각(大角)을 분 뒤에 홍색 대휘를 사방으로 흔들면 중군(中軍)이 정지하고, 청색 대휘를 사방으로 흔들면 좌군(左軍)이 정지하고, 백색 대휘를 흔들면 우군(右軍)이 정지하며, 삼색 대휘를 일시에 사방으로 흔들면 삼군(三軍)이 일시에 정지하여 서는데, 삼색의 휘를 혹은 앞으로 하고 혹은 뒤로 하며 혹은 흔들면 중군이 이를 바라보고 각군(軍)을 지휘하게 하라." 하다.

---

39  각(角)을 불어 신호를 보내는 일. 각은 군중(軍中)에서 부는 악기의 한 가지로, 짐승의 뿔로 만들었다.

40  큰 기(旗). 대장이 위장(衛將)을 명령할 때 사용하였다. 휘(麾)는 아악을 연주할 때 협률랑(協律郎)이 그 시작과 그침을 지휘하던 기(旗)이다. 누런 바탕에 용을 그렸는데, 휘를 들면 아악이 시작되고 휘를 누이면 아악이 그친다.

■ 16년 2월 9일

철원 언덕에서 사냥하고 철원 화창리(禾倉里)에 머물러 잤다.


■ 16년 2월 10일

삭녕(朔寧)의 언덕에서 사냥하다. 삭녕 석교(石橋) 언덕에 머물러 잤다.


■ 16년 2월 11일

삭녕군 음곡산(陰谷山)에서 훈련하다. 왕세자가 노루를 쏘아 잡다.

부사직 양사정이 범에게 상처를 입으니 그 아우인 시위패 희정을 놓아 보내어 구료케 하다.

나문리(羅文里)에 머물러 잤다.


■ 16년 2월 12일

철원의 산에서 훈련하다. 강원도 도사 권자홍이 와서 문안하다.

철원부 마장관(馬場串)에 머물러 자다.

이날 효성산(曉星山) 기슭에 있는 사장(射場)에서 거가를 머무르고, 부사직(副司直) 안사의와 승정원 연리(椽吏, 서리) 김이를 불러 힘을 겨루게 한바 김이가 이기매, 안숭선에게 "내가 김이를 갑사(甲士)로 삼고 이내 거가를 수종하게 하려고 하는데 어떤가." 하니, 숭선이 "좋습니다. 그러하오나 말이 없어 거가를 수종하기는 어려울 것입니다." 하매, 명하여 사복시(司僕寺)의 말을 하사하고 즉시 거가를 수종하게 하다.

- 16년 2월 13일

평강 지역에서 사냥하니 강원도 감사 조뇌 등이 나와 맞이하고 술과
안주를 바치다.

중궁이 내사를 보내어 문안하다.


- 16년 2월 14일

평강 벌판에서 사냥하고, 도로 적산에 머물러 잤다.


- 16년 2월 15일

평강 · 철원의 벌판에서 사냥하고, 낮참에 송재(松裁) 벌판에서 머무르다.
저녁에 철원부 대야잔평(大也盞平)에 머물러 잤다.


- 16년 2월 16일

철원 벌판에서 사냥하고, 철원부 정포(井浦)에 머물러 잤다.


- 16년 2월 17일

영평(永平) 산에서 사냥하고, 영평현 벌판에 머물러 잤다.

봉개산(奉盖山) 사격장에 거가를 머무르다.

강무에서 기일보다 일찍 환궁하는 문제와 군사들을 돌려보내는 문제
들을 논의하다.


- 16년 2월 18일

포천현(抱川縣) 벌판에서 사냥하다. 매장원(每場院) 앞 평원지에 머물러

잤다.

- 16년 2월 19일

양주 땅 벌판에서 훈련하다.

오시(午時)<sup>41</sup>에 환궁, 문무백관이 흥인문 밖으로 나와 맞이하다.

- 16년 2월 20일

윤대를 행하고 경연에 나아가다.

- 16년 2월 21일

풍정을 베풀고 왕세자 이하 여러 종친이 시연(侍宴)하다.

- 16년 9월 28일

임금이 왕세자를 거느리고 강원도 평강 등지에 가서 강무하다. 이날에
임금이 양주군 녹양역(綠楊驛) 평원(平原)과 회암(檜巖) 남산에서 훈련
하고, 양주 풍천원(楓川原)에서 숙소를 정하다.

- 16년 9월 29일

연천 평원에서 훈련을 관람하다. 연천현 송절원 들에서 숙소를 정하다.
병조에 전지하기를, "이 뒤에 강무할 때 출발하는 날과 환궁하는 날

---

41 정오(正午)

외에는 모두 대전(大箭)<sup>42</sup>을 차게 하며, 대가 전후에 잡인들이 종횡으로 출입하여도 사금(司禁)이 능히 검찰하지 못하여 직책에 어긋남이 있고 또 사위군사(四衛軍士)도 정제하지 못하니 금후로는 엄하게 검찰하라." 하다.

■ 16년 10월 1일

철원 언덕에서 훈련하다.

중좌군(中左軍)이 대가(大駕) 앞의 삼휘(三麾)에 응하지 않고 또 군사가 정돈되지 못하여 짐승이 많이 빠져 도망하였으므로, 관사(管事) 진무(鎭撫) 이승충 등을 죄주고 병조(兵曹)를 시켜 장수 이순몽 등을 탄핵하게 하다.

철원부 마산 언덕에서 유숙하다.

■ 16년 10월 2일

철원·평강 언덕에서 훈련하니 강원도 감사 이사관, 도사(都士) 이여, 평강현감 최효생 등이 길 옆에서 영접하다.

평강현 적산 언덕에 유숙하니 강원도 도순무사(都巡撫士) 박곤이 와서 뵙다.

---

42  나무로 만든 큰 화살. 다음은 차대전(次大箭), 그다음은 중전(中箭)이라 하였다.

- 16년 10월 3일

평강 · 철원의 언덕에서 훈련하다.


- 16년 10월 4일

철원 들에서 훈련하고, 영평현 굴동에서 유숙하다.


- 16년 10월 5일

비 때문에 훈련을 정지하다.

임금이 병조판서 최사강에게 "오늘 비가 내리니 가고 머무르는 것을 어찌할까." 하니, 사강이 "비가 오면 유숙하는 것은 이미 정하여진 법이 있고, 또 포천 매장원이 멀어서 시위하는 군사와 짐바리가 따르지 못할까 염려되오니 유숙하는 것이 좋겠습니다." 하다.

도승지 안숭선이 "오늘 비가 내리기는 하나 기후가 좀 따뜻하고 매장원도 25리밖에 안 됩니다. 혹시라도 비가 그치지 않는다면 내일도 유숙하시렵니까. 사신이 한성에 들어올 기일이 가까웠으니 오늘은 매장원에서 유숙하시고 내일 환궁하시는 것이 편할 것 같습니다." 하니, 임금이 숭선의 말을 따라서 매장원에 머무르다.


- 16년 10월 6일

불암천(佛岩川) 가에서 낮잠을 들다.

경기 감사 허성과 경력 이의흡 등이 하직하매 각각 옷 한 벌씩을 하사하다.

오시(午時)에 환궁하니 여러 신하들이 흥인문 밖에 나와서 영접하다.

- 17년 2월 13일

임금이 왕세자를 인솔하고 철원 등지로 가서 강무하다.

녹양평(綠楊平)과 회암(檜巖) 남산(南山)에서 훈련하고 풍천에 머무르다.

경기 · 황해 · 경상 · 충청 등 각 도의 감사들이 방물(方物)을 바치다.


- 17년 2월 14일

비로 말미암아 유숙하다.

임금이 대가를 따르는 대신에게 "내일도 역시 비가 온다면 한성으로 돌아가려고 한다." 하니, 모두 "강무에 대한 모든 일을 경기, 강원 양도에서 이미 준비하고 있어 대가의 회환은 안 됩니다. 내일 비록 비가 오더라도 그대로 이곳에 유하셔서 개기를 기다리옵소서." 하다.

임금이 "이 고을은 마른 꼴[茭蒭]이 멀리 20리 밖에 있어 운반이 몹시 곤란한데 비로 말미암아 이곳에 유한다면 인마의 피곤이 염려되며, 또 국기(國忌)[43]가 이미 임박하고 있으니, 만약 한성으로 돌아가지 않는다면 비가 오더라도 당연히 강행해야 할 것인데, 다만 염려되는 것은 몰이꾼들이 날수를 헤아려서 식량을 가지고 왔는데 이제 하루를 머문다면 가지고 온 것이 반드시 핍절(乏絶)[44]될 것이니 하루의 요(料)를 더 지급하는 것이 어떤가." 하니, 모두 아뢰기를, "옳습니다." 하여 즉시 명하여 상례(常例) 외에 1일분의 요를 더 지급하다.

---

43  임금이나 황후의 제삿날
44  결여되어 부족함.

▪ 17년 2월 15일

다만 사위(四衛)의 군사 80명으로 거가를 호종하게 하고 그 나머지 군사는 모두 먼저 보내게 하다.

연천현감 이군우가 현계(縣界)로 나와 맞고 알현하다.

불현산(佛見山)에서 훈련하고 송절원(松折院) 들에 머무르다.


▪ 17년 2월 16일

묵묵산(墨墨山)과 영은(靈隱) 중산(中山)에서 훈련하고 돌아와 송절원 들에 머무르다.


▪ 17년 2월 17일

구이동(仇耳洞)과 대광산(大光山)에서 훈련하고 돌아와 송절원 들에 머무르다.


▪ 17년 2월 18일

정가을마현(丁加乙麽峴)과 철원 북녘 들에서 훈련하고 화창리(禾倉里)에 머무르다.


▪ 17년 2월 19일

철원 들에서 훈련하매 시골 길거리에 부녀자들이 모여 와 구경하니 그들에게 술과 안주를 내려 주고, 습매포(習每浦)에 머무르다.

▪ 17년 2월 20일

영평(永平)의 언덕에서 훈련하고 영평현 앞들에서 머무르다.

이날 비가 내려 지인(知印) 세 사람을 나누어 보내어 각기 술을 가지고

가서 중도에서 추위에 언 자를 구하게 하다.


▪ 17년 2월 21일

왕방산(王方山)에서 사냥하고 포천 매장원 들에서 머무르다.


▪ 17년 2월 22일

명하여 여러 신하들의 영접을 없이 하고 신시(申時)에 환궁하다.

임금이 뒤에 있는 군사와 수종인들이 비바람에 얼 것을 염려하여 즉

시 지인(知印)을 시켜 술을 가지고 가서 구료하게 하다.


▪ 17년 10월 10일

임금이 왕세자와 종친(宗親), 부마(駙馬), 의정부 대간(臺諫) 각 1명씩을

거느리고 경기도 광주, 수원 등지에서 강무하다.

특별히 양녕대군에게 명하여 어가를 따르게 하다.

살곶이[箭串] 들에서 매사냥을 구경하다.


▪ 17년 10월 11일

용인(龍仁)의 들에서 사냥하니 현령 장의가 경상(境上, 경계 근처)에 마중

나와 배알하고, 어가가 수원에 이르니 부사 조극관이 경상에 마중 나

와 배알하다.

수원부 황교(黃橋)의 들에서 유숙하다.


▪ 17년 10월 12일
수원부 동쪽 들에서 훈련하다가 진위현(振威縣) 치암(鴟巖) 들에 이르니 현감 우전이 경상에 마중 나와 배알하다.


▪ 17년 10월 13일
수원부 북쪽 들에서 훈련하다 과천현(果川縣)에 이르니 지현사(知縣事) 이계주가 경상에 나와 배알하고, 금천현(衿川縣)의 들에서 유숙하니 현감 김호가 경상에 마중 나와 배알하다.


▪ 17년 10월 14일
천둥과 번개가 치고 비가 내리므로 환궁하다.


▪ 18년 3월 8일
임금이 강원도에서 강무하다. 경기 감사 김맹성, 도사(都事) 송취 등이 경상에서 맞이하여 알현하다.
매양 강무할 때는 용감한 군사 100명을 뽑아 어가 앞에 막아서 호위하여 흉악한 짐승과 충돌함을 방비하게 하고, 명칭을 사자위라 하니, 짐승을 굴복시킨다는 뜻에서 따온 말이다.


▪ 18년 3월 9일
영평 들에서 훈련하니 현감 이사정이 경상에서 맞이하다.

굴동(堀洞)에서 유숙하다.


■ 18년 3월 10일

철원 들에서 훈련하니 강원도 감사 유계문, 철원 부사 권서가 경상에서 맞이하여 알현하다. 말흘천(末訖川) 가에서 유숙하고, 명하여 금후로는 강무할 때 경기, 강원도의 수령관(首領官)[45]은 경계를 넘어와서 문안하지 말게 하다.


■ 18년 3월 11일

회양(淮陽)의 남곡(嵐谷) 등지에서 훈련하니 회양(淮陽) 부사(府使) 김유양이 경상(境上)에서 맞이하여 알현하다.

송간(松磵)에서 유숙하고, 하교하기를, "군대가 출동하는 사이에 어찌 질병이 나고 배고프고 추위에 떠는 사람이 없겠는가. 만약 미처 구원하지 못한다면 반드시 생명이 끊어지게 될 것이니, 금후로는 미처 구료하지 못하여 길에 버리게 된 사람은 그만이겠지마는, 아직도 구원할 만한 사람은 모름지기 즉시 구호하여 죽게 하지 말라." 하다.


■ 18년 3월 12일

회양(淮陽)의 귀출산(龜出山)에서 사냥하고, 한사리(寒沙里)에서 유숙하다.


---

45  각 도의 경력(經歷) · 도사(都事)와 중앙 관청에 두어진 5 · 6품의 남행[南行, 과거(科擧) 출신이 아닌 관리들의 통칭]을 수령관이라 하였다.

■ 18년 3월 13일

회양의 산에서 사냥하다. 중궁(中宮)이 내사(內史)를 보내어 문안하다.


■ 18년 3월 14일

회양의 돈산(頓山) 등지에서 사냥하니 전 호군(護軍) 김용이 사장(射場)에서 절하고 알현했는데 나이 87세이다. 그는 곧 태조의 원종공신(原從功臣)이므로 옷과 술과 고기를 내려 주다.


■ 18년 3월 15일

회양 송간(松磵) 들에서 사냥하고, 적산(積山)에서 유숙하다.


■ 18년 3월 16일

철원 들에서 사냥하고, 대야잔(大也盞) 들에서 유숙하다.


■ 18년 3월 17일

철원 남쪽 마장(馬場) 들에서 사냥하고, 영평 들에서 유숙하다.


■ 18년 3월 18일

포천 들에서 사냥하고, 매장원(毎場院) 앞들에서 유숙하다.


■ 18년 3월 19일

대궐에 돌아오다.

* 병진년(18년)의 극심한 가뭄으로 18년 가을, 19년 봄 강무 중지.

## 6. 강무에 대한 불만과 세종의 대처

매년 봄과 가을에 행하는 강무에 대한 신하들의 불만이 조금씩 쌓여 간 것으로 보인다. 앞에서 보았듯이 강무의 시행이 10년을 넘기면서 돌발적 사고에 대한 기록이 조금씩 증가하고 있다. 한해나 수해와 같은 천재를 들어 강무를 중지하자는 상소는 전에도 있었지만, 세종은 강무가 조종(祖宗, 임금의 조상)의 뜻임을 거론하며 신하들의 청을 물리쳤다.

그런데 「강무일지」를 세심히 들여다보면 사고에 관한 기록이 전반기보다 현저하게 늘어나고 있다. 실제로 강무가 10년을 넘기면서 돌발적 사고가 증가했는지는 모르지만, 기록자가 전에는 간과했던 사소한 사고들까지 빠짐없이 기록했기 때문인지도 모른다.

어쨌든 재위 18년 겨울로 접어드는 시점에 세종은 강무의 중요성을 재차 강조하면서 강무를 폐지하자는 주장이 점증하는 사실에 대해 그 부당함을 조목조목 설파하고 있다. 강무에 드는 비용 문제에 대해 세종은 구체적인 경우를 들며 비용을 줄일 수 있는 방법을 말하는 한편, 임금 자신이 조석으로 먹는 음식에 드는 비용까지 절감하겠다고 말한다.

세종이 그토록 강무 폐지에 반대하는 까닭은 군사훈련의 중요성 때문이다. 강무 시에 실제적 연습을 하지 않는다면 유사시에 진법에 대한 다양한 변용은 불가능하다는 것이다. 실제로 조선 500년의 역사를 보면 국방을 철저히 대비하지 않았기 때문에 외적의 침입으로 인한 백성의 고초가 얼마나 컸는가. 세종은 바로 이러한 국가적 재난을 미연에 방지하기 위해 강무의 중요성을 그토록 적극적으로 설파했을 것이다.

■ 18년 11월 16일

정부에 의논하기를, "옛날에는 사계절 사냥이 있어서 무사(武事)를 연습하여 백성의 해를 제거했는데, 이것은 선왕의 정한 제도이고 군국의 중대한 일이었다. 우리 조종께서 옛날 제도를 참작하여 봄·가을에 강무하는 법을 제정하여 경제(經濟)의 법전에 기재하여 자손들에게 훈계를 전하였으니 생각이 원대하셨다. 신진 유생들은 이것을 임금이 사냥 놀이를 하면서 즐거움을 누리는 행사로 견주어 매양 행사를 중지하기를 청하고, 대신들도 또한 혹시 정지하기를 청하는 사람도 있는데, 나는 조종께서 이루어 놓은 법을 폐지할 수가 없다고 생각하는 까닭으로 그 의논에 따르지 아니하고 이를 행한 지가 오래되었다. 지난해에 강무하는 시기를 당하여 내가 병이 나서 친히 행하지 못했으나, 큰일을 또한 폐지할 수가 없는 까닭으로 장수에게 명령하여 군사를 나누어 거느리고 행하게 하려 했더니, 대신들이 아뢰기를, '마땅히 병권(兵權)을 장신(將臣)에게 맡길 수 없습니다.' 하므로, 내가 그렇게 여겨 마침내 이를 중지시켰다. 금년은 하삼도와 한성 이남의 경기도 각 고을이 흉년이 너무 심하여 근고(近古)에 이런 일이 없었던 까닭으로 내가 심히 두려워하여, 잠정적으로 금년 가을의 강무를 정지하고 명년 봄의 강무도 또한 정지시켜서 백성들의 힘을 휴식시키고자 하는데, 지난번에 병조에서 청하기를, '1년의 흉년으로 큰일을 두 번이나 폐지할 수는 없으니 명년 봄에는 행하지 않을 수 없습니다.' 하였다. 나도 또한 생각하기를, 흉년이 든 해에 더욱 무비(武備)를 정돈하여 비상의 변고에 대비하는 것은 옛날의 법인 까닭으로, 잠정적으로 그 청에 따라서 모든 일을 준비하되 될 수 있는 한 간략하게 하였다. 그러나 국군(國君)이 한번 움직이면 드는 비용이 적지 않으니, 세자가 직책이 무군(撫軍)[46]에 있으므로 세자에게 명하여 대신 행하고자 한다. 이같이 한다면 중대한 일을 폐지하지 아니하고 드는 비용도 반드시 떨어질 것인데, 만약 백성의 생계가 매우 곤란하여 재력이 넉넉하지 못하다면 비록 세자가 하는 일이라도 또한 정지해야 하겠는가." 하니, 영의정 황희 등이 "병권은 세자에게도 맡길 수 없습니다. 또 금년은 흉년이 들었으니 잠정적으로 강무를 정지하는 것이 편리하겠습니다." 하니 그대로 따르다.

■ 19년 9월 14일

정사를 보고 대신들이 모두 나가니 임금이 승지에게 "지금은 무사들이 무예와 싸우는 일을 꺼리고 안일을 도모하고자 하여 강무를 모피(謀避)하므로, 다투어 가면서 폐단이 있다 하고 대성(臺省)에서도 간쟁(諫諍, 임금께 잘못된 일을 고치라고 간절히 말함)까지 하게 되었으니, 금년의

---

46 전쟁이 일어나 태자가 종군하는 일. 무융(撫戎). 임금이 왕궁 밖으로 나가면 태자가 서울을 지키는 일을 감국(監國)이라 한다.

봄철 강무도 하여야 할 것이나 대신들과 대간들이 여러 번 중지하기를 청하므로 내 이를 정지하게 하니 지금은 대간에서도 그쳤으나, 필시 이것으로 임금을 구슬려대어 강무할 때마다 문득 말하고자 할 것인데, 이것이 어찌 내 하고 싶은 대로 하는 일이겠는가. 옛날의 성왕들은 옷을 드리우고 앉아서 다스림을 이루었으나, 또한 사철의 전렵(畋獵)[47]은 폐하지 않았는데, 하물며 군사를 힘쓰는 나라에서 폐할 것인가. 평상시에 비록 군사들이 진법을 익힌다 하더라도 창졸간에 실수가 있을까 염려되는데, 만약 평상시에 익히지 않게 되면 어찌 그 시기에 임하여 응변(應變)할 수 있겠는가. 지금 사람들은 모두 강무하는 것이 폐단이 있다고 말하나, 나는 강무할 때마다 반찬으로 이바지하는 물건을 감하게 하고 외방의 진상도 감하게 하였으며, 또한 그 접대의 비용도 미리 준비해 두었다가 운반을 한다든가 분주히 하는 폐단이 없게 하였다. 만약에 군사들에게 자기가 준비하였던 양식을 싸 가지고 가게 한 것은 폐단이라고 할 수 있겠으나, 그러나 평상시에도 그 집에서 스스로 갖추어서 먹던 것을 단지 각각 싸 가지고 가게 할 뿐이니 무슨 폐단이 있겠는가. 만일에 이것을 폐단이라 해서 매양 큰일을 못하게 되면 어느 때가 좋다는 것인가. 이제 조석(朝夕)으로 이바지하는 반찬 등도 감하고자 하고, 또한 그곳에 이른다 하여도 모두 먹을 것이 있을 것이니 경중의 물건을 싸 가지고 가지 않아도 될 것이다. 또 외방에 나갈 때는 반드시 구할 것과 준비할 것이 가장 간단하여야 할 것이니, 경

---

47  전렵(田獵). 짐승을 사냥하는 것. 전렵을 할 때는 군사 훈련도 겸했는데 이때 잡은 짐승은 종묘에 제물로 바치는 것이 보통이었다.

등은 물러나서 병조와 함께 의논하여 간단하고 편리한 것을 힘써 갖추게 하라." 하다.

■ 19년 10월 2일
임금이 왕세자를 거느리고 강원도에서 강무하다.
소라이(所羅伊)에서 사냥하고, 풍천에서 유숙하다.

■ 19년 10월 3일
연천과 철원의 경계에서 사냥하고, 송절원 들에서 유숙하다.

강원도 감사 권맹손이 판서 정연, 경기 감사 이사관, 좌부승지 권채, 우부승지 이계린, 동부승지 성염조를 청하여 철원 민가에 모여 술자리를 벌였는데, 지평 이영상이 하리(下吏)를 보내 염탐하고 드디어 탄핵하였다.

■ 19년 10월 4일
철원에 도착하여 마산 앞들에서 유숙하다.

■ 19년 10월 5일
삭령(朔寧)에 도착하여 효성산(曉星山)[48]에서 사냥하다.

---

48  철원

도로 철원으로 와서 백악에서 사냥하고 마장곶(馬場串)에서 유숙하다.

■ 19년 10월 6일

평강현(平康縣)에 도착하다. 순지(蓴池) 등지에서 사냥하고 적산(積山)[49]
에서 유숙하다.

병조 및 감사에게 전지하기를, "어가를 따르는 하례(下隷)들이 찬비로
인하여 동상이 있을까 염려된다. 진무 및 차사원(差使員, 임금이 내린 임시
벼슬)은 후진(後陣)을 호위하는 한편 구호하여서 죽는 자가 없게 하라."
하다.

■ 19년 10월 7일

비 때문에 그대로 머무르다.

■ 19년 10월 8일

적산에 유숙하면서 노벌(蘆伐) 등지에서 사냥하다.

■ 19년 10월 9일

옛 동주(東州) 터에서 사냥하고, 철원 대야잔 들녘에서 유숙하다.

49   의정부

■ 19년 10월 10일

철원의 산에서 사냥하다.

영평 굴동에서 유숙하다.


■ 19년 10월 11일

왕방산(王方山)[50]에서 훈련하고, 매장원(每場院) 들녘에서 유숙하다.


■ 19년 10월 12일

환궁하다.


* 20년 봄의 강무는 중지되었다.


■ 20년 10월 7일

강무할 것을 종묘에 고하는 제사에 쓸 향과 축문을 친히 전하다.


■ 20년 10월 9일

임금이 장차 제릉(齊陵)[51]에 성묘하고자 거가(車駕)가 원평광탄(原平廣灘)에 머무르다.

경기 감사 황치신이 이리 꼬리[狼尾]를 바치므로 임금이 "강무 때 이리 꼬리를 바치지 말라고 이미 전교하였는데 어찌해서 바치는가." 하다.

---

50  경기도 포천시와 동두천시에 걸쳐 있는 산
51  태조 이성계의 정비(正妃) 신의왕후(神懿王后) 한(韓)씨의 능. 경기도 개풍군 상도면에 있다.

▪ 20년 10월 10일

임진통제원(臨津通濟院) 서평(西平)에 머무르다.

이날에 큰바람이 불고 비와 눈이 오는데 건널목이 좁아서 짐을 건너지 못하였고, 인마가 섞여 서로 밀고 밟고 하면서 해가 저물었는데도 아직 다 건너지 못하였다. 장막이 모두 풍우에 찢어지고 날려서 인마가 편히 쉬지 못하였고, 혹은 종자(從者)와 서로 잃고서 서서 날밤을 새운 자도 있었다. 의금부에 명령하여 사재판사(司宰判事) 이희와 수참판관(水站判官) 김유, 조욱생 등을 논핵하게 하였으니, 군사들을 보호하여 건너게 하지 못하였기 때문이다. 이에 땔나무를 많이 쌓아 놓고 불을 놓아 비에 젖어서 춥고 얼고 한 사람들을 구제하게 하다.


▪ 20년 10월 11일

해풍소정(海豊所井)에 머무르다.

이날 비와 눈이 좀 개었으나 바람이 차므로 군사에게 명령하여 해가 뜬 뒤에 행군하게 하다. 강원도에는 초10일부터 이날에 이르기까지 큰 바람이 불어 집이 무너지고 나무가 뽑히다.


▪ 20년 10월 12일

친히 제릉(齊陵)에 제사 지내고 목청전(穆淸殿)$^{52}$에 배알할 때 길이 송도로 지나게 되니, 생도(生徒)와 부로(父老) 등이 가요(歌謠)를 바치다.

---

52 개성의 태조 옛집

장단현(長湍縣) 관송(貫松) 들에서 머무르다.


- 20년 10월 13일

적성(積城) 광시원(廣施院) 들에서 머무르다.


- 20년 10월 14일

한성으로 돌아오니 여러 신하들이 흥인문 밖으로 나와 영접하였다.


- 21년 윤2월 19일

임금이 강원도 철원 등지에서 강무하다.

대가가 양주의 수당(藪堂)에 이르러 백응(白應, 흰매)을 날려 사냥하다.

양주 동정자(東亭子)에서 낮참을 들고, 회암사(檜巖寺) 뒷산 동쪽에서

훈련하다가 대가가 회암사를 지나가니 절중[寺僧] 탄주(坦珠) 등이 시

(詩)를 드리고 쌀을 청하여 미두(米豆) 각 20석씩 하사하다. 나아가 양

주 풍천에서 유숙하다.


- 21년 윤2월 20일

연천 송절원(松節院)에서 낮참을 들고, 철원 구이동산(仇耳洞山)에서 사

냥하고 돌아와 송절원에서 유숙하다.


- 21년 윤2월 21일

철원 권화원(權化院) 북쪽 천변에서 낮참을 들다.

철원 가을마령(加乙麽嶺)에서 훈련하고 또 부기이(釜岐伊)에서 훈련하

다가 여러 짐승이 뛰어 내려오므로 여러 대군(大君)과 종친(宗親)들에게 명령하여 달려가 쏘게 하다.

찔러 잡고자 착호갑사(捉虎甲士) 한 사람이 표범을 찌르려 하다가 졸지에 표범에게 물렸으나 구함을 입어 죽지 아니하였고 이내 그 표범을 잡다. 임금이 의원에 명하여 급히 그 갑사를 치료하게 하니 마침내 죽지 아니하였다.

철원 마산에서 유숙하다.


■ 21년 윤2월 22일

철원 반포(反浦) 들에서 사냥하고, 또 비출지평(飛出只平)에서 사냥하다.

평강(平康) 순지(蓴池) 앞에서 낮참을 들다.

노벌평(蘆伐平)에서 사냥하다. 평강현 적산에서 유숙하다.


■ 21년 윤2월 23일

거배아(巨背阿) 언덕에서 사냥하고, 또 장망지(獐望只)에서 사냥하다.

돌아와 적산에서 유숙하다.


■ 21년 윤2월 24일

마흘천평(磨訖川平)에서 사냥하고, 또 노벌(蘆伐)에서 사냥하다.

바람이 심하므로 그대로 적산에서 유숙하다.


■ 21년 윤2월 25일

재송(載松)에서 사냥하고, 또 법사평(法師平)에서 사냥하다가 대야잔사장(大也盖射場)에서 유숙하다.

■ 21년 윤2월 26일

남매랑(南每郎)에서 사냥하고, 또 남산에서 사냥하다.

■ 21년 윤2월 27일

보장산(寶藏山)에서 사냥하고, 이내 포천 매장원(每場院)에서 유숙하다.

■ 21년 윤2월 28일

환궁하다.

강무에 갖가지 폐단 있다 하여 상소로 바로잡다.

■ 21년 8월 25일

겸성균관주부(兼成均館注簿, 종6품) 박경손이 상언(上言)하기를,

"1. 강무 때 사옹(司饔), 사복(司僕), 충호위(忠扈衛) 등 각 사(司)의 여러
   관원들이 금란관(禁亂官)이 도착하기 전 음식물을 토색하여 만일 뜻
   에 맞지 않으면 함부로 채찍을 가합니다. 신이 일찍이 평강수령으로
   있을 때 그런 일을 목격하고 마음으로 그윽이 개탄하였습니다. 원하
   옵건대 지금으로부터 사옹, 충호위에 심하게 금하고 다스리기를 행
   하여 침요(侵擾)의 폐단을 없애소서.

1. 대가(大駕)를 따르는 각 사(司) 이전(吏典), 복례(僕隸)가 밤을 타 수령
   의 의막(依幕)에 떼로 이르러 100가지로 청구하오니, 이제부터 금란

찰방(禁亂察訪)[53]의 의막을 수령과 감사의 의막 옆에 두어 그들이 왕래하는 길을 파수하여 번잡하고 요란한 폐단을 없애소서.

1. 각처의 길을 안내하는 사람이 비록 정수(定數)가 있으나, 억지로 정수에 넘치게 거느리는 자가 매우 많사오니 병조로 하여금 임시(臨時)하여 고찰하게 하소서.

1. 강무장(講武場) 호랑이와 표범을 잡는 것은 강무장의 노루와 사슴을 해치기 때문입니다. 그러나 매양 삼동(三冬)의 눈이 깊을 때 군사를 뽑아서 사냥하므로, 먼 곳의 백성들이 꼴[蒭]과 양식을 싸 가지고 와 다른 집에 기숙하여야 하고, 눈 위에 말을 달려 사람과 말이 함께 피곤하여 그 폐단이 적지 않사오니, 이제부터는 먼 곳의 백성은 그만두고 30리 안에 사는 백성을 징발하여 호랑이를 잡되 이틀 동안을 넘기지 말게 하고, 겨울 석 달 동안에 세 차례에 지나지 말게 하여 정식(定式)으로 삼으소서."

하니, 병조에 내려 의논하여 아뢰게 하다.

병조에서 의논하여 "가전찰방(駕前察訪)[54]은 매양 출발하기 하루 전 먼저 출발하고 있사온데, 이제부터 사옹(司饔), 충호위(忠扈衛)의 여러 관원과 함께 움직여 순행(巡行) 고찰(考察)하는 것이 편할 듯하옵니다. 찰방은 직책이 비록 금란(禁亂)을 맡았으나 이미 대가를 호종하였으니, 관찰사와 수령의 옆에 각각 의막을 둘 것이 아닙니다. 이른 아침이나

---

53  금란(禁亂)은 법을 어겨 어지럽게 구는 것을 막아 금지하는 것이고, 찰방(察訪)은 각 도의 역참을 관리하던 종6품의 외관직이다.
54  가전(駕前)은 임금이 행차할 때 그 수레 앞에 선 시위병(侍衛兵)

저문 밤을 물론하고 불쑥 혹은 친히 가거나 혹은 사람을 보내 엄하게 규찰을 가하여 번거롭게 소란 떠는 폐단을 막으소서. 사옹, 충호위, 의정부(議政府), 승정원, 병조, 삼군도진무(三軍都鎭撫) 등의 부득이한 길잡이 외에 긴절(緊切)[55]하지 않은 각처의 억지로 넘치게 거느리는 자는 본조(本曹)에서 임시하여 규찰하고, 강무장의 호랑이와 표범은 매년 잡으나 폐단은 있고 이익은 없는 것이 과연 상언(上言)과 같사오니, 청하옵건대 이제부터는 잡지 말게 하소서." 하니 그대로 따르다.

## 7. 강무의 합리적 관리

세종 21년 가을, 종6품 박경손이 강무 시 발생하는 폐단들을 조리 있게 정리하여 상언(上言)했다. 강무를 이용하여 사익을 취하려는 관리가 있으니 막아 달라는 것, 밤이면 대가를 호종하는 관리들의 막사에 많은 하급 관리들이 찾아와 수많은 요구들을 하는 폐단을 없애야 한다는 것, 호랑이나 표범을 잡는 일에 길 안내하는 사람을 필요 이상으로 많이 차출하는 경우가 있으니 살펴 달라는 것, 먼 곳에 사는 사람들을 징발하면 다른 사람의 집에 기숙해야 하는 폐단이 생기므로 가까운 곳에 사는 사람을 징발하는 것이 좋다는 것, 그리고 호랑이와 범을 잡는 일은 폐단이 많으니 중지해야 한다는 것 등이다.

---

55  썩 필요하고 실지에 꼭 맞음.

즉위한 지 20년이 넘자 세종은 강무하기에 다소 체력적 부담을 느낄 뿐만 아니라 장성한 세자에 대한 배려를 많이 한 듯 강무를 세자에게 대행시킬 뜻을 강력하게 밝힌다. 그러나 신하들은 한결같이 반대하고 나선다.

세종 : 나의 병 증세가 몸을 수고롭게 하면 재발하니, 올가을과 명년 봄에는 행하기 어려울 것이다. 강무는 큰일이니 어찌 신병으로 폐할 수 있겠나. 세자로 나를 대신하여 강무하게 하려 한다.

황희 등 : 만일 병이 있어 원행이 어려우시면 대열이나 가까운 근교에서 무사를 익히면 될 것입니다. 세자의 강무 대행은 전례가 없고 또 이제 새 법이 세워지면 폐단이 생겨 후회해도 소용없습니다.

세종 : 내 계책은 이미 정해졌으니 끝내 반드시 행하겠다. 다만 지금 가뭄이 있으니 후일을 기다리겠다.

결국 세자가 강무를 대행하는 일은 불가능하게 되었고, 세종 21년 가을과 22년 봄 강무는 시행되지 못한다.

■ 22년 8월 26일

좌정언(左正言) 박적선이 "지난해에는 가뭄으로 인하여 봄 · 가을의 강무를 모두 정지하였는데, 금년에도 처음에는 가물고 나중에는 수재가 나서 벼가 여물지 못하였습니다. 그런데 또 황해도의 정부(丁夫)<sup>56</sup>를 징발해서 평안도의 행성(行城)을 쌓으므로 민간이 소요(騷擾)하니 강무를 정지하소서." 하니, 임금이 "내가 이미 알고 있노라." 하다.

■ 22년 10월 1일

평강 등지에서 강무하게 되어 충청도와 경상, 전라 상도(上道)의 군사들을 불러서 모으니 군졸의 수가 예전에 비해 많아졌다.

경기 감사 안숭선, 경력 이효지가 흥인문 밖에서 맞이하여 뵙다.

거가(車駕)가 녹양(綠楊) 벌판에 이르니 양주 부사 이중이 영알(迎謁)하다. 풍천에서 유숙하다.

■ 22년 10월 2일

공이 벌판에서 사냥하다. 연천의 부연(釜淵)에서 낮참을 들다.

불견지산(佛見只山)에서 사냥하다가 송절원에서 유숙하다.

■ 22년 10월 3일

철원에 이르러 흑산(黑山)에서 사냥하고 인하여 흑산에서 유숙하다.

■ 22년 10월 4일

철원의 부기이산(釜岐伊山)에서 사냥하고, 최화(摧花)<sup>57</sup>에서 낮참을 들

---

56  정역(丁役)의 일과 잡역(雜役)의 일을 하는 장정. 한창 나이의 장정인 남자
57  지명(地名)

고, 마산(馬山)에서 유숙하다.

- 22년 10월 5일

분전(盆前) 벌판에서 사냥하고, 평강현(平康縣)의 적산에서 유숙하다.

- 22년 10월 6일

장망평(獐望坪) 노동(蘆洞)에서 사냥하다.

주질패(走叱悖) 벌판에서 낮참을 들고, 다시 돌아와 적산에서 유숙하다.

- 22년 10월 7일

재송(裁松) 벌판에서 낮참을 들고, 다야잔(多也盞) 벌판에서 사냥하다.

- 22년 10월 8일

철원의 광암(廣巖)에서 낮참을 들다.

남산(南山)에서 사냥하다가 굴동(崛洞)에서 유숙하다.

- 22년 10월 9일

매장원에서 유숙하다.

- 22년 10월 10일

환궁하다.

▪ 23년 3월 17일

왕과 왕비가 온수현(溫水縣)으로 행행하다.

임금이 가마골(加麼谷)에 이르러 훈련하는 것을 구경하다.


▪ 23년 3월 18일

산탄태장(山呑胎莊)에 이르러 훈련하다.


▪ 23년 3월 19일

비 때문에 길이 질고 날씨도 추웠다.

임금이 인마가 주리고 고단한 것을 염려하여 대가가 수헐원(愁歇院)에

이르자마자 유숙하게 하고, 진무(鎭撫) 2인에게 명해 술과 밥을 싣고

연도(沿道)로 가서 구제하게 하다.


▪ 23년 3월 20일

대가가 온천의 행궁(行宮)에 이르자 경중(京中)의 군사와 번휴(番休)[58]

를 당한 자는 모두 놓아 돌려보내니, 그곳에서 둔(屯)을 치고 호종하는

자는 겨우 300기(騎)뿐이었다. 이 행차에 사녀(士女)가 구름처럼 모여

들었고 아이들과 흰머리의 늙은이들이 거가(車駕)를 바라보고 어떤 자

는 말을 타고 거가의 곁을 지나가므로, 유사(有司)가 죄주기를 청하니,

임금이 "무지한 소인을 어찌 죄주겠느냐." 하다.

---

58  번(番)은 당번이 되어 근무에 나가는 일인데, 번휴는 번을 쉬는 것을 말한다.

■ 23년 5월 2일

거가가 행궁에서 출발하다.


■ 23년 5월 5일

대가가 헌릉(獻陵) 동구(洞口)[59]에 이르러 배릉례(拜陵禮)를 행하다.

거가가 삼전도(三田渡)에 이르니 삼군의 장수들이 각각 군사를 거느리고 포구의 북쪽에서 진열하고 있었다. 고각(鼓角)[60]이 상응(相應)[61]하니, 좌군 9운(運)이 앞서가고 중군 17운이 그다음으로 갔다. 삼휘(三麾)는 앞에 있었고 우군 3운은 거가의 뒤에 있었는데, 1운은 각각 40명씩이고 모두가 갑옷과 투구를 썼다. 좌군의 장수는 운성군(雲城君) 박종우, 판중추원사사(判中樞院使事) 성달생이요, 중군은 판중추원사(判中樞院事) 이순몽, 동지 중추원사 이사검이며, 우군은 전 일성군(日城君) 정효전, 형조판서 김종서였는데, 노부(鹵簿, 임금이 행차할 때의 의장) · 고취(鼓吹)와 의위(儀衛, 의식을 장엄하게 하기 위한 호위병)도 심히 성하였다. 백관이 흥인문 밖에서 반열을 지어 맞이하고, 오도리(吾都里, 여진)의 소로가무(所老加茂) 등 26명도 또한 반열의 뒤를 따라 섰다.


■ 23년 7월 24일

왕세자빈 권씨 졸(卒). 강무 중지.

---

59  헌릉은 태종과 원경왕후(元敬王后) 민(閔)씨의 능(陵)이고, 동구(洞口)는 그 마을로 들어가는 어귀를 말한다.
60  군중(軍中)에서 호령할 때 쓰던 북과 나발
61  서로 맞아 어울림.

재위 24년 당시 46세였던 세종은 건강이 안 좋았으나, 그렇다고 세자에게 강무 대행도 안 되므로 할 수 없이 강무를 겸하여 온천행을 하게 된다.

■ 24년 3월 3일

임금이 중궁(中宮)과 같이 강원도 이천온정(伊川溫井)에 거둥하고 겸하여 강무도 거행하는 데 왕세자도 따라가다.

녹양평(綠楊平)에 주정(晝停)하다.

임금이 세자와 같이 회암산(檜巖山)에서 훈련하고 풍천 들에 머무르다.

회암사(檜巖寺) 중에게 미두 40석을 하사하다.

■ 24년 3월 4일

양전과 세자는 배를 타고 고삭탄(高朔灘)을 건너고, 호종하는 신료(臣僚)와 짐바리는 다리로 대탄(大灘)을 건넜다.

임금이 가사평(加士平)에서 훈련하고 연천 송절원에 머무르다.

■ 24년 3월 5일

수레가 강원도 지경에 이르니 관찰사 조수량과 경력(經歷) 이축이 길 좌측에서 맞아 뵙다.

임금이 부구리(釜拘里)에 이르러 훈련하는 것을 구경하고, 곧 경기구군(京畿驅軍)을 풀어서 몰이하도록 명하다.

또 경창평(椋倉平) 시냇가에서 훈련하다. 철원 회산(回山)에 머무르다.

• 24년 3월 9일

임금이 평강현(平康縣) 노벌(蘆伐)에서 훈련을 참관하다.

율평(栗平)에서 훈련하고 재송평(裁松平)에 머무르다.

구군장수(驅軍將帥)인 이천이 노루를 쏘다가 잘못하여 구군(驅軍)을 쏘았다.

병조에서 "이천은 군졸을 잘 인솔하지도 못하면서 짐승 잡는 데만 탐을 내 항오(行伍, 군대를 편성한 대오)를 잃고 자리를 벗어나 군졸을 잘못 쏘았으니 죄주게 하소서." 하니, 임금이 "우선 상한 군졸이 조금 나은가 더한가를 기다려서 처리하라." 하다.


• 24년 3월 8일

임금이 기반(其反)에 이르러 훈련을 참관하고, 또 소저목평(小猪目平)에서 훈련한 후 귀평(龜平)에 나아가 머무르다.


• 24년 3월 9일

임금이 고성평(古城平)에서 훈련하고, 또 대저목(大猪目)에서 훈련하다.

호랑이가 구군(驅軍)을 물어 의원에 명해서 약을 가지고 가 구하게 하고 곧 귀평에 돌아와 머무르다.


• 24년 3월 10일

안협(安峽)과 황포(黃浦)에서 훈련하고, 귀평(龜平)에 돌아와 머무르다.

■ 24년 3월 12일

건천(乾川)과 황포 들에서 훈련을 참관하고, 귀평에 돌아와 머무르다.


■ 24년 3월 13일

임금이 정자산평(亭子山平)과 희악산(希嶽山)에서 훈련하는 것을 보고, 귀평에 돌아와 머무르다.


■ 24년 3월 14일

중궁(中宮)의 행차가 삼석탄(三石灘) 다리 가에 이르니, 먼저 다리 양측에 장(帳)을 드리운 후 중궁은 연(輦)에서 내려 걸어서 지나가고 임금은 뒤에서 말을 타고 건넜다. 이날 비가 내렸는데, 임금이 이천군(伊川郡)은 큰 시내로 사방이 둘러져 있으므로 만일 물이 넘치면 반드시 건너가기가 힘들 것을 염려하시어 주정(晝停)과 관렵(觀獵)[62]을 다 거두게 하고, 양전(兩殿)이 어가를 재촉하니 드디어 대현평(大賢平)에서 머무르다.


■ 24년 3월 15일

임금이 도리평(都里平)과 원평(院平)에서 훈련을 참관하다. 진양대군(晉陽大君)이 말을 달려 사슴을 쫓다가 다른 사슴이 와서 받으니, 이 때문에 유(瑈)가 그만 말에서 떨어졌다. 마침 유가 탔던 말은 발광하며 휙 도는 버릇이 있는 말이다. 대현평(大賢平)에 돌아가 머무르다.

---

62  사냥하는 것을 봄.

■ 24년 3월 16일

양전(兩殿)이 온정(溫井)에 이르러 구군(驅軍)들은 모두 보내고 사위군사(四衛軍士)는 시위할 만큼 헤아려서 머무르게 하되 나머지는 모두 돌려보냈다가 윤번으로 시위하게 하다. 또 곡산(谷山) 평강(平康)의 창고에 있는 미두를 내어 대가(大駕)에 따라온 사람들에게 주라고 명하다.

■ 24년 4월 16일

임금이 중궁과 더불어 온정(溫井)을 출발하여 대현(大賢) 들에서 유숙하다.

■ 24년 4월 17일

귀평(龜平)에서 유숙하다.

■ 24년 4월 18일

재송원(裁松院)에서 유숙하다.

밤에 큰비가 내리니 도승지 조서강과 좌승지 이승손 및 우승지 조극관을 불러 "지금 큰 냇물 사이에 머무르고 있는데 만약 물이 불어서 내가 넘는다면 시위하는 군사의 양식이 모자라지나 않을까 염려된다. 물이 창일하기 전에 큰 냇물을 건너는 것이 어떻겠는가." 하니, 조서강 등이 "이 같은 큰비에 어가를 움직임은 적당하지 못합니다. 비록 물이 창일하더라도 산길을 따라갈 수가 있을뿐더러, 또 이천현(伊川縣)의 창고에는 쌀과 콩이 있으니 어찌 양식의 모자람을 근심하겠습니까. 새벽이 되기를 기다려 어가를 움직임이 편리할 것입니다." 하니 그대로 따르다.

- 24년 4월 19일

수이눌현(愁伊訥峴)에서 훈련하고, 회암(回巖)에서 유숙하다.


- 24년 4월 20일

송절원(松折院)에서 유숙하다.


- 24년 4월 21일

가은(加恩) 들에서 훈련하고, 풍천에서 유숙하다.


- 24년 4월 22일

거가(車駕)가 대야원(大也院)에 이르러 주정(晝停)[63]하고 한성에 돌아오다.

---

63  임금이 거둥하는 도중에 점심참으로 머물러 쉼.

# 세종의 사냥 실적

| 재위 연도 | 월/일 | 사슴 | 노루 |
|---|---|---|---|
| 원년 | 11/6 | 1 | |
| 2년 | 5/21 | | 1 |
| 7년 | 3/10 | 1 | 1 |
| | 3/11 | 1 | 2 |
| | 3/12 | | 2 |
| | 3/13 | | 3 |
| | 9/28 | 1 | |
| | 9/29 | 1 | |
| 8년 | 10/5 | | 1 |
| 합계 | | 5 | 10 |

# 3 장

# 무사 양성

세종은 단단한 각오로 무사 양성에 대한 여러 가지 계책을 세워, 하나씩 실행해 나간다. 우선 궁궐 안에 활터를 지어 군사들에게 활쏘기 연습을 시킨다. 또한 세자와 대군을 비롯한 종친들에게도 활쏘기를 시켜서 많은 사람으로 하여금 보고 느끼도록 한다. 또 무과 시험에 나가서 수험생들을 친히 시험도 하고 경서와 무경(武經)<sup>64</sup>을 강하기도 한다. 또 군사 50명씩을 후원에 불러 활 쏘고 말 타는 것에 대해 시험하는 일을 일상화한다.

구체적으로 무사들의 실력을 향상시킬 방법으로 격구를 다시 시키기로 한다. 또 만기(萬機, 정치상의 온갖 중요한 기틀)를 살피는 바쁜 일과

---

64  병법에 대한 글이나 책

중에도 이곳저곳에서 포 쏘는 것, 활 쏘는 것을 참관하고 창 쓰기도 본다. 어떤 때는 역사들로 하여금 서로 힘겨루기를 시키기도 하고 또 수박희(手搏戲, 택견)도 시켜 보고 상을 내린다. 또한 무략이 있는 젊은 인재로 장차 장수가 될 만한 사람을 계속 발굴토록 한다.

## 1. 궁궐 안에 활터를 짓다

군사가 궁궐 안에서 활을 쏜다는 것은 어찌 보면 위험하기 짝이 없는 일일 것이다. 그래서 신하들의 상소가 이어진다. 전례도 없을뿐더러 궁궐이 엄숙하지 못하고 소란스러워진다는 것이 그 이유이다. 이 상서들을 보면 세종의 결단이 얼마나 놀라운 발상이었는지 짐작할 수 있다. 그러나 세종은 아무리 그럴듯한 이유를 내세운 상소일지라도 단호하게 물리치고, 궁궐 안에 활터를 지어 군사들로 하여금 활쏘기 연습을 하게 한다. 모든 상소를 물리친 세종은 궁궐과 궁 밖에 활터를 더 짓게 하고 군사들의 활쏘기 성적을 더 철저히 관리하게 한다. 그만큼 강력한 군사력을 향한 세종의 의지는 강했다.

흉작으로 인해 강무하는 일과 교외에 거둥하는 일을 정지시켰으므로 무사를 만나 보는 날이 적어지자, 세종은 군사들을 후원에 불러들여 활쏘기와 말 달리기를 훈련케 하고, 성적이 좋은 사람에게는 상을 주게 한다. 함길도와 평안도에서 연이어 적에 대한 경보가 오자, 후원에서 시행하는 군사 훈련을 구경하는 일을 일상으로 삼는다.

■ 6년 2월 8일

사청(射廳)을 서장문(西墻門) 안에 지으라 명령하고, 상대호군(上大護軍)
삼군진무(三軍鎭撫)로 입직하게 하여 활 쏘는 것을 연습하게 하다.


■ 6년 2월 12일

지평(持平) 김종서가 "이제 서장문 안에 사청을 지어 놓은 것은 그 불
가함이 세 가지가 있으니, 궐내에 사청을 짓는다는 것이 첫째로 불가
한 것이요, 군사들이 떠들어서 궁금(宮禁, 궁궐)이 엄숙하지 못함이 둘
째 불가한 일이요, 군사들이 파수 보는 일을 버리고 서로 오락가락하
여 시위하는 직무가 허소하게 될 것이 셋째로 불가한 일입니다." 하였
으나, 임금이 윤허하지 아니하다.


■ 6년 2월 13일

대사헌 하연 등이 상소하기를, "신등은 들건대 전하께서 창덕궁 서쪽
문에 활 쏘는 것을 익히는 장소를 만들도록 명하셨다 하니, 신등은 생
각건대 궁금(宮禁)은 정숙해야만 되므로 숙위(宿衛)[65]는 마땅히 경근(敬
謹)[66]하게 하여야 할 것이고, 신하들이 활 쏘는 것이나 연습하여 재주
를 겨루는 장소가 아닙니다. 첫째로 장사(將士)들로 하여금 화살을 궁
금 안에서 당기게 하는 것이, 둘째로 장사들로 하여금 직소(職所)[67]를

---

65  궁궐에서 군주를 호위하며 지키는 제도 및 지키는 사람
66  공경하고 삼감.
67  직무를 집행하는 곳

떠나게 해 숙위를 엄숙히 하지 못하게 되는 것이, 셋째로 군중들이 모여 떠들썩하게 지껄이어 그 소리가 궐내에까지 들리게 되어 경외하는 마음이 없어지게 됨이 불가한 일입니다. 또 한 달에 번 드는 날은 적고 번 나는 날은 많게 되니, 각기 번 나는 날이면 항상 교장(敎場)으로 나가서 오로지 활쏘기만 익힌다면 어찌 군사가 용감하지 아니하며 기술이 정통하지 못할 것을 근심하겠습니까. 옛날 당태종(唐太宗)이 날마다 장졸을 거느리고 전정(殿庭)에서 활쏘기 연습을 하므로 조정에 있는 여러 신하가 못하게 간하였으나, 태종이 듣지 아니하여 후세에 식자들이 기롱하였사오니, 바라건대 전하께서는 기왕의 실수를 거울삼으시어 장래의 폐단을 고려하시와 우선 이 일을 정지하시어 신등의 소망을 이루어 주소서." 하니, 임금이 하연을 나오라 하여 "어제 지평(持平) 김종서가 활쏘기를 연습하는 장소를 파하라 청하였으나, 만약 인정전(仁政殿) 안에다가 활 쏘는 장소를 만들고 내가 친히 나가 본다면 파하기를 청하는 것이 마땅하겠으나, 이제 멀리 서쪽 담장 밑에 있어 궐내와의 거리가 대단히 머니 무엇이 방해될 것이 있겠는가. 그래서 허락하지 아니한 것인데, 이제 경등이 또 소장을 올렸으니, 나의 이 거조(擧措)[68]가 크게 의(義)에 해로운 것도 아니요, 또 날마다 나를 보면서 어찌 친계(親啓)하지 아니하고 물러가서 상서(上書)하여 번잡하게 하는가." 하다.

하연이 "궁금(宮禁)은 엄숙하게 아니할 수가 없고, 숙위(宿衛)는 엄정

---

68  말이나 행동 따위

하게 아니할 수 없거늘, 군사들이 파수는 보지 않고 서로 내왕하여 떼를 지어 떠들썩하게 지껄이는 것이 불가하다는 것입니다. 그 법이 비록 좋다 하여도 또한 장차 폐단이 있을 것이며, 이 일이 한번 시작되면 장차 위아래가 함께 유희를 일삼게 되어 연무(鍊武)[69]를 모독하는 폐단이 있어 혹 변이 생길 우려도 있으니 신이 반드시 파하려 하는 것입니다." 하고 굳이 청하였으나 윤허하지 아니하다.

■ 6년 2월 17일

좌사간(左司諫) 박관 등이 상소하기를, "궁궐에 숙위(宿衛, 숙직하면서 지킴)가 있는 것은 임금의 처소를 엄숙하게 하려는 것이요, 활 쏘는 일정한 장소가 있는 것은 군사를 바르게 연습시키려는 것입니다. 옛날에는 활쏘기 연습을 택궁(澤宮, 활쏘기 연습하던 궁전)에서 하였고 궁금 안에서 연습하였다는 것은 듣지 못하였습니다. 전하께서 궁장(宮墻) 안에다가 새로 사청을 지어 놓고 숙위하는 군사로 하여금 숙위하는 처소를 버리고 모여서 활쏘기를 그 사청에서 연습하게 하시니 이는 전하께서 평안한 때에도 위태함을 잊지 않는 아름다운 뜻이라 하겠으나, 존엄한 곳이 도리어 떠들고 지껄이는 장소가 되게 되니 이것이 궁금을 엄숙하게 하는 바가 아닙니다. 신들은 두려워하기를 이러한 근원이 한번 열리면 말류(末流)의 폐는 드디어 숙위가 허소(虛踈)[70]하게 되고, 숙위하는 처소에는 무기 가진 군사가 겨우 한두 명만 있게 될 것이니,

---

69  무예를 단련함.
70  허전하고 미덥지 않음.

장차 후세에 좋은 법을 보여 주지 못할 일입니다. 전하께서 즉시 정파(停罷)[71]하라고 명하시어 군사들이 숙위함에 전심하도록 하여 궁위(宮衛)[72]를 엄숙하게 하신다면 종사(宗社)에 다행할 일입니다." 하다.

임금이 말하기를, "조계(朝啓)할 때 친히 말하리라." 하다.

■ 6년 3월 9일

내금(內禁), 내시위(內侍衛), 별시위(別侍衛), 사금(司禁),[73] 상대호군(上大護軍), 호군(護軍) 등에 명해 각기 입번(入番)하는 실수(實數)에서 절반을 나누어 서로 교대하여 활쏘기를 연습하라고 하다.

■ 6년 3월 10일

병조판서 조말생, 참판 최사강, 참의 유연지, 도진무(都鎭撫) 조비형, 박실, 황상, 육대언(六代言)에게 각궁(角弓) 한 벌씩 내려 주다.

■ 6년 3월 12일

병조와 진무소(鎭撫所)에서 입직군사(入直軍士)를 대궐 동문 안에 모아 놓고 비로소 활쏘기를 연습하였는데, 선온(宣醞)[74] 15병을 내려 주다.

---

71  일을 하다가 중도에서 아주 그만둠.
72  궁궐의 수위(守衛)
73  임금의 어가(御駕)를 수종하며 일반 잡인의 범접을 막던 군사
74  임금이 신하에게 술을 내려 줌.

■ 6년 3월 17일

좌사간(左司諫) 박관 등이 상소하기를, "지금 군사들이 궁성(宮城) 안에서 활쏘기를 연습하는 것은 천자도 하지 못하는 것을 오히려 군사들이 하고 있으니 어찌 가하다 하겠습니까. 이는 소위 해서는 안 될 일을 오히려 하고 있는 것입니다. 성조(聖朝)에서 비록 군사가 궁성 안에서 활쏘기를 연습하게 하여도 폐단이 없다 할지라도 혹 후세에 가서 성조(盛朝)에 미치지 못하면서 오히려 오늘날 이 일을 그대로 따라 해서 더욱 오래도록 그치지 않는다면 그때의 폐단은 이루 말할 수 없을 것이니, 이는 진실로 염려하지 않을 수 없는 일입니다. 전하께서는 옛 법을 거울삼아 장래의 폐단도 염려하시어 빨리 궁성 안에서 활쏘기 연습하는 것을 폐하시고 궁금(宮禁)을 엄숙히 하시어 만세에 다행하게 하소서." 하였으나 윤허하지 아니하다.

■ 17년 1월 5일

병조에 전지하기를, "수많은 군사들이 모두 훈련관(訓鍊觀)에 모여 사격을 연습하기 때문에 하루 동안 연습하는 것이 수십 명에 불과하여 한갓 사격 연습의 이름만이 있을 뿐 그 실효가 없으니, 이제부터 궁성 안과 민가가 희소한 곳에 사격장을 설치하고 군사들을 나누어 집합하게 하여 사격 훈련을 권장 시험하게 하되, 그 절차는 삼군도진무(三軍都鎭撫)와 의논하라." 하니, 모두 의논하여 "한성 안에 사격장 8개소를 설치하여 번(番)을 난 군사들로 하여금 각기 그 부근의 사격장에 모여 사격을 연습하게 하면서 훈련관의 관원을 나누어 보내어 이를 감독 관장하게 하고, 또 궁성 안에 사격장 2개소를 설치하여 번을 든 군사들로 하여금 사격을 연습하게 하면서 입직한 진무(鎭撫)로 하여금 이를 감독 관장하게 하되, 그의 근만(勤慢)[75]과 능부(能否)[76]를 상고하여 이를 문부에 기록하고, 맞힌 자는 도(到) 하나를 주고 이르지 못하는 자와 이에 마음을 쓰지 않는 자는 벌을 주게 하소서." 하다.

■ 18년 8월 17일

임금이 "문관(文官)과 무관(武官)을 아울러 쓰는 것은 국가를 장구히 편안하게 하는 방도인 것이다. 이제 연사의 흉작으로 인하여 이미 강무하는 일과 교외에 거둥하는 일을 정지시켰으므로 무사(武士)를 만나보는 날이 대개 적어졌는데, 하물며 동계(東界, 함길도)와 서계(西界, 평안도)[77]의 두 지방에는 변방의 경보(警報)가 그치지 않으니 마땅히 무사를 장려하여야 하겠다. 이제부터는 군사를 매일 50명씩 후원에 불러들여 만나 보고 그들의 활 쏘고 말달리는 것을 시험하여, 만약 말 타는 것과 활 쏘는 데 있어 말달리는 것과 손 쓰는 것이 다 같이 빨라서 능히 다섯 번 쏘아 다 맞히는 사람이 있으면 도(到) 200을 주는 것이 어떠할까." 하니, 여러 사람이 아뢰기를, "좋습니다." 하다.

■ 18년 8월 21일

후원에서 활 쏘는 것을 구경하고 이날로부터 일상의 일로 삼다.

---

75  부지런함과 게으름
76  할 수 있음과 없음
77  압록강(鴨綠江)과 두만강(豆滿江)을 경계로 하는 양계(兩界)

## 2. 세자와 대군들, 활쏘기 솔선수범

세종은 14년에 아직 어린 세자에게 활쏘기를 가르치겠다며 세자의 사부에게 그 사실을 알리게 한다. 그리고 세자와 3명의 대군에게 활쏘기를 가르친다.

그 후 10년이 흐른 24년에 세종은 대군들에게 활쏘기를 가르치는 까닭을 이렇게 설명한다. "우리나라가 4면으로 적의 침해를 받고 있으니 마땅히 무(武)를 숭상하여 여러 아랫사람의 보고 느낌을 불러일으켜야 할 것이다."

이런 점으로 보면 세종이 무술 훈련을 시행한 것은 단순히 무를 숭상해서가 아니라 사방에서 침투해 오는 적들에 대한 경계심과 방어 능력을 진작시키기 위한 것이었다. 세종은 군이 문과 무를 가리지 않았으며 문사들도 활쏘기를 할 줄 알아야 한다고 생각했다.

▪ 14년 10월 25일

경연에 나아갔다.

참찬관(參贊官) 권맹손에게 "세자는 거의 장년이 되었는데 비록 강용(强勇)한 기질이 없어 말 달리고 활쏘기에 적합하지는 않으나, 때때로 과녁을 쏘아서 기력과 체질을 기르는 것이 마땅하다. 내가 문안하러 와서 글을 강론하는 여가에 과녁을 쏘는 것을 가르치고자 함이니, 이것은 배움을 폐하는 것이 아니며, 활 쏘고 말달리는 것은 내 조상이 하시던 일이니 다시 말할 것이 있으리오. 그대는 한가한 이야기 삼아 세자의 사부에게 말하라." 하니, 황희가 "학문은 모름지기 연소(年少)할 때에 힘써야 할 것이옵기로, 신의 생각에는 세자께서 활쏘기를 익히심은 아직 이르지 않을까 합니다. 활쏘기와 말달리기의 일은 나이가 장성하여서도 배울 수 있는 것입니다." 하고, 맹사성은 "성상의 말씀이 진실로 옳습니다. 지난번 주상께서 말씀하옵시기를, '세자는 순수한 바탕이라 부인(婦人)과 같다.'라고 하셨사온즉, 궁중에서 과녁 쏘는 것을 배우게 하옵시는 것과 같은 것은 신의 생각으로도 무방하게 여겨지나이다." 하니, 임금이 "나도 이미 그런 줄로 아노라." 하다.

■ 15년 1월 2일

임금이 경회루 아래에 나아가 왕세자와 세 대군에게 과녁을 쏘게 하다.

■ 24년 3월 10일

임금이 "대군의 활쏘기에 대해서는 우리나라가 4면으로 적의 침해를 받고 있으니 마땅히 무(武)를 숭상하여 여러 아랫사람이 보고 느낌을 불러일으켜야 할 것이다. 또 이것이 우리 조종(祖宗)의 가업이므로 폐할 수 없는 것이다. 또 내가 아직 나이 어릴 때 태종(太宗)께서 가장 사랑하시어 사람을 시켜서 말을 몰아가면서 위내(圍內)의 짐승을 쏘게 하셨으니, 이러한 일은 체통과 관계있는 것이 아니다."라고 하다.

■ 30년 9월 14일

임금이 "지금은 유신(儒臣)이 궁시를 잡으면 여러 사람이 조롱하고 웃는다. 정인지(鄭麟趾)가 일찍이 과녁을 쏘매 변계량(卞季良)이 조롱하였는데 심히 생각 없는 일이다. 내가 동궁에게 궁시를 친히 차라고 명령하면 비록 법을 세우지 않더라도 따라 행하는 자가 누가 차지 않으려고 하겠는가." 하다.


## 3. 무과 응시자를 친히 시험하다

세종은 즉위한 지 6년이 되는 해에 훈련관을 직접 가르치기도 했다. 그리고 11년에는 무과 응시자를 친히 시험하였다. 15년에는 기사(騎士)의 무술로는 창 쓰기가 중요하다며 훈련관에게 그 시험 방법을 논의케 하고, 직접 사열하겠다는 뜻을 전한다.

16년에는 실제로 모화관에 나와 무과를 시험하였다. 그리고 다음과 같은 문제를 내 훌륭한 답을 낸 사람은 중용하겠다고 말한다. "우리나라는 남쪽으로 섬 오랑캐를 이웃하고 북쪽으론 야인과 연(連)해 있으니 제어할 방법과 무마할 계책을 진실로 잘 생각하고 상심(詳審)하게 처변해야 할 터인데, 요사이 와서 야인이 경내에 살기를 원하고 섬 오랑캐가 바닷가에 와 있으니 만일에 그 청을 들어준다면 춘추(春秋)의 근엄한 의의에 어긋남이 있고, 거절하고 받아들이지 않는다면 왕자(王者)의 일시동인(一視同仁, 멀고 가까움을 가리지 않고 동일하게 대하는 것) 하는 뜻에 흠절이 생기니 어찌하면 옳겠는가." 참으로 중요하면서도 어려운 문제이다. 놀라운 것은 변방을 침탈하는 적에게까지 '일시동인'으로 대할 수 있는 방법을 궁구하고 있다는 점이다. 그만큼 임금이 지니는 인(仁)은 보편적이어야 한다고 생각했던 것으로 보인다.

▪ 6년 8월 30일

편전에서 친히 훈련관(訓鍊觀)의 병서습독관(兵書習讀官)에게 강(講)하다.


▪ 11년 4월 7일

모화루(慕華樓)[78]에 거둥하여 무과에 응시한 사람에게 기사(騎射), 보사(步射), 격구(擊毬), 창 쓰기를 시험하다.


▪ 15년 3월 8일

도진무(都鎭撫)와 훈련관제조(訓鍊觀提調)를 불러 의논하기를, "기사(騎士)가 무예를 익히는 데에는 창을 쓰는 것이 제일이니 그 시험 방법을 잘 논의하여 아뢰라." 하다.

임금이 "훈련 제조를 택하여 논의한 바와 같이 연습하게 하라. 내가 마땅히 친히 사열하겠다." 하다.


▪ 16년 3월 8일

드디어 모화관(慕華館)에 거둥하여 무과를 시험하다.

먼저 기사(騎射)를 시험하고, 다음에 격구(擊毬)를 시험하고, 그다음에 보사(步射) 180보(步)를 시험하고, 그다음에 경서(經書)와 무경(武經)을 강(講)하고 환궁하다.

명하여 거자(擧子)[79]의 시권(試券, 답안지) 5통을 들여다가 친히 보다.

---

78  모화관(慕華館). 서대문구 현저동에 있었던 객관
79  과거에 응시하는 사람

• 16년 3월 9일

중시(重試)의 문신들은 동쪽에 있게 하고, 초시(初試)의 응시생들은 서쪽에 있게 하여 책문(策問)의 제목을 내다.

책제(策題)에 이르기를, "왕은 이렇듯 말하노라. 활쏘기는 육예(六藝)의 하나인데도 무사(武士)의 일로만 보니 어찌하면 활쏘기의 의의를 다시 밝히며, 투호(投壺)는 몸을 수양하는 도구인데도 한갓 호협(豪俠)한 사람의 놀음만으로 아니 어찌하면 화살을 가지고 예의에 부합하게 하여 손과 주인이 서로 공경하게 사귀게 되겠는가. 우리나라는 남쪽으로 섬 오랑캐를 이웃하고 북쪽으론 야인과 연(連)해 있으니 제어할 방법과 무마할 계책을 진실로 잘 생각하고 상심(詳審)하게 처변해야 할 터인데, 요사이 와서 야인이 경내에 살기를 원하고 섬 오랑캐가 바닷가에 와 있으니 만일에 그 청을 들어준다면 춘추(春秋)의 근엄한 의의에 어긋남이 있고, 거절하고 받아들이지 않는다면 왕자(王者)의 일시동인(一視同仁)하는 뜻에 흠절이 생기니 어찌하면 옳겠는가. 너희 대부(大夫)들은 널리 고금(古今)의 이러한 주책(籌策)에 통하여 생각한 것이 익숙할 것이니 각각 마음에 있는 대로 대답하라. 내가 장차 크게 쓰리라." 하고, 곧 모화관에 거둥하여 무과 시험을 보다.


• 17년 4월 17일

경회루에 나아가 친히 무과에 과거한 사람에게 경서(經書)를 강의하다.


• 21년 8월 20일

모화관에 거둥하여 무과의 기사(騎射)를 시험하다.

- 21년 8월 21일

사정전(思政殿)에 나아가 임금이 친히 무경(武經)과 경서 중의 일서(一書)를 뽑아서 무거(武擧)에 응시한 사람들에게 강의하다.

인하여 경회루에 나아가 활쏘기 280보를 시험하다.


- 23년 5월 16월

모화관에 거동하여 무과를 시험하다.


- 24년 8월 13일

근정전에 나가 친히 응시자에게 문제를 출제하고 광화문 밖 장전(帳殿)[80]에 나가 친히 무과 시험을 보이다.


- 24년 8월 14일

광화문 밖에 나아가 무과 시험을 보이다.


## 4. 그 밖의 일들

세종은 포 쏘는 훈련을 참관하거나 활쏘기 훈련을 시키고, 우리 군사와 귀화한 여진족 등의 무술 시합을 관장하고 이긴 자에게는 상

---

80  임금이 임시로 거처하기 위해 꾸민 자리. 구름 차일(遮日)을 치고 휘장으로 사방을 둘러막고 바닥을 높여서는 별문석(別紋席)이나 채화석(綵花席) 등을 폈다.

을 주기도 했다. 그런가 하면 야간 화포 훈련도 관장했다.

■ 5년 10월 11일

임금이 헌릉비석소(獻陵碑石所)에 거둥하여 친히 비석 새기는 것을 보고, "공인(工人)들에게 음식을 주라."라고 명하고, 거가(車駕)를 돌려 살곶이(箭串)[81] 들에 머물러서 포 쏘는 것을 관람하다.

■ 6년 11월 13일

경복궁에 거둥하여 경회루(慶會樓)에서 내금위(內禁衛), 사금(司禁), 진무(鎭撫), 사복(司僕)과 충의위(忠義衛), 별시위(別侍衛)에서 활 잘 쏘는 사람으로 하여금 200보(步)를 쏘게 하였다.

■ 6년 12월 13일

경복궁에 거둥하여 경회루에서 군사와 귀화한 올량합(兀良哈),[82] 올적합(兀狄哈, 여진족)[83] 등을 모아 활을 쏘게 하고, 모구(毛毬, 지름이 한 자 정도 되는, 끈이 달린 털공)를 세 번 쏘아 세 번 맞힌 자에게 각궁(角弓) 각 하나씩을 상으로 주다.

모구를 쏘는 것은 이날부터 시작한 것이다.

누 밑에서 연회를 베풀었는데 신시(오후 4시경)에 환궁하다.

---

81 청계천과 중랑천이 만나 한강으로 흘러드는 곳. 지금의 한양대학교 부근과 성수동 방면을 이어 주는 다리가 있다.
82 오랑캐. 오량개(吾良介). 몽고 동부와 조선의 두만강 일대에 살던 여진족(女眞族)
83 우디거. 조선시대 두만강 일대에 살던 여진족

- 6년 12월 14일

밤에 군기판사(軍器判事) 최해산에게 명령을 내려 광연루(廣延樓) 밑에서 화포를 쏘게 하다.

- 7년 1월 18일

임금이 경회루 아래 임어하여 종친(宗親)과 재추들의 활 쏘는 것을 관람하다.

도총제(都摠制) 조비형이 맞힌 것이 가장 많으므로 특히 복건(服鞬, 화살통과 활집)을 갖춘 궁전(弓箭)과 전통(箭筒)[84] 1개를 하사하고, 그 나머지 승리한 자도 또한 전통 각 1개를 하사하고, 또 정부(政府)·육조와 시위군사(侍衛軍士)에 이르기까지 내온(內醞, 임금이 신하게게 주는 술)을 내리다. 신시(申時, 오후 4시경)에 궁으로 돌아가다.

- 7년 3월 4일

임금이 모화루에서 돌아와 경회루에 임어하여 활 쏘는 것을 관람하고 사정(司正) 박성량에게 활을 하사하니 그가 쏘아 맞힌 것이 300보를 지나쳤던 까닭이다. 미시(未時, 오후 2시경)에 궁으로 돌아가다.

---

84 화살을 넣는 화살통

# 4 장

# 다양한 무술 훈련과
# 국방 점검

세종 9년(1427년) 3월 3일, 임금은 예조와 병조에 교지를 전하여 이렇게 명한다. "무과의 초시(初試), 관시(館試)[85]는 보사(步射, 걷거나 달리며 활쏘기)의 150보(步)와 기사(騎射, 말달리며 활쏘기), 창 쓰기, 격구(擊毬)하는 것으로써 100명을 뽑고, 무과의 초시, 중시(重試, 문무관에게 10년마다 보게 한 과거시험)에는 200보, 150보, 70보와 기사(騎射), 창 쓰기, 격구하는 것으로써 뽑을 것이다."

그리고 11년 4월 7일에 세종은 무과에 응시한 사람에게 기사(騎射), 보사(步射), 격구(擊毬), 창 쓰기를 시험했다.

---

85   성균관(成均館) 유생들만이 볼 수 있던 문과의 초시

## 1. 활쏘기

앞에서 보았듯이 세종은 궁에 활터를 짓고 군사들이 활쏘기 연습을 하게 한다. 그리고 한양 근교 여덟 곳에 활터를 더 만들게 하였다.

12년 3월 26일, 세종은 근신들에게 활쏘기에 관해 이렇게 지시한다. "지금의 활 쏘는 사람들은 그 힘이 센 활을 당기지 못하여 활이 채 활짝 당겨지기 전에 화살을 놓아 보내니 옛사람의 가득히 당겨진 후에 쏜다는 법에 어긋난다. 비록 전장에 가더라도 무슨 도움이 있겠는가. 이제부터는 마땅히 화살의 길고 짧은 것을 구별하여 상(上)과 중(中)으로 삼고, 센 활로써 잘 당겨서 잘 쏘는 사람에게는 분수(分數, 점수)를 더 주고, 비록 센 활이 아니더라도 잘 당겨서 쏘아 멀리 200보를 넘기는 사람도 역시 분수를 더 주게 되면, 무예가 정숙(精熟)하게 되어 전장에서도 이익이 있을 것이니 정부·육조(六曹)와 함께 다시 의논하여 아뢰라."

이제 세종의 활쏘기 장려와 다양한 활쏘기와 관련된 기록들을 살펴보자.

■ 8년 1월 23일
동교에 거둥하여 매사냥을 구경하고 낮참에 낙천정(樂天亭)[86] 앞 벌에

---

86  태종이 양위한 후 정자와 별궁을 짓게 하여 1419년(세종 1년)에 완공되었다. 그리고 정자의 이름은 당시 좌의정 박은(朴訔)이 『역경(易經)』에 실린 '천명을 알아 즐기니 걱정이 없네[樂天知命故不憂]'란 글귀에서 인용하여 낙천정이라 지었다고 한다. 서울특별시 광진구 자양로3가길 43(자양동)에 터가 남아 있다.

서 머무르다.

내금위와 사복시가 말달리며 활 쏘는 것을 관람하고, 인하여 따라온 문무 대신과 사복시의 관원에게 작은 과녁에 활쏘기를 명하다.

- 8년 9월 8일

남교(南郊)에 거둥하여 활 쏘는 것을 관람하다.

- 8년 9월 12일

남교에 거둥하여 활 쏘는 것을 관람하다.

- 8년 12월 19일

임금이 노도강변(露渡江邊)에 나가서 화포 놓는 것을 보고, 또 내금위(內禁衛) · 내시위(內侍衛)와 사복관원(司僕官員) · 상호군(上護軍) · 대호군(大護軍)에게 명하여 기사(騎射)하여 세 번 쏘아 세 번 모두 맞힌 자에게 각각 전통(箭筒)을 하사하다.

- 10년 윤4월 2일

모화루(慕華樓)에 거둥하여 기사(騎射)와 격구(擊毬)를 구경하다.

- 10년 5월 5일

서교(西郊)에 거둥하여 곡식을 살펴보고 돌아오다가 모화루에 이르러서 위사(衛士)들의 기사(騎射)를 구경하다.

- 11년 3월 19일

연서역평(延曙驛平)에 거둥하여 매사냥을 구경하고 돌아오는 길에 반송정(盤松亭)에 이르러 군사들의 격구와 기사하는 것을 구경하다.

- 12년 4월 6일

경회루에 나아가 위사(衛士)들의 말 타고 활 쏘는 것을 보다.

- 12년 4월 16일

모화루에 거둥하여 영조(營造)하는 상황을 보고, 악차(幄次, 임금이 거둥할 때 잠깐 쉴 수 있도록 장막을 친 곳)로 돌아와 위사(衛士)들에게 센 활[强弓]을 당겨서 200보를 쏘게 하고 잔치를 베풀다.

- 13년 1월 10일

경회루에 임어하여 위사의 기사를 관람하다.

- 13년 1월 27일

경회루 아래에 나아가 위사들의 기사를 관람하고 차등을 두어 물품을 내리다.

- 13년 1월 28일

종친을 인솔하고 후원에서 활 쏘는 것을 관람하다.

▪ 13년 2월 9일

양주(楊洲) 와공원동(瓦孔院洞)에 임행(臨幸)하여 아골(鴉鶻)[87]을 날리는 것을 관람하고, 종친들로 하여금 말을 달리며 활을 쏘게 하다.


▪ 13년 5월 4일

경회루 아래에 나아가 진평대군(晉平大君), 안평대군(安平大君), 임영대군(臨瀛大君), 공녕군(恭寧君), 경녕군(敬寧君)에게 활쏘기를 명하다.


▪ 13년 5월 5일

경회루 아래에 나아가 종친들이 과녁에 활 쏘는 것을 구경하다.


▪ 13년 6월 1일

경회루 아래에 나아가 종친들이 활 쏘는 것을 구경하다.


▪ 13년 6월 2일

경회루 밑에 나아가 효령대군 이하 여러 종친들에게 활을 쏘게 하고 내구마(內廐馬) 20필을 나누어 주다.


▪ 13년 6월 6일

경회루 아래에 거둥하여 종친들이 과녁에 활 쏘는 것을 구경하다.

---

87  새매의 수컷

▪ 13년 6월 13일

경회루에 거둥하여 종친들이 과녁에 활 쏘는 것을 구경하고 차등 있게 물품을 하사하다. 또 군사들로 하여금 인형[塑]을 희롱하여 매질을 익히게 하다.

▪ 13년 7월 30일

판부사 최윤덕이 "신이 일찍이 중국에 갔을 때 화살에 살촉을 갈고 깃(羽)을 붙이는 것을 보니 그 끝을 심줄로 잡아매고 칠(漆)을 하는데, 우리나라에서는 잡아매지도 아니하고 칠도 아니하기 때문에 비와 눈이 내리는 날에는 화살의 깃[箭羽]이 벗어져 떨어지게 됩니다. 신이 지난해 일본을 칠 때 꽤 많이 시험하였습니다. 그리고 또 왜인들은 성질이 비 오고 습한 날에 싸우기를 좋아하오니 지금부터는 심줄로 잡아매고 칠을 하게 하옵소서." 하니, 임금이 "내가 매우 좋게 여기나 항상 나라에서 쓰는 칠도 부족하니 어찌할꼬." 하매, 최윤덕이 "비록 다 칠하지 아니하고 반만 칠하여도 가합니다." 하니, 이를 병조에 내리다.

▪ 14년 1월 25일

모화관(慕華館)에 거둥하여 활 쏘는 것을 관람하다.

▪ 14년 4월 3일

종친들의 활 쏘는 것을 관람하고 의정부(議政府)에서 여러 집사(執事)들에게 연회를 내리다.

▪ 14년 4월 6일

모화관에 거둥하여 활 쏘는 것을 관람하다.


▪ 14년 4월 15일

모화관에 거둥하여 활 쏘는 것을 관람하고 맞힌 자에게는 화살을 차등 있게 하사하다.


▪ 15년 2월 8일

임금이 경회루 아래에 나아가서 상호군(上護軍) 홍사석 등 33명에게 명하여 3대(隊)로 나누어 과녁에 활을 쏘게 하였는데, 제3대 하한 등이 맞힌 것이 그중에서 가장 많으므로 활을 각각 하나씩 하사하다.

여연(閭延)[88]에서 도적의 침략(14년)을 받은 뒤로부터 임금이 더욱 변경의 일에 마음을 두어 여러 번 무사들을 모아서 후원에서 활 쏘는 것을 구경하다.


▪ 15년 2월 25일

임금이 경회루 아래에 나아가 여산부원군(礪山府院君) 송거신 이하 모든 재추(宰樞)[89]들을 모아 활쏘기를 구경하다.

29명을 3대(隊)로 나누어 맞히기를 많이 한 자에게는 각각 활을 주고

---

88  여연군(閭延郡). 본래 함길도 갑산군(甲山郡) 여연촌(閭延村)인데 본조 태종(太宗) 16년에 군(郡)과의 거리가 멀기 때문에 소훈두(小薰頭) 이서(以西)를 갈라 여연(閭延)으로 삼아 본도(本道)에 내속(來屬)시켰다.

89  의정부의 대신(大臣)과 중추부(中樞府)의 장상(將相)

또 말을 타고 활을 쏘게 하여 각각 활과 화살을 주다.

- **15년 3월 9일**

임금이 대언들에게 "춘추로 활쏘기를 익히는 법이 있는데, 지금 훈련관 및 외방의 수령들이 형식으로만 보고 전혀 마음을 쓰지 아니하여 무예(武藝)가 거칠고 허술하니, 지방의 활쏘기를 연습하는 법을 『육전(六典)』[90]을 상고하여 참작해서 아뢰라." 하다.

- **15년 3월 11일**

도진무(都鎭撫)와 훈련관제조(訓鍊觀提調)를 불러 논의하기를, "말 타고 활 쏘는 법은 말을 달리는 것의 둔하고 빠름으로써 그 잘하고 못함을 취하는데, 지금의 무사들은 오로지 말을 제어하는 데 마음을 두지 아니하고, 곧게 달려서 활을 쏘아 혹 첫 과녁에 이르면 채찍을 버리고 직행하므로 기사(騎射)의 법이 극진하지 못하다. 내가 옛 제도에 의하여 5 과녁을 두고자 하는데 그 사이 거리는 각각 30보(步)[91]로 하고, 좌우에 각각 1 과녁을 두되 그 사이 거리는 5보로 한다. 왼편 첫째는 홍 과녁으로 하고 다음은 백(白), 다음은 홍, 다음은 백, 다음은 홍으로 하며, 오른편 첫째는 백, 다음은 홍, 다음은 백, 다음은 홍, 다음은 백으로 하여, 왼쪽에서 활을 잡은 자가 처음 첫째 과녁을 쏜 뒤에 가로[橫]로 달

---

90 육조(六曹)의 국무(國務)를 수행하는 데 근거가 된 법전. 태조 때 정도전이 『조선경국전(朝鮮經國典)』을 편찬한 후 『경국육전(經國六典)』·『육전등록(六典謄錄)』 등의 법전이 편찬되었고, 세조 때 시작하여 성종 때 완성한 『경국대전』에 이르렀다.

91 장년 남자의 보폭을 따서 거리를 나타내는 단위

러서 다음은 오른쪽 둘째 과녁을 쏘고, 다음은 왼쪽 셋째 과녁을 쏘며, 다음은 오른쪽 넷째 과녁을 쏘고, 다음은 왼쪽 다섯째 과녁을 쏘며, 오른쪽에서 활을 잡은 자는 이와 반대로 한다. 이같이 종횡(縱橫)으로 빨리 달려서 과녁을 맞히는 자에게는 한 과녁마다 3점을 주되 한 화살을 쏘지 못하면 3점을 감하고, 능히 말을 제어하지 못하여 왼쪽 활이 오른쪽을 쏘고, 오른쪽 활이 왼쪽을 쏘아 과녁을 맞힌 자에게는 다만 1점을 준다.

비록 5 과녁을 맞힐지라도 말달리기를 빨리 못하고, 활 당기기를 작(酌)<sup>92</sup>에 차지 못한 자에게는 전혀 점수를 주지 아니한다. 또 보사(步射)하는 법은 역시 활 당기기를 작에 차게 함을 귀하게 여기는데, 지금의 무사들은 전혀 마음을 쓰지 아니하여 모두 짧은 화살을 쓰니 진실로 적당치 못하다. 지금 150보에서 단 80보로 능히 긴 화살을 쓰는 자는 1점을 더 주는 것이 어떨까. 잘 의논하여 아뢰라." 하니 모두 가하다고 하므로, 드디어 병조로 하여금 법을 세우게 하였다. 처음에 경회루 북쪽에서 진평대군[晉平大君, 세조(조선조 7대 왕)],<sup>93</sup> 임영대군(臨瀛大君)<sup>94</sup> 및 사복관(司僕官)의 말을 잘 타는 자로 하여금 시험하게 하고 드디어 이 논의를 발하였다.

---

92  활을 당겨 버티는 한도의 장단(長短)의 등급
93  1417년 세종의 둘째 아들로 태어난 이유(李瑈), 수양대군(首陽大君)
94  1420년 세종의 넷째 아들로 태어난 이구(李璆)

- 16년 3월 15일

모화관(慕華館)에 거둥하여 먼저 군사를 시켜 격구(擊毬)하게 하고, 다음에는 종친과 재상들로 하여금 군사와 더불어 기사(騎射)를 하게 하고, 다음에는 기창(騎槍)[95]을 하게 하고, 그다음에는 군기감(軍器監)으로 하여금 화포를 발사하게 하다.

- 16년 3월 17일

우의정 최윤덕이 아뢰니 임금이 "경의 말은 좋은 이야기다. 마땅히 대신들과 다시 상의하리라." 하다.

또 아뢰기를, "신이 집에 있을 때는 계달하올 일을 많이 품고 있었사온데 노병(老病)한데다가 또 잊기를 잘해서 다 전달하지 못하옵니다." 하니, 임금이 "생각이 나거든 계달하고 혹 글로 써서 대내로 들여보내도 좋다." 하다.

최윤덕이 이로부터 들어오기만 하면 반드시 성보의 축조와 변방의 방비책을 계달하였는데, 최윤덕이 나가매 임금이 여러 승지에게 "세 번(番)의 갑사(甲士)를 두 번(番)으로 만들고, 한 번(番)을 각기 1,500명으로 하면, 식량이 더 소비될 것도 같으나 시위를 어찌 작은 일로 보겠느냐. 중국에서는 언제나 4만 명의 병력을 기르고 있는데 우리나라는 본시 중국에 견주어서 할 수는 없으나, 1,500명의 녹봉이야 그다지 어렵겠는가." 하다.

---

95  기병이 쓰는 긴 창

▪ 16년 4월 7일

병조에 전지하기를, "평안도 · 함길도는 방어에 가장 긴요한 곳인데도 각궁(角弓)이 완전하지 못하니 군기감(軍器監)의 각궁 1,000개를 함길도에, 유후사(留後司)⁹⁶의 각궁 500개를 평안도에 농한기를 이용하여 수송하라." 하다.


▪ 16년 4월 24일

임금이 왕세자를 거느리고 모화관에 거둥하여 먼저 세 대군과 여러 종친들로 하여금 기사(騎射)를 하게 하다. 다음에 군사들을 시켜 격구와 200보의 보사(步射)를 하게 하고 또 기사하게 하였으며, 다음에 근장(近仗)들로 하여금 장(杖)을 연습하게 하고 또 달리기를 경쟁하게 하다.


▪ 16년 5월 5일

경회루 북쪽에서 기사(騎射)를 보다.

2품 이상이 4명, 3품 이하가 50명이었다.


▪ 17년 8월 13일

함길도 도절제사에게 전지하기를, "계축년(癸丑年, 세종 15년) 가을에 병조의 아뢴 바에 인하여 경원(慶源), 영북(寧北), 갑산(甲山) 등 고을에 거주하는 백성의 나이 13세 이상 된 사람에게는 모두 활쏘기를 익히도

---

96  조선 초엽 서울을 한양(漢陽)으로 옮긴 후 개성(開城)을 통치하기 위해 두었던 지방 행정 관청. 그 후 개성부(開城府)로 바뀌었다.

록 하고는, 매양 3년마다 한 차례씩 그 등급을 나누어 매겨 관직으로 상 주고 물품으로 상 주며, 향리(鄕吏)나 천인(賤人)에게는 요역(徭役)[97]을 면제해 주도록 하여, 이내 상 주는 데에 쓸 목면(木綿) 300필을 보냈는데, 지금까지 등급과 상 준 수효를 아뢰지 않았으므로 법을 만든 뜻에 어긋남이 있으니 그것을 상고하여 아뢰라." 하다.

■ 17년 10월 9일

임금이 후원에 나아가서 활 쏘는 것을 구경하는데 종친과 재신(宰臣),[98] 추신(樞臣)[99]들을 모두 말 타게 하고 활 쏘게 하다.

■ 23년 2월 18일

모화관에 거둥하여 활 쏘는 것을 구경하다.

■ 23년 7월 15일

광화문에 나아가 활 쏘는 것을 보고 첨지중추원사(僉知中樞院事) 조석강 등 9인에게 철촉 화살[鐵鏃矢]을 시험해서 쏘게 하다.

■ 23년 11월 25일

서현정(序賢亭)에 나아가서 활 쏘는 것을 구경하다.

---

97  국가가 백성의 노동력을 무상으로 징발하는 수취제도
98  의정부의 재상
99  중추부(中樞府)의 정2품 이상의 관원

## 2. 격구

- **6년 11월 1일**

내정에서 격구(擊毬)하고 작은 연회를 베풀었는데, 효령대군(孝寧大君)·경녕군(敬寧君)·공녕군(恭寧君) 등과 종친·부마·청평부원군(淸平府院君)[100]·평양부원군(平壤府院君)[101]이 입시하였다. 백강(伯剛)에게 내구마(內廐馬)[102] 한 필을 내주었으니 격구에 이겼기 때문이었다.

이때는 태종의 상제를 마친 후 한참 강한 나라를 위한 의지로 여러 가지 방책을 강구하는 중이었는데, 6년 11~12월에 8차례 격구를 하였다. 이것은 아마도 격구의 이치를 연구하기 위해 해 본 것이 아닌가 싶다.

원래 과거에 격구는 무예를 습득하기 위한 좋은 방법이었는데, 고려 말기에 희사(戱事, 즐거운 놀이)로 변하여 화려하고 사치스럽게 되어 중지하였던 것이다. 이전의 폐단을 들어서 신하들이 반대하였지만, 세종은 군사들의 무예를 연습하는 데는 이보다 나은 것이 없다 하여 군사에게 격구를 권장한다. 그리고 무과 시험과목에 포함시키기도 한다.

이에 대한 신하들의 반발도 거셌다. 그러자 세종은 격구가 본래

---

100 정순공주(貞順公主)의 남편인 이백강(李伯剛)
101 경정공주(慶貞公主)의 남편인 조대림(趙大臨)
102 궁궐 안에 두었던 내사복시(內司僕寺)에 속한 말

유희를 위한 것이 아니라 무예를 연습하기 위한 것임을 상기시킨다. 말을 잘 타고 잘 달려야 하기에 무예를 연습하는 데 이보다 더 좋은 것은 없다는 것이다. 그리하여 병조에서 격구의 자세, 방법, 절차를 구체적으로 논의하여 임금에게 보고한다. 임금은 병조에서 만든 격구 방법을 받아들여 군사들에게 격구를 가르치게 하고, 격구장(擊毬杖) 30개를 훈련관에 내린다.

병조에서 격구를 과거시험 과목에 넣을 것과 채점 방식까지 만들어 보고하자 임금은 그대로 수용한다. 이러한 조치에 대해서도 신하들은 반대한다. 말 타고 활을 쏘거나 창을 쓰는 시험은 이미 있기 때문에 굳이 격구를 시험 과목에 넣을 이유가 없다는 것, 그리고 훗날 폐해가 생길 수도 있다는 것이다. 심지어 음란을 초래한다는 말조차 나오자 임금은 여자들은 격구를 하지 않는데 음란한 여자가 없느냐고 반박하기도 한다.

- 12년 9월 21일

임금이 대언들에게 "격구하는 것을, 조정 신하들이 고려조(高麗朝)의 폐해를 들어 폐지를 청한 자가 많았으나, 그러나 격구는 본시 무예를 연습하기 위함이요, 희롱하는 것이 아니다. 옛날 일을 상고하여 보아도 이러한 일들이 자못 많은데 이는 모두 무예를 습득하기 위해서 한 것이다. 내가 비록 친히 격구하지는 않았으나, 그 격구의 이치를 연구하여 보건대 말을 잘 타는 자가 아니면 능히 하지 못하고, 그 달리는 재능에 있어서도 반드시 기사(騎射)보다 갑절이나 능해야만 칠 수 있기 때문에 무예를 연습하는 데는 이보다 나은 것이 없으며, 고려조의 전성기에도 또한 무예를 연습하기 위해 하였던 것인데, 단지 그 말기에 이르러서 드디어 희사(戲事)로 일변하여 그 복장에 따른 장식과 안장 갖춘 말[鞍馬] 등을 다투어 화려하고 사치스럽게 하였던 것이다. 격구하는 법이 『육전(六典)』에 실리기가 마땅하지 않다면 『등록(謄錄)』에 기록하는 것이 어떤가. 뒤에 만약 비난하는 자가 있다면 스스로 하지 않는 것이 옳을 것이다." 하다.

■ 12년 11월 23일

병조에서 "이제 총제(摠制) 원윤과 훈련관제조(訓練觀提調)가 함께 격구 자세의 방법과 절차를 토의하였사온데 공[毬]이 있는 곳에서 구문(毬門)까지의 거리는 200보(步), 말을 세워 둔 곳에서 공이 있는 곳까지의 거리는 15여 보로 하고, 공을 치는 사람[擊毬者]은 오른손으로 채[杖]를 잡는데 채의 끝이 안으로 향하여 절반은 말의 목 위로 뒤치어 얹었고 절반은 말의 목 왼쪽으로 내놓아 말을 달려 공이 있는 곳으로 가는데, 그러한 동작을 세 번 해서 한 번 배지(排至, 격구 동작의 한 가지)하고 말을 빨리 달리어 저쪽을 잡는데, 그 채의 끝이 안을 향하고 말의 가슴 앞에 닿게 하고 자세를 세 번 갖춘 뒤에 바로 구문(毬門)으로 쳐 내며, 채의 끝이 위로 향하면 말의 입과 가지런히 하여 채를 뽑아서 치고, 수양수(垂楊手)로써 말을 달려 그 공을 따라가서 채를 들고 머리 위로 휘둘러서 이를 치고, 드디어 수양수(垂楊手)로 쳐서 구문(毬門)으로 내어 보내고 그치며, 말을 돌려서 처음에 섰던 자리에 돌아옵니다. 그 말을 달리며 채를 잡는 자세는 처음 공을 내보낼 때와 같게 하옵소서." 하니 그대로 따르다.

■ 7년 3월 21일

총제 문효종, 현귀명, 원윤에게 명하여 훈련관제조와 더불어 군사들에게 격구를 가르치게 하고, 인하여 격구장(擊毬杖) 30개를 훈련관에 내리다.

■ 7년 4월 19일

병조에서 "격구를 잘하는 자는 말을 타고 활을 쏠 수도 있으며 창 쓰고 칼 쓰기도 능할 수 있사오니, 이제부터는 무과시취(武科試取)[103]거나 춘추 도목시험(都目試驗)에는 아울러 그 재주를 시험하여 말타기와 손 쓰는 것이 모두 빨라서 자세를 세 번 갖추어 능히 공을 쳐서 구문(毬門)으로 내보내는 자는 1등으로 하여 말 타고 활을 세 번 쏘아 세 번 맞힌 예에 따라 점수로 15점을 주고, 말과 손이 모두 빨라서 자세를 세 번 갖추어 비록 공을 쳐서 구문으로 내보내지는 못하였더라도 능히 행장(行杖)을 치는 자는 2등으로 하여 말 타고 활을 세 번 쏘아 두 번 맞힌 예에 따라 점수 10점을 주고, 말과 손이 모두 빨라서 자세를 두 번 갖추고 능히 공을 쳐서 구문으로 내보내는 자는 3등으로 하여 말 타고 활을 쏘아 세 번에 한 번 맞힌 예에 따라 점수 5점을 주게 하며, 친히 시험하실 때에 1등으로 입격한 자는 도수(到數)[104] 200을 주고, 2등에 입격한 자는 도시험(都試驗)에 2등 한 예에 의거하여 도수 150을 주고, 3등에 입격한 자는 도시험 3등 한 예에 의거하여 도수 100을 주

---

103 무과 과거를 통해 인재를 뽑음.
104 근무한 일수

게 하고, 그중에 이름 붙어 있는 곳이 없으나 숙련하기가 특이한 자는 상을 주도록 하소서." 하니 그대로 따르다.

■ 7년 5월 13일

임금이 모화루(慕華樓)에 거둥하여 서변(西邊)에 말을 머물러 격구하는 것을 구경하다. 서강 효령대군의 별서에 이르러 강 언덕 정자에 나앉아 포(砲) 놓는 것과 군사들의 말 타고 활 쏘는 것을 관람하다.

■ 7년 11월 20일

사간원에서 "신등이 가만히 병조의 공문서를 보니 무과의 시취(試取)와 봄·가을의 도시(都試)에 모두 격구의 재주를 시험하고 있는데, 이것은 사졸들로 하여금 무예를 연습하게 하려는 깊은 생각에서 나온 것입니다. 그러나 우리나라의 격구 유희는 고려가 왕성하던 때에 시작된 것으로서 그 말기에 이르러서는 한갓 놀며 구경하는 실없는 유희의 도구가 되어 호협(豪俠)[105]한 풍습이 날로 성(盛)하여졌으나, 국가에 도움됨이 있었다는 것은 아직 듣지 못하였습니다. 우리 태조 대왕과 태종 대왕께서 무예의 기술을 훈련시키는데 갖추어 실시하지 않은 것이 없었으나 일찍이 이 격구에는 미치지 않았으니, 어찌 무익하다고 생각되어 실시하지 않았던 것이 아니겠습니까. 이제 우리나라는 무예를 훈련하는 데 있어 이미 기사(騎射)와 창 쓰는 법이 있으니 어찌

---

105 호방(豪放)하고 의협심이 강함.

격구의 유희를 하여야만 도움이 있다고 하겠습니까. 그렇다면 이 법은 다만 지금에 유익함이 없을 뿐 아니라 뒷세상의 폐단을 막으소서." 하다.

임금이 "나는 격구하는 일을 반드시 이렇게까지 극언(極言)할 것은 아니라고 생각한다." 하니, 지사간(知司諫) 고약해가 "신등이 격구를 폐지하자고 청한 것은 다름 아니라 뒷세상에 폐단이 생길까 두려워하기 때문입니다. 바야흐로 성명(聖明)하신 이때에는 비록 폐단이 있기에 이르지 않으나, 뒷세상에 혹시나 어리석은 임금이 나서 오로지 이 일만을 힘쓰는 이가 있다면, 그 폐단이 적지 않을 것입니다." 하고, 이어 옛 시 한 구절을 외우니, 임금이 "이 법은 중국 고대의 황제(黃帝) 때에 처음 시작하여 한(漢)나라와 당(唐)나라를 거쳐 송(宋)나라·원(元)나라 시대에 이르기까지 각기 다 있었던 것이니 저들이 어찌 폐단을 알지 못하고 하였겠는가. 다만 무예를 익히고자 하였을 뿐이다. 전조의 말기에도 또한 이 일을 시행하였으나, 그들이 나라를 멸망하게 한 것이 어찌 격구의 탓이겠는가. 내가 이것을 설치한 것은 유희를 위하여 한 것이 아니고 군사로 하여금 무예를 익히게 하고자 한 것이다. 또 격구하는 곳이 성 밖에 있으니 무슨 폐단이 있겠는가." 하다.

의정부, 육조, 사헌부, 사간원의 관원들이 나간 뒤에 임금이 대언(代言)들에게 "내가 잠저(潛邸)에 있을 때 일찍이 이 일을 시험하여 보았는데 참으로 말 타기를 익히는 데에 도움이 되므로 태종 때에 하고자 하였으나, 마침 유고(有故)하여서 실행하지 못하였다." 하다.

좌부대언(左副代言) 김자가 "전조의 말기에 모여서 격구를 보았으므로 인하여 음란한 풍습이 있었습니다." 하니, 임금이 "이 시대에는 비록 격구를 보지 않으나 어찌 음란한 여자가 없겠는가." 하다.

- 8년 10월 2일

모화루에 거둥하여 격구하는 것을 구경하다.

## 3. 그 밖의 무술—검술, 창 쓰기, 장전, 수박희, 모구 쏘기

세종은 격구나 활쏘기 외에도 다양한 무술과 화포 쏘기 등을 자주 관람하였다.

- 14년 3월 9일

모화관에 행행하여 모구(毛毬)의 사격과 격구(擊毬), 기사(騎射) 등을 관람하고, 또 대장으로 하여금 10명은 목검(木劒)[106]을 가지게 하고, 10명은 목극(木戟)[107]을 가지게 하여 서로 격투하게 하고는, 격구와 기사에 모두 입격한 호군(護軍) 설유에게는 활을 하사하고, 장전(杖戰)을 가르친 대호군(大護軍) 김가물에게는 옷을 하사하다.

- 14년 3월 18일

모화관에 행행하여 군사들의 격구, 기사, 기창, 모구 쏘는 것을 관람

---

106 검술(劍術)을 익힐 때에 쓰는 나무로 만든 칼
107 나무로 만든 창

하다.

두 사람으로 하여금 각기 피두창(皮頭槍)을 가지고 말을 달리면서 서로 접근하여 좌우로 충격을 가하게 하고 또 나란히 달리며 서로 찌르게 하며, 또 역사(力士)[108] 5명을 모집하여 힘을 서로 겨루게 하고, 차등을 두어 상을 내리다.

■ 14년 3월 22일

경회루 북쪽에 임어하여 종친들이 활 쏘는 것을 관람하다. 또 역사(力士) 안사의 등으로 하여금 힘을 겨루게 하고는 물품을 차등을 두어 하사하다.

병조에서 "군사가 창 쓰는 법에 익숙하지 못하면 심히 불가하오니 내금위(內禁衛), 별시위(別侍衛)의 갑사(甲士) 중에서 창 쓰는 시험에 입격한 자는 매일 훈련관에 모여 연습하게 하고, 도진무(都鎭撫) 성달생과 상장(上將) 김가물로 하여금 이를 관장하게 하여 창법에 능숙한 자 40명을 선택하여 여러 사람에게 전수해 익히도록 하옵소서." 하니 그대로 따르다.

■ 14년 3월 28일

경회루 북쪽에 나아가 종친들이 활 쏘는 것과 역사(力士)의 수박희(手拍戲)를 관람하다.

---

108 뛰어나게 힘이 센 사람

■ 14년 5월 14일

모화관에 거둥[擧動]하여 기사, 격구, 농창(弄槍), 각력(角力, 힘겨루기, 씨름), 습장(習杖) 등을 구경하다.

■ 18년 2월 15일

동교(東郊)에 거둥하여 매사냥을 구경하고, 군사 중에 힘 있는 사람으로 하여금 씨름을 하게 하여 그 이긴 사람에게 상을 주다.

■ 19년 9월 12일

병조에 "무예를 익히는 데에는 모구(毛毬)만한 것이 없다. 그러므로 옛 사람들도 이를 중하게 여겼으니 세자로 하여금 병조(兵曹)와 진무(鎭撫)를 거느리게 하되 매일 군사 300인을 영솔하여 모구(毛毬)를 모화관에서 쏘게 함이 옳겠다." 하다.


## 4. 강한 군대와 국방을 위한 노력

세종은 도순검사(都巡檢使)들을 각 도에 파견하여 군대의 형편을 살피게 하는 한편, 3년에 한 번 젊은이들 가운데 장차 장수가 될 만한 사람을 뽑기로 하였다. 그리고 북방의 군사 요충지에 강건하고 장대한 군인들을 선발 배치하는 방법을 강구하고, 무기를 정비하거나 새로 만들어 각 도에 배치토록 하였다. 병조에서 무과의 시험 방법이나 그 밖의 군사적인 방침을 연구 논의하여 올리면 세종은 거의 다 받아들였다. 병조도 그만큼 국방에 전념하고 있었다. 세종은 어떻게 하면 강한 나라를 만들까에 대해 늘 철저히 준비하도록 하였다. 이처럼 강한 군대와 철통 같은 국방에 대해 백방으로 노력했기에 그만큼 강한 나라가 될 수 있었다.

- 16년 10월 10일

도순검사 오승을 전라도에, 봉여를 경상도에, 유사눌을 충청도에, 김세민을 경기 좌도(左道)와 강원도에, 노귀상을 경기 우도(右道)와 황해도에 나누어 보내어 군용(軍容)을 살피게 하다.

- 16년 12월 2일

이조에 전지(傳旨)하기를, "무신은 직책이 적을 막는 것을 맡았으니 몸이 강장(强壯)함이 마땅하고, 또 무재록(武才錄)에 실려 있는 것은 뽑은 지가 여러 해가 되어서 임용에 마땅하지 않으니, 지금부터는 3년에 한 번씩 나이 젊고 의기(意氣)가 날카롭고 무략(武略)이 있는 사람으로서 장차 장수가 될 만한 사람을 의정부(議政府)·육조판서(六曹判書)·도진무(都鎭撫)가 함께 의논하여 이름을 기록해서 아뢰도록 하라." 하다.

- 17년 4월 16일

의정(議政) 황희, 맹사성, 최윤덕을 불러 "무부(武夫)는 기력이 강장(强壯)하여야 갑옷을 입고 무기를 잡을 수 있고, 활을 당기고 화살을 쏘는 것이 또한 힘들지 않은 것이니, 만일 장대하고 튼튼한 사람이 아니면 비록 능히 멀리 쏜다 하여도 또한 무슨 소용이 있는가. 예전에 활 300

근을 당긴 자가 있으니, 지금도 활을 당기는 근수(斤數)[109]의 많고 적은 것으로 차등하여 무사를 뽑는 것이 어떠한가." 하니, 모두 "성상의 분부가 윤당합니다." 하다.

또 의논하기를, "함길도, 평안도 두 도에 사는 장사(壯士)를 모집하여 군중(軍中)에 두고, 방수(防戍)에 부지런하고 게으른 것을 상고하여 서용(叙用)하고, 또 유방군(留防軍, 요충지에 배치된 군인)은 그 번상(番上)한 월일과 공로를 상고하여 녹용(錄用)하는 것이 어떠한가." 하니, 모두 "특별히 양계(兩界)에 사는 장사뿐 아니라 하삼도(下三道)에서도 또한 모집하게 하여 두 도에 방수하게 하고, 위의 예에 의하여 서용하는 것이 좋을 듯합니다. 또 함길도에 군사를 두어 수어(戍禦)하는 것이 이미 지극하기는 하나 성곽과 해자(垓字)[110]가 없어서 편리하지 못합니다." 하다.

임금이 "내가 걱정하는 것이 오로지 여기에 있다." 하니, 모두 "아마도 성보(城堡)를 설치하고 또 용사(勇士)를 모집하여 방수(防戍)하면 다시는 근심이 없을 것입니다." 하다.


▪ 17년 4월 18일

임금이 모화관(慕華館)에 거동하여 무과의 응시생들에게 격구(擊毬)를 시험하고, 인하여 화포 놓는 것을 구경하고 돌아와 사정전(思政殿)에 나아가 좌의정 최윤덕, 찬성(贊成) 하경복 등을 잔치 베풀어 위로하였

---

109 활을 당기는 힘
110 적의 침입을 막기 위해 성 밖을 둘러 파서 못으로 만든 곳

는데, 함길도 도절제사(都節制使) 김종서가 참예하고 대군(大君)과 여러 군(君)이 시연(侍宴)하다.

- **17년 5월 18일**

모화관에 거둥하여 격구와 기사(騎射)와 창 쓰는 것과 모구(毛毬) 쏘는 것을 보고 또 화포 놓는 것을 보다.

- **17년 5월 21일**

판군기감사(判軍器監事) 유한(柳漢)이 상언(上言)·상고하기를, "궁시(弓矢)와 갑주(甲冑)는 적을 방비하는 것이니 늦출 수가 없는 것입니다. 본감(本監)은 직책이 군기(軍器)를 맡아서 그 과정을 엄하게 하여 날로 더하고 달로 증가하여 창고에 저장한 것이 용납할 수 없게까지 되었으니, 군용(軍用)에 있어서는 이미 부족한 근심이 없습니다. 그러나 기계의 제작은 다만 견고하고 탄탄한 것만을 요구하고 한갓 많은 것만을 귀하게 여기는 것이 아닙니다. 국가에 일이 없어 무기와 갑옷을 드물게 쓰기 때문에 본감(本監)에 저장한 것을 쌓아두고 쓰지 않아서 여러 해를 지나는 동안에 더위와 장마에 녹이 슬고 벌레와 좀에 상하여 부러지고 터지고 깨져서 명목은 있으나 실상이 없으니, 경비는 많이 드나 이익이 없고 공역(工役)은 수고로우나 공효는 없습니다. 원컨대 지금으로부터 1년간은 묵은 것을 수선하고 1년간은 새 기계를 창조하여, 이것이 끝나면 다시 되풀이하여 엄밀하게 검사하면 몇 해가 안 되어 기계가 정(精)하여질 수 있고, 차차 축적하기를 오래 하면 점점 또 많아질 수 있습니다." 하니 계본(啓本)[111]을 병조(兵曹)에 내렸다.

■ 17년 6월 21일

상의원(尙衣院)에 갈무리해 둔 생진사(生眞絲) 200근을 내어 군기감(軍器監)으로 하여금 활시위[弓弦] 6,400개를 만들게 하였으니 장차 평안도와 함길도에 나누어 보내려 함이다.

■ 19년 9월 14일

정사를 보았다.

임금이 "우리나라가 근래에 무사태평하므로 무사들이 게을러져 활쏘기와 말달리기를 자기의 임무로 여기지 않는다. 더욱이 요사이는 변방의 변고가 그치지 아니하여 염려하지 않을 수 없는데 그 무예를 익히는 방법을 어떻게 해야 옳겠는가." 하다.

■ 19년 9월 27일

병조에서 또 "사졸(士卒)을 훈련하고 무예를 미리 익히게 하는 것은 국가의 군사상 중요한 일이온데 국가가 무사한 지가 오래되니 대소 군사(大小軍士)들이 안일한 데에만 습성이 되어 우물쭈물하고 몹시 게을러져서 평상시의 습진(習陣),[112] 습사(習射)[113]와 대열(大閱), 강무 때에

---

111 임금에게 일을 아뢸 때 제출하던 문서
112 진법(陣法)을 연습함.
113 활 쏘는 것을 연습함.

는 도리어 꺼리는 마음을 내니, 이로 인하여 무비(武備)가 날로 해이하여 실로 국가에서 해야 할 일에 어긋남이 있습니다. 금후로는 도성 문 밖의 노루나 사슴이 있는 곳에서 본조(本曹)가 임시로 보고하면 군사를 내어 보내 수수(蒐狩, 겨울의 사냥)를 행하도록 하시고, 또 사중월(四仲月)[114]의 습진(習陣) 이외에 매월 초2일에는 번 나는 군사로 하여금 그 많고 적음을 따라 반송정(盤松亭)에서 진법을 익히게 하시되, 병조와 삼군도진무 · 훈련관제조 일동이 규찰하도록 함을 항식(恒式)으로 삼으로서." 하다.

■ 19년 10월 29일

모화관(慕華館)에 행차하여 모구(毛毬) 쏘는 것을 관람하고 많이 맞힌 자에게 칼을 각각 한 자루씩 하사하다.

■ 19년 11월 2일

세자에게 모화관에 가서 모구 쏘는 것을 관람하도록 명하다.

■ 20년 1월 12일

함길, 평안 두 도에 개털 가죽 550벌씩을 보내 변방 각 진성(鎭城)을 순찰하는 사람들이 털옷을 만들어 입도록 하다.

---

114 네 철의 각각 가운데 달. 음력으로 2월 · 5월 · 8월 · 11월을 이른다.

• 20년 2월 9일

모화관에 거둥하여 모구 쏘는 것과 격구(擊毬)를 관람한 다음 우등한 사람에게는 칼 한 자루를 하사하다.

• 21년 9월 25일

함길도 도절제사에게 전지하기를, "본도(本道)의 자제들이 모두 무예에 능한 것은 오로지 그 지경에 노루와 사슴이 많아서 사냥으로 무예를 익힌 까닭인데, 일찍이 들으니 지난겨울 큰 눈이 내려 지방 사람들이 눈이 깊이 쌓인 것을 타서 노루와 사슴을 많이 잡아 거의 남은 종자가 없어 자제들이 비록 무예를 익히려 하여도 방법이 없다 한다. 지금 또 눈이 깊이 쌓이면 무지한 지방 사람들이 대체(大體)를 따지지 않고 전과 같이 다투어 노루와 사슴을 잡아서 거의 멸종이 되어 자제들로 하여금 무예를 익힐 수 없게 할 것이니, 경은 그리 알고 마감(磨勘)[115]하여 아뢰라." 하다.

• 22년 2월 19일

모화관에 거둥하여 격구와 모구 쏘는 것을 보다.

• 23년 8월 24일

모화관에 거둥하여 기사(騎射)와 격구를 관람하고 능숙한 자에게 환도

---

115 일을 잘 살펴서 심사하여 끝을 맺음.

(環刀)를 하사하다.


■ 24년 8월 5일

병조에서 무과 관시(觀試) 때의 시취(試取) 요건에 대하여,

"1. 기사(騎射)에서는 다섯 번 발사하여 네 번 이상 맞힌 자를 뽑되, 만약 사중(四中, 네 번 맞힌)한 자가 적으면 삼중(三中)한 자도 아울러 뽑는다.

1. 격구에서는 다만 분수(分數)만 계산하고 합격이나 낙제에는 관계 짓지 않는다.

1. 『무경칠서(武經七書)』와 『사서(四書)』·『오경(五經)』·『통감(通鑑)』·『소학(小學)』 중에서 자원에 좇아 강고(講考)하되 한 책을 통한 자는 뽑는다.

1. 240보 보사(步射)에서는 화살 3개를 발사하여 2시(矢) 이상 합격한 자를 뽑는다.

1. 30보의 작은 과녁에는 철촉(鐵鏃)이 달린 화살 3개를 사용하되, 다만 분수(分數)만을 계산하고 합격이나 낙제에는 관계하지 않는다. 그것에 주는 분수는 70보의 예(例)에 좇는다."

라고 하니 그대로 따랐다.


■ 25년 2월 3일

병조에 전지하기를, "보병과 갑사(甲士)를 시험하여 뽑는 법을 금년 봄에 시험해 보려 하니, 먼저 신장이 8척 이상 되는 건장한 사람을 골라 보사(步射)는 180보에서 화살 3개 중에 2개 이상 맞히는 것과, 기사(騎

士)는 세 번 쏘아 한 번 이상 맞히는 것과, 갑주(甲胄)를 입고 궁전(弓箭)과 환도(環刀)를 차고 달음질로 300보까지 가는 것 등 세 가지 재주에 다 입격된 자를 시험해 뽑으라. 시험할 때 남과 함께 달음질하지 못하게 하고 저 혼자서만 달음질하게 하되, 달음질의 더디고 빠름은 논하지 말고 다만 300보를 달려간 자면 뽑으라." 하다.

▪ 26년 7월 1일

예조에서 "주자소(鑄字所)에 병서(兵書) 60부를 베껴 평안, 함길 두 도에 나누어 보내게 하소서." 하다.

# 5 장

# 화포의 발명 · 개량과
# 실전 배치

세종의 국방 의식은 투철하다 못해 혹독하였다. 그 까닭을 임금은 이렇게 말한다. "지금 아무리 편안하여도 위태한 것을 잊지 말아야 하나니 나라를 보호하는 계책, 침략을 막는 방략을 조금도 해이할 수는 없다." 세종은 또 "공격하는 싸움에 유리하기는 천하에 화포만 한 것이 없다"라고 말한다. 세종이 가장 심혈을 기울인 것은 국토를 안전하게 방어하여 백성의 삶을 편안케 하는 것이었다. 그래서 화포와 같은 중화기의 발명과 개량에 많은 힘을 기울였다. 왜구나 야인들이 두려워한 것도 화포였다.

실제로 세종 14년에 개발된 쌍전화포(雙箭火砲)[116]는 이듬해 여진

---

116 한 번에 2개의 화살이 나가는 화포. 조선 세종 14년(1432)에 발명하여 오랑캐를 정벌하는 데 사용하였다. 사정거리는 200보 정도였다.

정벌 때 크게 효과를 보았다. 그래서 세종은 왕위에 있는 동안 화포에 많은 관심을 두고 연구하여 새로운 무기를 발명하거나 성능을 개량하는 한편, 병법과 제도를 지속적으로 개선·발전시켜 나갔다. 그리고 충분한 양을 확보하여 실전에 배치하게 하였다.

세종은 화포로 쏜 것과 활로 쏜 것의 갑옷 꿰뚫은 정도 비교, 한번에 화살 2개 또는 4개를 쏘는 화포 실험, 선상(船上)에서 화포 발사 시험, 실전에서의 화포 운반과 발사의 연구 등에 매진했다. 그뿐만 아니라 화포 만드는 대장간을 행궁(行宮) 옆에 설치하여 연구하였고, 또 화약 원료인 염초(焰硝)[117]의 실험을 계속하여 두 배나 많이 생산하는 등 세종의 손길이 닿지 않는 것이 없었다.

그 결과, 세종 17년이면 화포 개발의 중간 단계임에도 당시 군기감 판사가 "화포는 중국이라도 더 나을 수 없다."라고 하였으니, 그보다 훨씬 뒤인 세종 27년쯤에는 화포 수준이 두세 배는 향상되어 있었다. 가히 세계 최강이었다. 그러나 안타깝게도 당시 조선 땅에서는 그 화포를 만들 구리가 거의 나지 않았다.

## 1. 화포와 활의 비교 실험

즉위 7년이 되는 해에 화포의 기능 향상에 깊은 관심을 가지고 있

---

117 화약의 옛말

었던 세종은 그 첫 단계로 활과 화포의 파괴력을 비교하는 실험을 한다. 이와 함께 포 소리를 통해 거리를 측정하는 실험까지 한다.

세종은 또 새로운 화포를 개발하는 한편, 전시에 화포를 운반하는 방법과 전술까지 개발한다.

■ 7년 11월 27일

동교(東郊)에 거둥하다.

살곶이[箭串][118] 냇가에서 방포(放砲)하는 것을 관람하다.

이날에 앞서 미리 군기감(軍器監)에서 갑주(甲胄)를 입힌 풀로 만든 인형[草人] 300개를 장막의 서쪽 150보 위치에 세워 놓았다. 먼저 화약수(火藥手)로 하여금 방포하게 하고, 다음은 대호군 권복과 호군 김윤수 등 6인에게 명하여 활을 쏘게 하여, 방포한 것과 활로 쏜 것으로 갑옷을 꿰뚫은 깊고 얕음을 실험하다. 또 군기감으로 하여금 광주성(廣州城)·산도성(山都城)·백악(白岳)에 군사를 나누어 보내서 방포로 신호하게 하여 포성(砲聲)의 멀고 가까움을 실험하다.

■ 7년 12월 2일

경회루(慶會樓) 아래에서 방포하는 것을 관람하다.

---

118 서울특별시 성동구 옥수동 동호대교 북단에 있었던 포구

- 7년 12월 17일

두모포(豆毛浦)의 강가에서 포 쏘는 것을 관람하다.


- 13년 4월 17일

경회루 아래에 나아가 새로 만든 화포 쏘는 것을 관람하다.


- 13년 5월 4일

경회루 아래에 나아가 화포 쏘는 것을 관람하다.


- 14년 5월 4일

경회루 아래에 나아가 화포 쏘는 것을 관람하다.


- 14년 8월 6일

서교(西郊)[119]에 거둥하여 농사 형편을 시찰하고 돌아오다가 모화관에서 화포 쏘는 것을 관람하다.


- 15년 1월 15일

임금이 또 "화포의 법을 우리나라에서 정밀하게 익히지 않음은 아니나 한 번도 이용하지 않았으니, 내 생각으로는 화포를 말에 싣고 한 사람이 타며, 화포를 쏘는 사람도 말을 타고 전장에 들어가서는, 말에서

---

119 서울의 서대문 밖

내려 화포를 쏘면 잘 쏠 수 있을 것으로 생각한다." 하니, 영의정 황희가 "화포는 성(城)을 지키는 데는 사용할 수 있으나 넓은 들판에서는 마땅치 못하옵니다. 그러나 이대로 시험하여 보는 것이 편리하겠습니다." 하다.

- 15년 2월 29일

병조에 전교하기를, "염초를 만드는 데에는 그 공력이 적지 아니하고, 적의 진(陣)을 깨뜨리는 데에는 그 쓰임이 심히 큰데, 이 앞서 제야(除夜, 섣달 그믐날 밤)의 화포에 소비된 수량이 1,000근에 이르렀다니 진실로 옳지 못하다. 지금부터는 매년 제야에 쓰는 것이 30근에 지나지 못하도록 항식(恒式)을 삼으라." 하다.

## 2. 새로운 화포의 개발과 전방 배치

세종은 군기감에 명하여 화살을 2개 또는 4개 쏠 수 있는 화포를 개발하고 성공적으로 만들어 낸 사람들에게 상을 준다. 그리고 화포에 있어서는 중국보다 낫다는 자신감을 갖게 된다. 이와 함께 지방 군영에 있는 군인들에게 화포 훈련을 시키고, 염초 굽는 법 등 군사적 기술이 외국에 흘러가지 않도록 단속하는 일도 잊지 않는다.

■ 15년 9월 2일

동교(東郊)¹²⁰에 거둥하여 화포 쏘는 것을 구경하다.

전에 군기감에 명하여 새로 화포전(火砲箭)을 만들었는데 한 번에 화살 2개도 쏘고 4개도 쏘게 되었다. 이때 와서 시험해 보고, "처음 이것을 만들 적에는 성공하지 못할까 염려하였더니, 지금 보니 한 번에 능히 4개의 화살을 쏘게 되었구나." 하다.

■ 15년 9월 8일

군기감 판사 이견기, 부정 맹효증, 판관 정흥손, 주부 변상근, 직장 권맹정, 녹사 곽영 등에게 각각 말 한 필씩을 하사하고 공장(工匠) 9명에게 각각 쌀 3석씩을 하사하다. 이는 한 번에 화살 2개나 4개를 내쏘는 화포를 새로 만들어 냈기 때문이다.

■ 17년 4월 8일

병조에 전지하여 의정부(議政府) · 군기감제조(軍器監提調)와 더불어 양계(兩界)에 화포와 방패를 나누어 정할 수효를 의논하게 하였다.

모두들 의논하기를, "평안도의 강계(江界) · 영변(寧邊)은 각각 200, 창성(昌城) · 자성(慈城) · 벽동(碧潼) · 이산(理山) · 여연(閭延)은 각각 100, 함길도 부거(富居)는 200, 회령(會寧) · 경원(慶源)은 각각 150, 영북(寧北) · 갑산(甲山)은 각각 100, 경성(鏡城)은 50으로 하되, 방패는 다만 견본

---

만 보내어 각 고을로 하여금 만들게 하고, 화포와 화살은 방패의 수효에 따라서 군기감으로 하여금 제조하여 내려보내게 하소서." 하니 그대로 따르다.

■ 17년 5월 21일

판군기감사(判軍器監事) 유한(柳漢)이 상언(上言)하기를,

"신은 죄수의 자손으로서 특별히 재생(再生)의 은혜를 입어 조정의 반열에 끼어 여러 번 관직에 옮겼으니, 자신을 반성하오면 알맞지 아니하므로, 아침으로 생각하고 저녁으로 헤아려서 항상 총애하여 맡겨 주신 중책에 부합되지 못할까 두려워하여 감히 소견을 가지고 삼가 적어서 올리나이다.

1. 화포는 외침을 막는 급무(急務)이므로 가벼이 할 수 없는 것입니다. 국가에서 본감(本監)을 설치하여 오로지 그 일을 맡게 하여 공장(工匠)을 모집하고 전습(傳習)시켜 모두 정통하게 알게 하였으니, 그 제약(製藥)의 정교함과 용화(用火)의 묘(妙)가 비록 중국이라 하더라도 나을 수는 없습니다.

대개 물건의 귀한 것은 중하게 여기지 않을 수 없고, 일의 큰 것은 비밀히 하지 않을 수 없습니다. 그러므로 전에는 화약을 만드는 공장(工匠)이 그 기술에 정통한 자가 많지 않았는데, 법이 오래되어 폐단이 생기어 약장(藥匠)의 수효가 전보다 많아져서 현재 그 업에 종사하는 자가 24명이고, 기간이 만료되어 거관(去官, 직위에서 물러남)한 자가 20명이고, 신진이 20여 명이나 되어 모두 그 기술에 정통하였는데, 민간에 섞여 살아서 중외(中外)와 서로 통하여 귀에 익어졌습

니다. 하물며 오랑캐가 귀화하여 와서 사는 자, 수호(修好)하기 위하여 왕래하는 자가 바다 연변에 가득 차 있사오니 간사하고 교활한 무리가 상고(商賈)에게 누설할 염려가 없지 않습니다. 방금에는 풍속이 다른 오랑캐들이 의(義)를 사모하여 봉화(烽火)의 경고를 보지 못하오나, 그러나 다스려짐과 어지러움은 무상한 것이니 혹시라도 불행히 흉하고 추악한 무리가 다시 함부로 날뛰어 변방을 침략하는 일이 있어서, 속산(屬散)[121]되어 있는 약공(藥工)들이 혹시 포로가 되어 생사에 핍박되어 그 법을 누설하여 전하여 배우게 되면 저 사람들의 기교로 좋은 약을 써서 반드시 며칠이 안 되어 완성될 것이오니, 후일의 근심이 되는 것이 한둘이 아닐 것입니다.

1. 염초(焰焇) 굽는 법을 비밀히 하지 않을 수 없기 때문에 사사로이 굽는 것을 금지하는 것이 영갑(令甲, 법령)에 나타나 있습니다. 이전에 외방에서 염초를 구울 때는 조관(朝官)을 전위(專委)하여 보내어 도회소(都會所)로 모아들였고, 제조를 감독하는 자도 두어 사람에 불과하였으며, 담을 파고 물을 들어오게 하여 바깥사람이 출입하지 못하게 해서 그 법이 어떠한 것을 알지 못하게 하였으니, 조심하고 비밀히 하였다고 말할 수 있습니다.

지금은 세 도의 군현(郡縣)에 상공(常貢, 지정된 곡물)으로 정하여 각각 굽는 장소를 두고, 매양 굽는 때를 당하면 아전들을 시켜 감독하고, 촌민들이 일에 나와서 상·하번(上·下番)으로 교대하여 손으로 그

---

121  일정한 직임(職任)이 없는 관직

역사를 하고 눈으로 그 일을 보아서 한 고을 사람들로서 그 기술을 아는 자가 반이 넘으니, 법을 세우기를 근밀(謹密)[122]하게 하더라도 오래되면 반드시 폐단이 있는 것인데, 하물며 처음에 근밀히 하지 않으면 마침내는 어찌 되겠습니까. 원컨대 이제부터는 상공(常貢)의 법을 없애고 여러 도로 하여금 경상도(慶尙道), 전라도(全羅道)의 예에 의하여 약공(藥工)을 나누어 보내어 굽는 것을 친히 감독하고, 바깥사람으로 하여금 전하여 익히지 못하게 하여 병가(兵家)의 재용(財用)을 중하게 하면, 거의 영구히 폐단이 없을 것입니다."

하니, 계본(啓本, 임금에게 제출된 문서)을 병조(兵曹)에 내리다.

### ▪ 17년 7월 6일

병조에서 충청도 도절제사의 통첩(通牒)에 의거하여 "각 도의 영(營), 진(鎭)에 소속한 군사에게 매양 사계절의 가운데 달에 미리 화포 쏘는 법을 연습하도록 하소서." 하니 그대로 따르다.

### ▪ 17년 7월 25일

임금이 모화관에 거둥하여 사신을 전송하고, 모화관의 문에 나가 화포 쏘는 것을 구경하고, 서교(西郊)에 행차하여 농사를 시찰하다.

---

122 조심성 있고 치밀함.

■ 17년 8월 10일

모화관에 행차하여 화포 쏘는 것을 구경하다.


■ 17년 8월 16일

군기감(軍器監) 관원을 함길도와 평안도에 보내 화포 쏘는 것을 가르치게 하다


■ 17년 8월 24일

동교(東郊)에 거둥하여 화포 쏘는 것을 구경하고 돌아오다.


■ 18년 6월 6일

함길도 도절제사에게 전지하기를, "요즈음 군기감에서 백환 화포(百丸火砲)를 연습하는데, 수마원석(水磨圓石, 물에 닳고 닳아서 서슬이 없어지고 반들반들하게 된 둥근 돌)으로 복숭아씨만큼 큰 것 40개와 혹은 탄알[彈子]만큼씩 큰 것 70개를 써서 화약에 섞어 내쏘니 2, 300보에 이르고, 혹은 4, 500보에 이른다 한다. 비록 그 사이에 혹 부스러지는 것이 있어 쇠 탄알 단단한 것만 같지 못하다 하더라도 철환이 부족할 때에는 족히 대용할 수 있는 것이니, 경이 미리 주워 거두어 준비하도록 하라." 하다.


■ 19년 6월 9일

화포교습관(火砲教習官) 박대생이 평안도를 향해 떠나다. 처음에 양계(兩界) 변읍(邊邑)에다 화포를 설치하고, 조관(朝官) 4명을 강계·자성·여연·이산 등에 나누어 보내어 교습시키고자 하였는데, 이미 교습시

킨 지가 오래되었으므로 한 사람만 보내어 순행하면서 감시하게 하고, 함길도는 교습관을 없애고 화약장(火藥匠)만 보내니, 이는 본도의 아뢴 바에 따름이었다.

## 3. 새로운 화포의 발명과 실전 운용

세종은 지니기 편리하고 쉽게 쏠 수 있는 세총통(細銃筒), 화초(火鞘, 대나무에 구멍을 뚫고 쇠침, 화약 따위를 넣고 심지에 불을 붙여 던지는 비상용 무기) 등을 발명케 하여 실전에 사용케 했다. 화포도 성능을 개량하여 태종 때의 것보다 사거리가 무려 세 배나 길어졌다.

### 세종 때의 화포 성능 요약

| 구분 | 거리 | | 화약장 |
|---|---|---|---|
| | 옛것 | 새것 | |
| 현자(玄字)화포 | 400~500보 | 1,300보<br>화살 4개 쏠 때 1,000보 | 새것이 극히 적게 든다. |
| 지자(地字)화포 | 500보 이하 | 800~900보<br>화살 4개 쏠 때 600~700보 | 같이 든다. |
| 황자(黃字)화포 | 500보 이하 | 800~900보<br>화살 4개 쏠 때 500보 | 같이 든다. |
| 가자(架字)화포 | 200~300보 | 600보<br>화살 4개 쏠 때 400보 | 같이 든다. |
| 세(細)화포 | 200보 이하 | 500보 | 같이 든다. |
| 전반적<br>성능 비교 | 태반이 수십 보<br>안에 떨어져 | 화살 1개도<br>빗나가는 것 없다. | |

세종은 결국 이렇게 말할 수 있게 된다. "내 이제 왕위에 있은 지 28년 동안 화포에 관심을 두고 자주자주 강론하고 연구하여 제도를 많이 고쳤더니 여러 신하들이 볼 때마다 잘된 양으로 칭찬한다. 오늘날의 만듦새로 보면 전의 화포들은 모두 몹쓸 것이 되니 곧 깨뜨려 버림이 마땅하다. 전에는 이러한 새 제도를 모르고서 그때 만든 것을 완전히 잘된 것으로 여겼었으나, 이제는 그것이 우스운 일임을 알게 되었고, 따라서 뒷날에 오늘 것을 볼 때 오늘에 전일 것을 보는 것과 같게 될까 싶기도 하다."

▪ 19년 6월 27일

평안도 절제사에게 전지하기를, "전일에 아뢰기를, '정탐꾼은 비록 몸이 작은 총통(銃筒)을 지니고 있을지라도 창졸간에 쉽게 쏘지 못하니 만들 필요가 없습니다.'라고 하였으나, 군기감에서 만든 세총통(細銃筒)으로 시험하니 지니기와 쏘기에 모두 편리하였다. 비록 정탐꾼이 쓰기에 합당하지 못할지라도 적과 서로 마주하여 싸울 적에는 말 위에서 많이 가지고 각자가 쏘면 매우 편리하고 유익하며, 위급할 즈음에는 어린이와 여자라도 가지고 쏠 수 있기 때문에 이제 세총통 150개와 피령전(皮翎箭) 1,000개, 철전(鐵箭) 1,500개를 보내니 마땅한 대로 쓰고, 피령전은 모방하여 만드는 것이 좋겠다."라고 하다.

▪ 20년 11월 24일

함길도 도절제사 김종서에게 전지하기를, "화포가 적에 대응하는 데에는 그 이익이 큰 것이다. 왜구나 야인들이 두려워하는 것도 이것에 있는 것이다. 그러나 싸울 때는 화포군(火砲軍)은 선봉이 되는 까닭으로 사람들이 이를 매우 싫어하여 화포군을 피하고 다른 역(役)으로 투속(投屬)하는 자가 매우 많다. 이제 교습관을 보내 4진(鎭) 화포의 허실(虛實)을 점검하게 하니 경은 그리 알라. 내가 생각건대 사람들로 하여금 즐겨 화포군이 되게 하는 방법은 관작(官爵)으로 꾀이는 것만 같은 것이 없을 것이니, 화포군으로 연월이 가장 오래된 자는 재주를 시험하여 곧 토관(土官)에 보직시키는 것이 어떻겠는가, 관찰사와 상의하여 결정해서 보고하도록 하라." 하다.

▪ 20년 12월 29일
경회루 앞에서 화포를 쏘다.

▪ 22년 7월 8일
모화관에 거둥하여 화포 쏘는 것을 관람하다. 풀을 묶어 인형을 만들어서 갑옷을 입히고 150보 되는 지점에다 세운 다음에 쇠촉에다 불을 달아서 쏘았는데, 능히 맞힌 자에게는 상을 주다.

▪ 23년 6월 3일
함길도 도절제사에게 전지하기를, "화포는 적병을 막는 데에 가장 유리한 무기이다. 일찍이 들으니 중국에서 북방을 정벌할 때에 오직 방사인(放射人)만이 가진 것이 아니라, 혹은 말에 신기도 하고, 혹은 한 사람으로 하여금 가지고 따르게 하여 쏘아서 다 없어지면 전해 주게 하였으므로, 적을 막을 때에 매우 이익이 있었다고 한다. 이 앞서는 우리나라에서 화포의 효력을 보지 못하였으나, 근년 이래로 변진(邊鎭)[123]에서 적을 막을 때에 그 이익을 자못 보았다. 그러나 다만 방사인 자신이 가지고 있는 것뿐이요, 말에 실은 것이 없고 또 가지고 따르는 사람도 없기 때문에 화살[矢]이 다하면 그 재주를 부릴 수 없게 되니 실로 흠책(欠策)[124]인 것이다. 내 생각에는 우리나라는 길이 험난하여 싣고 다니기가 진실로 어렵지만, 방사인으로 하여금 말 위에서 이를 가지게 하고 또 한 사람으로 하여금 말을 타고 가지고 있게 하여, 적을 방어할 때에 그 살이 떨어지는 대로 살을 전해 주어 끊임이 없게 한다면 편하고 유익할 것 같다. 하물며 금은 소문이 시끄럽게 들려오는 터이니 방어책을 마땅히 1만 배는 되게 하여야 할 것인데, 세주화포(細走火砲)·소화포(小火砲)는 적을 방어하는 데에 더욱 유리한 무기이다. 위의 화포 쏘는 법을 실행할 수 있는가, 실행하지 못할 것인가. 또 그것을 실을 말[馬]의 나올 곳과 화포를 가지고 따를 사람의 수효를 정하고, 경이 요량하여 조치하되 만약 실을 말의 나올 곳이 없다면 군기감의 화포군 중에서 몸이 가볍고 동작이 빠른 자에게 관가에서 말을 주어서 내려보내겠다. 다만 염려되는 것은 그곳의 군창(軍倉)에 저축한 바가 넉넉지 못하면 먹이기가 어려울까 하는 것이다. 만약 화포가 별로 이익이 없어서 쓸데없다면 아직은 정지하기로 할 것이니 깊이 잘 생각하여 보고하라." 하다.

---

123 변경(邊境)을 지키는 군영
124 결함이 있는 계책

- 23년 10월 1일

처음으로 화초(火鞘)를 만들어 평안도와 함길도에 나누어 시행하다. 그 제도는 대나무를 길이 4, 5척쯤 되게 잘라 그 구멍이 통한 데다 얇은 쇠를 사용하여 그 속에 붙인다. 명주를 베어 꼬아 새끼 5, 6척을 만들어 끝에 불을 붙여서 구멍 속에 넣어 허리에 차고, 남는 새끼는 허리 새에 꽂았다가 불이 다 타는 대로 즉시 구멍 속으로 내려 넣는다.

금촉소주(金鏃小走)를 화통 속에 넣어서 안장에 걸어 두었다가, 군사가 혹 피로하여 활을 당길 힘이 없어 화살이 적에게 미치지 못할 경우나 혹은 적에게 쫓겨서 화살이 다하고 힘이 없을 적에는 초화(鞘火)로 금촉(金鏃)[125]을 쏘면, 적이 감히 가까이 오지 못하게 되는 것이다.

- 26년 10월 11일

진양대군, 광평대군, 금성대군과 동부승지 이사철, 병조참판 성염조, 군기감 제조 이순몽을 양화도(楊花渡)에 보내 선상(船上)에서 화포를 시험하게 하다.

- 26년 10월 20일

왕세자가 양화도에 가서 화포를 쏘아 그 거리의 원근(遠近)을 시험해 보고, 또 큰 배 3척을 왜선(倭船)으로 가장하여 풀로 만든 사람 모양의 물건[草人]을 그 위에 태우고, 또 3척은 우리 배라고 정하여 좌군(左軍)

---

125 화살 끝을 쇠로 만든 것

· 우군(右軍) · 중군(中軍) 3군으로 나누어 강의 중류에 띄워 놓고, 양편에서 적대하여 전투하는 형상으로 시험하다.

■ 26년 11월 1일

군기감 제조 이천이 "동랍(銅鑞)은 우리나라에서는 나지 아니하기로 무쇠[水鐵]로써 화포를 주조하려고 시험하여 신이 심력을 다하여 계획하여 보았사오나, 무쇠의 성질이 강하면서 굳지 못하므로 불리기[鍊鑄]가 용이하지 아니합니다. 신이 들으매 북방의 야인(野人)들이 무쇠 농기로써 연철(軟鐵)이 되게 해 가지고 군기(軍器)를 만드는 자가 많다 하는데, 우리나라에서는 그 기술을 알지 못하오니, 마땅히 예조에 명하여 우리나라에 오는 야인에게 물어보게 하시고, 만약 실지대로 고하지 아니하면 경성(鏡城) 사람으로 야인에게서 배운 자도 많사오니, 마땅히 재주 좋은 자를 역마(驛馬)로 불러다가 전습(傳習)시키는 것이 좋겠나이다." 하니 예조에 내리다.

■ 27년 3월 2일

강 가운데서 수전(水戰)을 연습하라고 명령하다.

지중추원사 이천(李蕆) 등이 삼군(三軍)으로 거느리되 한 군선(軍船)마다 사졸 30여 명씩 싣고, 또 배 4척으로 허수아비 사람을 태워 적군으로 삼아서 상거(相距) 20보쯤에서 각(角)을 불고 북을 울리면서 주화(走

火)·질려포(蒺藜砲)[126]를 쏘면서 전투하는 모양을 하는데, 세자가 대군과 함께 희우정(喜雨亭) 서쪽 산봉우리에 나가서 구경하다.

- **27년 3월 18일**

승정원에 "화포의 법은 태종 때에 애를 썼으나 그 쏜 화살이 2, 300보를 넘지 못하기에 내 일찍이 제조(提調)를 두고 또 겸관(兼官)을 세워 그 임무에 전력하게 하였으나 역시 더한 것이 없었는데, 이번에 임영대군(臨瀛大君)과 금성대군(錦城大君)으로 하여금 감독하여 맡아 보게 하였더니 화살이 8, 900보를 넘어가고 혹은 1,000여 보에 이른다. 이로 보건대 내가 전일에 제조와 겸관을 둔 것은 한갓 벼슬만 갖춘 것이 되었을 뿐이니 이 한 가지 일만 가지고도 그 나머지 일을 가히 알 수 있다. 금년은 흉년이 심해서 화포 만드는 사람을 일 시키는 것이 마땅하지 않으나 일을 시작하여 놓고 중지할 수 없으며, 또 윗자리에 있는 자가 비록 계획을 잘 할지라도 아랫사람이 그 일을 힘써 하지 아니하면 일이 성공될 수 없는 것인데, 화포 만드는 사람이 잘 지시에 따라서 그 일을 잘 이루어 내면 마침내는 당연히 포상을 받을 것이나, 그러나 몸이 일하는 데에 붙매이면서 집안의 처자 살릴 일을 걱정하게 되면 일이 정밀하게 되지 못할 것이므로, 내 먼저 은혜를 주어서 그 마음을 장려하고자 하니 마감(磨勘)[127]하여 아뢰라." 하다.

---

126 화포의 하나
127 일을 잘 살펴서 끝을 맺음.

의정부에 전지하기를, "유은지가 제조가 되어 태종께 아뢰기를, '신이 화포 쏘는 것을 보니 현자화포(玄字火砲)는 힘이 센 사람이라야 쏠 수가 있고, 힘이 적은 자는 두세 방(放)을 넘지 못하여 어깨와 팔이 아파서 쓰지를 못합니다.' 하기에, 나도 '조금 그 제도를 작게 하는 것이 어떻습니까.' 했더니, 유은지도 내 말을 옳게 여기므로 태종께서 말씀하시기를, '시험 삼아 해 보라.' 하시었다. 만든 뒤에 태종께서 친히 납시어 보신즉 화살이 지자화포(地字火砲)·현자화포보다 100여 보나 미치지 못한지라 태종께서 '힘이 약해서 쓸 수가 없다.' 하시고 깨뜨려 버리게 하시었다. 뒤에 중국 화포를 얻어서 보니 그 제도가 현자포보다 작고 부리[觜]가 긴데, 군기감으로 하여금 그 제도대로 만들게 하여 지자화포·현자화포에 비하매 화약은 적게 들고 화살은 멀리 가니, 이른바 황자포(黃字砲)가 이것이다. 임자년(14년)에 처음으로 쌍전화포(雙箭火砲)를 만드니 화살이 200보까지 가는데, 정부와 육조가 모여서 구경하고 말하기를, '좋다.' 하였고, 파저강 토벌 때에 크게 이익을 보았다. 뒤에 또 사전화포(四箭火砲)를 만들었다가 화살 나가는 힘이 약해서 즉시 헐어 버렸고, 또 가자화포(架子火砲)를 만들었더니 변장들이 모두 말하기를, '대단히 좋다.' 하였고, 또 세화포(細火砲)도 만들었다. 작년 가을에 다시 화포의 제도를 의논하고 군기감을 시켜서 여러 화포들을 시험하여 보니, 황자포는 화살이 4, 500보에 미치고, 지자·현자포는 화약을 많이 써도 그만 못하고, 가자포는 혹은 2, 300보에 미치나 200보에 미치지 못하는 것이 많고, 세화포는 모두 200보에도 미치지 못하였다. 이순몽이 '지자·현자화포는 무겁고 화약이 많이 들어서 도리어 황자포에 따르지 못하니 마땅히 다 깨뜨려 버리자.' 하매, 이천이 '현자화포는 수가 많아 경내에 퍼져 있는 것이 1만 가량이나 되니, 이제부터는 더 만들지 말면 그만이지 이미 만들어 놓은 것을 깨뜨려 버리는 것은 불가하다.' 하고, 이순몽이 '세화포는 한 사람이 가히 3, 40개를 가질 수 있고 비록 부인들이라도 쏠 수가 있어서 그 이익됨이 가장 크다.' 하매, 이천이 '편전(片箭)은 비록 약한 활이라도 가히 300보를 갈 수 있으되 세화포는 200보도 가지 못하니 무슨 이익 됨이 있는가. 마땅히 깨뜨려 버려야 한다.' 하기에 내 말하기를, '지자 · 현자화포는 화약은 많이 들어도 마땅히 황자화포보다 멀리 가는데, 그렇지 못한 것은 화살의 가볍고 무거움이 적당하지 못한 까닭이니 마땅히 다시 연구하게 할 것이고, 가자화포와 세화포는 200보에 미치지 못하는 것이 많아서 이것이 유감이니, 역시 마땅히 화살 제도를 고쳐 정하여 시험해 보게 하라.' 하였는데, 군기감에서 여러 달을 두고 연구하여도 마침내 기술을 얻지 못하였고, 이순몽이, '양편 군사가 마주 싸울 때 사이가 100보 더 되지 아니하면 지금 말한 그런 화포들이 비록 200보 이상 가지 않더라도 그 이익됨이 클 것입니다.' 하기에 내 말하기를, '말 탄 군사가 활을 잡고 화살을 띠고서 달리며 내리쏘기를 비 퍼붓듯 하여 활과 살의 이용 가치가 극치에 달하는 것인데, 화전(火箭)은 한 사람이 가지는 것이 10개에 지나지 못하며, 한 번 쏘면 맞붙어 싸울 때는 다시 쏠 수가 없으니, 만일 다시 쓰려면 먼저 화약을 쟁이고 다음에 방아쇠를 걸고 그다음 받침목을 넣고 마지막으로 화살을 꽂아야 쏠 수가 있게 되어서 그 쓰기가 이렇게 어렵지마는, 그러나 화살의 힘이 맹렬하여서 만일 여러 군사 속으로 쏘면 화살 하나가 3, 4인을 죽일 수 있으므로 적군이 무서워하니 공격하는 싸움에 유리하기는 천하에 화포와 같은 것이 없다. 이제 이르기를, '마주 싸울 때 100여 보 더 되지 아니하면 세화포가 비록 화살이 약하더라도 쓸 수 있다.'라고 하나, 그렇다면 편전으로도 족할 것인데 어찌 꼭 화포를 쓸 필요가 있는가. 내가 즉시 군기감에 명하여 대장간을 행궁(行宮) 옆에다 설치하고 화포를 다시 만들어서 멀리 쏘는 기술을 연구하게 하였더니, 전의 천자화포(天字火砲)는 4, 500보를 넘지 못하였는데 이번에 만든 것은 화약이 극히 적게 들고도 화살은 1,300여 보를 가고 한 번에 화살 4개를 쏘매 다 1,000보까지 가며, 전의 지자화포는 500보를 넘지 못했는데 이번 것은 화약은 같이 들어도 화살이 8, 900보를 가고 한 번에 화살 4개를 쏘매 다 6, 700보를 가며, 전의 황자화포는 500보를 넘지 못했는데, 이번 것은 화약은 같이 들어도 화살이 800보를 가고, 한 번에 화살 4개를 쏘매 다 500보에 이르며, 전의 가자화포는 2, 300보도 못 갔는데, 이번 것은 화약은 같이 들어도 화살이 600보를 가고 한 번에 화살 4개를 쏘매 다 400보를 가며, 전의 세화포는 200보를 넘지 못했는데 이번 것은 화약이 같이 들어도 화살이 500보에 미치게 되었으며, 전의 여러 화포는 화살이 빗나가서 수십 보 안에서 떨어지는 것이 태반이었는데 이번 것들은 화살 하나도 빗나가는 것이 없다. 이번 것들이 이러하지마는 더욱 정밀함을 구하느라고 지금은 아직 제도를 정하지 못하였다. 내이제 왕위에 있은 지 28년 동안 화포에 관심을 두고 자주자주 강론하고 연구하여 제도를 많이 고쳤더니 여러 신하들이 볼 때마다 잘된 양으로 칭찬한다. 오늘날의 만듦새로 보면 전의 화포들은 모두 몹쓸 것이 되니 곧 깨뜨려 버림이 마땅하다. 전에는 이러한 새 제도를 모르고서 그때 만든 것을 완전히 잘된 것으로 여겼었으나, 이제는 그것이 우스운 일임을 알게 되었고, 따라서 뒷날에 오늘 것을 볼 때 오늘에 전일 것을 보는 것과 같게 될까 싶기도 하다." 하다.

- **27년 5월 9일**

호군(護軍) 장맹창에게 명하여 염초(焰硝)를 제조하고자 하여 승정원으로 그 절목(節目)을 의논하게 하니, 승정원에서 "이제 가뭄으로 인하여 비용을 감했는데, 다시 이 일을 거행함은 옳지 못할까 하오니, 오는 가을을 기다리시기를 청하옵니다." 하매, 임금이 "옛적에 어떤 사람이 왜적에게 사로잡혀서 염초를 제조하는 방법을 묻기를 극히 참혹하게 하였는데, 그 사람이 돌아와서 말하기를, '만약 방법을 알았다면 그 고생을 견디지 못하였을 것이다.'라고 하였다. 이제 조신(朝臣)을 보내어 전라도와 경상도에 제조하게 하였더니 주색(酒色)만 일삼고, 공장(工匠)에게 위임하니, 공장이 남의 집에 나아가서 이 땅에 염초를 제조할 만하다고 위협하고, 이로 인해 남의 뇌물을 받으므로 백성들이 아주 괴롭게 여겼다. 예전에 의정(議政) 허조가 '염초를 제조하는 곳이 왜도(倭島)에 가까우면 그 법이 누설될까 두려우니 마땅히 삼가고 비밀히 해야 한다.'라고 하였는데, 이제 왜인이 그 법을 배우고자 한 지 오래이나, 일찍이 중국인을 사로잡고서 비로소 화포의 법을 알았다. 전에 이예가 일본에 갔을 적에 화포를 가지고 맞이하였으나, 화기(火氣)가 세지 못하여 예에게 염초를 청하니 이예가 없다고 대답하였는데, 오늘날의 염초장(焰硝匠)은 본디 천예(賤隷)[128]인지라 만약 이(利)로 꾀이면 반드시 그 방법을 가르칠 것이다. 하물며 염초의 약(藥)은 모두 저들에게서 나오니 만약 배우게 되면 이는 크게 불가할 것이다. 또 외방에서 제조한 것은 힘을 허비함은 많고 만들어 내는 것은 도리어 적으니, 이러므로 내가 한성 안에서 잠시 제조하기를 시험하고자 하는데, 장마가 만일 내리면 반드시 하지 못할 것이므로, 가물 때 미쳐 우선 시험하고자 할 뿐 영구히 하고자 함은 아니다. 외사(外司)에서 제조하는 것도 왜인이 알까 염려되니 내사복(內司僕)에서 하고자 하며, 감역(監役)[129]을 따로 정할 것이 없이 내수(內竪)에게 맡게 하고, 병방승지(兵房承旨)로 하여금 감독하게 하겠다." 하니, 모두가 "이제 성교(聖敎)를 듣자오니 그 까닭을 알겠습니다. 내사복(內司僕)에서 비밀히 하는 것이 편리하옵니다." 하므로 그대로 따르다.

그 제조한 바가 전에 비하여 갑절 많으니 임금이 기뻐하여 내사복 남쪽에 따로 국(局)을 두고 이름을 내표국(內表局)이라 하여 환관에게 명하여 그 일을 맡게 하다.

## 4. 구리와 그 연단법

앞에서 보았듯이 성능이 좋은 화포들을 많이 만들거나 개량했지

---

128 노비를 지칭하는 말
129 역사(役事)를 감독함.

만 화포의 주재료인 구리를 구하기 어려웠다. 고구려와 발해의 구토에는 구리 매장량이 무진장이었지만, 조선에는 구리 나는 곳이 거의 없고, 있다 하더라도 양이 많지 않았다. 그래서 세종은 절간의 구리 집기까지 수량을 조사해서 보고하게 하는 한편, 구리의 연단법(鍊鍛法)[130]을 아는 자를 찾아서 응분의 대우를 하게 하였다.

▪ 27년 6월 15일

여러 도의 감사에게 유시하기를, "화포는 변경을 방어하고 적을 막는 무기인데 본국에서 구리쇠가 나지 아니하여 이로 말미암아 화포가 많지 못하다. 이제 더 만들고자 하니 도내 각 고을에 깨어진 구리 그릇과 폐하여 없어진 절의 구리 그릇을 빠짐없이 수량을 헤아려서 아뢰라." 하다.

▪ 27년 7월 2일

여러 도의 감사에게 유시하기를, "동(銅)과 철(鐵)은 병기를 부어 만들어 군국(軍國)의 중한 물건인데 우리나라에서 산출하는 땅이 한 군데가 아니나 그 수량이 많지 않고, 풀무를 불어 단련하는 기술[吹鍊之術]이 그 요법을 얻지 못하여 나라의 용도에 넉넉지 못하니 이것이 한스러운 일이다. 만일 동(銅)이 산출되는 땅과 취련하는 요법을 고하는 자가 있으면, 공(功)의 경중을 따져서 중한 자는 양민(良民)이면 벼슬로

---

130 쇠붙이를 불에 달군 후 두드려 단단하게 하는 방법

상 주고, 향리(鄕吏)이면 부역을 면제하며, 공사천예(公私賤隸)는 자원하면 상을 주고, 입거(入居)하기로 차출되어 아직 행하지 않은 자에게는 곧 모두 면하게 하되, 공이 경한 자는 적당하게 상을 주고, 비록 고한 것이 사실과 다르더라도 죄는 주지 말라. 도내 주군(州郡)의 향리(鄕里)와 촌락에 이르기까지 두루 타일러라." 하다.

### ▪ 27년 8월 21일

감련관(監鍊官)을 여러 도에 나누어 보내어 화포를 주조하게 하다.

감사와 절제사에게 이르기를, "화포는 군국(軍國)의 중한 것인데, 이 앞서 제작하는 기술이 요령을 얻지 못하여 약(藥)은 많이 쓰고도 화살은 멀리 미치지 못하였다. 지금 그 제도를 갱신하매 약은 적게 들고 화살은 멀리 가서 예전에 비하면 배나 나으니 국가의 이익이 여기에 넘어갈 것이 없다. 지금에 당하여 변경의 근심이 없는데 백성으로 하여금 일을 일으키면 폐단이 있을 것을 염려하나, 그러나 편안하여도 위태한 것을 잊지 말아야 하나니 나라를 보호하는 계책, 침략을 막는 방략을 조금도 해이할 수는 없다. 이에 부득이하여 감련관을 나누어 보내는 것이니 화포를 한결같이 새로 정한 제도에 의하여 고쳐 만들어서 불우의 변에 대비하라." 하다.

### ▪ 27년 9월 22일

처음에 귀화한 왜인 등 구랑에게 마포(麻浦)에서 왜선(倭船) 체제를 모방하여 조선(造船)하게 하였다. 이때 완성되매 여러 진(津)의 배를 양화도(楊化渡)에 모으고 새로 만든 배로 적선을 삼고, 풀을 묶어 사람을 만

들어 배 가운데에 늘어세우게 하고는 여러 화포를 어지럽게 발사하여
서로 싸우는 모양을 하고, 의정부와 육조에 명하여 가서 보게 하다.

### ▪ 29년 2월 2일

전라도 감사 이사임에게 유지(諭旨)를 내리기를, "이 앞서의 화포의 제
도는 적당치 못하여 화살이 먼 곳에 미치지 못하여 모두 쓸모가 없었
으므로, 내가 매우 염려하여 여러 번 그 제도를 고치고 난 후에 약력
(藥力)이 10배가 더 나서 화살과 돌이 먼 곳까지 이르게 되었다. 지난해
을축(27년)에 하삼도(下三道)에서 마침 흉년이 들었지마는, 그러나 외침
을 방어하는 준비를 조금도 해이하게 할 수가 없었으므로 감련관(監鍊
官)을 나누어 보내어 예전의 기구(器具)는 모두 없애고 새로 이를 주조
하게 하였으니, 이것은 경이 알고 있는 바이다. 지금 갑자기 폐지하기
를 청하고자 하나 나는 채택할 수 없으니 그것을 속히 계속해 주조해
이루게 하라." 하다.

### ▪ 29년 11월 15일

평안도 · 함길도 도절제사에게 유시하기를, "총통(銃筒)을 쏘는 군사
가 모두 마땅히 장약(藏藥)[131]하는 기술을 익히 알아야 하겠지마는, 화
약을 허비하기 어렵기 때문에 항상 마음과 같이 연습하지 못하니 어
떻게 하면 사람마다 그 기술을 모두 알게 할까. 이것이 한스러운 일이

---

131 화약이나 탄환을 잼.

다. 매양 5명으로 오(伍)를 만들어서, 한 오 안에 한 사람이 장약(藏藥)하는 것을 알고 네 사람이 쏘게 하여 한 사람이 기민하게 장약하는 것이 가할 것이다. 이총통(二銃筒)·삼총통(三銃筒)·팔전총통(八箭銃筒)·사전총통(四箭銃筒)·세총통(細銃筒) 다섯 가지 총통을 한 오(伍)의 사람이 섞어서 싸 가지면 급할 즈음에 화살과 격목(檄木)[132]의 대소와 장약의 많고 적은 것을 반드시 분변하지 못하고 혼동하여 쓸 것이니, 모름지기 한 오의 사람으로 사람마다 똑같은 총통을 가지어 적에 임할 때뿐 아니라 평상시의 연습에도 또한 서로 섞여서는 안 된다. 마땅히 사람의 힘의 강하고 약한 것을 따라 마땅한 총통으로 가르치어 미리 그 뜻을 정하게 하는 것이 좋을 것이다. 10인으로 오를 만드는 것도 또한 가하다. 혹은 말하기를, '총통군(銃筒軍)은 총통만 가질 것이 아니라 혹은 궁시(弓矢)도 띠고 혹은 도검(刀劍)을 가지는 것도 가하다.' 하고, 혹은 말하기를, '이 말이 그럴듯하나, 만일 궁시와 도검을 가진다면 가지는 총통의 수가 적어지니, 마땅히 활과 칼은 쓰지 말고 총통을 많이 가지게 하는 것이 가하다.' 한다. 두 말이 모두 이치에 맞다. 또 격목(檄木), 철퇴(鐵椎), 철전(鐵箭),[133] 화약(火藥), 화심(火心), 양약요자(量藥凹子),[134] 장화기(藏火器)[135] 등물이 모두 한 사람의 몸에 가지는 것인데, 그중에 화약, 화심, 장화기는 한곳에 가질 수 없으니, 모름지기 화약, 화심을 한편에 차고 장화기는 또 한편에 차게 하고, 또 잡물 여러 가

---

132 탄환을 격발시키는 화포의 한 부분
133 좁고 날이 없는 둥근 철촉을 달은 화살. 사정거리는 80보 혹은 180보이다.
134 총통(銃筒)에 쟁이는 화약의 양을 헤아리는 데 쓰는 기구
135 총통에 화약을 재는 데 쓰는 기구

지를 한 사람이 모두 가지면 무거워서 다니기가 어려우니 이것이 염려이다. 들으니 중국 조정에서 북으로 정벌할 때 우리나라의 말을 써서 총통 여러 가지를 실었으니, 지금도 역시 이 제도에 모방하여 한 오(伍)안에 장약하는 한 사람이 말 한 필을 거느리고 장약하는 여러 가지를 싣고, 또 장약한 총통을 많이 싣고, 네 사람은 혹은 궁시(弓矢)를 띠고 혹은 도검(刀劍)을 가지고 앞줄에 있어 쏘고 장약하는 자는 쏘는 대로 주는 것이 가장 좋은 계책이다. 다만 본국 마필이 많지 않기 때문에 이 계책이 행하여질는지 아닌지는 알지 못한다. 또 다섯 가지 총통의 군사는 다섯 빛깔의 기로 구별하여 투구에 꽂고, 총통의 호령을 주장하는 자가 오색(五色)기를 세우고 뜻에 따라 지휘하면, 영(令)을 내리기도 편하고 적에 응하는 것도 쉬울 것이다. 총통을 연습할 때나 적에 임할 때 불을 약심(藥心)에 가깝게 하면 심히 염려되니 마땅히 항상 경계하여야 한다. 이상 여러 조목의 가부와 가감(加減)을 감련관(監鍊官)으로 더불어 다시 더 적당한 것을 상탁(商度)[136]하여 행하라." 하다.

▪ 29년 11월 22일

평안·함길도 도절제사에게 유시하기를, "주화(走火) 이익은 크다. 말 위에서 쓰기가 편리하여 다른 화포의 미칠 것이 아니다. 기사(騎士)가 혹은 허리 사이에 꽂고 혹은 화살통에 꽂아서 말을 달리며 쏘면 부닥치는 자가 반드시 죽을 뿐 아니라 그 형상을 보고 그 소리를 듣는 자

---

136 헤아려 생각함.

가 모두 두려워서 항복한다. 밤 싸움에 쓰면 광염이 하늘에 비치어 적의 기운을 먼저 빼앗는다. 복병(伏兵)이 있는가 의심스러운 곳에 쓰면 연기 불이 어지럽게 발하여 적의 무리가 놀라고 겁에 질려 그 진정을 숨기지 못한다. 그러나 화살 나가는 것이 총통과 같이 곧지 못하고, 약을 허비하는 것이 너무 많아 총통이 약을 조금 쓰는 것만 같지 못하고, 거두어 갈무리할 때 조심하지 않을 수 없어 총통의 수시로 장약하는 편리한 것만 같지 못하다. 이것으로 본다면 총통의 이익이 더욱 크다. 근일에 내려보낸 주화(走火) 중에 맨 먼저 보낸 것이 주화 600개이고, 두 번째 보낸 것이 중주화(中走火) 800개, 소발화(小發火) 800개, 소주화(小走火) 1,500개, 세 번째 보낸 것이 평안도에 직상화(直上火) 2,000개, 화전(火箭) 352개, 대주화(大走火) 60개, 소질려포(小蒺藜砲) 36개, 중주화 2,270개, 소주화 3,340개, 함길도에 직상화 1,000개, 화전 175개, 대주화 30개, 소질려포 18개, 중주화 1,130개, 소주화 1,660개이다. 지금 또 더 보내려고 하는데 몇 자루를 보내면 넉넉히 쓰겠는가. 경이 감련관(監鍊官)으로 더불어 의논하여 아뢰라." 하다.


■ 29년 12월 2일

평안도 경차관(敬差官) 박강에게 유시하기를, "지금 소발화구(小發火具) 중주화 866병(柄), 소주화 4,666병을 보내니, 연변의 주진(州鎭) 구자(口子)[137]에 적당히 나누어 배치하고, 중주화 2,000개, 소발화 2,600개, 소

---

137 변경 지역인 압록강(鴨綠江)·두만강(豆滿江) 연안의 요해지(要害地)에 군사 시설을 갖춘 작은 관방(關防)

주화 7,000개를 만들 표지(表紙) 100권과 약심지(藥心紙) 50권, 화약(火藥) 422근(斤) 8냥(兩)을 내려보내니 한결같이 규식에 의하여 제조하라." 하고, 또 함길도 감련관 원익수에게 유시하기를, "지금 소발화구 중주화 434병, 소주화 2,334병을 보내니 주(州)·진(鎭)·구자(口子)에 적당히 나누어 배치하고, 중주화 1,040개, 소발화 1,040개, 소주화 3,500개를 만들 표지 50권, 약심지 20권, 화약 212근 6냥을 내려보내니 한결같이 규식에 의하여 제조하라." 하다.

## 5. 국가 1급 비밀—책으로 만들어 절제사에게 유시

당시 대표적인 신무기로 신기전이 있는데 1,000미터 이상 날아가는 로켓형 화살로 한꺼번에 불붙인 화살을 15발씩 연속 발사하여 무려 100발을 발사할 수 있는 당대 최고의 무기였다. 『총통등록(銃筒謄錄)』은 이러한 신무기들의 제조법과 화약 사용법을 정확한 그림과 함께 자세하게 설명한 중요한 책인데 도 절제사와 처치사(處置使)에게 보내면서 철저한 보안을 당부했다. 그런데 이런 중요한 책이 비밀에 부쳐진 나머지 오늘날엔 전해오지 않는다.

▪ 30년 9월 13일
『총통등록』을 여러 도의 절제사와 처치사에게 주고 유시하기를, "이제 등록(謄錄)한 책을 보낸다. 주조하는 방식과 약을 쓰는 기술이 세밀하게 갖추 실려 있다. 군국(軍國)에 있어 비밀의 그릇이어서 관계되는 것이 지극히 중하니 마땅히 항상 비밀히 감추고, 매양 열람할 때에는 경이 홀로 펴 보고 아전의 손에 맡기지 말아서 날마다 조심하고 교대할 때에는 서로 주고받으라." 하고, 춘추관(春秋館)에 비장하였다.

이보다 앞서 군기감(軍器監)에서 간직하고 있는 총통(銃筒)이 제조가 정밀하지 못하여 철은 무겁고 화약은 많이 들고, 쏘아도 힘이 부족하여 화살의 나가는 것이 멀리는 500보에 지나지 못하고 가까이는 200보에 지나지 못하였는데, 을축년(乙丑年, 27년) 봄에 임영대군(臨瀛大君)에게 명하여 단련하는 것을 감독하여 고쳐 다스렸다. 이에 그 후하고 박한 것을 헤아리고 길고 짧은 것을 비교하여 여러 화살의 가볍고 무거운 것을 참작하고 화약의 많고 적은 것을 정하여 완성된 뒤에 시험하여 보니, 약이 적게 들고 쇠가 가벼운 데다 화살의 미치는 것이 멀리는 1,500보에 이르고 가까이는 400보를 내리지 않았다. 수운하기에 편리하고 놓는 데도 힘을 허비하지 않으니, 참으로 군국의 중한 보화이고 후래(後來, 뒤에 오거나 뒤져서 옴)를 위한 제작의 정식(程式, 일정한 법식)이 될 만하다. 그러므로 그 형체를 그리고 그 척촌(尺寸)[138]을 써서 영구히 전하게 되었다.

---

138 자와 치

## 6. 그 밖의 무기와 그 밖의 일들

세종은 일본의 칼 만드는 법, 중국의 성을 방어할 때 쓰는 마름쇠 만드는 법, 그리고 유구국(琉球國)[139]의 배 만드는 법에도 깊은 관심을 지녔던 것으로 보인다. 유구국 장인이 만든 배와 우리나라 배의 속도 경쟁을 시키기도 했다. 한강에서 펼쳐진 두 나라 배의 경주가 서너 편 펼쳐졌다니 그 장면은 참으로 장관이었을 것이다.

그리고 변방의 군대에 각종 시계를 보내고 사용법을 교습하게 하였다.

▪ 6년 4월 1일

주문사(奏聞使) 원민생에게 명하기를, "북경에 가거든 연전(連箭)[140] 한 줌[把]을 구하고 아울러 쏘는 방법도 배워 오라." 하다.

▪ 12년 6월 1일

의령(宜寧)에 거주하는 선군(船軍) 심을(沈乙)이 일찍이 일본에 건너가 칼 만드는 법을 배워 칼 한 자루를 만들어 올리니 일본 칼과 다름이 없으매, 명하여 군역을 면제시키고 옷 한 벌과 쌀, 콩 아울러 10석을 하사하다.

---

139 일본 오키나와에 있던 나라. 1879년에 일본에 강제로 병합되어 멸망했다.
140 연발식 활

- 12년 6월 16일

병조에서 군기감(軍器監)의 보고에 의거하여 아뢰기를, "지금의 군기
(軍器)는 오직 장검(長劍), 궁전(弓箭), 환도(環刀)뿐이옵고 진을 치고 수
어(守禦)하는 기구가 없사오니, 중국에서 성(城)을 지키는 기구를 따라
서 철질려(鐵蒺藜, 마름쇠)를 만들어서 각 도에 나누어 보내어 그 본보기
대로 만들게 하소서." 하다.

- 16년 3월 18일

희우정(喜雨亭)[141]에 거둥하여 새로 제조한 전함(戰艦)을 관람하니 왕세
자가 거가를 호종하다. 처음에 유구국 사람이 우리나라에 오매 그에게
명하여 전함을 제조하게 하고는 이를 서강(西江)에 띄우고 우리나라의
전함과 나란히 달려 그 쾌둔(快鈍)의 정도를 비교한바, 유구인이 제작
한 배가 약간 빨랐으나 심한 차이가 없었다. 혹은 물결을 따라 내려가
보기도 하고 혹은 물결을 거슬러 올라가 보기도 하였는데 이와 같이
하기를 재삼 거듭한 뒤에 그만두다.

- 16년 9월 21일

임금이 왕세자를 거느리고 희우정에 거둥하여 전함을 구경하다.

---

141 서울 마포구 망원동 소재

- 16년 9월 23일

의정부와 육조에서 전함의 빠르고 둔한 것을 갖추어 아뢰기를, "신해년(13년)에 경강(京江, 한강)에서 동자갑선(冬子甲船)을 만들었는데, 빠르기는 중[中等]이며 하체(下體)는 쇠못과 나무못을 반씩 섞어 쓰고 위를 꾸미는 데는 쇠못을 써 들어간 쇠가 모두 1,800근인데, 우의정 최윤덕이 쓸 만하다고 하였고, 금년 가을에 경강사수색(京江司水色)이 상쾌선(上快船) 왕자갑선(往字甲船)을 만들었는데, 하체에는 쇠못과 나무못을 반씩 섞어 쓰고 위를 꾸미는 데는 전혀 쇠못만을 써서 모두 쇠가 1,900근 1냥이 들었는데, 의정부와 육조가 모두 쓸 만하다고 하였으며, 금년 봄에 유구국(琉球國) 선장(船匠)이 월자갑선(月字甲船)을 만들었는데, 빠르기는 하(下)요, 위의 꾸미기와 하체를 모두 쇠못을 써서 쇠가 3,352근 1냥이 들었습니다." 하니, 임금이 병조에 명하기를, "이 뒤로 각 도 각 포(浦)의 전함은 '동자(冬字)'와 '왕자(往字)'의 시험선(試驗船)을 견본으로 하여 만들고, 유구국 선장이 만든 월자선(月字船)은 비록 위의 꾸민 것이 전함에는 불합하나 그 하체가 견실하여 법 받을 만하니 또한 아울러 견양(見樣)으로 삼으라고 각 도에 행문이첩(行文移牒)[142]하라." 하다.

- 19년 6월 18일

임금이 변경의 군문(軍門)에 시각을 아는 기구가 없어서는 안 된다고

---

142 공문서를 전달하는 행위

하여 함길도 도절제사 영(營)에 일성정시의(日星定時儀)[143]·현주일귀(懸珠日晷)[144]·행루(行漏)[145]·누주통의(漏籌通儀) 각 하나씩을 하사하고, 경원(慶源)·회령(會寧)·종성(鐘城)·공성(孔城)에는 현주일귀·행루·누주통의 각 하나씩을, 평안도 도절제사 영에는 행루·누주통의 각 하나씩을 하사하다. 서운관(書雲觀)의 관원을 나누어 보내 점시법(占時法)을 가르치게 하고, 또 경원·회령·종성·공성 등지에 술 그릇을 하사하여 야인들의 접대용으로 갖추게 하다.

---

143 세종 19년(1437)에 만든, 주야(晝夜)로 시각을 보는 시계의 한가지
144 휴대용 해시계로 세종 19년(1437) 4월에 정초·장영실·김빈·이천·김돈 등이 만들었다.
145 수레에 실어 가지고 다니는 물시계

# 6 장

# 여진 정벌과 변방의 안정

　세종은 강력한 나라를 만들기 위하여 군사 훈련을 독려하고, 화포를 비롯한 각종 신무기의 개발에 진력하였다. 그러던 중 드디어 조선의 군사력을 시험해 볼 수 있는 역사적 사건이 닥쳐 왔다. 강한 군사력을 갖춘 나라 만들기에 진력한 지 10년, 여진족의 침략은 그동안 향상시킨 군사력을 시험해 볼 수 있는 좋은 계기가 되었다.

## 1. 1차 정벌

　당시 압록강 북쪽에 살고 있던 여진이 자주 침략하니 이에 대하여 세종은 만반의 준비를 하고 있었다. 그러던 중 세종 14년 어느 날, 추장 이만주(李滿住)가 이끄는 여진의 일족이 400여 기로 여연군(지금의 중강진 부근)을 침입, 약탈을 자행하자 대노한 세종은 강력한 응징을 하기로 한다. 관련된 여진족은 파저강(婆猪江)[146] 올량합(兀良哈, 추장 이만주)이 침범하고 홀라온(忽喇溫) 올적합(兀狄哈)이 했다고 거짓으로 둘러댔다.

세종과 신하들은 사건을 조사해 잡혀간 64명을 데려오게 하고, 이 사실을 중국에 통보하는 등, 군대를 일으켜 징벌하기 전에 의로써 대하기로 한다.

## 1) 사건의 발단

- **14년(1432년) 12월 9일**

평안도 감사가 급히 보고하기를, "야인(野人) 400여 기(騎)가 여연(閭延) 경내에 쳐들어와 사람과 물건을 약탈하여 가매, 강계절제사(江界節制使) 박초가 군사를 거느리고 그들을 추격하여 붙들려 가던 사람 26명과 말 30필, 소 50마리를 도로 빼앗아 왔사오나, 우리나라 사람으로 전사자는 13명이고 적의 화살에 맞아 부상한 자가 25명이나 되었사온데 마침 날이 저물어 끝까지 추격하지 못하였습니다." 하니, 임금이 심히 노하여 황희, 맹사성, 권진과 당직 도진무(都鎭撫) 조말생, 병조판서 최사강 등을 불러 의논하기를, "야인이 분심을 낸 것은 다름이 아니라 그들이 약탈하여 간 인민들이 우리나라 지경 안으로 도망하여 왔을

---

146 동가강(佟佳江). 중국 요령성에서 발원하여 압록강 중류에 합류한다.

때 만일 본국과 관계된 자이면 이내 본고장으로 돌려보내고, 중국에 관계된 자이면 즉시 중국으로 돌려보냈던 까닭으로 이에 원한을 품어 지금 변란을 일으킨 것이다. 우리나라에서 그자들을 끝까지 추격하지 못한 것은 중국의 국경을 마음대로 넘어갈 수 없기 때문이니 이러한 뜻을 갖추어 중국에게 통고함이 어떠할까." 하다.

## 2) 조사관 파견과 추후 대책 논의

상호군(上護軍) 홍사석을 강계(江界) 여연(閭延) 지방으로 보내어 접전했던 상황을 살펴보게 하고, 전사한 군관에게는 각각 미두(米豆) 5석씩, 군졸에게는 3석씩 내려 주게 하다.

- 14년 12월 10일

황희, 맹사성, 권진, 허조, 안순, 조말생, 정흠지, 최사강 등을 부르고 안숭선, 김종서를 사정전(思政殿)[147]에서 인견하고 다시 의논하게 하다.

첫째, "어제 의논하던 바인 중국에 통고하는 것의 타당 여부는 어떠한가."

둘째, "만일 아직은 통고할 수 없다면 사신을 보내어 상의함이 어떠할까."

---

147 임금이 평상시에 거처하면서 정사를 보는 편전

■ 14년 12월 11일

최윤덕, 허조, 하경복, 정흠지, 조말생, 이천, 최해산 등을 부르고 안숭선에게 더불어 일을 의논하게 하다.

첫째 의논은 "지난해에 화포를 여연(閭延), 강계 등지에 보내 뜻밖에 일어나는 사변에 대비하게 하였다. 그러나 개수(個數)가 적은 것이 염려되어 군기감(軍器監)의 관원을 더 보내어 교습케 하고자 하는데 어떻겠느냐." 하니, 최사강·최해산·정흠지·이천 등이 "이미 보낸 화포도 많사오니 아직은 관리와 장인(匠人)을 먼저 보내 쏘고 사용하는 방법을 가르치시고, 또 철탄자(鐵彈子)[148]를 보내심이 편할까 하옵니다." 하고, 조말생·하경복 등이 "전에 보낸 화포가 비록 많다 할지라도 혹 해가 오래되어 소용이 없지 않을까 염려되오니 요량(料量)하시어 마땅히 더 보내심이 편할까 하옵니다." 하고, 최윤덕은 "아직은 더 보내지 마시고, 먼저 화포장(火砲匠)을 보내 그것이 쓸 만한지의 여부를 시험한 뒤에 더 보내시고, 피령전(皮翎箭)을 관원에게 주어 가서 가르치게 하옵소서." 하였다.

둘째 의논은 "방어소(防禦所)에 성을 쌓지 아니하면 미편하니 그 구자(口子)에 혹 석성(石城)을 쌓든지, 돌이 없으면 목책(木柵)을 설치하든지 하여 방비를 튼튼히 함이 어떻겠느냐." 하니, 최해산·최사강·정흠지·이천·조말생·하경복 등이 "돌이 많으면 돌을 사용하고 돌이 없으면 목책을 설치하되 화포를 많이 갖추어 변역(邊域)을 굳게 하옵소서."

---

148 무쇠로 만든 탄알

하고, 최윤덕은 "연변(沿邊)에 성을 쌓고 또 소보(小堡)를 설치할 것을 신이 이미 상소하였사오니 석성(石城)을 쌓고 목책을 설치하는 것은 신의 본디 품은 뜻입니다." 하였다.

셋째 의논은 "군사를 대열하는 법은 진실로 폐할 수 없는 일인데, 매양 사신이 올 때마다 그 군사의 수가 적으므로 열병(閱兵)을 못 하였다. 그러나 사신이 오지 않는 해가 없으니 이 때문에 연습을 하지 아니함도 불가할 것이다. 또 전에는 고식지계(姑息之計, 우선 편한 것만 택하는 방법)로 각 도의 시위군(侍衛軍) 번상(番上)을 아울러 정지하였는데, 지난해에 이르러 다시 번상하게 한 것은 매우 좋은 법이었다. 내가 명년의 번상 시위와 온정(溫井)에 행행(行幸)할 때 시위를 정지하게 하고, 가을에 이르러 아울러 징발하여 대열을 행하고자 하는데 어떻겠느냐." 하니, 최해산은 "성상의 하교가 지당합니다." 하고, 최사강·이천 등이 "온정에 행행하실 때의 시위군사도 적을 수 없사온즉, 그전대로 번상하도록 하신 뒤에 돌려보내셨다가 가을에 이르러 아울러 다시 징발하심이 옳겠나이다." 하고, 정흠지·하경복·최윤덕 등이 "단지 당번군사(當番軍士)만을 써서 대열을 행함은 아이들의 장난과 같아 매우 불가하오니 여러 도에서 징병하심이 마땅하고, 그리고 온정에 행행하실 때 군사의 수가 적음도 또한 불가하니 구례(舊例)에 의하여 번상하게 하여 행행에 시위하도록 하옵소서." 하고, 조말생은 "군사의 수가 비록 적더라도 사리(事理)에 해로움이 없을 것이옵니다. 번상시위(番上侍衛)와 경중군사(京中軍士)로서 매년 열병하오면 시위하는 무리가 서로 교대하게 되어 상습하지 아니하는 이가 없을 것이오니 비록 사신에게 보인다 하더라도 반드시 번상한 군사라 이를 것이요, 모두 징병한 것이라고 이르지는 아니할 것이옵니다." 하였는데, 하경복 등의 의논을 따르고, 오직 시위패(侍衛牌)[149]의 번상을 면제하는 것만은 마땅히 다시 생각하라고 하였다.

■ 14년 12월 21일

평안도 도절제사(都節制使)가 급히 보고하기를, "포주강(蒲州江)에 사는 이만주의 관하(管下) 올량합(兀良哈) 천호(千戶) 유을합 등 2명이 여둔(汝屯) 지휘의 문첩(文牒)을 가지고, 붙들리어 갔던 남녀 7명을 거느리고 여연군(閭延郡)에 와서 말하기를, '이만주는 성지(聖旨)를 받들고 깊숙한 곳에 들어가 토표(土豹)를 잡았었는데, 집을 비웠을 때 홀라온(忽剌溫) 올적합(兀狄哈)이 군사 100여 명을 거느리고 여연(閭延)·강계(江界) 지방에 들어와서 작란(作亂)하여 남녀 64명을 사로잡아 돌아가는 것을 이만주가 600여 명의 군사를 거느리고 산골짜기의 요로를 잘라 막아 모두 빼앗아 보호하고 있다.'라고 하오니 사람을 보내어 거느리고 돌아옴이 옳겠나이다." 하므로, 명하여 정부(政府)·제조(諸曹)[150] 및 삼군도진무(三軍都鎭撫)를 불러들이게 하고, 사정전(思政殿)에 나아가 지신사 안숭선, 좌대언 김종서 등으로 이 일을 의논하게 하였다.

첫째 의논은 "이만주 말이 이와 같으니 사람을 보냄이 어떠할지 여부를 함께 의논하여 아뢰라." 하니, 유맹문·정연·신장·김익정·조계생·성억·이맹균·하경복·안순·허조·황희 등이 "강계(江界) 등

---

149 중앙군의 기간을 이룬 병종
150 육조[이조(吏曹)·호조(戶曹)·예조(禮曹)·병조(兵曹)·형조(刑曹)·공조(工曹)]

지에 사는 야인의 말을 잘 아는 영오(穎悟)[151]한 사람을 보내 인솔하여 옴이 편하겠습니다." 하고, 조말생은 "국가에서는 슬쩍 모르는 체하고, 본도 절제사(節制使)의 말로써 데려오게 함이 편하겠습니다." 하였다.

둘째 의논은 "내 처음에 중국에 통고하고자 하였으나 붙들려 간 사람의 수효를 자세히 알지 못하므로 아직 내버려두고 기다렸는데, 이제 대략 알았으니 통고함이 어떻겠느냐." 하니, 유맹문·신장·김익정·성억·조계생 등이 "주문함이 옳겠습니다." 하고, 정연·이맹균 등이 "홍사석(洪師錫)이 돌아온 뒤 사변(事變)에 관한 사실을 자세히 알아보고 통고할 것을 다시 의논함이 편하겠습니다." 하고, 안순·하경복·황희 등이 "이만주가 거짓으로 꾸며 홀라온 올적합이라 일컬은 것인지 의심이 없지 아니하오니 아직 이 명령을 정지하셨다가 홀라온의 허실(虛實)을 안 연후에 통고해도 늦지 않겠습니다." 하고, 허조는 "일이 중대하오니 통고하기도 어렵고, 또 홀라온의 허실도 알지 못하오니 통고하는 것은 옳지 않습니다." 하였다.

임금이 "내 빨리 통고하고자 하였으나 경들이 말하기를, '홀라온의 참과 거짓을 자세히 안 연후에 주문하자.'라고 하매 나도 이를 다시 생각하겠다. 이번의 도적은 비록 홀라온의 소위(所爲)라 하지마는 우리나라에서는 실상으로 잘 알지 못하는 것이니, 홀라온의 소위가 아닌 줄을 확실히 알게 된 후에 파저강(婆猪江)의 올량합의 짓이라고 허물을 돌리는 것이 또한 통하지 않겠느냐. 그것을 다시 의논하여 아뢰라." 하

---

151 영리하고 슬기로움.

니, 신장 · 김익정 · 성억 등이 "적들의 모략은 헤아리기 어렵사오니 어찌 뒷날에 다시 이러한 변이 있게 될 것을 알겠나이까. 곧 통고하시옴이 편하겠나이다." 하고, 정연 · 조계생 · 이맹균 등이 "홀라온의 참과 거짓을 자세히 안 연후에 통고함이 편하겠나이다." 하고, 조말생은 "주문을 하지 않으면 그만이거니와 통고한다면 이때에 통고하는 것이 옳겠나이다." 하고, 허조 · 황희 등이 "이것은 비록 이만주의 소위라 하더라도 그가 이미 회과(悔過)하여 포로를 송환한 터이온즉, 또한 용서할 만하다고 이르겠습니다. 더군다나 실지로 홀라온의 소위였는데 이만주가 탈환(奪還)하였다면 더욱 공이 있는 것이오니 어찌 허실도 알지 못하고 급히 서둘러 통고할 수 있겠나이까." 하니, 임금이 빨리 통고하는 것을 상책(上策)이라 하고, 안숭선에게 명하여 내일 아침 일찍 승문원제조(承文院提調)를 불러들이게 하여 통고문을 수정하게 하고 인장을 누르니 밤이 이미 사경(四鼓, 새벽 1시)이나 되었다.


▪ 14년 12월 22일

임금이 여러 신하의 의논을 따라 드디어 중지하여 통고를 아니 하고, 즉시 평안도 도절제사에게 전지하기를, "야인의 말을 아는 똑똑한 자 3, 4명을 그곳에 보내 사로잡혀 간 사람들을 인솔하여 오도록 하라." 하다.


▪ 15년 1월 4일

임금이 좌우에게 "지난번에 올량합이 우리 북변을 침략하였는데, 그때에 문죄하는 군사를 일으키지 않았더니 지금 또 가만히 와서 사람과 물건을 노략질하였다. 이 무리들이 우리 경계에 가까이 있으니 군사를 써서 문죄함이 진실로 어렵지 아니하나, 아직은 참고 의리로써 대하겠다." 하다.

■ 15년 1월 8일

평안도 도절제사가 급히 보고하기를, "건주위 지휘(建州衛指揮) 이만주(李滿住)가 피로(被虜)[152]되었던 사람을 돌려보내면서 말하기를, '작년(14년) 11월 29일에 난독 지휘(暖禿指揮) 타납노(吒納奴)가 사람을 보내어 보고하기를, '홀라온(忽剌溫) 야인(野人)이 150여 인마(人馬)를 거느리고 난독(暖禿)[153] 지방을 노략질하면서 지나간다.'라고 하기에, 이만주가 이 말을 듣고 인마 300여 명을 거느리고 별빛이 밝은 밤에 전진하다가 천사(天使, 중국 사신) 장도독(張都督)과 맹가첩목아(猛哥帖木兒)를 만나 함께 수정산(守定山) 입구까지 뒤쫓아 포위하여 머물러 길을 막아서 남녀노소 64명을 모두 빼앗았습니다.' 하고, 관리를 보내 본처(本處)로 보내왔으므로 강계(江界)에서 교부(交付)하였습니다." 하다.

■ 15년 1월 9일

평안도 감사가 "여연(閭延) 강계에서의 싸움에서 전사자와 포로 된 사람이 75명인데 전사한 사람이 48명입니다." 하니, 의정부와 육조를 불러 의논하기를, "전일에 경들의 논의에 '홍사석이 돌아오기를 기다려

---

152 적에게 사로잡힘. 적군에게 사로잡힌 민간인. 포로
153 북쪽 여진(女眞) 지명

서 이만주에게 사람을 보내는 것이 마땅하다.'라고 하기에 내가 아직 이를 정지하고 있었는데, 지금 감사가 보고한 조사 내용을 보면 만주의 소위가 틀림이 없으니 비록 홍사석이 돌아오기를 기다리지 아니하고라도 사람을 보내 문책함이 어떨까." 하니, 심도원 등이 "어찌 사석이 돌아오기를 기다린 뒤에 그 가부를 결정하오리까. 지금 조사 내용을 보면 실로 마음이 아프니 이때에 보내는 것이 마땅합니다." 하고, 황희 등이 "문안(文案)이 상세하니 홍사석의 말도 반드시 여기에 지나지 않을 것입니다. 그러나 그가 근일에 곧 돌아올 것이오니 보낼 만한 사람을 골라 홍사석이 돌아온 뒤에 보내는 것이 적당하옵니다." 하니 황희 등의 논의에 따랐다.

## 3) 조사관의 보고와 대책 숙의

▪ 15년 1월 11일

상호군 홍사석이 여연에서 돌아오다가 용천참(龍泉站)[154]에 이르러 병이 나서 사람을 시켜 보고하기를, "여연 절제사 김경과 강계 절제사 박초 등은 적을 방어하지 못하였을 뿐만 아니라 부서진 목책(木柵)을 모두 무너지게 하여 적으로 하여금 엿보고 있다가 일조에 쳐들어오게 하여 화환(禍患)[155]에 이르게 하였으니 진실로 마땅하지 못합니다. 도절제사 문귀도 순행규찰(巡行糾察)하지 아니하였으니 유사(攸司)에 내

---

154 평북 철산군(鐵山郡)에 있던 참(站)
155 재앙과 환난

려 죄를 다스리옵소서." 하니, 의정부·육조·삼군도진무(三軍都鎭撫)를 불러 지신사 안숭선과 좌대언 김종서로 일을 논의하게 하다.

1. "김경과 박초의 죄는 다시 말할 필요도 없고, 문귀는 한 도(道)를 전임(傳任)하였는데 부서진 목책을 한 번도 순찰하지 아니하여 오늘의 환란을 가져오게 하였으니 함께 잡아와 죄를 다스리는 것이 어떨까." 하니, 황희·맹사성·권진·안순·조말생·이맹균·정흠지·조계생·최사강·심도원·신장·허성·유맹문·이긍 등이 "함께 잡아 와 추핵하는 것이 마땅합니다." 하였으나, 허조는 홀로 "문귀가 비록 죄가 있으나 영변, 강계 두 곳의 장수를 일시에 바꾸는 것은 불가하므로, 새 도절제사가 부임하기를 기다린 뒤에 잡아 오더라도 아직 늦지 않을 것입니다." 하다.

1. "전일에 경등이 논의하기를, '파저강 야인들의 소행을 짐짓 모르는 체하고 아직 그대로 두고 논하지 말자.'라고 하였으므로 나도 그렇게 여겼는데, 지금 다시 생각한즉 야인들이 우리 지경에 가까이 있으면서 이유 없이 변경을 침범하여 인민을 죽이고 사로잡아 가는데, 나라에서는 가만히 앉아서 보고 걱정 없이 돌아보지 아니하여 후일에 자주 침범하는 근심을 열게 함이 가할까. 경들의 논의가 비록 안정을 지키는 도리에는 합당할지라도 어찌 중국이 이적(夷狄, 여진족)을 대우하는 도리로서 이 무리들을 대하겠는가. 군사와 무력을 다하여 그 지경에 깊이 들어가는 것은 나의 본마음이 아니고, 군사를 정돈하고 베풀어서 무위(武威)를 보이려고 하는데, 저들이 만약 포로한 사람을 다 돌려보내고 성심으로 귀순한다면 반드시 토벌할 것은 아니다. 그것을 각기 충분히 논의하여 아뢰라." 하니, 황희 등이 "신

등도 마음이 몹시 아픕니다. 군대를 훈련하여 무위를 보이는 것이 마땅하다고 생각합니다." 하고, 허조는 홀로 "박초, 김경 등과 같은 무리로써 변경을 지키게 하여 기회를 잃고 그르치게 함은 진실로 나라에서 사람을 쓰는 데 실수입니다. 더군다나 이 야인들은 종류가 많아 지금 비록 가서 칠지라도 뒤에는 반드시 우리나라 누대(累代)의 근심이 될 것이오니 그 해가 심히 큽니다. 신의 생각으로는 아직 그대로 두고 논하지 말며 스스로 경계를 굳게 지켜 침범하거든 방어하고 투항(投降)하거든 허락하는 것이 편하다고 생각하옵니다." 하다.

1. "문귀를 대신해서 영변을 맡길 사람은 누가 좋으냐." 하니, 황희는 최윤덕 · 하경복 · 이순몽 등을 추천하고, 하경복은 최윤덕 · 이순몽을 추천하고, 나머지 사람들은 모두 최윤덕을 추천하였다. 안숭선이 "이순몽은 비록 광패(狂悖)하다고 이르나 기해(1년) 동정(東征, 대마도 토벌) 때에 몸소 사졸들의 앞장을 서서 적을 치는 데 공이 있었으니 이순몽을 도절제사로 삼고, 호조 참의 김효성을 도진무(都鎭撫)로 삼는 것이 마땅하옵니다." 하니, 임금이 "나의 생각도 그러하나 대신들의 천망(薦望)이 최윤덕에게 있다." 하고, 곧 최윤덕으로 문귀를 대신하게 하고 김효성을 도진무로 삼다.

■ 15년 1월 12일
의금부 조서강을 강계 · 여연에 보내 패전 상황을 다시 국문하게 하다.

- 15년 1월 14일

사정전(思政殿)에 나아가 평안도 절제사 최윤덕과 도진무 김효성을 전
별하였는데, 왕세자 및 대군과 여러 군들이 연회에 입시하였다.


- 15년 1월 15일

임금이 "함길도에서 보고하기를, '동맹가첩목아가 장천사(張天使, 중국
사신)를 따라 북경에 가다가 홀연히 홀라온(忽剌溫) 올적합(兀狄哈)이 여
연을 침범하여 인마(人馬)를 약탈하여 돌아가는 것을 만났는데, 맹가
첩목아가 장천사에게 고하고 모두 죽이려고 하니 장천사가 말하기를
'안 된다. 만약 모두 죽인다면 조정 사신이 노아간(奴兒干)에 왕래할 때
에 원한을 품고 변을 일으킬 염려가 없지 아니하니, 다만 그 포로 한
사람과 물건만 돌려주게 함이 가하다.'라고 하여, 이에 남녀 64명을 취
하여 돌려보냈다.'라고 하였는데, 이를 보면 평안도의 치서(馳書)[156]와
다름이 없다. 혹 맹가첩목아가 서로 내응(內應)하여 도둑질하고는 천
사를 속여 홀라온을 핑계한 것이 아닐까. 저 올량합들의 동모(同謀)한
정적(情跡)을 함길도 도절제사로 하여금 비밀히 탐지하여 아뢰도록 하
는 것이 좋겠다. 또 이만주에게 그 실정을 물어보는 것이 어떨까." 하
니, 예조판서 신상이 "국가에서는 모르는 것처럼 하고 변장(邊將)으로
하여금 사사로이 물어보게 하는 것이 편리하겠사옵니다." 하니, 임금
이 "내 뜻도 그렇다." 하였다.

---

156 편지

## 4) 역사적 사례와 뒤처리 문제

- **15년 1월 18일**

임금이 좌우에게 "여연에서 포로 된 사람으로서 돌아오지 못한 자가 아직 많고, 마소는 전혀 돌아오지 아니하였으므로, 최윤덕으로 이만주·임합라·심타납노 등에게 사람을 보내어 힐책하려고 하니, 그것을 최윤덕과 더불어 의논하여 그 힐책할 말을 아뢰라." 하니, 이조판서 허조가 "최윤덕이 금병(禁兵) 50명을 거느리고 영변부(寧邊府)에 가는 것은 신의 생각으로는 지금 곧 가서 친다면 오히려 가하거니와, 만약 사람을 보내 천천히 적의 진위를 살핀 뒤에 가서 친다면 잇따라 계속 발병(發兵)함이 마땅하옵니다. 서북(西北) 지방은 토지가 본래 메마른데다가 사신의 왕래로 인하여 쇠잔함이 극심한데, 지금 이미 본도의 병마를 여연·강계 등지에 모으고, 또 50명의 군관을 거느리고 가면 군량(軍糧)과 마료(馬料)가 모두 떨어질까 두렵습니다. 또 이만주가 말하기를, '전일에 침략한 것은 곧 홀라온의 소위다.'라고 하여 지금 도적이 누구인지를 알지 못하오니, 우선 사람을 보내어 후하게 대접하고 그 도적을 살펴 안 뒤에 가서 치는 것이 가하옵니다." 하였다.

임금이 "내가 익히 생각해서 처리하겠다. 최윤덕이 많은 군관을 거느리고 가면 비록 폐가 없지 않을 것이나, 영변에 이르러 무예를 연습하면 싸우지 아니하고 돌아올지라도 진실로 유익하다." 하였다.

허조가 또 "만주 등이 사는 곳은 산천이 험조하여 이른바 '열 그루의 나무를 베고 한 개의 별을 본다.'라고 하는 곳입니다. 또 야인들이 사납고 날래고 간교하여 만약 가서 치면 산에 오르고 군사를 돌이키면 다시 와서 도둑질하여 국경의 분쟁이 이로부터 끊어지지 않을 것이오니 한갓 우리의 군사만 괴로울 것입니다. 변경의 성책(城柵)을 능히 완고(完固)하게 하지 못하여 적으로 엿보게 하여 그들에게 빼앗긴 바가 되었으니, 성책을 신중히 하고 굳건히 하여 방어를 엄하게 해 편한 것만 같지 못합니다. 되풀이해 생각해 보니 성상께서 마음속으로 큰일을 이미 정하셨는데, 신의 여우같이 의심하는 말로써 우러러 천총(天聰)을 모독하옴은 불가한 줄 아오나, 속으로 이런 마음이 있으면서 상달하지 아니한다면 이는 안팎이 일치하지 않은 것이므로 중지하기를 청하옵니다." 하니, 임금이 "지금 대병(大兵)을 일으켜 남김없이 소탕하려는 것은 나의 본의가 아니고, 다만 도적이 와서 침략하고 갔는데 우리가 앉아서 평안히 그 욕을 당하고 한번 가서 문책하지 아니한다면 저들이 반드시 우리를 가벼이 여겨 매양 와서 침노할 것이므로, 사람을 그곳에 보내 도둑 무리를 살펴 알아 군사를 출동하여 치면 비록 능히 이기지 못할지라도 오히려 위력을 보여 적의 마음을 굴복시킬 수 있을 것이니, 이것이 좋은 계책인 것이다." 하였다.

예조판서 신상이 "일찍이 왜적이 와서 침범한 일을 생각하면 지금 이 야인의 피해는 극히 작은 것입니다. 나라에는 외환(外患)이 있는 뒤에야 마음을 경계하고 두려워해 생각지 않은 변을 방비하여 길이 태평시대를 누릴 것이나, 만약 외환이 없이 편안한 데 인습되면 심히 불가합니다." 하니, 임금이 "경의 말이 옳다." 하고, 또 "이만주, 타납노 등에게 동북면(東北面) 야인을 접대하는 예로 대접함이 어떨까." 하니, 신상이 "지난날에 이만주의 관하(管下) 사람이 강계에 이르러 우리나라에 입조(入朝)하기를 원하는 것을 물리치고 받지 아니하였는데, 지금 만약 와서 양식을 요구하거든 병마사(兵馬使)가 적당하게 주고, 인해 더불어 말하기를, '여기는 방어하는 곳이므로 진실로 저축한 곡식이 없는데 군량을 준다.'라고 하면 이것이 상책입니다. 만약 한번 접촉하면 왕래가 끊어지지 아니하고 요구하기를 싫어하지 아니하여 비록 나라의 은혜를 후하게 입었을지라도 조금만 혐극(嫌隙, 벌어진 틈)이 있으면 배반하는데, 더군다나 서북(西北)의 쇠잔한 도(道)에서이겠습니까." 하니 임금이 그렇게 여겼다.

■ 15년 1월 19일

평안도 도절제사 최윤덕, 도진무 김효성, 경력 최치운 등이 사조(辭朝, 외직으로 부임하는 관원이 임금에게 하직)하니 임금이 불러 보고 "오랑캐를 방어하는 방도가 예전에도 좋은 계책이 없었다. 삼대(三代)의 제왕들은 오면 어루만지고 가면 쫓지 아니하여, 다만 횡포하지 못하도록 하였을 뿐이다. 그러나 확실한 문적(文籍)이 없어 자세히 알 수는 없고 한(漢)나라 이후로 역사를 상고할 수 있다. 한고조(漢高祖)는 영명준일(英明俊逸)한 자질로 천하를 평정하여 흉노(凶奴)를 칠 적에 마땅히 마른 풀을 베는 것처럼 할 것인데 마침내 위태로움을 당하여 겨우 몸에 화를 면하여 다시 화친하기를 논의하였고, 여태후(呂太后)도 또한 여주(女主)의 영걸(英傑)로서 묵특(冒頓, 흉노추장)의 글이 비록 매우 무례하였으나 마침내 치지 아니하고 화친하였을 뿐이었으며, 무제(武帝)는 사이(四夷, 사방의 야만족)에 군사의 일이 많아 천하가 허모(虛耗)하였고, 당(唐)·송(宋)의 일은 더욱 명백하였다. 그러므로 옛사람들이 이를 마치 모기처럼 여겨 쫓아버릴 뿐이었다. 옛사람이 이처럼 한 까닭은 나라의 크고 작음이 없이 벌[蜂]에 독이 있는 것과 같다. 피차간에 무죄한 백성이 어찌 해를 받음이 없겠느냐. 그러나 파저강(婆猪江)의 도적은 이와 다르다. 지난 임인(4년) 사이에 우리 여연을 침노하였고, 그 뒤에 홀라온에게 쫓긴 바가 되어 그 소굴을 잃고는 그 가족을 이끌고 와 강가에 살기를 애걸하기에 나라에서 가엾이 여겨 우리나라에 붙어살 것을 허락하였으니 보호한 은혜가 적지 아니한데, 지금 은덕을 저버리고 무고히 쳐들어와 평민을 죽이고 잡아갔으니 궁흉극악(窮凶極惡)한 죄는 베어 용서할 수 없다. 만약 정토(征討)하지 아니한다면 뒤에 뉘우치고 깨달음이 없어 해마다 반드시 이와 같은 일이 있을 것이다. 더군다나 지금은 나라가 태평한 지 오래되어 사방에 근심이 없으니, 『맹자(孟子)』에 이르기를, '적국(敵國)과 외환(外患)이 없으면 나라가 항상 망한다.'라고 하였으니, 오늘날의 일은 비록 야인들이 한 짓이나, 실은 하늘이 우리를 경계하기 위한 것이다. 지금 이만주, 동맹가, 윤내관(尹內官) 등의 글에 모두 홀라온의 소위라고 하나, 자세히 생각해 보면 어찌 이들을 끌어들인 자가 없었겠는가. 근래에 임합라(林哈剌)가 여연에 이르러 말하기를, '나의 노비를 숨기고 내어 주지 아니하면 뒤에 반드시 근심이 있을 것이다.'라고 하였으니 그 말이 이유가 있어 그러한 것이다. 옛날 경원(慶源) 한흥부(韓興富)의 사건에 하윤(河崙)은 칠 수 없다고 말하고 조영무(趙英武)는 쳐야 한다고 말하였는데, 태종께서 영무의 계책에 좇아 치기를 명하셨고, 후일에 대마도의 일에 혹은 쳐야 한다고 말하고 혹은 칠 수 없다고 말하였는데, 태종께서 대의(大義)로서 결단하고 장수들에게 명하여 토벌하게 하셨다. 그 일이 비록 마음에 만족스럽지는 못하였으나, 뒤에 적들이 마침내 두려워하는 마음을 가지게 되었다." 하니, 최윤덕이 "대마도의 일은 100년 동안의 준비이고, 오늘날의 일은 겨우 10년 동안의 준비이온데, 더군다나 같은 야인이라도 조금은 동서(東西)의 차별이 있사오니, 이만주는 요동(遼東)과 가까워 맹가(猛哥)에 비할 것이 아닙니다." 하였다.

임금이 "경의 말이 옳으나, 다만 그 내침(來侵)한 도적의 실상만 살펴 알면야 군마(軍馬)를 정리해 밤낮으로 행군하여 한두 마을을 쳐부수어도 족하다." 하니, 윤덕이 "예전의 훌륭한 장수들은 어찌 군력(軍力)만을 썼사오리까. 또한 때와 운수(運數)로 인하여 서로 이기고 패하였습니다. 지금은 땅이 얼고 물이 흘러넘치니 4, 5월 봄 물이 마르기를 기다려 행군하는 것이 가하옵니다. 만약 일의 기미가 있으면 마땅히 용사(勇士) 20여 명을 청하겠나이다." 하였다.

임금이 "경의 말한 바를 내가 어찌 듣지 않겠는가. 군사의 진퇴에 이르러서는 경의 처분대로 따르겠다." 하고, 인해 전교하기를, "최치운이 오랫동안 근시(近侍)에 있었으니 경이 막부(幕府)에서 더불어 고사(古事)를 논함이 가하다." 하니, 윤덕이 "만약 적경(賊境)에 정탐하는 일이 있으면 최치운을 함께 보내고자 하옵니다." 하였다.

임금이 또 김효성에게 "그대는 군사의 일을 이미 알았으니 경계하고 경계하라." 하였다.

최윤덕에게는 안장을 갖춘 말 및 활과 화살을 하사하고, 김효성에게는 말 한 필을 하사하였다.

▪ 15년 2월 9일
평안도 절제사 문귀를 붙잡아 와 의금부에 가두다.

## 5) 적경의 지리적 파악과 처벌

■ 15년(1433년) 2월 10일

전 소윤(小尹) 박호문과 호군(護軍) 박원무를 야인 이만주, 심타납노, 임합라 등의 곳에 보내어 야인들이 도둑질한 진위와 종류의 다소와 산천의 험조와 도로의 멀고 가까운 것들을 자세히 살피게 하다.

■ 15년 2월 12일

의금부 제조를 불러 "박초, 김경 및 영군(領軍)의 백호(百戶), 천호(千戶), 진무(鎭撫), 패두(牌頭) 등은 우리 백성들이 피살되고 사로잡히는 것을 보고도 겁내어 나가서 싸우지 아니하였으니 그 죄가 크다. 마땅히 법으로 처치할 것이나, 그 사이에는 혹 길이 험하고 막혀서 미처 달려가서 구원하지 못한 것과, 혹 힘이 약하여 대적할 수 없어 부득이하여 후퇴한 것 등은 그 사정이 딱하니 일체로 논할 수 없다. 경들은 친히 국문하기를 이미 자세히 하였을 것이니 그 율(律)을 상고할 때를 당하여 정리(情理)에 적합하도록 힘쓰고, 형벌의 경중에 실수가 없게 하라." 하니, 모두가 "김경, 박초의 죄는 마땅히 중형에 처해야 합니다. 옛일에 상고하건대 군사를 패하고서 몸을 보전한 것을 듣지 못하였습니다. 또 천호 정유와 진무 김천영은 70기(騎)를 거느리고, 도진무(都鎭撫) 김천봉은 110기를 거느리고 잇따라 나아갔다면 모두 180기이온데, 적 50여 기에 대적하여 만약 마음을 다해 힘써 싸웠다면 어찌 이기지 못할 리가 있었겠습니까. 그 두려워하고 겁내어 싸우지 아니한 것이 의심할 나위 없습니다. 위의 영솔(領率)한 세 사람도 아울러 중형에 처하여 뒷

사람에게 보이옵소서." 하니, 임금이 "장차 경들의 논의에 따르겠다." 하다.

■ 15년 2월 15일

임금이 장차 파저강 야인을 토벌하려고 대신들 뜻을 알고자 하여 비밀히 의정부·육조·삼군도진무 등에게 저들을 접대할 방법과 죄를 성토할 말, 토벌할 계책 등을 각각 진술하게 하다.

영의정 황희는 "만약 그 죄를 성토하려면 마땅히 말하기를, '홀라온(忽剌溫) 올적합(兀狄哈)[157]은 본국과는 일찍이 상통하지 아니하여 길의 방향과 산천의 형세를 알지 못하는데, 어찌 능히 20여 일의 노정(路程)을 넘어 깊이 들어와 도둑질하였겠는가. 또 너희들과 더불어 오랜 원수가 져 있는데, 너희들을 침범하지 아니하고 우리의 변경 수비를 넘어 들어와 감히 침략을 방자히 하였으니, 이는 실정에 가깝지 아니한 말이다. 너희들이 일찍이 교호(交好)[158]로써 우리 변장(邊將)을 달래어 그 방비에 게을리하는 틈을 타서 몰래 살그머니 나와 도둑질하여 무고한 백성을 죽이고 노략질하고는 자기의 죄를 숨기기를 꾀하여 거짓으로 올적합을 칭탁한 정적(情迹)이 매우 분명하다. 만일 올적합이 도둑질하고 너희들이 사로잡힌 인구를 쳐서 빼앗았다면 마소와 재물만을 어째서 빼앗지 아니하였느냐. 이것이 가히 의심스럽다. 너희들이 만약

---

157 홀라온은 송화강(松花江) 지류인 호란하(呼蘭河, Hurun) 일대에 있는 평원 지명이고, 올적합은 여진의 한 부족으로 우디케(Udike)라고도 하며 Taiga 지대에서 수렵생활을 하던 '삼림(森林)의 사람'을 가리키는 말이기도 하다.
158 사이좋게 사귐.

반성하여 잘못이 없다면 포로 된 사람을 압송하는 자가 공을 자랑하고 상을 요구하는 것이 보통 일인데, 본국의 길 가는 사람을 만나 급하게 교부(交付)하고는 스스로 의혹하여 도망해 피하였으니 정실(情實)이 곧지 못하다. 포로가 되었다가 돌아온 자도 말하기를, '너희들이 겉으로는 올적합을 포위하였으나, 실상은 화호(和好)하여 혹 가슴을 합하여 서로 잡으며 혹 서로 술과 고기를 먹었다.'라고 하니, 너희들이 끌어들여서 변경을 범한 것이 틀림없다.'라고 하여 이로써 죄를 성토하고, 피로 된 사람과 가축을 다 돌려보내게 하되, 저들이 만약 좇지 아니하거든 삼가 태종문황제(太宗文皇帝)의 선유(宣諭)[159]한 성지(聖旨)에 의해서 죄를 묻고 토벌하여 편히 살지 못하게 함이 가하옵니다. 만약 군사를 일으켜 칠 수 없다면 더욱 무비(武備)를 엄하게 하고 변경을 굳게 지켜 저들이 와서 변경을 침범하거든 추적하여 잡는 것도 가하옵니다. 가령 저들 도적이 거짓으로 교호(交好)하겠다는 이유로서 감언(甘言)으로 나오거든 구류(拘留)시켜 변(變)을 기다리는 것이 어떠하옵니까." 하였다.

좌의정 맹사성은 "여연에 침입해 도둑질한 것은 오로지 파저강 야인의 소위인데, 도리어 홀라온 올적합을 지목하여 장천사를 통하여 황제께 주달하였으므로, 당시의 사세가 비록 파저강 야인들의 소위임이 의심스러우나, 죄를 성토하고 토벌하는 것은 혹 불가할까 합니다. 다만 일컫기를, '올적합이 우리 경계에 들어와서 노략질하기를 3일 동안

---

159 임금의 유지(諭旨)나 훈유(訓諭)를 백성에게 널리 알려 공포함.

이나 하였는데, 너희들이 쫓아가 잡지 아니하였을 뿐더러 또 피로된 사람과 가축을 다 돌려보내지 아니하고, 또 올적합을 사로잡아 보내지 아니하였으니 오로지 너희들의 소위다.'라고 딱 잡아 말하고, 화친을 허락하지 말며 삼가고 굳게 지켜서 저들로 하여금 죄를 두려워하여 스스로 자복하게 하되 만약 횡포하게 굴거든 급히 공격하여 변란(變亂)에 대응하는 것이 어떻겠습니까." 하였다.

우의정 권진은 "올적합은 20여 일의 길을 어찌 지시하는 사람이 없이 깊이 들어와서 노략질하였겠습니까. 이는 반드시 파저강 올량합이 길을 인도한 것입니다. 사람을 보내서 사람과 가축을 모두 돌려보내도록 효유(曉喩, 깨달아 알도록 타이름)하고, 저들이 만약 변경을 침범하거든 미리 군사와 말을 정비하여 사변에 응하여 쫓아가 잡는 것이 가하겠습니다. 또 최윤덕이 곤외(闊外, 왕성 밖)를 전제(專制)하므로, 저들의 실정을 오히려 들어서 알 수 있으니, 피로 되었다가 돌아온 사람에게 힐문(詰問)하여 실정을 얻어 계문(啓聞)한 뒤에 죄를 성토할 말과 토벌할 계책을 다시 논의함이 어떠하겠습니까." 하였다.

이조판서 허조는 "파저강 올량합이 올적합과 더불어 합심하여 도둑질한 것은 의심할 나위 없사오니 죄악이 심히 중하여 당연히 가서 쳐야 할 것이오나, 듣건대 저들의 땅이 산수가 험조하고, 수목이 무성하고 빽빽하여 본디 성곽이 없고 산골에 흩어져 산다고 하오니, 만약 군사 일으켰다는 말을 들으면 문득 심처(深處)[160]로 도망갈 것이오니 쫓기

---

160 우리나라에서 가까운 변지(邊地)가 아닌 그들의 내지(內地)

어려울 듯하며, 또 이 무리들이 스스로 지은 죄를 헤아리고 토벌함이 있을까 염려되어 흉흉하여 불안해할 것인데, 이때 가서 치는 것이 성공하기 어려울까 두렵습니다. 양계(兩界)의 장수들이 사태를 살펴 보고하기를 기다려 뒤에 헌의(獻議, 윗사람에게 의견을 아룀)하게 하옵소서." 하였다.

호조판서 안순은 "파저강의 도둑이 홀라온을 핑계하여 말하나, 파저강 사람이 만일 같이 공모하지 아니하였으면 홀라온이 어찌 능히 수십 일의 노정(路程)을 넘어서 파저강의 길을 빌어 깊이 들어올 수 있었겠습니까. 하물며 지금 포로 되었던 사람들이 모두 파저강에서 돌아왔으니 그것은 저들을 핑계하여 스스로를 해명한 것이 분명하옵니다. 진실로 죄를 성토하고 토벌해서 그 소굴을 소탕하여 무위를 보이소서. 이는 성상의 진념(軫念)하시는 바이며, 신민(臣民)이 이를 가는 바입니다. 그러나 그 불가함이 세 가지가 있습니다. 첫째, 오랑캐의 습성이 지리의 험함을 믿고 틈을 엿보아 나왔다가 대적하지 못할 것을 알면 새처럼 흩어져 숨으니 비록 관우 · 장비 같은 용맹이 있을지라도 행할 수 없는데, 도둑의 소굴에 깊이 들어갔다가 반드시 이기지 못하고 군사를 수고롭게 하여 공이 없으면 도리어 업신여기는 마음이 생길 것입니다. 둘째, 가사 좋은 시기를 만나 정예한 군사를 뽑아 나아가서 추한 무리들을 섬멸하여 한때의 분함을 쾌(快)하게 한다면야 이는 어려움이 없습니다. 그러나 그 종류가 많아 어찌 다 베어 죽일 수 있으며,

만약 저들이 단결하여 서로 보호하는 계책을 내어 혐진(嫌眞),[161] 골간(骨看)[162] 등과 더불어 항상 생각지 아니하는 기회를 엿보아 공모하고 내침하면 후일의 근심은 말할 수 없을 것입니다. 셋째, 양목답올은 중국에 죄를 지었는데 중국에서 비록 탓하지 아니하고 내버려두나 토벌할 마음은 잠시도 잊지 않는데, 우리나라가 군사를 써서 승리했다는 것을 듣고 양목답올 치기를 명한다면 그것을 어떻게 사피할 수 있겠습니까. 이것도 의외의 염려입니다. 또 오랑캐[戎狄]의 침해는 역대의 공통된 근심이온데 제왕들은 모기가 쏘는 것처럼 보고 몰아냈을 뿐입니다. 오랑캐를 대하는 도리는 수비(守備)하는 것을 근본으로 삼고 공벌(攻伐)[163]을 먼저 하지 아니하였으므로, 항상 성보(城堡)를 수선하며 장수를 고르고 군사를 훈련시켜 안으로 침노하거든 공격하고 도망쳐 가거든 쫓지 않았사온데, 이는 고금의 좋은 계책이옵니다. 파저강의 도둑이 홀라온을 핑계해서 말하니 이는 곧 죄를 알고 자복하는 기미(幾微)입니다. 그 자복하는 기미를 통하여 피로된 사람과 가축을 돌려보내기를 명하고, 대하기를 처음과 같이하여 안으로는 닦고 물리치는 준비를 오로지하고 밖으로는 회유의 어진 마음을 보이면 오랑캐를 제어하는 도리에 적합하고 원수를 맺어 날뛰는 근심을 방지할 것입니다. 더군다나 장내사(張內史)가 먼저 파저강 사람의 말을 황제께 아뢰었으니, 파저를 허물하여 가서 치는 것은 더욱 불가하옵니다." 하였다.

---

161 올적합(兀狄哈) 여진(女眞)의 한 갈래
162 올적합 여진의 한 갈래
163 공격하여 정벌함.

찬성 노한은 "접대의 방법은 저들이 간사함이 많아 가볍게 끊을 수는 없으나 또한 후하게 대접할 수 없으니 예전대로 하며, 죄를 성토하는 말은 각 사람의 공초(供招, 범죄사실)를 보면 파저강 사람이 홀라온과 더불어 서로 친한 것을 가히 알 수 있으니, 만약 올적합을 포위하여 60 여 명을 과연 빼앗았다면 그 힘이 족히 도둑을 제어하고 그 형세가 가히 다 빼앗을 만한데, 그 나머지 사람과 가축만은 빼앗아 보내지 아니하였으니, 이로써 본다면 파저강 사람이 스스로 도둑질한 것이 명백합니다. 더군다나 홀라온과 파저강은 거리가 25 일정(日程)이니 여연과는 더욱 멀리 떨어졌는데, 홀라온들이 무슨 혐의가 있어서 100명의 고군(孤軍)으로 파저강의 경계를 지나 우리 강토를 침범하고 우리의 사람과 물화를 빼앗아 갔겠습니까. 그런즉 파저강 사람이 홀라온이라 사칭하고 도둑질한 것이 명백하며, 비록 파저강 사람이 한 짓이 아닐지라도 홀라온과 더불어 기맥을 통하여 도둑질한 것은 틀림없습니다. 이것은 저 파저강 사람이 그 죄책을 사피할 수 없을 것이니 진실로 마땅히 쳐야 할 바이오나, 저들이 죄를 면하고자 하여 홀라온을 핑계해 말하였으니 방금 사실을 밝히는 중이고 죄명을 붙이지 아니하였으며, 또 이미 중국 조정에 보고하였는데, 국가에서 진실로 그 실정을 얻지 못하고서 토죄(討罪)[164]한다면 실로 적당치 못합니다. 지금 저 사람들이 산골에 도망해 숨었으니 비록 1만 명의 군사를 일으킬지라도 어찌 한 사람 한 사람을 제어할 수 있겠습니까. 또 인심은 세월이 오래되면 그

---

164 죄목을 들추어 다부지게 나무람.

정(情)과 실(實)을 알 수 있는 것이오니 잇따라 사람을 보내 사로잡힌 사람·마소·가산(家産) 등을 돌려보내게 하고, 한편으로는 그 말을 듣고 그 뜻을 살피며, 인하여 그 산천의 험조(險阻)와 요해처(要害處)를 살펴보고, 또 저 사람들이 안심하기를 기다린 뒤에 죄를 성토하고 토벌함이 어떠하겠습니까." 하였다.

형조판서 정흠지는 "접대하는 방법은 죄를 성토하고 토벌하기 전에 마땅히 대하기를 처음과 같이할 것이며, 저들에게 우리가 자기들을 의심하고 있다는 것을 알려 그들의 계책을 이루는 데에 덕이 되게 함은 불가하오니, 만약 항거하기를 예비하거나 혹 도망해 숨게 함은 옳은 계책이 아닙니다. 죄를 성토하는 말은 홀라온 올적합이 알타리 올량합과 비록 같은 무리라고 하나 본래 마음이 같지 아니하여 서로 틈이 있으며, 수십 일정(日程)의 밖에서 살고, 그 사이에는 각종 야인들이 섞여 살아, 우리와 더불어 일찍이 서로 통하지 아니하여 도로의 요해(要害)를 알지 못하는데, 어찌 1,000리의 험한 길을 넘으면서 다른 여러 오랑캐에게 사로잡힘을 무릅쓰고 우리 경계에까지 깊이 들어왔을 것입니까. 가사 홀라온이 나왔을지라도 알타리가 이들을 위하여 길을 인도하지 않았다면, 어찌 능히 요로(要路)를 적확하게 알고 우리의 무방비한 틈을 타서 습격하여 사흘이나 오랜 날을 지내면서 거리낌 없이 도둑질을 함부로 행하였겠습니까. 알타리가 올적합에게 강약이 같지 아니하고 재주와 기술이 현격한 차이가 있어 두려워하기를 호랑이처럼 할 뿐이 아닌데, 지금 그 약탈한 사람과 마소를 빼앗았으나 화살과 활촉을 허비한 것이 없고, 도리어 더불어 즐기고 희롱하면서 마시고 먹이며 서로 왕래하기를 한집 사람이나 부자(父子)가 서로 주고받음과 같이 하니, 이는 신의 믿지 못하는 바입니다. 더군다나 여연의 군인 전의(全義)란 자가 교전할 때에 알타리 심아랑합(沈阿郞哈)을 친히 보고 은혜를 저버리고 도둑질함을 꾸짖었고, 또 사로잡혔다가 돌아온 부인들이 도둑 송천부(宋天富)가 이춘부(李春富)를 원망하는 말을 친히 들었으니, 그것은 알타리가 도둑질한 것이 더욱 명백하옵니다. 이 도적은 인의(仁義)는 부족하나 음흉하고 간사함은 남음이 있으니 어찌 후일의 근심을 알지 못하겠습니까. 그러므로 홀라온을 지목해 말하면서 오히려 부녀자 가운데 아름다운 자와 마소, 재물 등을 마침내 다 돌려보내지 아니하고, 위로 천자를 속여 조선을 팔았으니, 이것으로써 죄를 성토한다면 어찌 할 말이 없다고 근심하겠습니까. 공벌(攻伐)하는 계책은 마땅히 장수를 고르고 군사를 훈련시켜 두어 길로 나누어 함께 나아가서 함매(銜枚, 비밀히 행군할 때 입에 막대기를 물려서 떠들지 못하게 함)하고 재빨리 달려가 그들이 뜻하지 아니할 때 나가 부락들을 덮쳐 큰 괴수(魁首)를 사로잡고 어리고 약한 자는 옮겨 저들로 하여금 정성을 드러내고 성심으로 복종하여 이마를 조아려 애걸하게 한 뒤 더불어 화친하면 쉽게 굳어질 것이고, 이로써 불러 어루만지면 쉽게 복종할 것입니다. 이는 도둑을 위력으로는 굴복시킬 수 있으되 덕으로 감화시키기는 어렵다는 것입니다. 기해(1년) 대마도 토벌에 조야(朝野)에서 모두 치고자 아니하였으나, 태종께서 성심(聖心)으로 스스로 결단하시어 6월에 군사를 일으켜 그 죄를 토벌하니, 왜인들이 위엄을 두려워하고 은혜를 생각하여 지금까지 신하로 복종하고 백성들이 그 은혜를 받으니, 이는 이미 그러한 밝은 공효(功效)입니다. 지금의 논의하는 자는 모두 말하기를, '저들이 비록 실지로 도둑질하였을지라도 홀라온을 칭탁해 말하니, 국가에서는 모르는 체하고 우리의 수비를 굳게 하여 대접하기를 더욱 후하게 할 것이고, 더불어 원수를 맺을 수 없다.'라고 하나, 신의 어리석은 생각으로는 이는 일시의 편함을 도모하는 계책이지 대대로 영구히 편히 할 좋은 계책은 아니라 생각됩니다." 하였다.

호조참판 심도원이 "우리나라에 야인의 걱정이 있는 것은 중국에 융적(戎狄)이 있는 것과 같습니다. 제어하는 방법과 방책에 갖추 실려 있으니 대요(大要)는 정벌과 화친 두 가지에 불과합니다. 지금 여연의 일은 변장(邊將)이 실책하여 전하께서 진념하시오니 신등의 죄입니다. 포로 되었다가 돌아온 사람의 말을 고찰하건대 알타리의 간사한 꾀가 현저하오니, 그 음모와 간흉한 꾀는 오늘날의 정벌을 면하려는 것뿐만 아니라 장차 후일에 도둑질하기를 도모하는 것이오니, 이는 징계하지 아니할 수 없습니다. 임합라(林哈剌)는 일찍이 변경에 분쟁을 일으킨 일이 있는 자인데, 그와 함께하는 다른 부락이 모두 하루 이틀 길에 불과하니, 지금은 마땅히 그 간사함을 거짓으로 받아들여 대접하기를 처음과 같이하여, 돌아오지 아니한 사람과 물건을 요구한다는 말로써 잇따라 사람을 보내 그 실정을 깊이 살피고, 여연·강계에서 날래고 용맹한 장졸을 뽑아 모아 그들이 무심히 있을 때를 기다려 가만히 군사가 강을 건너 함매하고 빨리 달려가 두어 길로 아울러 나아가서 불의(不意)에 덮치고 꾸짖기를, '홀라온의 있는 곳이 멀리 떨어졌고 나오는 길이 너희 부락을 경유하는데, 너희가 공모하지 아니하였다면 어찌 능히 도둑질할 수 있었겠는가. 또 너희가 그 노략질한 것을 다 빼앗았다면 어찌하여 다 돌려주지 아니하느냐. 우리가 온 것은 장차 사람과 물건을 찾으려는 것이다.'라고 하면 마땅히 다 내어놓을 것이며, 배반하는 자는 죽이고 항복하는 자는 포로 하며, 또 장졸들을 경계하여 노인과 어린이와 부녀들은 죽이지 말고, 모두 몰고 와서 구류(拘留)시키고 신문하면 도둑질한 실정을 다 알 수 있으며, 변경 백성들의 원통함을 가히 씻을 것입니다. 논의하는 자는 말하기를, '야인들이 산골에 흩어져 살아 다 멸망시킬 수 없는데, 한번 서로 틈이 나면 변경에 환란이 더욱 심하여 거의 편할 해가 없을 것이니, 그들이 간사하므로 포용(包容)하여 방어함이 가하다.'라고 하오나, 생각건대 야인들이 변민(邊民)을 침해한 적이 오늘처럼 참혹한 때가 있지 않았는데, 이를 놓아 두고 베어 죽이지 아니하면 반드시 업신여길 것이오니 마땅히 그 죄를 토벌할 것입니다. 연강(沿江) 여러 고을로 하여금 성보(城堡)를 쌓고, 봉화(烽火)를 삼가히 하여, 얼음이 얼거든 성벽을 굳건히 하고 청야(淸野, 적의 편리를 주지 않기 위하여 집들을 헐어 없앰)하여 기다리다 기회를 타고 편리를 보아 공격하여 적으로 달아나도 돌아갈 바가 없고, 와도 소득이 없게 한다면 변경의 근심이 되지 않을 것입니다. 신이 그으기 아뢸 것이 있습니다. 기밀 일을 비밀히 하지 아니하면 일이 이룩되지 아니한다고 하니, 남을 치고자 할 적에 그 일을 비밀히 아니하면 신은 말이 누설되기 쉬울까 염려됩니다. 바라옵건대 깊은 꾀와 비밀한 계책을 마음속으로 결단하시고, 기회에 임하여 승리를 거둘 방책을 장수에게 위임하여 그 성공을 책임지게 하시면 다행함을 이기지 못하겠나이다." 하였다.

형조 좌참판 허성은 "야인이 우리 지경에 가까이 살아 우리 백성들과 더불어 섞여 있으면서 굶주리면 겸손한 말로 와서 복종하고, 배부르면 마구 날뛰며 함부로 포학하게 구는 까닭으로 마땅히 은혜로서 회유하고 위엄으로써 제압하여 이들에게 은혜를 배반할 수 없고 위엄을 범할 수 없다는 것을 알게 할 것이며, 중국이 이적(夷狄)을 사막 지방의 구별된 땅에 버려두고 다만 횡포하지 못하도록 굴레를 씌워 제어하는 것과는 같지 아니합니다. 파저강 야인은 지척에서 서로 바라보고 아침에 왔다가 저녁에 돌아가며, 우리 변군(邊郡)에서 먹고살면서 요구하여 얻지 못함이 없고 하고자 함을 이루지 못함이 없었으니 그 은혜가 지극하온데, 지금 도리어 침해를 가하고 거짓으로 북쪽 사람이 와서 도둑질했다고 말하니, 이는 장차 후일에 구걸하여 물건을 요구하려는 계책입니다. 금년에 이같이 하면 명년에 또 이같이 할 것이니 위력으로 제어하여 후환을 방지하지 않을 수 없습니다. 접대하는 방법과 죄를 성토하는 말과 공벌하는 계책 등은 다음에 간략하게 진술하옵니다.

1. 저들 홀라온이 들어와서 도둑질했다는 말을 짐짓 믿는 체하고, 예전대로 대접해서 그 변동을 볼 것입니다.

1. 홀라온이 도둑질했다는 말은 망령되고 허탄하여 믿을 만한 것이 못 됨은 분명하나, 일이 명백한 증거가 있어야 죄명을 바르게 할 것이므로, 조관(朝官) 한 사람을 보내 파저강 추장(酋長) 등에게 말하기를, '올적합이 우리 변경의 사람과 물건을 노략해 갔는데, 너희들이 힘써 싸워서 탈취하였으니 진실로 기쁘고 고맙다. 그러나 홀라온은 20여 일정(日程)에서 군사를 달려 깊이 들어왔으니 예전에 없던 바이며, 또 우리나라와 본래 조그마한 혐의도 없는데 무슨 까닭으로 왔는지 알지 못하겠다. 너희들이 싸워 빼앗을 적에 저들이 마땅히 와서 침략한 까닭을 말했을 터이니 그 자세한 것을 듣고자 한다.'라고 하면서 조용히 되풀이해 캐어 물으면 저들도 대답할 말이 없어 반드시 속이 드러날 것입니다. 또 함길도 도절제사로 군관 한 사람을

보내 동맹가첩목아에게 말하기를, '지금 삼파(森波)의 말을 듣고서 그 사변을 좀 알긴 했으나, 삼파의 말이 미진한 것 같으므로 그 자세한 것을 듣기 원한다.'라고 하면서 그 홀라온이 멀리까지 온 까닭과 파저강 사람이 싸워서 빼앗은 이유를 되풀이해 힐문하면 또한 그 사실을 가히 알 것입니다. 또 본국에서 북경에 간 사신이 돌아오면 파저강 야인이 주문(奏聞)한 여부를 알 것이오니 그 음모와 속이는 사실이 스스로 명백한 증거가 있을 것입니다. 그런 뒤에 꾸짖기를, '너희들이 조석으로 왕래하면서 구걸하고 요구하여 그 생활을 힘입었으므로 마땅히 감사하기에 겨를이 없어야 할 터인데, 이에 은혜를 배반하고 침범하고도 홀라온이 와서 도둑질했다고 핑계해 말하여 천총(天聰)을 속이고 또 우리나라를 속였으니 너희들의 죄악이 작지 아니하다.'라고 성토하고, 토벌하여 인민과 축산을 다 돌려보내게 하고는, 곧 태종 황제께서 내리신 명령에 의거하여 야인이 말을 가탁(假託)하여 속였다는 말과 군사를 일으켜서 침포(侵暴)[165]한 상황을 자세히 갖추어서 통고할 것입니다.

1. 군사를 행할 때 2품 이상을 두 사람 뽑아 보내고, 또 공격하는 싸움에 익숙하고 그 경계의 산천과 도로의 형세를 잘 아는 상호군(上護軍)·대호군(大護軍) 5, 6명을 보내어 편장(編將)을 삼으며, 그 행군하는 진퇴의 방법은 도절제사로 하여금 적당함에 따라 배치하게 하고, 또 2품 이상의 한 사람을 명하여 독찰(督察)[166]하게 하옵소서."

---

165 침범하여 포학하게 행동함.
166 일을 살펴 밝힘.

하였다.

판원사(判院事) 하경복은 "신이 포로 되었다가 돌아온 사람의 공초(供招)[167]를 가만히 본즉 도둑질한 자는 홀라온이 아니고 실은 파저강 올랑합이 연경(連境)한 잡종 야인들을 유인해서 도둑질한 것입니다. 대개 홀라온은 파저강과의 거리가 20여 일정이며 또 우리나라와는 본래 틈이 없는데, 하물며 춥고 어는 때를 당하여 저들이 어찌 1,000리의 험한 길을 넘어와 우리의 변경을 침략하였겠습니까. 올적합이 올랑합과 본래 서로 불화하여 피차 서로 만나면 개처럼 짖으며 서로 물고 뜯는데, 어찌 서로 만날 즈음에 허리를 안고 서로 희롱할 이치가 있겠습니까. 이는 반드시 파저강 야인들의 소행입니다. 신이 임인(4년)에 올랑합이 와서 침략한 뒤 길주에 진무(鎭撫)로 가서 올랑합에게 사람을 시켜 효유하기를, '너희들 있는 곳은 동쪽으로는 큰 바다가 있고 북쪽으로는 여러 종류의 올적합이 있는데, 만약 우리의 인구와 가축을 돌려주지 아니하면 내가 장차 나라에 알려서 농경시(農耕時)를 당하여 가서 쳐서 너희들의 농사를 해칠 것이며, 또 추수 때에 가서 쳐서 너희들 곡식을 해치면 너희들은 장차 어디로 돌아갈 것이냐?'라고 하니, 저들이 모두 두려워하고 굴복하여 우리의 인구와 가축을 돌려보내고, 비록 죽은 마소라도 모두 찾아서 돌려보냈습니다. 지금 파저강 올랑합도 역시 이와 같습니다. 동쪽으로는 혐진(嫌眞) 잡종 올적합과 연접하였고, 북쪽으로는 홀라온 올적합이 있고, 서쪽에는 중국이 있어 그 사이에 끼

---

167 죄인이 범죄 사실을 진술하는 것

어 있어 돌아갈 곳이 없는데, 지금 한때의 분함을 이기지 못하여 우리 여연을 침범하고는 우리가 칠까 봐 두려워하여 홀라온을 가탁해 말하고 노략질한 사람과 물건을 아직 다 돌려보내지 아니하니, 그들이 우리나라를 속임이 심하옵니다. 이는 마땅히 장수를 명하여 천위(天威)를 보이는 것이 가하옵니다. 그러나 산천이 험난하고 평탄함을 쉽사리 알지 못하고, 노략질한 사람과 물건도 다 돌려보내지 아니하였으니, 원컨대 신의 전일의 계책에 의하여 우선 토벌을 늦추고, 먼저 사리에 밝고 익숙한 통사(通事)를 파저강에 보내어 효유하기를, '너희들이 우리나라 은혜를 저버리고 우리의 인민을 죽이고 사로잡으며 우리의 가축과 재물을 약탈하였으니, 너희가 만약 다 돌려보내지 아니하면, 우리가 장차 봄과 여름에 군사를 보내어 너희 농사짓는 것을 요란하게 하고, 가을과 겨울에 군사를 보내어 너희 추수하는 것을 요란하게 하여 장차 너희들에게 돌아갈 곳이 없게 하겠다.'라고 하고, 위엄으로 겁내게 하여 우리의 사람·물건·가축 등을 돌려보내게 하며, 또 산천의 험난하고 평탄한 것을 안 뒤에 그 죄를 성토하고 토벌할 것입니다. 지금 만약 토벌하지 않으면 뒤에는 반드시 마음속으로 달갑게 여겨 틈을 타서 도둑질할 것이오니, 모름지기 벼락같은 위엄을 떨쳐 가서 그 죄를 치게 하고, 접대하는 방법은 아직 예전대로 하옵소서." 하였다.

예조판서 신상은 "접대하는 방법은 이미 이룩된 격례(格例)[168]에 의하여 더하거나 덜함이 없게 하며, 저들이 만약 한성에 와서 변명하고자

---

168 격식이 되어 있는 관례

하는 자가 있거든 역마(驛馬)를 주어 보낼 것입니다. 죄를 성토하는 말은 연전에 본국 사람으로 포로 되었다 도망해 와서 말하기를, '임합라(林哈剌) 등이 원한을 품고 몰래 여연에 이르러 농민들을 노략질하였다.'라고 하니 그 죄가 첫째요, 지금 또 홀라온과 더불어 한편이 되어 와서 침범하여 군정(軍丁)을 살해하고 부녀자·마소·가산(家產) 등을 노략질하고는 거짓으로 홀라온의 소위라고 하면서 다만 늙고 어린 남녀만 돌려보내고 나머지는 모두 숨기고 돌려보내지 아니하였으니 그 죄가 둘째요, 무인년에 여연에서 사람과 재물을 노략질하고 또 임인(4년)에 재차 들어와서 침범한 자들이 이 무리들이 아니고 누구이옵니까. 그 죄가 셋째라고 할 것입니다. 공격하는 계책은 당시의 이미 그렇게 된 자취로서 본다면 이들이 비록 스스로 한 짓이 아닐지라도 홀라온과 더불어 서로 내통한 것은 틀림없습니다. 마땅히 공격하여 위엄을 보일 것이오나, 사리가 무궁하고 관계되는 바가 매우 중하오니, 마땅히 동서양계(東西兩界)의 변장(邊將)으로 일로 인해서 사람을 보내 조용히 그 형세를 살펴보게 하고, 다시 그 사실을 밝힌 뒤 공격을 가하여도 늦지 않을 것입니다. 토벌하는 날을 당해서는 도의 장수로 하여금 그들이 무심히 있을 때를 엿보게 하여 몰래 군사가 그 지경에 들어가 그 죄가 있는 자는 치고, 항복하는 자와 늙은이·어린이는 죽이지 말고 사로잡아 와서 그 남은 무리들이 와서 사죄하고 우리 인구와 가축을 다 돌려보내기를 기다린 뒤에야 도로 줄 것입니다." 하였다.

참찬 이맹균은 "여연을 침범한 자는 홀라온이 아니고 바로 파저강 야인의 소행입니다. 비록 혹 홀라온이 와서 도둑질하였다 할지라도 반드시 파저강 사람과 결탁하여 도둑질한 것이 명백하오니 죄를 성토하고 토벌하지 아니할 수 없습니다. 그러나 신이 듣건대 저들의 땅은 산천이 험조하고 수목이 울창하며 길은 좁고도 매우 꼬불꼬불하여 비록 큰 군사를 거느리고 갈지라도 열씩 다섯씩 함께 달려서 나아갈 수 없으며, 저들이 반드시 척후(斥候)를 엄하게 하여 기다릴 것이니, 만일 우리 군사가 이른다는 소문을 들으면 그 처자와 노약(老弱)은 숨기고, 장용(壯勇)한 자로 하여금 길이 굽고 후미진 곳마다 수풀과 구렁 속에 숨어 있다가 우리 군사가 겨우 이르러 그 앞뒤를 공격하면 진퇴할 바를 잃을 것이오며, 비록 그 소굴을 진공(進攻)한다 할지라도 어찌 찾을 수 있겠습니까. 혹 그 소굴을 바로 다 짓는다 하여도 하나도 소득이 없이 헛되게 갔다가 돌아올 것 같으면 국위만 손상시킬 것입니다. 이것보다는 그들이 홀라온에게 죄를 돌리는 말을 짐짓 믿는 체하고, 만일 내왕하는 자가 있거든 온순한 말로 후하게 대접하고 요구를 들어주어 예전대로 함이 가하며, 할 수 없이 토벌할 적에는 모름지기 1, 2년 후를 기다리는 것이 득책(得策)입니다. 수년을 늦추면 저들이 반드시 우리가 영구히 가서 치지 않으리라 생각하고 무비(武備)를 늦출 것입니다. 이때를 당하여 장수를 나누어 보내 그들이 생각지도 않을 때 나가 각각 그 부락을 치면 서로 구원할 수 없어 큰 괴수를 가히 다 섬멸할 수 있을 것이며, 노약을 가히 다 사로잡을 수 있을 것입니다. 무릇 죄를 성토하는 말은 '너희들이 우리 경계와 밀접하여 변장이 대접하기를 매우 후하게 하고, 인하여 요구하는 물건을 주었으니 그 회유함이 지극하였는데, 지금 은덕을 배반하고 도리어 시랑(豺狼)[169] 같은 독을 내어 우리 변경을 침범하여 우리 군민(軍民)을 죽이고 사로잡았으며 우리의 마소와 재물을 겁탈하고는 그 죄를 문책할까 염려하여 죽음을 면하려 그 죄를 홀라온에게 돌렸으니, 그 말이 속이고 망령된 것임을 분명하게 알 수 있다. 홀라온의 땅은 우리 경계와의 거리가 1,000여 리인데, 어찌 감히 100여 병마(兵馬)로서 너희들의 부락을 뚫고 지나와서 바로 우리 경계를 침범하였겠는가. 더군다나 우리와 묵은 원수가 없는 데에서랴. 또 포로 되었다가 돌아온 사람들이 모두 너희들의 소행이라고 말했다. 우리 백성이 죄 없이 피살된 자도 많고 사로잡혀 가서 돌아오지 못한 자도 많은데, 어찌 차마 그대로 두고 죄를 묻지 않겠느냐. 이 까닭으로 지금 장수에게 명하여 가서 치게 하였으니 대체로 부득이함에서이다. 너희가 만약 돌려보내지 아니한 사람과 마소·재산 등을 다 쓸어 보내고, 인하여 목을 매고 와서 사죄하면 대접해 죽이지 않을 것이고, 그렇지 아니하면 마땅히 너희 무리들을 다 섬멸하여 변경 백성들의 원수를 갚겠다.' 하여, 이런 말로서 효유함이 어떠하겠습니까." 하였다.

병조 우참판 황보인은 "신은 듣건대 오거든 어루만지고 가거든 쫓지 아니하며 도둑질하거든 방어하는 것은 옛 제왕들의 오랑캐를 제어하는 대략입니다. 그러나 이적(夷狄)[170]이 성쇠(盛衰)[171]가 있어 중국 변

---

169 승냥이(늑대)와 이리
170 중국 동방의 오랑캐[이(夷)]와 북방의 오랑캐[적(狄)]
171 융성 과 쇠망

경의 큰 근심이 된 적이 오히려 많았으므로, 이에 혹은 화친하기를 의논하고 혹은 정벌하기를 의논하였으나, 요는 모두 일시의 이해(利害)에 대한 편견이지 시종(始終)과 원근(遠近)을 구명한 것은 아니었습니다. 우리나라는 야인과 땅이 연접하였고, 특히 작은 물이 격(隔)하였으나, 얼음이 얼면 큰길같이 평탄하여 내왕하기를 나는 듯이 하므로, 그것을 염려하지 않을 수 있겠습니까. 지난겨울 여연의 일과 같은 것은 지극히 한심하옵니다. 지금 포로 되었던 사람의 말과 전의(全義)의 말을 들어 보면 올량합이 저들을 보고 서로 좋아하기를 형제같이 한다고 하니, 들어와서 도둑질한 자는 올적합이 아니라 반드시 그 동류들입니다. 올적합은 올량합과 일찍이 사이가 나쁜데 어찌 이같이 서로 좋아하겠습니까. 올적합은 본래 심처(深處)에 사는데 어찌 20여 일의 노정에서 다른 종족 야인의 지경을 멀리 넘어 침략을 감히 행하였겠습니까. 오랑캐의 풍속이 비록 의리는 부족하나 흉하고 간사함은 남음이 있으니, 여연을 도둑질한 것은 반드시 올량합이 전일의 원한을 품고 한 짓인데 죄를 올적합에게 돌린 것입니다. 올적합이 강변에 사람들이 모여 사는 허소한 곳을 어찌 알고 3일 동안을 머물면서 도둑질하였겠습니까. 만약 올적합이 와서 침범하였다면 올량합이 반드시 앞장서서 지시한 것입니다. 올량합이 우리 북문(北門)에서 살면서 입고 먹는 것을 실로 우리나라에 의뢰하는데, 도리어 도둑질을 행하니 은혜를 잊고 덕을 저버림이 심하오며, 완흉(頑凶)하고 불공(不恭)함이 심하옵니다. 마땅히 죄를 성토하고 토벌하여 남김없이 섬멸시킬 것이나, 이때를 당하여 밖으로는 칠 만한 형세가 있고 안으로는 치지 못할 만한 사정이 있습니다. 올량합 등이 우리나라를 매우 두려워하기 때문에 지금 변명하여 말하기를, '해서(海西) 올적합이 사람과 재물을 노략질해 가는 것을 우리가 군사를 거느리고 장천사(張天使)의 병마와 더불어 함께 포위하여 64명을 빼앗아 보낸다.'라고 하였으니, 그 마음속으로는 도리어 우리나라에 큰 공을 세웠다고 생각할 것인데, 지금 그 실상을 알지 못하고 갑자기 군사를 일으켜 정벌하는 것은 이미 불가합니다. 또 건주위 지휘(建州衛指揮)가 올적합이 저들과 우리나라의 사람과 재물을 침략한 일을 이미 중국 조정에 아뢰었고, 장천사도 이미 북경으로 돌아갔으니, 조용히 그 형세를 보면 반드시 그 실정을 알 것이오니, 그런 뒤에 그 죄를 성토하고 토벌하여도 늦지 않습니다. 또 우리나라 북방은 동으로는 경원으로부터 서로는 의주에 이르기까지 연변(沿邊)의 성보(城堡)를 이때까지 쌓기를 마치지 못하였는데, 지금 군사를 일으켜 쳐서 다 멸하지 못한다면 저들이 보복할 마음을 미련스럽게 가지게 되어 틈만 있으면 때 없이 들어와 도둑질할 것이니 변민(邊民)의 근심이 그칠 때가 없을 것입니다. 연변 고을에 성을 쌓을 만한 곳은 다 쌓고, 목책(木柵)을 배설할 곳은 다 배설하며, 척후(斥候)·봉화(烽火) 등의 일이 다 갖추어지지 않음이 없고, 웅성(雄城)[172]과 거진(巨鎭)이 연기와 불을 서로 바라볼 만큼 많이 있고, 정련(精鍊)된 군사와 강력한 쇠뇌로써 요해처(要害處)에 나누어 지키게 한 뒤에 도둑질한 형적이 드러나지 않거든 예전에 대우하던 예에 의하여 대접하되, 고삐는 놓지 말고 그 형세를 보아 침략한 형적이 드러나거든 한두 사람의 좋은 장수에

---

172 큰 성

게 명하여 수천 명의 군사를 거느리고 길을 나누어 함께 나아가서 그 죄를 성토하기를, '너희들이 우리 북문(北門)에 살고 우리의 경계에서 자고 먹으면서 잠시 신하 노릇 하다가 고대 배반하여 우리 변경 백성을 요란하게 하고, 지금 또 까닭 없이 도둑질하는 꾀를 내어 우리 인민을 죽이고 사로잡으며, 우리의 가축과 재물을 약탈하고는 속이기를 올적합의 짓이라고 하니 그 간흉완악(奸凶頑惡)함이 심하다. 그리하여 장수에게 명하여 죄를 문책하니 너희가 능히 싸우겠거든 싸우고 싸우지 못하겠거든 사실대로 자복하고 사죄하라.' 하고, 이와 같이 말하면 저 도적이 반드시 말이 있을 것이오니, 그 말의 옳고 그름에 따라 변통하여 처치함이 가하옵니다. 저들의 땅에는 큰 산과 긴 골짜기 사이에 초목이 울밀하므로 진(陣)을 치기 어렵고, 천태만상(千態萬狀)이 잠깐 사이에 변화함은 장수의 응변 여하에 있을 뿐이니 멀리서 헤아릴 수 없습니다. 그러나 산판에 오르내리면서 슬쩍 숨고 몰래 나오는 것은 야인들의 장기입니다. 그 산천의 모양과 허실(虛實)의 형세를 보아 넓은 들판에서는 나아가서 치고, 초목이 울밀한 곳에는 풍세(風勢)를 이용하여 불을 놓아 태우며 도망해 숨거든 그 집을 모두 태우면, 비록 마음에 개운하지는 못할지라도 이같이 수년을 한다면 저 도적들이 봄과 여름에는 농사를 짓지 못할 것이고, 가을과 겨울에는 편히 살 수가 없을 것이니, 마침내 그 무리들을 잡아 묶어 궐하(闕下)에 바칠 것이옵니다. 이는 접대하는 방법과 죄를 성토하는 말과 토벌하는 계책의 대략이옵니다. 그 조목은 반드시 그 시기에 따라 처리하여야 그 적당함을 얻을 것이며, 억측하는 말은 변통성 없다는 근심을 면하지 못함에 있으므로, 신이 후일의 사태의 변함에 따라서 다시 진술할까 하옵니다."

하였다.

동지중추원사 이순몽은 "홀라온은 파저강과의 상거(相距)가 아주 멀리 떨어져 있고, 또 우리와 틈이 없는데 어찌 감히 길을 넘어와 우리 변민을 잡았겠습니까. 이는 반드시 파저강 야인이 각종 야인과 마음을 같이하여 들어와 도둑질한 것입니다. 그러나 산천의 험조를 알지 못하고 갑자기 치고자 하면 도적들이 반드시 두려워하여 산골짜기에 도망해 숨을 것이니, 비록 백만의 군사를 보낼지라도 뜻을 이루지 못할까 두렵습니다. 생각건대 그 간사한 꾀를 따라서 짐짓 모르는 체하여 죄는 홀라온에게 돌리고 공(功)은 파저강 야인에게 돌려 대접하기를 예전과 같이하면, 적이 반드시 우리 술책에 빠졌다고 생각하여 안심하고 근심하지 않을 것입니다. 우리는 반간(反間, 간첩)을 많이 해 산천의 험조를 자세히 알아 강에 얼음이 풀리기를 기다려 배와 떼를 만들어 군사들을 몰래 강을 넘게 하여 그들이 생각지 아니할 적에 나가 급히 한두 부락을 공격하고 군사를 돌이켜 속히 돌아오면 적이 반드시 원한을 품고 얼음 얼기를 기다려서 올 것이니, 이에 응하여 치면 이것이 좋은 계책입니다. 그런 뒤 야인에게 효유하기를, '너희들이 변민을 노략질하고는 간사하게 홀라온을 칭탁하기 때문에 변장(邊將)이 나라에 고하지도 아니하고 바로 너희에게 문죄(問罪)[173]하는 것이다.'라고 할 것입니다. 만약 모름지기 가서 친다면 갑산(甲山) 등지에 장졸을 명해 보내 죄를 성토하고 가서 치게 하며, 목책을 여연·강북(江北)에 설치하

---

173 죄를 묻다.

고, 군사 5, 600명을 주둔시켜 그 목책을 지키게 하고 그 위엄을 보여 도적으로 하여금 농사짓고 사냥하지 못하게 하여 생활에 나가도록 하면 도적이 더욱더 분한 마음을 먹고 얼음이 얼면 반드시 와서 침범할 것이니, 우리는 군사를 엄하게 하고 지키기를 군게 하여 편안히 앉아서 멀리 오는 피로한 군사를 기다릴 것이니, 이는 병가(兵家)에서 이르는바, '남을 유치(誘致)하고 남에게 유치되지 않는다.'라고 하는 것입니다. 도적이 만약 오지 아니하거든 형세에 따라 가서 치는 것도 가하옵니다. 신이 또 아뢸 것이 있사옵니다. 지금 조그마한 100여 명의 야인이 마음대로 포악하게 굴어서 변민(邊民)들을 노략질하였으니 소신이 엎드려 그 사실을 듣고서 자리에 누워도 잠을 이루지 못하고 마음이 아프고 이가 갈립니다. 신이 노둔(駑鈍)한 재주를 다하여 그 불공(不恭)한 죄를 가서 묻기를 원하옵니다." 하였다.

병조판서 최사강은 "접대하는 방법은 지금 포로 되었다가 돌아온 각 사람의 말로써 그 사세를 참작해 본다면 실은 홀라온이 아니고 곧 임합라(林哈剌) 등의 소행입니다. 그러나 저들 도적이 이미 그 잘못을 알고, 이에 말하기를, '포로 된 사람을 홀라온에게서 빼앗아 도로 돌려보낸다.'라고 하였으니 왕래하기를 보통 때와 같이한다면 비록 후하게 대접하여도 가하옵니다. 더군다나 오거든 어루만지고 가거든 쫓지 말게 함은 오랑캐를 제어하는 좋은 계책이 아니옵니까. 아직 대접하기를 예전과 같이하여 그 변동을 보는 것이 마땅하옵니다. 죄를 성토하는 말은, 생각건대 파저강의 도둑이 우리 경계에 가까이 있으면서 아침에 왔다가 저녁에 돌아가고, 소금과 간장을 구걸해서 그 생활에 이바지하는데, 만약 홀라온의 도적이 나오면 저들이 마땅히 사람을 시켜 먼저 고하고 막아서 들어오지 못하게 함이 가하거늘, 도둑질하기 전에 먼저 변(變)을 고하지 아니하고 도둑질한 뒤에는 거짓으로 홀라온을 칭탁하였으니 저들 스스로가 도둑질한 것이 명백하옵니다. 포로로 잡혔다가 돌아온 사람들이 모두 말하기를, '탈취할 때에 칼로 싸우지 아니하고 허리를 껴안고 서로 희롱하기도 하고 술과 음식을 먹이기도 하였다.' 라고 하오니 그 거짓임이 또한 명백합니다. 우리가 은혜로 길러 준 덕을 잊고 우리의 변경을 침노하여 죄 없는 백성을 죽인 것이 50여 명이고, 사로잡아 간 것이 70여 명이며, 마소와 재산을 약탈한 것이 얼마인지 알지 못하오니, 이로써 말을 잡아 토벌하면 누가 감히 굴복하지 아니하겠습니까. 토벌하는 계책은, 파저강 도적의 괴수는 5, 6명에 불과하고 거느린 것이 수백 명 미만이오며, 비록 그 무리들이 흩어져 있다 하나 길이 멀리 막혀 있으니 어찌 하룻낮 하룻밤에 능히 구원할 수 있겠습니까. 만약 장수에게 명하고 군사를 뽑아 셋으로 군사를 나누어 번갈아서 들어가고 나오면 저들이 어찌 감히 우리를 당하겠습니까. 그러나 야인들이 그 산과 골짜기의 험함과 숲과 나무의 무성함을 믿고 달려 나와 냅다 치고 숨어 버린다면 어찌 능히 일거에 다 섬멸하겠습니까. 그런즉 한갓 원망과 분노만을 더하게 하여 곧 다시 도둑질할 것이오니 변경이 편하지 못할 것입니다. 그 겨레붙이가 동북쪽에 나누어 살고 있는데, 그 토벌한다는 것을 들으면 다시 서로 와서 침노할 것이니 북방의 백성도 역시 편히 잠을 자지 못할 것입니다. 더군다나 건주위(建州衛)는 요동에 속하는데 도둑질한 일을 거짓으로 홀라온의 소위라고 하여 이미 황제께 알렸으니, 신은 생각하건대 성책(城栅)을 수리하고 경계를 굳게 지키며 사신을 보내서 효유하여 사람과 물건을 모두 돌려보내게 하면, 비록 당장 눈앞에 개운함은 없을지라도 뒷날에 후환을 끼치지는 않을 것입니다." 하였다.

공조판서(工曹判書) 조계생은 "야인들은 얼굴은 사람이라도 마음은 짐승과 같으므로 구걸하는 사이에 욕심에 차지 않으면 문득 사사로운 원망을 품어 허실을 엿보아 변민을 침해하오니 비록 은혜로서 회유할지라도 보전할 수 없습니다. 지금 여연에 침입한 것을 비록 홀라온이라고 말하나, 홀라온은 우리나라에 본래 왕래도 없고 흔단(釁端)[174]도 없는데, 어찌 여연의 방비가 허술한 사실을 알고 고군(孤軍)으로 강적(强敵)이 있는 파저강 땅을 지나 갑자기 와서 도둑질하였겠습니까. 포로 되었다가 돌아온 사람들이 말하기를, '파저강 사람이 홀라온과 더불어 허리를 껴안고 웃기도 하고, 고기를 베어 같이 먹기도 하였다.'라고 하니, 이와 같다면 그 공모한 것을 가히 알겠습니다. 또 올적합이 강하고 용맹함을 야인이 본래 두려워하는 바이온데, 한번 칼을 겨루어 싸우지도 아니하고 어떻게 사로잡아 가는 사람과 물건을 다 빼앗았겠습니까. 그 서로 내통한 것을 가히 알겠습니다. 서로 싸울 때 여연의 정군(正軍) 전의(全義)가 파저강에 거주하는 심아랑합(沈阿郞哈)을 보고 꾸짖기를, '이전에 너희들이 자주 와서 구걸해 먹어 우리나라에서 은혜를 입었는데 무슨 까닭으로 같이 와서 도둑질하느냐.'라고 하자 아랑합이 아무런 대답도 없이 돌아갔다고 하니, 파저강 사람이 홀라온을 끌어다가 공모해 도둑질한 것은 의심할 나위 없습니다. 그 포로 해 간

174 불화(不和)의 단서

사람을 돌려보낸 것은 후일에 우리의 토벌을 면하기 위한 계책입니다. 만약 진실로 우리나라를 위해 그 포로 되어 가는 사람과 물건을 빼앗았다면 당초에 문 앞을 지나가는 도둑을 어찌 먼저 우리나라에 알리지 않았겠습니까. 그 간악함이 너무 큽니다. 만약 그대로 두고 문죄(問罪)하지 않으면 이는 우악함을 보이는 것이오며, 저 도적들이 장차 우리나라가 그들의 술책에 빠졌다고 생각하고 마음속으로 좋아할 것입니다. 더군다나 돌아오지 못한 사람을 어찌하여 찾아 보내지 아니하옵니까. 마땅히 이로써 말을 하여 그 죄를 정벌할 것입니다. 파저강 야인이 비록 올적합이 도둑질한 것이라고 중국 조정에 먼저 알렸을지라도, 야인이 공모한 사실을 중국에 알리면 곧은 것은 우리에게 있고 굽은 것은 저들에게 있으니, 중국 조정에서 어찌 우리나라를 의심하고 야인들을 신용하겠습니까. 그러하나 야인은 본래 성곽이 없고 산골에 흩어져 사는데, 우리 군사가 이른다는 것을 먼저 알고 산에 올라가 숨으면 비록 천만 군사라고 할지라도 어떻게 이를 제압할 수 있겠습니까. 뜻하지 아니할 때 나가 덮쳐 습격하는 것은 장수의 전략에 달렸습니다." 하였다.

참찬 성억은 "접대하는 방법은 신의 마음속으로 생각하건대 파저강 야인이 비밀히 동류를 끌어다 변경을 침범하고는 거짓으로 올적합을 칭탁하였으나 증거가 드러나지 아니하였으니, 마땅히 변장(邊將)으로 하여금 사람을 나누어 보내어 탐문하게 하여 저들이 만약 노략질한 사람과 재물을 돌려보낸 것을 공(功)으로 삼거든, 우선 그 뜻에 순응하여 공로를 세워 상을 준다는 명목으로 지혜 있고 용감한 자를 골라 보내어 위로도 하고 캐묻기도 하여 그들의 뜻을 살피면서 대접하기를 다소 후하게 하며, 평안·함길 두 도로 하여금 방문하게 하여 만약 그 실정을 얻거든 중국에 통고하고 죄를 성토하여 토벌을 행하면, 할 말이 없음을 근심하지 아니할 것입니다. 토벌하는 계책은, 이때 이르러 토벌한다면 저 도적들이 스스로 그 죄를 알고 산골짜기에 숨을 것이오니 비록 군사를 일으켜 깊이 들어갈지라도 반드시 공격할 수 없으며, 벌[蜂]처럼 쏘는 독기를 또한 염려하지 아니할 수 없습니다. 아직은 대접하기를 다소 후하게 하고, 여연·강계 등의 군마로 자주 강을 건너가 사냥하게 하여 예사로운 일처럼 그들에게 보인 뒤에 그 뜻하지 않은 때에 나가 토벌하는 것이 어떻겠습니까." 하였다.

동지돈녕부사(同知敦寧府事) 조뇌는 "홀라온은 여연과 거리가 30여 일의 노정인데, 지금 날이 춥고 눈이 깊이 쌓인 때를 당하여 깊이 들어와 노략질했다는 것은 사정에 가깝지 아니하며, 또 포로 되었던 각 사람의 공초(供招)를 보면 그 사세가 비록 올적합이 침입한 것 같으나, 올량합 등이 끌어들여서 도둑질한 것이 명백하여 의심할 나위 없습니다. 진실로 의를 들어 토벌을 행함이 마땅하나, 예로부터 군사를 쓰는 자는 먼저 산천과 도로의 멀고 가깝고 험하고 평탄한 것 등을 안 뒤에 군사를 행하는데, 저들의 살고 있는 땅은 산천이 험조하여 비록 천만의 많은 군사를 쓸지라도 성공하기 어려운데, 지금 또 도둑질하였으므로 저들이 반드시 준비하고 기다릴 것이오니 가볍게 움직일 수 없습니다. 저들이 속이는 대로 두고 우선 관대한 은혜를 보여 사람을 보내 술을 주고, 인해서 실정을 정탐해 살펴서 도로의 난이(難易)를 자세히 안 뒤 그들이 방비를 게을리하는 틈을 기다려 기병(奇兵, 기이한 꾀를 써서 적을 치는 군대)을 써서 토벌해도 오히려 늦지 않을 것입니다." 하였다.

예조 우참판 유맹문은 "파저강 올량합이 그 겨레붙이들과 더불어 같이 와서 도둑질한 것은 명백하여 의심할 나위 없으니 이는 진실로 징계하지 아니할 수 없습니다. 그러나 그 괴수(魁首)가 이미 황제의 명을 받아 파저강 지휘가 되었으니 마음대로 스스로 가서 칠 수 없습니다. 또 더군다나 홀라온을 칭탁하여 황제께 아뢰었으니 우리나라에서 아뢰지 아니하고 마음대로 토벌할 수 있겠습니까. 지금 만약 주달(奏達)하면 반드시 윤허하지 않을 것이며, 주청(奏請)하지 아니하고 토벌하는 것도 옳지 못하오니, 오직 와서 굴복하거든 은혜를 더하여 보내고, 만일 우리 경계를 침략하여 시끄럽게 하거든, 그때 쳐서 없애면 거의 어루만지고 제어하는 방법에 합할까 하옵니다." 하였다.

예조 좌참판 박안신은 "홀라온이 우리나라와의 거리가 멀리 떨어져 있고 또 원수진 일이 없는데, 다만 100여 명의 군사로써 와서 도둑질할 이치는 없을 듯하옵니다. 또 포로 되었다가 돌아온 사람이 말한 바로써 본다면 그것은 파저강이 도둑인 것이 틀림없습니다. 그러나 가볍게 움직일 수 없는 이유가 네 가지 있습니다. 첫째, 파저강 오랑캐가 이미 황제의 명을 받아 지휘(指揮)의 이름을 가졌고, 또 지금 칭탁하기를, '홀라온이 조선 사람을 사로잡아 가기에 군사를 거느리고 포위하여 쳐서 포로를 빼앗아 모두 돌려보내게 하였다.'라고 거짓으로 꾸며서 황제께 주문(奏聞)하였으니 황제께서 반드시 그렇게 여길 것인데, 이때를 당하여 즉시 주문하지 아니하고 마음대로 군사를 일으켜 토벌할 수 없음입니다. 둘째, 저 도적들이 이미 우리 변경을 침범하고는 스스로 그 화를 두려워하여 준비하고 사변을 기다릴 것이니 칠 수 없음입니다. 셋째, 또 맹가첩목아(猛哥帖木兒)와 더불어 서로 의지하는 처지가 되어 있음은 이미 드러난 형세인데, 다만 파저강만을 치면 이는 호랑이와 이리는 남겨 두고 여우와 삵[狸]을 토벌하는 것입니다. 맹가첩목아가 도리어 의혹이 생겨 서로 보호하고 의지하면 그 음모를 헤아리기 어려울 것입니다. 넷째, 여연·강계의 백성들이 바야흐로 패배를 당해서 이산(離散)하여 위태로움을 근심하고 조금도 싸울 뜻이 없음입니다. 대개 잘 싸우는 것은 진(陣)을 잘 치는 것만 못하고 진을 잘 치는 것은 지키기를 잘하는 것만 못하오니 능히 굽히고 능히 펴는 것은 용병(用兵)의 도입니다. 지금은 성책을 수리하고 병기를 단련하며 군량을 쌓고 정찰을 부지런히 하며, 오는 사자(使者)를 우대하고 간첩을 보내어 그 도둑질한 수모자(首謀者)가 누구인지 정탐하고, 또 맹가첩목아와 더불어 공모하여 도둑질한 사실을 알아내어 말을 갖추어 황제께 주문하여 윤허를 받은 뒤에 그들이 생각지 아니한 때 나가 군사를 나누어 돌격하여 두 오랑캐를 아울러 깨뜨려도 늦지 않을 듯하옵니다.” 하였다.

병조 좌참판 정연은 “여연을 침략한 일을 파저강 사람이 비록 홀라온의 소위라고 말하나, 홀라온은 우리와 더불어 본래 혐극(嫌隙)이 없고, 20여 일의 노정이나 떨어진 험한 길에 이유 없이 나와 사람과 물건을 침략할 까닭은 진실로 없습니다. 파저강 사람이 우리 국경에 오래 살면서 내왕하며 구걸하다가 조금이라도 마음에 차지 아니하면 반드시 원한을 품고, 또 임합라(林哈剌)가 잃어버린 종을 뒤쫓은 일이 있어 분명히 그 혐의가 있으니 지금 침략한 일은 실로 파저강 사람의 소위입니다. 그러나 일의 증거가 아직 드러나지 아니하였고, 사로잡힌 사람을 반 넘어 돌려보냈으며, 또 장천사(張天使)가 돌아갈 적에 홀라온이 침략했다고 말하였으므로, 반드시 이 말을 중국 조정에 알렸을 것이오니, 비록 황제 조서(詔書)[175]가 있을지라도 지금 다시 아뢰지 아니하고 갑작스레 토벌함은 실로 온당치 못하옵니다. 신의 어리석은 계책으로는 성책을 수축하고 변경을 군게 지켜 저들이 비록 침범할지라도 변민(邊民)들로 하여금 모두 다 들어가서 보호를 받게 하여 피란할 계책을 다 갖추고, 또 무신 3품 이하로서 지략이 있고 권변(權變, 어떤 경우에 적합한 계책을 세우는 일)에 능한 사람을 골라 술과 안주를 가지고 가서 효유하기를, '홀라온이 침입하여 빼앗은 인구를 멀리서 빼앗아 돌려보냈으니 이는 기쁜 일이다. 그러나 돌아오지 아니한 인구와 재물을 숫자대로 모두 다 돌려보냄이 마땅하다.'라고 하고, 인하여 그들이 사는 곳의 산천 형세와 용병(用兵)의 난이(難易)를 살피고, 말을 듣고 태도를 보면 그사이에 사세(事勢)의 진위를 거의 알 수 있을 것입니다. 이같이 하여 침략한 실정과 산천, 도로 등을 자세히 안 뒤에 중국에 아뢰어 청하고 죄를 성토해 토벌하면 사기(事機)가 늦지 아니하고 명분이 바르며 말하기가 순하여 저들도 변명할 말이 없어서 스스로 굴복할 것입니다. 군사를 일으키기 전에는 접대하기를 예전과 같이하는 것이 마땅하옵니다." 하였다.

이조 좌참판 김익정은 "우리나라에 야인이 있음은 중국에 흉노가 있는 것과 같으니 접대하는 방법과 수어(守禦)하는 준비를 삼가지 아니할 수 없습니다. 진실로 혹 변장(邊將)이 옳지 못하여 방어의 수비를 잃

---

175 일반에게 알릴 목적으로 적은 문서

으면 반드시 엿보는 마음이 생겨서 우리 백성에게 중하게 해를 끼칠 것입니다. 융적(戎狄)[176]의 성품이 시랑(豺狼)[177]과 다름없이 강퍅하고 사나워서 혐의가 있으면 반드시 보복하므로, 은혜와 신의로 맺기가 어렵고 위엄과 세력으로 굴복시켰습니다. 그러나 생활을 이바지하고 놀고 즐기면서 자기 몸을 보호하고자 함은 중국 사람과 다름이 없습니다. 우리 태조와 태종께서 오랑캐를 제어하는 도리에 밝아 성심으로 복종하고 귀순하여 붙으면 그 주는 것을 풍족하게 하고, 또 변군(邊郡)으로 하여금 그 곤궁함을 구제하게 하니, 이로 말미암아 변경에 근심이 없고 사는 백성들이 베개를 편히 한 것이 지금 40여 년이옵니다. 그 접대하는 방법은 아직 예전대로 하게 하고 방비해 지키기를 엄하게 하여 위엄을 보이고 와서 따르고 복종함을 아름답게 여겨 은혜로 편하게 하여 주면, 강퍅하고 사나운 기운이 사라지고 엿보는 마음이 스스로 그칠 것이오니, 어찌 은혜를 잊고 의리를 배반하여 우리에게 원수를 맺겠습니까. 죄를 성토하는 말과 토벌하는 계책에 대하여 또 말씀을 드리겠습니다. 홀라온은 우리와 더불어 경계가 연하지 아니하였고 은혜와 원수를 갚을 것이 없는데, 100여 명의 무리를 모아 1,000리의 험한 길을 넘어서 가벼이 우리 지경을 범하려 들겠습니까. 지금 각 사람의 공사(供辭, 진술)를 상고하건대 실로 홀라온이 아닌 것은 명백하옵니다. 또 그 포로 된 인구를 돌려보낼 즈음에 노약자만 보내고 장정은 숨겼으니 그것은 전일의 원한을 갚고자 하였으나 토벌을 당할까

---

176 오랑캐
177 승냥이와 이리

두려워 다른 도적을 가탁(假托, 핑계)한 것이 명백하옵니다. 비록 흉한 꾀가 1만 가지이고 가탁한 말이 많을지라도 그 실정과 증거가 다 드러났고 그 간사하고 교활함이 스스로 나타났으니 가서 그 죄를 문초하면 어찌 할 말이 없겠습니까. 그러나 죄를 성토하고 치는 것은 비록 '군사를 일으킴이 정도'라고 하오나, 그 산과 골짜기가 험하고 수목이 빽빽하여 새처럼 숨고 쥐같이 엎드리며 모이고 흩어짐에 재빠르니 군사가 궁벽하고 험한 땅에 나갔다가 오랑캐 한 놈도 보지 못하고 돌아올지 알 수 없으며, 요해지(要害地)를 분거(分據)하여 잠복하였다가 뛰쳐나와 우리를 핍박하는지 알 수 없습니다. 이와 같다면 한갓 일시의 실패일 뿐 아니라 장차 후일에 침해를 당할 것이오니, 이보다는 정예병을 골라서 샛길로 함매(銜枚, 비밀히 행군할 때에 입에 막대기를 물려서 떠들지 못하게 함)하고 그들이 뜻하지 않을 때에 나가 그 달아나는 길을 막고 잇따라 많은 군사가 바로 가서 습격하면 저들 무리들을 가히 다 사로잡을 수 있을 것입니다. 다만 염려되는 것은 서쪽으로 파저강으로부터 동쪽으로 바다에 이르기까지 야인의 사는 곳이 많으면 100여 호, 적으면 수십 호로서 그 무리가 하나가 아니며 악한 일을 서로 도우니, 도적을 평정한 뒤에 만일 남은 추악한 무리가 있어서 원망을 품고 원수를 갚을 자가 혹 있을 것이오니, 명장(名將)을 골라 뽑고 군사를 정비하여 경비하고 수어하는 방법을 진실로 삼가지 않을 수 없습니다." 하였다. 공조 우참판 이긍은 "예로부터 오랑캐를 제어하는 방책은 사람마다 소견이 각각 다름이 있었으나, 그 귀결의 요지는 화친이냐 정벌이냐 두 가지뿐입니다. 그러나 각각 옳고 그름이 있으므로 하나를 잡고 논할 수는 없습니다. 신은 그윽이 헤아리건대 야인이 같은 겨레붙이와 통정하고 모의하여 몰래 분풀이를 하고, 토지가 아까워 후환을 면하기를 도모하였으니 간교함이 심합니다. 논의하는 자가 말하기를, '파저강은 백두산 북쪽에까지 부락이 연접하였고 종류가 심히 많으므로, 침범하였다가 보복하는 실마리가 되게 함은 불가하니, 그것보다는 그 말을 거짓으로 믿는 체하고 아직 두고 묻지 말며 접대하기를 처음과 같이하면 원망을 그치게 하는 방법이요, 변경을 편하게 하는 이익이 되므로 치지 않는 것이 편하다.'라고 하나, 신의 생각으로는 저 시랑(豺狼)같이 탐욕스럽고 포악한 무리들이 만약 거짓으로 믿는 체하는 술책을 알게 되면 좋은 계책이 되지 못할 것이고, 만일 알지 못한다면 그들이 반드시 말하기를, '조선 사람이 우리 술책에 빠졌다.'라고 하면서 마음에 달갑게 여겨 마음대로 횡포하게 굴 것이오니, 속이고 업신여김을 당하고 실지의 화(禍)를 받을 수는 없습니다. 또, 다른 날에 변경의 근심이 그치지 않을는지 어찌 알 수 있겠습니까. 예전에 어떤 여자가 음행이 있었는데 그 남편이 거짓 모르는 체하고 금하지 아니하다가 마침내 살해를 당하였으니 이것과 무엇이 다르겠습니까. 무릇 일을 간하고 논의를 세우는 데에 영구한 이익을 도모하지 아니하고 일시의 편익만을 취하는 것은 오래갈 수 없습니다. 신의 망령된 뜻으로는 변장(邊將)으로 하여금 먼저 사람을 시켜 간절히 꾸짖기를, '너희들이 우리 지경에 가까이 살면서 염장(鹽醬)과 양식을 구걸하면 곧 주었으니 기르는 은혜가 족하다. 다만 너희들이 중국 사람과 우리 국경의 백성들을 사로잡아 노비로 삼아 부리는데, 이따금 도망쳐 온 자가 있으면 그 근본을 심문하여 중국 사람은 요동으로 돌려보내고, 우리나라 사람은 그대로 복업(復業)하게 하였으니 이는 곧 조정을 높이고 백성을 사랑하는 당연한 사리인데, 우리나라에서 너희에게 무엇을 저버렸다고 옳고 그름을 헤아리지 아니하고 은덕을 저버리면서 도리어 분한 원망을 일으키느냐. 이 앞서 너희들이 자주 와서 우리나라를 침략하였으나, 작은 허물을 헤아리지 아니하기로 한 것이지, 병력이 넉넉하지 못해서 문죄하지 아니함이 아니었다. 근래에 여러 무리들을 모아 몰래 들어와 도둑질하여 남녀 70여 명을 사로잡아 가고 남녀 40여 명을 죽였으며 마소와 재물을 모두 빼앗아 갔는데, 서로 싸우던 날에 여연 정군(正軍) 전의(全義)가 파저강 주좌(住坐) 심아랑합(沈阿郞哈)을 보고 꾸짖기를, '너희들이 이전에 자주 와서 구걸하여 우리나라의 은혜 입음이 적지 아니한데 무슨 까닭으로 같이 와서 도둑질하느냐.'라고 하며 꾸짖기를 그치지 아니하였더니, 아랑합이 대답하지 아니하고 돌아간 것은 여러 사람이 함께 보고 아는 바이다. 지금 너희들이 꾀를 고쳐 내어 거짓으로 말하기를, '홀라온이 도둑질하여 돌아가는 것을 중로(中路)에서 포위하고 사람을 빼앗아서 돌려보낸다.'라고 하였으니 그 돌아오지 아니한 사람은 어디 있으며, 또 마소와 재물을 전혀 돌려보내지 아니하였으니 간사함이 어찌 이토록 심하냐. 남녀노소로서 죄 없이 죽은 자가 저와 같이 많으니 진실로 마음 아프다. 영락(永樂) 8년간에 올량합(兀良哈) 등이 경원부에 돌입하여 도둑질하자 아군이 추격하여 마구 잡아 죽일 때에 팔을속(八乙速) 등 지휘 4명이 화살을 맞고 죽었는데, 우리나라에서 이를 갖추 아뢰었더니 태종 황제의 성지(聖旨)에 '그처럼 죽인 것은 정말 잘하였다. 이후에도 다시 이와 같은 무례한 일이 있으면 결코 용서하지 말라.'라고 하였으니, 우리나라에서 성지를 공경히 받들기를 이미 이같이 하였는데, 지금 너희들의 소위가 또 이와 같으니 비록 우리나라에서 군사를 크게 일으켜서 너희 무리들을 섬멸할지라도 모두 너희들이 자취(自取)한 것이니 다시 누구를 허물할 것인가.' 하고는, 변장이 군사를 이끌고 저기에 이르러 군사를 베풀고 변동을 보아서 저들이 만약 두려워하고 굴복하여 말을 낮추어 항복을 청하거든 대의(大義)로써 꾸짖고 군사를 돌이켜서 돌아오는 것은 그 상책(上策)입니다. 만약 놀라고 두려워하여 어쩔 줄을 몰라 그 부락을 버리고 산림 속에 도망해 숨거든 끝까지 쫓지 말고 몹시 해치지 말며 그 부락을 온전히 하여 위엄을 밝게 보여 가벼이 토벌하고 돌아오는 것은 그 중책(中策)입니다. 만약 저들과 우리가 서로 대적하여 칼날을 겨뤄 그 승부를 결단하는 것은 그 하책(下策)입니다. 신의 망령된 생각에 반드시 중책(中策)에서 나와야 된다고 생각되옵니다. 그렇다면 원망을 적게 하는 도리와 싸움을 종식시키는 방법은 왕도(王道)를 행하는 군사입니다. 그런 뒤에 성보(城堡)를 수축하고 군사를 정돈하여 경계를 굳게 하고 방어를 삼가면 저들이 반드시 두려워하고 굴복하여 스스로 와서 화친하기를 구할 것이니 대접하기를 예전대로 할 따름입니다. 기해(1년) 동정(東征)한 이후로 지금까지 하삼도(下三道)의 연해주현(沿海州縣)이 모두 편하고 근심이 없으며, 왜인들이 위업을 두려워하고 은덕에 감복하여 조공을 바치고 와서 문안하지 아니하는 달이 거의 없습니다. 경인년에 동북쪽 올량합과 싸워 이긴 뒤에 야인들이 감히 독(毒)을 부리지 못하고 귀순하기를 끊이지 아니하니 이는 우리나라가 이미 경험한 뚜렷한 효력이온데, 홀로 이 조그만 야인을 어찌 그다지도 깊이 염려하겠습니까." 하였다.

임금이 도승지 안숭선에게 명하여 밀봉하여 발표하지 말고 깊이 생각하게 하였다.

평안도 도절제사 문귀의 직첩을 거두어 울산(蔚山)에 충군(充軍)하고, 감사 박규는 함열(咸悅)<sup>178</sup>로 귀양 보내다.

## 6) 치밀한 토벌 계획과 출정 준비

▪ 15년 2월 20일

임금이 여러 신하에게 "파저강 야인의 침략한 정상(情狀)이 심히 분명하여 억측이 아니다. 우리의 가까운 지경에 있으면서 업신여기고 횡포하기를 이와 같이 하니 어찌 참을 수 있으리오. 만약 군사를 일으키려면 외롭고 약하게 할 수 없고 마땅히 크게 일으켜 토벌해야 할 것인데, 산이 험하고 물이 막혀서 용병(用兵)하기가 심히 어려우니 보졸(步卒)을 뽑아서 가야 하겠다." 하니, 황희가 "상교가 지당하옵니다." 하다.

▪ 15년 2월 21일

영의정 황희, 우의정 권진, 도진무 하경복, 이순몽, 조뇌, 판서 정흠지, 최사강, 참판 정연, 황보인, 중추원 부사 최해산 등을 불러 일을 논의하다.

(1) "지금 병조에서 아뢴 평안도에 쓸 병장잡물(兵仗雜物)<sup>179</sup>의 수량이

---

178 전라도 전주부(全州府)에 속한 함열현(咸悅縣)
179 전쟁에 쓰는 기구의 총칭인 병장기(兵仗器)

어떠한가." 하니, 황희 등은 "신등의 생각으로는 적당하다고 여겨집니다." 하고, 하경복은 "다른 물건은 아뢴 대로 함이 마땅하나, 갑옷은 1,525부(部)가 많으므로 3분의 1을 감하는 것이 마땅하옵니다." 하다.

(2) "마병(馬兵)과 보병(步兵)의 수를 얼마나 써야 마땅할까." 하니, 조뇌는 마병 1,000, 보병 2,000을 말하고, 하경복 · 이순몽 · 정흠지 · 최해산 · 정연 · 황보인은 마병 1,000, 보병 1,000이 좋겠다고 하다. 권진은 "마병, 보병 합해서 3,000으로 함이 가하나, 마병의 수와 보병의 수는 주장(主將)으로 하여금 시기에 임하여 적당히 처리하여 정하게 하옵소서." 하다.

(3) "보병들이 착용할 갑옷과 투구를 군기감(軍器監)에서 간직한 것을 보낼까. 어느 곳의 갑주(甲冑)를 쓸 것인가." 하니, 모두가 "본도(本道)의 각 고을에 간직한 것을 골라서 쓰는 것이 편합니다." 하다.

(4) "군사가 강을 건널 때 배를 쓸 것인가, 부교(浮橋)를 쓸 것인가." 하니, 모두가 "일은 비록 많으나 건너가기에 편리한 것은 부교만 못합니다." 하다.

(5) "군사는 모두 평안도에서만 징벌할 것인가, 다른 도도 아울러 조발할 것인가." 하니, 정연 · 황보인 · 최해산은 "황해도서 500명, 평안도서 2,500명으로 할 것입니다." 하고, 황희 · 하경복 · 이순몽 · 조뇌 등은 "황해도는 없애고 모두 평안도에서 조발할 것입니다." 하고, 최사강은 "황해도에서 600명, 평안도에서 2,400명으로 할 것입니다." 하고, 정흠지는 "황해도에서 400명, 평안도에서 2,600명으로 할 것입니다." 하다.

(6) "행군할 때와 출정(出征)할 때에 진법을 연습하는 것이 어떨까." 하
니, 모두가 "진법을 익히면 저 도적들이 먼저 알고 숨을 것이니 가
만히 행군하여 돌격해 들어가는 것이 가합니다." 하니, 모두 황희
등의 논의에 따르고, 오직 기병과 보병의 수는 권진의 논의에 좇아
주장(主將)으로 하여금 시기에 임하여 적당히 처리하여 수를 정하
게 하다.

(7) 또 "중군(中軍)과 좌·우군(左右軍)의 주장으로는 누가 가하냐." 하
니, 모두가 "최윤덕을 중군으로 삼고 이순몽을 좌군으로, 최해산은
우군으로 삼는 것이 마땅합니다." 하니, 임금이 "좋다." 하다.

안숭선이 "순몽이 신에게 말하기를, '대저 군사의 진퇴를 마음대
로 하는 것은 오로지 중군에 있는데 신이 좌군을 맡으면 어찌 성
공하리오. 신의 생각으로는 윤덕을 중군의 상장(上將)으로 삼고, 신
을 중군의 부장(副將)으로 삼고, 해산을 좌군으로 삼고, 강계 절제
사 이각과 호조 참의 김효성을 우군으로 삼아, 신이 정기(精騎) 5,
600명을 거느리고 선봉이 되어 몰래 저들의 땅에 들어가 만약 형
세가 칠만 하면 치고 칠 수 없으면 물러나 주둔하여 후군(後軍)을
기다리겠습니다.'라고 하였습니다." 하니, 임금이 안숭선으로 하여
금 비밀히 세 의정에게 논의하게 하고, 인하여 "예전에 대마도를
토벌했을 때 태종께서 출정하는 장병들에게 활과 화살을 하사하
셨으니, 지금 이순몽과 최해산이 길을 떠남에 어떤 물건을 주어야
마땅할는지 이것도 아울러 논의하라." 하다.

권진은 "이순몽과 최해산은 모두 광망(狂妄)한 무리이므로 오로지 군
사를 맡기는 것은 옳지 못하오니, 전자의 논의에 의하여야 하고, 하사

할 물건은 활, 화살, 갑옷 등으로 하소서." 하고, 맹사성은 "최윤덕을 중군 상장군으로 삼고 이순몽을 부장으로, 최해산을 좌군으로, 이각을 우군으로 삼음이 가하며, 하사할 물건은 권진의 논의대로 하옵소서." 하고, 황희는 "삼군(三軍)을 나누는 것은 맹사성의 논의에 의하고, 하사하는 물건은 다만 말을 주는 것이 가하옵니다."라고 하였는데, 안숭선이 돌아와 아뢰니 임금이 "마땅히 활과 화살과 말은 하사하고, 삼군을 나누어 정하는 것은 황희와 맹사성의 논의에 좇을 것이다." 하다.

최해산에게 명하여 먼저 평안도에 가서 압록강에 부교를 만들게 하고, 안숭선으로 사목(事目)을 닦아 최해산으로 하여금 최윤덕에게 말을 전하게 하였는데, 모두 임금이 명한 뜻이다.

"1. 도절제사가 아뢴 공초(供招)의 말을 여러 신하들과 논의하고 반복해 생각하니 파저강의 도적이 거짓 홀라온을 칭탁한 것은 사실이 명백하게 드러나 단정코 의심이 없다. 오직 저 오랑캐의 풍속은 서로 바라보는 땅에 살면서 옛 은혜를 생각지 아니하여 간사함을 품고 사나움을 베풀어 변민(邊民)들을 찔러 죽이고는 후환을 면하기를 꾀하여 도리어 홀라온을 칭탁해 말하여, 위로는 중국을 속이고 아래로는 우리 조정을 속였으니 토벌하지 아니할 수 없는데, 사이에 논의하는 자가 말하기를, '저 도적들이 홀라온을 칭탁해 말하여 이미 황제에게 아뢰었으니 파저강을 허물하여 급히 칠 수 없다.' 하나, 나는 생각하기를, 황제가 차별 없이 한가지로 사랑하는 도량(度量)으로 어찌 파저강을 믿고 우리나라에 허물을 돌릴 것이랴. 반드시 이럴 이치가 없으며, 가사 혹 힐문할지라도 마땅히 사유를 갖추어 알리고, 또 태종 황제가 선유(宣諭)한 성지(聖旨)를 끌어서 아뢰면 마침내 윤허함을 얻을 것이다. 이러므로 토벌하는 일을 정하여 군사의 수는 3,000명을 거느리되, 2,500명은 평안도에서 내고 500명은 황해도에서 내며, 그 기병과 보병의 수는 기회에 임하여 의논해 정한다.

1. 강이 깊어 군사를 건너기가 어려우니 이것이 진실로 염려된다. 만일 여울 위로 건널 만한 곳이 있다면 가하거니와, 만약 건널 만한 곳이 없으면 도절제사와 더불어 같이 의논하여, 떠들고 들리지 말게 하여 두세 곳에 부교(浮橋)를 만들 것이다.

1. 강계, 여연 등 강가에 머물러 사는 무지한 백성들이 일찍이 영리(營利)를 위하여 몰래 저들의 땅에 가는데, 관리들도 알지 못하여 금하지 않으니 허술함이 이와 같다. 지금 큰일을 당하여 소문이 새면 작은 사고가 아니니 비밀히 관리로 엄하게 고찰을 더 하여 왕래를 끊게 하라.

1. 사람을 시켜 그 부락의 많고 적은 것과 산천의 험하고 평탄한 것을 엿본 뒤, 가서 그 토벌할 기한을 정하고 장병과 군수물자를 마련하여 아뢰라.

1. 보졸(步卒)들이 착용할 갑옷과 투구는 도내(道內) 각 고을에 간직한 것으로 골라 쓰도록 하라.

1. 부교를 만들 때 연호(煙戶)의 정부(丁夫)를 쓰지 말고 부근 각 고을의 선군(先軍)을 사역하라.

1. 대군이 이미 강을 건넌 뒤 적이 만약 불의(不意)에 나와 혹 몰래 들어와 마음대로 날뛰거나 혹 부교를 끊어 군사의 다니는 길을 끊으면 이것도 가히 염려할 것이니, 군사를 나누어 굳게 지켜서 변이 있기

를 기다리게 하라."

■ 15년 2월 26일

의정부 · 육조 · 도진무 등을 불러 논의하기를,

(1) "지금 이미 파저강을 토벌할 계책을 정하였는데, 3,000명의 군사를
통솔하지 않을 수 없으니 내가 조신(朝臣)으로 무재(武才)가 있는
자를 골라 패두(牌頭)[180]로 삼아 그 무리를 거느리고 가게 하고자
하는데, 한 패두가 몇 사람을 거느려야 마땅할까를 요량하여 아뢰
라." 하니, 모두 "한 패두에 100명을 영솔하는 것이 적당할 듯하오
나, 다만 금군(禁軍, 임금을 호위하는 친위병)이 고단(孤單)할까 두렵사오
니 한 패두가 200명을 영솔하게 하옵소서." 하다.

임금이 "금군의 많고 적음을 논하지 말고 적당한 대로 임명해 보
내라." 하다.

(2) 또 "최윤덕으로 주장(主將)을 삼고 또 변장(邊將)을 두 사람 보내 좌
· 우익(左右翼)을 삼거나, 혹은 따로 세 원수(元帥)를 보내고 최윤덕
을 도통사(都統使)로 삼는 것이 어떨까." 하니, 모두 "최윤덕을 도
통사로 삼고 따로 세 원수를 보내면 이는 반드시 윤덕이 도통사
의 권한으로 삼군(三軍)을 총찰(總察)[181]할 따름이고, 정벌하는 일은
친히 하지 않을 것입니다. 국가에서 최윤덕을 영변에 보내 진무

---

180 인부 10명의 우두머리
181 총괄하여 살피거나 보살핌.

(鎭撫)하게 한 것은 그 장략(將略)[182]에 노숙(老熟)한 때문이니 친히 군사를 거느리고 가서 치게 하려고 한 것입니다. 지금의 계책으로는 최윤덕으로 중군 원수를 삼고 도통사의 권한을 겸해 주어 좌·우군을 통찰(統察)하게 함이 적당하옵니다." 하고, 홀로 이순몽은 "윤덕으로 중군 원수를 삼아 도통사를 겸하게 하면 좌·우군의 일이 혹 고르지 못한 일이 있을 것이니, 반드시 별도로 도통사를 보낸 뒤에야 고르지 못한 한탄이 없을 것입니다." 하다.

(3) 또 "출정할 원수를 경등이 숙의하여라. 최해산은 내가 이미 결정하였다." 하니, 모두가 이순몽과 전 총제 이징석을 천거하므로, 임금이 이 두 사람이 가하다고 말하고, 인하여, "평안도는 야인과 이웃하였으니 방어를 늦출 수 없다. 방패, 화포, 갑주(甲胄),[183] 화살과 창 등을 요량해 더 보내어 불우지변(不虞地變)에 대비하라." 하다.

(4) 또 "순몽의 말에 '최해산이 먼저 강가에 이르러 백성들을 사역하여 재목을 베면 어리석은 백성들이 서로 소동하고 떠들어 혹 저들이 알까 두려우니, 이것이 진실로 염려되어 아직 최해산의 발행을 멈추고, 때에 다다라 군졸들로 부교(浮橋)를 만들어 건너는 것이 가하며, 만약 일이 커서 갑자기 이룩할 수 없어 반드시 미리 만들어야 하면 재상(宰相)은 제하고 벼슬이 낮은 이를 택해 보내어 몰래 여러 가지 물자를 준비하여 시기를 기다리게 함이 적당하다.'라고 하는데, 이 논의가 어떠한가." 하니, 황보인은 "미리 백성들을 부역시

---

182 장수의 계략
183 갑옷과 투구를 아울러 이르는 말

키면 저들이 반드시 들을 것이니, 아직 최해산의 출발을 정지하고, 건널 때를 당하여 만드는 것이 가합니다." 하고, 정연은 "해산이 가면 반드시 오래지 않아 얼음이 풀릴 것이니 미리 만들어 후환이 없게 함이 마땅하옵니다." 하고, 황희·권진·하경복·최사강 등은 "얼음이 풀리면 저들이 반드시 안심하고 모두 농사짓기에 힘쓸 것이오니, 마땅히 최해산으로 먼저 그곳에 이르러 성책을 순시한다고 칭탁하여 그들의 의심을 풀게 하고, 모든 일을 몰래 준비하여 그 뜻하지 아니할 때를 기다려 수륙군(水陸軍)을 합하여 힘을 같이 해 만들면 가할 것인데, 하필 다른 사람을 다시 임명하오리까." 하고, 정흠지는 "해산이 만약 이르면 저들이 반드시 알 것이니 염려하지 않을 수 없으나, 다리를 만드는 데에는 갈대[蘆]와 칡[葛]을 많이 쓰는데, 해산으로 먼저 부근에 이르러 미리 준비하게 함이 가하옵니다." 하고, 신상은 "신이 일찍이 여연 수령을 지낸 노익강의 말을 들은즉, '강가에서 반의 반나절 길에 한 산이 있는데 칡과 갈대가 많다.'라고 하오니, 만약 과연 있다면 임시하여 다리를 만드는 것도 어려움이 없습니다. 그러나 해산이 이미 떠났는데 하필 바꾸오리까." 하니, 임금이 황희 등의 논의에 따르고, 곧 최해산에게 내전(內傳)하기를, "부교 만들기를 명하였는데, 이제 다시 생각하건대 명목 없이 재목을 베면 인심이 요동하여 저들이 반드시 알 것이니 이것이 크게 염려된다. 지금 경을 성책순심사(城柵巡審使)로 삼으니 목책(木柵)을 신설할 터를 골라서 정한다고 가탁하고, 강가를 순찰하면서 가만히 생각하고 비밀히 헤아려 군사가 이르기를 기다려 급히 부교를 만들되, 만약 부교가 완전하지 못하여 사람과

말이 함께 빠진다면 작은 사고가 아니니 마땅히 마음을 다하여 후
환이 없게 하라." 하다.

■ 15년 2월 28일

의정부, 육조 및 삼군도진무사, 안숭선, 김종서 등을 불러 일을 의논하
기를, "박호문이 파저강에서 돌아와 '야인 부락에 이르러 그 형세를
보니 모두 어린애를 데리고 산에 올라가 우리나라에서 변을 일으킬
것에 대비하고 있다.'라고 하니, 장차 무슨 수로 각각 그 생업에 안심
하게 하여 뜻하지 않을 때를 타서 공격할 것인가." 하니, 이순몽 · 정연
· 박안신 · 황보인 · 이긍 등이 "도절제사로 하여금 사람을 보내 효유
하기를, '홀라온이 사로잡아 간 사람을 능히 빼앗아 굶주리고 춥지 아
니하게 하고 사람을 시켜 돌려보내니 그 뜻이 가히 아름답다.'라고 하
고, 인하여 술과 음식을 넉넉하게 주어 위로하게 하며, 아직 본국 사람
으로 하여금 예전대로 강을 건너가서 농사짓게 하되 그 기계의 준비
를 비밀리 하여 살펴서 알지 못하도록 하고, 저들이 혹 나오거든 후하
게 위로하기를 더 하여, 떠도는 말을 금하고 분기(忿氣)[184]를 드러내지
말며 거짓으로 술책에 빠지게 하십시오." 하고, 권진 · 허조 · 하경복
· 안순 · 노한 · 김익정 등이 "피차 서로 왕래하면 동작을 반드시 들을
것인데, 하물며 지금 다리를 만들고 배를 만들면 어찌 능히 저들로 알
지 못하게 하오리까. 비록 사람을 보내 위유(慰諭)[185]할지라도 반드시

---

184 분한 생각이나 기운
185 위로하고 타이름.

믿고 듣지 않을 것이며 도리어 의심을 품을 것이오니, 아직 서서히 얼음이 얼기를 기다린 뒤 그 뜻하지 아니할 때를 타서 가볍게 가 습격할 것입니다." 하고, 성억 · 최사강 · 조뇌 · 심도원은 "박호문이 갔다가 돌아오면 저들이 반드시 간첩이라고 하여 의심과 두려움을 품을 것이니, 마땅히 도절제사로 하여금 명을 받아 다시 사람을 보내 위로하여 사례하고 술과 음식을 주며, 또 올적합에게 포로 된 사람과 재물을 돌려보내기를 청할 술책을 묻고, 인해 저들에게 청하기를, '올적합에게 사람을 보내 사람과 재물을 찾아 보내기를 원한다.'라고 하면 저들이 반드시 진정으로 알고 조금 안심할 수 있을 것입니다." 하고, 정흠지는 "이 계책이 마땅할 듯하오나, 다만 술과 음식을 주는 것은 도리어 의심과 두려움을 일으켜 유익하지 못할까 두렵습니다." 하고, 맹사성과 조계생은 "저 도적들은 미련하고도 교활하여 스스로 그 잘못을 알고 이미 집을 비우고 산에 올라갔으니 비록 여러 가지로 달랠지라도 속일 수 없습니다. 또 산골 속에 흩어져 사니 지금 비록 안심하고 있을지라도 한 모퉁이를 치면 남은 곳에서 모두 다 알 것이오니 어찌 능히 그 무리를 다 멸하오리까. 군사를 몰래 거느리고 가 어느 날 하룻밤에 길을 나누어 함께 나아가 그 첫 지면을 치고 그 죄를 성토할 것입니다." 하고, 황희는 "저들의 정상(情狀)과 산천의 형세를 그윽이 듣건대 오늘날에 비록 이(利)를 주어서 안심하고 살게 할지라도 정벌하는 날을 당하여 병변(兵變)이 있음을 들으면 오히려 산에 올라가서 숨을 것이니, 신은 이익보다 손해가 많아 노고만 있고 공(功)이 없으면 저 도적들에게 웃음을 당할까 두렵습니다. 전일에 아뢴 계책에 의하여 도절제사로 하여금 포로 된 인구와 마소와 재물들을 돌려보내기를 꾸짖되,

그들이 좇지 않거든 죄를 선언하고 토벌하여 두려움을 알게 하여 안심하고 농사짓지 못하고 멀리 도망하게 하면 명분이 바르고 말이 이치에 순하여 곧음이 우리에게 있을 것입니다. 만약 할 수 없으면 반드시 얼음이 얼기를 기다리는 것이 어떠하오리까." 하니, 임금이 "4월에 풀이 무성할 때를 당하여 군사를 내어 치는 것이 마땅하다." 하다.

또 "지금 호문의 말을 들은즉, 저들이 본국에서 군사를 뽑는다면 말을 듣고 토벌을 당할까 의심하여 이같이 하는 것으로 생각된다. 군사 뽑는 명령을 정지하여 저들을 안심시키고자 하는데 어떨까. 잘 논의하여 아뢰라." 하니, 정연·박안신·황보인·이긍 등이 "군사 뽑는 명령을 정지하고자 하면 마땅히 얼음이 얼기를 기다려야 하며, 만약 오래지 않아서 군사를 발할 것이면 정지하였다 다시 뽑게 함은 시기에 미치지 않을까 두렵습니다." 하고, 황희·맹사성·권진·허조·하경복·안순·노한·조뇌·김익정 등은 "지금 상교를 듣자오니 신등은 가하다고 여겨집니다." 하고, 심도원·최사강·정흠지·조계생·성억·이순몽 등은 "아직 그 명령을 멈추어 피차의 마음을 안정시키고, 유사(有司)로 하여금 가만히 준비하여 저들이 알지 못하게 함도 가하옵니다." 하니, 임금이 "병조로 이문(移文)하여 그 뜻을 이해시킨 뒤 시기에 임하여 군사를 뽑아 가서 치는 것이 가하다." 하다.

또 "요전에 여러 대신과 의논하여 군사 수를 3,000으로 정하였는데, 지금 박호문의 말에 '군사의 수를 1만 명으로 정하여야 마땅하다.' 하니, 내가 더 보내고자 하는데 어떨까. 만약 가하다면 그 수를 작정하여 아뢰라."라고 하니, 황희·맹사성·권진·허조·안순·노한·이순몽·성억·조계생·정흠지·최사강·조뇌 등은 "신등은 저들의 땅이 험하고 평탄한 것과 부락의 많고 적음을 알지 못하오니 멀리서 헤아릴 수 없습니다. 도절제사로 수를 정하여 보고하게 한 뒤 다시 논의하여 시행하옵소서." 하니, 임금이 황희 등의 논의에 좇아 곧 최윤덕에게 내전(內傳)하다.

또 "옛날은 역대의 전쟁하는 일에 모두 간첩이 있어 그 형세를 살폈는데, 몰래 사람을 보내 저들의 정상을 탐지한 뒤에 토벌함이 가할 듯하나, 오히려 염려되는 것은 만일 잡히게 되면 저들이 본국의 하는 일을 자세히 알아서 미리 도모할 것이니 이익이 없을 뿐만 아니라 또한 해가 있을 것이므로 유예(猶像)[186] 하여 경등의 계책을 듣고자 하니, 고금(古今)을 참작하여 잘 논의하여 아뢰라." 하니, 이순몽 · 성억 · 정연 · 박안신 등이 "그 임무를 능히 감당할 사람을 택해야 가합니다." 하고, 심도원과 조뇌는 "이 일은 어렵고도 위험하니 장수로 사람을 모집하여 만일 능한 사람을 얻는다면 또한 가합니다." 하고, 황희 · 맹사성 · 권진 · 허조 · 하경복 · 안순 · 노한 · 조계생 · 정흠지 · 최사강 · 김익정 · 황보인 · 이긍 등은 "옛날 열국(列國)에서 정탐하는 일을 우리나라의 일과 같은 것으로 논할 수는 없습니다. 중국 사람은 의식(衣食)이 다르지 아니하고 언어가 서로 같으므로 비록 섞여 있어도 알지 못하였으나, 본국은 야인과 더불어 언어와 의식이 같지 아니하여 보면 알기 쉽고 또 인구의 수가 적어 섞여 있을 수 없는데, 만약 산에 올라가 잡히게 되면 저들로 하여금 우리나라의 술책을 깊이 알게 하여 도리

---

186 시일을 늦춤.

어 해가 될 것이오니, 신등은 이것보다는 절제사의 말[言]로써 다시 사람을 보내 정탐함이 가할 듯하옵니다." 하니, 임금이 "이 일이 심히 위험하니 아직은 이를 정지하라." 하고, 곧 절제사에게 내전(內傳)하기를, "다시 사람을 보내 정탐하여 저들이 이미 집에 돌아온 뒤에 군사를 발함이 어떨까. 도내(道內)에 권모(權謀)와 지략(智略)이 있는 자와 더불어 비밀히 논의하여 아뢰라." 하다.

또 "강을 건널 준비를 신료(臣僚)들과 의논하니 모두 말하기를, '배로는 불가하고 부교를 쓰는 것이 마땅하다.'라고 하였는데, 지금 박호문의 말을 듣건대 물의 흐름이 심히 급하여 부교를 설치하기 어렵다고 하므로 배를 준비하고자 하는데 어떨까." 하니, 모두 "물살의 느리고 급함과 배와 부교의 적당 여부를 알지 못하고 억측으로 정함은 실로 불가하오니 장수로 하여금 배나 부교를 적당한 대로 좇아 만들게 하옵소서." 하니, 임금이 "이 뜻이 매우 그럴듯하니 도절제사로 하여금 편리한 대로 좇아 시행하게 하라." 하다.

■ 15년 3월 7일

평안도 절제사 최윤덕이 경력 최치운을 보내 "지금 내전(內傳)을 받자와 살피오니 파저강을 토벌하는 일에 군사 3,000을 쓰라고 하시니, 생각건대 오랑캐의 땅은 험하고 막힌 곳이 많아 모름지기 수비군(守備軍)을 나누어 머물러야 하며, 또 군수품을 보호하는 군사도 두어야 일이 가히 이룩될 것입니다. 하물며 이와 같은 큰일은 형세가 두 번 일으키기 어려우니 한 길은 만포(滿浦)로부터, 한 길은 벽동(碧潼)으로부터 함께 올라(兀剌) 등지로 향하고, 한 길은 감동(甘洞)으로부터 마천 목책

(馬遷木柵) 등지로 향하여 동쪽과 서쪽을 함께 거사(擧事)하게 하고, 신은 소보리(小甫里)로부터 타납노(吒納奴), 합라(哈剌)가 있는 곳으로 향하고자 하니 군사가 1만여 명이 있어야 가할 것이온데, 지금 3,000명으로 정하였다는 말을 듣자오니 신은 심히 염려되옵니다." 하므로, 임금이 사정전(思政殿)에 나아가 지신사 안숭선 및 최치운을 불러 보고, "처음 군신들과 더불어 군사의 수를 논의하니 혹은 7, 800명을 말하고 혹은 1,000명을 말하며, 이론이 분분하여 정하지 못하다가 마침내 3,000명으로 한정하였으나, 내 마음으로 적다고 생각하였더니 지금 올린 글을 보니 과연 그렇다. 어제 박호문의 말에 '1만 명의 수에 내리지 않아야 마땅하다.'라고 하므로, 의정부·육조·삼군도진무 등으로 회의하게 하였더니 혹은 500명을 더하라고 하고 혹은 1,000명을 더하라고 하며 혹은 더할 필요가 없다고 하여 의논이 일치되지 않았다." 하니, 최치운이 "윤덕이 말하기를, '처음 올 때는 타납노, 합라 등만 치고자 하면 정병 1,000명만 얻어도 오히려 가하다고 하였는데, 지금 다시 생각하니 마천(馬遷)으로부터 올라(兀剌) 등지까지 야인들이 산골에 흩어져 살아서 닭 소리와 개 소리가 서로 들리는데, 만약 한두 마을을 치면 반드시 서로 구원할 것이니 성패를 알기 어렵다. 옛사람은 많은 군사를 동원하여도 작은 도적에게 패한 바가 되었는데, 하물며 많은 군사를 진실로 두 번 일으키기 어려우니, 한두 마을마다 각각 한 군대를 보내면 저들이 장차 자신도 구원하기에 겨를이 없을 것인데, 다른 사람을 구원할 수는 없을 것이다. 이런 까닭으로 1만여 명이 아니고는 불가하며, 만약 3,000명으로 몇 길로 나누자면 군사를 나누기가 또한 어렵다.'라고 하옵니다." 하니, 임금이 "그렇다. 군사의 수를 1만으로 더하겠

다." 하다.

최치운이 또 "윤덕의 말에 '황해도의 군마가 시기에 미쳐 달려오면 피로하여 쓸 수가 없을 것이니, 평안도 군마가 거의 2만 2, 3,000에 이르는데 어찌 황해도를 의뢰할 것이냐.'라고 하옵니다." 하니, 임금이 "황해도의 군사는 없애는 것이 마땅하다." 하고, 인하여 "윤덕이 어느 때에 동병(動兵)하고자 하던가." 하니, 최치운이 "윤덕의 뜻은 단오(端午)때는 도적의 무리들이 모두 모여 즐기고 또 풀도 클 것이나, 다만 비가 와 물이 질까 두려우므로 24, 25일 사이가 가하다는 것입니다." 하고, 인하여 "윤덕의 말에 '토벌하는 날에는 저들의 죄명을 써서 방(榜)을 베풀고 돌아와야 마땅하다.'라고 하옵니다." 하니, 임금이 "방의 글[榜草]은 내가 마땅히 써 보내겠다." 하고, 인하여 숭선에게 명하여 비밀히 승문원(承文院)과 더불어 방문(榜文)을 미리 초하여 아뢰게 하다.

또 숭선에게 "파저강을 치는 날에 글을 갖추어 요동(遼東)[187]에 통고하는 것이 어떨까." 하니, 안숭선이 "성상의 말씀이 지당하옵니다. 미리 통고하는 것은 불가하오나, 그 발병(發兵)할 때를 당하여 통고함은 가하옵니다." 하다.

▪ 15년 3월 14일

의정부 · 육조 및 도진무 등을 불러 지신사 안숭선과 좌대언 김종서를 시켜 논의하기를,

---

187 중국 만주 지방의 남부 평야를 흐르는 강인 요하(遼河)의 동쪽 지방. 지금의 요녕성(遼寧省) 동남부 일대를 일컫는다. 우리나라와 지리적으로 매우 가깝고, 특히 중국으로 가는 중요한 육상 통로이기 때문에 각종 외교 사절과 상인들의 왕래가 빈번하게 이루어지기도 했다.

(1) "부득이하여 크게 군사를 일으키게 되면 군사의 수를 얼마만큼 써야 마땅하며, 평안·황해·경기·충청도 등의 군사를 징발함이 어떨까." 하니, 정연·박안신·유맹문·황보인·봉여 등은 "그 정예한 군사를 골라 평안도와 황해도에만 뽑으소서." 하고, 최사강과 심도원은 "도적이 만약 미리 알면 험한 곳을 타고 도망해 달아나면 비록 군사가 많을지라도 쓸 수 없사오니, 평안·황해 두 도에서만 정예한 군사를 뽑아 1만 명에 지나지 말게 하소서." 하고, 맹사성·권진·허조·하경복·안순·노한·이맹균·이순몽·조계생·정흠지 등은 "많은 군사를 쓸 적에는 평탄한 곳을 힘쓰고 적은 군사를 쓸 적에는 험한 곳을 힘쓰라는 것은 병가(兵家)의 군사를 쓰는 법이온데, 저들이 사는 곳은 산이 험하고 냇물이 막혀서 많은 군사를 쓰기 어려우니, 충청도와 경기는 제외하고 황해·평안 두 도에만 정병(精兵)을 골라 5,000명에 지나지 않게 하소서." 하고, 황희는 "일체 주장(主將)의 쓰임에 맡기고, 평안·황해 두 도에만 군사를 뽑게 하소서." 하고, 신상은 "산협에 흩어져 있는 많지 않은 야인에 대하여 어찌 많은 군사를 쓰오리까." 하였다.

(2) 또 "만약 군사의 수를 더한다면 마땅히 장수도 더하여야 할 것인데 몇 사람을 더할 것인가. 장수로 삼을 만한 사람의 이름을 기록해 아뢰라." 하니, 이순몽·유맹문·황보인·봉여 등은 "한 사람을 더하되, 장수가 될 만한 사람으로는 당성군(唐城君) 홍해가 마땅합니다." 하고, 정연·박안신 등은 "정예(精銳)한 군사를 이미 골랐으면 장수를 많이 보낼 필요가 없고, 또 강계와 삭주에 모두 무신(武臣)을 보냈사오니, 장수를 더 정할 것 같으면 삭주 절제사 이안

길을 보냄이 마땅하옵니다." 하고, 이순몽과 심도원은 "군사를 더 하면 장수도 더 정하는 것이 마땅하오며, 장수로 삼을 만한 사람으로는 이징석만 한 사람이 없는데, 신은 그 범죄의 경중을 알지 못하오나 백의(白衣)로 군사를 거느리게 하여 그 공을 이룩할 책임을 맡기옵소서." 하고, 신상·이맹균·조계생·정흠지·최사강 등은 "삼군(三軍)의 장수가 이미 갖추었으니 많이 보낼 필요가 없습니다." 하고, 황희·허조·하경복·안순·노한 등은 "부득이 더 한다면 강계절제사 이각만 한 사람이 없습니다." 하고, 맹사성·권진은 "장수 둘을 더한다면 하경복과 이징석이 가하옵니다." 하였다.

(3) 또 "토벌하는 시기는 어느 때가 마땅하냐." 하니, 유맹문·황보인·봉여 등은 8월 보름 이후를 말하고, 황희·허조·안순·노한,·최사강·정연·박안신 등은 나뭇잎이 떨어지고 얼음이 얼 때 거사함이, 맹사성·권진·하경복·신상·이맹균·이순몽·조계생·정흠지·심도원 등은 4월 보름 때 미처 못하면 나뭇잎이 떨어지고 얼음이 얼 때를 기다려야 한다고 하였다.

(4) 또 "화포를 더 보낼 것인가, 말 것인가." 하니, 허조·하경복·노한·신상·이순몽·유맹문·황보인·봉여 등은 "더 보낼 필요가 없습니다." 하고, 황희·맹사성·권진·안순·이맹균·조계생·정흠지·심도원·정연·박안신 등은 "일체 도절제사가 계획하여 시행하기를 허락하소서." 하였다.

(5) 또 "평안도에 군사 1만 명, 황해도에 5,000명으로 하되 마병(馬兵)은 얼마로 하고 보병은 얼마로 할 것인가." 하니, 맹사성·권진·심도원·유맹문·황보인·봉여 등은 "기병을 1만 명, 보병을 5,000명

으로 하되, 평안도에는 기병과 보병 각 5,000명으로 정하고 황해도
는 기병 5,000명으로 정하소서." 하고, 정연 · 박안신 등은 "기병과
보병의 많고 적음은 주장(主將)이 계획하기를 허락하고, 황해도 군
사 5,000명은 모두 기병을 쓰소서." 하며, 황희 · 허조 · 하경복 · 안
순 · 노한 · 신상 · 이맹균 · 조계생 · 정흠지 · 최사강 등은 "마병 1
만 명, 보병 1만 명으로 하되, 병조로 평안 · 황해 두 도의 군사 액
수(額數)를 상고하여 나누어 정할 것입니다." 하니, 임금이 "거사를
통고하는 일은 맹사성 등의 논의에 좇아 김청으로 주본(奏本)을 초
하게 하고, 군사의 수와 군사를 내는 곳은 평안도에 마병과 보병
합하여 1만 명과 황해도에 마병 5,000명으로 정하여 그 방면을 맡
은 자로 하여금 발병(發兵)하여 보내게 하며, 장수를 더 정하는 데
에는 이징석을 불러 쓰게 하라." 하였는데, 이 앞서 이징석이 파직
되어 양산에 있기 때문이었다. 시기는 모름지기 4월 보름 때에 미
치게 하고, 화포는 더 보낼 필요가 없었다.

▪ 15년 3월 15일
평안도와 황해도 감사에게 전지하기를, "장차 파저강의 도적을 치고
자 하여 이미 병조로 그 도의 군사를 발하게 하였으니 가히 병조의 이
문(移文)에 의할 것이며, 겸하여 좌부(左符)를 보내니 참고하여 발병(發
兵)하라." 하였다.

▪ 15년 3월 16일
중군 절제사 이순몽이 하직을 고하니 인견하고 말과 궁시(弓矢)를 하

사하였다.

군관 홍사석 등 30명도 하직을 고하였다.

대신들을 불러 논의하기를, "북정(北征)하는 군사는 20일 양식을 준비하여 행하게 하려고 하는데 옳을까. 만일 장마를 만나면 미리 준비하지 않을 수 없다." 하니, 모두가 "대군(大軍)이 적경(賊境)에 들어가 혹 큰물을 만나 군사가 건너지 못할는지도 측량할 수 없으며, 싸움에 당하여 더디고 속한 시기도 기필할 수 없으니, 양식을 많이 가지고 가서 만약 남음이 있거든 도로 가지고 와도 해롭지 않습니다." 하다.

또 "이미 최윤덕에게 명하여 부장(副將) 이하의 명령에 복종하고 아니하는 자에 대하여 상벌을 가하게 하였으나, 내가 생각하건대 예전 우리 태종께서 동정(東征)할 때에 2품 이상은 도통사(都統使)로 하여금 보고한 뒤 단죄하게 하였는데, 도절제사가 부장 이하를 마음대로 처단함은 온당치 못할 듯하니 어떻게 처리할까." 하니, 모두가 "비밀히 윤덕에게 효유하여 적에게 임하지 아니하는 2품 이상은 마음대로 처단하지 못하게 하옵소서." 하다. 또 "군사들이 기한을 어기고 이르지 아니하는 자와 항오(行伍)를 잃고 차례를 떠난 자는 일체 군법에 의하면 비록 그 많음이 10명에 이를지라도 모두 참(斬)하게 할 것이나, 이같이 하면 죄를 받는 자가 자못 많을 것이니 이는 아름다운 일이 아니며, 만약 죄주지 않으면 군령이 엄하지 못할 것이니 어떻게 처리할 것인가." 하니, 모두가 "기한을 어기고 이르지 아니하는 자 중에 가장 뒤에 이르는 자는 군법에 의하고, 항오를 잃고 차례를 떠난 자 중에서도 더욱 심한 자는 역시 군법에 의하여 위엄을 보일 것입니다." 하다.

이조판서 허조가 "지금 북방을 정벌할 시기인 4월을 바로 당하오니, 만약 큰비 만나 강물이 불어 넘치면 신은 일이 순조롭지 못하고 도리어 해가 있을까 두렵습니다. 또 여름 달에 초목이 무성하여 산과 골에 울밀하게 덮이면 저들이 반드시 복병(伏兵)을 흩어 둘 것이오니 더욱 염려스럽습니다. 신의 뜻으로는 겨울을 기다려 얼음이 언 뒤에 그들이 뜻지 않은 때 나가서 부락에 들어가 돌격하면 가히 크게 깨뜨리고 나라의 부끄러움을 씻을 것이오니 아직 발병(發兵)을 정지하옴이 어떠하오리까." 하니, 임금이 "대저 큰비는 6, 7월 사이에 있는데, 하늘이 우리를 미워한다면 큰비를 내려 군사의 길을 막을 것이나, 하늘이 미워하지 않는다면 4월에 하필 큰비가 오리오. 그러나 천도(天道)는 헤아리기 어려우므로 기필할 수 없다. 다만 성인은 사물에 밝게 통하여 만 리 밖을 밝게 보고 묘당(廟堂)[188]의 위에서 승부를 판결하나, 중인(中人) 이하 사람은 일을 시작할 때 마땅히 의심하는 생각이 있을 것이나, 만약 의심하는 생각으로 결단하지 못하면 어느 때 군사를 발하여 큰일을 이룩하리오. 하물며 지금 풀이 자라서 말 먹이는 폐가 없는 데서랴. 또 야인들이 노략질한 때가 오래지 않았으므로 쫓아 쳐서 탈취해 돌아오면 황제도 잘못이라 아니할 것인데, 만약 후일을 기다려 군사를 일으켜 중국의 경계를 넘어 들어가면 황제가 반드시 우리나라를 그르다고 할 것이다." 하다.

---

188 나라와 정치를 다스리는 조정(朝廷). 의정부(議政府). 종묘(宗廟)

■ 15년 3월 18일

병조에서 아뢰기를, "함흥 이북의 각 고을의 군사와 말을, 그 길을 분번(分番)하게 하고, 하번갑사(下番甲士)[189]는 공식으로 양료(糧料)[190]를 주어 도절제사가 거느리고 친히 경원(慶源), 영북(寧北), 갑산 등지에 가서 사변에 대비하게 함이 어떠하옵니까." 하니 그대로 따랐다.

이조 정랑 김하를 성기순심관(城基巡審官)으로 가칭(假稱)하여 사목(事目)을 가지고 함길도에 가서 도절제사에게 전교하기를, "알목하 야인이 파저강 야인과 더불어 성세(聲勢)를 서로 의지하는데, 지금 파저강을 치고 또 경원(慶源)[191]과 영북진(寧北鎭)[192]에 군사의 수를 조금 더하여 절제사가 군사를 거느리고 가서 진압하면 알목하 야인들이 의혹이 나서 들떠 이사할 것은 틀림이 없을 것이다. 저들이 본래 우리나라가 도망해 온 중국 사람을 그들에게 돌려보내지 않는 것을 혐의하고, 변경 백성들을 노략한 것을 두려워하여 먼 지방으로 깊게 들어갔거든, 모름지기 사람을 보내어 통유(通諭)하기를, '지금 도절제사가 군사를 더하여 방어함은 너희들의 말에 의하여 홀라온(忽剌溫) 올적합(兀狄哈)을 방어하기 위함이다.'라고 하여 그 마음을 안정시키고, 저들이 비록 이사갈지라도 도둑질한 형상이 없으면 가볍게 거사할 수 없고, 연달아 사람을 보내 정찰하여 진실로 도둑질한 마음이 있거든 기회에 미쳐서 쫓아 잡는 것이 가하나, 강약을 살피지 아니하고 끝까지 쫓아서 돌격

---

189 번이 갈려 교대 근무를 마치고 나오는 갑사
190 양식과 갖가지 물품
191 함길도
192 함경북도 무산(撫山)과 종성(鍾城) 지역에 있던 진(鎭)

해 들어갔다가 도리어 실패를 당하면 작은 사고가 아니다. 또 가히 칠 만한 형세를 타서도 법을 두려워하여 쫓지 않는다면 후회하여도 유익이 없을 것이니 기회에 다다라 계획하여 느리고 급함을 맞추게 하라.” 하였다.

▪ 15년 3월 19일
야인을 토벌하는 일로써 종묘와 사직에 고하다.

▪ 15년 3월 21일
전 소윤(小尹) 박호문이 파저강에서 돌아오다.
임금이 인견하고 야인의 소식을 자세히 물으니 박호문이 “군사 3, 4명을 거느리고 술과 실과를 가지고 이만주의 집에 이르니 만주가 반갑게 대접하므로, 인하여 술과 실과를 주고 밤을 지내고 이튿날 또 타납노(吒納奴) 등이 사는 곳에 이르러 밤을 자고 돌아왔는데, 산천의 험하고 평탄한 것과 도로의 굽고 곧은 것과 부락의 많고 적음을 살피고 돌아왔습니다.”라고 아뢰므로, 임금이 토벌하기를 결심하다.

## 7) 출정교서와 승전보고

▪ 15년 3월 22일

집현전 부제학 이선을 보내어 북정(北征)[193]의 장졸들에게 교서를 반포하고, 인하여 장졸들이 강 건너는 것을 살피기를 명하다. 그 중군 도절제사 최윤덕에게 전교한 글에 "군사를 씀은 제왕이 신중히 하는 바이다. 이 무지한 야인들이 우리 경계에 가까이 있으면서 쥐와 개처럼 도둑질한 적이 여러 번이었으나, 짐승 같은 습속을 족히 더불어 계교할 것이 못 된다. 어르고 참고 용납하기를 오래 하였더니, 지금 국경에 몰래 들어와 늙은이와 어린이를 죽이고 부녀를 사로잡으며 백성들의 재산을 소탕하여 사나움을 방자히 행하였으니 어찌 그만둘 수 있으리오. 오직 경은 충의의 자품(資稟)[194]을 가지고 장상(將相)의 지략을 겸하여 이름이 일찍 드러나서 안팎에서 함께 아는 바이므로, 이에 중군(中軍)의 장수로 명하여 야인을 토벌하여 문죄하기를 명하니, 오직 부장(副將) 이하 대소군관(大小軍官)과 군사들의 소속에 있는 자를 경이 모두 거느리되, 명령에 복종하여 공을 이루는 자는 상을 주고 명령에 복종하지 않는 자는 벌을 줄 것이다. 아, 군사의 직무를 나누어 정하는 일은 내가 이미 명하였으니 적을 토벌하는 공은 경이 힘쓸지어다." 하다.

3품 이하 군관과 군민(軍民)들에게 교서를 반포하기를, "무지한 이 야인은 효경(梟獍, 배은망덕하고 흉악한 사람을 비유) 같은 행동과 시랑(豺狼, 승냥이와 이리) 같은 마음으로 우리의 경계에 이웃하여 항상 화심(禍心)을 품고 틈을 엿보아 침략하므로, 방비하기를 엄하게 하고 수위(戍衛)하

---

193 파저강 야인들을 토벌
194 사람 된 바탕과 타고난 성품

기에 수고롭게 하여 생민(生民)의 근심이 된 지가 오래였는데, 지금 또 변경을 침범하고 생명을 살해하며 집을 소탕하니 내가 실로 마음이 아프다. 고아·과부를 위하여 장수를 명해 토죄(討罪)하게 하노니, 너희 뭇 군사들은 나의 밤낮으로 근심하는 마음을 다 알고 장수의 절제(節制)하는 법을 삼가히 하여 늙은이, 어린이와 부녀를 제외하고 만일 능히 적의 머리를 베이면 그 수의 많고 적음에 따라 혹은 3등을 뛰어 올리고 혹은 2등을 뛰어 올리며 혹은 1등을 뛰어 올려 벼슬로 상을 주고, 그 총패(摠牌)[195]와 소패(小牌)[196]는 비록 스스로 공을 이루지 못하였을지라도 부대 안에서 베이고 잡은 것이 많은 자에게도 차등이 있게 벼슬로 상을 주되, 만일 군령을 따르지 않는 자는 비록 공을 이룩할지라도 상이 없다. 너희들은 각각 너의 용맹을 다하여 과감하고 굳셈을 이룩하기에 힘쓸지어다." 하고, 겸하여 사목(事目)을 붙였는데, "1. 군사가 파저강에 이르러 만약 능히 사람을 잡았으면, 그중 늙은이, 어린이는 굶주리고 피곤하게 하지 말고, 부녀는 군인으로 하여금 혼잡하게 하지 말게 하며, 거느리고 올 때는 다만 부녀들로 하여금 한곳에서 잠자도록 하라. 1. 대소(大小) 군사와 장수들이 술을 마시되 취하는 데 이르지 않게 하고, 적당하게 술기운이 나도록 할 따름이며, 술을 마시고 기운을 쾌하게 한다는 말이 없도록 하라." 하다.

- 15년 3월 24일

---

195 군사 50명을 지휘하는 직위
196 군사 10명을 거느리는 직위

최윤덕이 호군 박원무를 보내 "지금 토벌하는 일을 오는 달 초10일로 정하였으나, 도적의 무리가 모두 산으로 올라갔다는 말을 들으니 밤 낮으로 근심하고 염려합니다. 저곳은 얼음이 아직 풀리지 아니하였 으니, 오는 4월 10일경에 사람을 시켜 정탐하고 20일 이후에 강계에 모 이면, 저들이 농사짓기 위하여 도로 집으로 내려올 것이니 몰래 군사 를 거느리고 가서 덮쳐 치는 것이 어떠하오리까." 하므로, 곧 세 의정 과 이조판서 허조, 호조판서 안순, 예조판서 신상 등을 불러 논의하고, 사목(事目)을 닦아 박원무에게 부쳐 보내기를, "지금 대군을 이미 발하 였으니, 그 지방이 비록 추우나 4월 그믐 때에는 풀과 나무가 무성하 고 산에 가득 찬 안개가 어두워서 멀리 통하여 바라볼 수 없으며, 또 5 월에 이르면 토우와 비가 올 염려가 있으니, 일체 전에 정한 기일대로 시행하라. 심타납노(沈吒納奴) 등은 비록 한성에 올라와서 시위(侍衛)하 려고 할지라도 그 마음을 알기 어려우니, 이같이 거사하는 때에 상례 (常例)로 대접할 수 없다. 이미 짜 놓은 대로 기한에 미쳐서 찾아 잡으 라." 하다.

- 15년 4월 2일
상호군 김을현을 북경에 보내 통고문을 보내다.

- 15년 4월 25일
평안도 감사 이숙치가 중군 절제사 이순몽의 승전보를 급히 보고하다.

- 15년 4월 26일

모든 장수들에게 내전(內傳)하기를, "상경하는 절차와 거느리는 군인을 놓아 보내는 절차는 일체 도절제사의 호령을 듣도록 하라. 그리고 이미 길을 떠났더라도 이른 그곳에 머물러 도절제사의 지휘를 기다리게 하라." 하고, 또 별도로 도절제사 최윤덕에게 내전하기를, "모두 다 지휘하여 실수가 없게 하라." 하다.

■ 15년 5월 2일

전 경력 권맹경과 부사직 박이녕이 건주위(建州衛)[197]에서 돌아와 승전을 아뢰니 임금이 기뻐하여 불러 보고 옷을 각각 두 벌씩 하사하다.

■ 15년 5월 3일

평안도 감사가 사람을 보내 우군 절제사 이각의 승전을 아뢰니, 곧 호조 우참판 박신생에게 명하여 선온(宣醞)[198]을 가지고 영변부에 가서 출정한 도원수 최윤덕과 부장 이순몽, 이징석, 최해산, 이각 등을 위로하게 하다.

영의정 황희, 좌의정 맹사성, 우의정 권진, 이조판서 허조, 판중추원사 하경복, 호조판서 안순, 예조판서 신상 등을 불러 정사를 논의하다.

첫째는 "지금 군사를 일으켜서 서정(西征)한 까닭으로 동맹가첩목아도 의심을 품고 두려워하여 편안히 살지 못하고 있으니 내가 술과 음식을 주어 그 마음을 안심시키고자 하나, 옛날 경인년에 술과 음식을

---

197 1403년 명나라의 영락제(永樂帝) 때 만주 남쪽에 살고 있는 여진족을 누르기 위해 설치한 위(衛)
198 임금이 신하에게 술을 내려줌.

주고 이내 토죄하였고, 근자에 최윤덕이 이만주에게 술과 음식을 주고
곧 토벌하였으니, 지금 만약 사람을 시켜 음식을 주면 저들이 본국의
뜻을 알지 못하고 도리어 의심을 내어 결국은 편히 살지 않을 것이니
어떻게 처리할까." 하니, 모두 "연전에 이만주가 우리나라 사람의 포
로를 돌려보낼 때 맹가첩목아도 협력하였는데, 지금 이미 이만주를 간
사하다 하여 토벌하였으니 맹가첩목아가 반드시 의심을 가질 것입니
다. 그러나 사람을 보내 음식을 주고 신의로서 대접하면 저들이 처음
에는 비록 의심을 둘지라도 나중에는 반드시 우리나라의 신의를 알고
편히 살 것입니다. 그러하니 사람을 보내어 효유하는 것이 낫습니다."
하고, 권진의 의견도 겸해서 포자(布子)를 보내는 것이 좋다고 하였다.

둘째는 "내가 왕위에 오른 뒤로 매양 문치(文治)에 힘을 쓰고 군사의
일에는 마음을 두지 아니하였는데, 내가 어찌 큰일을 좋아하고 공을
이루기를 즐겨 야인을 정벌하였겠느냐. 적이 먼저 우리에게 해를 끼치
므로 할 수 없이 거행하게 된 것인데, 다행히 크게 승리하였으니 진실
로 기쁜 일이나, 역시 두려운 것이다. 지금은 비록 성공하였을지라도
어떻게 이 공을 보전하여 영구히 후환을 없게 할 것인가." 하니, 모두
"자랑하고 기뻐하는 것은 옛사람이 경계한 바인데, 전하께서는 크게
승리한 것을 기뻐하지 않으시고 도리어 두려워하시니 이는 진실로 아
름다운 뜻입니다. 생각건대 성책을 굳게 하고 군량을 준비하며 불의의
사변을 염려하여 공경하고 두려워하는 마음을 가지면 후환이 없을 것
입니다." 하였다.

셋째는 "적이 와서 침노하면 장수 된 자가 적을 가볍게 여기고 나가서
싸우다가 패전하는 것은 예나 이제나 항상 걱정하는 것인데, 지금 적

을 토벌한 뒤인지라 만일 적이 보복하러 와서 침벌하면 가볍게 대적할 수 없으니, 지금부터 장수로 하여금 비록 적의 변이 있을지라도 조심하여 가볍게 동하지 말고 성벽을 굳게 지키고 들에 있는 물건을 깨끗이 치우고 기다리다가 칠 만한 형세가 이른 뒤 기회를 살펴서 추격하여 잡는 것이 어떤가." 하니, 모두 "상교가 지당하옵니다." 하니 곧 평안도 절제사에게 비밀히 전했다.

넷째는 "내가 듣건대 출정한 사람이 가졌던 말의 죽은 수가 거의 1,000에 이른다고 하니 하삼도(下三道)의 곡식으로 말을 사서 주거나, 그렇지 않으면 여러 섬에 있는 말을 주고, 혹은 관에서 그 말을 주어 그 값을 싸게 받는 것이 어떨까." 하니, 모두 "종군하여 사상한 말을 어찌 다 보상해 줄 수 있습니까. 예전에도 이런 법이 있었다는 것을 듣지 못하였습니다. 관곡(官穀)으로 말을 사서 주는 것은 더욱 옳지 못하고, 만약 역로(驛路)의 말이라면 채워 주는 것이 옳을까 합니다." 하였다.

황희 · 맹사성 · 권진 · 허조 · 신상 등은 "만약 부득이한 일이라면 말이 죽은 군졸에게 연한을 정해서 복호하소서." 하였으나, 홀로 안순은 "죽은 말의 수를 자세히 물어보고 또 여러 섬의 말의 수도 물어봐 만일 그 수(數)에 차지 못하면 반드시 일시에 다 줄 것이 아니라 금년과 명년에 나누어 주는 것이 옳을까 합니다." 하였다.

다섯째는 "변장(邊將)[199] 및 사졸들로 하여금 알목하 야인과 여러 야인들과 더불어 말하기를, '파저강 야인이 오래전부터 본국의 은혜를 후

---

199 변경을 지키는 장수. 절제사(節制使) · 첨사(僉使) · 만호(萬戶) · 권관(權官) 등을 통틀어 말하는 것이다.

하게 받았는데, 이제 배은망덕하고 이유 없이 무리를 동하여 우리 변군에 돌입하여 우리 인민을 죽이고 재물을 약탈하였으니 그 죄가 한도에 찼으므로, 우리나라에서 장수에게 명하여 토벌한 것이다. 어찌 전공(戰功)을 좋아하여 그렇게 하였겠느냐. 부득이한 데서 나온 것이다. 저들이 허물을 뉘우치고 스스로 마음을 새롭게 하여 성심으로 귀순하면 국가에서 반드시 처음과 같이 대우할 것이다.' 이렇게 말하도록 효유하는 것이 어떨까." 하였다.

모두 "이 의견이 매우 좋습니다." 하니 그대로 따랐다.

- **15년 5월 5일**

평안도 도절제사 최윤덕이 평양 소윤 오명의를 보내 야인 평정을 하례하는 전(箋)[200]을 올리기를, "지난 임자년(작년) 12월에 파저강 야인들이 우리 북변을 침략하므로 신이 정월 19일에 명을 받들고 길을 떠났사온데, 3월 27일에 공경히 교서를 받들어 곧 삼군 절제사 이순몽 등에게 명하여 군사를 일곱 길로 나누어 4월 19일 날 샌 무렵 쳐들어가 그 죄를 물어 더러운 오랑캐를 다 평정하였사오매 삼가 전(箋)을 올려 하례하는 바입니다. 성인의 덕이 천심에 합하고 인의의 군사가 오랑캐를 평정하니 장수와 군사들은 기뻐하여 노래를 부를 뿐이옵니다. 백성을 부리는 것이 좋지는 아니하나 군사는 부득이한 일입니다. 무지한 이 흉한이 우리 변경에 이웃하여 이리 같은 탐하는 욕심을 마음속

---

200 자기의 의사를 남에게 표현하는 한문문체

에 간직하고 개같이 문밖에서 날뛰고 짖어대어 요새를 침범하고 사민을 약탈하매, 그 죄가 이미 산과 같고 악함 또한 효경(梟獍)[201] 보다 더하므로, 이에 천한 이 몸으로 속히 떳떳한 형벌을 행하게 하시니, 신은 전교의 명을 받아 전군을 절제하는 권한을 잡고, 군사를 일곱 길로 나누고 스스로 1,000의 군사를 거느리니, 군사가 잠깐 동안 교전하자 도적은 벌써 기운이 꺾여 강물이 구렁에 몰려드는 듯 촌교(寸膠)[202]로써 막기 어렵고, 돌이 산봉우리에서 구르는 듯 빈 알처럼 스스로 깨어졌습니다. 옛날 전쟁에는 없었던 일을 이제 하늘이 도와 이겼으니 위로는 하늘에 계신 종묘의 영혼에 사례할 만하고, 아래로는 족히 국가의 오래 쌓인 분함을 풀 수 있으니 옛일을 상고하여도 이보다 더 큰 공이 없었습니다. 성상의 지혜는 탕(湯)[203]보다 더하시고 총명하심은 순(舜)과 같으시와 우레 같은 위엄을 한 번 떨치매, 신성한 기운이 오랑캐 땅에 빛나고 해와 달같이 밝으신 덕이 야인의 풍속을 아름답게 만들어 무기를 거두고 변경에 근심이 없어졌습니다. 외람하게도 어리석은 재주로 거룩한 시대를 만나 도적을 포로 심문하여 갑절 적개(敵愾)[204]의 정성을 다하였으며, 창과 칼을 부러뜨려 하늘에 가득한 악한 무리를 쓸어 버렸나이다." 하다.

임금이 사정전에 나가 오명의를 인견하고 옷 두 벌을 하사하다.

---

201 효(梟)는 어미 새를 잡아먹는 올빼미, 경(獍)은 아비를 잡아먹는 짐승. 배은망덕하고 흉악한 인물
202 한 치의 작은 아교를 가지고 많은 물을 맑게 할 수 없다.
203 중국 고대에 하(夏)나라 걸왕(桀王)을 죽이고 상(商)나라를 창건한 탕왕(湯王)
204 적에 대해 품는 의분

## 8) 논공행상과 축하연

- 15년 5월 16일

최윤덕을 의정부 우의정으로 삼고, 권진을 우의정으로 치사(致仕)[205]하게 하다.

이순몽을 판중추원사, 안순을 호조판서, 이각과 이징석을 중추원사로 삼고, 이숙치를 공조 좌참판으로 평안도 도관찰사(都觀察使)를 겸하게 하고, 박안신을 공조 우참판, 남지를 예조 우참판, 김효성과 홍사석을 중추원 부사, 이사관을 호조 우참의, 권복을 병조 좌참의, 안구경을 병조 우참의로 삼다. 처음에 임금이 제장(諸將)의 공을 포상하기 위하여 대신들에게 의논하니 허조는 영중추(領中樞)[206]를 가설(加設)하여 최윤덕을 상 주자 하고 맹사성(당시 좌의정)은 자기 벼슬을 주고자 하여 두 의견을 결정하지 못하였는데, 제수(除授)하는 날에 이르러 특히 좌대언 김종서에게 명하여 이부(吏部)의 선임(選任)을 맡게 하니 군신들이 그 까닭을 알지 못하였다.

임금이 제수할 때 당하여 김종서를 인견하고, "경은 거년의 말을 기억하는가. 경과 더불어 일찍이 말하기를, '최윤덕은 가히 수상(首相)이 될 만하다.'라고 하였는데, 수상은 그 임무가 지극히 중하므로 전공(戰功)으로 그 벼슬을 줄 수 없는 것이다. 지금 최윤덕이 비록 전공이 있다 할지라도 덕이 없으면 단연코 제수할 수 없는 것이다. 내가 전후에 사

---

205  70세가 되면 벼슬을 사양하고 물러나던 제도
206  영중추부사(領中樞府事)

람을 취하고 버리는 것이 이와 같으니 경은 거년에 말한 바와 오늘의 의논한 바를 가지고 다시 여러 대신들과 잘 의논하여 보고하라." 하매, 김종서가 나와 맹사성 등과 논의하니 모두 "최윤덕은 공평하고 청렴하고 정직하고 부지런하며 조심하여 봉공(奉公)하는 사람이니 비록 수상을 삼을지라도 부끄러움이 없다." 하다.

임금이 "나의 뜻이 이와 같았는데 대신의 뜻도 이와 같으니 권진의 벼슬을 대신하게 하라. 내가 작은 벼슬을 제수할 적에도 반드시 마음을 기울여 고르는데 하물며 정승이리오. 최윤덕은 비록 배우지 않아 건백(建白, 윗사람에게 의견을 드림)의 일에 어두우나, 밤낮으로 게으르지 아니하고 일심봉공(一心奉公)하여 족히 그 지위를 보전할 것이다. 그리고 이숙치는 평안도 감사로 북정(北征)할 때 군사 징발과 군량 운수를 잘하였기 때문에 품계를 올려 제수한 것이다." 하다.

▪ 15년 5월 20일

임금이 대신에게 "북정한 군사들을 논공(論功)하기 매우 어렵다. 혹은 힘은 많이 썼으나 죽이거나 잡지 못한 자가 있고, 혹은 힘쓰지 아니하고도 죽이거나 잡은 자가 있으며, 또 날래게 나아가서 적을 포위하고 우리 군사를 기다린 자는 최대한의 힘을 써서 그 공이 작지 않은데 어떻게 분별할 것인가. 예전에는 전쟁에서 목을 베는 것을 명령하였고, 중고(中古)에는 목 베는 것을 금하였으니 그 뜻이 어떤 것인가. 또 힘을 써서 쏘아 죽였으나 목을 베지 못하면 그 공을 징험할 수 없는 것이다." 하니, 황희가 "다른 것은 근거할 수 없고 다만 장수가 기록한 공적 조서로 공을 논하는 것이 옳습니다." 하다.

■ 15년 5월 25일

우의정 최윤덕이 평안도에서 돌아오자, 지신사 안승선에게 명하여 선
온(宣醞)을 가지고 홍제원에 가서 맞이하게 하고, 임금이 사정전에 나
아가 최윤덕을 인견하고 간략한 술자리를 베풀어 위로하다.


■ 15년 5월 26일

근정전에 나가 잔치를 베풀고 출정한 장수들을 위로하다.

우의정 최윤덕, 판중추원사 이순몽, 중추원사 이징석, 중추원 부사 김
효성, 홍사석 등과 왕세자 및 여러 종친과 대언들이 연회에 입시하다.
이에 앞서 상의원(尙衣院)에 명하여 옷과 신을 만들게 하고, 이날 장수
들에게 나누어 주어 모두 입고 잔치에 나오게 하다. 김효성은 영변에
서 돌아오지 않았기 때문에 옷과 신을 준비하지 아니하였는데, 이날
막 연회를 시작하려고 할 때 김효성이 평안도에서 왔다.

임금이 승정원과 의논하기를, "오늘의 잔치는 오로지 출정한 장수를
위로하기 위함인데, 김효성이 올 것을 알지 못하고 옷과 신을 준비하
지 아니하였으니 어떻게 처리할까." 하매, 여러 대언들이 논의해 "만
약 옷과 신을 갖추지 못했다 해서 연회에 나오지 못하게 하면 옳지 못
하고, 만약 연회에 나오게 한다면 지위가 홍사석의 위인데 도리어 옷
과 신을 하사하지 아니하는 것도 불가하오니, 우선 연회에 나오게 하
고 옷과 신은 뒤에 하사하는 것이 어떠하겠습니까." 하니, 임금이 어의
(御衣)와 신을 내어 주면서 즉시 입고 연회에 참예하게 하다.

임금이 친히 술잔을 잡아 최윤덕, 이순몽, 김효성, 이징석, 홍사석 등에
게 주고, 또 세자로 하여금 최윤덕 등의 앞에 나아가 술잔을 돌리게 하

고, 인해 최윤덕에게 명하여 일어나서 술을 받지 말게 하다. 군관에게 명하여 마주 대하여 일어나서 춤을 추게 하니 최윤덕도 술이 취하여 일어나 춤을 추고 임금에게 술잔을 드리다.

## 9) 생포 야인 수용과 중국의 반응

■ 15년 6월 4일

예조에서 "생포한 야인이 현재 도착한 자가 174명인데, 경기 및 충청도 각 고을에 나누어 두고, 그 생활이 안정될 때까지 한 사람에게 봄·여름 옷감으로 정포(正布) 2필, 가을·겨울 옷감으로 면포 1필과 정포 2필을 주고, 한 달 양식을 주되 장정 남녀는 중미(中米) 6두, 작은 아이는 중미 3두, 소금 3두, 장 1두씩을 주며, 7, 8세 이하의 어미도 없고 친족도 없는 작은 아이들은 한성 안각사의 노비로서 가산이 있고 자선심이 있는 자에게 붙여 다른 예에 의하여 옷과 양식을 주게 하소서." 하니 그대로 따르다.

■ 15년 6월 29일

임금이 "중국 도독(都督)[207]이 본국에서 파저강을 정벌하였다는 것을 듣고, 조선이 마음대로 군사를 일으켜 변경에 쳐들어갔다고 비난하였다. 강계에 머물러 둔 야인 2명을 본곳으로 돌려보내 효유하기를, '너

---

[207] 중국에서 군정을 맡은 지방 관청

희들이 성심으로 와서 항복하면 포로를 다 돌려보낼 것인데, 너희들이 전의 행동을 고치지 아니하고 변경을 엿보기 때문에 지금까지 돌려보내지 아니한 것이다.' 하고, 또 '너희들 처자의 의복과 음식은 때를 잃지 않게 하고, 강포한 무리들이 핍박하지 못하게 하여 안심하고 살고 있다.'라고 하여, 야인들이 이 말을 듣고 성심으로 와서 투항하고 우리나라에서 다 돌려보내면 저들이 전일의 위엄과 오늘의 은혜를 알 것이요, 은혜와 위엄을 아울러 행해 어긋나지 아니할 것이다." 하였다.

허조가 "상교가 지당합니다."라고 하니, 안숭선에게 명하여 황희, 맹사성, 권진 등의 집에 가서 논의하게 하였다.

## 10) 결과

1차 정벌은 이렇게 마무리되었다. 앞에서 보았듯이 그 당시 사건의 배경과 진행 상황을 그토록 자세히 기록해 두었다는 것이 참으로 놀라울 따름이다. 당시 여진은 중국의 영향력 아래에 있었다. 어느 날 여진 중 올량합 400기가 우리 국경을 침입하여 전사자와 포로 된 사람이 75명인데 전사한 사람이 48명이었다. 그리하여 세종이 노하여 신하와 논의하여 여진 정벌에 나선 것이다. 당시 여진은 산간 등지에 뿔뿔이 흩어져 있어 쉽지 않은 정벌이었지만, 최윤덕을 대장으로 1만 5,000명의 군사로 여진 정벌에 나섰던 것이다.

그러나 당시 압록강 북쪽은 명나라의 영향권에 있었기 때문에 압록강 북쪽으로 군사를 움직이는 것은 명나라와의 분쟁의 소지가 있었다. 실제로 이 정벌 이후에 명나라의 요동 총병관이 명 선종에게 조선을 문책하자고 주장하였다 한다.


## 2. 2차 정벌과 이주정책

### 1) 3군으로 야인 토벌에 나서다

1차 정벌 후 여진 추장 이만주는 다시 세력을 모아 세종 17년부터 2년간에 걸쳐 조선의 변경지대를 잇달아 침공하였다. 이에 조선 정부는 명에 먼저 통첩을 보내 명의 양해를 얻은 후 재차 정벌에 나섰다. 이 2차 정벌 시 초토화 작전의 성공으로, 이후 이만주의 여진 세력은 명나라 변방 장벽 부근의 훈하 상류로 이동하였다.

- 19년 9월 14일

3군으로 군사를 나누어 야인 토벌에 나섰음을 알려오다.

평안도 감사가 치보하기를, "도절제사 이천이 이달 초7일에 3도로 군사를 나누었사온데, 상호군 이화는 1,818명을 거느리고 올라산 남쪽 홍타리(紅拖里)로 향하였고, 대호군 정덕성은 1,203명을 거느리고 올라산 남쪽 아한(阿閒)으로 향하여 모두 이산(理山)에서 강을 건넜으며, 이천은 여연 절제사 홍사석과 강계 절제사 이진과 더불어 4,772명을 거느리고 옹촌(甕村) 오자점(吾自帖)·오미부(吾彌府) 등지를 향해서 강계에서 강을 건넜습니다." 하였다.

■ 19년 9월 22일

이천이 이끄는 야인 토벌군이 승전했음을 알려 오다.

평안도 감사가 급히 보고하기를, "이번 9월 초7일에 좌군 도병마사 상호군 이화와 우군 도병마사 대호군 정덕성이 산양회(山羊會)에서 압록강을 지나갔고, 도절제사 이천 등은 만포구자(滿浦口子)[208]의 앞 여울을 지나서, 11일에 좌·우군이 고음한(古音閑) 지방에 들어가서 적의 전장(田庄)을 양쪽으로 공격하니 적이 모두 도망하므로 좌군은 홍타리(紅拖里)로 향했고, 도절제사의 군대는 오자점(吾自岾)에서 강을 따라 내려와 적의 소굴 12호를 수색하고는 적 35명을 목 베고 5명을 생금(生擒)[209]하였으며 소와 말을 빼앗고 그들이 쌓아 둔 서속을 불태웠습니다. 12일에는 우군이 파저강을 지나 올라산성과 아한 지방을 수색하였으나, 적이 모두 도망하여 숨었으므로 단지 1명만 목 베고 그들의 집과 콩과 서속을 태우고는, 즉시 파저강을 도로 건너서 13일 새벽녘에 우군과 도절제사 군사들이 함께 오미부(吾彌府)에 이르러서 그 적의 소굴을 포위하니, 이미 적이 미리 알고 다 숨어서 드디어 그들의 빈집 24호와 쌓아 둔 콩과 서속들을 불태웠습니다. 도절제사의 군사는 즉시 돌아오고, 우군은 소토리(所土里)에 군사를 주둔시키고 좌군을 기다렸는데, 좌군은 적 10명을 목 베고 남녀 9명을 사로잡아 가지고 홍타리로부터 와서 모이니, 이날 해 질 무렵 적이 우군이 진을 치지 않은 틈을 타서 돌입하여 교전하였으나 이기지 못하고 물러갔습니다. 14일 아

---

208 평안도 강계부(江界府)에 딸린 군사 방어 진지
209 산 채로 잡음.

침에 적이 또 곧장 좌군을 가리키면서 크게 호통을 치며 진을 범하기로, 우리 군사가 화포를 쏘니 적이 물러났고, 좌·우군이 모두 군사를 돌려 좌군이 앞을 서고 우군이 뒤에서 오다가 길에서 또 적의 50여 기(騎)가 갑자기 숲 사이에서 나왔으나, 우리 군사가 공격하여 그들의 말 2필을 빼앗았습니다. 16일에는 좌·우군과 도절제사 군사가 모두 도로 강을 건너 돌아왔습니다. 적을 죽이고 잡은 것이 모두 60명이고, 우리 군사는 황해도에서 자원하고 들어온 1명이 살에 맞아 죽었습니다." 하였다.

▪ 19년 9월 26일

판승문원사(判承文院事) 이세형을 보내 선온(宣醞)을 가지고 가 평안도 도절제사 이천 등을 위로하게 하였다.

이천을 정헌대부 호조판서 겸 평안도 도절제사로, 박안신(朴安臣)을 가 정대부 공조참판 겸 평안도 도관찰사로 삼았다. 이천과 박안신은 정벌한 공으로 특히 이 벼슬을 제수하니 대개 특별히 총애한 까닭이었다.

## 2) 이주 정책의 강행

"내 결의(決意)는 이미 섰다.

두만강이 우리 국경을 싸서 흐르니 하늘이 만든 험준한 요해처라 2진(鎭)을 북쪽 끝에 옮겨 옛 영토를 회복하고자 하는데 어떤가? 일단 영토를 두만강, 압록강까지만이라도 확실히 해 놓고자 하니, 그러려면 우선 우리 백성이 그곳에 옮겨 살아야만 되지 않겠는가."

고려 때 평안도 평양 이북과 함경도 영흥 이북이 적의 경계가 되어 텅 비어서 사람이 없었다. 함경도 맨 북쪽 황량한 변경에 가서 살라고 한다면 좋다고 갈 사람이 누가 있을까. 누구라도 낯선 땅, 그 춥고 살벌한 데서 어떻게 살아갈지 막막할 것이다.

적이 살았던 변경의 험지로 이주하는 것을 좋아하는 사람은 거의 없었을 것이다. 세종은 이러한 사실을 이미 예상하고 있었지만, 영토를 압록강과 두만강까지 확장하고 영토화하는 일이 장차 얼마나 중요한지 꿰뚫어 알고 있었기에 이주정책을 결단할 수밖에 없었다.

그리하여 마침내 경원, 영북 2진에 각각 1,100호씩, 인구 6, 7,000명이 이주하게 된다. 그런데 그해 겨울에는 눈이 많이 오고 쌓여 도망자가 반이나 되고 소와 말이 거의 다 죽었다. 이주자 중에는 생업을 잃고 본 터로 도망가는 자가 있고, 또 지독한 흉년 뒤에 전염병으로 죽은 자가 있었다. 16년에서 17년 사이에 그렇게 희생된 사람이 무려 3,262명이나 되었다.

세종은 "큰일을 성취하는 사람은 작은 폐단을 헤아리지 않는 법이다. 북방의 변경 경보가 그치지 않는 때를 당하여 만약 풍년을 기다린다면 반드시 일을 늦추게 되어 변고가 뜻밖에 발생할 것이다. 정한 대로 옮길 것을 내가 이미 결정했다." 하다.

이주해 가는 것이 싫어서 팔뚝 끊는 자도 있고 자살하는 자, 목매죽는 자도 생겨나니 세종이 "심히 측은하게 생각한다." 하다.

그러나 세종은 "임금이 백성의 원망을 피하기만 생각하고, 장래를 생각지 아니하여 그 일에 힘쓰지 아니하고, 한갓 세월만 허비한다면 고식지계(姑息之計) 아니냐." 하다.

## 3. 6진 개척

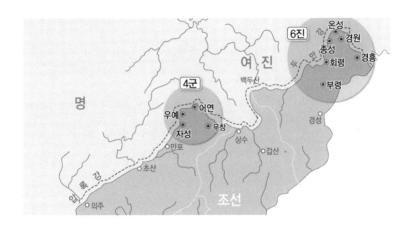

### 1) 함경도 변경에 2진 설치

- 15년 11월 19일

  황희, 맹사성, 권진, 하경복, 심도원 등을 불러 의논하기를,

  "수성(守成)하는 임금은 대체로 사냥놀이나 성색(聲色)[210]을 좋아하지

---

210  음악과 여색(女色)

않으면 반드시 큰 것을 좋아하고 공을 세우기를 즐겨하는 폐단이 있다. 이것은 예로부터 지금에 이르기까지 조상의 왕위 계승하는 임금이 마땅히 경계해야 할 일이다. 내가 조종의 왕업을 계승하여 영성(盈盛)한 왕운(王運)을 안존(安存)하는 것으로서 항상 마음먹고 있다. 지금 동맹가첩목아(童猛哥帖木兒, 여진 추장) 부자가 함께 사망하고, 범찰(凡察)[211]이 그의 무리를 거느리고 우리의 경내에 와서 살고자 한다. 여러 대신들에게 의논하였더니 모두가 경솔하게 허락할 수 없다고 말하였는데 그 언론이 지당하다. 그러나 매양 생각하니 알목하(斡木河, 회령 지방)는 본래 우리나라의 영토 안에 있던 땅이다.

혹시 범찰 등이 딴 곳으로 옮겨 가고 또 강적(强敵)이 있어 알목하에 와서 살게 되면, 다만 우리나라의 변경을 잃어버릴 뿐 아니라 또 하나의 강적이 생기게 된다. 그러므로 나는 그곳의 허술한 기회를 타서 영북진(寧北鎭)을 알목하에 옮기고, 경원부(慶源府)를 소다로(蘇多老)[212]에 옮겨 옛 영토를 회복하여 조종(祖宗)의 뜻을 잇고자 하는데 어떤가. 또 태조(太祖)께서는 경원(慶源)을 공주(孔州)에 두었고 태종께서는 경원을 소다로에 두었는데, 그 뒤에 한흥부가 전사하고 곽승우가 화살에 맞아 패하였건만, 태종이 오히려 차마 버리지 못하여 부거참(富居站)에 목책을 설치하고 군사를 주둔시켜 지키게 하셨다. 이것은 조종이 알목하로써 우리의 땅을 삼으려는 마음인 것이다.

일찍이 이것을 마음속에서 잊은 일이 없다. 내가 옮겨서 배치하려고

---

211 동맹가첩목아의 동생
212 경원에 있던 방어 진지

하는 것은 큰일을 좋아하거나 공을 세우기를 즐겨 하기 때문은 아니다. 만약 조종(祖宗)이 번리(藩籬, 울타리)를 설치하였다면 자손 된 자가 좇아서 이것을 보충하여야 한다는 것뿐이다. 비로소 두 진(鎭)을 설치하여 옛 지경을 개척하는 것은 조종이 이미 이루어 놓은 법이다. 그것이 어찌 나의 공이 될 수 있겠는가. 내 생각으로는 동맹가첩목아 부자가 일시에 사망한 것은 마치 하늘이 그들을 멸망시킨 것 같다. 이제 그 시기가 이와 같으니 그것을 잃어버릴 수야 있겠는가. 더군다나 두만강이 우리의 국경을 빙 둘러싸서 흐르니 하늘이 만든 험고(險固)[213]로서 옛사람이 큰 강으로 못을 삼는다고 한 뜻과 매우 합치한다. 나의 결의는 이미 섰으니, 경등은 충분히 의논하여 보고하라." 하다.

심도원 · 하경복 등은 "기회를 놓칠 수는 없사오니 조정의 신하를 그 도에 보내서 도절제사 성달생과 함께 알목하의 형세를 자세히 알아서 같이 의논하여 보고하게 한 뒤에 신등이 다시 의논하여 성상의 말씀대로 시행하게 하소서." 하고, 권진 · 황희 등은 "강한 도적이 와서 살게 되면 다시 적 하나가 생긴다고 하신 성상의 말씀은 지당합니다. 신등도 또한 허(虛)를 타서 진(鎭)을 설치하는 것은 적당한 때라고 생각합니다. 그러나 두 진을 둔다면 하나의 진 안에 인가가 1,000호는 되어야만 합당할 것인데, 그 인가의 나올 곳이 매우 어렵습니다. 또 이 일이 어렵고도 중대하니 가볍게 의논하기는 어렵습니다. 우효강이 오기를 기다려 형세를 자세히 물어본 뒤에 다시 상세히 의논하게 하소

---

213 지형이 험하고 수비가 단단함.

서." 하매, 임금이 "들어가 살게 할 인구는 하삼도(下三道)의 향리, 역졸, 공천(公賤), 사천(私賤)을 물론하고 만약 자진하여 응모하는 자가 있으면 신역(身役)을 면제하여 주어서 들어가 살게 하며, 혹은 토관직 (土管職)[214]을 제수하여 군대의 수에 충당하게 하는 것이 어떻겠는가." 하다.

황희 등이 "함길도의 함흥(咸興) 이북의 인민들을 먼저 뽑아 들어가 살게 하고, 부족하면 부근의 다른 도의 인민을 뽑아서 들어가 살게 하는 것이 좋겠습니다." 하고, 맹사성은 "생각하건대 우리의 선원(璿源)[215]은 대대로 공주(孔州)에 살았는데, 지금은 그 공주가 모두 풀이 우거진 황야가 되어 야인의 점거한 바가 되었음은 무슨 까닭이겠습니까. 옛날 경원(慶源)에서 아군이 패한 것은 한흥부가 적임자가 아니었기 때문입니다. 만약 장수로서 지략이 있는 자가 있어 거기를 지킨다면 어찌 패하는 일이 있겠습니까. 지금 시기가 이처럼 절호(絶好)[216]하니 바로 국토를 넓힐 때입니다." 하다.

- **15년 11월 21일**

병조에서 "이번에 설치하는 경원부와 영북진은 우선 성벽을 쌓고 토관(土管)의 제도를 마련한 뒤에 그 도 주민 중에 1,100호를 영북진에 이주시키고 1,100호를 경원부에 이주시켜, 농사도 짓고 수비도 하게 하

---

214 토관직(土官職)의 오기. 함경도 · 평안도 등 변방 토착민에게 주었던 특수한 관직이다.
215 왕실의 조계를 기술한 것을 선원록(璿源錄), 종자(宗子)를 기술한 것을 종친록(宗親錄) 그리고 종녀(宗女) 및 서얼(庶孼)을 기술한 것을 유부록(類附錄)이라 하여 구별하였다.
216 더할 수 없이 좋음.

고 부역을 가볍게 하고 세금을 적게 받아서 그들의 생계가 넉넉해지게 하여 주고 그들이 번성해지기를 기다려서, 점차로 남도(南道)에서 부방(赴防)²¹⁷한 군사들을 제대(除隊)시켜 여러 해 동안 쌓여 온 폐해를 고치도록 하여야 할 것입니다. 만약 그 도 안에서 이주시킬 수 있는 민호(民戶)가 2,200호가 못 된다면 충청도 · 강원도 · 경상도 · 전라도 등의 도에서 자원하여 이주할 사람을 모집하되, 양민이라면 그곳의 지방 관리직을 주어 포상하고 향리(鄕吏)²¹⁸나 역리(驛吏)²¹⁹라면 영구히 그의 이역(吏役)을 해제하여 주며 노비라면 영구히 풀어 주어 양민 되게 하여 주어야 합니다." 하니 그대로 따르다.

▪ 15년 11월 25일

호조에 전지하기를, "함길도의 방어는 가장 긴요하다. 이제 또 영진(營鎭)을 가설(加設)하였으니 재용(財用)을 준비하지 않을 수 없다. 그러니 강원도의 신세포(神稅布)²²⁰와 그곳에 수납하는 양창(兩倉)²²¹의 미두(米豆)를 영동(嶺東)의 각 고을에서는 배로 운수하고 영서(嶺西)의 각 고을에서는 육로로 수송하여 모두 경원부와 영북진에 폐단 없이 운수하게 하라." 하다.

---

217 조선시대에 다른 지방의 군대가 서북 변경을 방어하기 위해 파견 근무를 하던 일
218 지방 행정실무를 담당했던 최하위 관리
219 역(驛)에 소속되어 제반 업무를 담당하던 아전
220 무당들로부터 세금으로 받아들이던 포
221 군창(軍倉)과 의창(義倉)

■ 15년 12월 21일

함길도 감사 조말생이 상언하기를, "도내 함흥부(咸興府) 사람 수백 명이 진정서를 올려 말하기를, '멀리 소다로(蘇多老), 알목하(斡木河)²²²로 옮기는 것을 여러 사람들은 고통으로 여기고 있습니다. 단천(端川) 이북의 각 고을 사람을 그들의 자원(自願)에 좇아 소다로 · 알목하에 이주시키고, 대신 북청 이남의 각 고을 사람들을 단천(端川) · 길주(吉州) · 경성(鏡城) · 경원(慶源) 등의 고을에 옮겨서 민생을 다시 회복하게 하소서.' 하매, 생각하오니 소다로 · 알목하는 본래 우리나라의 영토로서 태종 때에 수신(守臣)이 방어에 실패하였기 때문에 주민들은 남쪽으로 옮겨 오고, 번리(藩籬)²²³가 한번 무너지매 드디어 오랑캐의 소굴이 되었던 것입니다. 태종께서 마음에 유감됨이 있어 다시 경원부(慶源府)를 부거참(富居站)에 설치하고, 또한 누보(壘堡)²²⁴를 고랑기(高郎岐)에 설치하였습니다. 이것이 백성들에게 옛 땅을 회복하려는 추세를 보여 주었던 것입니다. 전하께서 왕업을 계승하매, 선왕의 뜻을 이어 닦아 옛 국경을 회복하고 영토를 견고하게 하여 처음 나라의 터전으로 삼았던 땅을 소중하게 여기시고, 동북 지방의 백성들로 하여금 길이 태평성세의 복리를 누리게 하기를 기약하였습니다. 명령 내리던 날, 온 도내 신민으로 사리를 아는 자라면 누군들 감복하지 않았겠습니까. 다만 고향을 그리워하는 것은 보통 일반 인물의 지대한 심정이며, 옮

---

222 함길도 회령도호부(會寧都護府)의 옛 이름
223 울타리 · 경계 · 지경(地境)
224 적의 침입을 막기 위해 튼튼하게 쌓은 구축물

겨 가는 것을 중난(重難)[225]하게 여기는 것은 사람의 마음이 동일한 것입니다. 더군다나 부모를 멀리하고 형제를 떠나 멀리 천리나 되는 곳에 옮겨가 사상질병(死喪疾病)[226]의 경우에도 서로 소식 듣지 못하게된다면, 이것은 백성들의 심정에 깊이 한탄하는 바가 될 것입니다. 대체로 옮겨 가는 곳이 만약 5, 6일이면 다닐 수 있는 거리라면 부모·형제를 서로 만나 볼 수도 있고 사상질병의 경우에도 서로 소식을 들을수 있을 것이니, 남쪽 지방 백성들이 가까운 곳에서부터 차례차례로이주하고자 하는 것은 진실로 이 까닭인 것입니다. 북도(北道)의 민심은 신이 알지 못하는 바이나, 남들이 말하기를, '옛날 경원(慶源)에 살던 백성으로서 난리 때문에 남쪽으로 옮긴 사람들은 전일의 풍부하고유족하게 살던 일을 잊지 못하여 항상 북쪽으로 돌아가고자 하며, 그밖의 길주(吉州), 경성(鏡城)의 부요(富饒)[227]하고 토지에 안착한 자들도또한 길이 멀지 않기 때문에 그다지 고통스럽게 여기지 않고, 전지(田地)의 있고 없음을 묻는 자가 있다면 일찍 옮겨 가는 곳에 사람은 적고토지는 넓으며 비옥하다는 것을 알게 되면 반드시 다 즐겨 옮겨 갈 것이다.'라고 합니다. 이 말이 혹은 그럴 것 같기도 합니다. 그러나 백성들을 이주시켜 변경을 충실하게 한다는 것은 정치의 중요한 일이니,순차로 옮겨 들어간다는 것은 번거롭고 복잡한 것이므로, 아마 이것은그릇된 생각일 것입니다. 그러나 온 도내의 민정(民情)을 주문(奏聞)[228]

---

225 중대하고도 곤란함.
226 상(喪)을 당하고 병에 걸림.
227 풍요함.
228 임금에게 아룀.

하지 않을 수 없습니다. 살펴십시오." 하니, 병조에 명하기를, "단천(端川) 이북의 주민으로서 입주하게 할 경우에 인구수가 넉넉한가 부족한가와, 북도의 백성들의 정원(情願)[229]도 또한 아울러 실지 조사하여 시행하라." 하다.

## 2) 이주민 대책과 여진족 포용 정책

■ 16년 1월 6일

함길도 감사 김종서가 사목(事目)을 조목별로 올리기를, "경원(慶源)·영북진(寧北鎭)에 입주시킬 2,200호를 경원에 350호, 단천(端川) 280호, 북청(北淸) 280호, 홍원(洪原) 40호, 경성(鏡城) 550호, 길주(吉州) 500호로 배정하였사온데, 위의 각 고을은 농사가 비교적 잘 되고 거리도 과히 멀지 않기 때문에 배정한 수효가 많게 된 것이며, 함흥(咸興)·영흥(永興)이 각각 45호, 정평(定平)이 30호, 안변(安邊)이 20호, 문천(文川)이 12호, 의천(宜川)·용진(龍津)이 각각 10호, 고원(高原)이 15호, 예원(預原)이 13호로 하였사온데, 위 각 고을들은 농사도 흉년이 들고 거리도 멀기 때문에 배정한 수효가 많지 않을 것입니다. 그 수효가 적으므로 건장하고 용감한 사람을 골라 정해야 할 것이며, 휴대하고 가는 식량이 넉넉하지 못한 자는 그 인구의 다소와 거리의 원근을 헤아려서 적당한 양의 환상양곡(還上糧穀)을 지급하게 하소서. 1. 경원부·영북진(寧

---

229 진정으로 바람.

北鎭)의 성벽 축조군을 경원에 500명, 경성(鏡城)에 800명, 길주(吉州)에 2,500명, 단천(端川)에 1,000명, 북청(北靑)에 1,000명, 홍원(洪原)에 300명 등 모두 6,100명을 배정하고, 그 공사의 어렵고 쉬운 곳을 참작하여 이들을 사용하되, 위의 각 고을은 농사가 비교적 잘 되었으니 경원부로 입주하는 인원을 제외한 그 나머지 민호에서 추려 내게 하소서. 1. 경원부, 영북진에 토관(土官)을 세워 사기를 새로 북돋아 주는 것이 가장 큰 일이옵기에 그 토관의 수효는 함흥 토관의 수효를 참고하고 이에 가감하여 보고합니다. 각 품의 녹(祿)은 토지를 개간하고 인민과 산물이 부성(富盛)하기를 기다려 결정하게 하고, 우선 관원을 임명하게 하소서." 하니, 임금이 도승지 안숭선에게 명하여 의정부로 가서 영의정 황희, 좌의정 맹사성과 더불어 논의하게 한바, "경원부, 영북진 입주자의 배정과 행량(行粮, 양식)의 지급, 성벽 축조군의 배정 등의 조항은 보고한 대로 시행하게 하고, 토관 설립에 관한 사항에 있어서는 대체로 관원의 액수(額數)[230]의 다과(多寡)란 반드시 사무의 많고 적음에 관계 있는 법인데, 이제 경원과 경성이 비록 거읍(巨邑)이라 할지라도 사무의 번다함은 평양(平壤)과 비교할 바 아닐 것이니, 관원의 수를 하필이면 이같이 번다하게 할 필요가 있겠습니까. 또 새로 창설하는 초기에 이 관직을 설치함으로써 인심을 고무시키려 한다면, 처음에 적게 두었다가 점차 많이 늘려서 더욱 인심을 흥기시키는 것이 옳을 것이며, 처음엔 많았다가 나중에 적어지는 것은 옳지 못한 것이 아니겠습니까."

---

230 인원의 수효

하므로, 안숭선이 돌아와 이대로 아뢰니, 임금이 "새로 창설하는 초기인지라 토관(土官)을 설치하여 사기를 돋우는 것이 급선무이기도 하니, 관직의 액수를 줄이지 말고 이조(吏曹)로 하여금 보고한 그대로 시행하게 하라." 하다.

### ▪ 16년 1월 28일

예조판서 신상이 "이번에 온 알타리(斡朶里) 여진족이 본조에 고하기를, '이제 알목하(斡木河)에 진(鎭)을 설치하니 그대로 우리를 데리고 살 것입니까, 아니면 우리를 쫓아버릴 것입니까?'라고 물어 왔사온데, 그 뜻은 데리고 사는 것을 희망하는 모양입니다." 하니, 임금이 "우리 백성이 되기를 원한다면 어찌 쫓을 이치가 있으며 나가려고 한다면 구속할 필요가 있겠는가. 알목하에 진을 설치하는 것을 저희들은 필시 좋아하지 않을 것이나, 알목하는 본래 우리나라 지경에 속하는 시골이 아니던가. 동맹가첩목아(童猛哥帖木兒)가 그 땅을 빌려 살다가 이제 올적합(兀狄哈) 여진족 일파에게 멸망을 당하고는 그 일대가 쓸쓸하게 비어 있으니, 우리로서는 이에 진을 설치하여 진압하지 않을 수 없지 않은가. 여진이 역시 함길도에 와서 살듯이 알타리도 만약 함께 살려 한다면, 또 이런 예일 것이니 어찌 이와 차별하겠는가." 하다.

### ▪ 16년 4월 9일

함길도 도절제사에게 전지하기를, "경원(慶源)·영북(寧北) 두 곳에서는 모름지기 활쏘기 훈련을 시켜야 마땅하겠으나, 새로 옮긴 때를 당하여 사무가 번다하고, 또 민생이 여태까지도 생업에 안정을 기하지 못하였으므로, 활쏘기 훈련하는 시기를 훗날에 유시(諭示)할 것이니 그리 알라." 하다.

## 3) 정착민을 위한 지원 정책

### ▪ 17년 1월 25일

호조에서 함길도 감사의 관문에 의하여, "경원과 회령에 최후로 입주한 자는 미처 씨를 뿌려 경작하지 못하였고, 모집에 자원하여 입주한 자도 역시 모두 식량이 절핍되었사오니, 단천·길주의 쌀·콩 아울러서 6,000석을 전과 같이 공사(公私)의 선척(船隻)[231]을 조사·징발하여 4월 보름 이후에 조운(漕運)하게 하고, 또 눈이 녹은 뒤에 길주의 쌀·콩 모두 7,000석을 육로로 운반하여 양읍의 백성들을 구제하게 하옵소서." 하니 그대로 따르다.

### ▪ 17년 2월 27일

함길도 감사와 도절제사에게 전지하기를, "회령부(會寧府), 영북진(寧北鎭)은 극변(極邊)에 신설한 곳인데, 전해 들은 바에 의하면 지난해엔 농사도 꽤 잘 되고 입주한 인민들도 안심하고 토착해 있다 하기에 모든 조처가 잘 되고 여러 가지가 거의 갖추어진 것으로 여겼더니, 이제 누차 들으니 회령 동부의 백안수소(伯顏愁所)[232]와 경원(慶源) 남부 공주

---

231 배
232 함경도 회령(會寧)

(孔州) 등지의 각지 거주민들이 이리[狼]를 찾는다고 핑계하고 남도(南道)로 도망한 자가 반이 넘으며, 거기에 억지로 머물러 있는 정군(正軍)도 모두 먹을 것이 핍절되고, 눈이 깊이 쌓여 건초도 없어 농우(農牛)와 전마(戰馬)까지도 많은 손실을 가져왔다 하니, 만약 그렇다면 전일에 포치(布置)한 규모가 형적조차 없어지는 것이 아니겠는가. 상기한 각 지방의 주민과 우마 등의 부종(浮腫)을 일으킨 자가 얼마나 되고, 유이(流移)한 자가 얼마이며, 손실된 것이 얼마임을 우선 대충 갖추어 기록하여 보고하고, 그 변경을 부실(富實)하게 할 수 있는 대책도 역시 올릴 것이다." 하다.

■ 17년 3월 12일

함길도 감사가 급히 보고하기를, "길주 이북에 눈이 깊이 쌓이고 풀이 묻혀 들에 놓은 우마가 태반이나 굶어 죽었는데, 회령·경원 양 읍이 더욱 심하여 새로 옮겨 온 백성들의 농우와 전마(戰馬)가 거의 다 죽어 각 고을로 피[稷]²³³와 콩을 분배해 주게 하고, 다방면으로 풀을 베어 먹이게 하고 있사오며, 또 새로 이사 온 백성들이 길을 통행하지 못하옵기에 설마(雪馬)를 타는 자들을 시켜 미곡을 가지고 가서 이들을 구제하고 있습니다." 하다.

---

233 볏과의 한해살이풀

- 17년 3월 27일

함길도 감사 김종서에게 전지하기를, "도절제사 이징옥을 판회령도 호부사(判會寧都護府事)로 옮기고, 하한을 영북진첨절제사(寧北鎮僉節制 使)로 옮겼으며, 경은 도절제사로 옮기고, 조석강은 상호군(上護軍)에 임명하여 그대로 도절제사 도진무(都節制使都鎮撫)로 삼았으니, 만일 사 변이 있거든 임용해 대비하게 할 것이며, 모든 방어에 관한 분포·배 치 등은 신임 도관찰사와 더불어 같이 상의하여 시행하도록 하라." 하다.

- 17년 4월 8일

함길도 도절제사(都節制使)가 "경월, 회령 두 고을에 들어와 사는 사람 들로서 처음부터 영원히 거주할 계획을 한 자들은 비옥한 땅을 힘써 경작하여 생업을 잃지 않고 안심하여 살고 있지마는, 싫어하고 꺼리는 생각으로 도피하기만 꾀하는 자는 처음부터 경작에 힘쓰지 않아서 생 업을 잃게 되어 유랑하여 본 터로 돌아가니 소재지의 각 관원이 곧 도 로 돌려보내게 하소서. 지금이라도 만일 농사에 힘쓰기만 한다면 자 연히 생업에 편안하게 될 것입니다. 신은 마땅히 힘을 다하여 권과(勸 課)[234]하겠습니다. 농우는 신이 전일에 아뢴 대로 하여 주시고, 전마(戰 馬)는 신이 마땅히 실지를 조사하여 보아서 아뢰겠습니다. 양식은 다 만 현재의 급한 일일 뿐만 아니라 또한 영구한 이익이 되는 것입니다.

---

234 일을 맡기거나 권장하는 것

금년에 이미 단천 이북 각 고을에 저축한 것을 운반하여 옮겨다가 진대(賑貸)하였으니, 군사와 백성들이 굶주리지는 않게 될 것입니다. 만일 혹시라도 금년에 흉년이 든다면 명년의 계책을 생각하지 않을 수 없습니다. 본도(本道)는 해마다 흉년이 들어 의창(義倉)에서 꾸어준 곡식을 환납하지 못하여 창고가 장차 비게 되었으니 군량을 미리 저축하기가 어렵게 되었습니다. 안변(安邊) 이북의 각 고을에 산재하여 있는 본궁(本宮)과 여러 곳의 잡곡을 소원에 따라 바꾸면 2만 석을 얻을 수 있고, 또 강원도의 쌀 2만 석을 배로 경성(鏡城), 경원(慶源), 영북(寧北) 세 부(府)에 수운하면 두어 해의 소비를 지탱할 수 있을 것입니다. 본도의 각 고을이 모두 바닷가에 있고 배를 만드는 재목이 많사오니, 각 고을에 배정하여 수운하는 배 50여 척을 만들고, 수운하는 군사를 미리 정하여 항상 완전한 구휼(救恤)을 가하고, 때때로 수운하여 미리 양식을 저축하여 변방의 방비를 충실하게 하소서." 하니, 임금이 정부(政府)와 육조(六曹)에 명하여 의논하게 하매, 모두 "한결같이 아뢴 것에 의하여 시행하되, 다만 강원도의 미곡은 금년 봄에 이미 안변(安邊)으로 5,000석을 수운하였는데, 지금 또 옮겨 가면 수운하는 폐단뿐만 아니라 그 도의 진대(賑貸)가 넉넉하지 못할까 두렵사오니, 다만 본궁(本宮)과 여러 곳의 잡곡을 원(願)에 의하여 바꾸게 하소서." 하니 그대로 따르다.

■ 18년 5월 9일

함길도 경차관(敬差官) 조수량이 "새로 설치한 4진의 인민으로서 죽은 자가 3,200여 명입니다." 하니, 임금이 판중추원사(判中樞院事) 하경복이 전일에 아뢴 것이 거짓이라고 하여 그 벼슬을 파면시키다.

## 4) 죽은 사람들과 거짓 보고

- 18년 5월 12일

황희, 최윤덕, 노한 등을 불러서 정사를 논의하였다.

"알목하(斡木河) 등지는 본래 우리나라의 지경인데, 예전에는 야인들이 살고 있었으나 지금에는 저절로 멸망하였다. 내가 조종(祖宗)의 뜻을 이어받아 군읍(郡邑)을 설치하려고 했으나, 조정의 공론이 분분하여 나 홀로 마음속으로 결단하고 네 읍(邑)을 설치해서 민중을 살게 했더니, 그 뒤 하경복이 나에게 '고려시대에는 아홉 성(城)을 창설하려 했으나 끝내 이루지 못했사오니, 그 뜻이 대개 고을을 두지 않으려고 한 것입니다.' 하였고, 을묘(17년) 가을에 하경복이 또 '신읍(新邑)에 사는 백성들로서 갑인(16년)·을묘(17년) 양년 간의 흉년 뒤에 전염병으로 죽은 자가 1만 명이 됩니다.'라고 하여, 내가 함길도 도순무사(都巡撫使) 심도원으로 하여금 그 수효를 조사하게 하였더니 죽은 자가 648인이었다. 그 뒤에 감사(監司) 정흠지와 도절제사(都節制使) 김종서 등이 올라왔으므로 친히 죽은 자의 수효를 물었어도 역시 심히 많지 않았고, 또 을묘(17년) 겨울 10월에 하경복이 도순검사(都巡檢使)의 임명을 받고 함길도로 돌아가 부사정(副司正) 선석년을 시켜 와서 아뢰기를, '갑인·을묘 양년에 굶주리고 전염병으로 죽은 자가 수만 명이나 되어 백골이 들판에 널려 있습니다.' 하였고, 또 황희에게 준 편지에 '연전(年前)의 백성들이 굶어 죽은 것과 금년의 구황(救荒)²³⁵에 대한 일은 내 힘으로는 미칠 수 없다.' 하였으니 내가 이를 듣고 매우 놀랐다. 신하 된 사람으로 말하는 바가 이렇게 모순되므로, 그 실상을 불가불(不可不) 알아야 하겠기에 조수량을 명하여 죽은 자의 수효를 조사하였더니 3,262명이며, 또 백성들의 먹을 것은 넉넉하지는 못하나 역시 다 떨어지는 데 이르지는 않았다. 이것으로 말한다면 경복이 빈말을 만들어 신읍(新邑) 백성들의 마음을 들뜨게 함이 분명하다. 대개 신읍의 백성들은 원래 편안하게 살던 사람들로서 이제 북쪽 변방으로 옮겼기 때문에 그 마음이 흔들리기 쉬운 사람들이다. 지금 정흠지와 김종서 등이 백성들을 잘 다스려 편안하게 살고 있는 때 하경복이 이같이 민심을 동요시키는 말을 하였으니 어찌 한 조정에 같이 있을 수 있겠는가. 외방으로 내쫓아 그 죄를 징계하려고 하나 본래 변방을 진무(鎭撫)해서 편안하게 한 공로가 있으므로, 다만 파직만 시키니 경들은 이를 알라. 또 지금 네 고을의 백성들은 모두 새로 옮긴 사람들로서 지난 갑인(16년), 을묘(17년)에 굶주린 나머지 전염병으로 죽은 자가 매우 많으므로 내가 심히 민망하게 여긴다. 그러나 죽은 자에게 아직까지 구제의 은혜를 베풀지 못하였으나, 현재 살고 있는 백성들을 무휼(撫恤)²³⁶할 방법을 시행하지 않을 수 없다. 만약 조세를 감한다면 군수(軍需)가 넉넉하지 못하고, 군역을 면해 줄 것 같으면 방어가 긴절(緊切)하므로, 한성에 있는 면포 5,000필을 보내 궁한 백성들에게 나누어 주려고 하는

---

235 흉년 등으로 빈민을 구제하는 일
236 위로하고 물질로 도와줌.

데, 마땅히 매호(每戶)마다 나누어 줄 것인가, 감사와 도절제사에게 맡기어 빈민 중에 의지할 곳이 없는 자에게 줄 것인가." 하니, 모두 "군은(君恩)을 남에게 부탁하는 것은 옳지 못합니다. 그 도에 해마다 바치는 상공(常貢)으로서 신세포(神稅布)가 있으니, 원컨대 상납을 정지시키면 그 수가 수천 필이 될 것입니다. 이번에 보낼 면포 5,000여 필을 명나라의 예에 의해 정군(正軍) 1명마다 면포와 세포(稅布) 각각 1필씩을 주는 것이 어떻겠습니까." 하니 그대로 따르다.

■ 18년 5월 16일

사헌부에서 상소하기를, "인신(人臣, 신하)의 죄는 기망하는 것보다 더 큰 것이 없고, 기망한 죄는 국법으로 용서할 수 없는 것입니다. 나라에서 북쪽 변방에 새로 진(鎭)과 읍(邑)을 설치해서 백성을 모집하여 옮겨 살게 하고, 변방에 충원하려는 것은 만년의 대계이니, 잘 모이게 하고 어루만져 기르게 하여 성상(聖上)께서 염려하시는 뜻을 수행하도록 하여야 할 터인데, 지난해 회령과 경원 두 고을에서 사망한 인민의 수는 3,200여 명에 이르렀다 하니, 어찌 다 역질(疫疾)로 인해서 죽었겠습니까. 간혹 진휼(賑恤)[237]하지 못해서 죽게 된 것이 분명합니다. 판회령부사 이징옥, 판경원부사 송희미 등은 직책이 수령이면서 앉아서 죽는 것을 보고도 못 본 체하고 구휼하지 않아 죽은 자가 2,600여 명이나 되는데도 숨기고 알리지 않았고, 도관찰사 정흠지와 도절제사 김종서

---

237 백성을 구원하여 도와줌.

는 한 도(道)를 전담하면서 능히 진휼하고 구제하지 못하고, 사망을 내고도 죄책을 덮으려고 수를 줄여서 알렸으며, 호조판서 심도원은 친히 자세히 물어보지도 않고 앞에 말한 수효대로 사실대로 따르고 보고하지 않았으니, 그 부동(符同)해서 기망한 죄가 큰 것입니다. 전 판중추원사 하경복은 장상 대신(將相大臣)으로 오로지 북방을 맡으면서 성상께서 강토를 회복하시려는 뜻을 받들지 못하고 헛된 말로 떠벌려 1만 명이나 된다고 하여 천총(天聰)[238]을 속이고 민심을 경동시켰으니 죄가 이보다 더할 수 없습니다. 신등은 기망한 죄를 법으로 다스리기를 청했으나, 성상께서는 단지 하경복만 외방에 내치시고 그 나머지는 다 불문에 부치시니 신등이 그윽이 유감으로 여겼습니다. 신하로서 조금이라도 기망한 마음이 있다 하더라도 죄를 용서할 수 없거늘, 하물며 대신으로 새로 옮긴 변방 백성의 죽은 수를 혹은 천백(千百)으로 감하고, 혹은 만(萬)으로 더해서 거짓으로 아뢴 것이겠습니까. 비록 적을 방어하는 재주가 있고 일을 판단하는 능력이 있다 하더라도 무엇으로 족히 쓰겠습니까. 또 그 당시의 회령판관 유사지, 도사 박욱, 종사관 조주와 경원 판관 이백경, 경력 기건은 그 죄가 꼭 같으니 모두 국문하게 하시고, 율문에 의하여 죄를 다스려서 신하로서 기망하는 습관을 막게 하소서." 하니, 임금이 "송희미와 이징옥 등을 내 어찌 죄가 없다고 해서 법으로 다스리지 않겠는가. 그러나 새로 설치한 네 고을의 민심이 흔들리기 쉬워서 한창 진무(鎭撫)하고 모두 들이고 있는 판에 만

---

238 임금

약에 사소한 잘못으로 경솔하게 그 맡은 바를 체임(遞任)[239]하게 하면, 백성들이 반드시 소요해서 영영 실적을 올리지 못할 것이며, 또 역질로 죽은 사람의 수를 더하기도 하고 덜하기도 해서 보고한 것이 그 일로써 보면 죄가 없는 것은 아니나, 그 마음을 생각해 보면 오히려 용서할 수도 있으니, 네 고을의 사람 수효를 하나, 둘로 계산할 수 없기 때문이다. 지금 조수량의 후임으로 다른 사람을 보낸다고 어찌 꼭 들어맞겠는가. 반드시 서로 모순됨이 있을 것이다. 이제 경복의 벼슬을 파면한 것은 실로 그 죄가 있어서 가하였다기보다도 징옥 등의 마음을 편하게 하려는 것이었다. 징옥 등의 죄는 본래 그 죄가 없다고 함은 아니나, 작은 잘못을 생략해 버리고 진무의 소임을 오로지 하기 위해서이며, 또 김종서 · 심도원은 조수량을 추문하기 전에 벌써 나에게 '죽은 사람의 수효는 똑똑히 알 수 없다.'라고 하였으니, 이제 만일 다시 다른 사람을 보내어 추문하더라도 반드시 전의 수효와 다를 것이다. 내 오직 이를 생각해 보아도 과연 그럴싸한 것이니 이것이 어찌 기만이겠는가. 모두 석방하라 했더니 이제 너희 사헌부에서 내 뜻을 모르고 감히 소장을 올렸으나, 앞으로는 다시 감히 말하지 말라." 하다.

- 18년 10월 16일
평안남도 각 고을 향리(鄕吏) 15호를 여연(閭延)에 이주시키고, 10호를 자성(慈城)[240]에 이주시키다.

---

239 벼슬을 갈아 냄.
240 평안북도 자성군(慈城郡)

임금이 정부에 의논하기를, "내가 젊었을 때는 혈기가 한창 왕성하여 일을 생각함이 조밀했으므로 계획한 것이 혹시 그 적당함을 얻게 되었는데, 근래에는 혈기가 쇠약하여 생각하는 것이 조금씩 틀리고 행동하면 문득 불길하게 된다. 지금 함길도 경원 인민이 살해를 당하고 약탈을 당하니 내가 매우 부끄럽게 여긴다. 지난번 함길도 국경을 어떤 사람은 '마땅히 용성(龍城)과 경성(鏡城)으로 한계로 삼아야 하겠습니다.' 하고, 어떤 사람은 '마땅히 철령(鐵嶺)[241]으로 한계로 삼아야 하겠습니다.' 하여 의논이 어지러웠는데, 나는 조종께서 이미 정한 국경을 경솔히 버릴 수 없다고 생각한다. 또 그 강토를 축소시키더라도 적이 뒤따라와서 침략한다면 한갓 무익할 뿐이니 예전 국경을 굳게 지키는 것만 같지 못하다. 더구나 고려의 말기에는 함길도의 국경을 혹은 용성으로 한계로 삼고 혹은 경성으로 한계로 삼았는데도 저 적들이 더욱 그 포학함을 마음대로 부렸다. 이것은 이미 그러하였다는 역사의 자취이다. 나라의 큰일에는 대신들에게 의논하지 않은 것이 없었는데, 그러나 옛사람이 '끝이 없는 만 가지 일에 오직 이것이 큰일이로다.' 하더니 바로 변경의 경보(警報)를 이름이로다. 경등은 마땅히 정신을 써야 할 것이다. 또 새로 설치한 4군에는 이미 용성(龍城)의 인호(人戶)를 옮겨서 그곳에 채우고, 또 장차 경상도의 140호와 충청도·전라도의 각각 120호와 강원도의 52호를 옮겨서 용성에 채우려 하는데, 지금 강원 감사가 '도내에 흉년이 들었으니 각 고을이 풍년을 기다려 옮

---

기는 것이 편리하겠습니다.' 하나, 내 생각에는 큰일을 성취하는 사람은 작은 폐단을 헤아리지 않는 법인데, 더군다나 북방의 변방 경보가 그치지 않는 때를 당하여, 만약 풍년을 기다린다면 반드시 일을 늦추게 되어 변고가 뜻밖에 발생할 것이다. 또 강원도와 함길도는 지경이 서로 잇닿아 있어서 이사하기가 가장 쉬우므로, 강원도는 정한 수효대로 옮길 것을 내가 이미 결정했다. 충청도 · 전라도 · 경상도 3도는 완전히 농업을 실패하였는데 또한 정한 수효대로 옮기겠는가, 반을 감해 옮기겠는가. 마땅히 의논에 따라야 하겠다." 하니, 여러 사람이 "지금은 비록 전부의 수효를 옮기는 것도 또한 옳겠으나, 이사한 백성들이 모두 환상(還上, 봄에 곡식을 꾸어 주고 가을에 이자 붙여 받는 일)을 의뢰한다면 함길도의 저축한 곡식이 얼마나 되는지 알 수 없으니, 잠정적으로 반만 감하여 옮기게 하고 풍년을 기다려 다 옮기게 함이 편리하겠습니다." 하니 그대로 따르다.

## 5) 극단적인 이주 기피 사례

▪ 19년 1월 4일

경상 · 전라 · 충청 · 강원 네 도 감사에게 전지(傳旨)하기를, "고향을 떠나는 것을 즐겨하지 않는 것은 비록 사람의 상정이지마는, 한(漢)나라 이래로 가끔 내지의 백성을 옮기어 변방 지대를 채운 일이 있다. 지금 함길도에 4군(四郡)을 신설하고 용성(龍城)과 길주(吉州)의 백성을 옮기어 채웠으므로, 용성과 길주는 풀빛이 들에 가득하니 저 사람들로 이 길을 경유하는 자가 어떻게 보겠는가. 안이 강하면 밖이 복종하는 뜻에 어긋남이 있으므로, 부득이하여 경상 · 전라 · 충청 · 강원도의 백성과 아전[吏]을 옮기어 용성과 길주의 땅을 채우고 영구히 구실[役] 을 면제하고 벼슬길을 허락하는 것이다. 옮길 때 굶주리고 얼어 엎드 러져서 넘어지게 될 염려가 있으니, 인솔하는 수령들로 힘써 보호하고 구휼하여 굶주리고 추위에 떠는 일이 없게 하고, 만일 병에 걸린 사람 이 있거든 더욱 보살펴 생명을 잃는 일이 없게 하여 내 뜻에 부합하게 하라." 하다.

임금이 경상도 개령읍(開寧邑)²⁴²의 아전 임무(林茂)가 팔뚝을 끊어 스 스로 불구가 되어 함길도에 들어가 사는 것을 피하려 하였다는 말을 듣고, 드디어 승정원(承政院)에 "사책(史冊)에 상고하여 보면 자기의 살 [기부(肌膚)]²⁴³을 훼손하여 구실[役]을 피한 자가 예전에도 많았지마는, 지금 이 사람의 일을 들으니 내가 심히 측은하게 생각된다. 입거(入居) 하는 사람들을 경과하는 주현(州縣)으로 하여금 마음을 다하여 구호하 고 공급하여 기한(飢寒)에 이르지 않게 하라." 하다.

■ 19년 1월 6일

경상도 조사관 안질이 "개령현(開寧縣) 아전 임무가 입거하기를 피하 고자 하여 스스로 그 팔뚝을 끊었으니 마음을 씀이 잔인합니다. 중한 법에 의하여 처치하고 그 처자는 함길도에 신설(新設)한 역리(驛吏)로 서 정속(定屬)시켜 뒷사람을 경계하소서." 하니, 의정부(議政府)에 내려

---

242 경상도 상주목(尙州牧)
243 근육과 피부

의논하다.

의정부에서 "본토에 편안히 살게 하면 악한 것을 징계하는 문(門)이 없어지니, 비록 불구자가 되었더라도 마땅히 함길도의 신설한 역리로 정하여야 합니다." 하니 그대로 따르다.

- 19년 1월 11일

병조(兵曹)에 전지하기를, "충청도가 금년 더욱 심하니, 만일 경상도·전라도에서 입거하는 향호(鄕戶, 지방민) 2,000여 인이 그 땅을 경유한다면, 지나는 각 고을에서 공급하기가 어려울 것이니 우선 정지하였다가 가을을 기다려 들여보내고, 오직 강원·충청 두 도 향호와 역리는 종전대로 옮기되, 봄철 동안에 한하여 전부 들여보내도록 하고, 또 네 도에서 입거하지 아니하려고 도망한 사람과 아전은 각각 범한 바에 따라서 역리로 영속시키라. 만일 별호(別戶)의 자제를 아울러 입거시킨다면, 율문(律文)에 '가인(家人)이 함께 범하였으면 다만 존장(尊長)만 죄를 준다.'라는 뜻에 어긋나니, 거느리고 사는 처자 이외 따로 사는 자제는 들여보내지 말도록 하고, 만일 따라 들어가기를 자원하는 자가 있으면 들어주라." 하다.

- 19년 2월 15일

평안도 남도(南道) 각 관(官) 향리 15호 여연(閭延), 10호 자성(慈城) 옮기다.

- 19년 7월 28일

호조에 전지하기를, "함길도 각 고을은 근년 이래로 다른 도에 없는 방어와 성 쌓는 것 같은 일이 자못 많으니, 금년에 수세(收稅)는 이번에 반포해 시행한 공법(貢法)의 수량에서 특히 2분의 1을 감하도록 하라. 새로 설치한 네 고을에 들어가 사는 인민과 길주와 경성에 새로 들어가서 살고 있는 인민은 온 집안이 옮겨 가 생활이 제대로 되지 못할 것이므로 더욱 가련하니, 금년 토지의 조세는 이번에 반포한 공법에 일찍이 3분의 1을 감했는데, 반분을 감해서 조세를 거두도록 하라. 평안도 자성, 강계(江界) 등지에 금년 봄철에 새로 들어가서 살고 있는 인민의 금년 토지의 조세도 역시 이번에 반포한 공법의 수에서 모두 3분의 1을 감하게 하라." 하다.

■ 20년 6월 27일

경원 절제사 김효성, 강계 절제사 최해산 등이 하직 인사하니 불러 보고 모두 궁시(弓矢)를 내려 주고는 효성에게 "경은 노모가 집에 있으니 의리상으로는 비록 국사가 견고하지 않을 것을 걱정해야 하겠지만, 마음속에는 조석으로 문안하고 살피던 일이 잊히지 않을 것이니 내 이를 몹시 민망히 여기노라. 경의 모친이 혹시 질병이 있게 되면 내 곧 역마를 달리게 하여 통고할 것이니, 경이 경원에 있으면서 변경의 긴장 상태가 멈추지 않는 한 올라와서는 안 되고, 무사할 때는 매년 모친을 와서 뵈어도 좋으니 경은 내 이 뜻을 몸 받아 하라." 하다.

■ 20년 7월 25일

함길도 도절제사에게 전지하기를, "금년에 이미 입거한 향호(鄕戶)와 역리는 아울러 모두 380여 호에 인구가 5,330여 명인데, 이제 만약 다시 각 도에 원래 배정한 수효를 이사시켜 들어가게 하면 그 인구가 역시 2, 3,000명 아래로 내려가지는 않을 것이다. 그 도의 단천(端川)[244] 이남은 수해로 인하여 농작물이 상하였으니 그 토지가 거주할 만한 곳이며, 창고의 곡물이 진제할 만한 양이 있으며, 경과하는 도로의 각 고을 각 역참에서의 공급·접대에 관한 편리 여부를 상세히 갖추어 보고하라." 하다.

▪ 21년 1월 13일

의정부에서 호조의 보고에 의하여 "함길도 회령(會寧), 경원(慶源), 종성(鍾城), 경흥(慶興), 부거(富居) 등 5읍에는 백성들이 근래에 새로 옮겼사온데, 뽕나무와 삼이 드물어 삼을 심고 양잠하기에 힘이 부족하여 얇은 의복이 떨어졌사오니 길주(吉州) 이남의 각 고을에 저축한 곡식 100석으로 삼씨를 바꾸어 보내 주고, 또 우리나라의 누에 종자를 보내 명년부터 양잠을 시험하게 하옵고, 또 5읍으로 하여금 비옥한 땅을 택하여 뽕나무를 심어 뒷날의 재산이 되게 하옵소서." 하니 그대로 따르다.

▪ 21년 2월 14일

전라도 관찰사가 병조에 이첩(移牒)하기를, "옥과현(玉果縣)[245]의 호장(戶長) 조두언이 함경도의 향호로 입거하게 되었는데 멀리 이사하는 것을 꺼리어 자살하였습니다. 대체로 함길도는 토지가 비옥하여 죽을

---

244 함길도 길주목(吉州牧) 단천군(端川郡)
245 전라도 장흥도호부(長興都護府)에 속한 현

땅이 아니옵고, 또 그 자원하는 것을 받아서 부모 처자와 일가친척까지도 데리고 가는 것을 허락하였습니다. 향역(鄕役)을 면제시켜 고향을 그리워하는 생각을 위로하게 하였으니 국가의 은혜가 지극히 중하였는지라, 진실로 이사하는 것을 본집으로 들어가듯 하고 생업을 즐겨 사업을 일으켜 국은(國恩)을 보답할 것인데, 이제 조두언이 죽을 땅에 가는 것처럼 여기어 자살하기에까지 이르렀으니 악역(惡逆)이 막심한 것입니다. 그대로 두고 논하지 아니한다면 후래에 잔인하고 생명을 가볍게 여기는 무리들이 계속해 일어날 것이니 조두언의 처자를 역리(驛吏)로 정하여 뒷사람을 경계하게 하옵소서.” 하매, 병조에서 “비록 자살하여 죽었사오나 처자가 시켜서 죽게 한 것은 아니오니 처자를 역리로 정한다는 것은 실로 불가합니다. 그의 큰아들 조미로 두언을 대신하여 어미와 동복형제들과 같이 가서 살게 하소서.” 하니 그대로 따르다.

■ 21년 5월 10일

함길도 관찰사 이숙치가 보고하기를, “당초의 수교(受敎)에 ‘하삼도(下三道) 각 고을의 향호(鄕戶)가 많은 것은 혹은 수백 호가 넘는 것이 있으니 비록 10호를 감할지라도 거기에는 큰 손실이 없을 것이다. 조관(朝官)을 내보내 재산이 부유한 자를 골라 함길도에 들어와 살게 하되, 만약 각 고을 수령들이 대체를 돌아보지 아니하고 부강(富强)한 향호를 부리기를 좋아하여 빈천한 사람들을 징발해서 들어가 살게 하면 일찍이 내린 교지에 의하여 논죄하겠다.’ 하셨사오니 그 법이 엄합니다. 그러나 지금 들어와 사는 자는 모두 쇠잔한 백성이매 교지에 어긋남이 있을 뿐만 아니라 먼 길에 왕래하는 폐단이 적지 아니하옵니다. 지금 개정하지 아니하오면 후일에는 더욱 심할 것이니 본도(本道) 본관(本官)으로 하여금 장실(壯實)한 향호를 더 뽑아 들여보내게 하고, 호(戶)를 아울러 군역(軍役)을 세워 군호(軍戶)를 영구히 실하게 하며, 지금부터 따로 조관을 보내 일체 교지에 의하여 부강한 향호를 들여보내게 하소서." 하다.

## 6) 도망간 자들에 대해 정확히 보고하라

■ 21년 11월 12일

함길도 도절제사 김종서에게 전지하기를, "일찍이 들건대 근년 이래로 4진(鎭)의 인민이 질역(疾疫)의 재앙도 없고 또 적변(賊變)도 없으며 연사(年事)도 좀 풍년이 들었고 또 부역(賦役)과 공상(供上)하는 물건도 없으므로 민생이 점차로 안정되어 간다고 하니, 내 마음속으로 생각하기를, 4진도 이제는 생업을 즐기는 이익이 있으리라 하였는데, 지금 온 사목(事目) 안에 '회령(會寧) 백성이 입거 이래로 자애(慈愛)의 정치를 입지 못해, 정군(正軍)으로서 도망한 자가 152명이라.' 하였으니 이는 전에 듣지 못했던 일이다. 이제 박호문으로 하여 도망한 자가 퍽 많다는 것을 알았는데, 이로써 본다면 차정군(次正軍)[246]과 봉족(奉足),[247] 누

---

246 군역(軍役)에 있는 사람이 죽거나 사정이 있어 입역(立役)하지 못할 경우 그 뒤를 이을 군사
247 국역(國役) 편성의 기본 조직으로 정정(正丁, 16세 이상 60세 이하의 장인 남자)을 돕게 하던 제도

호(漏戶)<sup>248</sup> 등의 도망한 자가 반드시 적지 않을 것이다. 만약 박호문이 아니었다면 정군의 도망한 것도 내가 역시 얻어듣지 못하였을 것이요, 그 소위 자애의 정치를 입지 못하였다는 것도 역시 어찌 얻어들었겠느냐. 입거한 백성들이 겨우 500호뿐인데 불과 7년에 정군의 도망한 자가 150여 명이면 그 남아 있는 자가 장차 몇이나 되겠느냐. 회령이 이러하다면 3진의 백성들로서 도망한 자는 또 몇이나 되겠느냐. 내가 그 까닭을 알지 못하겠다. 박호문과 이원손의 병(病)은 불과 두어 달인데 이번에 온 서장(書狀) 안에 이르기를, '절제사와 판관(判官)은 질병 중에 있고 관중(官中)에는 저축된 바가 없다.' 하였으니, 4진의 설치는 곧 만년대계(萬年大計)인데 박호문 등의 두어 달 병으로 하여 저축한 바가 이미 결핍되었다 하니, 어찌하여 누년간(累年間) 저축한 것이 갑자기 하루아침에 절핍되었느냐. 이것도 역시 그 까닭을 알지 못하겠다. 경은 다시 더 참고(參考)하여 아뢰도록 하라." 하다.

- **22년 3월 2일**

평안 · 함길도 도체찰사(都體察使) 병조판서 황보인이 하직하니 임금이 내전(內殿)에서 인견하고 궁시(弓矢)와 채단 옷 한 벌을 내려 주다. 황보인이 가지고 갈 사목(事目)을 아뢰었으니 다음과 같다.

"1. 연변(沿邊)의 읍성(邑城)과 각 구자(口子) 석보(石堡) · 목책의 견고 여부를 고찰할 일

---

248 호적(戶籍)에서 빠진 집

1. 연변 각 구자 연대(煙臺)와 주망(晝望)의 조치하고 요해(要害)를 분간하여 증감할 일

1. 방수(防守)의 상황과 군(軍)의 수효를 점검할 일

1. 이번 봄철에 연변 각 고을 인구가 다 돌아왔는가 여부를 고찰할 일

1. 함길도에 신설한 4읍(邑)에 입거시킨 인물의 유이(流移) 여부를 조사할 일

1. 새로 입거한 인물을 구제하지 못하여 잇달아 도망한 뒤에 허술하게 추핵(推劾)[249]하여 본 고장으로 돌아가게 하지 아니한 각 고을을 추핵할 일

1. 저지른 죄가 있는 수령과 만호(萬戶), 천호(千戶), 군사(軍士)의 2품 이상은 보고하여 시행하고, 3품 이하는 직단(直斷)하여 수속(收贖)하든가, 태장(笞杖)[250]에 처할 것인가를 편의에 따라 시행할 일"

- **22년 3월 15일**

함길도 도절제사에게 전지하기를, "일찍이 4진의 인물들이 거의 생리(生理)를 얻을 수 있다고 들었는데, 지난 기미(21년) 11월 12일에 아뢴바 사목(事目)에는 다만 회령 정군(會寧正軍)의 도망한 자 152인을 기록하였고 그 외의 솔정(率丁, 거느리는 장정)과 3진의 도망한 군민(軍民)은 함께 기록하지 아니하였으므로, 다시 전지를 내려서 아울러 조사하여 아뢰라고 하였더니 이번 3월 14일에 보고하기를, '회령은 솔정(率丁)의

---

249 죄인을 심문하고 탄핵함.
250 태형과 장형

도망한 자 626인, 경원(慶源) 585인, 종성(鍾城) 255인, 경흥(慶興) 186인인데, 솔정의 도망한 자는 이미 호수(戶首)[251]가 있으므로 조사하기 어렵지 아니하나 혹시 제 스스로 돌아온 자는 그 수를 정하기 어렵습니다.' 하였으니, 이로써 본다면 이 앞서 연변 각 진에서 마음을 써서 고찰하지 아니하였기 때문에 회령 한 고을의 도망한 인수(人數)조차 아직도 다 알지 못하고, 아뢴바 다만 4분의 1이므로, 다시 전지를 내린 연후에야 비로소 깨닫고 사실을 검사한 것이 의심 없는 것이다. 지난번 유이(流移)[252]한 인물을 처벌하고 본고장으로 돌려보내는 일과, 붙여 들여 용납하고 숨긴 사람의 전가(全家)를 입거시키는 등의 일은 이미 전에 보고하여 입법(立法)하였는데, 그 지목하여서 입법한 자가 어떤 유(類)의 사람인가. 또 들으니 4진의 백성이 서로 이사한다고 하는데 과연 소문과 같은가. 그것을 조사하여 보고하라. 또 경성(鏡城)도 역시 깊은 곳에 있는데도 그 백성으로 옮겨 이사하는 자가 없는데, 오직 4진 백성만이 이같이 많이 유망(流亡)[253]한 것은 그 까닭이 무엇인가. 이같이 서로 잇달아 도망하여 저 땅이 날로 감(減)하고 달로 줄어들건만 관리가 비록 미처 알지 못하는 것이 아닌가. 또는 계속해서 야인에게 포로 되어 가건만 관리가 비록 이를 알더라고 죄책을 면하려고 은폐하고 보고하지 아니하는 것인가. 수년이 아니 되어 1,650여 인이 감손(減損)된 연고를 다시 상세하게 사실을 조사하여 보고하라." 하다.

---

251 호적상의 호주(戶主)
252 일정한 거주지 없이 떠도는 사람
253 유이(流移)

■ 23년 3월 13일

함길도 도관찰사, 도절제사에게 전지하기를, "변방으로 옮긴 백성이 거의 수만 명에 가까우므로 축적(蓄積)이 부족하여 만일 씀씀이를 절약하지 않다가 갑자기 흉년을 만나게 되면 그 폐단을 앞으로 구하지 못할 것이다. 그러니 경들은 마땅히 진심하여 이를 생각하고 민생을 두터이 하라." 하다.

■ 23년 5월 18일

의정부에서 아뢰기를, "함길도는 국가의 근본이 되는 땅이오라 군민(軍民)의 생업을 소홀히 할 수 없는데, 근자에 수어(戍禦)로 인하여 길주 이남 각 고을 정군(正軍) 1,600호를 뽑아 강변으로 입거시켜서 전택(田宅)이 비고 민호(民戶)가 감축되어 진실로 염려됩니다. 하삼도(下三道)는 태평한 지가 오래되어 인구가 번식하여 심지어 해도(海道)에 이르기까지 모두 들어가 사니, 선군(船軍)을 제외하고 시위(侍衛), 영진속(營鎭屬), 한량(閑良)은 물론, 5정(丁) 이상 자산이 넉넉한 자 1,600호를 선택하여 강변으로 옮긴 정군(正軍)의 숫자만큼 이사시키되, 경상도에서 600호, 전라도에서 550호, 충청도에서 450호를 옮겨다 채우게 하시고 요역(徭役)[254]을 면제하여 길이 생업을 이루게 하옵소서." 하니 그대로 따르다.

---

254 나라에서 백성에게 구실 대신으로 시키던 노동

▪ 23년 윤11월 6일

우정언 이계전이 "4진은 곧 요해처(要害處)[255]이므로 백성을 옮겨서 채우는 것이 가하오나, 함흥 이남은 진실로 요해처가 아닌즉 아직 2, 3년을 기다려서 옮겨진 백성들이 안심하고 자리를 잡은 뒤에 점차로 옮기면, 민심이 조금 안정되어 위로 하늘의 뜻에 보답할 수 있을 것이옵니다." 하니, 임금이 "고려 때에는 평안도의 평양 이북과 함길도의 영흥 이북이 모두 적의 경계가 되어 비어 사람이 없었는데, 이에 남쪽 백성을 옮겨서 채웠으니 그때 어찌 옳고 그름을 논의함이 없었을까마는, 그 뒤에 실책이라고 허물하는 자가 있음을 듣지 못하였으며, 우리 조정에 이르러서도 남쪽 백성을 동서양계(東西兩界)에 두 번이나 옮기게 했으나 또한 해(害) 되는 일이 없었거늘, 임금이 백성의 원망을 피하기만 생각하고 장래를 생각지 아니하여 그 일에 힘쓰지 아니하고 한갓 세월만 허비한다면 어찌 고식지계(姑息之計)[256]가 아니겠는가. 이것도 중한 일이니 그만둘 수 없다." 하다.


▪ 24년 1월 3일

의정부에서 "무진군(茂珍郡) 사람 손민이 북도에 들어가 살기를 꺼려 목매어 죽었사오니 그 장자 춘경을 대신 보내기를 바랍니다." 하니 그대로 따르다.

---

255 지세가 험해 적을 막고 자기편을 지키기에 편리한 지점
256 당장의 편한 것만을 택하는 일시적이며 임시변통의 계책

의정부에 전지하기를, "살던 땅에 편히 살면서 다른 곳에 옮아가기를 싫어하는 것은 사람의 상정이다. 그러나 함길도에 새로 6진을 설치한 뒤에 구읍(舊邑)에 살던 주민을 점차로 이사하게 하여 그들이 살던 평탄하고 비옥한 토지는 텅 비어 주인 없는 땅이 되었고, 또 그 고을에 군액(軍額)이 감축되어 가니 그곳에 다른 사람을 들여 살게 하는 것은 부득이한 일이다. 고려 때에도 함길도 영흥(永興)과 평안도 평양 이북에 풀이 무성하여 야인(野人)의 사냥하는 곳이 되므로, 하도(下道) 인민을 그곳으로 옮겨 채웠으나 그들의 원망과 고통과 근심은 지극했던 것이다. 그러나 이제 그 자손에 이르기까지 여러 대를 내려오면서 생업에 안착하여 살고 있는 자들은 모두 이사 온 자들의 후예인 것이다. 지금 함길도에 들어간 백성들은 거기에 있는 견고한 가옥에서 그곳 비옥한 토지를 경작하며 원주민들과 같이 어울려 살게 되니, 옛날 고려 때 이사 갔던 백성들과 비교하면 그 이해가 말할 수 없이 편리한 것이다. 그런데 지금 그곳에 가기 꺼리어 혹 자살하는 자도 있다 하니 그 완악함이 심한 것이다. 앞서는 여기에 들어가는 각 고을 사람들에게 부역을 면제하여 주었으므로 싫어하거나 괴로워함이 지금과 같지는 않았다. 이제 그곳에 들어가는 사람들은 대부분 고향에서는 세력이 있는 자들인데, 지금 먼 곳으로 고향을 떠나가는 판에 그들의 마음을 위안하고 기쁘게 하여 주지 아니하면, 그들의 원망이 그칠 리 없을 것이니 별도로 포상을 시행함이 마땅할 것이다. 하삼도(下三道)에서 들어가는 사람으로 그 호주(戶主)가 원래 벼슬한 자이면 벼슬 계자를 높여 주고, 관직이 없는 자는 처음으로 8품직을 주고 하번갑사(下番

甲士)의 직에 충당하여 임명하고, 만약 4품 이상으로 제수할 자가 있거든 그때마다 보고하여 시행하여 그들의 마음을 즐겁게 해줌이 좋겠다. 또 어떤 이는 말하기를, '벼슬이란 명기(名器)는 지극히 중요한 것이므로 아무에게나 함부로 줄 수 없는 것입니다. 북도에 입거하는 백성의 수가 수천 인이나 될 것인데, 그들의 마음을 위로하고 즐겁게 하여 주기 위하여 사람의 현부(賢否)도 논하지 아니하고 그냥 관직을 베풀어 줌은 자품(資品)의 남용인 것이니 이럴 수 없는 것입니다. 옛날 고려 때에 있어서도 양계(兩界)에 들어가서 살게 한 적이 한두 번이 아니었지만, 어찌 반드시 벼슬을 주어 그들의 마음을 즐겁게 한 뒤 이사하게 하였겠습니까. 하물며 평안도는 바로 중국과 국경이 연속된 땅으로 나라의 근저(根柢)가 되며, 안주(安州) 이북의 땅은 넓고 인구는 희소하므로 그곳에 주민을 이주하는 일은 장차 아니할 수 없는 일인 것이니, 이로써 논한다면 어찌 그들을 다 벼슬을 주어 그 마음을 즐겁게 하겠습니까. 옛날에는 비록 변방에 이사시킬 백성을 모집할 때 벼슬도 주고 복호(復戶)도 하는 법이 있다고는 하나 뒷세상에 논의하는 사람들이 혹 옳지 못하다고 하였으니, 어찌 예전에 근거 없는 제도로 덮어놓고 상을 남발하는 일을 할 수 있겠습니까. 또 백성을 이사시켜 변군(邊郡)을 충당함은 고금을 통한 법인데, 벼슬을 주면서 백성을 꾀인다는 것은 나라를 다스리는 대체(大體)에 부끄러운 일로 조금씩 나누어 입거함만 못하오니, 차차로 옮겨 가게 하여 그들로 하여금 정착 장소를 잃지 않게 하면, 처음에는 비록 근심과 탄식이 있을 것이나 끝내는 반드시 생업을 안정시키고 사는 효과가 있을 것입니다.' 하니, 이상 두 가지 정책을 의논하여 아뢰라." 하다.

■ 24년 9월 25일

좌정언(左正言) 이휘가 "금년은 함길도에서 수재로 인해 곡식이 잘되지 않아 백성들이 매우 고생하고 있습니다. 국가에서 장차 명년 봄에 하삼도 백성 200여 호를 옮겨다 이 도에 입거시키고자 하오나, 이 도에 오래 살고 있는 인민들도 오히려 굶주림을 면치 못할 것인데, 하물며 이 새로 옮겨가는 백성들이 어찌 굶주림을 면할 수가 있겠습니까. 전번에 도당(都堂, 의정부)에서 이 일을 가지고 아뢰기를, '해가 풍년이 지고 흉년이 지는 것은 미리 추측할 수 없으며, 금년에 입거시키지 않으면 큰일을 성취할 기한이 없다.'라고 하오매 신등은 사정에 먼 오활한 계책이라고 하였사온데, 이 말은 교묘하게 꾸민 것 같습니다만, 만약 동북 방면의 안위가 금년의 입거 여부에 달렸다면 그러하겠지만, 이전에 입거시키지 않았을 때에도 또한 아무런 근심이 없었으니, 하필 금년에 입거시킨 뒤라야 경원 이북이 비로소 평안할 수 있단 말입니까. 비록 풍년을 기다려 입거시켜도 늦지 않을 것입니다." 하니, 임금이 "입거시키는 일과 성 쌓는 등 일에 대하여는 대간(臺諫)에서 간쟁한 지가 오래되나, 내가 처음부터 그 청을 들어줄 수 없었음은 일의 관계됨이 가볍지 않기 때문이었다." 하다.

이휘가 다시 "성상의 말씀이 지당합니다. 그러나 신등은 입거시키는 일을 중지하시기를 청함이 아니옵고, 다만 풍년을 기다리기를 요청했을 뿐입니다. 옛날 대신은 한 사람의 필부(匹夫)가 처할 곳을 얻지 못하면 이것은 나의 허물이라고 하여 마음으로 부끄러워하기를 마치 시가(市街)에서 종아리를 맞은 것처럼 하였다 합니다. 도당의 직책은 도를 강론하고 나라를 바로잡는 데 있는 것인데, 말하기를, '지금 입주시키지 않으면 큰일을 성취할 기한이 없다.' 하였으니 이것이 어찌 대신의 말이라 할 수 있겠습니까. 지금 입거시키려는 200여 호를 인구수로 계산하면 3,000여 명은 될 것이온데, 1,000리 밖의 백성을 몰아다가 굶주리는 땅에 들여보내 도랑과 구렁에 쓰러져 죽게 한다면 국가의 큰 체통에 어떠하겠습니까. 대신의 말은 무리하기가 더할 수 없으니 그 말을 듣지 마옵소서." 하니, 임금이 "대신은 나랏일을 근심하고 염려한다고 스스로 믿고 있는 자인데 이와 같은 큰일을 어찌 깊이 생각하지 않고 헌의(獻議)[257]하였겠느냐. 내가 어찌 감히 너의 말을 옳다고 하고 대신의 헌의를 따르지 않을 수 있겠느냐. 그것은 다시 말하지 말라." 하다.

▪ 25년 2월 23일

임금이 도승지 조서강과 좌승지 이승손 등에게 "내 들으니 함길도 경성 이북에 들어가 살게 한 인민으로 전후 도망해 나간 자가 무려 1,000여 명이라 하니, 과연 이 같으면, 두렵건대, 몇 해 안 되어 들여보냈던 인민이 거의 다 도망가 버려서 헛되이 백성을 괴롭게만 할 뿐으로 무슨 이익이 있겠느냐. 내 어느 해에 몇 명이 도망하고 어느 해에 몇 호가 도망했는지 알지 못하니 너희들이 조사하여 아뢰라." 하다.

---

257 의견을 올림.

■ 25년 9월 24일

함길도 종성(鍾城) 사람 김귀생이 와서 예조판서 김종서를 보고 말하기를, "회령(會寧) 사람 노겸 · 정헌 · 김삼보 등이 서로 이르기를, '4진을 설치하고 백성을 옮겨다 채워 곤고(困苦)하게 하는 자는 찬성(贊成) 황보인과 판서(判書) 김종서이다. 장차 마천령(磨天嶺)[258]이나 철령(鐵嶺) 유벽(幽僻)[259]한 곳에 숨어 있다가 황보인 지나는 것을 기다려 쏘아 죽이고, 또 한성 가서 김종서의 집 곁의 나무 사이에 숨어 있다가 종서가 출입하는 것을 기다려 역시 쏘아 죽이겠다.' 하므로, 내가 한성에 올라와 고변(告變)하려 하니, 노겸 등이 이를 알고 나를 길에서 잡아 나의 의복을 빼앗으므로 내가 몰래 도망해 왔나이다." 하여, 김종서가 곧 아뢰고 드디어 김귀생을 포박하여 본도(本道)로 보내 문초하게 하니, 김귀생이 거짓이라고 자복하여 "상을 받으려고 하였다." 하므로, 무고 죄에 처하여 장(杖) 100을 때려 여연부(閭延府)로 귀양 보내다.

■ 26년 4월 14일

평안 · 함길도 도체찰사 황보인이 돌아오니, 임금이 "내가 들으니 평안도는 금년에 굶주림이 심하였다는데 기근의 상황과 입거한 일은 어떠한가." 하니, 황보인이 "신이 각 고을에 이르러 그 상황을 물어보니 모두가 '백성들 식량은 비록 딸리고 있으나 굶주리는 자가 그렇게

---

258  마천령(摩天嶺). 함경남도 단천군(端川郡) 광천면(廣泉面)과 함경북도 학성군(鶴城郡) 학남면(鶴南面) 경계에 있는 고개
259  깊숙하고 궁벽(窮僻)함.

심하지는 않습니다.' 하옵는데, 신이 길에서 굶주린 빛이 보이는 자 2인을 보고 이미 진휼하게 하였사오며, 입거한 일은 변방 백성들이 그릇되게 말하기를, '어떤 사람이 하늘에서 내려와 입거하는 것은 좋지 않다고 하여 나라에서 이미 정지하게 하였다.' 하면서 서로 뜬소문으로 소동해서 입거한 자들이 모두 도망쳐 돌아가므로, 신이 도로 돌아가도록 동독(董督)하여 신이 올 때 도로 들어간 자들이 자못 많습니다." 하다.

■ 26년 7월 18일

경상도 군위현(軍威縣) 아전 서습이 임금의 수레 앞에 진정서를 바치어 "신(臣)은 발이 부러졌사오니, 청하건대 함길도에 입거하는 일을 면제하여 주소서."라고 하니, 병조에 내려 조사하여 처리하게 하고 이에 쌀과 베를 하사하다.

병조에서 "서습은 비록 병든 사람이기는 하나 본래 도망한 향리입니다. 그러므로 지금 들여보내지 아니하면 이로 인하여 도피하는 폐단을 장차 금지하기 어렵게 될 것이오니 면제하지 말고 입거하게 하되, 다만 신역(身役)만은 면제하게 하소서." 하니 그대로 따르다.

■ 28년 2월 11일

좌승지 황수신이 "전라도의 유이인(流移人, 떠돌이)과 세량(稅糧)을 속여 숨긴 서원(書員), 색리(色吏) 등 800여 호를 이미 함길도의 5진에 보냈는데, 김종서가 일찍이 '5진에는 입거한 사람이 이미 많으므로 토지가 좁다.' 하였으니, 이미 보낸 사람을 되돌아오게 할 수는 없지마는 지금부터는 다시 더 보낼 수는 없습니다." 하다.

예조 판서 정갑손을 불러 이 일을 물으니, 일찍이 함길도 감사가 되었던 때문이다. 정갑손의 대답도 또한 그와 같으니 즉시 유서(諭書)를 함길도에 내리기를, "입거한 사람은 용성(龍城)과 경성(鏡城) 이남에만 적당히 나누어 두고 5진에는 들여보내지 말도록 하라." 하다.

- **28년 4월 12일**

의정부에서 "이번에 입거하는 서원(書員), 색리(色吏), 감고(監考) 등은 다년간 관량(官糧)을 속이고 숨겼으니 죄악이 깊고 중한데, 다행히 사유(赦宥)를 입어 겨우 입거하게 되었습니다. 지금 농사철을 당하여 곧 들어가지 않고 길에서 오래 머물고, 다른 사람들 의복ㆍ잡물과 관가미곡을 마음대로 탈취하고, 관역(館驛)의 이엉[개초(蓋草)²⁶⁰]과 말구유에 이르기까지 불태우지 않은 것이 없으므로 패역(悖逆)이 막심하니, 독촉하여 길에 오르게 하지 못하여 폐단을 일으키게 한 수령을 논죄하소서." 하니 그대로 따르다.

## 7) 동녕위(요동)

앞에서 보았듯이 여진족이 버리고 도망간 땅에 다른 곳 사람들을 이주시켜 살게 하는 일의 어려움은 한두 가지가 아니었다. 굶주리

---

260 이엉으로 지붕을 잇다.

거나 병에 걸려 죽은 자가 수천이었고 도망간 자들도 그에 못지않았으며, 인구의 들고 남을 정확히 파악하는 일 또한 쉽지 않았다. 그래도 세종은 그곳 영토의 영구화를 위해 식량을 보내 백성들을 위무하고, 세금과 노역과 병역을 감면해 주고, 벼슬을 내려 기쁘게 해 주려고 온갖 노력을 다했다. 그렇지만 이주를 중단해 달라는 요청은 단호히 거부했다.

그렇게 압록강과 두만강까지 국토를 넓히고, 그곳에 백성을 이주시켜 살게 함으로써 토벌과 이주 정책은 실효를 거두게 되었고, 오늘날까지 그 경계를 유지하고 있다. 그렇게 하여 우리의 국경은 이제 중국의 요동지방과 맞닿아 있게 되었다.

그런데 그 요동지방에 대한 당시의 기록 중에 우리의 관심을 끄는 대목들이 있다. 당시의 기록에 과거 요동이 우리 땅이었음을 나타내는 대목이 눈에 들어올 때마다 쓰리고 아픈 마음이 이는 것은 어쩔 수 없는 일이다. 중국 측의 기록에 '옛날에 요동이 조선에 속했는데 만일 조선이 요동을 다시 얻는다면 중국도 항거하지 못할 것'이라는 말은 조선을 그만큼 견제해야 한다는 말이었다.

■ 6년 10월 17일

여러 죽는 자가 처음 마루에 올라갈 때 인종(仁宗)이 친히 들어와 고별하자 한씨가 울면서 인종에게 "우리 어미(유모 김흑)가 노령이니 본국으로 돌아가게 하옵소서." 하니, 인종이 분명히 허락하고 한씨가 죽은 다음 김흑을 돌려보내려고 하였으나, 궁중의 여러 여수재(女秀

才)[261]들이 "근일 어여(魚呂)의 난은 옛날에도 없던 큰일이다. 조선국은 임금이 어질어서 중국 다음갈 만하고, 또 옛 서적에 있는 말인데 처음에 불교가 여러 나라에 퍼질 때 조선이 거의 중화(中華)가 되려고 하였으나, 나라가 작기 때문에 중화가 되지 못하였으며, 또 요동 이동이 옛날에 조선에 속하였는데 이제 만일 요동을 얻는다면 중국도 항거하지 못할 것이 틀림없는 일이다. 이러한 난을 그들에게 알릴 수 없는 것이다." 하다.

인종이 윤봉을 불러 묻기를, "김흑을 돌려보내고자 하나 근일의 사건을 누설할 염려가 있으니 어떻게 하면 좋으냐." 하니, 윤봉이 "사람마다 제각기 마음이 있는 것인데 소인이 어찌 감히 알겠습니까." 하다. 김흑을 돌려보내지 아니하고 특히 공인(恭人)으로 봉하였다.

---

🔖 **참조 사항**

어여(魚呂)의 난 : 명 태종 때 궁인과 환관의 간통 사건. 이 사건에 연루된 2,800명을 태종이 직접 처형했다.
인종 : 명나라 태종 다음 임금
한씨 : 태종의 궁인 중 하나. 조선 사람 한확의 여자 형제
김흑 : 한씨의 유모

---

261 학식이 있는 여자. 규수(閨秀)

■ 25년 9월 1일

함길도 도관찰사 정갑손이 보고하기를, "동녕위(東寧衛)는 원래 우리 나라 사람이 살았사온데 판도(版圖)가 이미 중국으로 들어가서 영영 그 백성이 되었사오나, 중국 사람들과 함께 처(處)하게 하지 아니하고 따로 성보(城堡)를 쌓아서 살게 하고 동녕위라 칭하여 구별하였습니다." 하다.

여럿이 의논하고, "동녕위는 스스로 한 위(衛)를 이룩하여 주민이 수만에 이르니 그 형세가 이것과 같지 아니합니다." 하다.

■ 30년 7월 14일

드디어 임금의 교시로 기초(起草)하기를, "평안도 연변의 주현(州縣)이 중국과 경계를 연하여 지금 요동(遼東) 인민이 나와 사는 것이 송참(松站)²⁶²까지 이르고, 동녕위 백성은 원래 우리나라 계통을 두고 있어 우리나라 사람과 족류(族類)가 서로 연속되니 무식한 무리들이 족척을 만나 본다고 칭탁하고 가만히 서로 왕래하여, 혹은 중국 사람을 꾀어 오거나 혹은 재물과 우마를 도둑질하여, 이것으로 인하여 흔단이 생기니 드디어 엄하게 금하고 막는 것을 세워 사사로이 서로 접촉하거나 마음대로 왕래하지 못하게 하라" 하다.

---

262 동팔참(東八站)의 하나. 동팔참은 조선시대 중국과의 사행로의 일부인 구련성(九連城)과 심양 사이에 설치된 여덟 군데의 역참(驛站)이다. 이른바 중국과의 첫 접경지역인 구련성[九連城, 또는 진강성(鎭江城)]에서부터 시작해 탕참(湯站)—책문(柵門)—봉황성(鳳凰城)—진동보[鎭東堡, 또는 송참(松站)]—진이보[鎭夷堡, 또는 통원보(通遠堡)]—연산관(連山關)—첨수참(甛水站)—요동(遼東)—십리보(十里堡)—심양[瀋陽, 또는 성경(盛京)]에 이르는 육로이다.

■ 31년 8월 12일

통사 김자안이 요동에 도착하여 먼저 사람을 보내어 치보(馳報)하기를, "달달이 고려(高麗) 사람이나 여진(女眞) 사람을 잡으면 '너희들은 본래 모두 우리 종족이었다.'라고 하면서 변발(辮髮)[263]하게 하여 자기들 의관을 본받게 하지만, 만일 한인(漢人)을 잡으면 모두 코와 귀를 베므로, 동녕위 사람이 말하기를, '우리들은 본시 고려 사람인데 중국의 난리가 이 같으니 의주(義州)에 투항하고 싶지만, 다만 입국을 허가할는지 아니할는지 알지 못하겠다.'라고 합니다." 하다.


## 4. 천리장성(千里長城)

그 시절 성을 쌓는 일은 대단히 어렵고도 힘든 일이었다. 그것도 저 북쪽 국경, 압록강에서 두만강을 따라서 이쪽 끝에서 저쪽 끝까지 자그마치 1,000리나 되는 성을 쌓는 일이란 그야말로 엄청난 대역사(大役事)였을 것이다. 당시에 성 쌓는 일에는 많은 인원을 동원해야 할 뿐더러 또 장기간에 걸쳐서 하는 큰 역사이니만큼 그에 따른 백성들의 고통도 여간 심하지 않고 폐해도 많았을 것이다. 그래서 신하들의 반대도 많았지만 세종은 그 일을 강행한다. 그리고 그 이유를 이렇게 밝혔다. "태평 무사할 때 편안하다 하여 성보(城堡)를 긴급하게 여기

---

263 옛날 몽고를 비롯한 아시아 여러 민족 사이에서 유행하던 머리를 딴는 방식의 하나. 남자의 머리털의 둘레를 빤빤히 밀고 가운데 머리털을 딴아 뒤로 늘어뜨렸다.

지 아니하다가 만일 이민족의 침략이 일어나게 되면 그 폐해를 말하던 자가 능히 스스로 환란을 구할 수 있느냐. 이것이 내가 받아들이지 않는 까닭이다."

세종 25년 7월, 함길도 관찰사가 축성 정지를 요청한다. "흉년으로 창고가 비었으니 축성 역사를 정지하여 민생을 돌보아 주소서." 그렇지만 도체찰사 황보인은 성을 쌓을 수 있다고 말한다. 그러자 세종은 "한 사람은 쌓을 수 없다 하고 한 사람은 쌓을 수 있다 하니 소견을 고집 말고 잘 의논하라"고 말한다.

결국, 황보인이 양쪽 경계를 드나들며 흉년의 고생을 생각지 않으니 백성들이 죽을 지경이었다. 세종은 당시의 괴로운 심정을 이렇게 토로한다. "성을 쌓는 것은 오로지 후세를 위한 것이다. 지금 말하는 자가 많으니 내가 들으면 마음에 미안하다. 늦추면 마칠 기한이 없고 급하게 하면 백성에게 병을 일으킨다. 그러나 백성들에게 괴로운 폐단이 많고 전염병도 생겼다 하여 쌓지 아니하면 다 되어 가는 일에 한 삼태기의 흙을 더하지 못하여 드디어 완성을 보지 못할 것이고, 하려고 하면 인력이 부족하니 내가 심히 근심한다."

성 쌓는 일은 세종 초기부터 있어 왔다.

## 1) 왜구의 내침을 방어하기 위한 남도의 축성

- 4년 1월 15일
도성을 수축하다.

▪ 4년 2월 23일

도성의 역사(役事)를 마치다. 성은 돌로 쌓았는데 험지는 높이가 16척
이요, 그 다음으로 높은 곳이 20척이요, 평지는 높이가 23척이다. 수문
(水門) 2간(間)을 더 설치하여 막힌 것을 통하게 하고, 서전문(西箭門)을
막고 돈의문(敦義門)을 설치하였다. 성의 안팎에 모두 넓이가 15척이나
되는 길을 내어 순심(巡審)하는 데 편리하게 하였다. 사용된 쇠가 10만
6,199근이요, 석회가 9,610석이다. 그 사용하고 남은 쇠를 거두어 각 도
의 세공(歲貢)에 충당하다.

수축 도감에서 보고하기를, "각 도의 군인 중 죽은 사람이 모두 872명
입니다." 하니, 그들이 사는 고을에 명하여 호역(戶役)을 면제하고 부물
(賻物)[264]을 주게 하다.


▪ 4년 10월 29일

장흥부(長興府)와 옥구현(沃溝縣)에 성을 쌓다.


▪ 5년 5월 26일

영광읍(靈光邑)에 성을 쌓다.


▪ 6년 10월 1일

전라도 보성(寶城), 낙안(樂安) 등의 군에 성을 쌓다.

---

264 상장(喪葬)에 부의(賻儀)로 주는 물건

▪ 9년 10월 8일

경상도 영덕현(盈德縣)에 성을 쌓다.


▪ 9년 12월 14일

당진성(唐津城)을 쌓다.


▪ 10년 10월 24일

좌의정 황희와 예조판서 신상을 평안도에 보내 성보(城堡)를 순찰하게 하다.


▪ 11년 7월 1일

중군총제(中軍摠制) 이숙묘를 보내 여연성(閭延城) 터를 살펴보게 하다.


▪ 11년 8월 25일

이조참판 최사강을 강화(江華)로 보내 성터를 살펴 정하게 하다.


▪ 11년 9월 1일

병조에 전지하기를, "안주성(安州城)은 축조하라고 이미 명령하였으나, 군정을 많이 모아 기한 안에 마치고자 하여 일을 독려함이 지나치게 엄하면 백성들이 고통을 견디지 못하여 질역(疾疫)이 장차 일어나게 될 것이며, 또 성이 견고하고 알차지 못할 것이니, 만약 기한 안에 다 쌓지 못하게 된다면 다시 가을을 기다려서 쌓는 것이 좋겠다." 하다.

- 12년 5월 11일

판부사 최윤덕을 불러 "전라, 충청, 경상 삼도(三道)의 각 고을의 성으로서 예전 터에 그대로 수축할 만한 곳과 새로 성을 쌓을 만한 곳을 마련하여 아뢰라." 하고, 인하여 명하기를, "삼도(三道) 성보를 수축하는 방침을 오로지 경에게 맡기노니 경은 마음과 힘을 다하여 불완전한 점이 없도록 하라." 하다.

- 11월 25일

병조에서 경상좌도 처치사(處置使) 이사검의 공문에 의거하여 "지금 여러 곳에서 성을 쌓는 공사가 한꺼번에 시작되고 있으며, 아울러 선군(船軍)을 부리고 있사오니 만일 왜인들의 사변이라도 일어난다면 미처 방어할 수 없을까 염려됩니다. 바라옵건대 연호군(煙戶軍)으로 성을 축조하게 하옵소서." 하다.

임금이 "한가한 틈을 이용하여 천천히 성을 쌓고 싶은 것이 평소의 생각이었다. 과연 이사검이 보고한 대로라면 매우 옳지 못한 일이다." 하다.

- 12년 12월 9일

도순문사(都巡問使) 최윤덕이 경상도의 연일(延日)·곤남(昆南)·합포(蛤浦)와 전라도의 임피(臨陂)·무안(務安)·순천(順天)과 충청도의 비인(庇仁)·보령(保寧) 등의 성을 쌓았다. 이 공사를 진행함에 있어 부종관(副從官)을 시켜 창기를 데리고 연회를 베풀어, 각 군현(郡縣)에서 치다꺼리에 지치고 백성은 근심하며 원망하는 자가 많았다.

■ 13년 1월 16일

전 판나주목사(判羅州牧使) 정수홍이 상서(上書)하기를, "무릇 천하의 일이란 사리(事理)와 형편뿐입니다. 그 사리와 형편을 헤아리지 않고 조급하게 진행하면 백성이 그 해를 입게 되어 원망과 비방이 이는 법입니다. 지금 성명(聖明)께옵서 위에 임어하시고 수많은 현명한 신하들이 그 직책을 다하고 있어 법령이 엄정 공명한데다가 외적 방어의 계책을 얻어 병기와 장비가 견고 예리하고 장수와 군졸이 명을 받들어 행하니, 이는 우리나라가 생긴 이래의 한 성세(聖世)이옵니다. 그런 까닭에 왜구들이 두려워하고 위축되어 그 모습을 일체 감추고 조금도 감히 준동하지 못하니, 이는 실로 100년간은 저희들이 쉽사리 다시 일어나기 어려운 사세입니다. 이러한 사세를 헤아리지 않고 10년을 기한하고 먼 해변의 군현(郡縣)까지도 성보(城堡)를 설치한다는 것은 이는 마치 염백주(鹽白州)²⁶⁵의 사람들이 호랑이가 장차 올 것을 두려워하여 그 집의 모든 일을 버려두고 담(墻)을 수축하는 것과 같은 것입니다. 광막한 평야에는 호랑이가 오지 않으며, 잘 다스려지는 나라에는 외구(外寇)가 침략하지 않는 것은 이 모두가 사리 형세로 보아 당연한 것입니다. 신이 지난가을에 늙고 병 있음을 대언사(代言司)에 보고하고 전주(全州)의 농막으로 돌아가 누워 있으면서 임파(臨陂)에서 성을 쌓고 있는 실황을 고루 들은 바 있습니다. 지난가을 전주는 온 도내가 몹시 가물어서 쟁기로 땅을 갈아보지 못하다가 9, 10월 사이에 이르러서야

---

265 염주는 황해도 연안(延安)의 옛 이름이고, 백주(白州)는 백천(白川)의 옛 이름으로, 두 지역을 합해 이르는 말이다.

비가 내려 백성들이 모두 기뻐들 하다가 가을갈이가 겨우 시작되면서 임파 성보의 공사가 크게 벌어졌던 것이온데, 성의 척수(尺數)도 헤아리지 않고 오직 군정이 많아야 한다는 데만 힘써 경작지 3결(結)에 반드시 1정(丁)을 내게 하여 여염집이 다 비게 되고, 가을갈이가 시기를 잃어 전주 한 도내의 양맥(兩麥)의 밭에서 세전(歲前)에 싹이 제대로 난 것이 드물었으며, 또 이 역사로 말미암아 비명(非命)에 죽은 자도 한둘이 아니었습니다. 이와 같은 무리들은 그의 부모처자가 그 아픈 마음이 골수(骨髓)까지 들어가 있을 것이니, 지금까지도 이를 원망하는 자가 어찌 없겠습니까. 그 밖에 식량의 소모와 재력의 탕진으로 풍찬노숙(風餐露宿)[266] 하는 세쇄한 폐단을 이루 다 열거할 수 없사온즉, 신의 어리석은 억측으로는 그 밖의 축성하고 있는 곳의 폐해도 대개는 반드시 이러하리라는 것입니다. 옛날 진(秦)나라 시황(始皇)이 1만 리의 장성을 쌓으니 오랑캐를 방비하는 계책을 얻은 것 같았으나, 인화를 크게 잃어 드디어 천하 후세의 웃음거리가 되고 말았으니 이는 곧 만대의 귀감이 되고 있는 것입니다. 반드시 10년을 한하고 이 역사를 쉬지 않고 진행한다면, 신은 아마도 백성들이 그 노고를 견디지 못하여 원망과 비난이 날로 늘어날 것이며 인화를 유지하지 못할 것으로 봅니다. 또 이 역사로 연유하여 대신이 명을 받들고는 그의 보좌관을 갖추고 여러 해를 외방에 머물러 있으면, 그를 접대하고 또는 맞아들이고 보내고 하는 데 어찌 폐단이 없겠습니까. 전하께옵서 이 역사를 모

---

266 '바람 부는 곳에서 먹고, 이슬을 맞으면서 잔다.'라는 뜻으로 떠돌아다니며 고생스러운 생활을 함을 비유해 이르는 말

두 정지하게 하시옵고, 백성의 힘을 아끼고 기르다가 왜구가 다시 일어남을 기다려서 장차 막기 어려운 사태가 있은 뒤라야 이를 쌓아도 오히려 늦지 않을 것입니다. 천한 자의 말도 성인(聖人)은 취한다 하오니, 전하께서 너그럽게 용납하시와 사람의 말에 즐겨 좇으시는 아름다운 덕을 보이시면 사책(史冊) 만대(萬代)의 빛이 아니겠습니까." 하였으나 윤허하지 아니하다.

■ 13년 7월 30일

최윤덕이 "신이 연전(年前)에 하삼도(下三道) 각 고을의 성터를 돌아보온즉, 한 고을에 5, 6군데 고쳐야 할 곳이 있사와 모두 고쳐 쌓게 하였으나, 오직 옥구(沃溝), 임파(臨陂) 등 고을만은 쌓을 만한 돌이 없고, 옥구에는 작은 성이 있으나 지극히 협착하여 만약 급한 변이 있으면 백성을 숨길 만한 땅이 없으며, 전주(全州)까지 오면 의지할 만한 곳이 있기는 하나 거리가 4식정(息程)[267]이 되므로 고쳐 쌓도록 해야 되겠습니다. 성곽은 반드시 일이 없을 때에 쌓아야만 합니다. 만일 이때에 쌓지 아니하였다가 뒤의 임금이 우유부단(優柔不斷)하면 성읍(城邑)을 쌓을는지 알 수 없을 것이오니, 지금 한가한 때를 당하여 모두 고쳐 쌓는 것이 좋겠습니다." 하니, 임금이 "어찌 반드시 빨리하려고만 하느냐. 10년을 기한하고 그 고을의 인민들을 부려 농사 틈을 타서 쌓게 함이 옳다. 그 일을 병조 및 참의 박곤 등과 의논하여 아뢰라." 하다.

---

267 거리의 단위. 대체로 30리(里)

■ 13년 9월 25일

호조 참의 박곤을 하삼도에 보내 성 쌓기를 마치게 하고, 황희 · 맹사성 · 권진 · 최윤덕 · 허조 등에게 감독하는 일을 의논하라고 명하다.

황희 등이 "성 쌓기를 완벽하게 하지 못하여 5년 안에 무너지게 되면, 그 관리는 율에 의하여 형장 80을 치고 감역(監役)으로 환직(還職)시켜 고쳐 쌓게 하며, 두 번 무너지게 한 자에게는 형장 100에 처하고 각각 벼슬을 갈아 직품을 낮추고 먼 변경 지방에 보내어 수어(守禦)하게 하며, 비록 벼슬이 이미 갈렸을지라도 죄를 논하여 다시 고쳐 쌓게 할 것입니다. 도망한 군사를 곧 잡아 보내지 아니한 자에게도 역시 율에 의하여 논죄케 하소서. 또 성 쌓는 것은 일찍이 기한을 정한 것이 없고 매년 하는 일로 되었사온데, 성터는 순무사(巡撫使)로 하여금 감정(監定)하게 하였사오나, 쌓는 일에는 순무사를 보내는 것은 그만두고 각각 그 도의 감사 및 도절제사(都節制使)로 하여금 감독하게 하소서." 하니 그대로 따르다.


■ 13년 11월 26일

여연군(閭延郡)에 성을 쌓다.


■ 14년 1월 5일

경상도 감사 조치를 파면하였다. 합포(合浦), 곤남(昆南), 연일(延日)의 성 쌓는 일을 늦추었기 때문이다.

■ 14년 5월 5일

형조판서 정흠지를 함길도에 보내 경성(鏡城) 성터를 살펴서 정하게
하다.

## 2) 태평한 때에 성을 쌓아야 하는 까닭

■ 14년 10월 10일

임금이 "사람들은 모두가 '태평한 세상에 어찌하여 성을 쌓기에 급급
히 구는가.' 하지만, 나는 그렇지 않다고 생각한다. 편안한 때일수록 늘
위태로운 것을 잊지 않고 경계함은 나라를 위하는 도리이니, 어찌 도
적이 침범하여 들어온 후에야 성을 쌓는다는 이치가 있겠느냐. 성을
쌓는다는 일은 늦출 수 없는 것이다. 그러나 경작하는 농토의 많고 적
음에 따라 군정(軍丁)을 내게 하는 것은 이미 국령(國令)으로 정해져 있
거니와, 병조로 하여금 전의 수교(受敎)를 상고하게 하여 거듭 밝혀서
시행하게 하라." 하다.

■ 16년 7월 13일

최윤덕이 또 "이제 국가가 태평한 날이 오래되었으니 마땅히 한가한
때에 미쳐, 원컨대, 성곽을 쌓아 나라의 터전을 튼튼하게 하옵소서. 새
와 짐승도 오히려 보금자리[巢穴]가 있어 외적(外敵)을 방어하옵거든
하물며 사람이오리까. 예로부터 국가의 치란(治亂)은 무상(無常)하오니
후세에 오늘과 같은 거룩한 정치를 하지 못하는 수가 있게 될지 어찌
아오리까. 후세에 이르러 거룩한 임금이 나지 아니하고 또 어진 신하

가 없으면 어찌 능히 오래 편안하오리까. 변경에 성을 쌓는 일은 만세의 장구한 계책을 위함이오니 늦출 수 없습니다." 하니, 임금이 "내가 경의 뜻을 알았다." 하다.

이때에 임금이 자못 갑병(甲兵)과 성곽의 일에 뜻을 두어 충청·전라·경상 3도의 성곽은 형조판서 정흠지로 맡게 하고, 함길도의 성곽은 호조참판 심도원으로 맡게 하고, 평안도의 성곽은 호조참판 박곤으로 맡게 하다.

- 16년 8월 23일

임금이 "혹 말하는 이가 있어 말하기를, '대신을 밖에 보내 폐를 시키지 말라. 성 쌓아 수고롭게 하지 말라.'라고 하니, 이는 모두 눈앞에 뵈는 일만 가지고 말하는 계책이고 멀리 생각하는 계책은 아니다. 대신이 밖에 나가면 어찌 접대하는 폐가 없으며, 성 쌓는 것도 백성을 괴롭게 하고 많은 사람을 움직이는 일이라고 말할 수 있겠지마는, 그러나 태평 무사할 때 편안하다 하여 성보를 긴급하게 여기지 아니하다가, 만약 갑자기 변란이 일어나게 되면 앞서 그 폐를 말하던 자가 능히 스스로 그 환란을 구해 낼 수 있다는 것인가. 이것이 나의 받아들이지 아니하는 까닭이다. 또 경상·전라·충청 등 도는 평안·함길도와는 같지 아니하니 이 일이 없는 때를 당하여 마땅히 급히 성을 쌓아서 후환을 방비하라." 하다.

- 16년 8월 28일

형조판서 정흠지를 충청·전라·경상도에 보내고, 한성 부윤 박곤을 강원도에 보내어 주·군 각 고을을 순행하여 성 쌓을 터를 살펴서 정하게 하다.

■ 17년 6월 18일

좌의정 최윤덕이 "금년 가을에 강계(江界)와 벽동(碧潼) 성을 쌓는 데 필요한 쇠는 황해도로 하여금 각각 3,000근을 주게 하고, 여연(閭延)·자성(慈城)·이산(理山)·창성(昌城)·의주(義州) 등의 성으로 퇴락한 곳과 낮은 곳을 또한 수축하게 하고, 인하여 사면에 모두 녹각성(鹿角城)[268]을 베풀고, 입보하는 사람은 잡역을 없애고 입보에 대한 여러 가지 일만을 하게 하고, 잡곡이 성숙하여 수확하게 되거든 매장(埋藏)하거나 혹은 성안으로 실어 들이고, 또 마른 꼴을 베어 성 밑 가까운 데에 쌓아두고, 성안에 흙을 채우는 축조는 얼음이 얼기 전에 하여야 합니다." 하니 그대로 따르다.

■ 18년 9월 26일

회령부(會寧府)에 성을 쌓다.

처음에 임금이 호조판서 심도원을 도순무사(都巡撫使)라고 일컬어 함길도에 보내 본도(本道)의 감사 정흠지 및 도절제사 김종서와 더불어 안변(安邊) 이북 각 고을의 군정(軍丁) 2만 300명을 동원하여 성을 쌓게 하니, 주위가 3,900척(尺)이고 높이가 15척인데 무릇 25일 만에 역사를

---

268 적의 침입을 막기 위해 짧은 나무토막을 비스듬히 박거나 십자 모양으로 울타리처럼 만들어 놓은 방어물

끝마치다.

- 19년 10월 20일

함길도순검사(咸吉道巡檢使) 심도원이 경원성(慶源城)과 경흥성(慶興城)을 쌓고 돌아오다. 경원성은 둘레가 1,755척이고, 경흥성은 둘레가 2,186척이었다.

- 20년 8월 5일

판중추원사(判中樞院事) 조말생으로 경상, 전라, 충청 삼도 도순문사(三道都巡問使)를 삼아 각 고을의 성보를 심정(審定)하게 하다.

- 21년 1월 28일

경상도 김해(金海), 영일(迎日)에 성을 쌓다.

- 21년 2월 7일

임금이 "근래에 오활한 무리들이 여러 번 성 쌓는 역사를 정지하기를 청하지만, 그러나 성 쌓는 역사는 정지할 수 없는 것이다. 국가에서 한가할 때 성을 쌓고 수비하는 것은 진실로 옳은 것이다." 하다.

- 21년 윤2월 7일

평안도 여연부(閭延府) 상무로(上無路)에 돌성을 쌓았다. 주위가 1,200척이요, 높이가 15척이며 활 쏘는 곳이 207처(處)였다.
충청도 면천에 성을 쌓다.

▪ 21년 10월 20일

강원도 평해군에 성을 쌓다.


▪ 21년 11월 10일

충청도 면천성(沔川城, 충남 당진)을 쌓으니 주위가 3,235척이었다.


▪ 21년 11월 20일

경상도 장기(長鬐), 영일(迎日), 남해(南海), 김해(金海) 등에 성을 쌓다.


▪ 22년 2월 7일

임금이 "또 성을 쌓고 순찰하라는 명령이 겨우 내렸는데, 헌의(獻議)하
여 이를 막는 자가 말하기를, '민력(民力)을 수고롭게 한다.'라고 한다.
그러나 백성의 이(利)를 일으키는 자가 어찌 목전(目前)의 폐해를 계산
하고 만세(萬世)의 이익을 폐하겠는가. 경등이 이제 만약 남방의 일을
조치하려면 민폐를 구애하지 말고 마땅히 심사원려(深思遠慮)하여 한
번의 수고로 영원히 편케 하는 것이 역시 가하지 않겠는가." 하다.


## 3) 천리장성


▪ 22년 2월 22일

임금이 도승지 김돈에게 "진(秦)나라에서 장성(長城)을 쌓아 후세에 조
롱거리가 되었고, 두안(杜顏)이 황하(黃河)에 다리를 놓다가 당시의 웃
음거리가 되었지만, 장성은 만대(萬代)의 큰 소용이 되었고, 하수의 다

리도 또한 당대에 이익이 된 바 있었다. 그러므로 만세의 장구한 장책(長策)을 세우고자 한 자는 한때의 공역(功役) 드는 것은 헤아리지 않았는데, 건의하는 자가 이르기를, '동서 양계(兩界)에다 장성을 쌓게 되면 적이 침략할 수 없어 백성이 편안할 것이다.'라고 하나, 내가 들은 지 오래이로되 그 일을 난중하게 여기어 감히 발설하지 못하였다. 그러나 근자에 신개가 상소하여 장성을 쌓자고 청하니 너도 이를 보라. 나의 생각으로는, 비록 수천 리를 뻗게 하지는 못한다 하더라도 마땅히 적이 통행하는 요처에다 혹은 참호를 판다든가 혹은 목책을 세워 비록 두서너 고을 백성이라 하더라도 그것에 힘입어 편안히 살 수 있다면 또한 족하겠다." 하니, 김돈이 "신이 듣자오니 변방 백성들의 입보하는 괴로움은 이루 다 말할 수 없다 하옵니다. 봄이면 들에서 살다가 가을이면 입보하느라고 조금도 생업을 즐겨 편안히 살 수 있는 이익이 없다 하오니, 변방 백성이 어찌 흩어지지 않을 수 있겠나이까. 연변에 장성을 쌓는 것은 만세의 장구한 방책입니다. 만일에 장성을 쌓을 수 없다고 하면, 지식이 있는 자를 보내 연변을 순시하여 요해지(要害地)에 목책이나 보(堡)를 증설하게 하고, 각각 만호(萬戶)를 두어 근방에 사는 인민을 수합하여 적로(賊虜)[269]의 침략을 방어하면, 변민들이 먼 곳으로 입보하는 괴로움도 면할 것이옵니다." 하므로, 임금이 "목책이나 보를 증설하는 그 방책도 좋으니, 네가 병조판서 황보인과 참판 신인손과 같이 그 책임을 맡길 만한 자를 택하여 의논하여 아뢰라.

---

269 도적과 오랑캐

장성을 쌓는 일은 큰일이요, 성공할는지 여부는 기필할 수 없으나, 너희들이 비밀히 의논하고 조심하여 드러나지 말게 하라." 하니, 김돈이 황보인, 신인손과 의논하고, "신등의 세 사람 이외는 그것이 옳다는 것을 알지 못하겠습니다." 하매, 임금이 "그렇다면 황보인이 가하겠다." 하고, 드디어 황보인으로 평안·함길도 도체찰사를 삼고 연변을 방수(防戍)하는 성보(城堡)를 검사하여 증감한다고 칭탁하게 하였으나, 그 실지는 대개 장성을 쌓고자 한 계획이었다.

▪ 22년 9월 15일

평안도 여연(閭延) 조명간 구자(趙明干口子)[270]에 장성을 쌓기 시작하다. 길이는 5만 6,755척이고, 본도(本道)의 정부(丁夫)[271] 7,440명, 황해도의 정부 2,860명을 취역(就役)시키다.

벽동(碧潼) 벽단구자(碧團口子)에 석보(石堡)와 장성을 쌓기 시작하다. 석보는 둘레가 6,297척 5촌이고, 장성은 길이가 3만 6,014척이며, 본도의 정부 7,330명과 황해도 정부 1,296명을 취역시키다.

▪ 23년 3월 15일

도체찰사의 종사관(從事官) 박근을 보내 평안도 조명간 행성(趙明干行城)을 쌓게 하니 본도의 정부 8,390명을 사역하여 석축 길이 5만 947척, 녹각성(鹿角城) 길이 5,807척 7촌(寸)을 쌓았다. 종사관 정이한을 보내

---

270 평안도 강계부(江界府)
271 한창 나이의 장정인 남자

벽단행성(碧團行城)을 쌓게 하니 본도의 정부 8,263명을 사역하여 석축 길이 3만 795척 6촌, 녹각성 길이 5,218척 4촌을 쌓았는데, 모두 2월 15일부터 쌓기 시작하여 이달에 이르러 쌓기 완료를 고하다.

■ 23년 9월 29일

당초 전농시윤(典農時尹) 박근과 사복소윤(司僕小尹) 정이한이 모두 도체찰사(都體察使) 황보인의 종사관이 되어 박근은 조명간 행성(趙明干行城)을 감독하여 쌓았고, 정이한은 벽단행성(碧團行城)을 감독하여 쌓았다. 이해 여름에 이르러 두 성에 무너진 곳이 많이 있으므로, 평안도 관찰사가 보고하여 조정의 의논이 분분하였다. 대신들이 모두 행성 역사를 정지하고자 하므로, 임금이 소윤(少尹) 강권선을 보내 살피게 하였다.

강권선이 돌아와 "조명간성(趙明干城)은 외면(外面)에는 단지 돌로써 포개어 쌓았고, 그 내면(內面)은 모두 모래와 흙으로 메웠기 때문에 무너진 것이 반이 넘습니다." 하다.

이때 박근이 함길도 온성(穩城)에 있었으므로 의금부에 명하여 체포하여 오게 하고, 인하여 종사관은 교체시키다.

대사헌(大司憲) 정갑손, 집의(執義) 이의흡, 장령(掌令) 김맹헌, 지평(持平) 최중겸, 박추 등이 "평안·함길 양도에 성을 쌓는 일은 국가의 만년(萬年) 생민(生民)을 위한 계책인즉, 신등이 감히 마음대로 논할 것이 아닙니다. 이제 또 성 쌓느라고 남도와 황해도 백성들이 길은 막히고 양식은 떨어져 죽을 먹으며 굶주리고 있사온데, 게다가 주야(晝夜)로 역사를 독촉하게 되니 혹은 미치기도 하고 또는 병들어 죽는 자도 있습니다. 함길도 백성은 대개 모두 새로 옮겨 간 자들인데, 모두 다 역사에 종사하게 하면 어찌 안업(安業)할 수 있겠습니까. 또 듣자니, 양도(兩道) 경작할 만한 땅은 모두 수변(水邊)에 있는데 쌓는 성은 모두 언덕 따라 쌓으므로 비옥한 전지가 다 성외(城外)에 있어 백성들이 경작할 수 없다고 합니다. 하물며 10년으로 기약하였어도 아직도 다 쌓지 못해 성 쌓는 것이 해마다 계속되어 백성 곤고(困苦)가 날로 심하니, 성은 비록 다 쌓는다 하더라도 누구와 더불어 이를 지키겠습니까. 지난번 하삼도(下三道) 읍성(邑城) 터를 정할 때 여러 번 대신을 보내 그 편부(便否)를 살피게 하였으나, 오늘날까지 아직도 의논하여야 할 곳이 있는데, 이제 양계(兩界)에 성 쌓는 것은 단지 한두 대신의 계획만을 따랐고, 그 성터를 살펴 정하는 데는 오직 황보인만 보내 자리잡게 하였으니, 성인(聖人)이 아니라면 실수가 없을 수 없사온데 한 사람의 소견이 어찌 능히 다 옳겠습니까. 또 공조판서 박안신은 오랫동안 평안감사(平安監司) 직무를 맡았으므로 축성(築城)의 이해(利害)를 의당 알지 못하는 것이 없을 것이온데, 말하기를, '이 도의 연변(沿邊) 장성은 쌓을 수 없다.'라고 하니, 따로 대신을 보내 다시 성터의 편부(便否)와 민폐의 경중을 살펴 포치(布置)를 마땅하게 하여, 성이 무용(無用)에 이르지 아니하고 백성이 너무 피곤함에 이르지 않게 하소서. 또 박근과 정이한은 국가의 구원(久遠)한 계책을 생각하지 아니하고, 한갓 속성(速成)시켜 공(功)을 얻으려 여러 군(郡)에 이문(移文)하여 말하기를, '성의 외면(外面)은 한 사람이 질 수 있는 돌로 쌓고 안에는 모래와 흙으로 메우라.'라고 하여, 그 시키는 것을 듣고, 감독하던 수령들이 쉬 무너져 책망 들을 것을 두려워하여 그 이문(移文)을 간직하여 후일의 증거로 삼았는데, 한 해도 지나지 아니하여 과연 무너졌사오니, 이 두 사람의 죄는 죽임을 당해도 용서받지 못할 것입니다. 감독하는 수령들은 이미 다 파직하고 먹을 양식을 자비(自費)하여 보축(補築)하는 역사를 감독하게 하였는데, 이 두 사람만은 관직을 여전히 띠고 있으니 어찌 징계되는 바가 있습니까. 또 함길도의 행성 쌓는 것을 역시 평안도와 같이 한다면 또 어찌 능히 견고하게 되겠습니까. 속히 두 사람의 관직을 파면하게 하소서. 처음에 평안감사 정분이 두 사람이 성 쌓는 데 포치한 것을 듣고 말하기를, '이런 성은 주먹으로 쳐서도 격파할 수 있을 것이니 반드시 오래가지 못하리라.' 하고서도 일찍이 보고하지 아니하였으니 어찌 죄가 없다 하겠습니까." 하니, 임금이 "경등의 말은 옳다. 그러나 범사에 모두 성패가 있는 것으로, 그 성공된 것은 인군(人君)이 잘 포치하여 신하가 능히 따라 행한 것이고, 그 실패된 것은 인군이 잘 포치하지 못하고 신하들이 잘 따라 행하지 못한 것이다. 예로부터 지금에 이르도록 대사(大事) 맡은 자가 어찌 능히 잘못이 없었겠는가. 이직, 최윤덕, 성달생은 다 모든 일에 정통한 대신이나, 지난번 성터를 심정(審定)할 때 다 착오가 있었다. 이로써 본다면 황보인이 정한 성터도 다 믿을 수 없는 것이다. 그러나 대사(大事)는 모름지기 전임(專任)시켜 책임지고 이룩하게 하여야 하는데, 몇 사람의 이의(異議)를 듣고 문득 가벼이 고친다면 비록 100년이라도 끝내 성취되는 바가 없을 것이다. 박근과 정이한의 일은 우선 후일을 기다려서 의논하게 하라." 하다.

## 4) 축성의 강행과 민생의 피폐

■ 23년 10월 17일

대사헌 정갑손, 좌사간 조수량 등이 "근일에 평안·함길 두 도의 성 쌓는 일로, 일에 온당하지 못함이 있사오므로 잠잠하게 말하지 않는 죄도 또한 클 것입니다. 함길도는 모두 새로 이사한 백성이옵고 평안도는 곤폐(困弊)[272]함이 지극하나, 성 쌓는 것은 만세의 생민(生民)을 위하는 계책이오매 어찌 일시의 폐를 논하리까. 그러나 강가에 경작할 만한 땅이 모두 성 밖에 있으므로 백성들이 경작할 만한 이익이 없으니, 그 도에서 오는 자가 모두 말하기를, '불가하다.' 합니다. 이미 쌓은 조명간(趙明干)의 성도 겨우 두어 달 지났는데 허물어진 것이 반이 넘사오니, 이는 비록 박근이 잘못한 소치이나, 역시 터를 정하기를 적당하지 못한 데서 말미암은 것입니다. 다시 대신을 보내 도절제사와 감사로 더불어 같이 의논하고 다시 이해(利害)를 살펴 황보인의 정한 성터가 그릇됨이 없을 것 같으면 가하나, 만일 계획이 혹 적당하지 못함이 있으면 한번 이룩한 것은 고치기 어려우니 후회한들 어찌 미치오리까. 신등은 다시 대신을 보내 성터를 참고하게 하여야만 폐가 없고 이익됨이 있을까 합니다." 하니, 임금이 "경등의 말을 내가 자세히 알았으니 내가 마땅히 다시 생각하리라." 하고는, 황희·신개·하연·최사강·이숙치 등을 불러, "예로부터 큰일을 세우자면 뜬소문이 반

---

272 곤궁하여 피폐함.

드시 일어났다. 이제 평안도에 성을 쌓는 일은 본디 쉬운 것이 아닌데, 겨우 쌓자 곧 무너졌으니 이는 감독해 쌓은 자의 죄이다. 근래에 대간에서 자주 상소를 올려, '황보인이 정한 성터가 혹 적당하지 못할까 염려됩니다.' 하고, 또 사람들이 모두 '이 성은 마침내 이룩되지 못할 것이니 다시 다른 사람을 보내 살펴 정한 뒤 쌓아야 할 것입니다.'라고 하니, 경등은 어떻게 생각하는가." 하니, 황희·신개·이숙치 등이 "평안도 행성(行城)은 다른 읍성에 비할 것이 아니고, 바로 강을 따라 쌓는 것이오니, 비록 다른 사람을 보낼지라도 반드시 다른 의논이 없을 것입니다. 하물며 사람 소견이 각각 다르므로, 만약 혹 다시 고치면 이론(異論)이 분분하여 큰일을 이룩하기 어려우니, 황보인에게 위임하여 쌓기를 마치게 함이 가합니다." 하고, 하연과 최사강 등은 "다시 다른 사람을 보내 살피게 함이 가합니다." 하므로, 임금이 "황보인이 오기를 기다려 그 쌓은 상황을 물은 뒤에 다시 의논하리라." 하다.

대간에서 두세 번을 강력히 청하였으나, 임금이 모두 윤허하지 아니하고 다 쌓기를 결심하니, 이로부터 양계가 피폐하였다.


- 23년 11월 21일

임금이 우승지 이승손을 불러 "예로부터 장성을 쌓는데, 비록 백성은 괴로웠을지라도 그 이익은 실로 많았다. 연조(燕趙, 전국시대) 때에는 비록 쌓기를 마치지는 못하였으나 백성이 편안함을 힘입었고, 진시황은 참기(讖記, 예언서)에 혹해 만리장성을 쌓아 오랑캐를 막았으나, 이세(二世)에 망하였다. 그러나 진나라가 망한 것은 장성 때문이 아니다. 시황이 오랑캐를 방어하기에 급하여 백성을 독려하여 빨리 쌓게 함으로써 여러 가지 폐단이 많았고, 기타 백성에게 원망을 맺음이 적지 아니하였으나, 시황 때 어찌 장성의 이익이 없었겠느냐. 대저 성을 쌓는 것은 진실로 국가의 큰일이다. 늦추면 마칠 기한이 없고 급하게 하면 백성에게 병을 일으키니, 태조조(太祖朝)에는 도성을 쌓음에 백성들이 부역하기를 즐겨하지 아니하므로, 두세 사람의 머리를 베고 밤낮으로 부역을 독려하였으므로 전염병이 일어났다. 그러나 이제 평안도에 성을 쌓는 백성들에게 괴로운 폐단이 많고 역질도 일어났다고 하여 쌓게 하지 아니하면, 다 되어가는 일에 한 삼태기의 흙을 더하지 못하여 드디어는 완성을 보지 못할 것이고, 하려고 하면 인력이 부족하니 내가 심히 근심한다. 또 연변의 각 고을에 석보(石堡)가 없는 곳이 꽤 많은데, 장성을 쌓기 전에 도적이 만약 갑자기 들어오면 침략을 당할까 두렵고, 만약 석보를 다 쌓은 뒤에 비로소 장성을 쌓으면, 장성의 일이 늦어질 듯하여 큰일 이루기 어려울까 두려우니 어떻게 하면 좋을까." 하다.

■ 25년 6월 19일

강원도 경력(經歷) 정사가 보고하기를, "본도는 완전히 실농(失農)하였으므로 금년 함길도에 성 쌓으러 가는 군인이 양식을 싸 가지고 가기가 곤란합니다. 신유(23년)에 온성(穩城)에서 성 쌓던 예대로 올 곡식[早穀]이 익기를 기다려 7월 보름 후에 떠나보내는 것이 어떻겠습니까." 하고, 함길도 도관찰사 정갑손이 또 보고하기를, "본도는 작년에 흉년 들어 도내 인민이 전적으로 의창(義倉) 곡식에 의존하여 생리(生理)를 돕고 있으나, 의창에 저축된 것도 거의 다 됐으니 크고 작은 공사를 아울러 정지하고 오로지 농업에만 힘쓰는 것이 마땅하나, 성 쌓는 것은 만대의 장구한 계책으로 정지할 수 없는 것인즉, 금년 농사의 풍흉을 보아 9월 초하루부터 역사를 시작하는 것이 어떻겠습니까." 하니, 임금이 우찬성 황보인, 병조판서 정연, 참판 신인손을 불러 강원도·함길도 두 도에서 올린 계본(啓本)을 보이고, "경등이 성을 쌓는 것이 타당한가 않은가를 함께 논의하여 보고하라." 하니, 황보인이 "이 일은 신이 봉행(奉行)하는 바이니 그 가부를 감히 논의할 수 없습니다." 하고, 정연과 신인손은 "양도(兩道) 군인의 공사간 양식이 아울러 떨어졌다 하니, 금년에는 정지하는 것이 편(便)하겠습니다. 만약 부득이 쌓아야 한다면 부근 각 고을 군인(軍人)으로 8월에 역사를 시작하는 것이 어떻겠습니까." 하므로, 임금이 "경등이 의정부에 가서 여러 대신과 함께 숙의(熟議)하여 보고하라." 하다.

영의정 황희, 좌참찬 권제와 정연, 신인손 등은 "함길도와 강원도에는 공사(公私)의 군대 양식이 모두 떨어졌다는데 민중을 동원하여 성을 쌓는다는 것은 실로 미편(未便)합니다. 그러나 이 일은 바로 대사(大事)이므로 역시 해마다 정지할 수가 없습니다. 금년에는 강원도 백성은 전부 제외하고, 도체찰사로 하여금 함길도에서 벼농사가 풍년이 든 곳을 조사하여 숫자를 요량해서 군정을 뽑고 성터를 작정하여 놓았다가 8월 20일부터 역사를 시작하여 9월 20일에 파하도록 할 것입니다." 하고, 우의정 신개, 좌찬성 하연, 좌참찬 이숙치 등은 "강원도의 군정은 전부 제외하고, 함길도에서 농사가 풍년이 든 각 고을의 군정 1만 2,000명을 뽑아 8월 25일에 역사를 시작하는 것이 편하겠습니다. 그러나 도체찰사로 먼저 내려가게 하여 군정 숫자를 가감하는 것과 역사를 시작하고 파하는 날짜를 시기에 임해 당기거나 물리거나 하는 것이 어떻겠습니까." 하다.

■ 25년 7월 3일

함길도 도관찰사 정갑손이 도사(都事) 나홍서를 보내, "본도(本道)는 전년에 흉년이 들어, 사는 인민들이 오로지 환상(還上)의 진제(賑濟)[273]만을 쳐다보고 생명을 보전하옵는데, 4진(鎭) 창고가 비고 다 되어 비록 남도(南道)의 곡식을 전수(轉輸)한다 하더라도 넉넉지 못합니다. 금년에는 4진의 화곡(禾穀)은 무성하고, 길주(吉州) 이남이 다음이고, 길주(吉州), 경성(鏡城) 두 고을은 화곡이 성하지 못하니, 금년의 풍흉(豊凶)을 역시 알 수 없습니다. 금년에 비록 흉년이 들지 않는다 하더라도 이전부터 민간의 저축된 것이 적으므로, 만약 축성군(築城軍) 양식을 관가에서 주려고 하여도 창고에 저축된 것이 역시 적어 반드시 고루 주지 못할 것이므로, 부득이 각각 포화(布貨)를 가지고 4진에서 곡식을 바꾸어 양식 삼게 하였더니, 민간의 저축된 것이 이로 인하여 거의 다 하였으니, 혹시 금년에 흉년이 들게 되면 명년의 구황(救荒)도 역시 염려됩니다. 우선 축성하는 역사를 정지하여 민생을 돌보아 주소서." 하니, 임금이 드디어 도체찰사(都體察使) 황보인과 정갑손에게 전지(傳旨)하기를, "내가 그 말을 듣고 마음속으로 측연(惻然)하게 여겼노라. 체찰사(體察使) 의사인즉, 변군(邊軍)의 성보(城堡)는 백성을 보호하는 것이

---

273 가난하고 어려운 사람을 구제함.

라 일시 폐단으로 인하여 정지하고 철폐하지 못할 것이다. 그러나 만약 연사(年事)가 흉년 들어 백성이 굶주린다면 불가불 시세(時勢)를 살펴 요량해서 하여야 할 것이라 하고, 관찰사 뜻인즉, 변방에 성 쌓는 것은 반드시 할 것 없고 방어를 굳게 하여 민생을 보호하는 것만 같지 못하다 하였다. 그러나 쌓을 수 있는 형세가 있는데도 기회를 잃고 쌓지 아니하여 대사를 성취하지 못하게 하는 것도 진실로 국가의 대환(大患)이요, 쌓을 수 없는 형세인데도 억지로 쌓게 해 백성을 상하게 하는 것도 국가의 대환(大患)이다. 내가 깊이 궁궐 속에 있어 그 도(道)의 일을 알지 못하니, 성을 쌓고 못 쌓을 것과 시기가 할 수 있고 할 수 없는 것을 어찌 능히 기회를 살펴서 분명히 알 수 있겠는가. 경들 두 사람 중에 한 사람은 쌓을 수 없다 하고 한 사람은 쌓을 수 있다고 하는데, 다 같이 그 도의 일을 눈으로 보았으니 피혐(避嫌)하는 마음을 가지지 말고 소견을 고집하지도 말고, 축성의 편부(便否)와 비록 쌓더라도 군액(軍額)을 3분의 1을 감하거나 혹은 반을 감하는 것의 편부를 서로 익히 의논하고 자세히 요량하여 아뢰라." 하다.

이 천리장성 쌓기에 대하여 각 구간별로 쌓는 길이와 동원 인원과 기간 등에 대하여 실록에는 놀라울 정도로 상세히 기록되어 있으나, 여기에는 그중 일부만 발췌하여 정리해 본다.

■ 25년 9월 20일

온성행성 380척. 종성행성 1만 9,917척

(녹각성 175척, 흙깎음 2,219척)

함길도인 8,000명

- 26년 4월 14일
위원행성 3,598척, 평안도인 6,000명

- 26년 7월 15일
우의정 신개, 좌찬성 하연, 우찬성 황보인, 좌참찬 권제, 우참찬 이숙치, 이조판서 박안신, 예조판서 김종서, 병조판서 한확, 공조판서 최부, 형조판서 안숭선, 이조참판 민신, 예조참판 정분, 병조참판 성염조를 불러 함길·평안 두 도에 금년에 성 쌓는 일이 좋은가 나쁜가를 논의하라고 명령하니, 여러 사람이 의논하여 "금년이 비록 가물다고 하나 양계(兩界)는 볏곡이 곧잘 되었습니다. 만약 다른 도에 한재(旱災)가 있다고 하여 성을 쌓지 않는다면, 가령 명년에 곡식이 잘되지 않는다면 어떻게 하겠습니까. 마땅히 해마다 점차로 쌓아 가는 일을 폐지할 수는 없습니다. 더군다나 이 축성은 도적 오랑캐가 아침저녁으로 보고 있으며, 중국에서도 또한 반드시 듣고 있을 것인데, 만약 금년에 쌓지 않으면 중국과 도적 오랑캐가 반드시 말하기를, '조선이 기근으로 성을 쌓지 않는다.'라고 할 것이니, 여진족이 기회를 엿보는 마음이 여기서부터 일어나지 않을까 두렵습니다. 비록 100여 척만 쌓아도 좋겠습니다." 하다.

■ 27년 1월 9일

자성행성(慈城行城)[274] 5,308척 (석보 4,388척, 흙깎음 900척)

평안도인 5,360명


■ 27년 7월 7일

도체찰사 황보인을 함길도에 보내 행성(行城)을 쌓게 하였는데, 종성부(鍾城府) 북쪽 소암(嘯巖)으로부터 부(府)의 남쪽 연대봉(烟臺蜂)에 이르기까지 돌로 쌓은 것 2만 4,540척, 흙을 깎은 것 2만 500척, 질벅질벅한 웅덩이에는 녹각(鹿角)·말뚝을 세운 것 3,680척, 이수(里數)로 계산하면 모두 28리 151보 4척, 그 도 백성을 역사시킨 것 1만 4,900명, 강원도가 2,500명이다. 8월 15일 역사를 시작하여 9월 15일 끝났다. 또 갑산군(甲山郡) 혜산(惠山)의 석보를 고쳐 쌓았는데, 둘레가 2,585척, 그 고을 백성 1,000명을 역사시키어 8월 초5일 시작하여 9월 초4일 끝났다.


■ 27년 8월 19일

의정부에서 병조의 보고에 의거하여 아뢰기를, "지난해에 충청도 남포(藍浦)[275]에 성을 쌓을 것을 흉년으로 정지하였으나, 금년은 농사가 조금 풍년이 들었으니 쌓기를 청합니다. 또 전라·경상도 요해처에 또한 석보 각각 하나씩 쌓으소서." 하니 그대로 따르다.

---

274 평안도 강계도호부 자성군(慈城郡)에 있는 행성
275 충청도 공주목(公州牧) 남포현(藍浦縣)

▪ 28년 1월 30일

종성행성(鍾城行城) 370척 (흙깎음 2,537척)

함길도인 1,070명(1.11~2.10)


▪ 28년 2월 29일

벽동행성 3만 7,379척 (흙깎음 8,070척)

평안도인 1만 5,470명, 황해도인 2,000명

정녕행성 2,000척, 정녕인 300명

평안도인 1만 5,470명, 황해도인 2,000명, 정녕인 300명


▪ 28년 4월 11일

도체찰사 황보인이 "금년 봄에 평안도 연변의 행성(行城)을 벽동(碧潼)
대파아 구자(大波兒口子)로부터 송림 구자(松林口子)에 이르기까지 이미
다 쌓았으니, 남도(南道)에서 부방(赴防)하는 군사를 도절제사로 알맞
게 감하여 민력(民力)을 너그럽게 하여 주소서." 하다.


▪ 28년 4월 30일

의정부에 글을 내리기를, "성을 쌓는 영(令)은 오로지 후세를 위한 것
이니 일 없는 때 하고자 하는 것이다. 지금 말하는 자가 많으니 내가
들으면 마음에 미안하다. 지난가을에 충청도의 성 쌓는 것을 파하고
자 하는 자가 있었는데, 내가 좇지는 않았으나 마음에는 또한 미안한
것이 있다. 지금 전일에 세운 외군(外軍) 번상(番上, 차출)의 법에 의하여
성 쌓는 데 백성의 힘을 쓰는 것을 해[年]의 구분에 따라 상년(上年)에

는 며칠 역사하고, 중년(中年)에 며칠을 역사하고, 하년(下年)에 며칠을 역사하고, 모등(某等)[276] 이하는 전혀 힘을 사용하지 않고, 도로(道路)에 왕반(往返)하는 것은 매 3일이 정역(正役) 하루에 당하고, 군사를 내는 것은 경작하는 수(數)를 쓰고자 한다. 이렇게 하면 도적을 막는 일을 반드시 급히 하지 않아도 자연히 이루어지는 것이 있을 것이요, 백성 뜻이 정하여짐이 있어 오활한 선비의 말이 또한 쉽게 될 것이다. 만일 사변(事變)으로 그때 하여야 할 일은 차한(此限)[277]에 부재(不在)한다. 기해(1년) 동정(東征)한 뒤 도통사(都統使)가 바닷가에 소보(小堡)를 많이 쌓기를 청하였고, 이명덕이 또한 간청하였는데, 태종께서 옳게 여기시어 곧 명령을 내려 시행하였다. 수십 년 동안에 관리들이 게을러 전혀 거행하지 않았으니, 지금은 다만 예전 법을 수거(修擧)하는 것뿐이니 새 법이라고 말할 수 없다. 요동 이북에 소보(小堡)를 많이 쌓아 오랑캐 도적을 피하였는데 『요양지(遼陽誌)』에 그 이익을 극진히 말하였다. 어제 대신들이 소보의 영을 완화하기를 청하기에, 내가 생각하기를, 소보를 쌓는 것을 끝내 폐지할 수는 없다. 그러나 크고 작은 역사를 아울러 일으킬 수는 없으니, 우선 소보의 영을 정지하고 먼저 큰 성을 쌓는 것이 어떨까 한다. 위 항목의 두어 조건을 상고하고 의논하여 아뢰라." 하다.

---

276 아무개 등
277 이 한계(限界)

- 28년 7월 13일

종성행성 11,834척 (흙깎음 55,133척), 함길도인 10,000명

갑산행성 2,400척, 갑산인 1,000명


- 28년 10월 1일

경상도 동래현(東來縣)에 성을 쌓다.


- 29년 1월 7일

벽동행성 14,471척 (흙깎음 8,178척), 평안도인 5,740명

정녕행성 3,153척 (흙깎음 1,500척), 정녕인 400명


- 29년 윤4월 20일

평안도 감사에게 유시하기를, "이제 듣건대 맹산현(孟山縣)[278] 백성들이
서로 이끌고 도망해 나가므로 한두 해가 못 가 필시 고을이 없어지
겠다니, 내 이 말을 늦게 들은 것을 한탄하노라. 그 쇠잔하여지는 이
유와 그것을 구제할 방법을 경이 친히 살피고 헤아리어 갖추어 아뢰
라." 하다.

그때 한창 성 쌓느라고 변방 백성들이 대단히 곤란하여, 혹은 도롱이
를 입어 알몸을 가리고, 혹은 흙을 먹어 배를 앓으며, 혹은 돌림병에
죽기도 하고, 혹은 나무나 돌에 치이어 죽거나 요동(遼東) · 심양(瀋陽)

---

278 평안도 안주목(安州牧)에 속한 현

으로 도망하여 들어가는 자가 몇천이 되는지 알 수 없는데, 서로 끌고 도망하는 것은 온 도(道)가 다 그러하되, 임금에게 사실을 아뢰는 사람이 없다가 이때에야 임금이 처음 들은 것이다.

### ▪ 29년 7월 8일

도체찰사 황보인을 함길도로 보냈는데, 도승지 황수신에게 명하여 홍인문 밖에서 잔치를 내려 전송하게 하고, 또 의정부에 명하여 보제루(普濟樓)에서 전송하게 하고, 꽃과 술을 내려 총애하며 위로하기가 지극하였다.

그때 황보인이 성을 쌓는 데에 열심히 하여 매년 춘추(春秋)로 양계(兩界)를 드나들면서 흉년의 고생을 피하지 아니하니 서북 지방의 백성들이 죽을 지경이었다.

회령행성 9,749척 (흙깎음 41,789척), 함길도인 8,526명

삼수행성 3,050척, 갑산 · 삼수인 1,000명

### ▪ 30년 1월 28일

이달 지병조사(知兵曹事) 정이한을 평안도로 보내 의주(義州) 읍성(邑城) 터를 더 넓히게 하였다.

돌로 쌓은 것 3,100척, 벽성(壁城)[279] 1,520척, 본도(本道) 백성 3,200명이 부역하고, 2월 15일에 공사를 시작하여 3월 15일에 끝마치다.

---

279 나무를 세우고 그 안팎을 진흙으로 벽처럼 발라 만든 보루(堡壘)

좌의정 하연, 우의정 황보인, 좌찬성 박종우, 우찬성 김종서, 좌참찬 정분, 우참찬 정갑손을 불러 "장성(長城)과 읍성(邑城)은 다 적을 방어하는 갖춤이라 가히 편벽되이 폐할 수 없으나, 다만 아울러 거행할 수 없으니, 장성을 완전히 쌓은 뒤 읍성을 쌓을 것인가, 읍성을 쌓은 뒤에 장성 쌓기를 마칠 것인가." 하니, 하연 · 박종우 · 김종서 · 정분이 "만일 쥐나 개와 같은 작은 좀도둑이 쳐들어오면 비록 벽성(壁城)이라도 오히려 지킬 수 있으나, 만일 대적(大賊)을 만나면 소보(小堡) 백성들이 모두 읍성에 모이게 되니, 마땅히 돌로써 넓게 쌓아 백성들로 하여금 의지할 데가 있게 해야 할 것이니 먼저 읍성을 쌓는 것이 좋을까 합니다." 하고, 정갑손이 "장성은 공사가 거의 완성되어 가니 중도에 폐할 수 없습니다. 또 경원(慶源) · 회령(會寧) · 경흥(慶興)의 읍성은 모두 이미 돌로 쌓았으며, 다만 종성(鍾城)과 온성(穩城)이 비록 벽성이라고 하나 심히 견고하게 쌓았고, 또 함정과 구덩이가 있사오니, 마땅히 장성 쌓기를 끝마쳐야 합니다." 하고, 황보인이 "회령평(會寧平)은 곧 적로(賊路)로서 가장 긴요한 곳이오니 모름지기 이곳을 방색(防塞)한 연후에 읍성(邑城)을 돌로 쌓아야 합니다." 하다.

임금이 "만일 읍성을 돌로 쌓으면 백성의 힘이 부족하여 비록 10년을 가도 능히 쌓지 못할 것 같다. 옛적 하경복이 '목책(木柵)도 또한 족히 적을 막을 수 있다.'라고 했는데, 경등은 '목책은 능히 대적을 막을 수 없으니 돌로 쌓는 것만 못하다.'라고 하니, 만일 그렇다면 비록 백성의 힘이 부족하더라도 반드시 모름지기 대거(大擧)해서 돌로 쌓아야 하지만, 만일 목책도 오히려 족히 적을 막을 수 있다면 적로의 요해처(要害

處)에만 장성 쌓기를 마치는 것이 어떠한가." 하니, 모두 "상교가 진실로 타당합니다. 종성과 온성의 읍성은 진실로 마땅히 돌로 쌓아야 하니, 양읍(兩邑)의 백성은 장성 쌓는 부역에 나가지 말게 하고 각각 읍성을 목책 밖에다 쌓게 하면 일거(一擧)에 양전(兩全)할 것입니다." 하다.

■ 30년 7월 12일

회령행성 1만 2,662척 (흙깎음 1만 7,812척, 말뚝 800척), 함길도인 1만 1,750명

갑산, 지항포행성 돌 3,046척, 흙 250척, 갑산 · 삼수인 1,000명

■ 31년 1월 3일

이산행성 7,478척 (흙깎음 1만 1,660척, 말뚝 400척)

평안도 1만 3,987명

■ 32년 윤1월 16일

의주생성 6,720척

평안도 6,570명

## 5) 축성의 마무리

천리장성을 완성하기까지 세종과 신하들이 바친 열정은 실로 지극한 바 있었다. 그렇지만 그에 따른 백성들의 궁핍과 고통도 세종의 마음을 아프게 하였다. 그렇지만 사랑하는 백성들의 많은 땀과 한숨과 원성을 마음에 새기며 만년의 후세를 위해 중단 없이 매진하였다.

맹산현 사람들이 그 고통을 견디지 못하고 멀리 도망가는 지경에 이르러서도 성 쌓기는 강행되었다. 그런데 불과 180년 뒤 그 오랑캐들의 침략을 막아 내지 못하였으니, 국경 건너 불과 10여 일 만에 한양에 육박하도록 속수무책이었다. 세종은 한 치의 땅도 내줄 수 없다고 그토록 다짐했건만, 후예들은 어찌하여 오랑캐들의 말발굽 아래 온 나라 강토가 짓밟히고, 임금이 삼전도에서 3배 9고두를 하는 치욕을 당해야 했을까? 무능한 임금과 정쟁만 일삼는 신하들로 인해 공든 탑이 일거에 무너져 내린 것이었다. 참으로 슬픈 일이다.

한때 온 세상을 호령하던 몽고가 망해 북쪽으로 기어들어갔고, 이합집산 끝에 야선이라는 자가 북방 몽고를 통일하고 요동으로 진출했다. 어쩌면 세종은 재위 32년 동안 비바람과 눈보라 속에서 군사를 단련시키고, 다양하고 성능 좋은 화포들을 개발하고, 천리장성과 수많은 읍성들을 쌓으며 이런 때에 대비했을 것이다. 세종은 국제 정세를 정확히 읽을 줄 아는 지략의 소유자였다. 그러한 세종은 어쩌면 훈련된 군대를 일으킬 명분이 필요했을지 모른다. 압록강, 두만강 넘어 만주로 진격할 기회 말이다!

그렇지만 안타깝게도 그런 기회는 오지 않았다. 아쉽지만 그것으로 끝이었다. 세종시대의 끝남과 동시에 야심차게 추진되고 있던 북방정책은 끝이었다. 도리어 밖으로 분출되지 못한 힘은 안으로 썩어 갔던 것인지 모른다. 서로 헐뜯고 할퀴고 상처를 내고 죽였던 골육상쟁, 그 짓이 지금도 계속되고 있으니 세종은 아마 지하에서 통곡하리라.

■ 29년 윤4월 20일

함길도 도절제사(都節制使)에게 유시하기를, "그 도 변방 지역에 병마가 본래 적기에 남도 군사들로써 가서 방어하게 하였는데, 그 후 4진을 설치하여 정예 기마병이 이미 수천에 이르러 그대로 국경 방비에 족하였다. 그러나 자주 적변(賊變)의 소식이 있으므로 남도 군사가 가서 방어하는 것을 즉시 혁파시키지 않았다가, 임술(壬戌, 24년)과 갑자(甲子, 26년) 사이에 군사 보내는 수효를 작량해 줄이어 그 힘을 쉬게 하였는데, 근일 건의하는 사람들이 말하기를, '남도군(南道軍)이 1년에 두 차례 번을 갈아 방어에 나가는데, 가는 길이 멀고 멀어 돌아올 때까지 사람은 피로하고 말은 죽고 해 가산을 다 팔아 다시 다른 말을 사서 대는 등으로 민생이 간고하게 되오니, 아마도 장구(長久)한 방책이 아닌가 하옵니다. 이제 5진(鎭)은 튼튼하고 풍성하며 군사와 말들이 날래고 강력하니, 이로써 군대를 원정(遠征)시켜 공격 토벌하더라도 부족함 없겠으며, 성벽은 굳게 하여 스스로 지키는 경우에도 비록 큰 적군이 이르더라도 족히 염려할 것이 없겠습니다. 남도군으로 가서 방어시키는 일은 대신들에게 의논하여 혁파함이 옳을까 하나이다.' 하는데, 나도 또한 그렇게 여겨진다. 다만 사체(事體)[280]가 가볍지 아니하니 경은 방어하는 군사가 많지 않음을 고집하지 말고, 또한 시속의 의논이 불가하다고 혐의하지도 말아서 모름지기 지극히 합당한 의논으로써 참작하고 확인하여 아뢰라." 하다.

---

## 5. 몽고의 동향을 예의주시하다

세종 연간 몽고는 비록 망하여 북쪽 지방으로 위축되어 있었지만, 그래도 멀거나 가까이에서 그들의 시끄러운 소리가 계속 들려왔다. 몽고에 대한 지배권을 장악한 달달(達達)[281]이 중국 변방과 요동까지 진출하여 약탈을 감행하여 그들의 난을 피해 조선 땅으로 돌아온 사람들이 있었다. 명나라 역시 그들을 정벌하기 위해 많은 노력을 기울였다. 그래서 세종은 그들의 동태를 계속 예의 주시하며, 그에 대한 만반의 대비책을 강구해 나간다.

### 1) 국가 안보회의

- 21년 2월 19일
함길도 도절제사 김종서가 하직하니, 병조판서 황보인과 참판 신인손과 도승지 김돈에게 명하여 김종서와 같이 변방의 군무를 의논하게 하였는데 한낮이 되어서야 파(罷)하다.

- 22년 8월 10일
평안도 도절제사 이징옥, 병조판서 황보인, 도승지 성염조, 우부승지 이승손을 불러 북방방어책(北方防禦策)을 의논하여 조치하다.

---

281 타타르(Tatar). 몽골인에 대한 비칭

이징옥이 오랫동안 북방에 있었고, 황보인도 또한 양도(兩道)의 도체찰
사(都體察使)로서 그곳 지리를 자세하게 알고 있으므로, 지도를 참고하
면서 조치하다.

▪ 4년 2월 13일

정조사(正朝使) 통사(通事) 섭공분(葉孔賁)이 북경으로부터 돌아와 "달
달이 변방을 침요(侵擾)하여 길이 통하지 않습니다."라고 하다.

▪ 4년 4월 17일

통사 김시우가 요동으로부터 돌아와 "달달이 중국 국경에 침범하므
로, 명나라 임금이 이달 21일에 말을 타고 정벌하러 간다." 하다.

▪ 4년 4월 18일

평안감사가 중국인 13명이 여연군(閭延郡)에 도착하였음을 보고하다.
이때 중국 변방 백성들이 달달을 피하여 연달아 평안도 지방에 들어
왔는데 모두 요동으로 돌려보내다.

▪ 4년 5월 16일

요동 사람 이생길, 박인길 등 40여 명이 달달의 난을 피하여 강계(江界)
지방에 오다.

▪ 4년 5월 25일

중국에 하례하러 갔던 사신 오승과 마적뇌진관(馬籍賚進官) 허해 등이

북경에서 돌아와 "달달이 요동, 광녕(廣寧), 산해위(山海衛)[282] 등지에 가득히 차 있어 약탈하여 마지아니하므로 낮에는 산에 올라가 사방을 관망하고 밤에 숨어 돌아왔는데, 전해 들은 말에 의하면 북경 이북과 서북으로 감숙(甘肅) 등지도 모두 그 해를 입게 되어, 3월 22일에 황제가 친히 대군을 거느리고 북정(北征)[283]하였는데, 제로(諸路)에 조서를 내려 더욱 군마(軍馬)를 동원하여 행재소(行在所)에 오게 하였다." 하다.

■ 4년 5월 26일

요동 사람 문장명의 아내가 자녀를 거느리고 의주(義州) 강변에 이르러 달달의 난을 피하여 왔다고 말하다.

■ 4년 6월 2일

요동 사람 남녀 23명이 달달의 난을 피하여 창성(昌城)에 이르다.

■ 4년 6월 10일

병조에서 보고하기를, "평안도에 나온 요동의 도망군 남녀에게 양식을 주고 여러 차례 나누어서 압송하되, 만일 병기를 들고 떼를 지어 오는 자가 있으면 수어하는 장수들이 요새를 단단히 지켜 입경하지 못하게 하고, 만일 함부로 몰려 들어올 때에는 형편에 따라 처리하도록

---

282 명나라에서 만리장성의 동쪽 끝에 자리하고 있는 중요한 관문의 하나인 산해관(山海關) 지역에 설치한 위소(衛所)
283 북벌(北伐). 명나라가 북쪽 몽골을 공격한 것을 말한다.

하소서." 하니 그대로 따르다.

■ 4년 윤12월 24일

통사 임종의가 요동으로부터 돌아와 "달달이 요동 등지를 침략한다."
라고 말하다.

■ 5년 10월 8일

통사 김을현이 요동에서 돌아와 보고하기를, "7월 24일에 황제가 친히
6군(軍)을 거느리고 북으로 달달을 정벌하러 갔다." 하다.

■ 6년 5월 29일

성절사(聖節使) 통사 민광미가 돌아와 4월 초4일 황제가 동가(動駕)[284]
하여 북정(北征)했다고 말하다.

■ 21년 8월 28일

사은사(謝恩使) 민의생, 종사관(從事官) 이변, 통사(通事) 김한이 북경에
서 돌아와 "요동 사람이 말하기를, '해서(海西) 야인이 달달과 함께 장
차 조선을 겁탈하려고 한다.' 하였습니다." 하니, 곧 평안도 도절제사
에게 전지하기를, "이변, 김한 등이 와서 말하기를, '고평역(高平驛) 백
호(百戶)가 김한에게 '해서(海西)에서 돌아온 자의 말에 의하면, 야인

---

284 임금이 탄 수레가 대궐 밖으로 나감.

이 삼위(三衛) 달달 4,000여 명을 합하여 조선의 후문을 침입하려 한다고 하였다.' 하고, 또 요동진무(遼東鎭撫) 왕손이 '이제 들으니 삼위 달달 등이 이미 출발하여 조선으로 향하였다고 한다.' 하고, 또 말하기를, '칠성(七姓) 야인(野人) 등이 조선을 겁탈하려고 군사와 말을 집합한다고 한다.' 하였다. 내가 생각하건대 강물이 얼기 전에는 적들이 큰물의 깊고 얕은 것을 알지 못하니, 건너와 도둑질한다는 것은 믿기 어려우나, 이제 소식을 듣고 무심하게 있을 수는 없다. 빨리 연변(沿邊)의 백성들을 입보(入保)시키고, 기계를 갖추고 척후(斥候)를 삼가며 들을 깨끗이 치우고 기다리라. 혹은 말하기를, '군사가 각각 화살통에 금촉과 주화(走火)를 겸하여 싸 가지고 적에 임하여 내쏘는 것이 가장 좋은 계책이다.'라고 하고, 또 말하기를, '저들 적의 요로(要路)인 연변 물 밑에 못을 박은 판자[釘板]를 많이 넣어 두어, 저들 적의 사람과 말들을 상하게 하는 것이 또한 좋은 계책이다.'라고 한다. 이와 같은 두어 가지 방책을 경이 잘 알아서 참작 상량하여 조치하라." 하다.

■ **21년 9월 19일**

통사 매우가 요동으로부터 돌아와, "요동 사람이 말하기를, '해서 야인이 와서 삼위 달달이 군사를 조련하여 조선으로 향하고자 한다.'라고 하였다.' 하고, 또 말하기를, '거을가개 자손들이 '우리 부자(父子)가 조선에게 살해되었으니, 우리들이 만일 원수를 갚지 못하면 장차 무슨 면목으로 다른 사람을 보겠는가.' 하고, 항상 군사를 조련하여 또한 조선을 도둑질하려 한다.'라고 하였습니다." 하다.

임금이 곧 매우의 아뢴 말로 평안도 · 함길도 도절제사에게 전지하기를, "경이 이것을 알아서 사의(事宜)에 따라 조치하여 응하라." 하다.

## 2) 몽고 황제의 칙서 접수 거부, 국경 경비 대책 논의

■ 24년 5월 4일

함길도 도절제사 이세형이 급히 보고하기를, "달달의 독토올왕(篤吐兀王) 등 16명이 몽고 황제의 칙서를 가지고 4월 16일에 아적랑이(阿赤郎耳) 지면(地面)에 도착하였는데, 신이 의리로써 거절하고 받아들이지 않았습니다." 하므로, 황희 · 신개 · 황보인과 승문원제조(承文院提調) 권제 · 김종서 · 정인지 · 유계문 · 안지 등을 불러 중국에 통고함이 편리한가 편리하지 않는가를 의논하게 하니, 여러 사람이 "이것은 큰일이니 도리상 마땅히 통고해야 될 것입니다."라고 하다.

즉시 첨지중추원사(僉知中樞院事) 이변을 주문사(奏聞使)로 삼다.

■ 24년 7월 20일

영의정 황희, 우의정 신개, 좌찬성 하연, 우찬성 최사강, 좌참찬 황보인, 우참찬 이숙치, 병조판서 정연, 참판 신인손 등을 불러 국경경비대책(國境警備對策)을 의논하다.

모두가 "갑산(甲山) 방면은 여진의 소식이 자주 들려오니 마땅히 병력을 증가(增加)하여 적을 방어하는 데 대비하여야 하겠으며, 경상도의 사천(泗川) · 고성(固城) · 영해(寧海)는 가장 바다에 가까운 곳으로 방어대책이 긴급한데 읍성을 아직 쌓지 않았으니 마땅히 급히 축조해야 하겠습니다." 하니 그대로 따르다.

## 3) 달달에 관한 칙서와 첩보

■ 24년 8월 12일

주문사 이변이 칙서 2통을 가지고 북경에서 오다.

그 칙서에 "대체로 북방에 퍼져 있는 달달은, 이름이 탈탈불화(脫脫不花)라고 하는 자가 권신(權臣) 탈환(脫歡)을 세워 임금 삼은 것이다. 비록 그에게 헛된 이름만은 빌려주었으나, 실지 권한은 탈환(脫歡)이 마음대로 하고 있다. 전년에 탈환은 이미 죽고 그의 아들 야선(也先)이 그의 무리를 이어받아 전과 같이 전권을 휘두르고 있다. 매년 탈탈불화(脫脫不花)와 탈환(脫歡) 부자가 다 사람을 중국에 보내와 말[馬]을 공(貢)으로 바치었으며, 중국에서도 또한 일찍이 사신을 보내 저곳에 가 예물을 답례로 주기도 하여 서로 우호를 교환하고 있으나, 실은 삼가 변방의 경비를 계칙하여 방비를 매우 엄중히 하고 있다."라고 하였다.

■ 25년 10월 26일

평안도 도절제사에게 "지금 함길도 도절제사가 보고하기를, '야인이 와서 고하기를, 「달자(達子)가 전일에 받아들이지 않은 것을 혐의하여 올겨울이나 명년 봄에 와 침입한다.」 하였습니다.' 하였으니, 경은 이 뜻을 알고 방어에 대한 여러 일을 곡진하게 조치하여 저들의 간악한 술책에 빠져 떨어지지 말게 할 것이나, 민심이 들떠 움직이지 못하게 하라." 하다.

▪ 26년 3월 4일

함경도와 평안도의 도절제사(都節制使)에게 유시하기를, "홀라온(忽剌溫) 우지개(于知介) 탑비라(塔非羅)가 말하기를, '달달이 장차 4, 5월 사이에 들어와 도적질할 것이다.' 하는데, 내 생각에는 이 말이 진실로 족히 믿을 것은 못 되나 명나라가 때마침 토벌 중이므로, 도적이 만일 형세가 궁하면 우리 지경으로 도망하여 숨을는지도 혹 알 수 없으니, 경은 군사를 정비하고 기다리라." 하다.


▪ 29년 1월 5일

평안도 · 함길도 도절제사에게 유지(諭旨)를 내리기를, "지금 들건대 타안위(朵顔衛)의 달달이 서해(西海)의 야인과 더불어 변방을 침입하고자 한다 하니, 이 말은 비록 믿을 수 없지마는, 그러나 적의 간사한 계책은 진실로 알기가 어려우니 방어하는 계책을 혹시 조금도 해이함이 없게 하라." 하다.


▪ 29년 윤4월 15일

사은사(謝恩使)로 갔던 공조참판 이양이 북경으로부터 돌아와 "요동총병관(遼東總兵官) 조의의 말에 '금년 여름에 심처(深處)의 달달이 삼위(三衛)의 달자(達子)를 다 토벌하고 해서(海西) 야인(野人)까지 치려 하는데 아마도 장차 깊이 뒷문으로 들어갈까 싶으니, 전하께 아뢰어 변방 수비에 조심하라.'라고 하옵니다." 하니, 드디어 평안도와 함길도에 유서(諭書)를 내려 방비를 십분 엄중히 하게 하다.

▪ 29년 윤4월 27일

함길도 도절제사에게 "통사(通事) 최윤이 아뢰는데, '중국 사람의 말에 심처의 달달 와랄야선(瓦剌也先)이 억만 명 군사를 거느리고 삼위 달자를 거의 섬멸하고, 또 여름이나 가을쯤에 해서(海西)의 야인을 습격하려고 꾀하므로, 야인이 두려워 떨면서 가족들을 이끌고 산으로 올라가더라 합니다.' 하니, 그 지경에 만일 심처 야인이 왕래하는 일이 있거든 비밀히 듣보아서 아뢰고, 방어하는 모든 일을 더욱 부지런히 조처하여 뜻밖의 일에 대비하라." 하다.


▪ 29년 윤4월 28일

통사 김신을 요동에 보내 달달의 소식을 듣고 오게 하다.


## 4) 야선(也先)의 세력 확장과 침입에 관한 소문

▪ 29년 6월 27일

평안도 감사에게 유시하기를, "이제 통사 김신이 요동으로부터 돌아와 '달달의 야선(也先) 대군(大軍)이 황하(黃河)에 군사를 주둔시키고 겨울철에 해서 야인을 치려 하므로, 요동열군(遼東閱軍, 명나라 군대)이 방비하고 있다.' 하고, '건주(建州)의 이만주(李滿住)가 저번에 북경에 갔다가 호종(扈從)하기를 자청하고 윤4월에 집안을 거느리고 북경으로 갔으므로, 동창(童倉) · 범찰(凡察)도 또한 어찌할 수 없어 장차 동쪽으로 가 둔거(屯居)하려 한다.' 하니, 내 생각건대 야선이 이미 삼위(三衛)를 멸망시키고 해서(海西)를 섬멸하려 함에 여러 종족의 야인(野人)이 두려워하지 않는 자 없어 감히 편안하게 살지 못할 것으로, 대개 그 세력이 한참 커져 이같이 성해 간다면 장래의 변란을 다 알 수 없을 것인즉, 경(卿)은 주밀하게 이 뜻을 알아 일응(一應) 방어할 모든 일을 미리 신중하게 펴두게 하라." 하다.

- 29년 10월 29일

중국 사람을 압송하는 관원 김유례가 요동에서 급히 보고하기를, "야선이 군사 수만을 거느리고 황하 위에 주둔하고 있는데, 황제가 요동제비(遼東隄備)에게 '야선이 장차 조선까지 쳐서 흔들 것이다.'라고 합니다." 하니, 임금이 영의정 황희, 좌의정 하연, 우의정 황보인, 좌찬성 박종우, 우찬성 김종서, 좌참찬 정분, 우참찬 정갑손, 병조판서 김효성, 참판 이승손, 도진무 이견기, 민신, 이양, 하한을 불러 전지하기를, "지금 야선이 요동을 버리고 멀리 우리나라를 치는 일은 없겠지만, 그러나 우리나라에서 지난번에 그 나라 조서(詔書)를 받지 않았으니, 혹 이것으로 인하여 그 부끄러움을 씻으려 하거나 혹은 항복을 받으려 하여 군사를 가할 염려가 없지도 않으니 양계(兩界)의 방비를 늦출 수 없는 것이다. 마병은 보낼 수 없고 연변(沿邊) 군읍(郡邑)에 보병과 화포 기구를 첨가하여 성을 지켜 기다리는 것이 어떤가." 하다.

## 5) 화친이냐, 전쟁이냐

- 29년 11월 6일

도승지 이사철, 좌부승지 안완경을 명하여 정부에 가서 의논하기를,

"야선(也先)이 군사를 거느리고 친히 이르거나 또는 장수를 보내 많은 군사를 거느리고 와 강제로 곧장 경도(京都, 한성)에 이르고자 하면 변장(邊將)[285]이 권도(權道)의 말로 대답하고, 만일 들어서 좇으려 하지 않으면 어떻게 처리하느냐." 하니, 모두들 "그 형세를 보아 군사가 적고 오로지 화친하고자 하는 것이면 마땅히 전 의논에 의하고, 만일 군사가 많고 또 침략할 뜻이 있으면 성을 닫고 굳게 지키되, 여러 고을의 인물을 입보(立保)시키어 들을 깨끗이 하여 기다리고, 또 남도 군사를 징발하여 방어하되 여러 일을 빨리 신속하게 배치하고, 한편으로는 '본래 묵은 혐의가 없는데 왜 갑자기 틈을 만드는가.' 하여 저쪽에서 만일 듣지 않거든, 또 이르기를, '이렇게 한다면 군사와 무기가 우리도 있고 편안한 것으로 수고로운 것을 기다리니 무얼 꺼릴 것이 있는가.' 하고, 저쪽에서 만일 공격을 가하면 우리도 응전하는 것이 가할 것입니다." 하매, 드디어 이 뜻으로 평안도 · 함길도 감사와 도절제사에게 유시하다.

■ 29년 11월 15일

평안도 · 함길도 도절제사에게 유시하기를, "총통(銃筒)을 쏘는 군사가 모두 마땅히 장약(藏藥)[286]하는 기술을 익히 알아야 하겠지마는, 화약을 허비하기 어렵기 때문에 항상 마음과 같이 연습하지 못하니 어떻게 하면 사람마다 그 기술을 모두 알게 할까. 이것이 한스러운 일이다.

---

285 변경을 지키는 장수
286 화약이나 탄환을 잼.

매양 5명으로 오(伍)를 만들어, 한 오에 한 사람이 장약하는 것을 알고, 네 사람이 쏘게 하여 한 사람이 기민하게 장약하는 것이 가할 것이다. 이총통(二銃筒), 삼총통(三銃筒), 팔전총통(八箭銃筒), 사전총통(四箭銃筒), 세총통(細銃筒) 다섯 가지 총통(銃筒)을 한 오(伍) 사람이 섞어 싸 가지면 급할 즈음에 화살과 격목(檄木)의 대소와 장약의 많고 적은 것을 반드시 분변하지 못하고 혼동하여 쓸 것이니, 모름지기 한 오(伍)의 사람으로 사람마다 똑같은 총통을 가져 적에 임할 때뿐 아니라 평상시의 연습에도 또한 서로 섞여서는 안 된다. 마땅히 사람의 힘의 강하고 약한 것을 따라 마땅한 총통으로 가르쳐 미리 그 뜻을 정하게 하는 것이 좋을 것이다. 10명으로 오(伍)를 만드는 것도 또한 가하다. 혹은 말하기를, '총통군(銃筒軍)은 총통만 가질 것이 아니라 혹은 궁시(弓矢)도 띠고 혹은 도검(刀劍)을 가지는 것도 가하다.' 하고, 혹은 말하기를, '이 말이 그럴듯하나, 만일 궁시와 도검을 가진다면 가지는 총통의 수가 적어지니, 마땅히 활과 칼은 쓰지 말고 총통을 많이 가지게 하는 것이 가하다.' 한다. 두 말이 모두 이치에 맞다. 또 격목(檄木), 철퇴(鐵椎), 철전(鐵箭), 화약(火藥), 화심(火心), 양약요자(量藥凹子), 장화기(藏火器) 등물이 모두 한 사람의 몸에 가지는 것인데, 그중 화약, 화심, 장화기는 한곳에 가질 수 없으니, 모름지기 화약, 화심을 한편에 차고 장화기는 또 한편에 차게 하고, 또 잡물 여러 가지를 한 사람이 모두 가지면 무거워 다니기 어려우니 이것이 염려다. 들으니 중국 조정에서 북으로 정벌할 때 우리나라 말을 써서 총통 여러 가지를 실었으니, 지금도 역시 이 제도를 모방하여 한 오(伍)에, 장약하는 한 사람이 말 한 필에 장약하는 여러 가지를 싣고, 또 장약한 총통을 많이 싣고, 네 사람은 혹은 궁시(弓矢)를 띠고 혹은 도검(刀劍)을 가지고 앞줄에 있어 쏘고, 장약하는 자는 쏘는 대로 주는 것이 이것이 가장 좋은 계책이다. 다만 본국 마필이 많지 않기 때문에 이 계책이 행하여질는지 아닌지는 알지 못한다. 또 다섯 가지 총통의 군사는 다섯 빛깔의 기로 구별하여 투구에 꽂고, 총통의 호령을 주장하는 자가 오색(五色)기를 세우고 뜻에 따라 지휘하면, 영(令)을 내리기도 편하고 적에 응하는 것도 쉬울 것이다. 총통을 연습할 때나 적에 임할 때 불을 약심(藥心)에 가깝게 하면 심히 염려되니 마땅히 항상 경계하여야 한다. 이상 여러 조목의 가부와 가감(加減)을 감련관(監鍊官)으로 더불어 다시 더 적당한 것을 살펴 행하라." 하다.

■ 29년 11월 22일

평안·함길도 도절제사에게 유시하기를, "주화(走火)의 이익은 크다. 말 위에서 쓰기가 편리하여 다른 화포의 미칠 것이 아니다. 기사(騎士)가 혹은 허리 사이에 꽂고 혹은 화살통에 꽂아 말을 달리며 쏘면 부닥치는 자가 반드시 죽을 뿐 아니라 그 형상을 보고 그 소리를 듣는 자가 모두 두려워 항복한다. 밤 싸움에 쓰면 광염이 하늘에 비치어 적의 기운을 먼저 빼앗는다. 복병(伏兵)이 있는가 의심스러운 곳에 쓰면 연기 불이 어지럽게 발하여 적의 무리가 놀라고 겁에 질려 그 진정을 숨기지 못한다. 그러나 화살 나가는 것이 총통과 같이 곧지 못하고, 약을 허비하는 것이 너무 많아 총통이 약을 조금 쓰는 것만 같지 못하고, 거두어 갈무리할 때 조심하지 않을 수 없어 총통의 수시로 장약하는 편리한 것만 같지 못하다. 이것으로 본다면 총통의 이익이 더욱 크다. 근일 보낸 주화(走火) 중 맨 먼저 보낸 것 주화 600개, 두 번째는 중주화(中走火) 800개, 소발화(小發火) 800개, 소주화(小走火) 1,500개, 세 번째는 평안도에 직상화(直上火) 2,000개, 화전(火箭) 352개, 대주화(大走火) 60개, 소질려포(小蒺藜砲) 36개, 중주화 2,270개, 소주화 3,340개, 함길도에 직상화 1,000개, 화전 175개, 대주화 30개, 소질려포 18개, 중주화 1,130개, 소주화 1,660개이다. 지금 또 더 보내려고 하는데 몇 자루를 보내면 넉넉히 쓰겠는가. 경이 감련관으로 더불어 의논하여 아뢰라." 하다.

- 29년 12월 2일

평안도 경차관(敬差官) 박강에게 유시하기를, "지금 소발화구(小發火具) 중주화 866병(柄), 소주화 4,666병을 보내니 연변의 주진(州鎭) 구자(口子)에 적당히 나누어 배치하고, 중주화 2,000개, 소발화 2,600개, 소주화 7,000개를 만들 표지(表紙) 100권과 약심지(藥心紙) 50권, 화약 422근 8냥을 내려보내니 한결같이 규식에 의하여 제조하라." 하고, 또 함길도 감련관 원익수에게 유시하기를, "지금 소발화구 중주화 434병, 소주화 2,334병을 보내니 주(州)·진(鎭)·구자(口子)에 적당히 나누어 배치하고, 중주화 1,040개, 소발화 1,040개, 소주화 3,500개를 만들 표지 50권, 약심지 20권, 화약 212근 6냥을 내려보내니 한결같이 규식에 의하여 제조하라." 하다.

- 29년 12월 4일

평안도 도절제사에게 유시하기를, "전에 의논하는 자의 말을 가지고 강 연안 저쪽 가의 숲을 모조리 베게 하였으나, 그러나 무성하고 울밀한 것이 많아 다 베지 못하고 정지하였는데, 지금 또 의논을 드리는 자 말하기를, '저들이 숲속에 숨어 허실을 엿보아 틈을 타 노략질하니 모조리 불살라 저들로 은신할 곳이 없게 함만 같지 못하다.' 하니, 경이 가부를 생각하여 아뢰라." 하다.

■ 30년 1월 6일

평안도 관찰사와 절제사에게 유시하기를, "연변 수어(守禦)는 진실로 게을리하여서는 안 될 것이나, 근자에 흉년으로 인하여 백성의 생활이 간고하니 백성들 힘을 넉넉히 하기 위하여 오로지 농업에 힘쓰도록 해야겠고, 또 야선(也先) 소식에 대하여 허실을 알 수 없으나, 절일사(節日使)의 아뢴 것으로 보면 걱정이 없는 듯하지만, 경이 이러한 것을 알아 소요(騷擾)하게 하지 말고 백성의 생계를 후하게 하면서 변방의 수비를 엄하게 하라." 하다.

■ 30년 2월 26일

의정부 좌의정 하연 등을 불러 비변책(備邊策)[287]을 의논하고, 함길도 도절제사에게 유시하기를, "야선의 병마(兵馬)가 지난겨울에 해서에 이르렀은즉, 본도(本道)는 경계가 저들의 땅과 연접되었으므로 소식을 듣는 데에 어렵지 아니하기 때문에 전에 이미 유서(諭書)를 내려 이를 물었는데 어찌하여 지금까지 아뢰지 않는가. 다시 가까이하는 야인에

---

287 변방을 방비하는 방책

게 자세히 소식을 들어 아뢰라. 대개 소식을 알지 못하고 미리 군졸을 모으는 것은 진실로 옳지 못한 것이니, 아직 연대(煙臺)에서 망보고 봉화(烽火)·방수(防守) 등의 일을 더욱더 조심하고 삼갈 것이며, 연변(沿邊)에 사는 백성들의 농사짓는 일은 또한 전과 같이 권과(勸課)하라." 하고, 또 평안도 도절제사에게 유시하기를, "적변(賊變)이 나타나지 않는데 먼저 우리 백성들을 피로하게 하는 것은 진실로 좋은 계책이 아니니, 병마를 별도로 징발하지 말고 예전대로 척후를 멀리 보내고 봉화를 삼갈 것이며, 변방 백성들의 농사는 또한 때를 잃지 말게 하라." 하다.

또 양도(兩道)에 대비할 세부사항을 유시하기를, "1. 삼위(三衛) 달단(韃靼)과 해서(海西) 야인(野人), 이만주(李滿住) 등 여러 종류 야인들이 혹 야선에게 몰리게 되면 일이 궁하고 형편이 군색하므로, 와서 혹 귀순하여 머무르겠다고 사칭하더라도 그들로 하여금 강을 건너게 하지 말 것이며, 저들이 만일 하는 일 없이 세월만 보내고 오랫동안 견디면서 먼저 침범할 마음이 있으면 기회 봐서 날쌔게 칠 것이며, 또 만일 식량을 청하면 마땅히 대답하기를, '군수(軍需)는 함부로 줄 수 없으며, 또 남은 것도 없으니 청(請)을 들어주기 어렵다.' 하고, 비록 범찰(凡察)[288]과 동창(童倉)[289]이라 하더라도 역시 강을 건너게 하지 말고, 그 무리의 많고 적은 것과 성심(誠心)의 여부를 관찰해서 비보(飛報)하여 명령

---

288 오도리(吾都里) 상만호(上萬戶) 동맹가첩목아[童猛哥帖木兒, 청(淸)나라 태조 누르하치(Nurhachi)·노이합적(努爾哈赤)의 6대조로 추존되었다]의 동생[이부동모(異父同母)]이다.
289 동맹가첩목아의 아들이고, 이만주[李滿住, 건주위(建州衛) 추장(酋長)]의 사위이다.

을 받아 시행하라. 이 조항은 절제사와 변장(邊將)이 깊이 생각하여 처리해서 삼가고, 시끄럽게 떠들지 말라. 1. 연대(煙臺)[290]에서 망보는 것은 비변(備邊)의 중사(重事)인데, 관리를 단한(單寒)[291]하고 노약하며 어리석은 사람으로 쓴데다가, 또 다른 일을 시켜 허술할 염려가 있게 하니, 전일 실패를 본 것이 모두 이 때문이었다. 이제부터는 부실(富實)한 인호(人戶)를 택하여 정해 때때로 식량을 주게 하고, 몹시 추워지면 또한 털옷도 주어 곡진하게 보살피되, 전과 같이 마음을 쓰지 아니한 관리는 그 죄를 중하게 논하라." 하다.

### ▪ 30년 4월 17일

여러 도 관찰사, 절제사에게 유시하기를, "지금 총통전(銃筒箭) 양식(樣式)을 보내니 그대로 모방하여 제조하라." 하다. 또 사약(司鑰) 하운경을 경상도, 부사직(副司直) 오상례를 전라도, 사용(司勇) 김유강을 충청도로 나누어 보내 총통전 만드는 것을 감독하다.

### ▪ 30년 4월 25일

함길도 도절제사에게 유시하기를, "지금 사은사(謝恩使)의 통사 김신이 와서, '야선 군사가 삼위(三衛) 달달(韃韃)을 치고, 또 노온강(老溫江) 기리미(其里未) 등지의 야인을 치매, 야인들이 힘을 합해 막아 싸우므로 불리하여 물러 돌아갔다 합니다.' 하였으니, 본도(本道)는 저들의 지

---

290 봉화대
291 친족이 없이 고독하고 가난함.

경과 연하고 또 친하게 믿는 야인도 있는데, 이러한 소식을 어찌 보고 들어서 아뢰지 않는가. 경이 자세히 들어서 보고하고, 방수(防守)하는 일을 잠시라도 해이하게 하지 말아 불우에 대비하라." 하다.

■ 30년 10월 1일

평안도 감사에게 유시하기를, "이때는 장차 얼음이 얼게 되어 연변 방어를 진실로 조금이라도 해이하게 할 수 없으니 날로 계엄(戒嚴)[292]을 더할 것이나, 소요(騷擾)하게 하여 민심을 들뜨게 하지 말라." 하다.

■ 31년 8월 1일

통사 이유덕이 요동으로부터 먼저 달려와 보고하기를, "신이 도사(都司) 왕대인(王大人)을 뵈었는데, 말하기를, '서쪽에 소식이 있되 몹시 급하다.' 하고, 외랑(外朗)[293] 사본(謝本)이 '이번 7월 20일에 달달 야선 병마가 밤에 장성(長城)에 들어왔는데, 광령 총병관(廣寧摠兵官)이 적이 들어온 줄도 모르고 교장(校場)에 나가 군사들에게 봉급을 주고 있다가 야선 병마가 바로 들어오므로, 총병관이 군사와 더불어 성안으로 달려 들어가 문을 닫고 지키고 있었는데, 야선 병마가 성 포위하기를 세 겹이나 하여 군졸 1,000명과 말 8,000필을 사로잡았고, 또 광령에서 요동

---

292 통제
293 명나라 관직의 하나

(遼東)[294]까지 참로(站路)[295]에 사람과 말이 빼앗기고 노략질당하여 거의 다 없어졌다.' 하고, 선발대가 서문(西門)에 이르러서 신 또한 당황하여 나왔습니다." 하다.

이날 밤 이고(二鼓, 9시경)에 보고가 들어왔는데, 즉시 정부(政府)와 병조(兵曹), 도진무(都鎭撫)를 불러 양계(兩界) 방비에 대한 일을 의논하다.

## 6) 전시체제 정비

▪ 31년 8월 2일

좌의정 하연 등이 "마땅히 요동에 통사(通事)를 급히 보내 사변(事變)을 정찰하게 하고, 또 대장을 양계(兩界)에 별도로 보내 포치(布置)하게 하고, 변장(邊將)을 경계하여 경비를 엄하게 하며, 또 야인 중 가까이 믿는 자로 소식을 깊이 탐지하게 하고, 무재(武才)가 있는 자가 밖에 있으면 불러오고, 상중(喪中)에 있는 자는 기복(起復, 어버이의 상중에 벼슬자리에 나감)하며, 파직된 자는 거용(擧用)하고, 금년 행성 쌓는 일을 정지시켜 사졸들을 쉬게 하소서." 하니, 임금이 "좋다." 하고, 곧 통사 김자안과 강문보를 요동으로 보내고, 또 양계 관찰사와 절제사에게 글을 내려 변방 경비를 경계하여 정비하게 하고, 도체찰사 황보인을 소환하여

---

294 중국 요하(遼河)의 동쪽 지방. 지금의 요녕성(遼寧省) 동남부 일대를 일컬음. 우리나라와 지리적으로 매우 가깝고, 특히 중국으로 가는 중요한 육상 통로이기 때문에 각종 외교 사절과 상인들의 왕래가 빈번하게 이루어지기도 했다. 그 중요성 때문에 오래 전부터 이곳의 영유권을 놓고 우리나라와 중국, 그리고 북방 민족 간의 다툼이 치열하게 벌어지기도 했다.
295 서울과 지방을 연결한 역참(驛站) 길. 역로(驛路). 명나라의 수도 북경(北京)에서 국경인 의주(義州)에 이르는 길을 말하기도 한다.

행성 쌓는 군사를 놓아 주게 하고, 역마(驛馬)로 전 지중추원사(知中樞院事) 이징석과 전 도절제사(都節制使) 이징옥을 양산(梁山)에서 부르고, 박이령과 하한을 기복(起復)시키다.

임금이 또 "평안도 감사 한확이 이미 도절제사를 겸하고 있는데 별도로 무관을 보내 도우게 할 것인가, 대장을 보내 전제(專制)하게 할 것인가, 한확으로 감사(監司)를 전임(專任)시키고 별도로 절제사를 보낼 것인가, 절제사를 전임시키고 별도로 감사를 보낼 것인가. 함길도에도 역시 장군을 보내야 할 것인가." 하니, 하연과 좌찬성(左贊成) 박종우, 도진무(都鎭撫) 이견기, 김하가 "별도로 관찰사를 보내어 돕게 하고 한확으로 절제사 삼으소서." 하고, 도진무 정효전, 우찬성 김종서, 좌참찬 정분, 우참찬 정갑손, 병조판서 민신, 참판 박중림이 "별도로 절제사를 보내고 한확으로는 관찰사를 삼으소서." 하다.

하연 등이 모두 "함길도엔 이미 절제사가 있으니 반드시 다른 장군을 별도로 보낼 것이 없으며, 황주(黃州)는 요충지이니 목사(牧使)를 신중히 가려 절제사를 겸하게 하고, 평안도 수령 중 무재(武才)가 없는 자도 역시 마땅히 교체시켜야 합니다." 하니, 임금이 "옳다. 다만 평안도 관찰사와 절제사 의논이 한결같지 아니하니 다시 더 생각하여 정하라." 하매, 모두 "마땅히 한 사람의 대신을 보내 절제사를 삼아야 합니다." 하다.

임금이 "누가 적임자냐?" 하니, 하연 등이 드디어 김종서, 박종우, 이징옥을 천거하고, 또 "예로부터 성식(聲息)²⁹⁶이 한두 번이 아니었으나 이때처럼 중요한 것 없으니, 모름지기 지략이 있고 일을 잘 처리할 만한 자를 보내야 합니다." 하니, 임금이 김종서로 평안도 도절제사를 삼고, 또 박종우로 함길도 도체찰사를 삼다.

임금이 "만약 큰 변이 일어난다면 어찌 다만 양계(兩界)의 군사만 쓰겠는가. 하삼도(下三道) 역시 마땅히 징발해 미리 점검하고 검열하라." 하니, 김종서가 "신이 나이는 늙고 재주는 용렬하지만 감히 성상의 뜻을 이어받아 마음과 힘을 다하지 않을 수 있겠습니까." 하면서, 또 "하삼도 군사 점검하는 일은 신이 옛적에 건의하여 아뢴 것으로, 그때 신의 말을 정부에 내려 의논하게 하여 미리 3도의 잡색군(雜色軍)을 점검해 만일 사변이 있으면 수령이 몸소 인솔하여 가기로 이미 입법(立法)하였습니다." 하다.

임금이 "병조로 여러 도의 군인 수효를 늘리게 하라." 하고, 인하여 하교하기를, "대저 힘이 유여(有餘)하면 일 처리하기가 매우 쉬운 것이다. 지난해에도 역시 야선(也先)의 성식(聲息)이 있었는데, 군국(軍國)의 일을 극진하게 포치하다가 성식이 잠잠해지자 그 뒤 포치하는 일을 중도에서 폐했었다. 내 비록 행하고 싶은 일이 있어도 경들이 한사코 불가하다고 말하면 내 강제로 하지 못하는데, 국가의 대사(大事)가 이보다 큰 것이 없는 것이다. 이제부터는 경들과 함께 오늘의 뜻을 잊지 말고 실책 없게 해서 사변을 대비하는 것이 가하다. 거년의 일을 만일 중

---

296 기별

도에 폐하지 않았더라면 오늘날 방어의 일은 도리어 쉽지 않았겠는가. 오늘로서 보면 거년의 중도에 폐했던 일이 또한 거울삼을 만한 것이다." 하다. 명하여 기일을 정해서 박종우와 김종서의 가는 것을 재촉하게 하고, 내전(內殿)에서 불러 보고 각각 궁시(弓矢)와 검(劍)을 내려주다. 공조참의(工曹參議) 남우량으로 함길도 도진무, 문신(文臣) 원효연, 이영서를 예속시키고, 이조참의(吏曹參議) 박강으로 평안도 도진무, 문신 이전수, 구치관을 예속시키다. 또 경군(京軍)으로 날래고 용맹스런 군사를 선발해 함길도 20명, 평안도 40명을 보내다.

이징옥의 아버지인 전중추(前中樞) 이전생이 나이 98세인데, 두 아들(이징석, 이징옥)이 임금의 부름을 받았다는 말을 듣고, 술자리를 베풀어 두 아들을 앞에 놓고 마시면서 "내 나이 100세에 가까웠는데 직위가 추부(樞府)[297]에 들었고, 두 재추(宰樞)의 영화스런 봉양을 누리며, 국가에서 너희들을 쓸모 있다 하여 동시에 부르니 원하는 것은 왕사(王事)에 노력할 것이요, 내 늙은 것은 염려하지 말라. 내 인사(人事)가 이미 다했으니 죽은들 다시 무슨 한이 있겠는가." 하고, 술잔 잡고 일어나 춤추며 노래하니, 듣는 이들이 그 뜻을 장하게 여기고, 이씨(李氏)의 아들이 있는 것을 아름답게 여기었다.

---

297 조선시대 중추원(中樞院)을 달리 이르는 말

# 7 장

# 대마도와 왜

　지리적으로 대마도는 부산에서 47km, 구주에서 153km 떨어져 있어, 우리나라에 치우쳐 있는 바로 우리 옆의 섬이다. 그런데 대마도는 바위섬으로 농사지을 만한 땅이 거의 없어 많은 사람이 살기에는 부적합한 곳이었다. 기록에 의하면, 먼 옛날 우리 선조들은 말을 기르기 위해 그곳에 갔던 것으로 보인다.

　그렇지만 왜인들은 전쟁 등으로 막다른 골목에 쫓기거나 특수한 목적, 즉 해적질의 기지로 이용하기 위하여 그곳에 왔던 것이다. 그들은 목숨 연장을 위해 해적질이라도 해야 하는 절박한 무리들이었다. 그들은 자기네 본토에서 아주 멀리 떨어져 있어 추격의 손이 미치지 않는 곳, 또한 먹을 것이 있고 비교적 인심이 좋은 곳에서 가까운 데에 자리를 잡아야 했기에 대마도로 하나둘씩 모여들어 소굴을 삼게 된 것이다.

그러나 대마도에는 농토가 거의 없다 보니, 먹고 살아남기 위해 그들은 얻어먹거나 훔쳐 먹거나 아니면 노략질이라도 하며 살인도 불사하게 되었다. 그들은 가까운 우리나라 해안을 따라 수시로 드나들며 갖가지 만행을 저질러 왔고, 그럴 때마다 수많은 사람을 죽이거나 다치게 하고 많은 재산을 약탈하였다. 그래서 우리 해안가에는 사람이 살 수 없을 정도가 되었다. 그들은 내륙 깊숙이 헤집고 다니기도 하였다.

그들은 결국 고려가 망하는 하나의 원인이 되었다. 그 뒤를 이어 일어선 조선은 세종 1년, 계속되는 왜적의 침략질에 대하여 마침내 강력한 응징으로 해적들의 소굴인 대마도 토벌에 나선다. 그러나 오늘의 시점에서 돌이켜 보면 토벌의 마무리가 제대로 된 것이었던가 하는 아쉬운 마음이 든다. 인도적 견지에서 보면 대마도 왜적들도 물론 불쌍한 인간들이다. 그렇지만 이왕 토벌에 나선 바에야 다시는 노략질에 나서지 못할 만큼 확고한 마무리가 필요했다. 그렇다! 강력하고도 근본적인 해결책을 찾아야 했던 것이다.

그때의 대마도는 사람이 먹고 살아가기에는 아주 어려운 땅이었다. 그러므로 그들을 일본 땅으로 깨끗이 돌려보내든지, 아니면 원한다면 우리나라로 모두 데려와 완전한 우리 백성과 같이 하나가 되도록 하든지 하여 그 못된 행위의 근본 원인을 뿌리채 제거했어야 되지 않았을까 생각된다. 이것은 어디까지나 그 이후에도 우리나라를 대대적으로 침략한 일본의 만행을 염두에 둔 결과적 판단이지만, 그 당시 대마도에서 연명하고 있던 왜인들을 불쌍히 여겨 먹을 것, 입을 것을 주며 돌보아 준 우리 선조들의 넓은 아량과 자비로운 인간성은 칭송해야 마땅한 것이 아닐까.


## 1. 대마도는 우리 땅


당시에 대마도가 우리 땅이요, 경상도에 속했다는 기록은 여러 군데에서 찾아볼 수 있다. 그러니 다시 찾을 그 날을 기약하면서, 대마도가 분명히 우리 땅이었음을 알고 결코 잊지 말아야겠다.

- 원년[298] 6월 9일 [상왕(태종)이 전국에 발표한 담화문에서 발췌]

"대마도는 본래 우리나라 땅인데, 다만 궁벽하게 막혀 있고 또 좁고 누추하므로 왜놈이 거류하게 두었더니, 개같이 도적질하고 쥐같이 훔치는 버릇을 가지고 경인년(1350)부터 변경에 뛰놀기 시작하여, 마음대로 군민을 살해하고 부형을 잡아가고 그 집에 불을 질러서 고아와 과부가 바다를 바라보고 우는 일이 해마다 없는 때가 없으니, 뜻 있는 선비와 착한 사람들이 팔뚝을 걷어붙이고 탄식하며 그 고기를 씹고 그 가죽 위에서 자기를 생각함이 여러 해이다."

- 원년 7월 17일 (상왕이 대마도주에게 보낸 투항 권고문에서 발췌)

"대마도라는 섬은 경상도의 계림(鷄林)에 예속했으니, 본디 우리나라

---

땅이란 것이 문적에 실려 있어 분명히 상고할 수가 있다. 다만 그 땅이 심히 작고 또 바다 가운데 있어서 왕래함이 막혀 백성이 살지 않는지라, 이러므로 왜인으로서 그 나라에서 쫓겨나서 갈 곳이 없는 자들이 다 와서 함께 모여 살아 굴혈을 삼은 것이며, 때로는 도적질로 나서서 평민을 위협하고 노략질하여 전곡(錢穀)을 약탈하고 마음대로 고아와 과부, 사람들의 처자를 학살하며 사람이 사는 집을 불사르니 흉악 무도함이 여러 해가 되었다.”

■ 2년 윤1월 10일

예조에서 보고하기를, “대마도의 도도웅와(都都雄瓦)[299]의 부하 시응계도가 와서 도도웅와의 말을 전달하기를, ‘대마도는 토지가 척박하고 생활이 곤란하오니, 바라옵건대 섬 사람들을 가라산(加羅山) 등 섬에 보내어 주둔하게 하여 밖에서 귀국(貴國)을 호위하며 백성으로는 섬에 들어가서 안심하고 농업에 종사하게 하고, 그 땅에서 세금을 받아서 우리에게 나누어 주어 쓰게 하옵소서. 나는 일가 사람들이 수호하는 자리를 빼앗으려고 엿보는 것이 두려워 나갈 수가 없사오니, 만일 우리 섬으로 하여금 귀국 영토 안의 주·군(州郡)의 예에 의하여 주(州)의 명칭을 정하여 주고 인신(印信)[300]을 주신다면, 마땅히 신하의 도리를 지키어 시키시는 대로 따르겠습니다.’라고 하였습니다.” 하다.

---

299 도도웅와(都都熊瓦)의 오기. 종정성(宗貞盛). 세종 즉위년 8월 25일 기사에 일본국 '대마주(對馬州) 수호(守護)'라 하고, 종정무(宗貞茂)의 아들이라 했다.
300 도장이나 관인(官印) 등의 총칭

■ 2년 윤1월 23일

예조 판서 허조에게 명하여 도도웅와에게 보낸 답서에 이르기를, "사람이 와서 편지를 받아 보고 귀하가 진심으로 뉘우치고 깨달아서 신하가 되기를 원하는 뜻을 자세히 알았으며, 돌려보낸 인구(人口)와 바친 예물은 이미 자세히 위에 아뢰어 모두 윤허하심을 받았으니 실로 온 섬의 복이라고 생각합니다. 또한 대마도는 경상도에 예속되어 있으니, 모든 보고나 또는 문의할 일이 있으면 반드시 본도의 관찰사에게 보고를 하여, 그를 통하여 보고하게 하고 직접 본조에 올리지 말도록 할 것이요. 겸하여 청한 인장의 전자(篆字)와 하사하는 물품을 돌아가는 사절에게 부쳐 보냅니다. 근래에 귀하의 관할 지역에 있는 대관(代官)과 만호(萬戶)가 각기 제 마음대로 사람을 보내어 글을 바치고 성의를 표시하니 그 정성은 비록 지극하나, 체통에 어그러지는 일이니 지금부터는 반드시 귀하가 친히 서명한 문서를 받아 가지고 와야만 비로소 예의로 접견함을 허락하겠노라." 하다. 그 인장의 글자는 "종씨 도도웅와(宗氏都都熊瓦)"라 하였다.


■ 3년 4월 7일

예조에서 종정성(宗貞盛)의 사절인 구리안에게 말하기를, "이 섬이 경상도에 예속되었던 것은 옛 문헌에 분명하고, 또한 너희 섬의 사절인 신계도(辛戒道)도 '이 섬은 본시 대국에서 말을 기르던 땅이다.'라고 하였다. 그러므로 과거에 너희 섬에서 모든 일을 다 경상도 관찰사에게 보고하여 나라에 올린 것은 이 까닭이었다." 하다.

■ 23년 11월 21일

임금이 우승지(비서관) 이승손에게 "내가 생각하건대 대마도는 바로 두지도(豆只島)[301]이다. 김중곤(金仲坤)의 노비문기(奴婢文記)에 있기를, '두지에 사는 사람이라 하였으니, 대마도는 곧 우리나라 지경[我國之境]인데 왜인에게 무엇이 관계되랴. 허락하지 아니함이 이치에 거슬리지 아니하나, 이제 왜인이 청하기를 간절히 하니, 우리나라에서 이웃을 사귀고 작은 나라를 사랑하는 의리에 옳을까, 하물며 왜인이 고기 잡는 것으로 생활하니 그 생활이 또한 가엾다." 하다.

■ 23년 11월 22일

우의정 신개는 "신의 뜻도 황희 등의 의논과 같사오나, 왜인이 고기 잡기를 청하는 일에 이르러서는 신이 망령되게 생각하기를, 대마도는 본시 우리나라 땅인데 고려의 말기에 기강(紀綱)이 크게 허물어져서 도적을 금하지 못하여 드디어 왜적의 웅거하는 바가 되었사온데, 만약 이 청을 허락하오면 저들이 반드시 고초도(孤草島)[302]를 그들의 땅으로 만들고, 혹 와서 사는 자가 있을 것이오니, 오랜 세월을 지나면 본국에서 무슨 연유로 다투오리까." 하다.

---

301 세종 23년 11월 21일 임금이 말한 바에 의하면 대마도(對馬島)의 옛 이름으로 추정된다. 신숙주(申叔舟)의 『해동제국기(海東諸國記)』를 보면 대마도에 두두군(豆豆郡)이 있다.
302 경상도 거제에 있는 지세포(知世浦) 부근의 섬으로 추정한다. 세종 23년 11월 22일 대마도의 종정성(宗貞盛)의 청에 따라 대마도 왜인들이 고초도에서 고기 잡는 것을 허락했는데, 세종 26년 11월 1일 기사에 지세포 만호(萬戶)의 증명서를 받고 이어 어세(漁稅)를 바쳐야 한다고 했다.

▪ 25년 2월 21일

또 예조로 하여금 구주(九州) 서부(西部)의 소이 좌무위와, 관서도 대우
(關西道大友)와, 우리나라 관령의 대마주(對馬州) 태수(太守)와, 일기주(一
岐州) 좌지(佐志)와, 구주 송포(九州松浦)의 좌지(佐志) 등지에 글을 보내
고 겸하여 예물도 보내다.


▪ 26년 4월 30일

초무관(招撫官) 강권선이 일기도에서 돌아와 "대내전 관반(館伴) 노라
가도로가 '대마도는 본래 조선의 목마지(牧馬地)[303]이므로, 대내전도
조선과 더불어 협공하여 대마도를 조선에 돌리고자 하였더니 불행하
게도 세상을 떠났는데, 지금의 대내전은 이 사실을 알지 못한다.'고 하
였습니다." 하다.


▪ 29년 5월 26일

임금이 "당초 고초도에서 왜인(倭人)이 고기 낚는 것을 허가할 때에 의
논이 여러 가지였다가 마침내 왜인에게 허가하기로 결정하였는데, 그
세납을 바치기로 약정한 것은 국용(國用)에 충당하려 함이 아니라, 대
마도(對馬島) 한 섬도 옛날 문적에 우리나라의 말 기르는 땅[我國牧馬之
地]으로 실려 있고, 왜인도 또 본래 우리나라의 섬이라고 일러 왔는데,
그러나 그 섬이 종말에는 도적이 들어앉게 된 것이다. 이제 고초도도

---

303 말을 키우는 땅

아주 허가하고 돌아보지 아니한다면 뒷날에 대마도와 같이 될는지 어찌 알겠는가." 하다.


## 2. 왜의 침략질과 우리의 대처

### 1) 반복되는 왜의 침략

왜의 침략질은 아주 오래 전부터 수없이 자주 자행돼 왔으며 세종 때에도 여전히 계속된다. 그것이 참으로 알 수 없는 일이다.

(1) 왜 우리는 늘 침략을 당해야만 하는 것일까? 반대로 저들은 왜 그렇게 틈만 나면 침략질을 할까?

(2) 그러면 저들은 늘 그렇게도 배가 고파서 침략질을 해댈까? 아니면 원래 민족성 자체가 남을 침략하지 않고는 못 배기는 것일까? 여하튼 저들 민족은 먼 옛날이나 지금이나 한결같이, 너무도 침략질을 좋아하는, 뻔뻔한 족속인 것만큼은 분명하다.

우리가 살아가는 데 있어 좋은 이웃을 만나는 것도 하나의 큰 복이라 할 수 있을 것이다. 그렇다! 말썽꾸러기 이웃, 늘 남의 것을 욕심내어 빼앗길 좋아하거나, 남의 집에 들어가 행패 부리기를 밥 먹듯이 하는 이웃은 참으로 곤란한 존재가 아닐 수 없다. 아예 없어져야 하는 존재인지도 모른다. 저들은 아주 오랜 옛날부터 침략질을 예사로 해 와 그 수가 몇 천 번인지 몇 만 번인지 헤아릴 수 없을 정도이다. 남의 나라 침략에는 소위 이골이 난 족속들이다. 바늘 도둑이 소 도둑 된다고 처음에는 먹을 것이 없어 시작된 것이 나중에는 간덩이가 커져 임진왜란을 일으키고, 결국에는 우리나라를 36년 동안 지배하는 만행을 저지르고야 만다.

현재 시점에서 보건대 저들의 침략보다 더 나쁜 점은, 자신들이 저지른 그 침략질이 얼마나 나쁜 짓인지를 잘 모르거나, 아니면 전혀 반성할 줄을 모른다는 것이다. 저들은 아주 오래 전부터 그 짓을 반복해 왔고, 남의 나라에 대한 침략을 영광의 역사로 치장한다. 그래서 야스쿠니 신사에 전범들을 전쟁 영웅 또는 신으로 모시고 있는 것이다.

사실 오랜 과거에서부터 근대에 이르기까지, 불행히도 저들의 침략질에 대한 우리의 대응은 철저하지 못했다. 단호하고도 철저한 응징, 뼛속 깊은 고통을, 받은 것보다 몇 배로 느끼도록 하고, 그리하여 다시는 침략질을 생각도 못하게 하는 무서운 응징, 바로 그러한 응징을 해 주지 않았다는 것이, 최근의 일제 식민지배까지 이어지는 침략질의 역사를 있게 한 원인이다. 저 부끄러운 왜인들로 하여금 우리나라에 죄를 짓게 하고, 나아가 세계에 죄를 짓게 한 한 원인인 것이다. 지금도 우리는 그 역사를 되풀이하고 있는 것이 아닐까?

그 당시 왜의 빈번한 침략질로 그동안 백성들이 얼마나 시달려 왔으면 다음과 같이 말을 했을까. 그리고 또 세종의 생각은 어떠했을까?

■ 15년 윤8월 27일

제주도 안무사 김인이 치보(馳報)[304]하기를, "왜구를 각 고을에 가두었는데, 고을 사람 고준·문근 등 20명이, '왜구가 병진년(1376)으로부터 을미년(1414)에 이르기까지 틈을 타서 튀어 들어와서 인구를 노략질해 가고 그 부모 처자들을 죽이고 가산을 결딴내 버리니 우리들에게 불공대천의 원수입니다. 이제 사로잡아 온 왜적들을 죽이지 않고 남겨 두었다가는 만약 저희 본토로 도망해 돌아가게 되면, 우리 고을 호구의 많고 적음과 도로와 포구와 곶[串] 같은 것을 갖추 아는지라 때를 보아 가지고 침범해 올 것 같으면 후환이 말할 수 없을 것이니, 그 놈들을 다 죽여 없애어 백성들의 바라는 바에 맞게 하여 주기를 원합니다.' 하옵는데, 신도 역시 생각하기를, 이번에 잡힌 이 왜적들은 처음부터 자진하여 항복한 것이 아니옵고 힘이 모자라고 형세가 급박하여서 항복한 것이오니, 위에서 재량하시기를 엎드려 바라옵니다." 하니, 의정부와 육조의 판서 이상을 불러서 "기해년(세종 원년)에 나누어 배치한 왜인들은 도적질하기 위하여 온 것이 아니고 장사하기 위하여 왔던 것인데, 그때의 정부와 육조에서 의논하기를, '부녀자와 어린애들까지 모두 죽이는 것이 가하다.' 하였지만, 내가 홀로 불가하다고 말하여서 태종께서 따르시었다. 그 해 여름에 윤득홍이 황해도에서 적선 1척을 붙잡아서 수십 명을 사로잡았는데, 그것이 바로 비인(庇仁)에 왔던 왜적들이므로 국가에서 모두 죽이고 남기지 아니하였다. 이제의 왜

---

304 지방에서 역마(驛馬)를 달려 급히 중앙에 보고하던 일

적은 변방 지방을 엿보다가 제주 사람들을 죽이고 노략질하였으니 비인의 도적들과 다를 것이 없다. 비록 다 죽인다 하더라도 의리에 해될 것이 없을 것이다. 정부와 육조의 여러 신하들은 의논해 보라." 하매, 혹은 죽이는 것이 옳다고 하고 혹은 죽이지 말자고 하니, 임금이 "사변(事變)을 신문한 뒤에 다 죽여도 가할 것이다." 하다.

■ 12년 4월 13일

병조 참의 박안신이 상서(上書)하기를, "나라를 위하는 도리는 오직 마땅히 지난 일을 거울삼아 뒷일을 염려하여, 그 장구히 다스려지고 오래 편안하기를 도모하는 데 있습니다. 우리나라는 삼면(三面)이 바다이고 왜도(倭島)와 심히 가까워서,

① 예전 삼국시대에도 왜구의 침략은 지난 역사를 상고하면 똑똑히 알 수 있습니다. 고려 말엽에 왜놈들이 비로소 우리나라 가까운 섬에 와 붙어서 혹 구걸도 하고 혹 장사도 하여 오늘의 일과 같았었는데,

② 경인년(1350)에 협박하여 빼앗기를 시도하고 점점 노략질을 하니, 백성들은 싸움할 줄을 알지 못하여 왜적을 바라보면 달아나서 바다 연변(沿邊)의 지방은 모두 왜적의 소굴이 되고, 드디어 그 배는 피로한 군졸들에게 주어 언덕을 떠나서 머물러 있게 하고, 여러 고을로 깊이 들어와서 혹 열흘이나 한 달 동안 함부로 마구 죽이고 노략질하다가 제 욕심이 차면 돌아가고, 돌아갔다가 또 다시 와서 봄부터 가을까지 조금도 빈 달이 없었습니다.

그 사이에 혹시 군사를 준비하여 방어하려 하였사오나, 왜적의 배는 너무 빨라서 돌리고 가기를 나는 듯이 하여 동쪽을 지향하는 듯

하다가 어느 사이에 돌리어서 서쪽을 침범하니, 우리 군사가 달려 쫓아가도 적을 만나는 일이 대개 적고, 비록 혹 같이 싸워도 이기는 일이 거의 없으므로, 이에 깊고 먼 곳들도 또한 적의 소굴이 되고 말았습니다.

③ 무오년(1378)에 이르러서는 해풍(海豊)에 배를 대고 서울을 침략하고자 하며, 또 배가 한강을 지나 드디어 월계(月溪)에 닿았으니, 입술이 없으면 이가 시리다는 말처럼 참혹함이 이와 같았사온데, 우리 태조 대왕께서 국정에 참모(參謀)하여 비로소 병선을 설치하고 적을 제어하는 준비를 하셨더니,

④ 경신년(1380)에 적선 100척이 진포(鎭浦)에 와서 침략하므로 병선이 포위 공격하여 모조리 불질러 없애니 적의 형세가 곤궁하여 두 도(道)로 두루 돌아다니므로, 태조 대왕께서 군사를 떨쳐 추격하여 운봉(雲峯)에서 크게 이기시니 남은 도적들이 지리산(智異山)에 들어가 숨었다가 떼[桴]를 묶어서 타고 살아 돌아간 자가 1백 한두 명이었습니다.

⑤ 임술년(1382)에 적이 진포(鎭浦)에서 패전함을 분하게 여겨 수전으로 결승하고자 하여 크게 배를 몰고 와서 곤남(昆南)에 닿았는데, 변장(邊將) 정지·최무선·나서 등이 병선 10여 척을 거느리고 막으니, 적이 저희들은 많고 우리는 적어서 상대가 안 된다고 흥겨워하며 도전하므로, 병선이 분격(奮擊)[305]하여 화포를 던져 적선을 태워

---

305 분발하여 마음을 떨쳐 일으킴.

버리매, 적이 이에 도망하므로 쫓아서 큰 배 9척을 빼앗으니, 이 뒤로부터는 우리 병선에게 항거하지 못하고 이따금 혹 해변을 침범하였으나 좀도적에 지나지 않아서 마음 놓고 머물러 있거나 깊이 들어와서 도둑질을 할 수는 없었습니다.

⑥ 무진년(1388)에 적이 우리나라에서 요동(遼東)을 치는 일이 있어서 전함(戰艦)이 허소함을 알고 이에 진포에 와서 머물면서 경상도를 지나 들어와서 도둑질하고 돌아갔습니다.

이때 우리 태조 대왕께서 잠저(潛邸)에 계실 적에 병권(兵權)을 잡고 계셨는데 이에 크게 노하사, 이듬해 기사년(1389)에 꾀하여 변장을 보내어 병선을 거느리고 대마도에 가서 적선 수십 척을 불사르고 돌아오니, 적이 서로 경계하기를, '고려 병선이 이처럼 와서 공격하니 장차 이 섬에 살 수 없을 것이다.'라고 하고, 가족을 데리고 이사하는 자가 꽤 있었습니다.

⑦ 기해년(1419)에 적이 우리의 준비 없는 틈을 타서 비인(庇仁)에 와 닿아 병선을 불지르고 변장(邊將)을 죽이었습니다.

신은 영남에서 생장(生長)하여 왜구의 환난에 대하여는 이미 귀로 듣고 눈으로 보았삽고, 또 사명을 받들고 왜국에 가서 왜국의 사정을 대강 아옵기로, 감히 좁은 소견으로 우러러 천청(天聽)을 번거롭게 하오니, 거룩하고 밝으심으로 채택하여 시행하시기를 엎드려 바라옵니다." 하다.

## 2) 대마도 토벌

그동안 수없이 당해 온 왜의 침략질에 대하여 꾹꾹 참아 왔지만 이번에야말로 단호히 응징하기로 한다. 때는 바야흐로 세종 원년(1419), 충청도 비인에 왜적 배 50여 척이 출현한 것이 토벌의 발단이 된다.

- **원년 5월 5일**

전라도 도절제사가 보고하기를, "왜선 39척이 명(明)나라에 가서 도적질하고 오는 길에 인근 섬에 머무른다." 하니, 영광(靈光) 지경에 둔병(屯兵)하여 방비하게 하다.

- **원년 5월 7일**

충청 관찰사 정진이 급히 보고하기를, "본월 초5일 새벽에 왜적의 배 50여 척이 돌연 비인현(庇仁縣)[306] 도두음곶이(都豆音串)에 이르러 우리 병선을 에워싸고 불살라서 연기가 자욱하게 끼어 서로를 분별하지 못할 지경이다." 하고, 정진이 또 보고하기를, "왜적이 도두음곶이에 들어왔을 때에 만호 김성길이 술에 취하여 방비를 하지 아니하여, 적선 32척이 우리 병선 7척을 탈취하여 불사르고 우리 군사가 죽은 사람이 태반이라. 성길이 그 아들 윤(倫)과 같이 항거하며 싸우다가 창에 찔려

---

306 충청도 공주목에 속한 현

물에 떨어졌으나 헤엄쳐서 겨우 살고, 윤은 적을 쏘아 세 사람을 죽였으나, 돌아다보니 그 사이에 아비가 이미 물에 빠져서 죽었으므로, 윤이 이르기를, '아비가 이미 물에 떨어져 죽었으니, 내가 어찌 혼자 싸우다가 적의 손에 죽으리오.' 하고, 드디어 물에 떨어져 죽다. 적이 이긴 기세를 타고 육지에 오르니, 비인 현감 송호생이 군사를 거느리고 맞아 싸웠으나, 군사가 적으므로 물러가서 현(縣)의 성을 지키는 중, 적은 성을 두어 겹이나 에워싸고 아침 진시(辰時, 6시경)로부터 낮 오시(午時, 12시경)까지 싸웠더니 성은 거의 함락하게 되었고, 적은 성 밖에 있는 민가의 닭과 개를 노략하여 거의 다 없어지게 되다. 지서천군사(知舒川郡事) 김윤과 남포진(藍浦鎭) 병마사 오익생이 군사를 거느리고 잇달아 이르러서 함께 싸워 각각 일급(一級)씩을 베어 죽이고, 송호생은 또 성 밖에 나와서 살에 맞으면서 힘껏 싸워 한 사람을 사로잡았더니, 적이 포위하였던 것을 풀고 돌아갔다." 하니, 양상(兩上, 태종과 세종)이 이것을 듣고 크게 놀라다.

첨총제(僉摠制) 이중지로 충청도 조전병마 도절제사를 삼았다. 또 상호군 조치를 충청도 체복사(體覆使)를 삼다.


■ 원년 5월 10일

충청 좌도 도만호(左道都萬戶) 김성길이 참형당하다. 처음에 전라도 감사가 왜적이 경내를 지나간다 하여 빨리 알렸으나, 김성길은 알고도 방비하지 아니하다가 패하기에 이르렀으니 체복사(體覆使)가 벤 것이다.

후에 해주 목사 박영이 한 왜인을 사로잡아 바치거늘, 병조가 물으니 말하기를, "나는 대마도에 사는 사람으로 섬사람들이 다 굶게 되어 배

수십 척을 가지고 절강(浙江) 등지에서 노략질하려고 하였으나, 단지 양식이 떨어져서 우선 비인(庇仁)을 털고, 다음에 해주에 와서 도적질할 것을 엿보며, 물을 길으려고 조그만 배에 타고 언덕에 오르다가 졸지에 관병에게 사로잡혔고, 저희들 괴수는 도두음곶이를 털 때 만호의 화살에 맞아 죽었다." 하다. 김성길이 처음엔 비록 방비하지는 않았으나, 적을 만나 부자가 서로 힘껏 싸우다가 함께 죽으니 사람들이 매우 슬퍼하다.

■ 원년 5월 12일

황해도 감사 권담이 급히 보고하기를, "왜적 7척이 해주에서 도적질하였다."라고 하다.

■ 원년 5월 13일

황해도 감사가 급보하기를, "본월 11일에 조전절제사(助戰節制使) 이사검이 만호(萬戶) 이덕생과 함께 병선 5척으로 적을 해주의 연평곶이(延平串)에서 엿보고 있을 때 적선 38척이 짙은 안개 속으로 갑자기 와서 우리의 배를 에워싸고 협박하여 양식을 구하며 사검 등에게 말하기를, '우리들은 조선을 목적하고 온 것이 아니라 본래 중국을 향하여 가려고 하였으나, 마침 양식이 떨어졌으므로 여기에 왔노라. 만일 우리에게 양식을 주면 우리는 곧 물러가겠으며, 전일에 도두음곶이에서 싸움한 것은 우리가 먼저 친 것이 아니라, 도리어 그대의 나라 사람들이 우리들을 하수(下手)하기에 부득이 응하였을 뿐이다.' 하니, 이사검이 이에 사람을 보내어 쌀 5섬과 술 10병을 주었더니 적은 아무런 고맙다는 말도 없이 도리어 보낸 사람을 붙잡고 양식을 더 토색질하거늘, 사검이 진무(鎭撫) 2인과 선군(船軍) 1인을 보내어 쌀 40섬을 주었으나, 적은 이속(吏屬)과 진무는 보내면서 또 선군을 잡아 두고 사검과 서로 대치하고 있다." 하다.

박은·이원 및 조말생·이명덕을 대궐로 불러 허술한 틈을 타서 대마도를 섬멸한 뒤에 물러서서 적의 반격을 맞을 계책을 밀의하고, 밤늦게야 파하다.

■ 원년 5월 14일

양상(兩上)이 유정현·박은·이원·허조 등을 불러 "허술한 틈을 타서 대마도를 치는 것이 좋을까 어떨까."를 의논하니, 모두 "허술한 틈을 타는 것은 불가하고, 마땅히 적이 돌아오는 것을 기다려서 치는 것이 좋습니다." 하나, 유독 조말생만이 "허술한 틈을 타서 쳐야 한다." 하니, 상왕이 "금일의 의논이 전일에 계책한 것과 다르니, 만일 물리치지 못하고 항상 침노만 받는다면 한(漢)나라가 흉노에게 욕을 당한 것과 무엇이 다르겠는가. 그러므로 허술한 틈을 타서 쳐부수는 것만 같지 못하다. 그래서 그들의 처자식을 잡아오고, 우리 군사는 거제도에 물러 있다가 적이 돌아옴을 기다려서 요격하여 그 배를 빼앗아 불사르고 장사하러 온 자와 배에 머물러 있는 자는 모두 구류(拘留)하고, 만일 명을 어기는 자가 있으면 베어 버리고, 구주(九州)에서 온 왜인만은 구류하여 경동(驚動)하는 일이 없게 하라. 또 우리가 약한 것을 보이는 것은 불가하니 후일의 환이 어찌 다함이 있으랴." 하고, 곧 장천군(長川君) 이종무를 삼군도체찰사(三軍都體察使)로 명하여 중군(中軍)을 거느리게 하고, 우박 · 이숙묘 · 황상을 중군 절제사로, 유습을 좌군 도절제사로, 박초 · 박실을 좌군 절제사로, 이지실을 우군 도절제사로, 김을화 · 이순몽을 우군 절제사로 삼아 경상 · 전라 · 충청의 3도 병선 200척과 하번 갑사(下番甲士), 별패(別牌),[307] 시위패(侍衛牌) 및 수성군영속(守城軍營屬)과 재인(才人)과 화척(禾尺, 백정) · 한량 인민(閑良人民) · 향리(鄕吏) · 일수(日守)[308] · 양반 중에서 배 타는 데 능숙한 군정(軍丁)들을 거느려 왜구의 돌아오는 길목을 맞이하고, 6월 초8일에 각 도의 병선들은 함께 견내량(見乃梁)[309]에 모여서 기다리기로 약속하다.

토벌군 편재표

| 삼군 도체찰사 이종무 | | |
| --- | --- | --- |
| **좌군** | **중군** | **우군** |
| 도절제사 : 유습<br>절 제 사 : 박초,<br>박실 | 절 제 사 : 우박,<br>이숙묘,<br>황상 | 도절제사 : 이지실<br>절 제 사 : 김을화,<br>이순몽 |

307 임금과 대신들의 행차에 경호 · 경비를 담당하던 특수부대 성격을 지닌 군사. 시위패(侍衛牌) 외에 별도로 조직해 두었던 시위패
308 각 관아나 역(驛)에서 잡무에 종사하던 자로 일수양반(日守兩班)이라고도 한다.
309 경상남도 통영시(統營市) 용남면(龍南面) 장평리(長坪里)와 거제시(巨濟市) 사등면(沙等面) 오량리(烏良里) 사이에 있는 해협

■ 원년 5월 18일

상왕과 임금이 두모포(豆毛浦) 백사정(白沙汀)에 거둥하여 이종무 등 여
덟 장수를 전송하고, 상왕이 친히 여러 장수와 군관에게 술을 줄 때, 환
관 최한에게 명하여 술을 치게 하고, 여러 장수에게 활과 화살을 주다.
중군(中軍)과 우군(右軍)은 떠나가고 좌군은 다음날 떠나기로 하다.


■ 원년 5월 24일

병조에서 보고하기를, "이제 왜구가 바야흐로 성하여 간첩이 있을까
두려우니, 요해지(要害地)를 지켜 행인들을 점검하고 문빙(文憑, 통행증)
이 없는 자는 그 자리에서 곧 체포하게 하라." 하니 상왕이 그대로 따
르다.


■ 원년 5월 25일

삼군도통사 유정현이 떠나가므로 상왕이 친히 선지와 부월(鈇鉞)[310]을
주어 보내다.
상왕과 임금이 한강정(漢江亭) 북쪽에 거둥하여 전송하고, 상왕은 안장
갖춘 말과 화살을 주고 임금은 옷과 전립(戰笠)[311] 및 군화를 주다.


■ 원년 5월 29일

도체찰사에게 명하여 먼저 사람을 보내어 글을 대마도 수호(守護)에게

---

310 임금의 권위를 상징하는 작은 도끼와 큰 도끼를 아울러 이르는 말
311 군대나 의식에서 벙거지를 이르던 말

주었으니, 그 글에 이르기를, "의(義)를 사모하고 정성을 다한 자는 자손에게까지 마땅히 후하게 하려니와, 은혜를 배반하고 들어와 도적질한 자는 처와 자식까지도 아울러 죽일 것이니, 이것은 천리(天理)의 당연한 바요, 왕자(王者)의 대법(大法)이다. 대마도는 우리나라와 더불어 물 하나를 서로 바라보며 우리의 품 안에 있는 것이어늘, 전조(前朝, 고려)가 쇠란하였을 때에 그 틈을 타서 경인년(1350)으로부터 우리의 변경을 침략하였고, 군민을 죽이었으며, 가옥들을 불사르고 재산을 빼앗아 탕진하였다. 연해 지방에는 사상자가 깔려 있는 지가 여러 해이다. 우리 태조 강헌 대왕이 용비(龍飛)하시어서 운(運)을 맞아서 너희들을 도와 편하게 하여 서로 믿고 지내게 하였으나, 오히려 또한 고치지도 아니하고, 병자년(1395)에는 동래(東來)에 들어와서 도적질하고 병선을 빼앗고 군사를 살육하였으며, 우리의 성덕신공(聖德神功)하신 상왕이 즉위하신 후 병술년(1405)에는 조운선(漕運船)을 전라도에서 빼앗아 갔고, 무자년(1407)에는 병선을 충청도에서 불사르고 그 만호까지 죽였으며, 재차 제주에 들어와서는 살상이 또한 많았었다. 그러나 우리 전하께서는 거치른 것[荒]과 때묻은 것을 포용하시는 도량이시므로, 너희들과 교계(較計)³¹²하고자 하지도 않으시고 올 적에는 예를 두터이 하여 대접하시었으며, 갈 때에도 물건을 갖추어서 후히 하시었다. 굶주림을 보고 도와주기도 하였고, 장사할 시장을 터 주기도 하여 너희들이 하자는 대로 하여 주지 아니한 것이 없다. 우리가 너희들에게 무

---

312 맞나 아니 맞나 서로 견주어 봄.

엇을 저버린 일이 있었던가. 지금 또 배 32척을 거느리고 와서 우리의 틈을 살피며, 비인포(庇仁浦)에 잠입하여 배를 불사르고 군사를 죽인 것이 거의 300이 넘는다. 황해를 거쳐서 평안도에 이르러 장차 명나라 지경을 침범하려 하니 은혜를 잊고 의를 배반하며 천도를 어지럽게 함이 심한 것이다. 변방을 지키는 장사가 비록 잡으려고 쫓아갔으나, 만호(萬戶) 중(僧) 소오금을 도두음곶에서 죽였고, 만호 중(僧) 요이를 백령도에서 죽였으며, 구라(仇羅) 등 60여 인을 다시 궐하에 끌고 오니, 우리 전하가 혁연히 성내면서 용서함이 없이 신을 명하여, 가서 그 죄를 묻게 하시니, 수죄하는 말에 이르기를, '수호(守護)의 선부(先父)는 조선 왕실을 마음껏 섬겨서 정성을 모으고 순종함을 본받았으니, 내 이를 심히 아름답게 여기었더니, 이제는 다 그만이로다. 내가 그 사람(수호의 선부)을 생각하여도 얻지 못하니, 그 자식 사랑하기를 그 아비와 같이 여기고 있다. 그렇기에 그들을 토죄할 적에도 수호의 친속들과 전일에 이미 순순히 항복하여 온 자와 지금 우리의 풍화(風化)를 사모하여 투항한 자들만은 죽이지 말고, 다만 침략한 자의 처자식과 여당만을 잡아 오라고 한 것이다. 아아, 우리의 성덕 신공하신 상왕 전하의 지인대의(至人大義)는 멀리 고금에 뛰어나 천지를 움직이고 귀신을 감동하게 하였으니, 수호는 우리 전하의 뜻을 받들어서 적당(賊黨)으로서 섬에 있는 자들은 모조리 쓸어서 보내되, 한 놈도 남기지 말고 선부(先父)의 정성을 다하여 바치던 뜻을 이어 길이길이 화호함을 도타이 하는 것이 어찌 너의 섬의 복이 아니겠는가. 만일 그렇지 못하면 뒷날에 뉘우쳐도 미치지 못할 것이니, 오직 수호는 삼가 도중(島中)의 사람으로서 대의를 알 만한 자들과 잘 생각하여라.'라고 하시었노라." 하다.

■ 원년 6월 1일

최윤덕이 내이포(乃而浦)에 이르러 군사를 엄하게 정비하고, 왜인으로
포에 온 자는 다 잡아다가 멀리 떨어진 곳에 분치하고, 각 관에서는 완
악하고 흉한 자로서 어찌할 수 없는 평망고(平望古)와 같은 21인을 목
베니 왜인이 감히 동하지 못하다.


■ 원년 6월 4일

유정현이 보고하기를, "경상도 각 포(浦)에 와서 머물고 있는 왜인과
장사하는 왜인을, 수로(水路)에는 병선으로, 육지에는 기병(騎兵)과 보
병으로 에워싸고, 구주 절도사가 사신으로 보낸 것 이외에는 모두 잡
아서 각 관청에 분치하니 본도에 355명, 충청도에 203명, 강원도에 33
명으로 모두 591명이요, 포로로 할 때에 죽은 자와 해변의 여러 섬에
서 수색하여 잡을 때에 물에 몸을 던져 자살한 자가 136명이요, 포로
된 중국인이 6명입니다."라고 하다.


■ 원년 6월 17일

삼군 도체찰사(三軍都體察使) 이종무가 9명의 절제사를 거느리고 거제
도를 떠나 바다 가운데로 나가다가 바람에 거슬려 다시 거제도에 와
서 배를 매니, 병선 수효가 경기도 10척, 충청도 32척, 전라도 59척, 경
상도 126척으로 총계 227척이고, 서울로부터 출정 나간 모든 장수 이
하 관군 및 따르는 사람이 669명이고, 갑사 · 별패 · 시위 · 영진속(營鎭

屬)과 자기가 모집한 건강한 잡색군(雜色軍)[313]과 원기선군(元騎船軍)[314]을 병합하여 1만 6,616명이니, 총수가 1만 7,285명이므로, 65일 양식을 싸 가지고 행진하다.

- **원년 6월 19일**

이날 사시(巳時, 10시경)에 이종무가 거제도 남쪽에 있는 주원방포(周原防浦)에서 출발해서 다시 대마도로 향하다.

- **원년 6월 20일**

오시(午時, 12시)에 우리 군사 10여 척이 먼저 대마도에 도착하다.

섬에 있는 도적이 바라보고서 본섬에 있는 사람이 돌아온다 하고, 술과 고기를 가지고 환영하다가, 대군이 뒤이어 두지포(豆知浦)에 정박하니 모두 넋을 잃고 도망하고, 다만 50여 명이 막으며 싸우다가 흩어져 양식과 재산을 버리고 험하고 막힌 곳에 숨어서 대적하지 않거늘, 먼저 귀화한 왜인 지문(池文)을 보내어 편지로 도도웅와에게 깨우쳐 이르나 대답하지 않았다. 이에 우리 군사가 길을 나누어 수색하여 크고 작은 적선 129척을 빼앗아, 그중에 사용할 만한 것으로 20척을 고르고 나머지는 모두 불살라 버리다. 또 도적의 가옥 1,939호를 불질렀으며, 전후에 머리 벤 것이 114급이요, 사로잡은 사람이 21명이었다. 밭에 있

---

313 정병(正兵)을 제외한 여러 가지 직종의 임무를 맡아보던 군인
314 기선군(騎船軍)은 고려시대 왜구의 침입을 막기 위해 설치한 선군(船軍)으로, 조선시대에도 계속 두었다.

는 벼곡식을 베어 버렸고, 포로 된 중국인 남녀가 합하여 131명이었다. 제장들이 포로 된 중국인에게 물으니, 섬중에 기갈이 심하고, 또 창졸 간에 부자라 하여도 겨우 양식 한두 말만 가지고 달아났으니, 오랫동 안 포위하면 반드시 굶어 죽으리라 하므로, 드디어 책(栅)³¹⁵을 훈내곶 (訓內串)³¹⁶에 세워 놓고 적의 왕래하는 중요한 곳을 막으며 오래 머무 를 뜻을 보였다.

■ 원년 6월 29일

유정현의 종사관 조의구가 대마도에서 돌아와 승전을 고하니 3품 이 상이 수강궁에 나아가 하례하다.

상왕이 훈련관 최기를 보내 군중(軍中)에 가서 도체찰사 이종무에게 이르니, 그 첫째는 "예로부터 군사를 일으켜 도적을 치는 뜻이 죄를 묻는 데 있고 많이 죽이는 데 있는 것은 아니니라. 오직 경은 나의 지 극한 생각을 마음에 새겨 투항하는 대로 모두 나에게 오게 하라. 또한 왜놈의 마음이 간사함을 헤아릴 수가 없으니 이긴 뒤라도 방비가 없 다가 혹 일을 그르칠까 함이 또한 염려되는 것이며, 또는 생각하니 7 월 중에는 으레 폭풍이 많으니 경은 그 점을 잘 생각하여 오래도록 해 상에 머물지 말라."라고 하고, 그 둘째는 "도적과 간사한 무리로 패상 난기(敗常亂紀, 천도를 어기고 인륜을 어지럽게 하는 것)하는 자는 베고 토벌을 하는 것은 마지못하여 하는 일이지마는, 삼가며 불쌍히 여기는 뜻도

---

315 울타리. 목책
316 대마도 동남단에 있는 요충지

언제나 떠나지 않는도다. 근자에 대마도 왜적이 은혜를 배반하고 의를 저버리고 몰래 우리의 땅 경계로 들어와 군사를 노략한 자이면 잡는 대로 베어서 큰 법을 바르게 하였고, 전일에 의리를 사모하여 전부터 우리나라의 경계에 살던 자와 이제 이익을 찾아 온 자는 모두 여러 고을에 나누어 배치하고 옷과 식량을 주어서 그들의 생활이 되게 한다. 대마도는 토지가 척박해서 심고 거두는 데 적당하지 않아서 생계가 실로 어려우니 내 심히 민망히 여기는 것이다. 혹 그 땅의 사람들이 전부 와서 항복한다면 거처와 의식을 요구하는 대로 할 것이니, 경은 나의 지극한 뜻을 도도웅와와 대소(大小) 왜인들에게 깨우쳐 알려 줄 것이니라." 하다.

이종무 등이 배를 두지포(豆知浦)에 머무르게 하고 날마다 편장(偏將)³¹⁷을 보내 육지에 내려 수색하여 잡고, 다시 그 가옥 68호와 배 15척을 불사르고, 도적 9급(級)을 베고, 중국인 남녀 15명과 본국인 8명을 얻었다. 적이 밤낮으로 우리 군사 막기를 생각하므로, 26일에 종무가 전진하여 이로군(尼老郡)³¹⁸에 이르러 3군에 명령하여, 길을 나누어 육지에 내려 한 번 싸우고자 좌우 군사들을 독려하여 먼저 하륙하게 하니, 좌군 절제사 박실이 적과 서로 만났다. 적이 험한 곳에 모여 복병하고 기다렸다가 실이 군사를 거느리고 높은 곳에 올라 싸우려 할 그 순간에, 졸지에 복병이 일어나 앞으로 돌격해 와서 우리 군사가 패전하여 편장 박홍신·박무양·김해·김희 등이 전사하였으므로, 실이

---

317 편장(偏將). 대장을 보좌하며 소속 부대를 지휘하던 무관
318 대마도에 있는 군

군사를 거두어 다시 배에 오르니 적이 추격하여 왔다. 우리 군사 중에 전사하거나 언덕에서 떨어져 죽은 자가 1백 수십 인이나 되었다. 우군 절제사 이순몽과 병마사 김효성 등이 또한 적을 만나 힘껏 싸워 막으니 적이 그제야 물러갔고, 중군은 마침내 하륙하지 아니하였다.

도도웅와는 우리 군사가 오래 머물까 두려워서 글을 받들고 군사를 물려 수호(修好)하기를 빌다.


■ 원년 7월 6일

이종무가 보내 온 진무(鎭撫) 송유인이 밤에 와서 보고하기를, "군사가 거제로 돌아왔는데 전함이 침몰한 것은 없다."라고 하다.


■ 원년 7월 7일

"중국으로부터 돌아온 적선 30여 척이 이달 초3일에는 황해도 소청도에 이르고, 초4일에는 안흥량(安興梁)에 와서 우리 배 9척을 노략하고 도로 대마도로 향하니, 우박과 권만으로 중군 절제사를 삼고, 박실과 박초로 좌군 절제사, 이순몽과 이천으로 우군 절제사를 삼아 각각 병선 20척을 거느리게 할 것이니, 도체찰사가 다 거느리고 다시 대마도로 가되 육지에 내려 싸우지는 말고, 군사를 거느리고 바다에 떠서 변(變)을 기다릴 것이며, 또 박성양으로는 중군 절제사를, 유습으로는 좌군 절제사를, 황상으로는 우군 절제사를 삼아 각각 병선 25척을 거느리고 나누어 등산굴두(登山窟頭)와 같은 요해처에 머무르게 하고, 적의 돌아오는 길을 맞아 쫓으며, 협공으로 반드시 대마도까지 이르게 하라." 하고, 곧 종무 이하 10명의 장수에게 갑옷과 옷 한 벌을 주다.

■ 원년 7월 12일

상왕이 지인(知印) 이호신을 보내 유정현에게 선지(宣旨)[319]를 내리기를, "대마도를 다시 토벌하는 것을 중지하게 하고, 장수들로 하여금 전라 · 경상도의 요해처에 보내어 엄하게 방비하여 적이 통과하는 것을 기다렸다가 추격하여 잡게 하라."라고 하다.

■ 원년 7월 15일

동정(東征)하는 여러 장수들이 구량량(仇良梁)[320]에 모이다. 이날 배로 떠나서 ·대마도로 향해 가려고 할 때 마침 이호신이 진시(辰時, 8시)에 군중(軍中)에 이르러 교지를 선포하기를, "다시 토벌하는 행군을 중지하라." 하다.

■ 원년 7월 17일 (투항 권유)

상왕이 병조판서 조말생에게 명하여 대마도 수호 도도웅와에게 글을 보내어,

"대마도라는 섬은 경상도의 계림(鷄林)에 예속했으니, 본디 우리나라 땅이란 것이 문적에 실려 있어 분명히 상고할 수가 있다. 다만 그 땅이 심히 작고 또 바다 가운데 있어서 왕래함이 막혀 백성이 살지 않는지라, 이러므로 왜인으로서 그 나라에서 쫓겨나서 갈 곳이 없는 자들

---

319 상왕인 태종(太宗)의 전지(傳旨)
320 『세종실록지리지』 경상도 고성현(固城縣)에 '구량량은 본디 진주(晉州) 임내(任內)인 각산향(角山鄉)에 있었다.'라고 하였다.

이 다 와서 함께 모여 살아 굴혈을 삼은 것이며, 때로는 도적질로 나서서 평민을 위협하고 노략질하여 전곡(錢穀)을 약탈하고 마음대로 고아와 과부, 사람들의 처자를 학살하며 사람이 사는 집을 불사르니 흉악무도함이 여러 해가 되었으나, 우리 태조 강헌 대왕(太祖康獻大王)께서는 지극히 어질고 신무(神武)하시므로 하늘 뜻에 응하여 혁명을 일으켜 비로소 집[家]으로 이루어진 나라를 창조하매, 저자와 전포도 변함이 없이 큰 기업(基業)[321]이 정하여졌으니, 이것이 비록 탕임금과 무왕의 성덕이라 할지라도 어찌 여기에서 더하겠는가.

국세가 크게 확장되고 병력이 뛰어나게 충실하니, 산과 바다를 뚫어서 통하게 할 수도 있고 천지를 뒤흔들게 할 수도 있으니, 높고도 높으며 성하고도 성함이여, 대저 혈기 있는 자 두려워서 굴복하지 않는 자가 없었다. 이때를 당하여, 한 편장(褊將)을 명하여 대마도의 작은 추한 놈들을 섬멸하게 하니, 마치 태산이 까마귀 알을 누르는 것과도 같고 맹분·하육 같은 용사가 어린아이를 움키는 것과도 같으나, 우리 태조께서는 도리어 문덕을 펴고 무위(武威)를 거두시고 은혜와 신의와 사랑과 편안케 하는 도리를 보이시니, 내가 대통을 이어 나라에 임한 이래로 능히 전왕의 뜻을 이어서 더욱 백성을 측은한 마음으로 사랑하고, 비록 조그마한 공손하지 못한 일이 간혹 있어도 오히려 도도웅와의 아비 종정무(宗貞茂)의 의를 사모하고 정성을 다한 것을 생각해서 범하여도 교계(較計)하지 않았으며, 통신하는 사신을 접할 때마다 사관

---

321 국가의 토대를 구축하고 관직체계를 정비하여 왕업(王業)의 터전을 닦음.

(使館)을 정하여 머물게 하고 예조에 명하여 후하게 위로하고, 또 그 생활의 어려움을 생각하여 이(利)를 꾀하는 상선(商船)의 교통도 허락하였으며, 경상도의 미곡을 대마도로 운수한 것이 해마다 대개 수만 석이 넘었으니, 그것으로 거의 그 몸을 길러 주림을 면하고 그 양심을 확충하여 도적질하는 것을 부끄럽게 여기고 천지 사이에 삶을 같이할까 하였노라. 나의 용심(用心)함도 또한 부지런히 하였더니, 뜻밖에도 요사이 와서 배은망덕하고 스스로 화근을 지으며 망함을 스스로 취하고 있으나, 그 평일에 귀화한 자와 이(利)를 얻으려고 무역하거나 통신(通信) 관계로 온 자와 또 이제 우리의 위풍(威風)에 따라 항복한 자는 아울러 다 죽이지 아니하고, 여러 고을에 나누어 두고서 먹을 것 입을 것을 주어서 그 생활을 하게 한 것이며, 또 변방 장수에게 명하여 병선을 영솔하고 나아가서 그 섬을 포위하고 모두 휩쓸어와 항복하기를 기다렸더니, 지금까지도 그 섬 사람들은 오히려 이럴까 저럴까 하며 깨닫지 못하고 있으니 내 심히 민망히 여긴다. 섬 가운데 사람들은 수천에 불과하나, 그 생활을 생각하면 참으로 측은하다. 섬 가운데 땅이 거의 다 돌산이고 비옥한 토지는 없다. 농사하여 곡식과 나무를 가꾸어서 거두는 것으로 공(功)을 시험할 곳이 없으므로, 장차 틈만 있으면 남몰래 도적질하거나 남의 재물과 곡식을 훔치려 하는 것이 대개 그 평시에 저지른 죄악이며, 그 죄악이 벌써부터 가득 차 있는지라, 어두운 곳에서는 천지와 산천의 신이 묵묵히 앙화(殃禍)[322]를 내리고, 맑은 곳에

---

322 재앙

서는 날랜 말과 큰 배며 날카로운 병기와 날쌘 군사로써 수륙의 방비가 심히 임하니, 어디 가서 주륙(誅戮)[323]의 환을 만나지 아니할 것인가. 다만 고기 잡고, 미역 따고 하여 매매하는 일은 이에 생활의 자료가 되는 바인데, 이제 와서는 이미 배은(背恩)하고 의를 버려 스스로 끊는 것이며 내가 먼저 끊을 마음이 있었던 것은 아니다. 이 세 가지를 잃은 자는 기아를 면치 못할 것이며 앉아서 죽기를 기다릴 뿐이니, 이에 대하여 계책하기도 또한 어려운 일이다. 만약 능히 번연(翻然)히 깨닫고 다 휩쓸어 와서 항복하면 도도웅와는 좋은 벼슬을 줄 것이며 두터운 녹도 나누어 줄 것이요, 나머지 대관들은 평도전(平道全)의 예와 같이 할 것이며, 그 나머지 여러 군소(群小)들도 또한 다 옷과 양식을 넉넉히 주어서 비옥한 땅에 살게 하고 다 같이 갈고 심는 일을 얻게 하여 우리 백성과 꼭 같이 보고 같이 사랑하게 하여 도적이 되는 것이 부끄러운 것임과 의리를 지키는 것이 기쁜 일임을 다 알게 하여, 이것이 스스로 새롭게 하는 길이며 생활하여 갈 도리가 있게 되는 것이라. 이 계책에서 나가지 아니한다면, 차라리 무리를 다 휩쓸어서 이끌고 본국에 돌아가는 것도 그 또한 옳을 일이어늘, 만일 본국에 돌아가지도 아니하고 우리에게 항복도 아니하고, 아직도 도적질할 마음만 품고 섬에 머물러 있으면, 마땅히 병선을 크게 갖추어 군량을 많이 싣고 섬을 에워싸고 쳐서 오랜 시일이 지나게 되면 반드시 장차 스스로 다 죽고 말 것이며, 또 만일 용사 10여만 명을 뽑아서 방방곡곡으로 들어가

---

323 죄에 따르는 형벌.

치면 주머니 속에 든 물건과 같이 오도 가도 못하여 반드시 어린이와 부녀자까지도 하나도 남지 않을 뿐만 아니라, 육지에서는 까마귀와 소리개의 밥이 되고 물에서는 물고기와 자라의 배를 채우게 될 것이 의심 없으니, 아, 어찌 깊이 불쌍히 여길 바 아니겠는가. 이것은 화복의 소재가 소소하게 밝은 일이어서 망매(茫昧, 경험이 부족하여 세상 물정에 어두움)하여 분명치 못하거나 궁구하여도 끝까지 모를 일이 아니다. 옛사람의 말에 '화와 복은 자기 스스로가 구하지 않는 것이 없다.' 하였고, 또 말하기를, '열 집만이 사는 고을에도 반드시 충신(忠信)한 사람은 있다.' 하였으니, 이제 대마도 한 섬 사람에도 역시 다 하늘에서 내린 윤리와 도덕의 성품이 있을 것이니, 어찌 시세(時勢)를 알고 의리에 통하여 깨닫는 사람이 없겠는가. 병조는 글[書]을 대마도에 보내어 나의 지극한 생각을 알려서 그 자신(自新)할 길을 열어 멸망의 화를 면하게 하고, 나의 생민(生民)을 사랑하는 뜻에 맞도록 하라. 이만 두노라. 이제 선지(宣旨)로써 일의 마땅함을 자세히 알게 하노니 오직 족하(足下)[324]는 잘 생각하라."

하고, 귀화한 왜인 등현 등 5명에게 이 글을 가지고 대마도로 가게 하다.

- 원년 7월 18일

삼군도통사(三軍都統使) 유정현 등 여러 장수를 불러 서울로 돌아오게

---

324 편지글 등에서 가깝고 대등한 사람에 대한 경칭

하고 선지하기를, "대마도 왜노(倭奴)가 사는 땅이 매우 척박하여 생리(生理)가 가난한 탓으로 도적질할 꾀를 내는 것이니, 이제 전부터 귀화하여 서울에 와서 살고 있는 등현 등 5명을 시켜 먼저 섬 가운데로 가서 그들을 불러 안심시켜 거느리고 오게 하라. 혹 왜노가 덕으로 길러 주려는 마음을 돌아보지 아니하고 순종하기를 좋아하지 아니하여 등현 등을 구류하고 돌려보내지 않으면, 9, 10월 사이에 장차 다시 군사를 일으켜 문죄(問罪)[325] 할 것이니, 각 도로 하여금 병선을 정제 점검하여 정벌할 터로 가기를 기다릴 것이다." 하다.

■ 원년 8월 3일

이종무 · 우박 · 박성양과 서성재 · 상양 · 이징석 등이 돌아오니, 상왕이 병조 참의 장윤화를 보내고, 임금이 우부대언(右副代言) 최사강을 보내 한강가에서 영접하여 위로하게 하고, 상왕이 임금과 함께 낙천정(樂天亭)에 거둥하여 그들을 기다리니 종무 등이 들어와서 뵈오므로, 주연(酒宴)을 베풀어 위로하실 때 거둥에 배행하였던 종친과 대신들도 연회에 참례하게 하다.

■ 원년 9월 8일

경상도 우도 도절제사가 보고하기를, "포로 되었던 중국 사람이 대마도에서 도망 와서 하는 말이, 왜적이 9, 10월 간에 조선을 침략하자고

---

325 죄를 물음.

의논하더라 하오니, 우도 각 포구의 좌우령(左右領) 선군(船軍)들을 징집하여 선군이 없는 병선에 분승하고 비상 사태에 대비하게 하소서." 하므로 그대로 따르다.

■ 원년 9월 11일

유정현이 "전일에 분치(分置)하였던 일기주(一岐州)[326]의 왜적들도 대마도 왜적의 예에 의거하여 노비로 삼게 하소서." 하니, 상왕이 "깊고 먼 고을로 보내어 노비가 되게 하라." 하다.

■ 원년 9월 20일

등현ㆍ변상 등이 대마도로부터 돌아왔다. 대마도의 수호(守護) 종 도도웅와(宗都都熊瓦)가 도이단도로(都伊端都老)를 보내 예조판서에게 신서(信書)를 내어 항복하기를 빌었고, 인신(印信) 내리기를 청원했으며, 토물(土物)을 헌납하다.

임금이 "대마도는 지금 비록 궁박한 정도가 심해서 항복하기를 빌기는 하나 속마음은 실상 거짓일 것이오. 만약에 온 섬이 통틀어서 항복해 온다면 괜찮겠소. 만약에 그들이 오지 않는다면 어찌 족히 믿을 수 있겠소." 하니, 이원이 "비록 온 섬이 통틀어서 항복해 온다 하더라도 그것을 처치하는 것 역시 어렵습니다." 하다.

임금이 "수만(數萬)에 지나지 않는데 그 정도를 처치하는 것이 무엇이

---

326 이키섬. 일본 나가사키현[長崎縣]에 속해 있는 섬. 예로부터 한국과 일본의 교통의 요로에 있어 중시되었다.

어렵겠소." 하니, 이원이 "궁박한 정도가 심해서 표면적으로 우호적인 교제를 허락하는 것일 뿐입니다. 반드시 온 섬이 통틀어서 투항해 오지는 않을 것입니다." 하였다.

임금이 "그렇소." 하다.

■ 원년 10월 18일

도도웅와(都都熊瓦)가 보낸 사람 도이단도로가 대궐에 나아가 사명(辭命)[327]을 배(徘)하다.

예조판서 허조가 그 서신에 답하여 말하기를, "사자(使者)가 와 서신을 받아 사연을 자세히 알았노라. 말하여 온 바 본도인(本島人)을 돌려보내는 것과 인신(印信)을 내리는 것들의 일을 삼가 아뢰어 바쳤노라. 병조판서 신(臣) 조말생이 삼가 선지(宣旨)를 받들었나니, 그 내용은 대략 다음과 같노라. (…)

이제 대마도 사람들이 작은 섬에 모여들어 굴혈(掘穴)[328]을 만들고 마구 도적질을 하여 자주 죽음을 당하고도 기탄하는 바가 없는 것은 하늘이 내려준 재성(才性)이 그렇게 달라서 그런 것이 아니요, 다만 작은 섬은 대개 다 돌산이므로 토성(土性)이 돌이 많고 메말라 농사에 적합하지 않고, 바다 가운데 박혀 있어 물고기와 미역의 교역에 힘쓰나 사세가 그것들을 늘 대기에 어렵고, 바다 나물과 풀뿌리를 먹고 사니 굶주림을 면하지 못해 핍박하여 그 양심을 잃어 이 지경에 이르렀을 뿐

---

327 사명(詞命). 임금의 말 또는 명령
328 구멍이나 구덩이를 팜.

이니, 나는 이것을 심히 불쌍하게 여기노라. 도도웅와의 아비 종정무의 사람됨은 사려가 깊고 침착하며 지혜가 있어 정의(正義)를 사모하여, 성의를 다해 무릇 필요한 것이 있으면 신청해 오지 않은 적이 없노라. 일찍이 진도(珍島)와 남해(南海) 등의 섬을 청하여 그의 무리들과 함께 옮겨와 살기를 원했으니, 그가 자손 만대를 위해 염려함이 어찌 얕다 하겠느뇨. 나는 이를 매우 가상히 여겨 막 그의 청하는 바를 들어주려고 하였던 차에, 종정무가 세상을 버렸으니, 아아, 슬프도다. 도도웅와가 만약에 내 인애스러운 마음을 체득하고 아비의 후세를 염려한 계획을 생각하여 그 무리들을 타일러 깨닫게 하여 그 땅에 사는 온 사람들이 항복해 온다면, 틀림없이 큰 작위를 내리고 인신(印信)을 주고 후한 녹을 나누어주고 전택(田宅)[329]을 내려 대대로 부귀의 즐거움을 누리게 하여 줄 것이요, 그 대관인(大官人)[330] 등은 다 서차(序次)에 따라 작을 주고 녹을 갈라 주어 후한 예로써 대해 줄 것이며, 그 나머지 군소배(群小輩)들도 다 소원에 따라 비옥한 땅에다 배치해 주고 하나하나에 농사짓는 차비를 차려 주어, 농경의 이득을 얻게 하여 굶주림을 면하게 하여 주리라. 양심을 충실하게 하면 선은 마땅히 행해야 하고 악은 마땅히 없애야 함을 알게 되어, 전에 물든 더러움을 싹 씻어버리고 예의의 습속으로 변하여 무궁하도록 함께 복리를 누리게 될 것이니 훌륭하지 아니하뇨.

이제 선지의 뜻을 갖추어 써서 돌려보내노라. 자세한 것은 돌아가는

---

329 논밭과 집
330 높은 관직에 있는 사람

사자가 귀로 직접 들었노라. 족하(足下)는 잘 생각하여 섬 중의 시세(時勢)[331]를 알고 의리를 아는 자들과 함께 의논해서 처리하면 온 섬이 다 행하리라." 하다.

■ 2년 윤1월 10일 (신하가 되겠습니다)

예조에서 계하기를, "대마도의 도도웅와의 부하 시응계도(時應界都)가 와서 도도웅와의 말을 전달하기를, '대마도는 토지가 척박하고 생활이 곤란하오니, 바라옵건대 섬 사람들을 가라산(加羅山) 등 섬에 보내어 주둔하게 하여 밖에서 귀국(貴國)을 호위하며, 백성으로는 섬에 들어가서 안심하고 농업에 종사하게 하고, 그 땅에서 세금을 받아서 우리에게 나누어 주어 쓰게 하옵소서. 나는 일가 사람들이 수호하는 자리를 빼앗으려고 엿보는 것이 두려워 나갈 수가 없사오니, 만일 우리 섬으로 하여금 귀국 영토 안의 주·군(州郡)의 예에 의하여 주(州)의 명칭을 정하여 주고, 인신(印信)을 주신다면 마땅히 신하의 도리를 지키어 시키시는 대로 따르겠습니다. 도두음곶이(都豆音串)에 침입한 해적의 배 30척 중에서 싸우다가 없어진 것이 16척이며 나머지 14척은 돌아왔는데, 7척은 곧 일기주(一歧州)의 사람인데 벌써 그 본주로 돌아갔고, 7척은 곧 우리 섬의 사람인데 그 배 임자는 전쟁에서 죽고, 다만 격인(格人)[332]들만 돌아왔으므로, 이제 이미 각 배의 두목 되는 자 한 사람씩을 잡아들여 그 처자까지 잡아 가두고, 그들의 집안 재산과 배를

---

331 어떤 때의 형세
332 격군(格軍). 배를 부리는 뱃사공

몰수하고 명령을 기다리고 있사오니, 빨리 관원을 보내어 처리하시기를 바랍니다.'라고 하였습니다." 하다.

■ 2년 윤1월 14일
대마도의 도도웅와가 사람을 보내어 토산물을 바치다.

■ 2년 윤1월 23일 (대마도는 경상도 소속. 관찰사에 보고)
예조판서 허조에게 명하여 도도웅와의 서한에 답서하게 하니, 그 글에 이르기를, "사람이 와서 편지를 받아보고 귀하가 진심으로 뉘우치고 깨달아서 신하가 되기를 원하는 뜻을 자세히 알았으며, 돌려보낸 인구(人口)와 바친 예물은 이미 자세히 위에 아뢰어 모두 윤허하심을 받았으니, 실로 온 섬의 복이라고 생각합니다. 귀하가 요청한 바 여러 고을에 나누어 배치한 사람들에게는 이미 의복과 식량을 넉넉히 주어서 각기 그 생업에 안심하고 종사하게 하였는데, 섬 안에는 먹을 것이 부족하니 돌아간다면 반드시 굶주릴 것입니다. 또한 대마도는 경상도에 예속되어 있으니, 모든 보고나 또는 문의할 일이 있으면 반드시 본도의 관찰사에게 보고를 하여, 그를 통하여 보고하게 하고 직접 본조에 올리지 말도록 할 것이요. 겸하여 청한 인장의 전자(篆字)와 하사하는 물품을 돌아가는 사절에게 부쳐 보냅니다. 근래에 귀하의 관할 지역에 있는 대관(代官)과 만호(萬戶)가 각기 제 마음대로 사람을 보내어 글을 바치고 성의를 표시하니 그 정성은 비록 지극하나 체통에 어그러지는 일이니, 지금부터는 반드시 귀하가 친히 서명한 문서를 받아 가지고 와야만 비로소 예의로 접견함을 허락하겠노라." 하다. 그 인장의 글자는 "종씨 도도웅와(宗氏都都熊瓦)"라 하였다.

▪ 3년 3월 14일

경상 좌도 수군 도안무처치사가 계하기를, "일본을 정벌하였을 때에
나포한 일본 배 34척을 황산강(黃山江)에 매어 두고 있는데, 연수가 오
래되어 썩어버렸사오니 깨뜨려서 쇠와 못을 뽑아서 새로 만드는 병선
에 사용하게 하소서." 하니 이를 허락하다.

항복 신서도 보내고 신하가 되겠다고도 하는 등 다시는 안 그러
겠다고 맹세는 했다. 그렇지만 굶주린 자들의 목구멍이 유죄인가 아
니면 제 버릇 남 주지 못한 것이 문제인가. 그 일이 있고 얼마간 잠잠
하더니, 한 1년쯤 지나고 나서부터 노략질하는 자들이 하나씩 다시
나타나기 시작했다.

## 3) 당근과 채찍의 조화

굶주린 왜적에게는 적당히 먹을 양식과 입을 옷감을 주어 달래는
것이 상책이다. 대마도에는 농토라고는 거의 없다시피 하니 어차피
양식의 대부분을 외부에 의존해야 하는데, 그래도 가까이 조선이 있
어서 얻어다 먹곤 한다. 조선에서 얻어먹는 것도 정도가 있지 결국은
모자라게 되고, 더욱이 무슨 일이라도 있는 경우엔 턱없이 부족할 수
밖에 없었다. 그러니 어디 가서 해적질이라도 해 오는 수밖에 없는데,
조선에서는 세종의 당근 때문에 옛날처럼 드러내 놓고 해적질할 수

도 없게 되었다. 그래도 타고난 본성이 그런데 어쩌겠나. 어느 날 드디어 큰일을 저지르고 마는데, 그것은 중국에 원정 갔다 오던 자들이 그만 배가 고파 눈이 뒤집혔던지, 조선의 제주행 관선을 습격하고야 말았던 것이다. 그 소식을 보고받은 세종은 노하여, 급기야 해적들 소굴인 대마도와 일기도에 사신을 파견하고 수사관도 보내었다.

그동안 닦아 놓은 세종의 외교망에 걸려든 해적들은 결국 굴비 엮이듯 묶여 조선 땅에 압송되고야 말았다. 이것이 바로 세종의 채찍이었던 것이다

## 3. 왜인들

### 세종 재위 기간 왜인들이 원했던 불경과 종들

| | | | | |
|---|---|---|---|---|
| 즉위 | 8. 21 | 대내전 | 대장경 | 거절 |
| | 8. 25 | 종정성 | 범종, 반야경 | ? |
| 원년 | 3. 7 | 구주도원수(원도진) | 대반야경 | ? |
| 2년 | 12. 8 | 구주도원수 | 대장경, 대종 | ? |
| 5년 | 1. 28 | 구주절도사 | 사종 | 거절 |
| | 7. 11 | 구주절도사 | 대장경 | ○ |
| | 11. 7 | 구주절도사(원의준)<br>일기주수 | 대장경<br>대반야경 | ? |
| 7년 | 3. 25 | 전 구주 절도사 | 대반야경 | ○ |
| | 4. 1 | 들어주지 마라 | | |
| 9년 | 1. 13 | 일기주수 | 대반야경 | ○ |
| 10년 | 3.1 | 구주순무사 | 대반야경 | 거절 |
| | 7. 10 | 등만정 | 대반야경 | 거절 |

| | 8. 14 | 대마주도주 | 반야경 | ○ |
|---|---|---|---|---|
| | 8. 26 | 구주순무사 | 대반야경 | 거절 |
| 11년 | 6. 18 | 준주태수 후실 | 대반야경 | ? |
| | 7. 30 | 풍주태수 | 대반야경, 큰쇠북 | ○ |
| 15년 | 8. 6 | 종무직 | 범종 | 거절 |
| 16년 | 3. 5 | 대마도주 | 대장경 | 거절 |
| 17년 | 2. 6 | 대마도주 | 대반야경 | ○ |
| 19년 | 2. 15 | 대마도주 | 대반야경 | 거절 |
| | 2. 30 | 대마도주 | 묘법연화경 | ○ |
| 22년 | 8. 1 | 대내전 | 대장경 | ? |
| 23년 | 1. 15 | 대마도주 | 법화경 | ○ |
| 25년 | 12. 11 | 대내전 | 비로법보존경 | ? |
| 26년 | 윤7.22 | 대마도주 | 대반야경 | ○ |
| 27년 | 3. 12 | 호자전 | 대장경 | ○ |
| | 5. 14 | 대마도주 | 대장경 | ○ |
| 28년 | 6. 18 | 대내전 | 대장경 | ○ |
| 31년 | 9. 4 | 대마도주 | 대장경 | ○ |

## 1) 일본왕의 대장경판 구걸, 사신 단식투쟁, 노략질 모의

일본 왕들은 세종 재위 32년 동안 대장경을 얻어 가기 위해 8차에 걸쳐서 조선에 사신을 파견한다. 그중에 한번은 인쇄된 책이 아니고 아예 대장경판을 달라고 조선에 보낸 사신이, 그 대장경판은 줄 수 없다고 하자 한양에서 단식투쟁까지 벌이는 해괴한 일이 벌어진다. 그것은 정말 철없는 아이들의 생떼도 아니요 또 한 나라 사신의 행동으로 보기에는 무례함의 극치요, 아무것도 모르는 무식의 소치라고밖에 볼 수 없는 도저히 이해되지 않는 사건이었다.

게다가 한술 더 떠, 미리 들통이 나 버린 그 대장경판 노략질 모의도 있었다! 참으로 어처구니없어서 말이 안 나올 정도의 짓들이다. 그랬다. 그들은 그렇게 살아온 것이다. 그들은 원하는 것은 어떤 것이라도 끈질기게 수단과 방법을 가리지 않고 얻고자 하였으니, 바로 그 정신으로 후일에 임진왜란을 일으켰으며, 먼저 근대화한 힘으로 조선에 대한 제국주의적 침탈을 저지른 것이다.

## 대장경 얻어 가기

### 첫 번째

- **원년 12월 14일**

일본국 왕의 사신이 서울에 들어오다. 내섬 판사(內贍判事) 김시우에게 선온(宣醞, 하사한 술)을 주어 한강에 나가서 맞이하게 하다.

- **원년 12월 17일**

일찍이 명나라 황제가 일본 원의지(源義持)의 아비 원도의(源道義)를 왕으로 봉하였으나, 원의지는 명을 받들지 아니하고 스스로 정이대장군(征夷大將軍)이라 일컫고, 그 나라 사람들이 어소(御所)[333]라고 하는 까닭에, 그들이 가지고 온 서계에 다만 일본국 원의지라 하고 '왕(王)' 자(字)를 쓰지 아니하다.

---

333 임금이 있는 곳

일본국 원의지의 사신 양예(亮倪)가 대궐에 들어와 서계를 올리고 토산물을 바치니 객청(客廳)에서 접대하게 하다.

그 서계에 "우리 나라와 귀국(貴國)은 바다를 격(隔)[334]한 가장 가까운 나라이나, 큰 물결이 험한 데가 많아서 때때로 소식을 잇지 못하니, 이것은 게으른 것이 아닙니다. 이제 중[僧] 양예를 보내 기거(起居)[335]를 문안하고 겸해서 석전(釋典, 불경) 7,000축(軸)을 구하오니, 만약 윤허(允許)하시어 이 나라 사람으로 하여금 길이 좋은 인연을 맺게 하시면 그 이익이 또한 넓지 않겠습니까. 이것을 용납하시기를 엎디어 빌며 변변하지 못한 토산물을 서계 끝에 열기하였습니다." 하다.

- **2년 1월 6일**

일본국 사신 양예가 그 부하를 거느리고 반열을 따라 예를 행하게 하였는데, 양예 등을 서반(西班) 종3품의 반열에 서게 하다. 예가 끝나매 통역관 윤인보를 명하여 양예를 인도하여 전상(殿上)에 오르게 하고, "풍수(風水)가 험한 길에 수고롭게 왔소." 하니, 양예가 굽어 엎드려 대답하기를, "임금의 덕택을 말로써 다하기 어렵습니다." 하다.

임금이 "너희들의 바라는 것이 무엇인가." 하니, 양예가 "대장경(大藏經)뿐이올시다."라고 하다.

임금이 "대장경은 우리나라에서도 희귀하다. 그러나 1부(部)는 주겠다." 하니, 양예가 엎드려 머리를 조아리며 "우리 나라에서 받은 임금

---

334 사이가 뜨다.
335 일상생활

의 은혜는 이루 말할 수 없습니다."라고 하다.

■ 2년 윤1월 15일

일본에서 사절을 보낸 데 대한 답례로 인녕부 소윤(仁寧府少尹) 송희경
을 보내니, 그 서한에 "받들어 일본 국왕 전하에게 회답합니다. 일부러
사절을 보내어 글월을 주시고 선물까지 주심을 받았사오며, 따라서 족
하의 건강하심을 알았사오니 감사하며 위로되는 마음 아울러 깊습니
다. 우리나라와 귀국은 대대로 이웃 간의 친선을 닦아서 그 정리가 매
우 두터웠으나, 다만 풍파가 가로막혀 때때로 소식을 전하지 못함은
과연 말씀하신 바와 같습니다. 말씀하신 불경은 우리나라에도 본시 많
이 있지 못한 것이오나 어찌 청을 듣지 않을 수 있겠습니까. 전하는 말
을 들은즉, 우리나라 백성이 일찍 풍랑에 표류되어 귀국의 운주(雲州)
안목(安木)에 붙어사는 자가 많아서 70여 호에 이르며, 더러는 도둑에
게 약탈을 당하여 이리저리 팔려 다니어 여러 섬에 흩어져 있는 수효
가 매우 많다 하오니, 만일 조사하여 찾아서 돌려보내신다면 사람을
구제하는 사랑과 이웃나라와 친선하는 의리에 두 가지가 거의 다 완
전한 터이니 매우 훌륭한 일이 아니겠습니까. 이제 신하인 첨지승문원
사(僉知承文院事) 송희경을 보내어 대장경(大藏經) 전부를 가져가며, 또
한 변변하지 않은 토산물로 사례하는 뜻을 표시하오니 받아 주시기를
바랍니다. 봄 날씨 쌀쌀한데 나라를 위하여 건강하심을 다시금 바랍니
다." 하다.

■ 2년 10월 8일

일본국 회례사(回禮使) 통사(通事) 윤인보가 먼저 돌아와서 복명하여 보고하기를, "신등이 처음 그 나라에 도착하니 대우가 매우 박하며 그 수도에 들어오지 못하게 하고, 심수암(深修庵)에 사관을 정해 주니 수도와 거리가 가까운 30리쯤 되는데, 항상 병정을 시켜 지키게 하여 그 나라 사람들과 통하지 못하게 하였습니다. 중[僧] 혜공(惠珙)이란 자가 와서 '들으니, 명나라가 장차 일본을 치려 한다 하니 진정 그러한가.' 하므로, '모르겠다.' 하였더니, 혜공이 또 '조선이 명나라와 마음을 같이 한다는데 어찌하여 모르는가. 앞서 명나라가 환관을 일본에 보내 조칙(詔勅)[336]을 내렸는데, "만약 신하로서 섬기지 않으면 조선과 같이 일본을 토벌하리라."라고 하였고, 얼마 뒤에 그 사신이 화를 당할까 두려워하여 도망쳐 돌아간 일이 있으므로 의심이 나서 묻는 것이다.' 하였습니다. 또 그 국왕이 보당사(寶幢寺)에서 신등을 불러 보는데, 그 국왕은 머리를 깎고 가리복(伽梨服)[337]을 입었으며, 집사 하는 사람들도 다 중[僧]이고 시종하는 자가 10명에 불과하더이다. 인견하고 나서는 신등의 사관을 송월암(松月庵)에 옮겨 주고 대우가 조금 낫더이다. 그 나라에는 부고(府庫, 궁중문서나 재보 넣어 두는 곳)가 없고, 외국 사신이 오면 오직 부인(富人)으로 한 사람 지정하여 접대하도록 되어 있는 것이라 하더이다. 또 어떤 사람이 비밀히 말하기를, '국왕[御所][338]의 거하

---

336 조서(詔書)
337 승려가 입는 붉은 빛깔의 예복
338 일본 국왕

는 곳이 체면을 가누지 못하여 다른 사람에게 보이기 싫어서 수도에 들어오지 못하게 하는 것이다.'라고도 하더이다. 국왕이라는 자는 매양 여러 절간[寺]으로 다니면서 재(齋)를 올리는 것으로 일을 삼고 있으므로, 그 명령이 가까운 국도(國都) 부근에나 통할 뿐이라고 하더이다. 토지는 다 강성한 종족(宗族)들에게 쪽쪽이 나누어져 있어 무슨 일이든지 왕의 뜻대로 안 되어 갈 뿐이라 하더이다." 하다.

## 두 번째

■ 4년 11월 16일

일본 국왕과 그 모후(母后)가 중[僧] 규주(圭籌) 등을 보내 서간(書簡)을 전하고 방물(方物, 지방의 산물)을 바치며 대장경을 부탁하니, 그 글월에 "바닷길이 멀어 오래 소식이 끊어졌습니다. 이때 매우(梅雨, 음력 6월에서 7월 초순에 내리는 장마)는 개고, 회풍(槐風, 9·10월에 부는 바람)이 상쾌하게 불어오는데, 신령이 호위하여 존후(尊侯)[339]께서 만복을 받으시기를 삼가 바랍니다. 지난해 귀국(貴國) 사신이 우리 나라에 왔을 때에, 그때 국사(國師) 지각보명(智覺普明)이란 이가 있어 관(館)을 개설하고 그를 후하게 대접하였더니, 그 후에 그의 제자 주당(周棠)이란 자가 귀국에 유람 차로 갔는데, 귀국의 선왕(先王)께서 화공(畵工)을 시켜 국사(國師)의 화상(畵像)을 그리고, 문신(文臣) 이색으로 하여금 찬(贊)을 짓게

---

339 임금

하여, 주당(周棠)이 돌아오는 편에 부탁하여 부쳐 보내셨으니, 대개 옛 날의 후의를 잊지 않은 것이었습니다. 이로 말미암아 보건대 귀국과 우리 국사와는 인연이 없다고 할 수 없습니다. 탑원(塔院)[340]에 대장경 을 안치하고 아침과 저녁으로 읽어 사은(四恩.)[341]을 보답하고 삼유(三 有)[342]에 이바지하려고 하오나, 그 책을 얻을 수 없어 귀국에 가서 이를 구하려고 하는데, 나도 그가 바다의 파도가 위험함을 꺼리지 않고 법 보(法寶)를 유통(流通)시키려는 일에 감동하여 기쁘게 도우려고 이 글 을 부쳐 보내오니, 삼가 청하건대 그 간절한 뜻을 불쌍히 여기시어 경 전 전질(全秩)을 갖추어 7,000권을 보내 주시면 나도 함께 그 혜택을 받 으려 하나이다. 그리하면 두 나라의 우호(友好)가 더욱 영구히 나아갈 것입니다. 변변하지 않은 토산물(土産物)은 별폭(別幅)에 갖춰 적었사오 며, 감히 편안히 복을 받으시기를 진심으로 축원하옵고 그만 그치나이 다." 하다.

▪ 4년 12월 16일

임금이 인정전(仁政殿)에 나아가 일본 국왕의 사신 규주 등을 불러 보 고, "너의 임금이 지난해에 사신을 보내어 화호(和好)[343]를 통하므로, 나도 또한 사람을 보내어 회보(回報)하였거니와, 다만 바다가 막힘으

---

340 절[寺刹]
341 사람이 이 세상에서 받은 네 가지 은혜. 부모 · 중생 · 국왕 · 삼보(三寶)의 은혜, 또는 부모 · 사장 (師長) · 국왕 · 시주(施主)의 은혜
342 욕계(欲界) · 색계(色界) · 무색계(無色界)를 말함이니, 욕유(欲有) · 색유(色有) · 무색유(無色有)라고 도 함.
343 화친(和親)

로 인하여 자주 통신하지 못함이 한이더니, 이제 또 사신을 보내어 교빙(交聘)³⁴⁴의 예를 닦으니 교린(交隣)의 정의가 지극하다. 부탁한 대장경은 마땅히 정질(正秩)로써 회례사(回禮使)에게 부쳐 보내겠으며, 태후가 부탁한 대장경도 또한 마땅히 부탁한 대로 하겠노라." 하니, 규주 등이 "신들이 대장경의 동판(銅板)이 있다는 말을 듣고 글월을 받들고 와서 이를 구하였으나 얻지 못하였사오니, 이것은 참으로 없는 것입니다. 이 뜻을 회서(回書)에 아울러 써 주시기를 청합니다." 하니, 임금이 "내가 이미 알고 있다."라고 하다.

### ▪ 4년 12월 20일

일본 회례사(回禮使) 박희중과 부사(副使) 이예 등이 길을 떠나니, 국서(國書)에 "조선 국왕은 일본 국왕 전하에게 회답한다. 바다와 하늘이 멀고 넓어서 소식이 오랫동안 끊겼더니, 이제 전위(專委)³⁴⁵하여 보낸 사신 편에 주신 글월을 받아 몸이 편안함을 잘 알고, 또 좋은 선물을 받게 되니 기쁨과 감사함이 매우 깊소이다. 말씀한바 대장경은 어찌 좋지 않으리요. 또 태후가 구주도원수(九州都元帥)를 시켜 귀한 선물을 보내 주시고 겸하여 대장경을 부탁하니 또한 마땅히 좇아야 할 것이매, 지금 신하 전농시윤(典農寺尹) 박희중과 용양시위사 호군(龍驤侍衛司護軍) 이예 등을 보내어 가서 후의(厚意)를 사례하게 하오. 상세한 것은 별록(別錄)에 갖추었으며, 온 사신이 말한 대장경 동판(銅板)은 우리나

---

344 사신을 보내는 일
345 전임(專任). 오로지 어떤 한 일만을 맡김.

라에 없는 것이니 양해하기 바라오. 앞으로 더욱 신의를 굳게 지키고 길이 많은 복을 받기를 비는 바이오."라고 하다.

세 번째

■ 5년 11월 23일

경상도 감사가 보고하기를, "회례사의 선박이 일본 국왕의 사신의 배 18척과 같이 이달 20일에 내이포에 도착해 정박하였습니다." 하다.

■ 5년 12월 25일

일본 국왕의 서간에 이르기를, "일본 국왕은 삼보(三寶)의 제자 도전(道詮)을 보내어 재차 조선 국왕 전하께 글을 받들어 올리나이다. 전사(專使)가 돌아오매, 필요한 장경(藏經)이 회례사와 더불어 같이 이르니 기쁘고 위안됨을 어찌 다 말씀하오리까. 더욱이 또 보배로운 물품을 공경히 영수하오니 감사하고 또 부끄러운 마음이 한이 없나이다. 이에 사자(使者)의 청하는 바를 좇아 피로된 사람을 곳곳에서 탐색하여 돌려보내옵고, 이제 거듭 전사(專使) 규주 지객(主籌知客)과 부사(副使) 범령 장주(梵齡藏主)를 보내어 별달리 전달하는 바 있사옵니다. 이 일이 비록 농(隴)³⁴⁶ 땅에 오르매 촉(蜀) 땅을 바라보는 것 같사오나, 인국(隣國)과 우호를 닦으려고 할진대 어찌 숨김이 있겠습니까. 듣자오니 귀

---

346 중국 산시성(陝西省)과 간쑤성(甘肅省)의 경계에 있는 산 이름. 인간의 욕심은 한이 없음을 비유해 이르는 말

국에 장경판(藏經板)이 하나뿐이 아니라 하니 정히 한 장경판을 요청하여 이곳에 받들어 안치하여 신봉하는 무리들로 하여금 임의로 인쇄보시(布施)[347]하여, 만약 능히 평등의 자애를 옮겨 자타(自他)의 구별을 잊고 법보(法寶)를 반포하여 그 이익을 널리 한다면, 어찌 복의 근원을 깊이 하고 수(壽)의 멧부리를 증가하게 하는 일단(一端)이 아니겠습니까. 진실로 소청하는 바와 같이 얻게 된다면 길이 우호의 의(誼)가 될 것입니다. 변변하지 못한 토산물을 별폭(別幅)과 같이 갖추었고, 냇물이 밀어닥치듯이 이르는 상서(祥瑞)[348]를 많이 맞으시고, 또 하늘이 주시는 복을 받으시기를 감히 바랍니다."라고 하다.

일본 국왕의 사신 규주 · 범령 등 135인이 대궐에 나아가서 토산물을 바치니, 임금이 인정전에 나아가 예를 받은 뒤에 규주와 범령은 대궐 안에 들어오도록 명하다.

임금이 "국왕이 부탁한바 대장경판(大藏經板)은 우리나라에 오직 1본(本)밖에 없으므로 요청에 응하기 어렵고, 다만 밀교대장경판(密教大藏經板)과 주화엄경판(註華嚴經板)과 한자대장경(漢字大藏經)의 전부를 보내려고 한다." 하니, 규주 등이 "과군(일본 국왕)이 해마다 사람을 보내어 경(經)을 청하는 것으로써 번쇄(煩瑣)[349]하지나 않을까 염려하고 있으나, 한번 경판을 하사하시면 뒤에는 경판을 부탁하는 번거로움은 없을 것이오며, 밀자(密字)[350]는 과군이 본래 해독하지 못하오니, 만약

---

347 신도들이 절에 올리는 돈이나 물품
348 경사롭고 길한 징조
349 번거롭다.
350 티벳 불경의 하나인 밀경(密經)

한자본을 하사하심을 얻는다면 과군이 반드시 진심으로 감사하고 기뻐할 것이며, 신이 사절로 온 것도 함께 영광된 빛이 있을 것입니다."
하다.

임금이 "한자판은 조종조(祖宗朝)로부터 서로 전하는 것이 다만 1본뿐이다. 만약 겹쳐서 여러 벌 있다면 국왕에 대하여 굳이 아끼어 주지 않으려는 마음이 있겠느냐." 하니, 규주 등이 대답하여 "성상의 하교가 자상하시니 깊이 감사하고 깊이 감사하옵니다. 신들도 또한 잘 헤아려서 아뢰겠나이다." 하다.

임금이 대장경판은 무용지물인데 이웃나라에서 부탁한다 하여 처음에 이를 주려고 하매, 대신들이 논의하여 "경판은 비록 아낄 물건이 아니오나, 일본이 계속 부탁하는 것을 지금 만약에 일일이 좇다가 뒤에 줄 수 없는 물건을 부탁하는 것이 있게 된다면, 이는 먼 앞날을 염려하는 것이 못 됩니다."라고 하기 때문에 임금이 그 부탁에 응할 수 없다고 답한 것이다. 임금이 대장경판을 '무용지물'이라 생각한 것은 당시 숭유배불 정책 때문이었을 것이다.

■ 5년 12월 27일 (사신이 예조에 부탁)
규주와 범령 등이 예조에 글을 올려 "귀국에 들어온 이래로 전하의 융숭하신 대우를 입었고, 더욱이 전일 대궐에 나아가서 숙배(肅拜, 공손히 절함)할 때에 크게 후하신 연향(宴享, 잔치 베풀어 대접함)을 더하여 내리시와, 하정(下情)에 기뻐함을 일일이 들어 말씀할 수 없습니다. 우리 본조(本朝)의 요구하는 바는 대장경판이요, 이제 전하께서 허락하여 주심을 입은 것은 모두 다른 것들입니다. 비록 가지고 본국으로 돌아간다 하더라도 우리 국왕의 뜻에 맞지 않을 것이요, 저희들은 견책을 당할 것입니다. 바라건대 각하(閣下)께서 우리의 무리함을 불쌍히 여기시고 자세히 성총(聖聰)[351]에 아뢰시와 본국에서 구하는 경판을 하사하신다면 임금님의 은혜요, 저희들의 소원입니다. 용서하시고 살피심을 바라오며, 예물을 다 갖추지는 못하였습니다." 하다.

■ 6년 1월 1일 (사신이 지신사에게 부탁)

일본 국왕 사신 규주·범령과 선주(船主) 구준 등 60여 인도 또한 대궐에 나와 정조 배례(正朝拜禮)를 올리고 방물을 드리다.

규주 등이 지신사(知申事, 비서실장)에게 글을 올리기를, "규주 등이 지난 세말에 모두 명을 받들어 궁궐 뜰에서 절하기를 들어주시므로 삼가 온 뜻을 아뢰었더니, 전하께서 말씀하시기를, '대장경판(大藏經板)은 다만 한 벌뿐이니 내려 줄 수 없고, 다시 금자(金字)로 쓴 화엄경(華嚴經) 80권과 범자(梵字)로 된 밀교경판(密敎經板)과 장경(藏經) 1부와 주화엄경판(注華嚴經板)을 내려 줄 것이니, 이 네 가지는 다 천하에 둘도 없는 법보(法寶)이다.'라고 하시었습니다. 아아, 전하의 큰 은덕이 지극하시고 거룩하십니다. 그러나 비록 이것을 싣고 가서 우리 전하께 올리더라도 본래에 원하던 것에 부족하여 마음에 차지 아니할 것이요, 또 범본(梵本)[352] 같은 것은 우리 나라에서는 아는 이가 없어 한갓 불씨(佛氏)

---

351 임금의 총명한 지혜
352 고대 인도의 범자(梵字)로 쓰인 책

의 보배의 하나로만 알 뿐입니다. 엎드려 바라건대 존관(尊官)께서는 다시 전하께 아뢰어 한자(漢字)로 된 7,000권 경판(經板)을 내리시면 우리 전하께서는 기뻐하고 경사로 생각하여 기쁨이 측량할 수 없을 것입니다. 이 일이 만약 이루어지지 못하면 우리들은 무슨 면목으로 다시 본국에 돌아가겠습니까. 무릇 널리 사랑하는 것을 인(仁)이라 하고 행하여 마땅하게 하는 것을 의(義)라 한다 하오니, 이 두 가지는 군자로서 부지런히 할 바이며 선각자로서 아름답게 여길 바입니다. 존관께서는 우리 나라의 원하는 것을 들어주시어 우리들로 하여금 본국에 돌아가게 하면, 이는 인(仁)과 의(義)의 으뜸이 되는 것입니다. 글로써 할 말을 다 할 수 없으니 밝게 살펴 주셨으면 다행하겠습니다." 하다.

■ 6년 1월 2일 (단식투쟁 시작)

규주와 범령이 경판(經板)을 구하다가 얻지 못한다 하여 음식을 끊고, "우리들이 온 것은 오로지 대장경판을 구하려는 것이다. 우리들이 처음 올 때에 어소(御所, 왕)에 아뢰기를, '만일 경판을 받들고 올 수 없을 때에는 우리들은 돌아오지 않겠다.'라고 하였다. 이제 얻지 못하고 돌아가면 반드시 말대로 실천하지 못한 죄를 받을 것이니, 차라리 먹지 않고 죽을 수밖에 없다." 하다.

■ 6년 1월 4일 (단식 셋째 날, 식사 권고)

예조 좌랑 김진을 왜사관(倭使館)에 보내 규주와 범령에게 식사하기를 권고하였으나 굳이 사양하고 먹지 아니하다.

■ 6년 1월 5일 (단식 넷째 날, 계속)

직제학(直提學) 박희중, 호군(護軍) 이예·윤인보 등을 보내 규주와 범령에게 음식 먹기를 권하였으나 역시 먹지 아니하다.

■ 6년 1월 6일 (단식 다섯째 날, 사신 체통이냐)

박희중·이예·윤인보 등에게 명하여 규주와 범령에게 말하기를, "너희들이 경판을 얻지 못한다 하여 음식을 끊고 먹지 아니하나, 경판을 얻고 얻지 못하는 것이 음식을 먹고 안 먹는 데에 달린 것이 아니요, 너희들이 사신이 되어 한 가지라도 뜻에 맞지 아니하면 경솔하게도 주림을 참으며 트집을 하려 하니 어찌 사신 된 체통이라 하겠는가." 하고, 이어서 먹을 것을 주라고 명하였더니 규주 등이 그제야 먹다.

■ 6년 1월 8일 (때쓴 보람, 금자화엄경 추가)

임금이 호군 윤인보를 보내 규주 등을 알아듣게 타이르고, 밀교대장경판(密教大藏經板)과 주화엄경판(注華嚴經板)과 대장경(大藏經) 1부(部)를 내려 주고, 겸하여 회례사(回禮使)까지 보낸다는 뜻을 밝히고, 또 타이르기를, "이제 금자(金字)로 쓴 화엄경(華嚴經) 1부를 겸하여 보내고자 하노라. 너희 나라에서는 이 경문을 소중하게 하는가." 하니, 규주 등이 흔연히 말하기를, "금자로 쓴 화엄경은 저희 나라에서 본래에 공경하고 소중하게 여기는 것이니, 어소(御所)에서 반드시 감사하고 기쁘게 여길 것입니다." 하다.

■ 6년 1월 18일 (대장경판 노략질 모의)

일본 국왕의 사신으로 온 규주 등이 반인(伴人, 일행) 가하(加賀)를 결박

하여 방 안에 가두었다. 그것은 가하가 규주 등이 어소(御所)에 보고할

장초(狀草, 문서의 초안)를 보고서 누설한 때문이다.


■ 6년 1월 20일 (세 가지 모의 증거)

왜 통사(倭通事) 윤인보와 그의 아우 인시(仁始)와 그의 집에 있는 왜노

(倭奴) 3명을 의금부에 가두고, 영의정 유정현과 참찬 안순, 병조 판서

조말생, 대사헌 하연, 형조 판서 권진, 동부대언(同副代言) 정흠지, 우사

간(右司諫) 박관을 보내 합동으로 죄를 다스리도록 하다.

① 당초에 본국 사람으로서 왜에 피납되었던 자가 와서 말하기를, "대

마도에 있을 때 일본 국왕이 도주(島主)에게 통고하기를, '이제 조선에

사신을 보내어 대장경판을 구하려 하나, 만약 허락하지 아니하면 침략

하는 방법을 취할 것이니, 너희들도 전함을 수리하여 따라야 한다.'라

고 하였다." 하였는데, ② 지금에 이르러 본조에서 경판을 허락하지 아

니하므로, 규주와 범령 등이 장차 본국에 문서를 전하려고 초안을 잡

아 쓰기를, "지금 조선에 와서 힘써 대장경판을 청구하였으나 얻지 못

하였으니, 병선(兵船) 수천 척을 보내 약탈하여 돌아가는 것이 어떤가."

라고 하였다. 수종(隨從)하여 온 왜승(倭僧) 가하(加賀)가 그 초안을 도

적질하여 통역관 이춘발에게 주니, 춘발이 이것을 보고하게 된 것이

다. 임금이 의정부와 육조(六曹)를 불러 "전번에 피로(被虜, 적에게 사로잡

힘)되었던 사람의 말과 이제 가하가 내어놓은 글이 다름이 없이 같고,

③ 또 일본 국왕의 서간에는 역시 말하기를, '만일 청구에 따라 준다

면 길이 사이좋게 지내겠다.'라는 말이 있으니, 이 세 가지 말을 견주어 보면 그들이 말할 수 없는 악한 짓을 하려고 하는 것을 알 수 있으나, 저들은 오직 대장경판을 얻지 못할까 두려워한 것이고, 우리가 화엄경판(華嚴經板)과 밀교대장경판(密教大藏經板)과 금자화엄경(金字華嚴經) 등을 보내어 주는 것은 모르고 그렇게 생각한 것이니, 저들이 비록 말 못할 악한 짓을 하려 한다 해도 우리는 관후(寬厚, 너그럽고 후함)하게 대하는 것이 어떠하겠느냐." 하였다.

그때 마침 왜관 녹사(倭館綠事)가 달려와서 고하기를, "어떤 사람이 말을 규주에게 누설하여 규주가 선주(船主)와 저의 부하로 하여금 각기 칼을 차고 가하(加賀)를 결박하여 죽이려 한다."라고 하였다.

그래서 정부와 육조가 헌의(獻議, 의견을 올림)하기를, "그 말을 누설한 자는 반드시 통사 윤인보일 것이니, 먼저 인보를 고문하여 그 정실을 알아본 뒤에 처치하는 것이 가하다." 하였으므로 이 명령이 있게 된 것이다.

사건 경위 요약

■ 6년 1월 24일

예조 정랑(禮曹正郎) 정재를 의금부에 가두었으니, 가하의 서간을 윤인
보에게 보였으며, 뿐만 아니라 통역까지 하였기 때문이다.


■ 6년 1월 25일 (대질 신문)

왜승 가하에게서 나온 서장의 사의(辭意)가 이치에 어긋나고 무례하거
늘, 규주 등이 모두 알지 못한다 하며 하늘을 가리켜 맹세하면서 힘써
변명하고, 가하는 도리어 "통사(通事) 이춘발이 나를 꾀면서 '만일 이
글만 내놓게 되면 국가에서 반드시 후하게 상을 준다.' 하므로, 감히
이렇게 만들어 예조에 바치게 한 것이다." 하였다.

임금이 "춘발을 옥에 내려서 가하와 대질시키는 것이 어떠하냐." 하
니, 정부와 육조에서 모두 "성상의 하교가 심히 온당합니다."라고 하
였으나, 유독 이조 판서 허조와 예조 판서 신상이 "왜인들은 반복무상
(反覆無常)하여 믿을 수 없고, 이제 또 저들이 스스로 느끼어 황공하게
생각하니 법 밖에 두어 묻지 말게 하소서." 하였다.

그러나 임금은 마침내 이춘발을 의금부에 내리고 가하까지 가두어 대
질시키게 하니, 가하가, 부관(府官, 의금부 관리)들이 당상(堂上)에 엄연
히 벌려 앉고, 뜰아래는 형구(刑具)가 진열되었고, 옥졸(獄卒)들이 나열
하여 앞뒤로 수십 명이 곤장을 들고 큰소리를 외치는 것을 보고서 넋
을 잃고 간담이 서늘하여 어찌할 바를 몰랐다. 부관이 큰 잔으로 술을
주어 마시게 하고 달래기도 하고 혹 꾸짖기도 하면서 얼마 동안 심문
하였으나, 가하가 "춘발이 나를 꾀어서 글을 만들어 예조에 바치게 한
것이요, 규주 등이 아는 일이 아니다." 하였고, 춘발도 매질하면서 심

문하였으나 자복하지 아니하였다.

그러나 가하의 말이 이유가 닿지 아니하니 춘발이 꾀지 않은 것은 명백하므로, 의금부에서 사연을 갖추어 보고하였다.

임금이 "가하의 죄가 심히 중하여 진실로 법대로 처리하여야 하겠으나, 그래도 이웃나라 사인(使人)이므로 특히 용서한 것이니 불문에 붙이라." 하였다.

가하가 듣고 기뻐하여 사례하기를, "이제 성상의 은혜는 무거우나, 나는 우리 나라에 돌아가기만 하면 반드시 살지 못한다." 하였다.

드디어 가하와 춘발과 윤인시와 왜노(倭奴) 3인을 모두 석방하다.


▪ 6년 2월 3일 (그래도 양식 주다)

예조에서 보고하기를, "일본 국왕의 사신으로 온 상관인(上官人) 규주가 타고 온 배가 16척이며 거느린 사람이 523명입니다. 이제 돌아가면서 한 달 양식과 각 선(船)의 초둔(草芚)을 원하나, 이상 인원수에 대한 한 달 양식이 209석 3두(斗)이니 그 수량대로 다 주는 것은 미편(未便)하오니 반달분 양식 104석 9두와 초둔은 요량하여 적당한 수량을 주어 보내게 하소서." 하니 그대로 따르다.


▪ 6년 2월 7일 (답례 사신)

일본 회례사(回禮使) 판선공감사(判繕工監事) 박안신과 부사(副使) 대호군(大護軍) 이예 등이 배사(拜辭)하니, 임금이 안신과 예 등을 인견(引見)하다.

박안신 등이 일본 국왕에게 회답하는 서간을 받들고 떠나갔는데, 그 서간에 "전위(專爲)하여 사신을 보내어, 서간을 받아 체리(體履)[353]가 다복함을 알게 되었고, 겸하여 좋은 선물까지 받았으며, 또 잡혀간 사람들을 많이 보내 주어 깊이 감사하오. 부탁하는바 대장경판은 다만 한 벌뿐으로, 실로 우리 조종(祖宗)으로부터 전래한 물건이어서 부탁하는 대로 되지 못하였고, 밀교대장(密敎大藏) 및 주화엄경판(注華嚴經板)을 신하 판선공감사 박안신과 호익시위사(虎翼侍衛司) 대호군 이예에게 주어 가지고 가게 하여 사례하는 마음을 표하는 바이오. 온 사신 규주가 돌려보내기를 청한 인구 53명도 이 인편에 같이 보내며, 변변하지 못한 신물(信物)로 금자(金字) 인왕호국반야바라밀경(仁王護國般若波羅密經) 1부와 금자 아미타경(阿彌陀經) 1부, 금자 석가보(釋迦譜) 1부, 청지(靑紙)에 금자로 쓴 단본 화엄경(單本華嚴經) 1부, 대장경(大藏經) 1부, …… 등등 보내니 그리 아시오." 하다.

▪ 6년 3월 2일

경상도 감사가 보고하기를, "이번에 일본국 사신 범령에게 내려 준 밀양(密陽)에서 들여온 중종(中鐘)의 무게가 124근이며, 도선주(都船主) 구준에게 내려 준 고성(固城)에서 들여온 대종(大鐘)의 무게는 313근입니다." 하였으니, 이것은 그들의 요청에 따른 것이다.

---

353 건강

■ 6년 12월 17일 (일본에서 사신 돌아와 경과 보고)

일본국 회례사(回禮使) 상호군(上護軍) 박안신과 부사(副使) 대호군(大護軍) 이예가 복명(復命)하였는데, 임금이 내전에 불러들여 접견하다.

(무례한 왜)

박안신이 보고하기를,

"신등이 처음에 적간관(赤間關, 지금의 시모노세키)에 이르자 규주가 국서(國書)를 등사하여 급히 어소(御所)에 보고하였는데, 55일이나 기다리고 있어도 회보(回報)가 오지 아니하였습니다. 신등이 괴이하게 여겨 그 까닭을 물으니, 규주가 대답하기를, '저의 보고가 이미 어소에 도착하였을 터인데 구하는 경판을 얻지 못함을 한하여 회보가 없는 듯하다.' 하고, 또 이르기를, '사태를 탐지하기 위하여 일찍이 같이 온 중 경장주(瓊藏主)를 대내전(大內殿)에 보냈으니 그가 돌아오면 알 것이다.' 라고 하였습니다.

통역관 최고음동(崔古音同) 등으로 하여금 그곳의 사태를 탐지하게 하였더니, 여러 곳에서 말하기를, '회례선(回禮船)을 여기에 구류시키고 여러 곳에 있는 배 100여 척을 무장하여 조선으로 보낸다.' 하고, 또 말하기를, '대내전의 소속인 적간관을 겸령(兼領)[354] 하고 있는 삼주태수(三州太守) 백송전(白松殿)이 와서 영을 내려 회례선을 경도(京都)에 올라가지 못하게 하였다.' 하고, 또 잡담(雜談)으로, '회례선이 혹시 도망

354 둘 이상을 아울러 지휘함.

할까 염려하여 군인을 모아 수륙으로 방비하고, 또 돌아가는 길목인 아시포(阿是浦) 등지에 선척을 장비하여 도망하는 길을 막는다.'라는 말도 있었습니다.

얼마 후에 백송전(白松殿)이 신등을 찾아보고 말하기를, '이제 대내전에서 어소의 명령으로 공문을 나에게 보냈는데, 회례선에 싣고 온 경판(經板)과 장경(藏經)·금자경(金字經)은 다른 배에 실어서 경도에 보내게 하겠다.' 하므로, 신등이 묻기를, '서계(書契)와 예물(禮物) 및 사신(使臣)은 어떻게 처리하는 거냐.' 하니, 대답하기를, '이 일은 내가 알 바가 아니다.'라고 하므로, 신등이 이르기를, '만일 그렇다면 사리에 합당하지 아니하니 명령대로 따를 수 없는 것이다. 모름지기 이 뜻을 다시 대내전에 말하여 어소에 전달하게 하라.' 했습니다.

15일 후에 경장주(瓊藏主)가 경도에서 돌아와 이르기를, '어소에서 회례선을 적간관에 구류시키고, 다만 경(經)과 목판을 다른 배에 전재하여 경도에 가져오라고 하였는데, 대내전이 말하기를, '이웃 나라 사신을 구류하는 것은 의리상 미안한 일이니 어소에 데려다가 접견해야한다.' 하니, 그제야 경도에 들어올 것을 허락하였다.' 했습니다.

이에 규주 등과 함께 5월 21일에 경도에 도착하여 성북(城北) 심수암(深修菴)에 사관을 정하고, 장경과 목판은 상국사(相國寺)에 두었습니다.

6월 25일에 어소가 도성(都城) 북편 등지사(等持寺)에 나와 신등을 접견하므로, 신등이 국서(國書)를 바치니, 다만 금자사경(金字四經)만 받고 그 나머지 예물은 받으려고 하지 아니하였습니다.

신등이 말을 전달하는 중에게 말하기를, '서계에 기재된 예물은 어떻게 할 것이냐.' 하니, 대답하기를, '어소의 요구하는 것이 불경에 있으므로, 다만 경과 목판만 받고 나머지는 받지 않는다.' 하였습니다.

(녹원원에게 편지)

신등이 서간을 녹원원(鹿苑院)에 보내어 '이웃 나라와 사귀는 데에는 예로써 대하고, 예는 반드시 폐백(예물)으로 표시하는데, 그것은 재물을 취하는 것이 아니라 신의를 표시하는 것이다. 연전에 귀국에서 사신을 보내어 수호(修好)하므로 우리 주상께서도 특히 신등을 보내어 예를 표한 것이다. 가지고 온 예물이 목록과 같이 서계에 실려 있는데, 이제 경과 목판만 받고 나머지는 모두 받지 아니하여 절교하는 것과 같으니, 사자의 마음은 유감이라 하지 아니할 수 없다. 이 뜻을 어소(御所)에 전달하기를 바란다.' 하니,

(녹원원의 답서)

녹원 주악(鹿苑周噩)이 답서하기를, '말하는 예물 가운데 오직 석교목판만 받고 나머지를 모두 돌려주는 것은 우리 전하의 뜻이 법(法, 종교)에 있고 세상 사람이 원하는 재물에 있는 것이 아니다. 금후 장경을 요구하기 위하여 명령을 받들고 서로 왕래할 터이니, 바라는 것은 서로 국비를 절약하여 외교로 두텁게 하자는 것이요, 다른 뜻이 있는 것은 아니니 염려하지 말라.' 하였습니다.

며칠이 지나 중[僧] 서당 중윤(西堂中允)과 범령이 와서 '우리들이 상부관인(上副官人)으로 귀국(貴國)에 가게 되었다.'라고 하므로, 신등이 그 까닭을 물으니 이르기를, '어소에서 경판을 얻지 못한 것을 불쾌하게 생각하고 나를 시켜 다시 청하게 하는 것이다.' 하였습니다.

(상서)

신등이 어소에 상서하기를, '생각하건대 천도(天道)는 정성을 다함으로써 만물이 이루어지고, 인도(人道)는 신의를 지킴으로써 여러 가지 행실이 서게 된다. 그러므로 나라를 경영하는 자는 반드시 이웃 나라와 교제하여 서로 좋아하고 서로 속이지 아니하여 신의를 두텁게 하는 것이다. 우리 태조가 개국한 이래, 귀국의 선왕(先王)과 전하(殿下)와 좌우의 신하들이 요구하는 장경과 여러 가지 법기는 요구할 때마다 찾아서 보낸 것이 한두 번이 아닌데, 모두 화목한 외교를 닦기 위함이었다. 연전에 전하가 사신을 보내어 수호(修好)하고 겸하여 잡혀간 사람을 보낼 때 우리 전하가 깊이 후의에 감동하여 사신을 대접하는 예의가 심히 은근하였다. 그것은 규주와 범령이 친히 아는 바로서 내가 누누이 말할 필요도 없는 것이다. 지금 요구하는 장경 목판은 다만 한 벌뿐이요, 조종(祖宗) 이래 전해 오는 것이므로 의리상 남에게 줄 수 없는 것이다. 또 지금 가져온 밀교대장경(密敎大藏經) 목판도 또한 우리나라에서 소중히 여긴 것이요, 주화엄경판(注華嚴經板)은 옛날 종사(宗師) 대각화상(大覺和尙)이 어명으로 송나라 조정에 청하여 바다를 건너 들여온 것으로서, 이에 대한 고금의 신기하고 이상한 자취는 이루 다 말할 수 없는 것이다. 금자화엄경(金字華嚴經)·호국인왕경(護國仁王經)·아미타경(阿彌陀經)·석가보(釋迦譜) 등 사경(四經)도 실로 우리 전하가 보장(寶藏)[355]하는 것이나, 다만 장경 목판의 청을 들어주지 못하므

---

355 보배롭게 여겨 잘 간직함.

로 말미암아 장경 한 부와 합하여 신등에게 주어 수호의 뜻을 표한 것이다. 그 나머지 예물은 모두 서계(書契)[356]에 있는 바와 같은데, 이제 다만 석교 목판만 받고 나머지는 받지 아니하니, 통신(通信)하는 뜻으로 보아 좋지 못한 것이다. 그러므로 전일에 녹원(鹿苑)에 서간을 보내어 전하에게 전달하여 받아들이기를 바랐는데, 답서에 이르기를, "전하의 하고자 하는 것은 법에 있고 세상 재물에 있는 것이 아니다. 금후 사신이 자주 왕래할 터이므로 서로 국가의 경비를 절약하자는 것이요, 다른 뜻이 있는 것은 아니니 염려하지 말라."라고 하였다. 우리 전하께서 사신을 보내어 수호하고 겸하여 예물을 보내서 신의를 표한 것인데, 어찌 비용을 계산할 것이냐. 더구나, 의대(衣襨)[357] 한 벌은 법복(法服)에만 사용하는 것이요, 인삼과 꿀·잣은 다만 다약(茶藥)[358]에 사용되는 것이요, 나머지 예물도 또한 우리나라 특산물로서 보통 재물과 같은 것이 아니다. 그러므로 전일에 감히 어리석은 뜻을 말하여 모두 받아들이기를 바랐던 것이요, 처음부터 예물을 받지 아니하는 것을 딴 뜻이 있다 하여 근심한 것은 아니다. 오늘날 귀국이 이렇게 우리를 대접하고, 명일에 우리나라에서 또한 이렇게 귀국의 사신을 대접한다면, 전하는 어떻게 생각할 것인가. 바라건대 가지고 온 예물을 모두 받아들여서 신의를 두텁게 하라.'라고 하였습니다.

---

356 조선시대 일본과 내왕한 공식외교문서
357 임금·왕세자·왕비·왕세자빈의 옷
358 차와 약

(녹원주악 답서)

녹원주악이 답서하기를, '이제 서간을 보니 말이 대단히 적절하다. 전하는 처음에 굳게 거절하였으나, 누가 사자에게 미칠까 염려하여 가지고 온 예물을 모두 받아들이고 어소에서 돈 100관(貫)을 주어 노비로 쓰게 하였다.' 했습니다.

그렇게도 그들은 대장경판을 열렬히 원했던 것이다. 그러나 그 소원은 그들이 원하는 대로 아주 쉽사리 얻어질 수 있는 것은 아니었다. 국가 간의 관계에 있어서는 아이들 울고 보챈다고 소원을 들어주는 그런 것과는 다르지 않은가!

소원을 이루지 못한 그들은 바로 답례로 보낸 우리 사신에게 말 못할 정도의 보복적 무례를 저지르고 만다. 그들이 보인 행태는 마치 소원한 것을 얻지 못한 아이들이 성질을 못 이겨서 저지르는 막무가내의 행동과 같은 것으로 한 국가로서 기본적 양식도 없는 것이었다.

하기야 그것이 그들의 태생적 본심일 것이니, 훗날 자신들이 못 이룬 욕심을 채우기 위하여 자행한 임진왜란과 일제의 야만적 침략 행위를 보면 잘 알 수 있다 하겠다.

### 네 번째

▪ 7년 3월 17일

예조에서 경상도 감사의 관문에 의하여 보고하기를, "이번에 오는 일본 국왕의 사신, 상부 관인이 타고 오는 배의 선원은 계묘년(5년)의 예에 의하여 양료(糧料)[359]를 주고, 그 나머지 데리고 오는 각 배의 선원은 아울러 주는 것을 허락하지 말 것인데, 만약 아울러 같이 줄 것을 청구하면 대답하기를, '국가의 명령이 없어 독단하기 어려우니 줄 수 없다.'라고 하겠습니다." 하니 그대로 따르다.

■ **7년 4월 12일** (이번엔 애원 작전)

일본 국왕의 사신 서당(西堂)·범령(梵齡) 등이 그 국왕의 글을 받들어 올리니, 그 글에 "일본국 도전(道詮)은 조선 국왕 전하께 글월을 받들어 올리나이다. 지난해 바다를 건너갈 때에 소원한 것은 대장경의 판본이었는데 화엄경 등의 판본을 주셨으니, 비록 원래 바라던 것은 아니었지만 우선 잠시 머물려 두었습니다. 이제 거듭 전사(專使) 호암 서당(虎巖西堂)과 부사 범령 장주(梵齡藏主)를 보내어 간절한 뜻을 다시 말씀드리나이다. 저는 들으니 '보살이 시주하러 다닐 적에 나라의 성(城)에 이르면 머리와 눈까지도 모두 다 남에게 베풀어 준다.' 하오니, 진실로 능히 부처의 마음으로 마음을 삼는다면 비록 조상으로부터 전해 내려오는 것으로 둘도 없고 또 셋도 없는 것이라 하더라도 역시 깊이 아끼지 않는 듯하다 하오니, 감히 청하옵건대 선뜻 고쳐 생각하시고 법[佛法]을 위하여 간절한 뜻을 멀리 느끼시어 구하는 바의 경판을 우리 나라에 은혜롭게 주시면 유통(流通)함이 먼 곳까지 미치어 이익이 한이 없을 것이오니, 역시 이웃과 호의를 두텁게 하는 한가지가 아니

---

359 식량

겠습니까.

늦은 가을 날씨가 점점 한랭하온대 나라를 위하여 스스로 진중하게 하소서. 토산물로 은부채 100자루와 차는 칼 50개와 비단 15필을 바치나이다." 하다.

- 7년 5월 11일

임금이 근정전에 나아가니, 왜국 사신 중태와 범령 등 40여 인이 절하여 하직하고, 상시와 부사는 전 안에 올라와 서남쪽에 부복하니, 임금이 "이웃에서 좋게 지냄이 이미 오래였으며, 구하는 경판을 줄 수가 있으면 어찌 두 번 청하기를 기다리겠느냐마는, 그것은 조종 때로부터 전래하는 것이기 때문에 내가 감히 마음대로 할 것이 못되므로 그 뜻을 회답하는 편지에 갖추 적었노라." 하니, 중태 등이 아뢰어 말하기를, "삼가 교지대로 복명하겠나이다." 하다.

그 회답하는 글에 말하기를, "조선 국왕 성명 모(某)는 일본 국왕 전하에게 회답하노라. 사신이 와서 글월을 전하여 귀체가 안강하심을 살폈고, 또 아름답게 주시는 것을 받으오니 기쁘고 감사함이 특별히 깊소이다. 구하시는 대장경판은 단지 한 벌이 있을 뿐이고, 또 나의 조종이 전해 주신 것이라 청하시는 대로 따를 수 없음은 전번 편지에 이미 다 말하였으니 오직 살펴 용서하시오. 변변하지 못한 토산물은 별폭과 같으며, 기후가 차차 더워지니 때를 따라 다복(多福)하시기 바라오." 하다.

- **14년 5월 23일** (사신, 도중 사망)

근정전에 거둥하여 일본 국왕의 사자(使者) 부관인(副官人) 이라(而羅)를 인견하고, "바다 물결이 험조(險阻)³⁶⁰한데 어렵게 멀리 와서 상사(上使)가 겨우 우리나라 땅에 들어오자마자 병에 걸리어 목숨을 잃었으니 내 매우 애도하노라." 하니, 이라가 "소인의 심정은 다 아뢰기 어렵습니다." 하다.

(대장경 2부 요구)

일본 국왕의 서신(書信)에 "귀국이 우리와 매우 가깝게 있어서 배가 서로 왕래하며 통신하고 문안하여 우호의 예를 닦은 것은 옛날부터 그러한 것으로서 한때도 그치지 않았습니다. 근래 3년 동안은 국내에 일이 많아서 그 사이에 통신을 보사(報謝)하지 못하였으나, 성의가 해이한 것은 아닙니다. 이제 범령을 보내 석씨(釋氏)의 대장경(大藏經) 2벌[部]을 부탁드리오니 윤허를 내려 주시기 바랍니다." 하다.

- **14년 7월 26일** (답례 사신)

상호군(上護軍) 이예와 호군(護軍) 김구경을 보내 일본에 답방하다.

일본 국왕에게 답하는 서신에 "우리 두 나라는 대대로 인국(隣國)의 호

---

360 높고 험하다.

의(好誼)를 닦아 항상 신의를 돈독히 했는데, 지금 또 전사(專使)[361]로 보빙(報聘)[362]하니 매우 기쁘고 위로되오. 선사한 예물은 삼가 이미 영수(領受)하였으며, 이에 신하 이예 등을 보내어 가서 사례(謝禮)하는 뜻을 표하오. 변변하지 못한 토산물과 부탁한바 대장경은 모두 별록에 적었으니 영납(領納)[363]하기 바라오." 하다.

**여섯 번째**

- **25년 11월 18일**

일본국 사신 중 광엄(光嚴) 등 29명이 오다.

그 서계에 "연전에 우리 나라에서 간청한 대장경(大藏經) 인판을 귀국에서 허락하지 않았기 때문에 우리 나라 불사(佛寺)와 신사(神祠)에 본받을 것이 없음을 실로 결전(缺典)[364]으로 여깁니다. 이제 귀국의 전사(專使)가 돌아가는 배에 부탁하여 일장(一藏)[365]을 부탁하오니, 반드시 7,000권을 전비(全備)[366]한 인본(印本, 인쇄한 책)으로 부쳐 오면 백마(白馬, 예전에 백마를 잡아 그 피를 마시어 맹세한 것을 말함)의 지난 일을 금오(金烏, 해가 돋는 곳을 말함)가 나오는 곳에서 거듭 보게 되겠습니다. 이웃나라의 변하지 않는 서약이 어떤 일이 이와 같겠습니까. 변변치 않은 토물(土

---

361 사신
362 답례
363 받아들임.
364 완전하지 않고 불충분한 법전이나 전례(典禮)
365 대장경
366 모두를 갖춤.

物)은 물방울과 티끌만 한 것으로 해악(海嶽, 은혜의 높고 깊음)에 비하오니, 엎드려 채납(採納)[367]하시기 바랍니다." 하다.

■ 26년 1월 10일

일본국 사신 광엄 등이 하직하니, 일본 국왕에게 보낸 글에 이르기를, "이제 전(前) 전하(殿下)가 세상을 떠났다는 말을 들으매 놀랍고 슬픔을 이기지 못한다. 변변하지 못한 토산물인 흑세마포 40필을 부의(賻儀)[368]로 보내노니 조납(照納)[369]하기 바란다. 또 전하(殿下)가 전사(專使)로 예물을 갖추어 보내면서 법보(法寶, 불경)를 구하였었는데, 이제 대장경(大藏經) 전부(全部)를 함(函)에 넣어 돌아가는 사신에게 부쳐 명복(冥福)을 빈다." 하다.

### 일곱 번째

■ 30년 6월 21일 (화재 났으니 대장경 주시오)

이날 이른 아침에 정우(正祐) 등이 먼저 근정전 뜰에 나아가 국서(國書)[370]를 드리다.

그 국서에 "일본 국왕 원의성(源義成)은 글을 조선 국왕 전하께 받드나이다. 두 나라 중간에 바닷길이 1만 리나 되는데, 이웃 나라의 화호(和

---

367 받아들이다.
368 초상난 집에 조문하고 부조하는 뜻으로 보내는 돈이나 물건
369 문부에 의거해 액수나 물품의 수량을 잘 살펴보고 받아들임.
370 한 나라의 원수(元首)가 다른 나라에 보내는 편지

好)가 변치 않아서 하늘과 물이 한결같이 푸릅니다. 왕년에 서남 연해
(沿海)의 이민(吏民)들이 자주 소요(騷擾)하여 소식이 막히고 끊어졌으
니 부끄러움을 이기지 못합니다. 이제 중 문계(文溪)를 보내어 권련(卷
戀)[371]의 뜻을 이르고, 변변치 못하고 세쇄한 물건을 별폭(別幅)에 갖추
오니 채납(採納)하시면 다행하겠습니다. 우연히 풍랑이 순한 때를 만
나 간청이 있습니다. 이곳 한 선찰(禪刹)에 전법륜장(轉法輪藏)이 화재
에 걸리어 송상전(誦上殿)에 삼보(三寶)의 수(數)를 궐하였으니, 법보(法
寶) 7,000권을 돌아오는 편에 부치시면 어떠합니까. 생각하옵건대 우
리 나라의 교법(教法)[372]이 유통하면 어찌 귀국의 청평(清平)하고 선리
(善利)함이 아니겠습니까. 초가을이 조금 차니 때를 순히 하여 보중(保
重)[373]하소서. 갖추지 못합니다. 정통(正統) 12년 8월 일."이라 하였다.

### 여덟 번째

▪ 32년 2월 16일 (세종 마지막 순간)

일본국 사신 중[僧] 경능(敬愣)이 왔는데, 그 글에 "일본국 원의성은 절
하고 조선 국왕 전하께 회답을 올리나이다. 귀국이 이웃 나라와 수호
(修好)하신 이래로 화석(華席)[374]과 양약(良藥) 등이 귀국으로부터 아니
오는 때가 없었습니다. 더구나 불교가 동점(東漸, 동쪽으로 옴)한 것은 백

371 간절히 생각하며 그리워함.
372 성현(聖賢)의 가르침.
373 건강에 주의하다.
374 화문석(花紋席, 물들인 왕골로 꽃무늬 등을 놓아 짠 돗자리)

마의 발굽일지라도 우리 땅에 미치지 못했을 것입니다. 교법이 귀국으로부터 유통되어 왔으니, 그렇다면 악한 것이 없어지고 그른 것을 막는 것이, 사람마다 부처의 제도를 지키는 것으로서, 귀국의 착하신 공덕이 아님이 없습니다. 이에 신사(神祠)[375]에 신령스런 위세가 있어 나라 사람이 높여 소중하게 여기는 바이므로 법보(法寶)로써 신령께 갚아드리려 하오니, 대장경 1부를 돌아오는 배에 부처 오게 하시오면, 비단 귀국의 잘 다스려진 나머지, 경사가 멀리 우리 나라 신사에 미치는 것뿐 아니오라, 다시 반드시 나라 사람의 바라고 바라는 것을 이루게 되는 것이옵니다. 변변하지 못한 토산물을 별폭과 같이 갖추어 드리오니 받아 주시면 다행하겠습니다." 하다.

▪ 32년 2월 17일

임금 승하하시다.

* 세종 마지막 날까지 그들은 대장경을 얻으러 왔었다.

## 2) 귀화하는 왜인들

당시에 왜인들 중에는 조선에 귀화하는 자들이 종종 있었으니, 그 중에는

　(1) 조선은 인정(仁政)을 베푼다는 말을 듣고 오는 자

　(2) 대마도의 흉년으로 인하여 오는 자

---

375 신령을 모셔 놓고 위하는 사당

(3) 해적에게 납치되어 간 우리나라 사람을 따라오는 자

또 기아로 먹을 것 때문에 우리나라로 집단으로 도망해 오는 경우도 있었고, 어떤 때는 수가 너무 불어나 염려스러운 점도 있었다.

한편으로, 도망해 와 조선에서 살겠다고 하는 자 처리 문제로 난처한 입장에 처하는데, 대마도주는 돌려주기를 청하니 돌려보내면 살육당할 것은 뻔한 일이므로 난관에 봉착하기도 한다.

당시의 상황을 기록을 통하여 살펴본다.


▪ 5년 2월 21일

예조에서 보고하기를, "대마도의 왜인 변삼보라와 만시라 등이 배 한 척에 같이 타고 이달 12일에 해운포(海雲浦)에 이르러, '본도(本島)는 전지(田地)는 적은데 부세(賦稅)는 과중하여 생계가 매우 어렵습니다. 조선에는 인정(仁政)을 시행한다는 말을 듣고, 성덕(聖德)을 우러러 사모하여 귀화해서 직업을 얻어 편안히 살고자 한다.'라고 하면서, 각기 처자(妻子) 남녀 모두 24명을 거느리고 바다를 건너왔습니다." 하였으므로, 명하여 늙은이와 어린이와 부인들에게 양식을 주어 편안히 머물게 하고, 장정은 서울로 올려 보내게 하다.


▪ 5년 3월 25일

호조에 전지를 내리기를, "전라도에 안치(安置)[376]된 왜인 평삼보라, 만

---

376 유배된 죄인

시라 등 24명이 농업을 하기 전까지 양식을 주라."라고 하다.

병조에 전지하기를, "지금 전라도에 안치된 왜인들에게 전조(田租)는 3년까지, 요역(徭役)은 10년까지 면제해 주라."라고 하다.

■ 7년 5월 2일

경상도 감사가 보고하기를, "기해년(대마도 토벌)에 나누어 배치한 왜인 이지시라(伊只時羅)가 일찍이 의령 사람 강손기(姜孫奇) 집의 비부(婢夫)[377]가 되었더니, 전년에 본 고향으로 돌아갔다가 이제 다시 와서 여기 살기를 자원하면서 왜인 마다이라 등을 거느리고 왔기에 모두 창원부(昌原府)에 가두었습니다." 하다. 명하여 이지시라는 도로 강손기에게 돌려주고, 마다이라는 안치하기를 자원한다 하니 토지와 종자를 주어 농사짓게 하고, 햇곡이 성숙할 때까지 한하여 먹을 양식을 주게 하다.

■ 7년 5월 17일

병조에서 보고하기를, "전라도 임실(任實)에 안치한 귀화인(歸化人) 가오하(家吾下)와 통사(通事) 황천봉(黃天奉)이 말하기를, '우리들은 본래 서울[王京]에서 살고자 하여 귀화하여 온 것인데 이제 외방에다 두셨고, 또 저의 나이 65세로 오른편 팔이 병신이고 자식마저 어리석고 약질인데, 더구나 저와 아내는 본래 농사를 지을 줄 모르오니, 비록 좋

---

377 계집종의 지아비

은 전지를 주셨으나 결국은 반드시 굶어 죽게 될 것이오니, 원컨대 서울에 가서 임금의 덕택 속에서 살게 하여 주소서.' 하고, 또 울면서 말하기를, '처음 압송해 올 때에는 이리로 오는 줄을 몰랐기 때문에 즉시 나의 뜻을 말하지 못하였다.'라고 하옵니다" 하니 의정부에 내려서 의논하라고 명하다.

이에 모두가 "이 사람이 임금의 덕화를 사모하고 왔으니 그 마음이 가상합니다. 그러니 그 소원대로 서울로 오게 하고 직업을 주어 살게 하는 것이 당연한 일이겠습니다." 하니 그대로 따르다.


▪ 8년 1월 3일

예조에서 보고하기를, "대마도의 시라삼보라 · 사이문구로 등 남녀 14명이 내이포(乃而浦)[378]에 이르러 스스로 이르기를, '본토에는 아무도 의지할 만한 친척이 없어서 생활해 나가기가 곤란하옵기로, 귀국 해변에 살면서 고기도 잡고 술도 팔아서 생활을 해 나가기를 원한다.' 하오니, 그들이 원하는 것을 들어주어 내이포에 거주하게 하소서." 하니 그대로 따르다.


▪ 8년 2월 9일

귀화한 왜인인 부사직(副司直, 종5품) 지문(池文)이 "신은 부모를 버리고 처자와 헤어진 지 지금 8년이 되었습니다. 그리워하는 정은 이루 말

---

378 경상남도 창원시 진해구

할 수 없사오니 관압사(管押使)인 이예를 따라서 고향인 대마도에 가서 여러 해 동안 그리워하던 정회를 풀어 주시기 바라나이다." 하니 임금이 대신에게 의논하게 하고, 인하여 의복 두 벌과 갓·신·술·쌀을 내리다.

■ 8년 7월 23일

예조에서 보고하기를, "대마도의 왜인 사근고라가 그 섬의 흉년으로 말미암아 처자와 한인(漢人) 4명을 데리고 나와 머물러 살기를 원하고 있사오니, 청하건대 위의 한인은 전례에 의하여 북경으로 풀어 보내고, 왜인들은 충청도 육지 안의 각 고을에 안치하고 의복·식량과 전지(田地)를 주도록 하소서." 하니 그대로 따르다.

■ 8년 8월 10일

병조에서 보고하기를, "이번에 왜인 마다화지(麻多和知)가 납치되었던 덕은 선군(德恩船軍) 조덕생과 여산 선군(礪山船軍) 박망달을 따라 귀화하여 왔습니다. 청하건대 조덕생과 박망달은 그의 본집으로 돌려보내고, 마다화지는 자원하는 바에 따라 2명 중에서 어느 한 사람과 함께 거주하게 하고, 내년까지 식량과 곡식 종자를 지급하도록 하소서." 하니 그대로 따르다.

■ 8년 8월 23일

예조에서 보고하기를, "이번에 온 대마도의 왜인 변삼보라·시라삼보라·노오묘 등 3명이 모두 머물러 살기를 원하고 있으니, 청하건대 자원에 따르도록 하소서." 하니 그대로 따르다.

■ 8년 12월 3일

예조에서 보고하기를, "평안도 양덕(陽德)에 안치한 왜인 평도전(平道全)은 생계가 어려워서 의복과 말안장을 전당 잡히거나 팔아서 조석 끼니를 이으며, 그 딸은 나이가 장성했는데도 시집가지 못하고 있습니다." 하니, 임금이 명하여 평도전의 딸을 그곳 수령으로 하여금 비용(費用)을 주어 시집보내게 하다.

■ 8년 12월 28일

전지(傳旨)하여 전에 귀화한 왜인·야인들과 지금 온 왜인·야인 들을 모두 대궐에 들어오게 하여 제야(除夜)의 불꽃놀이를 보도록 하다.

■ 9년 1월 10일

예조에서 보고하기를, "지금 나온 대마도의 왜녀(倭女) 아마이소가 말하되, '아들 삼미삼보라와 딸 감인주와 사위 고라시라가 기해(1년)에 장사를 하려고 와서 부산포(富山浦)에 정박했는데, 국가에서 대마도를 토벌할 때에 각 포(浦)에 거류하던 왜인들을 각 고을에 나누어 소속시켰습니다. 노녀(老女)는 그들의 간 곳을 알지 못하여 그리워하여 마지 않았는데, 지금 아들 삼미삼보라는 봉화군(奉化郡)에 있고 딸 감인주와 사위 고라시라는 순흥부(順興府)에 있다는 말을 듣고, 기어코 한곳에서 목숨을 마치고자 하여 찾아왔습니다.'라고 합니다." 하니, 임금이 그 뜻을 불쌍히 여겨 아마이소에게 순흥(順興)에 살도록 하고, 삼미삼보라를 옮겨서 어머니와 여동생과 같이 살도록 하다.

■ 10년 5월 12일

예조 판서 신상이 보고하기를, "이번에 온 종정성(宗貞盛)이 보낸 사람이 전지를 받고 우리나라의 백성이 되기를 원합니다." 하니, 임금이 찬성 권진에게 "태종 때에도 또한 이와 같은 자가 있었는가." 하니, 권진이 "대내전(大內殿) 벌삼도(伐三島)가 우리나라에 공로가 있었는데, 완산(完山)으로 본향(本鄕)을 삼고 전지를 받아 백성 되기를 청하였으나, 사간원에서 소를 올려 '왜인이 변경에 살기를 청하는 것은 그 계책을 추측할 수 없으니 허락할 수 없습니다.'라고 하여 중지하였습니다." 하니, 임금이 말하기를, "정말로 그렇겠구나." 하다.

■ 11년 6월 11일

병조에서 보고하기를, "왜인 마다시지(馬多時知) 등 3명과 사로잡힌 중국 사람 오돈이로(吾敦而老) 등이 말하기를, '부모는 모두 죽고 또 아무런 친족도 없으며 지금 살고 있는 대마도는 땅이 메말라 농사를 지을 수 없어 굶어 죽을 지경이 되었는데, 이 때문에 도망하여 국경에 이르렀으니, 원컨대 한전(閑田)[379]을 얻어 농사를 지어 목숨을 이으려고 한다.' 합니다." 하니, 그 도의 수령에게 전택(田宅)과 양식과 종자를 주어 늘 구호하여 주도록 하다.

379 경작하지 않은 땅

- 12년 4월 5일

병조에서 "지금 왜적에게 피납되었던 본국 사람 시금도로(時今都老) 등 4명과 왜인 4명과 중국인 남녀 2명이 같이 한배를 타고 몰래 왔으니, 청하건대 중국인은 서울로 데리고 와서 요동(遼東)으로 압령(押領)[380] 하여 보내고, 본국 사람과 왜인은 본도(本道)로 하여금 옷과 양식을 주게 하여 자원(自願)대로 편히 살게 하소서." 하니, 명하여 중국인은 보호해서 서울로 보내게 하고, 본국인은 그 부모와 친족을 물어서 같이 모여 살도록 하고, 친족이 없는 자는 노는 밭과 옷·양식을 주어 구호를 완전히 하고, 왜인도 노는 밭과 집·옷·양식 등을 주어서 편히 살게 하여 굶주리고 헐벗지 말도록 하다.

- 12년 10월 25일

병조에서 "지난 기유년(세종 11년)에 나온 대마도의 왜인 여시로와 여매시라 등이 우리나라에 거주하기를 원하오니 그들이 희망하는 곳에 정착하게 하여 주옵소서." 하니, 명하여 "토지·가옥·종·식량을 주어 춥고 굶주리지 않게 하고 수령이 늘 돌보아 주게 하라." 하다.

- 12년 윤12월 15일

예조에서 "염포(鹽浦)[381]에 나와 있는 왜인 이라(而羅)·삼보라(三甫羅) 등은 본시 우리나라 사람으로서 과거에 왜에게 포로가 되었던 자인데,

---

380 통솔
381 지금의 울산광역시 염포동 주위의 항구 이름

지금 염포(鹽浦)의 왜관(倭館) 근처에서 고기잡이를 하며 살기를 원합니다." 하니, 임금이 "이 무리들이 포(浦)에 거주하고자 하더라도 생활이 사실 어려울 터이니, 근처의 각 고을에 두고 한전(閑田)과 의복과 식량을 주어 다른 사람보다 더 보호하도록 하라." 하다.

■ 13년 7월 1일

종정성(宗貞盛)이 예조에 글을 보내어 억류된 구방(鳩方) 등 5명을 돌려보내 달라고 청하고, 인하여 대도(大刀)[382]를 올리므로 답서하기를, "구방 등에게 돌아가라고 효유한즉, 그들은 이 땅에 살기를 편안히 여기고 자기 직업을 즐거워하여 돌아가지 않겠다고 하므로 억지로 보낼 수 없으며, 우선 지난해에 억류된 미진개육랑 · 마자고전 등을 찾아 모아서 돌려보내노라." 하고 정포(正布)[383] 5필을 회례로 주다.

■ 14년 8월 22일

예조에서 "지금 돌려보내기를 청한 왜인으로 공주(公州)에 거주하는 아도고 · 피고 · 시라 · 이로 · 시로 등이 모두 남아서 거주하기를 원하고 있으니 돌려보내지 마소서." 하니 그대로 따르다.

■ 15년 8월 15일

병조에서 "각 고을에 분치된 외국 사람으로서 경작할 땅이 없는 자와

---

382 큰 칼
383 품질이 좋은 베. 관리의 녹봉으로 주던 오승마포(五升麻布)

경작하여도 수량이 적어서 생계가 곤란한 자를 조사하여 옷과 양식과 노는 땅을 주어서 완전히 구휼하게 하고, 나이 늙은 자는 병역을 감면하소서." 하니 그대로 따르다.

■ 17년 1월 15일

예조에서 "향화(向化, 귀화)한 왜인 마삼보로(馬三甫老)가 광주 호장(廣州戶長) 이간(李間)의 양자(養子)가 되어 성을 이씨로 가칭하고는 양주(楊洲)의 호장 한원(韓原)의 딸에게 장가들어 아들 이근(李根)을 낳았사온데, 이근이 글을 읽어 이제 과거에 응시하려고 하니 그 뜻이 가상합니다. 청하옵건대 그의 응시를 허용하옵소서." 하니 그대로 따르다.

■ 16년 3월 1일 (먹고 살려고 도망해 왔으니 어떻게 처리할까?)

대마도 왜인 언사랑(彦四郞)·종사랑(宗四郞) 등이 그의 처자와 친족 등 42명을 인솔하고 와서 말하기를, "본도(本島)는 흉년만 든 것이 아니고 상수리조차도 핍절되어 장차 아사(餓死)할 것이므로, 조선에 영주하기를 원하오니, 육지 깊숙한 곳에 두게 하고 의복·식량·토지를 줄 것이며, 수령으로 하여금 완전 보호하여 기한(飢寒)에 떨지 않게 해 주소서." 하다.

■ 16년 3월 7일 (도망자 처리 의논)

대마주의 왜인이 기아로 인하여 도망해 왔으므로 그 유치(留置) 여부에 대하여 다시 의논하게 하니, 정초는 "성인(聖人)의 덕화란 본시 오는 자를 막지 않는 법이오며, 이제 만약 이들을 포박해 보낸다면 저들이 필연코 마구 도륙(屠戮)을 행할 것이니 진실로 불인(不忍)한 일이며, 대마도는 아침과 저녁을 우리나라에 의뢰하고 사는 터인즉, 어찌 한두 명의 사람으로 인하여 흔단(釁端)[384]이야 생기겠습니까." 하고, 최윤덕 등은 "왜인은 이리 같은 야심이 있는 자로서 국가에서 비록 이들을 육지에 갖다 두고 무애(撫愛)[385]하며 후하게 돌보아 준다 하더라도, 저들이 종시 평민과 같이 응당 집역(執役)[386]하는 것을 즐겨하지 않을 것이요, 은밀히 한 무리를 맺어 국가 기밀이나 탐지하여 누설시킬 것이며, 또 대마도는 근일 기근(飢饉)에 있어 그 기아를 면하려고 오는 데에 불과합니다. 어찌 진정 의를 사모하는 마음이 있어 왔겠습니까. 만약 의복·식량·토지를 지급하여 그들의 욕망을 채우게 한다면 기아에 떠는 자가 이를 듣고 연속해 오게 되어 장차 그의 욕구하는 바를 감당하지 못할 것이며, 뒤에 풍년이라도 들면 소인(小人)이란 고향을 잊지 못하는 법이라 끝내는 도망해 가 버릴 것이 자명합니다. 국가에 이익은 없고 손해만 가져올 것이오니, 본국에 잡혀 있는 사람 이외에는 일체 받지 않는 것이 어떨까 합니다." 하고, 맹사성 등의 헌의는 위와 같고, 다만 식량을 주어서 돌려보내게 하라는 것이 달랐으며, 민의생은 "대마주는 항시 본국에 귀순하여 내왕하고 있사온데, 이제 도망해 온 자를 받아들인다면 아마도 명분이 서지 않으며 뒤에 반드시 귀환하기를 청할 것입니다. 또 그 섬에서 지금 기근에 곤란을 겪고 있사온데, 만

---

384 싸움의 시초
385 귀여워하며 사랑함.
386 일하는 것

약 이 소리를 듣고 바다를 덮으며 건너온다면 그의 지대(支待)[387]도 또한 어렵거니와, 더욱이 큰 바다가 막혀 있어 그 마음이 반드시 다를 것이므로, 그 토지나 인민이 모두 본국의 소용은 되지 않을 것이오니, 본국과 관계되는 사람을 제외하고는 식량을 주어 돌려보내는 것이 어떻겠습니까." 하고, 정인지는 "이번에 도망해 온 자는 본시 왜인으로, 저쪽에서 만약 도의에 의거하여 본토로의 송환을 청해올 경우 이를 허락하지 않으면 아마도 그 잘못이 우리에게로 돌아오고, 인하여 흔단이 생길 것이니, 이는 동정(東征)할 때에 안치한 왜인을 억류한 데 견줄 것이 아니오니 마땅히 식량을 주어 돌려보내고, 좋은 말로 도주(島主)를 이해시켜 가해(加害)하지 않도록 하는 것이 옳을 것입니다." 하니, 정초의 헌의에 따르고, 그 회답의 글을 마련해 계달하도록 하다.

■ 17년 8월 10일

왜인 만도로(蔓都老) 등 26명을 전라도에 나누어 두었으니, 대마도에서 도망하여 온 사람이다.

이때 조정의 의논이 일치하지 아니하고 많이들 말하기를, "이 무리들은 배고프면 사람에게 붙었다가 배부르면 표연히 가버려서 마침내 우리나라 백성이 되지 않습니다. 근년에는 당류(黨類)[388]가 날로 더 불으므로 염려하지 않을 수 없으니 마땅히 양식을 주어 돌려보내야 될 것입니다." 하매, 영의정 황희는 "마땅히 따로 나누어 두어서 여러 왜인

---

387 대우 : 먹을 것과 쓸 물건
388 한 무리의 동류(同類)

들로 하여금 서로 소식을 듣지 못하도록 할 것입니다." 하니 그대로
따르다.


■ **19년 3월 3일** (도망자 처리 문제)

종정성이 본도(本島)에서 도망하여 온 사람을 찾아 돌려보낼 것을 청
하였는데, 그 글에 "본도의 백성 마삼랑(馬三郎) 등 26명이 배를 훔쳐
가지고 도망하여 나가서 산달포(山達浦)에 정박하였사오니, 청하옵건
대 속히 돌려보내 주소서." 하다.

임금이 예조에 명하여 의정부와 더불어 의논하게 하니, 우의정 노한과
겸판예조사(兼判禮曹事) 허조 등은 "정성(貞盛)의 글을 보니 듣고 본 것
이 확실하며 구하고 청한 것이 간곡하고 지극합니다. 돌려보내기를 청
한 것이 비록 많았사오나 이 글과 같이 간절한 것은 없었습니다. 이번
에는 비록 권도(權道)[389]의 말로써 대답한다 하더라도 뒤에 만일 명백
하게 그 들은 것을 기록하여 다시 청한다면 장차 무슨 말로 대답하겠
습니까. 부득이하여 쇄환(刷還)[390] 한다면 귀화하던 처음에 머물러 살도
록 시킨 형편을 반드시 하나하나 말할 것이고, 만일 사태가 드러날 것
을 염려하여 돌려보내지 않는다면 장차 이로 인하여 흔단(釁端)이 생
길까 두렵습니다. 또 이 왜인이 답서를 받아 가지고 속히 돌아가면 좋
지마는, 만일 기어이 청한 것을 얻으려고 하여 오래 머무르고 돌아가
지 않는다면 대답할 말이 반드시 곤란할 것이오니 쇄환하는 것이 어

---

389 그때그때의 형편을 따라 일을 처리하는 방도
390 추방

떠합니까." 하고, 영의정 황희는 "처음에는 비록 배반한 자를 받아들였으나, 지금 그 청에 따라 돌려보내면 곧은 것은 우리에게 있는 것입니다." 하고, 찬성(贊成) 신개, 참찬(參贊) 최사, 판서(判書) 하연 등은 "당초에 되돌려 보내지 아니하고 안업(安業)[391]시켜 살게 하였사온데, 이제 쇄환하였다가 만일 살육을 당하게 되면 살리기를 좋아하는 뜻에 어그러질 뿐만 아니라 뒷사람의 투화(投化)하는 길을 끊는 것이 되오니, 마땅히 '중외(中外)[392]에 조사하여 찾아보게 하였어도 종적을 찾을 길이 없다.'라고 회답하는 것이 어떠합니까." 하니 임금이 신개 등의 의논에 따르다.

■ 20년 6월 10일

우의정 허조가 "금년 대마도의 종정성이 왜인의 남녀 모두 34명의 송환을 청해 왔사온데 이들은 원래 도망자들입니다." 하여, 의정부 및 제조로 하여금 이를 평의하게 하니 모두 "대마도는 잔열 미약한 무리들이라 비록 보내지 않더라도 관계 없습니다." 하다.

허조가 "저 평의자의 논의로 말씀하오면 모두 잠시 한 사단만을 보고 그 시종을 구명해 보지 못한 말들입니다. 이 34명을 감추어 두고 그의 송환을 즐겨 응하지 않는다면 큰 나라로서의 신의가 어디 있다고 하겠습니까. 우리가 송환하게 되면 저희들이 비록 죽인다 하더라도 그 곧은 의리는 우리에게 있는 것입니다. 황희의 의견도 역시 이와 같사오니, 이들을 송환하게 하시와 큰 나라로서의 신의를 온전히 하시고

---

391 편안한 마음으로 업(業)에 종사함.
392 서울[中央]과 지방

후일의 변란을 막게 하옵소서." 하니, 임금이 "우의정의 헌의가 옳다. 그러나 이미 송환하지 않는다는 의논을 결정하였으니 이 논의는 아직 정지하라." 하다.

■ 20년 6월 11일

우의정 허조가 도망해 온 왜인의 송환을 다시 재청하니 임금이 "내 다시 생각해 보겠노라." 하다.

이때 영의정 황희가 병으로 집에 있으므로, 임금이 김돈에게 명하여 가서 의논하기를, "대마주의 사람이 일찍이 우리 지경에 와서 사람을 살해하고 간 것을, 종정성이 그의 머리를 베어 변장에게로 보내온 사실이 있었으니 그 정성이 지극한 바 있소. 송환을 요청하는 사람을 보내 마땅하오. 그러나 내가 송환하지 않으려고 하는 것은 이 사람들이 우리나라에 있게 되면 우리의 병력이 늘고, 저쪽으로 보내게 되면 저쪽 병력이 증강하게 된다는 것이 아니라, 다만 종정성이 보내온 서계(書契) 속의 말이 긴절하지 못하고, 사자가 말하는 성명들이 먼저 왔던 사람이 말한 성명과 약간 다른 것이 있으니, 하필 송환하랴. 그러나 장차 무어라고 회답한단 말이요." 하니, 황희가 "당초에 이 사람들이 도망해 왔을 때 국가에서 받아들이려는 것을 신은 받아들이지 않는 것이 옳다고 주장하였던 것입니다. 혹 후일에 송환을 요청하게 되면 필경 무익한 일이기 때문입니다. 금번 의정부·육조에서 의의(擬議)[393]할

---

393 일의 시비곡직(是非曲直)을 헤아려 그 가부를 의논하는 일. 의정부나 육조에서 중신들이 모여 관서(官署)에서 보고한 사목(事目)이나 임금이 의논하도록 명한 일에 대하여 그 가부를 의논하던 일

때 신은 신병으로 참여하지 못하였사오나, 우의정이 다시 계청하려는 것도 신은 역시 알고 있었습니다. 신의 생각으로는 저들은 도망해 온 자입니다. 그 당초에 받아들인 것이 이미 도의에 어긋나는 일이었으니, 원하옵건대 모름지기 이들을 송환하여 다시 요청하는 번거로움을 없애게 하시고, 회답할 말에 대해서 신은 알지 못하겠나이다." 하다.

임금이 "허후는 의당 피혐(避嫌)[394]할 것이고, 그 나머지 승지는 가부를 같이 논의하여 계달하라." 하니, 도승지 김돈 등이 "종정성의 서계의 내용이 성실하지 않사온데 송환을 들어 줄 필요가 없사오며, 다시 요청한 뒤에 보내도 늦지 않을 것이오니, 이제 일시 방편으로 적당히 회답하기를, '수색해 보았으나 아직 잡지 못하였다.'라고 하고, 종정성의 다시 청해 오는 것을 관망하옵소서." 하니, 임금이 "계달한 뜻 그대로를 예조로 하여금 답서를 닦아 바치게 하라." 하다.

이상에서 본 바와 같이 도망해 온 자를 돌려보내 달라는 대마도주의 청을 처리하는 문제는 아주 어려운 문제였다.

■ 21년 5월 29일 (귀화인과 그 자손의 구분)

의정부에서 병조의 보고에 의거하여 아뢰기를, "서울 밖에 항상 살고 있는 귀화인의 자손들이 귀화한 것이 오래고 가까운 것을 헤아리지 아니하고, 비록 원래 귀화해 온 사람의 자손이라 하더라도 모두 귀

---

394 헌사(憲司)에서 논핵(論劾)하는 사건에 관련이 있는 관원이 벼슬에 나가는 것을 피하던 일

화 자손으로 일컬으며, 본조(병조)에 서로 원래 귀화해 온 귀화인이라면 멀고 가까운 것을 헤아리지 아니하고 모두 시재(試才)[395]하게 하오니 실로 미편하옵니다. 금후에는 자기가 귀화한 것과 그 친아들은 모두 귀화인으로 일컫고, 그 나머지 친손(親孫) 이하는 귀화한 적이 이미 오래 되고 여러 대를 그곳에 붙여 사는데 대대로 귀화인으로 일컬음은 또한 적당하지 못하오니, 본국 사람의 예에 의거하여 시행하소서." 하니 그대로 따르다.

■ 26년 10월 21일 (왜인, 벼슬 받기를 청하다)

왜인 정대랑(井大郎)이 벼슬 받기를 청하므로 의정부와 예조에 내려서 의논하게 하니, 영의정 황희, 좌찬성 하연, 우찬성 황보인, 좌참찬 권제, 예조 판서 김종서, 우참찬 이숙치, 예조 참판 윤형 등 여럿이 "다 옳지 못하오니 마땅히 정대랑에게 답하기를, '앞서 조전등구랑(早田藤九郎)은 그 조상이 본국에서 나간 자이므로 벼슬을 준 것이고, 또 네 아비는 일찍이 우리나라에 와서 숙위(宿衛)[396]도 있었으므로 역시 관직을 주었으나, 너는 이러한 조건이 없으니 벼슬 주기가 사실 어렵다.'라고 하소서." 하니 황희 등의 의논을 따르기로 하다.

■ 27년 2월 7일

영의정 황희, 우의정 하연, 우찬성 권제, 예조 판서 김종서, 우참찬 정

---

395 재주가 있고 없음을 시험하여 봄.
396 궁궐을 숙직하며 지키는 일

인지가 의논하여 아뢰기를, "지금 대마도 종정성(宗貞盛)이 야마사기(也馬沙其)를 돌려보내 달라고 하오나, 이 사람은 처음에 내이포(乃而浦)에 와서 걸식하며 살던 것을 윤인소가 임금의 명령으로 불러 달래어서 온 것이며, 정성(貞盛)이 우리나라를 위하여 내보낸 자가 아니고, 또 이 사람의 기술은 칼을 만드는 한 가지 일뿐인데, 우리나라 사람들이 그 기술을 다 배워 알았으니 가든가 있든가 우리나라에는 관계가 없사옵니다. 만약 거절하고 보내 주지 아니하면 장차 원망이 생길까 염려도 되며, 또 이 사람이 오래도록 본국에 있게 되면 나랏일을 누설할까도 의심되옵니다. 전후에 돌려보낸 자가 한 사람뿐이 아닌데 어찌 이 사람에게만 의심할 것입니까. 그 청함에 따라서 돌려보내는 것이 좋겠습니다." 하고, 좌의정 신개, 좌참찬 이숙치, 예조 참판 윤형 등은 "이 사람이 귀화한 지가 이미 7년인데, 군기감(軍器監) 장인(匠人)들과 함께 거처한 지가 오래되어서 비밀히 화약 만드는 법을 배웠으니 의심할 만하옵니다. 우선 머물러 두고 종정성의 다시 청하기를 기다려서 그 실정인지 거짓인지를 보고서 돌려보내는 것이 어떠하옵니까?" 하니 임금이 신개 등의 의논대로 따르다.

- 28년 3월 26일
일본의 인번수(因番守) 정태랑(井太郎)이 와서 조회하니 호군(護軍)을 제수하다.

- 30년 10월 22일 (조참 참석하기를 청하다)
귀화한 왜인인 호군(護軍) 등구랑(藤九郎)이 조참(朝參)에 참석하기를 청하니, 예조와 의정부에서 "등구랑의 벼슬은 본시 영직(影職, 이름만을 준 벼슬)인데, 영직으로서 참석함은 본디 전례가 없습니다. 그러나 바로 물리칠 수 없으니 우선 임시변통으로 말하기를, '너는 객인(客人)이라서 형편이 참석하기 어려우니 만약에 오래 여기에 있으면 반드시 참석하게 될 것이다.'라고 하소서." 하니, 임금이 "제가 참석하기를 원하는데 거절하는 것은 불가하지 않겠는가." 하다.

의정부에서 다시 "만약 참석하게 한다면 직방(直房)[397]에서 공급하는 비용이 어렵고, 또 다른 왜인이 이를 끌어들여 예로 삼아 모두 참석하기를 원하면 어떻게 대답하오리까. 등구랑 또한 조신(朝臣)은 품계(品階)를 밟아 승급되는데 자기의 자품(資品)[398]은 천전(遷轉)[399]될 수 없다는 것을 알고 승직(陞職)[400]되기를 욕망할 것이며, 또 녹(祿)을 받는 것이 없으면 또 어떻게 처리하오리까." 하니 명하여 참석하지 말게 하다.

## 3) 거류 왜인들

세종 원년 대마도 토벌 이후, 해적질에 대한 단속과 처벌이 강화됨으로써 당시 왜인들이 먹고살아 갈 수 있는 중요한 방편 중에 하나가 어떻게 해서든지 조선에 들어가는 것이었다. 일단 조선에 들어가기만 하면 먹고살 수는 있었기 때문이다. 빈번해진 사신 왕래에 따라

---

397 조신(朝臣)들이 조회(朝會) 때를 기다리기 위해 아침에 각 관청별로 모이던 방
398 타고난 품성. 천성
399 벼슬자리를 옮김.
400 벼슬이나 직위가 오름.

가든지 아니면 장사를 핑계로 오기도 하는 등 모든 수단을 동원했던 것이다.

기근이 심해지면 왜인 왕래는 더욱 잦아졌고, 또 일단 조선 땅에 들어오기만 하면 계속 머물러서 여러 해 동안 돌아가지 않는 자가 많았다. 그리고 조선에 오래 머무르는 왜인들로 인하여 여러 문제들이 발생하게 되었다. 저희들끼리 싸워 살인하기도 하고, 사사로이 병기를 갖춘 자도 있어 병기를 회수한 뒤에 돌려보내기도 하고, 또 개중에는 굶주리고 있는 왜인이 있어 구제책을 세워주기도 한다. 그러나 결국 그 수가 지나치게 늘어나 관대하고 불쌍히 여겨 베푸는 은혜도 한계가 있는 것이었다.

오히려 여기저기에서 걱정하고 우려하는 말들, 또 먼 훗날을 염려하는 소리 등도 있었다. 그중에는

⑴ 뜰에서 자고 가기를 애걸하는 자가 안방을 꾀한다.

⑵ 천년 후에는 오늘과 같지 않을는지 어찌 아오리까.

⑶ 뱀을 방 안에 기르는 것 같고, 반드시 독을 마구 뿜을 날 있을 것

등등이 있었다.

그리하여 어떤 때는 거류자 수를 60명으로 제한시켜, 나머지는 찾아 돌려보내기도 하는 등 엄격히 통제하기도 한다. 그러고 나면 그 수는 일시적으로 줄었다가도, 그것은 그때뿐으로, 다시 늘어나 어떤 때는 서울로 올라오는 왜인과 포구에 체류하는 왜인 수효가 3,000명으로 늘어나기도 한다.

오로지 먹을 것을 위하여 수단 방법을 가리지 않고 오는 저 무리들을 불쌍히 여기는 세종이었지만, 수를 제한하여 나머지는 돌려보

낼 수밖에 도리가 없었다.

결국은 이들 삼포에 머물러 사는 자, 또 갖은 핑계로 일단 조선에 들어와 오래 머물러 있던 많은 왜인들이 후일 삼포왜란을 일으키고, 더 나아가 임진왜란을 일으키는 데 주요한 역할을 하게 된다.

역시 뱀을 방 안에 기르는 것, 독을 뿜을 날 있을 것이라 염려하더니, 그 뱀은 뱀도 보통 뱀이 아니요, 어미를 잡아먹는다는 살모사를 기르고 말았으니 은혜를 원수로 갚는 자들이다.

그 누가 설마 그 지경(임진왜란, 일제강점 36년)까지 될 줄 알고 있었을까?

---

**✎ 참고 사항**

삼포(三浦)
- 내이포(웅진)
- 부산포(부산)
- 염포(울산)

---

▪ 10년 8월 13일

예조에서 "내이포(乃而浦)에 거류하고 있는 왜인 이라삼보라가 시랑고라와 사이가 나빠서 찔러 죽이니, 그의 친구 이라시라가 또한 이라삼보라를 죽였습니다. 저들이 비록 왜인이라 할지라도 여러 해 포구에 거주하여 우리나라 법령을 대강 알면서도 함부로 사람을 죽였사오니 그 죄를 마땅히 징계해야 되겠지만, 포구에 거류하고 있는 왜인은 우리나라에 귀화한 것과는 다르니, 청하건대 그냥 내버려두고 죄를 묻지 말 것입니다." 하니 그대로 따르다.

■ 13년 7월 16일

예조에서 "부산포(富山浦)에 들어온 왜인 여구마이로·고미이로 등 2명이 내이포에 상주하는 그 모친을 보고자 하오니 원하는 대로 서로 보게 해 주며, 지금부터는 거류하기를 정원(情願)⁴⁰¹하는 사람 외에 부모 친족을 서로 만나 보고 돌아가는 자는 그 도 감사가 직단(直斷)⁴⁰²하여 행이(行移)⁴⁰³하게 하옵소서." 하니 그대로 따르다.

■ 16년 1월 4일

예조에서 "염포(鹽浦)에 상주하는 굶주리는 왜인에게는 환상(還上) 양곡을 적당히 주도록 하소서." 하니 그대로 따르다.

■ 16년 4월 2일

승문원 제조(承文院提調)로 하여금 경상도 부산포에 오래 살고 있으면서 굶주리는 왜인 15호(戶)에게 환자(還子, 양식을 빌려줌)를 줄 것인가의 여부를 의논하게 하니 모두가 아뢰기를, "환자를 그들에게 주었다가 후일에 도로 거두기는 어려울 것이오나, 만일에 구호하지 아니하여 굶어 죽게 되오면 또한 차마 볼 수 없을 것입니다. 그러니 본조(本朝)에서

---

401 진정으로 바람.
402 지방에 파견한 경차관(敬差官)이 임금에게 아뢰지 않고 직접 결단하는 것
403 행문이첩(行文移牒). 관사(官司) 간의 왕복하는 공문서

상정한 진제(賑濟)[404]의 수(數)에 의하여 대·소맥(兩麥)이 익을 때까지 호구를 계산하여 10일에 한 차례씩 구제하여 주시옵소서." 하매 그대로 따르다.

### ■ 16년 8월 5일 (뜰에서 자고 가기 애걸하는 자)

임금이 "허조가 아뢰기를, 내이포 등지에 왜인이 많이 와서 사는데, 만호(萬戶) 남우량이 부임하는 길에 그 수효를 기록하여 보내라고 청하였더니, 남우량이 써서 보내기를, '갑진년(세종 6년) 이후에 와서 사는 수가 남녀 합하여 360명 가량이다.'라고 하였사오니, 이것으로서 보면 전에 온 것은 얼마인지 알 수 없사오며, 지금 비록 위엄을 두려워하여 투항하였사오나 마침내 믿을 수는 없습니다. 속담에 이르기를, '뜰에서 자고 가기를 애걸하는 자가 안방을 꾀한다.'라고 하오니, 이제 우리나라가 융성하게 다스려지는 때를 당하여 왜적의 침노를 족히 염려할 것은 없사오나, 천지의 기운도 오히려 성하고 쇠함이 있고, 제왕(帝王)의 정치도 다스려지고 어지러움이 서로 바뀌어지옵나니, 이제 우리 조정이 극히 다스려졌다 할지라도 천년 후에는 오늘과 같지 않을는지를 어찌 아오리까. 후환을 막고자 하면 마땅히 드러나기 전에 이를 도모하소서.' 하였으니, 내가 허조의 말을 옳다고 여기나 그 처리할 적당한 방법을 알지 못하니 어떻게 하면 가할까." 하니, 황희 등이 "그들이 와서 살기를 허락한 것이 이미 오래되었는데, 이제 이르러 거절하고 들

---

404 흉년을 당하여 가난한 백성을 도와줌.

이지 아니하기는 때가 늦었습니다. 또 각 도에 나누어 두려면 저들이 반드시 싫어할 것이니 진퇴(進退)가 어렵습니다. 아직 그대로 두되, 다만 원하는 것은 금년에 먼저 김해 읍성을 쌓고 다음에 내이포 현성(縣城)[405]을 쌓아 만일 왜적의 변이 있거든 백성들로 하여금 옮겨 들어와서 피난하게 하옵소서." 하다.

■ **17년 7월 8일** (왜인 병기 휴대, 회수)

병조에서 "경상도에 와서 정박한 상업(商業)하는 왜인이 금령(禁令)을 무릅쓰고 사사로이 병기를 갖춘 일이 있어 일이 발각된 사람은 마땅히 병기를 회수하고는 타일러 돌려보내고, 그 나머지 왜인들 가운데 사사로이 병기를 갖춘 사람들은 모두 뒤따라 곧 거둬 빼앗고는 돌려보내어 이익을 늘리려는 욕망을 없애게 하소서." 하니 그대로 따르다.

■ **17년 7월 20일** (뱀을 방 안에 기르는 것)

경상도 감사가 "내이포에 와서 사는 왜놈이 갔다가 왔다가 함이 일정하지 아니하여 날마다 더 오고 달마다 더 와서 수년 동안에 거의 수백 호(戶)나 되었으니, 이것은 뱀을 방 안에 기르는 것과 같습니다. 아마 반드시 독을 마구 뿜을 날이 있을 것이니, 마땅히 빨리 본토로 돌려보내어 후회를 끼치지 말도록 해야 될 것입니다." 하므로, 예조에서 "위 항의 상업하는 왜인이 무역하는 일을 마치고서 오래 머물러 있으

---

405 현(縣)을 방어하기 위해 쌓은 성

니 불편합니다. 그들을 편의에 따라 돌려보내는 계책은 감사(監司)에게 수군 처치사(水軍處置使)와 함께 의논하여 아뢰도록 했습니다."라고 하였는데, 이때 감사가 "부산포와 염포는 머물러 사는 왜인의 수효가 적으니 진실로 염려할 것이 없겠지마는, 내이포에는 상업하는 왜인의 배가 갔다 왔다 함이 서로 잇달고 있으며, 내이포에 머물러 사는 사람도 늘 4, 500명에서 줄지 않으니 한꺼번에 돌려보내는 것은 사세가 심히 어려울 것입니다. 또 그들이 처자를 거느리고 항시 거주하기를 원하는 사람도 거의 500명이나 되니, 혹시 틈을 타서 변고를 낸다면 해는 이루 말할 수가 없을 것입니다. 그러나 그들을 빨리 돌아가게 한다면 의심을 발생시켜 도리어 부동(浮動)[406]하게 될까 염려됩니다. 가만히 생각하여 보건대 내이포의 만호(萬戶)는 관직이 낮아서 아마 그들을 진압·굴복시키지 못할 것이니, 원컨대 처치사를 내이포에 옮겨 위엄의 무거움을 보일 것이며, 그 군관과 군인들은 뒤섞여 순서가 없는 일이 없게 하여 무기를 엄중히 관리하게 하고, 또 웅신(熊神)[407]의 새로 쌓은 성에는 수호하는 군사를 헤아려 정하여 바다와 육지의 형세로 하여금 모두 튼튼하도록 한다면 저들이 저절로 두려워 굴복하여 딴 마음이 없어질 것입니다. 다만 왜인의 무리들이 혹시 사사로이 병기를 간직한 사람이 있을까 염려되지마는, 그러나 갑자기 수색하기도 또한 어려우니 마땅히 미리 먼저 통보해 타이르기를, '사사로이 병

---

406 진득하지 못하고 들뜸.
407 경상도 진주목 김해도호부의 속현(屬縣)

기를 간직한 사람은 적선(賊船)[408]으로 논죄한다.' 하고는, 처음 배가 와서 정박할 때 엄중히 수색한다면 본디부터 병기를 간직한 사람도 반드시 모두 마음이 섬뜩하여 이를 본토에 돌려 둘 것이니, 이와 같이 한다면 머물러 있는 왜인도 염려할 것이 없을 듯합니다." 하니 명하여 함께 의논하도록 하다.

■ 17년 9월 9일 (오래 머무르는 자, 세금을 거두자)

종정성(宗貞盛)이 보낸 고하(古河)가 종정성의 말로써 양식을 주기를 청하고 이내 알리기를, "본도(本島)의 백성이 상업 때문에 귀국의 경내에 가서 여러 달이 되어도 돌아오지 않으므로, 본도 인민의 생계가 심히 고생스러우니, 청하건대 속히 무역을 해서 돌려보내 주소서." 하다. 처음에 대마도의 왜인들이 상업 때문에 경상도의 내이포 등지에 와서 살면서 여러 해가 되어도 돌아가지 않는 사람이 많더니, 대신들이 모두 "우리의 동족이 아니므로 그 마음이 반드시 다를 것입니다. 만약 틈을 타서 일어난다면 화가 장차 구원할 수 없게 될 것이니 속히 본토로 돌려보내는 것만 같지 못할 것입니다." 하니, 임금이 "옛날에 태종께서는 폐단이 이 지경에 이르게 될 줄은 알지 못하시고, 대마도의 왜인이 오고자 하는 사람은 모두 이를 허락하였는데, 지금 만약 갑자기 돌려보낸다면 반드시 의심을 내게 될 것이다. 대저 왜인이 항시 우리나라에 거주하는데도 도주(島主)가 금하지 않는 것은 그들에게 세금 거두는 것을 이롭게 여기기 때문이니, 잠정적으로 예조로 하여금 서신을 보내어 '세금을 거두어 국용(國用)에 충당하고자 한다.'라고 알려서 그들의 의사를 보는 것이 어떻겠는가. 저들이 그 세금 거두는 것을 싫어한다면 장차 거느리고 가 버릴 것이다." 하매, 여러 사람이 "왜인들이 우리나라에 오랫동안 있어서 방비가 있고 없는 것을 자세히 알고 있으니, 만약 하루아침에 틈이 생긴다면 진실로 염려스럽습니다. 마땅히 온 사신의 말을 좇아 예조로 하여금 도주에게 서신을 보낸다면 도주는 반드시 백성도 잃고 세금도 잃을까 두려워하여 모두 거느리고 가게 될 것입니다." 하다.

임금이 그대로 좇아 예조로 하여금 서신을 보내기를, "지금 사신이 말하기를, '어염(魚鹽)[409] 상선(商船)이 오랫동안 머물러 있어 돌아오지 않으므로, 본도 인민의 생계가 매우 고생스러우니 속히 무역을 하고 돌려보내기를 원합니다.' 하니, 이 서신을 갖추어 아뢰어 삼가 왕지(王旨)[410]를 받았는데, 대마도는 경상도의 김해(金海) 등지에 이웃하게 되어 상업을 통하기를 청하므로, 특별히 그 청을 허락하여 편리한 대로 물건을 매매하도록 한 지가 벌써 몇 해가 되었다. 그 상선을 그대로 해안에 머물러 두면서 자손을 키운 사람도 무려 수백 인이 되나, 예로부터 물건의 있고 없는 것을 교역하여 상인이 내왕하는 것은 세상 사람의 모두 실천할 도의인데도, 물건의 매매로 인하여 그대로 다른 나라에 거주하는 것은 고금에 듣지 못한 바이다. 지금 그 사신의 말한 바가

---

409 바다에서 나는 물고기와 소금
410 임금이 내리는 분부

진실로 마땅하므로, 지금부터는 상선으로 운반해 온 물화(物貨)[411]를 판매하기를 이미 마쳤다면 즉시 돌려보내어 오래 머물지 못하도록 할 것이며, 만약 혹시 우리 땅에 오래 머물게 된다면 곧 우리 백성과 다름이 없게 될 것이니, 수호에게 통지하여 그들이 머물러 산 지가 해가 지났는데도 전과 같이 돌아가지 않는 사람은 반드시 모두 세금을 거두어 국용(國用)에 충당할 것이다." 하다.

■ 8년 3월 29일 (거류 왜인 돌려보내)

종정성이 예조에 서신을 전하기를, "전일에 저의 사신 고하가 돌아올 적에 겸하여 서찰을 내리심을 받들어, 그제야 국가에서 내이포 등 삼포(三浦)에 머물러 사는 왜인들을 장차 찾아서 돌려보내고자 하심을 알고 지금 두로예(頭櫓芮)를 위임하여 보내오니, 그 진정으로 돌아오기를 원하는 사람은 모두 돌려보내고 그대로 거주하기를 원하는 사람은 허가하여 백성을 삼게 하되, 다만 나의 관하(管下) 60명도 또한 삼포에 있으니, 청하건대 특별히 그전대로 거주하게 하소서." 하다.

예조에서 이 서신에 의거하여 아뢰므로, 함께 의논하게 하니 여러 사람이 "마땅히 관리를 보내어 정성(貞盛)이 보낸 두로예와 함께 왜인을 찾아 돌려보내고, 정성이 남겨 두기를 청한 60명은 마땅히 그 청을 따라야 될 것입니다." 하니, 경차관(敬差官)[412]을 경상도에 보내어 내이포에 거주하는 왜인 253명과 염포에 거주하는 왜인 96명과 부산포에 거

---

411 물품과 재화(財貨)
412 중앙 정부의 필요에 따라 특수 임무를 띠고 지방에 파견된 관직

주하는 왜인 29명을 찾아 돌려보내고, 그 종정성이 남겨 두기를 청한 사람과 그대로 머물러 살기를 정원(情願)하는 자 206명은 그대로 머물러 거류하도록 하다.

■ 19년 3월 1일
의정부에서 "경상도의 각 포(浦)에 와서 정박한 굶주린 왜인들을 구휼하지 않을 수 없으니, 마땅히 말[斗]이나 되[升]의 곡식을 주어서 본토로 돌아가도록 재촉하고, 또 굶주린 왜인의 배가 끊이지 않고 왕래하여 전라도의 양곡 운반선을 김해(金海) · 양산(梁山)으로 돌려 정박시킬 수 없으니, 마땅히 방호(防護)하여 진주(晉州) · 사천(泗川) · 고성(固城) 등지에 정박시켜 부근 각 고을에 나누어 주게 하소서." 하니 그대로 따르다.

■ 20년 1월 7일 (식량 많이 받으려)
의정부에서 아뢰기를, "왜객인(倭客人)이 식량을 많이 받을 양으로 뱃사공 수효를 문서에는 많이 기재하고 실상은 그 수효를 줄여서 데리고 오는 것입니다. 그리하여 이름을 대조해서 수효를 점고(點考)할 때에는 먼저 온 딴 뱃사공을 불러다가 이름을 속이고 문서대로 충당하니, 방지하는 방책을 왜관(倭館)에 마련하는 것이 마땅합니다. 왜인 막사(幕舍) 둘레에다 목책을 설치하고 이 바깥 둘레에도 겹쳐서 설치한 다음, 서쪽과 북쪽에다 문을 두 곳만 만들어서 상시로 파수(把守)하고 출입하는 왜인 수효를 헤아려서, 간사한 왜인이 남의 이름으로 식료(食料)를 받아가는 폐단을 막는 것이니, 감사와 도절제사에게 타당한 방법인가 아닌가를 함께 논의하여 알리도록 하는 것입니다." 하니 그대로 따르다.

■ 20년 1월 19일

의정부에서 "지금 왜놈들이 친족과 친구를 방문하고자 하면 으레 술과 과실을 주는 것이나, 사삿집[413]을 찾아가서 장사치를 모아 놓고 술과 고기를 접대하면서 금단하는 물품을 가만히 매매하는 자가 혹 있는 듯하니, 금후에는 부자·형제 외에는 서로 방문하는 것을 허가하지말고, 혹 서로 방문한다 하더라도 사삿집은 제외하고 공관(公館)에다 주과(酒果)를 주어서 서로 만나도록 하소서." 하니 그대로 따르다.

■ 20년 3월 16일

종정성이 썩고 부서진 배를 보수해 주기를 청하므로 예조에서 회답하기를, "선척 수리에 대해 언급하였으나 전례(前例)가 없어 계달(啓達)[414] 하기 어렵다." 하다.

■ 20년 4월 2일

종정성·종무직 등이 사람을 보내어 토산물을 바치고, 이에 쌀과 콩을 간청하므로 각기 쌀·콩을 아울러 40석씩 하사하다.

---

413 개인이 살림하는 집
414 신하가 글 등으로 임금에게 아뢰던 일

예조에서 종정성에게 글을 보내기를, "세종 4년에 본조 판서 신상이 공경히 왕지(王旨)를 받들기를, '대마도가 우리나라 남단에 위치해 있으면서 은덕을 저버리고 누차 변지(邊地)[415]를 번거롭게 하므로 이미 변장(邊將)[416]으로 하여금 가서 그 죄를 물어 정벌케 하여 포로를 잡아 돌아왔다. 그러나 그 부자·형제가 바다를 사이에 두고 서로 바라보는 정상을 내 차마 하지 못하는 바이니, 너희 예조는 나의 이 지극한 심회(心懷)[417]를 본받아 포획해 온 인민을 모두 조사하여 돌려보내게 하라.' 하신 바 있어, 삼가 이 유치했던 사람 중에 사망한 자와 그대로 머물러 살기를 원하는 자를 제외하고는 남김없이 송환하였던 것이다. 그 뒤에 족하(足下)가 글을 보내어 연속 찾아 보내 줄 것을 청해 오기에 재삼 각 도에 공문을 발송하여 조사하여 보았으나 따로 억류되어 있는 사람이 없기에, 이미 이러한 뜻으로 회답한 것은 아마 이미 전달되었을 것으로 안다. 그 뒤에 여러 사람이 받아 가지고 온 서계(書契) 속에 송환을 요청한 사람이란 모두 까닭 없이 남아 있는 사람이 아니며, 혹 나온 연월이 몹시 오래되었거나 혹은 이름자가 분명하지 않거나 혹은 주거(住居)를 알 수 없거나 혹은 병을 앓다가 죽은 자 등인데, 간혹 즉시 송환을 요청해 오기도 하고 사유가 있어 돌아가지 않는 사람까지도 아울러 써서 보내곤 하니, 다만 서로가 번폐(煩弊)[418]로울 뿐

---

415 변경(邊境)
416 변경을 지키는 장수
417 마음속의 생각
418 번거로운 폐단

아니라 또 송환을 요청한 인원이 수백 명에 이르더라도 한 사람의 사자와 한 폭의 종이로써 통고해 오면 조사하여 송환할 수 있는 것인데, 1명의 송환을 요청할 적마다 각기 사자를 보내 온 것이 7, 80명의 많은 수효에 달하고 있다. 금후로는 사람들의 일방적인 말을 그대로 듣고서 전과 같이 글을 보내어 번거롭게 청하는 일이 없도록 하라." 하다.

■ **20년 6월 13일** (왜인 3,000명, 오로지 먹을 것 위하여 오다)

정부에 의논하기를, "방금 헌의자의 말에 의하면, '대마도 왜인들의 왕래가 연속 부절하고 있사온데 그 수효가 번잡할 정도로 많은 실정입니다. 우선 봄·여름 두 철에 서울로 올라오는 왜인과 포구에 체류하는 왜인의 수효만 말하더라도 거의 3,000여 명에 달하고 있사온데, 이들은 거개가 기근(饑饉)으로 인하여 오로지 먹을 것을 얻기 위한 계략에서 나온 것이요, 실상 성심으로 항복해 오는 것이 아닙니다. 서울로 올라온 왜인들이 물품의 매매를 청탁하고 오랫동안 관(館) 안에 체류하면서 시일만 연장해 나가고 있으면, 포구에 머물고 있는 왜인들도 또한 서울 간 사람들을 기다린다 핑계하고 갖은 간사한 계략을 부리며 머물고 있어, 그들에게 공급하기 위하여 허비되는 것만도 이루 말할 수 없는 형편이온데, 이제 경상도 관찰사의 보고에 의하면 공급할 쌀과 장(醬)[419]이 다 핍절되었다 하오며, 또 포구에 머물러 있는 20명은 10명이 먹을 것으로써 나누어 먹고, 나머지 10명이 먹을 것은 본도(本

---

419 된장과 간장

島)로 가지고 돌아간다 하오니, 오로지 먹을 것을 구하려고 온 것이 분명합니다. 이제부터는 서울에 올라온 왜인들이 관에 체류할 시일은 그 일의 긴급 여부를 참작하여 기한을 정하되, 10일 혹은 20일로 하고는 하루 전을 기하여 이들을 독촉하여 하직하게 하고, 오랫동안 체류하지 못하게 하여 무기한 접대하는 폐단을 제거하게 하옵소서.' 하나, 물품의 매매는 응당 그 소원에 좇아야 할 것이며 억지로 기일을 정해 재촉하는 것은 온당하지 않을 것 같은데, 만약 헌의자의 말을 좇게 되면 약소한 무리를 사랑해야 하는 대의에 어긋날 것이요, 저 사람들의 마음을 기쁘게 해 주려고만 힘쓴다면 국가의 용도가 부족할 것이 염려되니 어찌하면 되겠는가. 난상토론하여 보고하라." 하다.

■ 21년 11월 25일 (먼저 온 60명 외에는 돌려보내기로)

의정부에서 "이보다 앞서는 내이포에 그대로 사는 왜인이 다만 60명뿐이었사온데 이제 지인(知印) 정차온(鄭次溫)이 자세히 심사하여 아뢴 바에는 대개 200여 명이고, 부산포에는 본래 그대로 사는 왜인이 없었사온데 이제 차온(次溫)[420]의 아뢴 바에는 무릇 160여 명이라고 하온즉, 왜인이 장사하러 왔다고 칭하고서 그대로 살면서 돌아가지 아니한 자가 퍽 많사오니, 청하옵건대 먼젓번에 정한 60명 외에는 모두 찾아서 돌려보내는 것이 가할 것이옵니다. 이 뜻으로 종정성에게 글을 보

---

420 내이포 등에 사는 왜인의 실태를 알기 위해 파견한 지인 정차온. 지인(知印)은 의정부에 소속된 정4품 관료

내고 명춘(明春)⁴²¹에 찾아서 돌려보내게 하소서." 하니 그대로 따르다.

예조에서 종정성에게 글을 보내기를, "갑인년(세종 16년)에 본조(本曹)에서 삼가 왕지(王旨)를 받았는데, '상인이 그대로 타국에 산다는 것은 고금에 듣지 못하던 바이다. 상선(商船)이 나왔다가 매매가 이미 끝난 사람은 즉시 돌아가도록 하고, 오래되도록 돌아가지 않는 자는 법에 의하여 세금을 거두어 국용(國用)에 충당하라.' 하셨으므로, 삼가 이것을 준행(遵行)⁴²²하던 중, 지난 병진년(세종 18년)에 족하(足下)의 서계(書契)에 의하여 본국의 연해(沿海) 각 포에 거주하는 사람을 모두 찾아 돌려보내고, 오직 60명만 청하는 바에 따라서 그대로 머무르게 하였었는데, 그 뒤에 귀 주(州)⁴²³의 인민이 처음에는 매매한다는 이유로 와서 내이포·부산포 등지에 이르러 그대로 살면서 돌아가지 아니한 자가 매우 많아서 전일과 다름이 없습니다. 이 앞서부터 살던 60명은 우선 그대로 머물게 할 것이나, 그 나머지의 각 사람들은 오는 봄에 모두 찾아서 돌려보내게 할 것이니 그리 아시기 바랍니다." 하다.

- **21년 2월 4일**

대마주 종언칠(宗彦七)이 사람을 보내어 토산물을 바치고, 인하여 양식을 간청하므로 쌀 30석과 황두 30석을 내려 주다.

---

421 내년 봄
422 전례나 명령 따위를 그대로 좇아서 행함.
423 대마도(對馬島)

■ 21년 3월 15일 (조선 국경은 침범하지 말라)

경상도 관찰사가 예조에 이문(移文)[424]하기를, "왜인(倭人) 다라시라가 와서 고하기를, '이제 들으니 왜적의 만호 육랑차랑(六郞次郞)이 중국으로 도적질하러 가고자 종정성(宗貞盛)·종여직(宗汝直)·종언칠(宗彦七)·종언차랑(宗彦次郞) 등에게 하직하니, 종정성 등이 '너희들은 조심하여 조선 국경을 침범하지 말도록 하라. 만약 내 말을 좇지 아니하고 혹시 그 국경을 침범하면 내가 마땅히 너의 처자를 죽일 것이다.' 하니, 육랑차랑 등이 하늘을 가리키며 맹서하기를, '조선의 은덕을 후하게 입었는데 우리들이 어찌 감히 그러겠느냐.'라고 하였다.' 합니다." 하므로 예조에서 그대로 아뢰다.


■ 21년 4월 27일 (규제 사항, 공지하라)

경차관(敬差官)을 대마도에 보내다. 그 사목(事目)에 이르기를,

"1. 사송선(使送船, 사신 수송 배)은 대·중·소 및 소소선(小小船)으로 구분하여, 대선(大船)은 격인(格人, 사공의 일을 돕는 사람)이 40명이고, 중선은 30명, 소선은 20명, 소소선은 10명으로 상수(常數)를 정한다.

1. 정한 수에 의하여 양식을 주고, 그 수 외의 사람은 양식을 주지 아니하는 뜻을 공개해 말하라.

1. 종정성이 일찍이 약조하기를, '문인(文引, 통행증)이 없는 사람은 접견하기를 허락지 말라.'라고 하였는데, 그 뒤에 문인이 없는 사람으로

---

424 관아 사이에 주고받던 공문

오는 자가 매우 많으니, 이 뒤로는 굳게 금할 일을 공개해 말하라.

1. 여러 곳에서 사절을 보내는 사람이 가지고 오는 문서에 간혹 위조한 것이 있으니, 종정성 및 각 사람의 곳에 무오년(세종 20년)과 기미년(세종 21년) 사이에 서계(書契)의 도수(度數, 횟수) 및 인명(人名)의 총수를 써서 보낼 것을 공개해 말하여 진위(眞僞)를 상고토록 하라.

1. 각 사람의 위조한 서계와 도말(塗抹)[425]한 서계를 가지고 가서 펴 보이라.

1. 육지의 여러 곳의 사송객(使送客)[426]들이 소지한 서계의 진위를 분간하지 아니하고 문인(文引)을 모두 주어 내보내면 적당하지 못하니, 금후로는 서계를 핵실(覈實)[427]한 뒤에 문인을 허락해 줄 일을 공개해 말하라.

1. 여러 곳의 장사하는 객인들이 연달아 와서 끊어지지 아니하고, 서울 안에 오래 머물러서 혹 여러 달이 되고 해가 지나도록 즉시 매매하지 아니하여 그 폐가 작지 아니하니, 금후로는 가진 물건이 많으면 두 달, 중간이면 한 달, 작으면 20일로 기한을 정할 뜻을 공개해 말하라.

1. 종정성이 무릇 사람이 도망해 온 자를 즉시 뒤쫓아 와서 돌려주기를 청하는 외에는 시일이 오래되고 멀리 있는 사람은 돌려보내기를 청할 수 없다는 것을 이미 일찍이 약조를 정하였으니, 오래되고 멀리

---

425 겉에 무엇을 발라 본래의 모습이 드러나지 않게 함.
426 우리나라에 오던 일본의 사신
427 일의 실상을 조사함.

있는 사람을 돌려주기를 청하는 일로 오는 자에게는 접대하기를 허락지 아니하며 약속대로 돌려보낼 뜻을 공개해서 말하라.

1. 종정성 이외에 각 사람의 문인과 서계를 엄금하기를 공개해 말하라.
1. 대마도 및 여러 곳의 각 사람이 나올 때에는 전에 정한 삼포(三浦)에 고루 나누어서 내보내고, 또 서계 안에 그 포(浦)의 이름을 쓸 일을 공개해 말하라.
1. 종언칠(宗彦七)·종무직(宗茂直) 등이 종정성의 문인을 받지 아니하고 사람을 보내는 것은 옳지 못하니, 금후로는 종정성의 문인이 없으면 접대하기를 허락지 않을 일을 공개해 말하라."

하다.


■ **21년 9월 26일** (거류인 60명도 데려가라)

처음에 종정성이 진강차랑(津江次郎)을 보내 토산물을 바치고, 인하여 호·표피(虎豹皮)와 저·마포(苧麻布)를 청하였으므로, 예조에서 종정성에게 글을 보내기를, "이제 말한 뜻을 보고 겸하여 진강차랑의 말을 들어 귀 주(州)에 미곡과 잡물(雜物)이 적고 빈객(賓客)은 많아서 접대하기에 곤란한 것을 알고, 곧 갖추어 삼가 아뢰었더니, 우리 전하께서 깊이 긍휼(矜恤)[428]을 가하시어 특별히 조미(造米) 100석, 황두(黃豆) 100석, 소주(燒酒) 30병, 잉어 100마리, 꿩 100마리, 백세저포(白細苧布) 10필, 흑세마포(黑細麻布) 10필, 호피(虎皮) 3령(領), 표피(豹皮) 2령을 내

---

428 가엾이 여기다.

려 주시었으니 영수(領收)하기 바란다. 그대가 말한 부산포에 거주하는 사람을 머물러 두고 완전히 보호하는 일에 대하여서는, 지난 갑인년(세종 16년)에 본조(本曹)에서 왕지(王旨)를 공경히 받들기를, '상인 그대로 다른 나라에 거주한다는 것은 고금에 들어 보지 못한 일이니, 금후로는 상선(商船)이 와서 매매가 끝나거든 곧 돌아가게 하고, 오래되어도 돌아가지 않는 자는 법식에 의하여 세금을 거두어 국용(國用)에 충당하라.' 하셨으므로 공경하여 이를 준수하여 시행하던 중, 지난 병진년(세종 18년)에 족하의 서계에 의하여 각 포에 거주하는 사람을 모두 다 쇄환(刷還)하고, 오직 60명만은 청(請)에 따라 아직 머물러 두게 하여 족하가 사람을 시켜 마저 다 데려가기를 기다렸는데, 이제 또 다시 더 보낼 것이니 안접(安接)시켜 달라고 청하니 안접시키기가 번요(煩擾)[429]할 것 같다. 그전에 머물러 있기를 청한 60명도 빨리 사람을 보내어 데리고 돌아가는 것이 좋을 것이다. 또 연변에서 고기 잡는 일은 이미 일찍이 합하(閣下)[430]의 청에 따라서 내이포(乃而浦)·부산포(富山浦)·염포(鹽浦) 세 곳에서 고기를 잡게 허락하였으니 다시 아뢰기가 어렵다." 하다.

▪ 21년 10월 9일

예조에서 "종정성의 인장[圖書]을 위조하여 찍어 온 상관인 망고다로(望古多老) 등은 숙배하게 하지 마옵시고, 또 음식 대접도 하지 마옵시며, 단지 바다를 건너갈 동안의 양식을 조금 주고서 돌려보내게 하옵

---

429 번거롭고 요란스러움.
430 정승 등 신분이 높은 사람에 대한 경칭

소서." 하니 그대로 따르다.

■ 21년 10월 21일 (조선으로 오는 자 1만 명, 식량 10만 석)

예조에서 대마주 태수 종정성에게 치서(致書)하기를,

"족하의 할아버지와 아버지 때부터 정성된 마음으로 귀순하였으므로 때에 따라 오는 사자(使者)의 배에게는 식량과 어염(魚鹽)과 잡물을 주었지만, 장사차로 따라온 배에게는 자비(自備)해서 먹고 쓰게 한 것이 예전부터 정한 법례로 되어 있음은 족하도 잘 알 것이오. 그런데 근년에는 상선(商船)들도 식량을 받으려고 증빙 문서를 받아 가지고 오되, 각 선(船)의 선군(船軍)으로 말하면 많은 것은 7, 80명이나 되는데, 그 밖에도 혹 불경[經文]·종(鍾)·경(磬)·돗자리·인삼(人蔘)·목면(木綿)·피물(皮物) 등을 달라고 여러 모로 청구하고, 혹은 친족을 만나 보겠다든가 혹은 친족의 분묘에 제사 지내겠다는 등 긴급하지 않은 일로써 증빙 문서를 받아 가지고 오는 자도 많아 거의 1만 명에 가깝소.

그들이 여러 달 동안 묵으면서 돌아가지 아니하고 조석으로 먹을 것을 받고서도, 또 돌아가는 길에서 먹을 양식까지 받으매, 그 지공하는 비용과 주는 잡물도 또한 그와 비등하게 되니 그 공경하여 섬긴다는 뜻에 어떻겠소. 이런 일은 고금 천하에 없는 바이며, 또 족하의 조부(祖父)도 하지 아니하던 것이었소. 또 서류를 위조한 자가 퍽 많았으나 국가에서 곡진하게 불쌍히 여기고 무휼하여 일월(日月)의 오래고 짧은 것도 계산하지 아니하고 넉넉하게 식량을 주었으므로, 1년에 지출해 준 것이 거의 10만 석이나 되었소.

그러니 금후로는 무릇 인물 내보내는 것을 일체 전년에 경차관 이예

(李藝)와 정한 약조에 의한다면 사신으로 나오는 것이 족하의 조부 때와 다름이 없을 것이요. 귀 주(州)를 연휼(憐恤)[431]하는 뜻도 종시(終始)[432]가 여일할 것이오.

그 행하여야 할 사목을 아래와 같이 갖추어 기록하오.

1. 서울에 팔아야 할 구리 · 납 · 유황 · 단목 등 잡물을 가지고 온 사람은 전례에 의하여 상경하여서 매매하는 것을 허락하나, 오로지 어염(魚鹽) 등 해산물을 팔려고 오는 자는 족하가 자세히 분간하여서 서계(書契)를 없애고 다만 문인(文引)만을 주면 그 나오는 대로 해변에 머무는 것을 허락하여 임의로 매매하게 할 것이나, 그 식량은 내년 정월부터 족하의 조부 때의 예에 의하여 자비해 억제하고, 또 바다를 건너가는 데에 소용될 식량도 주지 아니한다.

1. 이 앞서는 잡물을 청구하거나 인구를 돌려보낼 것을 청하는 등 불긴(不緊)한 일로 빙문에 의하여 나온 사람도 모두 서울로 올라오게 하였으므로, 사람 수가 부당하게 많아서 가지고 오는 데 시끄럽고 역참(驛站)[433]이 조잔(凋殘)[434]해지며 우마가 넘어져 죽는 등 그 폐해가 무궁하였는데, 내년 정월부터 시작하여 상경하는 것을 허락하지 아니하고, 해변에 머물러 두어 전대로 후대할 것이오, 가진 바의 서계를 진실인가 거짓인가를 조사해서 올려 보내면 가히 들어줄 일인즉,

---

431 불쌍히 여겨 물품을 내어 도와 줌.
432 마지막과 처음
433 국가의 명령과 공문서의 전달, 변방의 긴급한 군사 정보 및 외국 사신 왕래에 따른 영송(迎送)과 접대, 그리고 공공 물자의 운송 등을 위하여 설치된 교통 통신기관
434 볼품이 없다.

전과 같이 들어줄 것이오.

1. 귀 주까지 가고 오는 데 하룻길에 차지 아니하니, 이 앞서 족하의 조부 때에는 1년에 가고 오는 것이 두서너 차례에 불과하였으므로, 노정(路程)을 계산하지 아니하고 다 10일분의 바다 건너갈 양식을 주어서 우대하는 뜻을 보였던 것인데, 이제는 1년 동안에 나오는 인수가 매우 많아서 연해변 국고의 양미가 부족하여 실로 계속하기 어려우므로, 내년 정월부터는 선인(船人)의 바다 건너가는 식량은 반감하여 지급할 것이오.

1. 족하가 세 번 도서(圖書)를 찍은 서계를 가지고 오는 사람이거나 귀주에 살면서 일찍이 도서를 받은 각 사람이 친히 나오는 자는 접대하는 거나 주는 식료를 모두 전래와 같이 할 것이오."

하다.

■ 21년 10월 25일

의정부에서 "승정원에 간직되어 있는 종정성의 도서 찍힌 서류 3통을 경상도 삼포(三浦)에 보내 차사원과 만호에게 매양 서류가 올 때마다 교열하고 징험하게 하오면 진위가 저절로 나타나서 저들이 제 스스로 심복할 것이오며, 만일 위조한 자가 있사오면 접대하는 것을 허락하지 말고 즉시 돌려보내게 하옵소서." 하니 그대로 따르다.

■ 21년 11월 15일 (서류 위조하는 자)

의정부에서 "왜인 나사야문(羅沙也文)이 종정성의 위조한 서계를 싸 가지고 왔사오니, 청하옵건대 그 헌상하는 토산물을 퇴각시키시고 먹이지도 말고 도로 돌려보내게 하소서" 하니 그대로 따르다.

■ 21년 11월 22일 (서류 위조하는 자)

의정부에서 "이번에 온 왜인 다랑고라(多郎古羅)와 종무(宗茂)는 종정성의 도서(圖書)를 위조하였고, 공고로(孔古老)는 종무직(宗茂直)의 서계를 지우고 고쳤사오니, 청하옵건대 헌상하는 바의 토산물을 받지 말고 대접해 먹이지도 말게 하여 모두 다 돌려보내게 하소서." 하니 그대로 따르다.

먼젓번에 종정성이 사람을 보내어 예조에 글을 올리기를, "바닷가에서 고기를 잡고자 하오나 선군(船軍)이 금(禁)하고 있사오니, 청하옵건대 편의할 때를 타서 잘 아뢰어 해변에서 안심하고 고기를 잡게 하소서." 하였으므로, 지금 예조에서 답서하기를, "말한 바 중야손대랑(中野孫大郎)의 고기 잡는 일은 이미 부산포(富山浦)·내이포(乃而浦)·염포(鹽浦) 등지를 정해 주어서 안심하고 고기 잡게 하였으나, 그 외의 해변 각 처는 일찍이 명문으로 된 법령이 있으니 다시 아뢰기 어렵소." 하다.

■ 22년 2월 7일 (부산포, 장사 왜인 6,000명)

예조판서 민의생이 "경상도 부산포에 항거(恒居)[435]하는 왜인이 60여

---

호인데, 지금 와서 장사하는 왜인이 또한 무려 6,000여 명이나 됩니다. 그런데 영(營)에 소속된 선군(船軍)인즉 본래가 800여 명이오나, 그 정군(正軍)은 불과 4, 500명이오니, 만일 사변(事變)이 있으면 그 수백 명으로 무엇을 할 수 있겠나이까. 청하옵건대 진(鎭)의 군사를 더하여 군세(軍勢)를 크게 하소서." 하니, 임금이 "예전에 도왜(島倭)[436]들이 경상도에서 번상(番上)[437]한 군사를 점고(點考)[438]한다는 말을 듣고 산으로 올라가 숨어서 피한 것이 두어 달이나 되었었다. 이제 갑자기 군의 수효를 더한다면 또 놀라지 아니하겠는가." 하매, 의생이 "비록 한 포(浦)에서 군의 수효를 증설하는데 어찌 놀라기에 이르겠습니까." 하다.

좌참찬(左參贊) 하연이 "우리 국가의 동서(東西) 양계(兩界)는 장수와 수령을 모두 무예가 있는 사람으로써 선택하지만, 남방(南方)은 그렇지 아니하오니 실로 옳지 못하옵니다." 하니, 임금이 "경의 말이 옳다. 대체로 북방 군졸은 병진(兵陣)을 연습하였기 때문에 사람들이 모두 무용(武勇)하지만, 남방은 오랫동안 경계할 일이 없으므로 대비를 익히지 않았으니 만일 사변이 있으면 진실로 두려운 일이다. 그러나 인물(人物)이 본디 사납고 억세니 진실로 무예를 익히면 가히 무시할 수 없을 것이다. 편안하여도 위태한 것을 잊지 않는 것은 예전의 명훈(明訓)[439]이 있으니 나도 역시 남방의 일에 유의하겠다." 하다.

---

436 섬에 사는 왜인
437 지방 군사나 노비를 골라 뽑아 서울로 보내던 일
438 명부에 적힌 수효를 조사함.
439 훌륭한 가르침

■ 22년 4월 29일 (삼포 나누어 정박)

예조에서 대마주 태수 종정성에게 글을 보내기를, "귀 도(島)의 여러 관인이 사송(使送)하는 배들을 내이포·부산포·염포 등 세 곳에 고루 나누어 내보내기로 이미 일찍이 약속을 정하였는데, 근자에 전에 보낸 사람들이 모두 부산포에 와서 정박하니 이 때문에 부산포에 번잡하고 분요함이 없지 아니하니 심히 불편하다. 이제부터는 한결같이 전의 약속에 의거하여 세 포구에 나누어 이르도록 하라. 만일 부산포에 여전히 중첩하여 이르면 접대를 허락하지 않겠다." 하다.


■ 22년 5월 26일 (삼포 왜인 단속 강화책을 세우다)

경상도 관찰사가 "삼포(三浦)의 법망(法網)이 소루하고 주밀한 것이 같지 않아 고찰하는 것이 해이하기 때문에 왜인들이 조금도 두려워하고 꺼리는 것이 없이 더욱 방종을 자행하므로 금하고 막는 조건을 삼가 뒤에 기록합니다.

1. 삼포에서 순찰하는 배 한두 척을 가지고 항상 왜인의 출입을 검찰 (檢察)하게 하나, 포구가 광활하여 왜인이 밤을 타서 돌입하면 한두 척 배만 가지고는 검찰 단속하기가 어려우니, 청하건대 순찰선을 증가하고 또 삼포 포구에 때때로 병선을 정박하되 있는 수효대로 정박하여 세워 머리와 꼬리가 서로 연하게 하여 늘어 세워서 통로를 파수 차단하고, 선군(船軍)과 군관 중에 근면하고 근신하는 자 한 사람을 선택하여 관할하여 밤낮으로 순찰하게 할 것입니다.

1. 왜인들이 식량을 많이 받으려고 꾀하여 서계를 중복하여 싸 가지고 나누어 두 행부를 하는데 그 거짓 꾀가 발각될까 염려하여 밤을

타서 왕래하니, 청하건대 이제부터 만일 밤을 타서 오는 자가 있으면 파수하는 배에서 억류하여 들여보내지 말고, 이튿날을 기다려 배의 크고 작은 것과 인물의 수효를 조사한 뒤에 들여보내게 하고, 본토로 돌아가는 자도 역시 이 예에 의할 것이며, 또 여러 섬에 머물지 못하게 하고 큰 바다로 나갈 때까지 수호선(守護船)을 시켜 압령하여 보내고, 인하여 점호 검열하여 만일 빠진 것이 있는 자는 끝까지 다스릴 것입니다. 또 항상 살고 있는 왜인이 나무를 하기 위하여 어두운 밤에 출입하는 자도 또한 모두 엄격히 금할 것입니다.

1. 삼포의 왜인이 혹 제 마음대로 서로 왕래하는 자가 있는데, 청하건대 이제부터는 각 포에 거류하는 왜인이 때 없이 서로 왕래하는 자는 포(浦) 안으로 들여보내지 말게 하고, 만일 증명서 없이 바다에 내리는 자는 각 포로 하여금 금하여 막고 또한 통과하여 보내는 것을 허락하지 말 것입니다.

1. 삼포의 상왜(商倭)[440]와 사객(使客)[441]은 대개가 대마도 사람인데, 본도는 땅이 좁고 백성이 적어서 혹 1년에 두세 번 왕래하게 됩니다. 삼포의 왜통사(倭通事)·감고(監考)·진무(鎭撫)는 모두 그 소임에 오래 있어 혹은 20여 년이 되었으니, 그 얼굴을 아는 자가 반드시 많을 것입니다. 배가 없는 왜객(倭客)이나 배를 청하여 빌린 격왜(格倭)[442] 등은 당초에 점검할 때에 전혀 들춰내어서 조사하지 않으니, 이제

---

440 장사하기 위해 우리나라에 왕래하던 왜인
441 출장 중인 국내 관원뿐 아니라 외국 사신
442 왜인의 배에 일하던 사공

부터는 통사·감고·진무로서 만일 정상을 아는 자가 있으면 법에 의하여 처참(處斬)[443]하고, 비록 정상을 알지 못하더라도 검찰을 해이하게 한 색장(色掌)[444]과 만호(萬戶)[445]는 법에 의하여 죄에 처하고, 통사·감고·진무 등이 혹 왜인과 음모를 내통하거나 혹 왜인이 금법을 범한 자가 있는데 선군(船軍) 중에 능히 잡아 고하는 자가 있으면 한 사람에 대하여 가산 점수 50을 주고 매 1인에 5를 더 주며, 선군이 아니고 잡아 고한 자는 각 포에 저장한 쌀·베·고기·소금으로 적당히 상 주어, 잡아 고하는 길을 넓힐 것입니다.

1. 상왜와 사자가 병기를 싸 가지고 와서, 혹은 숨겨서 가까운 섬에 감추고 혹은 항상 사는 왜인에게 비밀히 부탁하니, 청하건대 이제부터 각 포에 만일 왜선이 도착하면 순찰선(巡察船)으로 하여금 끝까지 수색하여, 감고·진무·통사로서 검찰을 해이하게 한 자는 법에 의하여 치죄하고, 각 포의 주장(主將)[446]도 마음을 써서 고찰하지 않은 자는 아울러 죄를 줄 것입니다.

1. 어리석고 무식한 자로 왜관(倭館) 감고를 삼아 한 달 만에 서로 교대하기 때문에 무릇 왜객 접대에 관한 것을 다만 아무것도 모르고 되는 대로 할 뿐만 아니라, 감독·진무·통사와 공모하여 작폐(作弊)[447]하는 일이 많으니, 청하건대 이제부터 선군으로 감고를 시키지 말

---

443 목을 베어 죽이는 형벌
444 소규모 단위 따위에서 아래 급의 책임자
445 육군과 수군의 종4품 관직
446 우두머리 되는 장수
447 폐단을 만듦.

고 구전 군관(口傳軍官) 가운데 강명(剛明)[448]한 자를 가리어 감고를 삼을 것입니다.

1. 매양 병선에 '추왜선(追倭船)' 세 글자를 새기었고 선군도 또한 항상 '추왜선'이라고 부르는데, 왜객의 왕래가 대개 각 포를 경과하게 되니 반드시 보고 들을 것입니다. 지금 무수(撫綏, 어루만져 편안하게 함)하는 때를 당하여 먼저 의심하는 것을 보이면 원수의 틈이 생길까 두려우니, 청하건대 이름을 고칠 것입니다."

하니, 병조에 명령하여 예조와 더불어 함께 의논하여 아뢰게 하다.

■ 23년 1월 15일

예조에서 "종정성이 법화경(法華經)을 구하오니, 청하건대 이를 허락하여 주소서." 하니 그대로 따르다.

■ 24년 7월 1일

종정성에게 쌀과 대두 200석과 소주 50병, 면주 10필, 흰모시베 5필, 검은 삼베 5필, 호피 5장, 마른 청어 100두름, 마른 잉어 100마리, 나사 1개, 청동화로 1개, 놋쇠 동이 2개, 만화 방석 10장을 하사하다.

■ 24년 10월 24일

예조에서 종정성에게 서신을 보냈는데, 그 서신에 말하기를, "이보다

---

448 성질이 강직하고 두뇌가 명석함.

먼저 정약(定約)하기를, '간사한 무리들이 혹 이름을 거짓으로 꾸며 문인(文引, 증명서)을 받아 가지고 온 것은 접대하지 않는다.' 하였는데, 지금 온 종성가(宗盛家)의 사신으로 보낸 사응고(沙應古)·시라사야문(時羅沙也文)이란 사람은 기필코 이것이 지난 정월 무렵에 종무직(宗茂直)이 사신으로 보낸 마두로(馬豆老)·오라사야문(吾羅沙也文)이 앞뒤에 이름을 다르게 한 것이므로, 그 사유를 책망하여 물으니 능히 실정을 숨기지 못한지라, 간사함이 이보다 심한 것이 없으니 징계하지 않을 수가 없다. 또 족하(足下)가 사신으로 보낸 시라삼보라(時羅三甫羅)도 또한 이름을 거짓으로 꾸며서 다시 왔으니 모름지기 전약(前約)에 의거하여 모두 논죄해야 되겠다. 회답을 하여 주면 매우 다행으로 여기겠다." 하다.

(강한 도적, 직접 와서 조회)

- 24년 12월 3일
예조에서 "일기주(一歧州)의 상만호(上萬戶)인 도구라(都仇羅)는 본디부터 강한 도적인데 지금 친히 와서 조회합니다." 하다.

- 24년 12월 11일
예조에서 "적(賊)의 만호인 조전(早田)과 궁내사랑(宮內四郎)이 모두 강한 도적(强賊)인데, 지금 친히 와서 조회합니다." 하다.

(도적 괴수, 관작 청구)

예조판서 김종서를 불러, "지금 대마도의 왜인 조전(早田)이 작(爵, 벼슬)을 받고자 하니, 그 마음이 진실인가 거짓인가는 알기가 어렵겠지마는, 그러나 고려(高麗) 말기와 우리나라의 초기에 대마도의 왜인이 상리(常理)에 어긋난 행동을 하므로, 관작(官爵)을 가지고 견제하고자 하였으나 되지 아니하였는데, 지금은 제가 스스로 와서 관작을 청구하니 어떻게 처리하겠는가. 경이 가서 조전을 불러 조용히 물어보고 그것이 진실인가 거짓인가를 살펴서 아뢰라." 하니, 김종서가 "신은 이 일을 가지고 헤아린 지가 이미 오래 되었사온데, 신도 또한 생각하기를, 고려의 말기와 본조(本朝)의 초기에 여러 섬의 왜적들이 변방을 침략함이 한이 없었으므로, 좋은 관작으로써 견제하고자 하였으나 어찌 될 수가 있었습니까. 지금 와서 관작을 청구하게 되니 전고(前古)에 없었던 일입니다.

통사(通事) 윤인보(尹仁甫)도 또한 신에게 '등차랑(藤次郞)과 조전(早田)은 섬[島] 속의 도적의 괴수인데 모두 와서 조공(朝貢)을 바치고 또 관작을 받고자 하니, 베개를 높이 베고 마음을 편안하게 하여도 남쪽 변방은 근심할 것이 없습니다.' 하므로, 신도 또한 성상의 덕화로써 그렇게 된 것이라 여겨 사사로이 기뻐서 축하하는 마음이 간절합니다. 전일에 등차랑이 관직을 청구하므로 신이 힐문(詰問)하기를, '우리나라의 제도에 시위(侍衛)[449]하는 사람에게만 관작의 임명을 허가하는데 네가 시위할 수 있겠는가.' 하니, 등차랑이 '바다를 건너서 오게 되니 시위하

---

449 임금이나 어떤 모임의 우두머리를 모시어 호위함.

기는 어렵겠습니다.' 하므로, 신이 '만약 그렇다면 임금에게 알릴 수 없다.' 하니, 등차랑이 '감히 무리하게 청[强請]할 수는 없습니다.' 하였는데, 지금 조전이 또 관작을 청구하니 그 뜻을 알기가 어렵겠습니다. 신이 마땅히 물러가서 상세히 묻고, 이내 말하기를, '네가 비록 관작을 청구하지마는 형세가 위에 아뢰기가 어렵겠다.' 하면, 저들의 관작을 얻고자 함이 진심으로 마음속에 간절하다면 반드시 말과 기색[사색(辭色)⁴⁵⁰]에 나타날 것이니 진정인가 거짓인가를 알 수가 있을 것입니다." 하니, 임금이 "경의 말이 옳다. 경이 그 사람을 불러서 상세히 물어보라." 하다.

### ▪ 26년 6월 3일

경상도 관찰사가 예조에 치보(馳報)⁴⁵¹하기를, "종정성이 보낸 삼미시로·삼보라쇄문(三甫羅洒文)·오라쇄문(吳羅洒文) 등의 배 3척은 모두 수외(數外)의 배이므로 법에 의거하여 힐문(詰問)하니 대답하기를, '양식[資糧]이 핍절(乏絶)⁴⁵²되었다.' 하므로 곧 보리 1석을 주었으나, 궁핍한 사람들이 돌아갈 때에 연변(沿邊)을 노략질할까 매우 염려되오니 받아들일지의 여부를 빨리 이문(移文)하소서." 하다.

여럿이 의논하여 "만약 하나같이 정약(定約)을 좇아 수외(數外)의 내왕하는 사람을 모두 거절하고 받아들이지 않는다면 흔단(釁端)이 생길까

---

450 말과 얼굴빛
451 급히 달려가 알림.
452 결여되어 부족함.

염려되오니, 우선 권도(權道)를 따라서 구례(舊例)에 의하여 경도(京都)에 보내 주는 것이 좋을 것이오며, 또 도주(島主)에게 글을 보내기를, '오직 너는 적왜(賊倭)를 잡아 보낸 공이 있으므로, 이제 삼미시로 등을 보내니 비록 이것이 수외(數外)의 배이기는 하나, 전해 들은즉 너의 섬이 흉년이라 하여 특별히 받아들였으니 지금 이후로는 한결같이 정약(定約)대로 하여 더 보내지 말도록 하라.' 하고, 또 감사(監司)에게 분부하여 비록 정수 이외의 왜인이라 하더라도 혹은 성식(聲息.)[453]을 알려오거나 혹은 관계되는 것이 있거든 비밀히 보고하여 회답을 기다린 뒤에 그 가고 유(留)하는 것을 결정하게 하소서." 하니 그대로 따르다.

■ 26년 윤7월 22일

예조에서 대마주 태수 종정성에게 글을 보내기를,

"족하(足下)는 선대(先代) 때부터 우리나라를 공순히 섬기고 적을 방금(防禁)하는 데 힘을 바쳐서 백성들이 힘입어 편안할 수 있었으므로, 전하께서 이를 가상하게 여기시어 더욱 부드럽게 품어 어루만지시며, 그쪽의 요구하는 물품은 거의 들어주지 않은 것이 없었습니다. 사랑하고 대우함의 융숭함은 오래 갈수록 더욱 더 변함이 없었으나, 다만 매번 사객(使客)이 올 때마다 주전(廚傳. 음식과 여관)으로 인한 많은 폐단이 있어서 사세가 장차 유지하기 어렵기로 이제 분명히 이 뜻을 타이르게 합니다. 그 시행해야 할 일들을 아래에 조목별로 적겠으니 양찰하기

---

453 소식

바랍니다.

1. 족하의 선부(先父)께서 우리나라와 약속을 맺기를, '매년의 사송선(使送船)은 한두 척에 지나지 않으며, 매선(每船)[454]의 사람 수는 5, 6명을 지나지 않겠다.' 하였습니다. 근래에 족하의 사송 선척(使送船隻)의 수가 지나치게 많아서 연도(沿途)의 여관과 역(驛)에서 공궤(供饋)[455]를 견딜 수 없습니다.

   계해년(세종 25년) 봄에 50척을 정수(定數)로 약정하였으나, 우리나라에서는 해마다 흉년이 들었기 때문에 연변 각 고을의 비축(備蓄)이 지공(支供)[456]과 접대로 다 없어지게 되어 그 폐가 매우 심하니, 지금부터는 원래 정한 선척 수 내에서 30척만을 경관(京館)[457]에서 대접하도록 허가하고, 그 나머지 20척은 삼포(三浦)에 머물러서 무역(貿易)하도록 들어주어 민폐를 덜게 하였습니다.

1. 승선(乘船)하는 사람 수는 큰 배는 40인, 중선(中船)은 30인, 작은 배는 20인으로 하여 전례대로 식량을 공급하기로 하였으나, 지금 공름(公廩, 관의 쌀 창고)이 넉넉지 않아서 또한 지대(支待)하기가 어려우니, 그 대·중·소 3등급의 선척 승선 인원을 각각 5인씩 감하는 것이 실로 편익하겠습니다.

1. 포구에 머무는 사람의 식료(食料)를 지급하는 일수는 원래에 정한 규

---

454 각각의 배
455 음식물을 나누어 줌.
456 필요한 물품 따위를 줌.
457 동평관(東平館)

정이 없으나, 서울에 올라온 30척의 간수인(看守人)[458]에게는 50일을 기한으로 하고, 포구에 머무르면서 무역하는 20척에는 30일을 기한으로 하여 식량을 계산하여 지급할 것이며, 바다를 건너가는 동안의 식량도 5일을 기한으로 하여 지급할 것입니다.

1. 고초도(孤草島)로 고기를 잡으러 오는 사람은 지세포 만호(知世浦萬戶)의 증명서를 받고 이어 어세(漁稅)를 바쳐야 한다는 것은 이미 계약으로 맺었는데, 오늘날 한 사람도 와서 증명서를 받는 자가 없는 데다 또한 납세도 하지 않으니 신의를 잃고 예를 저버림이 이보다 더할 수는 없습니다. 고초도에 사람을 보내어 죄다 수색 체포하여 적선(賊船)으로 처리하고 싶으나 교호(交好)의 뜻으로 즉시 시행하지 않았을 뿐이니, 지금부터는 증명서 없이 감행하는 자와 비록 증명서를 받았더라도 지정한 장소가 아닌 곳에 온 자는 일체 전일의 약정에 의거하여 적선으로 논죄 처단하겠습니다."

하였다.

- **27년 5월 14일**

의정부와 예조에서 "이제 종정성이 돈사문(頓沙文)을 보내어 선수(船數) 20척을 더하기를 청하고 또 대장경을 청하오니, 선수를 이제 만약 가볍게 허락하오면 금년에 한 번 청하고 명년에도 청할 것이오며 내명년(來明年)[459]에도 청하게 되어 그 청하는 것이 한이 없을 것입니다.

---

458 지키는 사람
459 2년 후

또 깨어진 배를 가지고 와서 문득 수리하기를 청하면 지대(支待)하는 폐가 심히 많을 것이오니, 대장경은 거두어 모아 1질(帙)⁴⁶⁰을 만들어 그 청하는 바를 채우면 그들의 기쁨은 반드시 선수를 더하는 것보다 갑절 더할 것입니다." 하니 임금이 그대로 따르다.

### ▪ 27년 6월 9일

의정부에서 "제도(諸島)의 상선(商船)에 대한 격왜(格倭, 선원)는 정한 수가 없기 때문에 대마도의 간사한 왜인들이 바다를 지나는 데 필요한 양식을 받고자 하여 타도(他道)의 상선에 붙어 거짓 격왜라고 일컫고 오는 자가 간혹 있으니, 금후로는 일본국 사신과 대내전(大內殿)⁴⁶¹ 사송선(使送船)의 격왜는 전례에 의하여 그 수를 구애하지 않을 것이나, 그 나머지 여러 섬의 상선은 대마도 격왜의 예에 의하여 큰 배는 40인으로 정하고, 중간 배는 30인, 작은 배는 20인으로 정하여 인구를 헤아려서 요(料)를 주어 이름 없는 허비를 없애옵소서." 하니 그대로 따르다.

### ▪ 28월 9월 9일 (조선 백성과 다름 없습니다)

상호군(上護軍) 윤인보(尹仁甫)가 글을 올리기를, "신이 사신이 되어 일찍이 대마도에 이르니, 추장(酋長) 종정성과 그 관할 구역의 백성들이

---

460 여러 권으로 된 책 한 벌
461 일본 왕조시대의 제후의 하나. 조선시대에 매년 사신을 보내어 조공을 바쳤다. 14세기 중엽부터 일본의 규슈[九州] 동북부와 치코쿠[中國] 남부에서 세력을 떨쳤다. 그 가보(家譜)에 따르면 백제의 시조 온조(溫祚)의 후손으로 백제가 망하자 성명왕(聖明王)의 셋째 아들 임성(林聖)이 일본으로 건너가 스오오[周方]의 다다라하마[多多良濱]에 정착했고, 그 후손은 오오우치무라[大內村]에서 살았다고 하여 성(姓)을 다다라, 씨(氏)를 오오우치라 하였다고 한다. 그 계통이 백제에서 나왔기 때문에 우리나라와 가장 친근하여 사자를 보내 조공을 바쳤다.

모두 말하기를, '의식(衣食)은 오로지 임금의 은덕을 입게 되었으니 몸은 일본 땅에 있지마는 마음은 귀국(貴國)의 백성과 다름이 없습니다.' 하면서 온 섬의 사람들이 물고기와 술을 다투어 가지고 와서 위로하니, 그들이 임금의 은덕을 감격한 것이 지극하였습니다. 박다(博多)[462]의 인심도 또한 그러하였으며, 일기(一岐)와 상송포(上松浦) 및 하송포(下松浦)[463] 등지에서도 또한 마음을 기울여 사모하는 사람이 많았으며, 대내지세(大內持世)[464]와 교홍(敎弘)[465]이 서로 전해 말하기를, '우리는 계통(系統)이 귀국(貴國)에서 나왔습니다.' 하면서 영접하고 전송하며 유숙시켜 접대하기를 모두 본국(本國, 조선)의 예절을 따라 극히 후하게 하였습니다. 또 '지금부터는 해마다 사신을 보내어 성의를 바치고 저의 심정을 통하겠습니다.' 하였습니다. 일기(一岐)와 상송포(上松浦) 및 하송포(下松浦)는 모두 도적들이 많이 모이는 곳이니, 그들이 마음을 기울여 사모하는 때를 기다려 은혜를 가하고, 그들로 하여금 마음으로 진실로 귀부(歸附)[466]하게 한다면 실로 편리하고 이익이 될 것입니다. 또 일본의 세 섬[島][467]의 사람들은 농업은 일삼지 않고 도둑

---

462 일본 규슈(九州) 축전주(筑前州)에 있었다. 후쿠오카 현의 후쿠오카 시 남동부에 있는 7행정구의 하나. 예부터 상업항만으로 번영을 누렸으며 관청과 기업이 집중해 있다.

463 성종 및 연산군 때의 역관(譯官) 김두종(金斗鍾)이 지은 『소문쇄록(謏聞瑣錄)』에 상송포(上松浦)는 비전주(肥前州)에 있다고 했으며, 이익(李瀷)의 『성호사설(星湖僿說)』 제19권에서는 일기도(一岐島)에 있다고 하였다. 신숙주(申叔舟)의 『해동제국기(海東諸國記)』 '일본국기(日本國紀)'는 하송포(下松浦)가 비전주(肥前州)에 있다고 하고, '모두 해적이 사는 곳이다.'라고 하였다. 송포(松浦)는 비전주(肥前州)와 일기도(一岐島) 두 곳에 있었던 것으로 추정한다.

464 무로마치[室町]막부 중기의 무장. 대내씨(大內氏) 제12대 당주(當主)였다. 주방(周防) · 장문(長門) · 풍전(豊前) · 축전(筑前)의 수호(守護)였다.

465 대내교홍(大內敎弘). 대내지세(大內持世)의 양사자(養嗣子)

466 귀속(歸屬)

467 대마도(對馬島) · 일기도(一岐島) · 본도(本島)를 말하는 것으로 추정된다.

질로써 생업으로 삼아 잠시 굴복했다가 갑자기 배반하는 사람이 많게 되니, 지금은 비록 아무런 일이 없지마는 또한 염려하지 않을 수 없습니다. 지금부터 조신(朝臣) 중에 문식(文識)과 무략(武略)을 다 갖춘 사람 2, 3명을 미리 뽑아서 혹은 저들 땅에 사신을 보내기도 하고 혹은 저 사람들을 접대시키기도 하여서, 상시로 그 인심을 살피고 그 지세(地勢)의 험준하고 평탄한 것을 살피게 하여 그 일을 오로지 관장하게 하소서." 하다.

정부와 예조에 내리어 함께 의논하게 하다.

■ 29년 5월 6일 (명령대로 하지 않을 수)

대마도에 보냈던 조휘가 와서 복명(復命)[468]하기를, "하사하시는 물건과 예조의 서간을 가지고 대마도에 이른즉, 종정성이 밖에 나와 마중하여 청(廳)으로 들어가서 북향하여 꿇어앉아서 서간을 받아 탁자 위에 놓고 향을 올리고 물러나서 세 번 절하고 머리를 조아리기를 마치고, 조휘가 '고초도에서 고기를 낚는 데 약속을 어긴 자는, 청하옵건대 모름지기 치죄하고, 다른 섬들에는 왜인으로 고기잡이를 허가해 내보내지 말 것이며, 또 귀 도(島)에서 한 해에 왕래하는 배는 50척을 넘지 못하게 할 것입니다.' 하였더니, 종정성이 '감히 명령대로 하지 않을 수 있겠습니까. 고초도에서 고기 낚는 자는 이미 금하는 약속을 엄하게 하였습니다. 그러나 필시 어기는 자가 있을 것이온즉 내 장차 추궁

---

468 명령을 받은 일에 대하여 그 처리 결과를 보고함.

하여 치죄하고 세금을 받아서 보내 드리겠습니다.' 하고, 만단(萬丹)과 후루가와(侯樓加臥)는 종정성의 일 보는 자들인데, 조휘에게 말하기를, '우리 종공(宗公)⁴⁶⁹이 전하의 후하신 은혜를 입사오매 정성을 바침이 또한 간절하옵니다. 전일에 섬의 무지한 자들이 강남에 가서 도적질을 하고 돌아오다가 제주(濟州)에 이르러 사람과 물건을 노략질하였는데, 종공이 멀리 전하의 명령을 받고 모조리 묶어 보냈사오니, 이는 실로 고금에 드문 일이옵니다. 제주의 일은 종공이 처음에야 어찌 미리 알았겠습니까. 허나, 귀국에서는 필시 알고 있었을 것이라고 의심하셨을 것이므로 황공하기도 하고 부끄럽기도 하옵니다. 이제부터 또한 그러한 자가 있사오면 반드시 즉시로 유시하심에 따라서 마땅히 일일이 잡아서 보내드리옵고, 그 죽이고 살릴 것은 귀국의 처분에 맡길 것입니다.'라고 하였습니다." 하다.

정성(貞盛)이 섬 안의 모든 두목들을 시켜 날마다 와서 위로하고 칼들을 기증하되 조휘가 다 받지 않았고, 돌아올 때에 정성이 후루가와를 보내서 토산물을 올리어 은혜를 사례하다.

다음 몇가지 기록으로, 당시 대마도인들의 조선에 대하여 품은 마음을 보기로 한다.

① 대마도주 종정성과 그 왜인들이 모두 말하기를, '의식(衣食)은 오로

---

469 대마도주 종정성(宗貞盛)

지 임금의 음덕을 입으니 몸은 일본 땅에 있지만 마음은 조선 백성과 다름이 없습니다.'라고 했다.

② 대마도주가 조선에서 파견 나간 경차관에게 '감히 조선 명령대로 하지 않을 수 있겠습니까.' 하다.

③ 대마도주가 도적에게 이르기를, '중국으로 도적질 갈 때 조심하여 조선 국경을 침범하지 말도록 하라. 국경을 침범하면 내 마땅히 너의 처자를 죽일 것이다.' 하니, 도적이 맹서하기를, '조선의 은덕을 후하게 입었는데 우리들이 어찌 감히 그러겠습니까.' 하다.


글쎄 그 뒤에는 별 못된 짓을 다 했어도 당시에 저들의 마음은 이와 같았으니, 필경은 그렇게 된 경위가 있었을 것이다.

세종 초기 대마도 토벌 이후, 조선에서는 대마도가 공손하게 섬긴다면 후대하기로 하였다. 결국 왕화(王化)에 심복하여 도둑질을 하지 않으니 기아와 곤궁을 구제해 주기 위해 많은 것을 준다. 대마도 왜인들이 원하는 것은 주로 먹을 양식이었고, 또한 옷감 등도 필요했다. 양식이 떨어져 굶어 죽겠다느니, 흉년이 들었다느니, 화재가 났다느니 이유도 가지가지였다. 또한 우리 해안에서의 고기잡이 허가 지역을 더욱 넓혀줄 것을 원하기도 했다. 왜인들은 그 외에 불경, 배 만드는 나무 등을 달라기도 하고, 어떤 경우에는 조선에서 배를 만들어 주기도 한다.

그러나 많은 것을 주면 줄수록 그들은 더욱더 많은 수가 조선에 오게 되고, 심지어는 구주 쪽에서 오기도 했다.

또 양식이 절대적으로 부족했던 그들은 어떻게든 조선에서 식량을 더 많이 얻어 가기 위해 여러 방법으로 서류를 위조하기도 하고 허위·사칭 등 온갖 수단과 방법을 가리지 않게 되었다.

또 갖가지 이유로 조선에 오는 자가 1만 명에 이를 정도가 되니, 이들에게 지출되는 식량이 연 10만 석 가까이 되는 등 많은 폐해가 야기된다. 그리하여 조선에서는 배의 승선인원 제한, 삼포 왜인 단속 강화, 서류 위조 단속 등 폐해에 대한 여러 대책이 강구된다.

당시 조선은 왕화(王化)로써 대마도에 그토록 잘 대해 주어 먹이고 입히고 보살펴 주었지만, 글쎄 그것이 현재의 시점에서 결과적으로 볼 때 과연 옳은 선택이었는지 의문이 간다. 왜냐하면 대마도가 그 뒤 왜놈들의 조선 침략의 전진기지가 되었고, 또 만약 그 대마도가 왜인 소굴이 아니었더라면 그들 침략의 양상이 조금은 바뀌지 않았을까 생각되기 때문이다.

그러니 세종 당시에 그들에게 양식과 옷감 등 많은 것을 주어서 먹여 살리는 대신에 엄청난 성능의 막강한 화포 세례를 퍼부었어야 옳지 않았겠는가 싶기도 하다.

당시 왜 그들은 왜(倭)라고 불리었을까? 지금 또 그들은 왜(倭)라고 불리어야만 할까? 그들은 그 옛날부터 우리나라에 수많은 침략질을 해왔으며, 임진왜란을 거쳐 일제식민통치 36년간 그들이 원하는 게 있으면 그것을 얻기 위하여 수단 방법을 가리지 않았다.

그리하여 그들의 머릿속에는 우리나라가 침략의 대상으로 각인되었는지 모르겠다. 그러나 세종시대 기아와 곤궁을 구제해 주기 위해 많은 것을 주니, 왕화에 심복하여 도둑질을 하지 않았을 뿐 아니라 조선 백성과 다름없고 조선의 명령을 따르지 않을 수 없다고 하였다.

지금 또다시 그들이 원하는 것을 위하여 왜인 섬나라 근성으로 침략을 해오고 있다.

이 침략들의 공통점은, 저들은 늘 철저한 준비를 하고 있다가 우리의 빈틈을 노려 기습적인 습격을 한다는 것이다. 그들은 자신들의 이익을 위해서는 도저히 이해할 수 없는 가당치도 않는 이유를 갖다 붙인다.

아, 이것이 무슨 얄궂은 악연의 연속이란 말인가?

오냐! 걸어온 싸움을 마다할 수는 없다.

기습적인 저들의 도발에, 지금 당장은 준비가 덜 되어 불리한 면이 있을지라도 우리 세종의 후예들은 반드시 마침내 이기고 말 것이다.

3부

세종, 직접 훈민정음을

창제하다

# 1 장

# 백성을 위한 제도 개혁과
# 도서 보급

세종에게는 왕의 자리는 꽃방석이 아니요, 오히려 무거운 책임감으로 인하여 가시방석 같은 자리였다. 세종은 모든 부정적인 조건들을 자신의 부덕과 책임으로 돌렸다. 한 인간으로 태어나 최선을 다한다면 어디에 이를 것인가, 한 나라의 군주로서 백성과 나라를 위하여 최선을 다한다면 얼마만큼 이룰 수 있을까? 이에 대한 답은 바로 세종대왕에게서 찾을 수 있을 것이다. 한 인간으로서 부모에게 보이는 애틋한 효성심, 형제간 우애, 또한 군왕으로서 진정으로 백성을 사랑하고, 나라를 지키기 위하여 쏟은 혼신의 노력, 법을 알게 하여 무고한 백성들이 법망에 빠져들지 않게 배려한 어진 마음, 이 모든 것들에서 세종을 능가할 사람은 아무도 없다.

그는 나라를 다스리는 일에 노심초사하였고, 가뭄을 근심해 비 오기를 기다리며 날 새기가 10여 일씩이나 계속되어 병을 50일 이상 앓았다. 그래서 신하들이 관을 짜게 하며 만일의 사태에 대비하였을 정도였다. 세종에게는 왕의 자리가 운명처럼 갑자기 찾아왔지만, 그에게 왕의 막강한 권력은 자신을 위한 것이 아니었다. 오로지 백성과 나라를 위한 헌신이었다. 감히 말하건대, 세종은 이 세상에 성군의 사명을 갖고 태어나 수명을 단축할 만큼 혼신의 노력을 다하며 성군의 길을 끝까지 갔다.

백성을 위한 세종의 마음에는 두 가지 근본적인 방향이 있었다. 하나는 백성들의 삶을 고통스럽게 하는 제도를 혁파하는 것이고, 다른 하나는 백성들이 읽으면 도움이 될 만한 책들을 지어 널리 보급하여 백성들 스스로 잘 살아갈 수 있게 하는 것이었다. 이 두 번째 길에서 세종은 어려운 법조문을 번역하는 문제에 봉착한다. 이두문이라는 어설픈 도구로써는 백성들이 쉽게 읽을 수 있는 책을 만들기 어려웠기에, 세종은 백성들이 누구나 쉽게 익힐 수 있는 문자의 창제를 구상하게 된다.

## 1. 공법에 대한 여론조사

당시 공법(貢法)이라는 새로운 세법을 제정, 시행함에 있어서 의견이 분분했다. 그래서 세종은 전국 백성들의 여론을 조사해 보기로 했다. 그만큼 나라의 세금을 거둬들이는 중차대한 사안이었다. 당시는 관리가 직접 전답을 돌아다녀 농사의 수확량을 확인한 후 세금을 매기는 답험손실법(踏驗損失法)[1]을 시행하고 있었다. 그런데 그 수확량을 확인하는 관리들의 판단이 문제였다. 뒤로 떡값이나 쥐여 주는 사람이나 힘 있는 자에게는 세금을 조금 매기는 등 공정성을 상실하여 힘 없는 백성들의 피해가 컸다. 이 폐해를 줄이기 위해 농토의 면적 등에 따라 공정하게 세금을 결정하려는 새로운 세법을 만들었는데, 그것이 공법이었다. 그러나 이 공법도 농토의 위치나 토질 등에 따라서 같은 면적당의 수확량이 서로 다를 수밖에 없었기에 또 다른 문제점이 있었다. 그리하여 이 새로운 법에 대해 거의 전 백성을 대상으로 대대적인 여론조사를 실시하게 된다.

세종 12년 3월 5일부터 8월 10일까지 약 5개월에 걸쳐 조사하였고, 당시 관계있는 전·현직 관리나 농사를 짓는 가구를 거의 망라한 172,648명 중 찬성 98,657 대 반대 74,149라는 결과가 나왔다. 찬성이 57%에 달한 것이다. (이 여론조사에 관한 기록은 그 내용이 너무나 자세하고 분량이 많아서 일부 의견을 중심으로 발췌하였다.)

▪ 12년 7월 5일

호조판서 안순이 "일찍이 공법(貢法)의 편의 여부를 가지고 경상도 수령과 인민들에게 물은즉, 좋다는 자가 많고 좋지 않다는 자가 적었사오며, 함길·평안·황해·강원 등 각 도에서는 모두들 불가하다고 한

---

1 고려(高麗) 공양왕(恭讓王) 3년(1391) 과전법(科田法) 실시 이후, 조선(朝鮮) 세종(世宗) 26년(1444) 공법(貢法)이 제정될 때까지 시행된 세율 규정법. 공전(公田)의 경우는 수령(守令), 감사(監司)의 위관(委官), 감사(監司)의 차례로 3차에 걸쳐 작황(作況)을 심검(審檢)하고, 사전(私田)은 전주(田主)가 심검하되, 작황의 손결(損缺)이 1분이면 조(組) 1분을 감하고 손(損) 8분이면 조(損) 전액을 감면했다.

바 있습니다." 하니, 임금이 "백성들이 좋지 않다면 이를 행할 수 없다. 그러나 농작물의 잘되고 못된 것을 답사 고험(考驗, 신중히 생각)할 때에 각기 제 주장을 고집하여 공정성을 잃은 것이 자못 많았고, 또 간사한 아전들이 잔꾀를 써서 부유한 자를 편리하게 하고 빈한한 자를 괴롭히고 있어 내 심히 우려하고 있노라. 각 도의 보고가 모두 도착해 오거든 그 공법의 편의 여부와 답사해서 폐해를 구제하는 등의 일들을 백관(百官)[2]으로 하여금 숙의하여 아뢰도록 하라." 하다.

- 12년 8월 10일

### 공법에 대한 가부 의논 (명단 요약)

| 구 분 | 가(可) | 수 | 불가(不可) | 수 |
|---|---|---|---|---|
| 한성 | 지돈녕부사(안수산), 총제(이천), 동지총제(박규), 전총제(이순몽), 전동지총제(이희귀), 전도관찰사(이정간), 전판목사(김사청), 전중추원부사(남실), 전동지총제(최견) | 9 | 여산부원군(송거신), 곡산부원군(연사종), 여천부원군(민여익), 판돈녕부사(한장수), 동지부사(이교, 조후), 대사헌(이승직), 병조판서(조계생), 참판(이중지), 도총제(원민생), 총제(신장, 조치, 이춘생), 동지총제(김을신, 홍이, 이수, 유한), 인수부윤(민의생), 영돈녕치사(권홍), 우의정치사(이귀령), 전도총제(권희달), 전판목사(문계종), 전총제(노원식), 전호조참판(한상덕), 전동지총제(권천), 전부윤(이흥, 이욱), 전절제사(김소), 검교한성윤(권순, 유귀수) | 30 |
| | 3품 이하 현직<br>전직 | 259<br>443 | 3품 이하 현직<br>전직 | 393<br>117 |

---

2  높고 낮은 모든 벼슬아치

| 구분 | 가(可) | 수 | 불가(不可) | 수 |
|---|---|---|---|---|
| 한성 | (의견발표자)<br>전병조판서(조말생), 전판목사(황자후), 전동지총제(박초), 집현전부제학(정인지), 직제학(유효통), 직전(안지), 봉상시주부(이호문), 집현전부제학(박서생), 전농소윤(조극관), 형조정랑(정길홍), 도관정랑(유지함), 좌랑(윤처공, 권준), 도관서영(김달성), 승(원내인), 예조좌랑(조수량), 좌랑(남간) | 17 | (의견발표자)<br>좌의정(황희), 우의정(맹사성), 찬성(허조), 참찬(오승, 이맹균), 전판한성부사(허조), 이조판서(권진), 정랑(이승손, 신기), 좌랑(민효환, 나득강, 안질), 종부시소윤(안완경), 판관(이중), 직장(송복원), 도관주부(최수), 군자감판관(배둔), 정(허척), 부정(황보규), 정자(임중), 판부사(최윤덕), 도총제(문표종, 유은지, 박실), 총제(성엄), 동지총제(이사후), 공조판서(성억), 참의(신포시), 예문관제학(윤회), 직제학(신인손), 봉교(최운중), 대교(권자홍), 검열(어효첨, 김문기, 강맹경), 경창부윤(박신생), 소윤(양후), 전농판사(박안의), 직장(박회, 유삼), 상호군(하영), 대호군(주진자), 호군(장치온, 진성간), 형조판서(김자지), 참판(정연), 병조정랑(강진덕, 조서안), 좌랑(이백겸, 양계원), 판한성부사(서선), 부윤(고약해), 동부훈도관(이보흠), 좌사간(변계손), 우사간(권맹손), 좌헌납(이장손), 우헌납(이사맹), 우정언(윤미견), 동부교수관(채윤), 중부교수관(정종본), 총제(하연), 참판(유계문) | 62 |
| 유후사 | 품관, 촌민 | 1123 | 품관, 촌민<br>유후(이종선), 단사관(최규), 경력(강만로), 도사(송거) | 71<br>4 |
| 경기 | 수령<br>품관, 촌민 | 29<br>17076 | 수령<br>품관, 촌민<br>도관찰사(최사의), 도사(양수), 수원부사(윤처성), 원평부사(오영로), 해풍군사(황득수), 이천현사(김원), 고양현령(유흥부), 가평현감(김위), 양주부사(진중성) | 5<br>2369 |
| 평안도 | 수령<br>품관, 촌민 | 6<br>1326 | 관찰사(조종생), 수령 35명<br>품관, 촌민 | 36<br>28474 |

| 구 분 | 가(可) | 수 | 불가(不可) | 수 |
|---|---|---|---|---|
| 황해도 | 수령<br>품관, 촌민 | 17<br>4454 | 수령<br>품관, 촌민 | 17<br>15601 |
| 충청도 | 수령<br>품관, 촌민 | 35<br>6982 | 관찰사(송인산), 도사(이의흡), 수령(26)<br>품관, 촌민 | 28<br>14013 |
| 강원도 | 수령<br>품관, 촌민 | 5<br>939 | 수령<br>품관, 촌민<br>관찰사(조치), 도사(윤무), 원주판목사<br>(전흥), 판관(이수량), 춘천부사(이안경),<br>회양부사(이원비), 간성군수(이사임),<br>평해군사(김포), 평창군사(김유보) | 10<br>6888<br>9 |
| 함길도 | 수령<br>품관, 촌민 | 3<br>75 | 관찰사(민심언), 수령(14)<br>품관, 촌민 | 15<br>7387 |
| 경상도 | 수령<br>품관, 촌민 | 55<br>36262 | 수령<br>품관, 촌민<br>경주부윤(조완), 판관(조자이), 안동부<br>사(정환), 판관(윤미로), 영천군사(서진),<br>진성현감(이자유), 성주목사(이흡), 선<br>산부사(이길배), 함창현령(황영), 의성<br>현령(김속), 지례현감(정옹), 문경현강<br>(노임), 관찰사(심도원), 도사(이사증) | 16<br><br>14 |
| 전라도 | 수령<br>품관, 촌민<br>낙안군사(권극화) | 42<br>29505<br>1 | 관찰사(신개), 도사(김치명), 수령(12)<br>품관, 촌민 | 14<br>257 |
| 합계 | | 98657 | | 74149 |

■ 12년 8월 10일

호조에서 공법(貢法)에 대한 가부(可否)의 의논을 아뢰기를, "한성의 여산부원군(礪山府院君) 송거신, 곡산부원군(谷山府院君) 연사종, 여천부원군(驪川府院君) 민여익, 판돈녕 부사 한장수, 동지부사 이교·조후, 대사헌 이승직, 조판서 조계생, 참판 이중지, 도총제 원민생, 총제 신장, 조치, 이춘생, 동지총제 김을신, 홍이, 이수, 유한, 인수부윤(仁壽府尹) 민의생, 영돈녕으로 치사(致仕. 나이가 많아 벼슬을 사양하고 물러남)한 한권홍, 우의정으로 치사(致仕)한 이귀령, 전 도총제 권희달, 전 판목사 문계종, 전 총제 노원식, 전 호조참판 한상덕, 전 동지총제 권천, 전 부윤(府尹) 이흥, 이육, 전 절제사 김소, 검교(檢校. 정원 외 벼슬) 한성윤, 권손, 유귀수 및 3품 이하 현직자 393명과 전직자 117명은 불가하다고, 의정부 좌의정 황희, 우의정 맹사성, 찬성 허조, 참찬 오승, 이맹균 등은 '경전(經傳)에 이르기를, '전지를 다스리는 데는 조법(助法)[3]보다 더 좋은 것이 없으며, 공법보다 더 나쁜 것이 없다.'라고 하였사오나, 우리 조선이 개국한 이래 조세를 거둘 적에 수손급손법(隨損給損法)을 제정하니, 이는 실로 고금을 참작한 만대라도 시행할 만한 좋은 법인지라 경솔히 고칠 수 없는 것입니다.' 하고, 유후사(留後司)의 유후(留後) 이종선, 단사관(斷事官) 최규, 경력(經歷) 강만로, 도사(都事)[4] 송거 등은 '공법에 의하여 조세를 거두는 것은 실로 좋은 법입니다. 그러나 우리나라 토지의 비옥하고 척박한 것이 중국과 다르오니, 구제대로 하는 것이 편리하지 않을까 하옵니다.' 하고, 경기의 도관찰사 최사의, 도사(都

---

3  중국 은(殷)나라의 조세 제도. 정전법(井田法)에 의해 여덟 집에 70묘(畝)의 땅을 각각 나누어 주고, 중앙의 공전(公田) 100묘를 공동으로 경작하여 그 수확을 관청에 바치게 했다.
4  각 지방 감영(監營)의 종5품 벼슬. 감사(監司)의 다음가는 벼슬이다.

事) 양수, 수원부사(水原府使) 윤처성, 원평부사(原平府使) 오영로, 해풍군사(海豊郡事) 황득수, 이천현사(利川縣事) 김훤, 고양현령(高陽縣令) 유흥부, 가평현감(加平縣監) 김위 등은 '전답의 비옥하고 척박한 것이 일정하지 않아서, 좋은 토지를 부치고 있는 자는 10두의 조세가 너무 경하고, 나쁜 땅을 부치고 있는 자는 10두의 조세가 비록 적다고 해도 오히려 그 수량을 충당하지 못하고 있으며, 또 각 관사(官司)의 위전(位田)[5]과 외방 관서의 늠록전(廩祿田)[6] 등 1년의 경비를 참작해 헤아려서 이를 떼어 주어 풍년으로 보고 조세를 거두어도 오히려 부족한 실정이온데, 공법을 시행할 것 같으면 반드시 2분(分)은 늘어나게 되어 군국(軍國)의 수용량이 이로 말미암아 삭감될 것이니, 종전대로 하는 것이 더 좋을 것입니다.' 하고, 평안도의 수령 6명과 품관·촌민 등 1,326명은 모두 가하다, 관찰사 조종생과 수령 35명, 그리고 품관·촌민 등 2만 8,474명은 모두 불가하다 하며, 황해도의 수령 17명과 품관·촌민 등 4,454명은 모두 가하다, 수령 17명과 품관·촌민 합계 1만 5,601명은 모두 불가하다 하며, 충청도의 수령 35명과 품관·촌민 6,982명은 모두 가하다, 관찰사 송인산과 도사(都事) 이의흡과 수령 26명과 그 밖에 품관·촌민 등 1만 4,013명은 모두 불가하다 하며, 강원도는 수령 5명과 품관·촌민 등 939명은 모두 가하다, 수령 10명과 품관·촌민 등 6,888명은 모두 불가하다 하고, 관찰사 조치, 도사 윤무, 원주판

---

5  중세 사회에서 역(役)을 지는 자에 대한 대가로서, 또는 관청의 경비나 관청에 소속된 사람의 생활 보장 등의 명목으로 지급된 토지
6  일정한 토지에서 나오는 조세 또는 수확한 전부를 지방 관청 또는 그 소속 인원에게 넘겨주는 토지

목사(原州判牧使) 전흥, 판관 이수량, 춘천부사(春川府使) 이안경, 회양부사(淮陽府使) 이원비, 간성군수(杆城郡守)[7] 이사임, 평해군사(平海郡事) 김포, 평창군사(平昌郡事) 김유보 등은 '땅의 비옥함과 척박함이 각기 다르고, 묵히기도 하고 개간하기도 하는 등, 산 위에 화전(火田)의 경작이 몹시 많으므로, 전대로 손실에 따라서 조세를 거두는 것이 옳을 것입니다.' 하고, 함길도에서는 수령 3명과 품관·촌민 등 75명은 모두 가하다, 관찰사 민심언과 수령 14명, 그리고 품관·촌민 등 7,387명은 모두 불가하다 하며, 경상도에서는 수령 55명과 품관·촌민 등 3만 6,262명은 모두 가하다, 수령 16명과 품관·촌민 377명은 모두 불가하다 하며, 경주부윤(慶州府尹) 조완, 판관 김자이, 안동부사(安東府使) 정환, 판관 윤미로, 영천군사(永川郡事) 서진, 진성현감(珍城縣監)[8] 이자유 등은 '1결의 전지에서 조세 10두를 거둔다면 세금을 경하게 하여 인민의 생계를 넉넉하게 해 주는 편이라 하겠습니다.' 하다. 전라도에서는 수령 42명과 품관·촌민 등 2만 9,505명은 모두 가하다 하고, 낙안군사(樂安郡事) 권극화는 '만일 현재 경작하는 전지 1결에 10두만을 거둔다면 너무 경하고, 경작하는 전지와 묵어 있는 토지를 분별하지 않고 모두 10두씩을 거둔다면, 일찍이 척박한 전지를 부치다가 마지못하여 묵혀 버린 자는 사실 불만이 있을 것입니다.' 하고, 관찰사 신개, 도사(都事) 김치명, 그리고 수령 12명과 품관·촌민 등 257명은 모두 불가하다고 합니다. 무릇 가하다는 자는 9만 8,657명이며, 불가하다는 자는 7만 4,149

---

7   현재의 강원도 고성군(高城郡)
8   현재의 경상남도 산청군(山清郡) 지역에 있었다.

명입니다." 하니 황희 등의 의논에 따르라고 명하다.


## 2. 세종의 민본주의

관계되는 사람들 하나하나의 의사를 물어보니, 그것도 저 높은 벼슬 정승판서부터 농부에 이르기까지 똑같이 1표라니 참으로 놀랍기 그지없다. 시대를 뛰어넘는 민주주의 발상이었다. 그것은 바로 세종의 민본사상인 백성 사랑의 발로에서 비롯되었을 것이다.


▪ 8년 4월 28일

임금이 한재(旱災)를 근심하여 정부와 육조의 참판 이상의 관원을 불러 이르기를, "백성이 넉넉하면 임금은 누구와 더불어 넉넉하지 못하겠으며, 만일 백성이 넉넉하지 못하면 임금은 누구와 더불어 넉넉하겠는가. 아울러 의논하여 보고하라"


▪ 3년 7월 27일

호조판서 신호가 보고하기를, "창고의 미두가 남는 것을 수장할 곳이 없으니, 숭례문(崇禮門) 안의 행랑(行郞)에 간수하기를 청합니다."라고 하였다.

임금이 "만약 행랑을 빼앗아서 곡식을 간수한다면 거기에 사는 백성들은 장차 어디로 가겠는가."라고 하니 신호가 능히 대답하지 못하였다.

- **4년 9월 8일**

임금이 세력 있는 집에서 소와 말을 놓아 남의 밭곡식에 피해 끼치는 것을 염려하여, 사복(司僕)[9] 관리를 보내 전야(田野)를 살펴보면서 소와 말을 놓아서 화곡(禾穀)[10]을 밟아 손해 보게 한 자는 그 주인의 성명을 물을 것 없이 병조로 하여금 여러 역(驛)에 나누어 주게 하였다.

- **6년 11월 15일**

병조판서 조말생과 지신사 곽존중이 보고하기를, "황해도의 금년 벼 농사가 풍년이니 명년 봄의 강무(講武)는 해주(海州)로 거둥하소서." 하니, 임금이 "내 들으니, 작년에 해주 등지의 기근이 더욱 심하여 유아를 버리고 사방으로 흩어진 사람이 자못 많다 하니, 나는 지극히 불쌍히 여겨 차마 그곳으로 훈련 갈 수 없다. 그러므로 수원(水原), 광주(廣州) 등지에 거둥하여 잠깐 군사를 훈련하려고 하는 것이다." 하다.

- **7년 1월 29일**

암행감찰을 나누어 보내 백성들의 고통스러운 점을 묻게 하였으니, 경상도에는 한성소윤(漢城少尹) 황보인을 보내고, 전라도에는 직예문관(直藝文館) 이종규를 보내다.

---

9  사복시(司僕寺). 임금이 타는 가마와 말에 관한 일을 담당하던 관청
10  벼에 속하는 곡식을 통틀어 일컬음.

• 7년 9월 29일

임금이 "대저 대신이 된 자는 마땅히 백성을 구휼하는 것으로 마음을 가져야 하는 것인데, 내 이제 장군 절제사 전흥과 조모의 군사 거느리는 것을 보니, 곡식 밭을 밟아 손해를 주니 어찌 백성을 사랑하는 마음이라 하겠는가." 하고, 곧 병조에게 조사하여 아뢰도록 명하고, 장군 절제사는 여산군(礪山君) 송거신과 첨총제 최보로로 교체하게 하다.

## 3. 신문고를 못 치게 한 관리들을 파면하다

• 10년 5월 24일

사비(私婢) 자재(自在)가 광화문의 종을 치고 자기의 원억(冤抑, 억울하게 누명 씀)한 일을 호소하므로 승정원에서 그 까닭을 물으니 대답하기를, "의금부의 당직원(當直員)이 신문고(申聞鼓) 치는 것을 금하기 때문에 종을 쳤습니다." 하다.

임금이 "신문고를 설치한 것은 사람들이 마음대로 칠 수 있게 하여 아랫 백성들의 사정이 위에 통할 수 있게 하려는 것이다. 무슨 까닭에 금하였는가. 만약 진술한 말이 사실이 아니라면 죄는 그 사람에게 있는 것이니, 북을 관리하는 관리에게 무슨 상관이 있겠느냐마는 이같이 금지를 당한 사람이 반드시 여러 사람일 것이니 그 의금부 당직원을 헌부에 내려 심문하게 하라." 하다.

드디어 김중성, 유미의 의금부 관직을 파면시키다.

- 12년 10월 29일

임금이 대언(代言) 등에게 "지난번에 '신문고를 함부로 치는 자에게는 죄를 주라.' 했었는데, 이제 다시 생각하니, 이렇게 하면 품은 생각이 있어 아뢰고 싶은 사람도 법을 두려워하여 말하지 못할 것이요, 또 어리석은 사람은 이것을 모르고 치게 될 것이다. 그러므로 나는 그들에게 죄를 주지 않을 터이니 경들은 그리 알라." 하다.

## 4. 농민의 곤궁한 삶을 살피다

- 12년 12월 18일

임금이 각 도의 풍작, 흉작을 묻고, 인하여 손실답험(損實踏驗)에 대한 이야기를 하다.

예조판서인 신상이 "금년의 답험(踏驗, 현장평가)은 너무 가볍게 다루었습니다." 하니, 임금이 "내가 들으니 경기(京畿)의 백성들이 답험이 쉽사리 되었다고 좋아한다더라." 하니, 신상이 경기의 답험을 너무 쉽게 해버린 것에 대하여 강력히 말하다.

임금이 "답험이 백성에게 편리하게 된 것은 잘못이 아니다. 백성이 만족히 여기면 그것으로 족하다." 하다.

- 12년 12월 20일

경상도 감사가 "토지를 다시 측량한 뒤 새로 개간한 밭을 알아내기가 매우 곤란하니 오래 전부터 경작하던 토지의 예(例)에 따라 세를 받아들이게 하소서." 하니, 임금이 "어째서 알아내지 못한단 말이냐. 만일 그것이 의심스럽다면 백성과 같이하면 될 것이니, 이렇게 하도록 호조에 이르라." 하다.

이것은 과거에 새로 개간한 토지에 대하여는 2년까지는 세를 면제하고, 3년에는 절반을 감하고, 4년째 가서 전액을 받기 때문에 이런 보고가 있었던 것이다.

### ▪ 12년 윤12월 23일

지고원군사(知高原郡事) 주상충이 하직 인사하니 불러 보고, "본도는 여러 해를 계속하여 농사가 잘못되어 백성들이 반드시 굶주리며 지쳤을 터이니, 마음을 다해 구제하여 살려 주라. 만일 마음을 써서 구조한다면 한 고을 안에서 어찌 굶주리는 사람이 있겠느냐." 하다.

### ▪ 12년 윤12월 26일

천녕현감(川寧縣監)[11] 박경문이 하직 인사하니 불러 보고, "경기도(京畿道)의 토지가 본시 척박한 데다 더구나 여러 해 동안 수재와 한재가 계속되어 백성들이 곤란하고 굶주리어 고장을 버리고 떠돌아다니는 사람들이 많다. 내가 직접 가 보고 그들을 위로하고 구제하고 싶으나, 근년에 중국 사신이 잇따라 백성도 지치고 사무가 복잡하여 아직까지 가 보지 못한 것이다. 이제 내가 직접 너를 대하고 명하는 것이니 가서

---

11  현재의 경기도 여주시 지역에 있었다.

구제와 위로에 힘쓰라." 하다.

■ 14년 3월 15일

평안도 감사에게 전지하기를, "지금 보고문을 보니, 각 고을의 수령들이 농서(農書)를 타일러 깨우쳐 주어 백성들에게 갈고 심는 법을 가르치고 있음을 알겠다. 내가 매우 좋게 여기며 기뻐한다. 궁벽(窮僻)[12]한 곳에 사는 백성들에게도 골고루 깨우쳐 주며 부드럽게 차근차근한 말로 가르쳐서 성과를 거두게 하고, 비록 농서(農書)대로 준수하지 않는 자가 있더라도 또한 처벌하는 일이 없게 하라." 하다.

■ 14년 9월 29일

월개전(月介田)에 머무르다. 임금의 탄 말이 다른 사람의 벼 한 줌을 먹었다.

임금이 "농부가 농사짓기에 매우 고생했는데 내 말이 먹었으니 마땅히 그 대가를 받아야 될 것이다." 하면서 쌀 1석을 내리다.

■ 15년 1월 12일

지신사 안숭선이 "온정(溫井)[13]의 행궁(行宮) 및 공돈(供頓)[14]의 모든 일이 이미 갖추어졌으나 그 사이에 폐 되는 일이 없지 않을 것이니, 사람

---

12  외따로 떨어져 구석지고 몹시 으슥함.
13  온천
14  술을 내어 손님을 접대함.

을 보내 살펴보고 만일 지나치는 것이 있거든 재결해 덜어 민폐를 없애게 하옵소서." 하니 그대로 따르다. 인하여 전교하기를, "3, 4월은 바로 경종(耕種)[15]할 때이니, 주정소(晝停所)[16]와 숙소는 모름지기 노는 땅을 택하고 전토(田土)를 침범하지 말라." 하다.

### ▪ 15년 4월 5일

임금이 "온수현(溫水縣)[17] 인민들에게 벼와 콩을 이미 하사하였는데, 지금 다시 생각해 보니 조세를 감해 주는 것이 좋을 뻔했다. 그러나 다시 고칠 수 없으니, 병든 노인과 환과고독(鰥寡孤獨, 혼자 사는 홀아비·과부·고아·독자)에게라도 은혜를 더 베풀고자 하는데 어떤가." 하니, 안숭선이 "백성을 사랑하시는 마음이 지극합니다. 감사에게 이름을 기록하여 올리도록 하소서." 하니 그대로 따르다.

### ▪ 15년 4월 7일

온수현의 빈궁한 사람 76명에게 벼와 콩 각 1석씩, 나이 80 이상인 곤궁한 백성 9명에게 벼 2석과 콩 1석씩, 나이 70 이상인 곤궁한 백성 18명에게 벼와 콩 각 1석씩을 하사하고, 또 감사에게 명하여 토지가 행궁 근처에 있어 농사짓지 못한 자에게는 그 결복(結卜)[18]의 수(數)로 값을 주게 하다.

---

15  논밭을 갈고 씨를 뿌려 가꿈.
16  임금이 거동 중에 잠시 머물러 낮수라(-水刺)를 들던 곳
17  현재의 충청남도 아산시에 있었다.
18  토지에 매기는 목[結]·짐[負·卜]·뭇[束]을 통틀어 이르는 말. 곧 전지(田地)의 면적 단위

- 24년 3월 19일

임금이 황보인, 김종서, 조서강 등에게 "내가 올 때는 도로가 대단히 평탄하였고, 여기에 와서 보니 궁전이 또 크고 장려하다. 이같이 큰 폐를 끼쳐 놓고 여기에 편히 앉아 있으니 마음이 편하지 못하다. 내가 이번 길에 지나오면서 보니, 일반 백성 집으로서 마당에 곡식이 쌓여 있는 집은 별로 없고 다만 이호(李虎)의 집에만 곡식이 조금 남아 있었으니 아마 굶고 곤궁한 백성이 있을 것으로 믿어진다. 경들이 본 바는 어떠하며, 그들을 진구(賑救)[19]하여 줄 방법은 어떻게 처리할 것인가. 의논하여 아뢰라. 또 내가 이곳에서 목욕으로 시험해 보아, 만약 병에 효험이 있게 되면 단오 전에는 환궁하지 못할 것 같고, 효험이 없으면 내 속히 돌아갈 것이나, 혹 수레에 딸린 사람들이 민간에게 폐를 끼칠까 염려가 된다." 하다.

- 25년 1월 14일

임금이 승정원에 "대개 남의 고생을 스스로 알지 못한다고 하지만, 내 이미 늙고 병들어 여러 번 온천엘 갔었으나 언제나 효험을 보지 못하여 마음에 심히 부끄럽다. 혼자 생각하기를, 이후로는 다시 출입하지 않기로 내 계획을 이미 정하였지만 대신들이 심히 청하므로 마지못해 억지로 좇겠노라. 그러나 신하로서 임금에게 진귀한 음식과 별미의 것을 서로 먼저 올리려 하다가 그 때문에 백성을 괴롭히고 번거롭게 하

---

19  흉년을 당하여 가난한 백성을 도와 줌.

여 원망을 일으키게 됨은 옳지 못한 일이다. 내 민폐를 절대로 없게 하여 조금이라도 내 마음을 편하게 하려 하니, 충청 감사에게 이미 마른 반찬을 준비한 것 외에는 비록 산나물이든 들나물이든 쉽게 구할 물건일지라도 올리지 말게 하라." 하다.

### ■ 25년 6월 7일

박회가 급히 보고하기를, "바람에 떠밀렸던 배 88척이 고만량(高巒梁)[20]에 도착하였는데, 그 침몰한 배 11척도 또한 미곡(米穀)을 상실하지 않았고, 오직 4척만이 완전 침몰되었습니다. 그러나 한 사람도 빠져 죽지는 않았습니다." 하니, 임금이 크게 기뻐하여 "이와 같은 변고는 근래에 없던 일이므로 아침저녁으로 두려워하고 염려했더니 이제 급보를 듣고 나는 매우 기뻐한다." 하고, 드디어 장계를 가지고 와서 보고한 사람에게 의복 한 벌을 하사하고, 이어서 승정원에도 술을 하사하면서 "나의 수천 백성들이 이제 다행하게 살아났으니 내 마음에 기뻐서 애오라지[21] 제군(諸君)과 함께 술자리를 베푸노니 너희들도 또한 함께 마시고 즐기도록 하라." 하다

---

20  보령현(保寧縣)
21  마음에 부족하나마 겨우

## 5. 동원된 사람들의 형편에 따라 일의 완급을 조정하라

▪ 25년 9월 24일

평안도 도관찰사 조극관에게 유시하기를, "이제 들으니 함길도 영흥부(永興府)의 선원전(璿源殿, 역대 왕들의 어진을 모신 전각)에 역사하는 무리들이 모두 기아로 곤핍하였다가 추곡이 성숙하기에 이르러서야 겨우 다시 회생하였다 하니, 내가 매우 민망하게 여기었다. 무릇 군상(君上)의 명령이 있다 하여 받들어 행하는 자가 완급을 살피지 아니하고 백성의 고통을 생각하지 아니하며 빨리 성취할 것만을 힘쓴다는 것은 이 어찌 국가의 대체(大體)<sup>22</sup>를 아는 것이겠는가. 평양부(平壤府)의 영숭전(永崇殿) 역사는 어느 때에 마치겠는가. 금년은 흉작이 되어 백성의 먹을 것이 반드시 어려울 것이니, 만약 공역(功役)<sup>23</sup>이 끝나지 아니하였고 인민이 굶주리고 지쳤다면 마땅히 정지하였다가 내년을 기다릴 것이요, 내년도 역시 흉년이면 반드시 후년을 기다릴 것이니, 경은 잘 생각하여 아뢰라." 하다.

---

22  전체에서 요령(要領)만 딴 줄거리
23  토목 공사의 부역(賦役)

## 6. 관문에서 오래 기다리는 폐단을 없게 하라

■ 27년 8월 8일

경상 · 전라 · 충청도 감사에게 "전자에 호조에 전하여 행하도록 하여 미곡과 포화(布貨)의 상환할 법을 시험하게 하되, 관(官)에서 내는 곡식은 시가보다 1말[斗]을 더 주고, 바치는 곡식은 시가보다 1말을 감하게 하였는데, 지금 호조(戶曹)에서 곡식을 바칠 때도 말을 감하여 주도록 하였으므로 의논하는 자가 말하기를, '면촌에 사는 백성이 미곡을 싸가지고 오래 관문(官門)²⁴에 서서 포화(布貨)²⁵를 바꿈은 사삿집에서 자기네가 직접 무역하는 편리한 것만 같지 못하다. 그러나 관리 된 자가 능히 국가의 뜻을 인식하여 이르는 대로 곧 주어 지체하지 않게 하면 백성들도 반드시 2말의 감하는 것을 이롭게 여기어 기뻐서 따를 것이다. 내가 들으니 지난봄에 곡식을 내고 포화를 거둘 때 백성의 포화를 바치는 자를 모두 이름을 기록하여 치부(置簿)²⁶하였다 하니 나도 오히려 의심한다. 관가에서 곡식을 내고 백성이 포화를 바치는데 서로 받고 주면 그만이지, 무얼 반드시 이름을 적어 후일의 상고로 삼는가. 관문에서 서명하는 것도 지체되는 한가지 일이니 백성이 반드시 불편하게 여길 것이다. 경이 이 뜻을 알아 백성으로 하여금 관문에서 오래 기다리는 폐단이 없게 하라." 하다.

---

24  관청
25  화폐로 쓰이는 포목(布木). 『경국대전(經國大典)』에는 정포(正布) 1필은 상포(常布) 2필에, 상포 1필은 저화(楮貨) 20장에, 저화 1장은 쌀 1되에 준하는 것으로 규정하고 있다.
26  금전 · 물품의 출납을 기록함. 치부책(置簿冊)의 준말

## 7. 의도하지 않은 실수는 너그럽게 용서하다

- 9년 6월 17일

경상도 군위현(軍威縣) 사람 박충효가 상소문을 싸서 대언사(代言司, 비서실)에 나아왔는데 대언이 그 이유를 물은즉, 그 내용은 지적해서 말하지 아니하고, "내가 장차 임금 앞에서 직접 아뢰겠다." 하므로, 대언사에서 그대로 위에 알리었더니, 임금이 편전(便殿)에서 불러다 보고 그 기록한 것을 본즉 모두 허황한 자기에 관한 일인지라, 임금이 "이 사람을 죄줄 것이로되, 이제 한재를 당한 때이니 그만두라." 하다.

- 11년 3월 26일

우대언(비서관) 정연이 "이제 어떤 사람이 어가(御駕) 앞에 뛰어 들어온 자가 있사오니 율에 의하여 교형(絞刑)[27]에 처함이 마땅하옵니다." 하니, 임금이 "이는 매우 옳지 않다. 만일 그런 법률이 있는 줄을 알고도 감히 뛰어들었다면 법이 응당 이와 같으려니와, 무지한 사람이 어리둥절하여 갈 바를 모르고 뛰어든 자를 역시 이런 법으로 죄를 준다면 어찌 옳겠느냐. 다시 법문을 참조하여 아뢰라." 하다.

- 14년 2월 23일

유시(流矢, 잘못 쏜 화살)가 임금의 막사(幕舍) 안에 날아든다.

---

27   교수형(絞首刑). 죄인의 목에 형구를 사용해 죽이는 형벌

안숭선 등이 "궁궐을 향하여 화살을 발사하는 일은 일찍부터 금방(禁防)[28]의 법령이 있습니다. 지금 대가(大駕)[29]가 친히 임어(臨御)하였는데 안쪽을 향하여 화살을 발사하였으니 그 죄가 가볍지 않습니다. 청하건대 국문하게 하소서." 하니, 임금이 "다투어 쏘는 사이에 잘못 쏘아 위내(圍內)[30]에 들어온 것이니 추문하지 말라." 하다.

■ 14년 2월 25일

구목(駒牧)[31]이 산을 감시하는데 한 마리의 큰 멧돼지가 화살에 맞고도 포위망을 뚫고 나와서 내구마(內廐馬)[32]를 들이받아 죽게 하였다.

사복 제조(司僕提調) 최윤덕, 정연 등이 "여러 관원들이 조심하여 간수하지 않아 내구마를 받히어 죽게 만들었으니, 청하건대 그 죄를 다스리게 하소서." 하니, 임금이 "뜻밖에 생긴 일이니 어찌 큰 멧돼지가 꼭 이 말에게 달려와서 부딪칠 줄을 알았겠느냐. 그 일은 거론하지 말라." 하다.

---

28  금하고 막음.
29  어가(御駕). 임금이 타는 수레
30  빙 둘러 에운 안
31  말을 관리하는 사람
32  임금을 위하여 기르는 말. 내구(內廐)는 궁궐 안의 마구간이다.

## 8. 출산 휴가를 법제화하라

세종은 여자 노비에게 출산 전 1개월의 휴가를 허용하고, 출산 후 100일의 사역 면제를 해주도록 법제화하라고 명하였다. 그리고 출산 후 여비의 남편에게도 1개월의 휴가를 허용하라고 명했다. 이러한 생각은 오늘날에도 대단히 선진적인 것이다.

- 12년 10월 19일

임금이 비서관들에게 "옛적에 관가의 노비에 대하여 아이를 낳을 때는 반드시 출산하고 나서 7일 이후에 복무하게 하였다. 이것은 아이를 버려두고 복무하면 어린아이가 해롭게 될까 봐 염려한 것이다. 일찍 100일간의 휴가를 더 주게 하였다. 그러나 산기가 임박하여 복무하다가 몸이 지치면 곧 미처 집에까지 가기 전에 아이를 낳는 경우가 있다. 만일 산기에 임하여 1개월간의 복무를 면제하여 주면 어떻겠는가. 가령 그가 속인다 할지라도 1개월까지야 넘을 수 있겠는가. 그러니, 상정소(詳定所)[33]에 명하여 이에 대한 법을 제정하게 하라." 하다.

- 16년 4월 26일

형조에 전교하기를, "전국의 여종[婢子]이 아이를 배어 산삭(産朔, 애 낳을 달)에 임한 자와 산후(産後) 100일 안에 있는 자는 사역(使役)을 시키

---

지 말라 함은 일찍이 법으로 세웠으나, 그 남편에게는 전연 휴가를 주지 아니하고 그전대로 구실을 하게 하여 산모를 구호할 수 없게 되니, 한갓 부부가 서로 구원하는 뜻에 어긋날 뿐 아니라 이 때문에 혹 목숨을 잃는 일까지 있어 진실로 가엾다 할 것이다. 이제부터는 사역인(使役人)의 아내가 아이를 낳으면 그 남편도 만 30일 뒤에 구실을 하게 하라." 하다.

## 9. 노인 공경은 국가의 아름다운 일이다

세종은 노인을 공경하는 데에는 남녀가 다를 수 없고 귀천이 있을 수 없다며 양로연에 모두 참석토록 하였고, 지방 수령들에게도 마음을 써서 하지 않으면 처벌할 것을 알렸다. 대궐에서 열리는 양로잔치는 남녀를 두 차례에 걸쳐 궁에 모시고 임금이 직접 잔치를 열어 즐겁게 해주었다. 그림처럼 아름다운 광경이다. 이 자리에서 세종은 노인들이 자신에게 절하는 것까지 하지 못하게 말렸다.

▪ 15년 8월 28일

각 도 감사에게 내전하기를, "늙은이를 공경하는 것은 국가의 아름다운 일이다. 그러므로 지난 임자년(14년)에 처음으로 양로하는 연회를 베풀고 대소의 늙은 신하들에게 몸소 나아가 손수 대접하였는데, 각 고을 수령들은 나의 뜻을 몸 받지 아니하고 비록 모이어 대접한다 하여도 혹은 친히 대하지 아니하고, 비록 친히 대접할지라도 찬수가 매우 소박해서 늙은이를 공경하는 뜻에 어긋남이 있으니, 이제부터는 만일 마음을 쓰지 않는 자는 수령이면 중죄로 논할 것이요, 감사도 그 책임을 면하지 못하리라." 하다

### ■ 14년 8월 14일

임금이 정척에게 "양로연에 사대부로서 연로자는 참예하게 되는데 명부(命婦, 대부의 아내) 연로자는 참예하지 못하게 되니 실로 옳지 못하다. 또 양로연이라면 서민의 남녀들도 마땅히 모두 참예해야 될 것이니 그것을 제조(提調)[34]에게 의논하여 아뢰라." 하다.

황희가 "부녀로서 연로한 자는 거동하기가 어려우므로 대궐 안에 출입하기가 불편할 것 같사오니 마땅히 술과 고기를 그 집에 내리어야 될 것입니다." 하니, 임금이 "옛날에는 대궐 안에 말을 타고 온 사람도 있었으니, 교자(轎子)[35]를 타고 바로 자리에 들어오게 하고, 여종으로 하여금 곁에서 부축하여 모시게 하고, 중궁(中宮)[36]이 친히 나아가서 연회를 베푸는 것이 의리에 해로울 것이 없겠다. 사대부와 명부와 서민의 남녀에게 잔치하는 절차를 의논하여 아뢰라." 하다.

---

34  각 사(司) 또는 각 청(廳)의 관제상의 우두머리가 아닌 사람이 그 관아의 일을 다스리게 하던 벼슬로서 종1품 또는 2품의 품질(品秩)을 가진 사람이 되는 경우를 일컬음. 정1품이 되는 때는 도제조(都提調), 정3품의 당상(堂上)이 되는 때는 부제조(副提調)라고 함.

35  평교자(平轎子). 앞뒤 두 사람씩 네 사람이 매는 가마. 종1품 이상과 기로소(耆老所)의 당상관(堂上官)이 타다.

36  왕후를 높여 일컫는 말

▪ 14년 8월 17일

승정원에서 "노인으로서 천한 자는 양로연에 나오지 말게 하소서." 하니, 임금이 "양로하는 까닭은 그 늙은이를 귀하게 여기는 것이고 높고 낮음을 헤아리는 것이 아니니, 비록 지극히 천한 사람이라도 모두 들어와 참예하게 하고, 그 장죄(贓罪, 관리가 뇌물을 받음)를 범하여 죄를 입어 자자(刺字)한 자(전과자)는 참예하지 못하게 하라." 하다.

▪ 14년 8월 27일

임금이 근정전(勤政殿)에 나아가서 나이 80세 이상이 된 노인에게 연회를 베풀다. 여러 노인들이 전정(殿庭, 근정전 앞뜰)에 나아오니 지신사 안숭선에게 명하여 절은 하지 말도록 하다. 4품 이상의 노인이 차례대로 전(殿) 안의 동·서쪽에 나누어 앉게 하다. 우의정으로 물러난 유관과 검교좌의정(檢校左議政)<sup>37</sup>으로 물러난 이귀령 등 6명과 4품 이상의 노인으로 월대(月臺)<sup>38</sup> 위에 앉은 사람이 17명이요, 5품 이하와 서인(庶人),<sup>39</sup> 천예(賤隸)<sup>40</sup>에 이르기까지 전정에 앉은 사람이 무릇 86명이었다. 아들, 사위, 아우, 조카들에게 명하여 부축하여 자리에 나아가게 했는데, 연회가 파하매 여러 노인이 모두 절하려 하니 명하여 절을 그만두게 하다.

---

37  검교(檢校)는 정원 외에, 또는 임시로 맡기는 관직 앞에 붙인 명칭
38  궁궐의 정전과 같은 중요한 건물 앞에 설치하는 높고 넓은 기단(基壇). 궁중의 각종 행사가 있을 때 이용되었다.
39  서민
40  노비

임금이 대언 등에게 "오늘은 아침 날씨가 맑고 화창하여 연회를 잘 지냈으니 내 마음이 기쁘다. 내일 노부(老婦)[41]들을 연회할 적에도 또한 마땅히 이와 같이 할 것이다." 하다.

■ 14년 8월 28일

중궁(中宮)이 사정전(思政殿)에 나아가서 나이 80세 이상의 노부에게 연회를 베풀다.

2품 이상의 노부로서 작고한 도순문사(都巡問使) 경의의 아내 곽씨(郭氏) 등 14명은 전(殿) 안의 동·서쪽에 나누어 앉고, 4품 이상의 아내 30명과 9품 이상의 아내 66명과 공천(公賤),[42] 사천(私賤)[43]의 부녀 118명은 좌우의 행랑(行廊)과 뜰에 나누어 앉다.

■ 15년 윤8월 2일

예조에 전지하여 늙은 부인들에게 통고해 "중궁(中宮)에서 양로연을 할 때에 늙고 병든 부인들이 오래 앉아 있기에 곤란하므로 무슨 핑계를 하여 오지 아니하는 자가 더러 있으니, 대궐에 나아가서 중궁께 뵈옵고 예절을 닦은 뒤에는 임의로 집에 돌아가게 하라." 하다.

---

41  늙은 아낙네
42  관청에 소속된 노비
43  개인에 의해 사역되고 매매·상속되었던 노비

■ 15년 윤8월 3일

임금이 근정전에 나아가 양로연을 베푸는데 여러 노인에게 명하여 절하지 말라 하고, 4품 이상이 차례로 올라올 때 임금이 일어나서 맞다. 2품 이상은 전내에서 동서로 서로 향하여 자리 잡게 하고, 4품 이상은 월대 위에서 동서로 서로 마주 보게 하고, 5품 이하로 천인에 이르기까지는 전정 동서에 겹줄로 서로 마주 보게 하니, 동쪽에는 전 사직(司直) 조의 등에서 천인에 이르기까지 66명이고, 서쪽에는 전 중랑장(中郞將) 차막삼 등에서 천인에 이르기까지 65명으로 모두 합계 155명이었다. 잔치가 끝나매 여러 늙은이가 술에 취하여 노래를 부르면서 서로 붙들고 차례로 나가다.

잔치 도중에 이귀령이 자리를 피하여 "신의 나이 88세이옵는데, 역대의 임금으로 오늘같이 늙은이를 공경한 분이 없었사옵니다. 전하께서 성대한 예의를 비로소 일으키시어 지난해에 늙은 신을 옥뜰에 나오게 하시어 잔치를 갖추어 먹여 주시고, 이제 또 성대한 잔치를 베푸시고서, 늙은이들의 오르고 내리는 데에 전하께서 일어서시어 대해 주시니 신등은 갚을 바를 생각하와도 어찌할 길이 없고, 오직 성수(聖壽)[44]의 무강하시기만 몇 갑절 빌 뿐이옵니다." 하니, 임금이 "지난해에는 경의 용모가 수척하더니 금년에는 용모가 윤택하고 기력도 강건하니 내가 매우 기쁘오." 하다.

귀령이 또 "이번에 장수를 명하시어 파저강을 나가 치고서(여진 정벌)

---

44  임금의 나이 또는 임금의 수명을 높여 이르는 말

온전한 군대로 승첩하였으니, 늙은 신이 몸으로 요순의 융성한 시대를 만나서 엎드려 간우(干羽, 승리와 평화의 춤)를 춤추는 기풍을 보게 되었나이다." 하니, 임금이 "조종께서 개국하신 이래로 사졸을 어루만져 길러서 사졸들이 알차고 튼튼하므로, 내가 조종들의 물려주신 포부를 이어받아 큰 공을 이룬 것이니 이 어찌 나의 지어낸 바이리오. 실로 조종들의 신령한 도우심에 힘입은 것이지요." 하다.

잔치 끝남에 이르러 또 "원하옵기는 신의 나이에 열두 해를 더하여 헌수 하나이다." 하니, 임금이 "경의 아름다운 뜻을 알겠소." 하다.


▪ 15년 윤8월 6일

중궁이 사정전에 나아가 양로연을 베풀었는데, 사대부의 아내로부터 천한 백성에 이르기까지 모두 362명이었다.


▪ 22년 8월 20일

함길도 도관찰사와 도절제사에게 전지하기를, "새로 설치한 4진(鎭)[45]은 야인(野人)의 초면(初面)이니 모든 저축된 물품을 허비하지 않아야 할 것이나, 양로연은 나이 많고 덕이 있는 사람을 높이는 행사이니 폐할 수 없다. 하물며 4진은 적경(賊境)[46]과 아주 가까울 뿐 아니라 야인으로서 4진에 섞여 사는 자도 자못 많은데, 저들의 풍속은 무예를 숭상하고 또 어버이를 공경하지 않는 자도 있다. 저 오랑캐들은 성질이

---

45  6진 중 경성(鏡城) · 회령(會寧) · 경흥(慶興) · 경원(慶源)
46  적과의 경계

본디 사나워서 옛 성왕(聖王) 때에도 오히려 능히 감화시키지 못하였거늘, 하물며 덕이 적은 나이겠는가. 그러나 큰 나라에서 훌륭한 잔치를 베풀어 우리가 나이 많은 사람을 높이는 풍속을 저들에게 보이지 않을 수 없으니, 근처에 살고 있는 80세 이상 된 야인을 불러 모아서 다 잔치에 참여하도록 하는 것이 가하다. 그리고 잔치하는 물품이 만약 풍성하지 못하거나 깨끗하지 못하면 늙은이를 공경하는 뜻이 아니며, 또한 야인들이 보는 데에 부끄러운 일이 아니겠는가. 뒤에 중국 조정에까지 소문이 퍼지면 더욱 부끄러울 일이므로 여러 대신에게 논의하니, 모든 사람이 '만약 강 건너에 흩어져 살고 있는 야인들까지 아울러 초대한다면 잔치에 오는 자가 반드시 많아서 지대(支待)할 수 없을 것이니, 다만 강 안쪽의 야인만 초대하는 것이 가합니다.' 하였으나, 공조판서 이숙치는 '비록 강 건너라 하더라도 가까운 곳에 살고 있는 자가 오히려 많은데, 다만 강 안쪽의 야인만을 초대하여서 널리 하지 않는 것을 보이는 것은 불가하니, 강의 안팎을 한정하지 말고 하룻길 안쪽에 살고 있는 야인은 다 초대하는 것이 가합니다.' 하였다. 내 생각에는 우리나라에서 야인을 대우하기를 강의 안팎을 구별하지 않았고, 야인으로서 우리나라에 귀순하는 것도 강의 안팎을 한정하지 않았는데, 이번 양로연에 구별하여 초대하는 것은 불가할 듯하다. 경들은 위의 두 가지 말을 함께 의논하고 임시에 적당하게 가감하여 잘 처리하라. 만약 먼 곳에 살고 있는 야인이라도 소문을 듣고 오거든 거절하지 말고 또한 잔치에 참여하도록 할 것이고, 또한 연로한 야인은 모두 다

른 노인의 열(列)에 앉게 하고, 따라온 자질(子姪)[47]은 자제(子弟)를 위해
서 베푼 잔치가 아니니 딴 곳에 앉게 하고 적당하게 공궤(供饋)[48]하여
다만 배부르도록 할 뿐이다. 그중에 늙고 병들어서 능히 오지 못하는
자는 강제로 오도록 할 것은 아니며, 양로연에 소용되는 식품은 아울
러 정해 놓은 법식대로 하여 풍성하고 정결하도록 힘쓰라." 하다

■ 22년 9월 6일
근정전에 나아가 양로연을 베풀었다.

영돈녕부사(領敦寧府事)[49]로 물러난 권홍과 홍로시경(鴻臚寺卿)[50] 임첨
년 등 4명은 전내(殿內)에 들어오고, 전 판승문원사(前判承文院事)[51] 성부
등 10명은 섬돌 위에 앉고, 전 사정(前司正) 김만 등 69명은 뜰 가운데
에 앉았다. 잔치가 거의 파할 무렵에 권홍이 시 한 수(首) 바치다.

임금이 다 보고 나서 "내가 이미 아름다운 뜻을 알았다." 하니, 권홍이
갓[冠]을 벗고 머리가 땅에 닿도록 두 번 세 번 숙이므로 임금이 좌석
에 가도록 명하고, 이어서 "용의(容儀)[52]가 윤택하고 기력이 쇠하지 않
았으니 내가 매우 기쁘오." 하매 권홍이 또 머리를 조아리다.

임금이 도승지(都承旨) 성염조에게 "잔 수효가 적으니 술을 두루 권하

---

47  아들과 조카
48  음식물을 나누어 줌.
49  돈녕부에 소속된 정품 관직. 돈녕부는 왕의 친척과 외척의 친선을 도모하기 위한 사무를 처리하
   던 관청이다.
50  홍로시(鴻臚寺)는 명나라의 관청이다. 딸이 명나라 후궁에 바쳐지면 명나라에서 그 아버지 등에게
   내리는 벼슬
51  승문원(承文院)의 으뜸 벼슬. 승문원은 외교 문서를 맡은 관청이다.
52  예의에 맞는 차림새

라." 하니, 뜰 아래 노인은 혹 일어나서 춤을 추는 자가 있었다.

임첨년이 "신은 용모가 추해 천안(天顔)[53]을 가까이할 수 없사오나, 신의 나이 벌써 많으니 다시 성상의 말씀을 듣지 못할 듯하여 억지로 왔습니다." 하고 이어 눈물을 흘리므로, 임금이 "어찌해서 다시 못 본다는 것인가. 이런 말을 하지 말라." 하다.

- 22년 9월 12일

중궁이 사정전에 나아가서 양로연을 베풀다. 술자리가 한창 벌어지자 늙은 할미 중에 일어나서 춤을 추는 사람이 있었다.

- 9년 8월 29일

의금부 제조 신상이 보고하기를, "권채와 그 아내는 모두 실정을 고백하지 않고 허물을 형조판서에게 돌리니, 이 사람은 다만 글을 배울 줄은 알아도 부끄러움은 알지 못합니다." 하니, 임금이 "임금의 직책은 하늘을 대신하여 만물을 다스리는 것이니, 만물이 그 처소를 얻지 못하여도 오히려 대단히 상심할 것인데 하물며 사람일 경우야 어떠하겠는가. 진실로 차별 없이 만물을 다스려야 할 임금이 어찌 양민(良民)과 천인(賤人)을 구별해서 다스릴 수 있겠는가. 녹비(祿非)가 나타나 일의 증거가 더욱 명백한 것이 이와 같은데, 권채가 기어코 죄를 인정하지 않는다면 마땅히 형벌로서 신문할 것이다." 하다.

---

53  용안(龍顔). 임금의 얼굴

## 10. 백성들로 하여금 법을 알게 하라

세종은 백성들로 하여금 법을 알게 하여 법을 몰라서 죄를 범하게 되는 일이 없도록 하였다. 세종은 천민이나 노비도 하늘이 내린 백성이라 생각했다. "노비는 비록 천민이나 하늘이 낸 백성 아님이 없으니, 신하 된 자로서 하늘이 낳은 백성을 부리는 것만도 만족하다고 할 것인데, 그 어찌 제멋대로 형벌을 행하여 무고한 사람을 함부로 죽일 수 있단 말인가." 그래서 세종은 노비를 죽인 주인도 응분의 처벌을 받게 하였다. 세종은 또 고문을 자제하고, 15세 이하 70세 이상인 사람에게는 살인을 저지르지 않은 한 구속하지 말라고 명한다. 사형수들도 그 죄질을 참작하여 가급적 그 수를 줄이라고 당부한다. 그리고 잘못된 판결에 대한 상소도 가능케 하였다.

이와 더불어 옥은 징계하기 위한 곳이지 죽게 하는 곳이 아니라 말하고, 옥을 정결하게 하고 여름에는 서늘하게, 겨울에는 따뜻하게 하여 죄수들이 질병에 걸리지 않도록 하라고 명하였다.

▪ 14년 11월 7일

임금이 "그렇다면 백성으로 하여금 알지 못하고 죄를 범하게 하는 것이 옳겠느냐. 백성에게 법을 알지 못하게 하고 그 범법한 자를 벌주게 되면 조삼모사(朝三暮四)[54]의 술책에 가깝지 않겠는가. 더욱이 조종(祖

---

54 '아침에 세 개, 저녁에 네 개'라는 뜻으로, 당장 눈앞에 나타나는 차별만을 알고 그 결과가 같음을 모름의 비유. 간사한 꾀를 써서 남을 속임을 이르는 말

宗)께서 율문을 읽게 하는 법을 세우신 것은 사람마다 모두 알게 하고 자 함이니 경등은 고전을 상고하고 의논하여 아뢰라." 하고, 허조가 물러가니 임금이 "허조의 생각에는 백성들이 법문을 알게 되면 쟁송(爭訟)이 그치지 않을 것이요, 윗사람을 능멸하는 폐단이 점점 있게 될 것이라 하나, 그러나 모름지기 백성으로 하여금 금법(禁法)을 알게 해 두려워서 피하게 함이 옳겠다." 하고, 집현전에 명해 옛적에 백성으로 하여금 법률을 익히게 하던 일을 상고하여 아뢰게 하다.

- **7년 5월 1일**

형조에 전지하기를, "옥(獄)이란 것은 죄 있는 자를 징계하자는 것이요, 본의가 사람을 죽게 하자는 것이 아니거늘, 옥을 맡은 관원이 마음을 써서 고찰하지 아니하고 심한 추위와 찌는 더위에 사람을 가두어 두어 질병에 걸리게 하고, 혹은 얼고 주려서 비명에 죽게 하는 일이 없지 아니하니 진실로 가련하고 민망한 일이다. 중앙과 지방의 관리들은 나의 지극한 뜻을 몸 받아 항상 몸소 상고하고 살피며 옥내를 수리하고 쓸어서 늘 정결하게 할 것이요, 질병 있는 죄수는 약을 주어 구호하고 치료할 것이며, 옥바라지할 사람이 없는 자에게는 관에서 옷과 먹을 것을 주어 구호하게 하라. 그중에 마음을 써서 거행하지 않는 자는 한성 안에서는 헌부(憲府)[55]에서, 외방에서는 감사가 엄격히 규찰하여 다스리게 하라." 하다.

---

55  사헌부(司憲府)의 준말. 사헌부는 관리들을 감찰하는 일을 맡아 행하던 관청이다.

■ 12년 3월 24일

최유원이란 사람이 그의 종을 때려서 죽였으므로 형조에 명하여 이를 심문하게 하고, 인하여 "형법에 '주인으로서 노예를 죽인 자는 죄가 없다.'라고 했으니 이는 윗사람과 아랫사람의 분별을 엄하게 한 것이며, 또 '주인으로서 노비를 죽인 자는 장형(杖刑)[56]을 받는다.'라고 했는데 이는 사람의 목숨을 소중히 여기는 것이다. 노비도 사람인즉 비록 죄가 있더라도 법에 따라 죄를 결정하지 않고 사사로이 형벌을 혹독하게 하여 죽인 것은 실로 그 주인으로서 자애(慈愛), 무육(撫育, 잘 돌보아 기르다)하는 인덕(仁德)에 어긋나니, 그 죄를 다스리지 않을 수 없다." 하다.

■ 12년 11월 27일

형조에 전지하기를, "옥에 갇혀 있는 것과 고문을 실시하는 것은 누구나 고통스러운 것이다. 그중에도 늙은이와 어린이는 더욱 불쌍하다. 관리들이 간혹 경중을 구별하지 못하고 걸핏하면 형틀에 올려 매며, 또한 늙은이나 어린이에게 속(贖)[57]바치게 하는 것은 그 몸에 상해를 입히지 않게 하려는 것인데, 더러는 가벼운 범죄자에게도 곧 고문을 실시한다 하니, 지금부터 15세 이하와 70세 이상 된 자에게는 살인, 강도 이외는 구속함을 허락하지 아니하며, 80세 이상 또는 10세 이하인 자가 아무리 죽을죄를 지었더라도 구속하거나 고문하지 말고 모두 여

---

56  큰 형장(刑杖)으로 볼기를 치는 형벌로 오형(五刑)의 하나이다.
57  속죄(贖罪)

러 사람의 증언에 의거하여 죄를 결정하라. 만일 어기는 자에게는 죄를 줄 것이니 두루 중앙과 지방에 알리라." 하다.

▪ 14년 7월 11일

형조에 전지하기를, "각 고을에서 혹은 옥(獄)을 만들지 않고 경내(境內)의 죄인들을 다른 고을로 옮겨 가두어 왕왕이 옥사(獄事)[58]를 조장(助長)하게 되니 매우 폐단이 있다. 비록 이미 만든 것이라도 매우 좁아서 죄수들이 떼로 몰리면 매양 추운 절후(節侯)[59]와 더운 절후를 만나면 병이 발생하여 상하게 된다. 지금부터 각 고을에 옥이 없는 데를 구별하여 겨울에는 따뜻하게 하고 여름에는 서늘하게 하여 흠휼지인(欽恤之仁, 죄지은 사람에 대하여 신중히 심의)을 넓히도록 하라." 하다.

▪ 15년 10월 23일

허조가 "부민(部民)[60]의 억울함을 호소하는 소장(訴狀)을 수리하여 관리의 오판(誤判)한 것을 처단하게 하는 것은 존비(尊卑)[61]의 구분을 상실할까 두렵습니다. 원컨대 전일 소신(小臣)이 올린 계획에 따르게 하소서." 하매, 임금이 "고금천하(古今天下)에 어찌 약소한 백성은 억울함도 말하지 못하게 해야 하는 이치가 있을 수 있겠는가. 경의 뜻은 좋지

---

58 반역·살인 등의 중대한 범죄를 다스리는 일
59 절기(節氣). 5일을 1후라 하고, 3후를 1기라 하여 1년을 24기로 나눌 때 월초에 있는 것을 말하며, 월중에 있는 것을 중기(中氣)라 한다.
60 부내(部內)에 사는 백성
61 존귀함과 비천함

만, 정사로서 실시하기에는 정당하지 않다." 하다.

허조가 물러가니 임금이 안숭선에게 "허조는 고집불통이야." 하니, 안숭선이 "정치하는 도리는 아래 백성의 심정(心情)이 위에 통하게 하는 것입니다. 『서경(書經)』에 말하기를, '필부필부(匹夫匹婦)가 그 뜻을 펴지 못하고 자진(自盡)[62]하게 되면, 임금 된 자는 함께 더불어 그 공을 이룰 사람이 없을 것이다.'라고 하였습니다. 천하에 어찌 억울함을 호소하는 소송을 수리하지 않는 정치가 있겠습니까." 하매, 임금이 웃으며 "그대 말이 내 마음에 꼭 맞는다. 이제부터 수리하여 처리하게 하고, 그 소장(訴狀) 때문에 관리에게 죄주는 일이 없게 한다면 거의 두 가지가 다 원만할 것이다. 이것으로 전지(傳旨)[63]를 내리게 하라." 하다.

■ 15년 10월 24일

형조에 전지하기를, "대체로 낮고 천한 백성이 존귀한 윗사람을 침범할 수 없는 것이므로, 부민이나 아전의 무리가 자기의 위에 있는 관리를 고소하는 것을 금지하는 것은 진실로 좋은 법이며 아름다운 뜻이다. 다만 자기의 억울함을 호소하는 소장만은 수리하여 다시 옳고 그른 것을 가려서 판결한다는 것은 『육전(六典)』에 실려 있다. 그런 까닭에, 오판(誤判)이라고 하여 소장을 제출하는 것은 그것을 다시 판결하기를 기다려서, 오판이 있었다면 반드시 관리에게 오판한 죄를 엄중히 처벌하는 것이다. 생각건대 만약 자기의 억울함을 호소하는 소장을 수

---

62 스스로 자기의 목숨을 끊음.
63 임금의 뜻을 담아 관청이나 관리에게 전함.

리하지 않는다면 억울한 것을 풀 수 없어서 정치하는 도리에 방해될 것이며, 또 그 고소로 인하여 문득 오판의 죄를 처단한다면 낮은 사람이 높은 사람을 침범하는 듯한 악영향이 있어서 진실로 온당하지 않다. 지금부터는 다만 자기의 억울함을 호소하는 소장을 수리하여 바른 대로 판결하여 줄 뿐이고, 관리의 오판을 처벌하는 일은 없게 하여 존비(尊卑)의 분수를 보전하게 하라. 그 밖의 아랫사람이 윗사람을 고소하는 것을 금지하는 일은 일체 『육전』의 규정에 의거하여 시행하라."

하고, 임금이 이미 하교(下敎)의 기초를 명하여 상정소에 보이다.

도제조 황희, 맹사성 등이 "교지(敎旨)의 취지가 진실로 타당하기 때문에 한 마디도 보탤 수 없습니다." 하고, 제조 허조는 "신이 원한 바는 억울함을 호소하는 소장을 수리하지 말아서 상하(上下)의 구분을 한결같게 하고자 한 것입니다. 그러나 두 번 아뢰어도 윤허를 얻지 못하였으니 어찌할 수 없습니다. 이 교지를 반포하신다면 거의 중용(中庸)을 얻을 수 있겠습니다." 하다.

■ 21년 11월 13일

상참(常參)을 받고, 정사를 보고, 사형수(死刑囚)를 판결하였다.

여러 승지(承旨)에게 "예전에는 독법(讀法, 중국 주나라 때 주민을 모아 놓고 법령을 읽어 주던 일)의 법이 있으나, 어리석은 백성들로 다 율문(律文)[64]을 알게 한다는 것은 진실로 어려운 일이다. 만약 그 사죄(死罪)를 뽑는다면

---

64  형률(刑律)의 조문

불과 20여 조(條)이니, 중외(中外)[65]에 반포하여 우부우부(愚夫愚婦)[66]로 환하게 모두 알게 한다면 사죄를 범하는 자가 적어질 것이다. 너희들은 나의 이런 뜻을 몸 받아 정부(政府)[67]에게 의논하게 하라." 하였다.

■ 21년 12월 15일

갑인(16년) 이후부터 중외에 체옥(滯獄)[68]된 미결 사수(未決死囚)가 190명이다.

임금이 특히 이를 민망하게 여기어 의정부에 전교(傳敎)하기를, "근년 이래로 기근이 겹쳐 이르러 도적이 흥행(興行)하고 분쟁이 더욱 성하여 사옥(死獄)[69]의 많기가 예전에 비하여 배나 된다. 내가 그윽이 부끄럽게 여겨 깊이 반성하며, 또 그 죽게 되는 자를 민망하게 여긴다. 매양 청결(聽決)[70]할 때마다 미상불 측연(惻然)함이 마음속에 움직이므로, 그 실정과 법에 의심스러운 자를 택하여 특별히 관대(寬貸)[71]를 가하면 혹시 죽은 자의 수효를 좀 감할 수 있을 것이다. 싸우고 때려서 살인한 자[鬪毆殺人者]는 비록 분쟁으로 인한 것이나 실로 살인할 뜻은 없는 것이다. 그중에 어찌 정상(情狀)이 가장 가벼워 가긍(可矜)[72]한 자가 없겠는가. 그러나 율문(律文)에, 장난으로 잘못 살인한 자[戲殺者]도 처음

---

65 서울과 지방
66 어리석은 남자와 어리석은 여자
67 최고의 행정기관인 의정부
68 옥(獄)에 오랫동안 갇혀 있음.
69 인명(人命)에 관한 옥사(獄事)
70 송사(訟事)를 듣고 이에 대해 판결을 내리는 것
71 너그럽게 용서함.
72 불쌍함

에 사람을 해할 뜻이 없었으나 장난으로 인하여 우연히 살인하게 된 것뿐이지만, 특별히 그 죽은 자를 불쌍하게 여기는 까닭으로 인하여 그 죽음을 보상하게 하였는데, 하물며 때려서 상(傷)하게 한 자이겠는 가. 또 다 같이 살인한 자인데, 혹은 사형(死刑)하고 혹은 감형(減刑)한 다면 미안함이 있을 것 같다. 절도(竊盜)가 체포를 거절하는 것과 같은 것은 비록 율(律)에 응당 사형에 처할 것이라 하였으나, 그중에는 졸지 에 물주(物主)에게 추포(追捕)[73]를 당하여 사람을 해할 마음은 없으면 서, 다만 벗어나려고 창졸간(倉卒間)[74]에 체포를 거절하였는데 중상(重 傷)에 이르지 않았다면 정상이 역시 용서할 만하고, 또 삼범 절도(三犯 竊盜)와 관가(官家)의 돈이나 곡식을 훔친 자는 역시 사형에 처하게 되 는데 모두 사람을 해한 죄는 아닌 것이다. 또 하물며 절도가 많은 것은 실로 근년의 기근으로 인하여서이니 더욱 가긍(可矜)한 일이다. 이들 의 범한 바는 장차 특별히 감형하여 흠휼(欽恤)[75]의 뜻을 베풀고자 하 나, 또 뒷날에 그것이 격례(格例)[76]가 되어 다시는 율문을 따를 리가 없 을까 염려된다. 이것은 곧 고식지정(姑息之政, 우선 숨 돌리려고 하는 일)이 니 역시 미안한 것이다. 어찌하면 법의 실행을 살리면서 사형되는 자 가 좀 감하게 될 수 있겠는가. 그 법조문을 강구해 조사하고 사리를 짐 작하여 의논해서 아뢰게 하라." 하다.

---

73  도적이나 적을 뒤쫓아 가 붙잡음.
74  미처 어찌할 수 없는 사이
75  죄인을 처벌할 때 죄는 미워할지라도 그 사람은 불쌍히 여겨야 한다는 생각으로 사건의 전말을 신 중히 다루어 억울한 형벌을 받지 않게끔 하라는 것이다.
76  격식이 되어 있는 관례

▪ 26년 7월 4일

형조에 전지하기를, "외방에 중도부처(中途付處, 벼슬아치에게 한 곳에 머물러 있게 하는 형벌)하였거나 안치(安置)된 도역인(徒役人) 중에 늙은 부모가 있는 자로 오래도록 근친(覲親)[77]하지 못한다는 것은 매우 가여운 일이다. 지금부터는 유형(流刑)을 받은 죄수를 제외하고, 80세 이상 된 부모가 있는 자에게는 1년에 한 번 서로 만나 보고 그대로 5일 동안을 머물러 있을 수 있도록 날짜를 계산하여 휴가를 주게 할 것이며, 그 휴가 일수는 모두 도형(徒刑)의 복역 일수에 통계하도록 하라." 하다.


▪ 26년 윤7월 24일

형조에 전지하기를, "우리나라 노비의 법은 상하의 구분을 엄격하게 하기 위한 것이다. 강상(綱常, 삼강오륜, 즉 사람이 지켜야 할 도리)이 이것으로 말미암아 의지할 바를 더하는 까닭에, 노비가 죄가 있어서 그 주인이 그를 죽인 경우에 논의하는 사람들은 상례(上例)처럼 다 그 주인을 치켜올리고 그 노비를 억누르면서, 이것은 진실로 좋은 법이고 아름다운 뜻이라고 한다. 그러나 상 주고 벌주는 것은 임금 된 자의 대권(大權)이건만, 임금 된 자라도 한 사람의 죄 없는 자를 죽여서, 선(善)한 것을 복 주고 지나친 것을 화(禍) 주는 하늘의 법칙을 오히려 함부로 하지 못하는 것이다. 더욱이 노비는 비록 천민이나 하늘이 낸 백성 아님이 없으니, 신하 된 자로서 하늘이 낳은 백성을 부리는 것만도 만족하

---

77  시집간 딸이 시부모로부터 말미를 얻어 친정에 가서 어버이를 뵙는 일

다고 할 것인데, 그 어찌 제멋대로 형벌을 행하여 무고한 사람을 함부로 죽일 수 있단 말인가. 임금의 덕은 살리기를 좋아해야 할 뿐인데, 무고한 백성이 많이 죽는 것을 보고 앉아 아무렇지도 않은 듯 금하지도 않고 그 주인을 치켜올리는 것이 옳다고 할 수 있겠는가." 하다.

■ 30년 7월 2일

임금이 "내가 전에는 더위를 무서워하지 않았는데, 연전(年前)부터 더위가 들기 시작하여 손으로 물을 희롱하였더니 더위 기운이 저절로 풀렸다. 이로 생각하건대 죄수가 옥에 있으면 더위가 들기 쉬워서 혹은 생명을 잃는 수가 있으니 참으로 불쌍한 일이다. 더울 때를 당하거든 동이에 물을 담아 옥중에 놓고 자주 물을 갈아 죄수로 하여금 혹손을 씻게 하여 더위가 들리지 않게 하는 것이 어떠한가. 전에 이 법이 있었는가 상고하여 아뢰라." 하다.

승정원에서 "전에 이 법이 있다는 말은 듣지 못하였습니다. 예전 글에 죄수가 세수하고 머리를 감거나 옥중을 깨끗이 쓰는 일이 있었으니, 청하옵건대 예전 제도를 상고하여 시행하소서." 하므로, 곧 집현전(集賢殿)으로 하여금 상고하게 하다.

■ 30년 8월 25일

여러 도 감사에게 유시하기를,

"옥(獄)은 죄 있는 사람을 가두는 것이다. 그러나 덮어 주고 보호하지 않으면 혹 횡액(橫厄)[78]으로 병에 걸리어 일찍 죽는 사람이 있는 것이다. 그러므로 보호하는 조건이 『육전(六典)』에 실려 있고, 또 여러 번 전지(傳旨)를 내리어 절목(節目)[79]이 세밀하나, 관리가 혹 유의하지 않아서 받들어 행하는 것이 철저하지 못하여 죄수들로 하여금 질병에 걸리어 드디어 생명을 잃게 되니 참으로 염려된다. 경은 나의 지극한 뜻을 몸 받아서 각 해에 반포하여 내린 조장(條章)[80]을 받들어 행하는가 않는가를 엄하게 검사하고 조사하여 폐지하고 해이하지 말게 하라. 그리고 마땅히 행할 조건을 또 뒤에 기록한다.

1. 매년 4월부터 8월까지는 새로 냉수를 길어다가 자주자주 옥 가운데에 바꾸어 놓을 것

1. 5월에서 7월 10일까지는 한 차례 자원에 따라 몸을 씻게 할 것

1. 매월 한 차례 자원에 따라 두발을 감게 할 것

1. 10월부터 정월까지는 옥 안에 짚을 두텁게 깔 것

1. 목욕할 때에는 관리와 옥졸(獄卒)이 친히 스스로 검찰하여 도망하는 것을 막을 것"

이라 하다.

---

78  뜻밖에 닥쳐오는 재앙
79  규칙의 조목·조항, 또는 항목
80  여러 조목(條目)으로 된 법률의 규정

## 11. 백성의 삶에 도움이 될 책들을 지어 반포하라

세종의 백성을 사랑하는 마음은 끝이 없었다. 산모를 배려하여 출산 휴가를 주게 했고, 노인에 대한 공경을 몸소 실천하였다. 양로연 참석 노인에게 임금한테 절하지 말게 하고, 노인이 전각으로 올라오니 임금이 자리에서 일어나 맞았다. 그런 자유스러운 분위기 속에서 춤을 추는 노인들도 있었다. 그리고 죄는 미워해도 백성은 미워하지 말아야 한다는 신념을 가지고 불행히 법의 올가미에 걸려든 사람들의 가엾은 처지를 세세히 보살폈다. 그야말로 시대를 뛰어넘는 진정한 인본사상의 발로라 할 수 있겠다.

또한 세종은 법을 몰라서 죄를 짓게 되는 사람들을 가엾게 생각했다. 이와 함께 백성들이 알면 살아가는 데 도움이 될 만한 책들의 저술과 보급을 구상했다. 농사짓는 데 도움이 되는 그림책, 과거의 역사에서 효도의 사례를 찾아내 엮은 효행록 등을 지어 보급하게 하였다. 어려운 한문 문어체를 읽을 수 없는 사람들을 위해 중요한 법조문들만이라도 번역하여 반포하게 했다. 이러한 번역의 불편함과 미진함을 근본적으로 해결하기 위해 세종은 누구나 쉽게 익힐 수 있는 우리 글자의 창제를 구상하게 된다.

▪ 6년 11월 15일

대제학(大提學)[81] 변계량을 불러 "우리나라의 풍속이 중국과 다르니,

---

81  집현전(集賢殿)·홍문관(弘文館)·예문관(藝文館)의 정2품 벼슬

민간에서 농사짓는 괴로움과 부역하는 고생을 달마다 그림으로 그리고 거기에 경계되는 말을 써서 보는 데 편하게 하여 영구히 전하려고 한다." 하다.

■ 10년 10월 3일

임금이 일찍이 진주(晉州) 사람 김화가 그 아비를 살해하였다는 사실을 듣고 깜짝 놀라 낯빛을 변하고는 곧 자책하고, 드디어 여러 신하를 소집하여 효제(孝悌, 부모와 형을 잘 섬김)를 돈독히 하고 풍속을 후하게 이끌도록 할 방책을 논의하게 하다.

판부사(判府事) 변계량이 "청하옵건대 효행록(孝行錄) 등의 서적을 널리 반포하여 항간의 영세민으로 하여금 이를 항상 읽고 외게 하여 점차로 효제와 예의의 마당으로 들어오도록 하소서." 하다.

이에 이르러 임금이 직제학(直提學) 설순에게 "이제 세상 풍속이 메말라 심지어는 자식이 자식 노릇을 하지 않는 자도 있으니 효행록을 간행하여 이로써 어리석은 백성들을 깨우쳐 주려고 생각한다. 이것은 비록 폐단을 구제하는 급무가 아니지만, 그러나 실로 교화하는 데 가장 먼저 해야 할 것이니, 전에 편찬한 24명의 효행에다가 또 20여 명의 효행을 더 넣고, 전조(前朝)와 삼국시대(三國時代)의 사람으로 효행이 특이한 자도 또한 모두 수집하여 한 책을 편찬해 이루도록 하되, 집현전(集賢殿)에서 이를 주관하라." 하다.

- 12년 4월 12일

임금이 "지금 하윤이 지은 『원육전(元六典)』[82]을 보니 그 글이 쉬운 상
말로 되었으나 간혹 알삽한 곳이 있어 알기 어려우며, 조준이 편찬한
『방언육전(方言六典, 이두문으로 편찬한 육전)』은 사람들이 다 알기 쉬우므
로 쓰는 것이 옳지 않을까." 하니, 윤회가 "『방언육전』을 쓰는 것도 가
합니다." 하고, 총제 하연은 "지금 『속육전(續六典)』을 이미 한문으로
편찬하였사온즉 『원육전(元六典)』도 한문을 써야 마땅할 것이니 방언
을 쓸 수 없습니다. 그리고 그 알삽하고 알기 어려운 곳은 고치게 함이
마땅합니다." 하니, 임금이 "『원육전』과 『속육전』이 각각 다르니, 비록
방언으로 된 것과 한문으로 된 것을 함께 쓸지라도 무엇이 해롭겠느
냐." 하다.


- 13년 6월 22일

지신사 안숭선, 좌대언 김종서 등이 "대명률(大明律)[83]의 문어(文語)는
뜻을 이해하기 어려워 법조문과 대조할 적에 죄의 경중에 실수가 있
으니 진실로 미편하옵니다. 『당률소의(唐律疏義)』,[84] 『의형이람(議刑易
覽)』[85] 등의 글을 참고해서 번역하고 풀이하여 사람들이 알기 쉽도록
하소서." 하니, 임금이 "그러하다. 그것을 편집할 만한 사람의 이름을

---

82  『경제육전(經濟六典)』을 달리 이르던 말. 『경제육전』은 태조 6년(1397) 12월 26일 시행된 조선왕조
    첫 법전이다.
83  명(明)나라의 법률
84  중국 당(唐) 고종(高宗) 영휘(永徽) 3년(652)에 편찬된 당률(唐律)의 주석서
85  원(元)나라 때 중국 방언[方言, 이어(俚語)]으로 편찬한 법전

아뢰라." 하다.

■ 14년 6월 14일

임금이 "『육전(六典)』을 자세히 보니 자질구레한 조항에 착오가 많다. 경등이 다시 보고 나서 급히 인쇄하여 반포하게 하라." 하니, 좌의정 맹 사성이 대답하기를, "어명이 진실로 그러합니다." 하다.

■ 14년 11월 7일

임금이 좌우 근신(近臣)에게 "비록 사리를 아는 사람이라 할지라도 법 조문에 의거하여 판단이 내린 뒤에야 죄의 경중을 알게 되거늘, 하물 며 어리석은 백성이야 어찌 범죄한 바가 크고 작음을 알아 스스로 고 치겠는가. 비록 백성들로 하여금 다 법조문을 알게 할 수는 없을지나, 따로이 큰 죄 조항만이라도 뽑아 적고, 이를 이두문으로 번역하여 민 간에 반포하여 보여 우부우부(愚夫愚婦)들로 하여금 범죄를 피할 줄 알 게 함이 어떻겠는가." 하니, 이조판서 허조가 "신은 폐단이 일어나지 않을까 두렵습니다. 간악한 백성이 진실로 법조문을 알게 되면 죄의 크고 작은 것을 헤아려 두려워하고 꺼리는 바가 없이 법을 제 마음대 로 농간하는 무리가 이로부터 일어날 것입니다." 하므로, 임금이 "그 렇다면 백성으로 하여금 알지 못하고 죄를 범하게 하는 것이 옳겠느 냐. 백성에게 법을 알지 못하게 하고, 그 범법한 자를 벌주게 되면, 조 사모삼(朝四暮三)의 술책에 가깝지 않겠는가. 더욱이 조종(祖宗)께서 법 조문을 읽게 하는 법을 세우신 것은 사람마다 모두 알게 하고자 함이 니 경등은 고전을 상고하고 의논하여 아뢰라." 하다.

임금이 말하기를, "삼강(三綱)은 인도(人道)의 대경(大經)이니, 군신(君臣), 부자(父子), 부부(夫婦)의 벼리[86]를 마땅히 먼저 알아야 할 것이다. 이제 내가 유신(儒臣)에게 명하여 고금의 사적을 편집하고 아울러 그림을 붙여 만들어 이름을 '삼강행실(三綱行實)'이라 하고, 인쇄하게 하여 한성과 외방에 널리 펴고, 학식이 있는 자를 선택하여 항상 가르치고 지도하여 일깨워 주며 장려 권면하여 어리석은 백성으로 하여금 모두 알아서 그 도리를 다하게 하고자 하는데 어떻겠는가." 하니, 도승지 안숭선 등이 "성상의 하교가 지당하십니다." 하다.

---

86  그물의 위쪽 코를 꿰어 놓은 줄. 잡아당겨 그물을 오므렸다 폈다 한다. 일이나 글의 뼈대가 되는 줄거리

# 2 장

# 세종의 천재성

## 1. 놀라운 기억력

▪ 5년 12월 23일

또 근신들에게 말하기를, "내가 서적을 본 뒤에는 잊어버리는 것은 없었다." 하셨다. 또 주자소(鑄字所)[87]로 하여금 한어(漢語)를 번역한 여러 서적을 인쇄하게 하고, 원민생과 조숭덕으로 하여금 읽어 올리도록 하여, 한번 들으시면 문득 기억하였다.

임금은 특히,

1. 서적만을 한번 보고 문득 기억하시는 것만이 아니라,

---

87  활자를 만들던 곳. 태종(太宗) 3년(1403)에 설치했고, 세종 17년 9월 12일 경복궁 안으로 옮겨 설치했다.

2. 수많은 신하들의 성명(姓名)·내력(來歷)·족보 등을 비록 미세한 것
   이라도 한번 들으시면 잊지 않으셨으며,

3. 한번 그 얼굴을 보시면 비록 여러 해를 만나 보시지 못했더라도 다
   시 보실 때 반드시 아무라고 성명을 부르셨으며,

4. 사물의 정밀하거나 간략한 것, 아름답거나 추악한 것에 이르러서도
   한번 눈에 접하시면 반드시 그 아주 미세한 차이[毫釐, 호리]를 정밀
   히 분별하셨고,

5. 성음(聲音)의 청탁과 고하(高下)도 한번 귀에 들어가면 그 윤리(倫理)를
   심찰(審察, 자세히 살핌)하시었으니, 그 총명과 예지가 이와 같으시었다.

**▪ 13년 11월 16일**

공조에 명하여 문서를 넣는 통에 그린 용의 견양(見樣)[88]을 올리게 하
고는, 이를 보시고, "지금 견양을 본다면 그린 용에 어금니가 있는데,
표문(表文)[89]을 배례할 때 내가 표문 통을 보니 어금니를 그리지 않았
었다." 하면서, 즉시 화원에게 명하여 금을 싸 가지고 사신의 행차를
뒤따라가서 어금니를 그리게 했는데, 사신이 회보하기를, "통의 다섯
마리 용과 보[袱][90] 안의 한 마리의 용도 모두 어금니를 그리지 않았으
므로 지금 모두 더 그려 넣어서 가지고 갑니다." 하다.

---

88  어떤 물건에 겨누어 정한 치수와 양식(樣式)
89  중국 황제에게 보내던 외교 문서. 또는 신료나 백성들이 임금에게 올리던 문서의 일종. 표(表)란 문
    체의 하나로서 아래에서 위로 올리는 글을 말하며 자신의 마음속에 있는 생각을 밖으로 발표한다
    는 뜻이다.
90  보자기

## 2. 절대음감

■ 15년 1월 1일

임금이 근정전에 나아가서 회례연(會禮宴)[91]을 의식에 따라 베풀었는데 처음으로 아악(雅樂)[92]을 사용하였다.

임금이 "중국의 경(磬)은 과연 화하고 합하지 아니하며, 지금 만든 경(磬)이 옳게 된 것 같다. 경석(磬石)[93] 얻는 것이 이미 하나의 다행인데, 지금 소리를 들으니 또한 매우 맑고 아름다우며, 율(律)을 만들어 음(音)을 비교한 것은 뜻하지 아니한 데서 나왔으니 내가 매우 기뻐하노라. 다만 이칙(夷則)[94] 1매(枚)가 그 소리가 약간 높은 것은 무엇 때문인가." 하니, 박연이 즉시 살펴보고, "가늠한 먹이 아직 남아 있으니 다 갈지[磨] 아니한 것입니다." 하고, 물러가서 이를 갈아 먹이 다 없어지자 소리가 곧 바르게 되었다.

■ 31년 12월 11일

임금이 승정원에 이르기를, "이제 신악(新樂)[95]이 비록 아악에 쓰이지

---

91  매년 정조(正朝)나 동지(冬至)에 임금이 군신(群臣)의 노고를 치하하기 위해 행하는 연회
92  민속악(民俗樂)에 대비되는 궁중 음악의 총칭
93  경돌. 단단한 돌. 맑은 소리가 나는 돌. 편경(編磬)과 특경(特磬)의 재료로 사용되었다.
94  동양음악에서 십이율(十二律) 가운데 아홉째 음
95  세종 27년 4월 5일 의정부 우찬성 권제(權踶) 등이 『용비어천가(龍飛御天歌)』를 편찬해 올렸는데, 29년 5월 5일 『용비어천가』를 연주하게 하였다. 29년 6월 4일 기사에 '처음에 임금이 『용비어천가』를 관현(管絃)에 올려 느리고 빠름을 조절하여 「치화평(致和平)」·「취풍형(醉豊亨)」·「여민락(與民樂)」 등 음악을 제작했다. 모두 악보가 있으니, 「치화평」의 악보는 5권이고, 「취풍형」과 「여민락」의 악보는 각각 2권씩이었다. 뒤에 또 문·무(文武) 두 가지 춤 곡조를 제작했는데, 문(文)은 「보태평(保太平)」이라 하고 무(武)는 「정대업(定大業)」이라 하여 악보가 각각 1권씩이고, 또 상서(祥瑞)의 감응된 바를 취재(取才)하여 따로 한 가지 곡조를 지었는데, 이름을 「발상(發祥)」이라 하여 악보 1권이

는 못하지만, 그러나 조종(祖宗)의 공덕을 형용하였으니 폐할 수 없는 것이다. 의정부와 관습도감(慣習都監)[96]에서 함께 이를 관찰하여 그 가부를 말하면, 내가 마땅히 손익(損益)[97]하겠다." 하였다.

임금은 음률을 깊이 깨닫고 계셨다. 신악(新樂)의 절주(節奏, 리듬)는 모두 임금이 제정하였는데, 막대기를 짚고 땅을 치는 것으로 음절을 삼아 하루 저녁에 제정하였다.


## 3. 과학 기기의 발명


■ 15년 8월 11일

대제학 정초, 지중추원사 이천, 제학 정인지, 응교 김빈 등이 혼천의(渾天儀)[98]를 올리매, 이에 김빈과 내시 최습에게 명하여 밤에 간의대(簡儀臺)[99]에 숙직하면서 해와 달과 별들을 참고해 실험하여 그 잘되고 잘

---

있었다.' 했다.

96  조선(朝鮮) 태조(太祖) 때부터 두어 향악(鄕樂)과 당악(唐樂) 및 여기(女妓)의 노래와 춤의 훈련, 무동(舞童)과 관현(管絃)을 맡은 소경[盲人] 등을 다스리던 관아

97  증감(增減), 이해(利害)

98  천체의 운행과 그 위치를 측정하던 천문관측기. 일명 혼의(渾儀)·혼의기(渾儀器)·선기옥형(璇璣玉衡)이라고도 한다. 세종 14년(1432) 예문관 제학 정인지(鄭麟趾)·대제학 정초(鄭招) 등이 왕명을 받아 고전을 조사하고, 중추원사 이천(李蕆)·호군 장영실(蔣英實) 등이 1433년 6월에 최초로 제작하였다.

99  천문관측대로 간의(簡儀) 및 천문 부속시설을 수용하기 위해 만들었다. 세종 15년 8월 11일 기사에 '김빈(金鑌) 등이 혼천의(渾天儀)를 올렸다. 임금이 그것을 곧 세자에게 명하여 이천과 더불어 그 제도를 질문하고 세자가 들어와 아뢰라 하니, 세자가 간의대(簡儀臺)에 이르러 정초(鄭招)·이천(李蕆)·정인지(鄭麟趾)·김빈 등으로 더불어 간의와 혼천의 제도를 강문(講問)하고, 이에 김빈과 내시 최습(崔濕)에게 명하여 밤에 간의대에 숙직하면서 해와 달과 별들을 참고해 실험하여 그 잘되고 잘못된 점을 상고하게 하고, 인하여 빈(鑌)에게 옷을 하사하니 밤에 숙직하기 때문이었다. 이로부터 임금과 세자가 매일 간의대에 이르러 정초 등과 함께 그 제도를 의논해 정했다.' 하였다. 간의

못된 점을 상고하게 하다. 이로부터 임금과 세자가 매일 간의대에 이르러서 정초 등과 함께 그 제도를 의논해 정하였다.

세종은 또한 일성정시의(日星定時儀)[100]의 구조와 원리를 직접 연구하여 제작에 공헌하였다. 이것은 당시 우리의 과학 기술을 대표할 수 있는 독창적인 것이다. 낮의 태양뿐 아니라 밤에는 북극을 중심으로 항성(恒星)이 규칙적으로 일주 운동을 한다는 사실을 알고 북극을 중심으로 회전하는 별들의 위치를 관측하여 밤시간을 측정하였다.

이에 대한 세종의 설명문은 너무도 세밀하고 명징하여 아름답기까지 하다.

구리를 써서 만들었는데, 먼저 바퀴를 만들어 세(勢)를 적도(赤道)에 준하여 자루[柄]가 있고, 바퀴의 지름[徑]은 2척, 두께는 4분, 넓이는 3촌이다. 가운데 십자거(十字距)가 있는데, 넓이는 1촌 5분, 두께는 바퀴와 같다. 십자 가운데는 축이 있는데, 길이는 5분 반이고 지름은 2척이다. 북쪽 면을 깎아 파되, 중심에 1리(釐)를 두어서 두께를 하고 가운데 둥근 구멍을 겨자씨같이 만들었다. 축은 계형(界衡)[101]을 꿰고, 구멍은 별

---

는 해시계 · 물시계 · 혼천의와 함께 조선의 천문대에 설치한 가장 중요한 관측기기이다. 오늘날의 각 도기(角度器)와 비슷한 구조를 가졌으며, 혼천의를 간소화한 것이다.

100  세종 19년(1437)에 만든, 주야(晝夜)로 시각을 보는 시계의 한가지. 일성정시의의 구조는 적도와 평행한 원반에 주천도분환(周天度分環) · 일구백각환(日晷百刻環) · 성구백각환(星晷百刻環)의 3환(環)을 차례로 설치했는데, 제일 바깥쪽에서 회전하는 주천도분환은 주천도를 새기고 매 도(度)를 4등분했고, 그 안에 고정된 일구(日晷)에는 12시 100각을 새겼는데 매 각을 6등분했으며, 제일 안쪽에서는 성구백각환이 회전하는데 일구환(日晷環)과 같은 눈금이 새겨져 있다.

101  일성정시의(日星定時儀)의 주천도분환(周天度分環) · 일구백각환(日晷百刻環) · 성구백각환(星晷百刻環) 위에 가로 댄 동관(銅管)

을 살피는 것이다. 아래에는 서리고 있는 용의 모양을 만들어 바퀴 자루를 물고 있는데, 자루의 두께는 1촌 8분이며 용의 입에 1척 1촌이 들어가고 밖에 3촌 6분이 나왔다. 용의 밑에는 대가 있는데, 넓이는 2척이고 길이는 3척 2촌이며, 도랑과 못을 만들었는데, 수평(水平)을 취한 것이었다. 바퀴의 윗면에 세 고리[環]를 놓았는데, 이름을 주천도분환(周天度分環)[102] · 일구백각환(日晷百刻環)[103] · 성구백각환(星晷百刻環)[104] 이라 한다. 그 '주천도분환'은 밖에 있으면서 움직이고 돌며, 밖에 두 귀[耳)]가 있는데 지름은 두 자, 두께는 3분, 넓이는 8분이다. '일구백각환'은 가운데에 있어 돌지 아니하고, 지름은 1척 8촌 4분이고, 넓이와 두께는 밖의 것과 같다. '성구백각환'은 안에 있어 움직이고 돌며, 안에 두 귀가 있는데 지름은 1척 6촌 8분이고, 넓이와 두께는 안팎 고리와 같다. 귀가 있는 것은 움직이게 하는 것이다. 세 고리의 위에 계형이 있으니, 길이는 2척 1촌, 넓이는 3촌, 두께는 5분인데, 양쪽에 머리가 있고 가운데는 비었으며, 길이는 2촌 2분이고, 넓이는 1촌 8분으로, 세 고리(環)의 그림을 덮지 못하게 한 것이다. 허리의 중간 좌우에 각각 용이 하나씩 있으니, 길이는 1척이고, 함께 '정극환(定極環)'[105]을 받든다. '정극환'이 둘이 있는데, 바깥 고리와 안 고리의 사이에는 구

---

102 주천환(周天環). 일성정시의를 구성하는 세 개의 환 중 하나이다. 환은 둥근 고리 모양을 말하는데, 주천도분(周天度分)을 측정하는 눈금이 새겨져 있다.

103 일구환(日晷環). 일성정시의에 세 개의 환 중 하나이다. 태양시와 항성시를 측정하는 데 사용되었다.

104 성구환(星晷環). 태양시와 항성시를 측정하는 일성정시의를 구성하는 세 개의 환 중 하나이다.

105 일성정시의의 내환과 외환의 연결로 되어 있으며, 정극환의 중심은 십자거와 계형 중심의 구멍과 일직선상으로 일치하여 북극성을 향하게 되어 있다. 관측지점의 정확한 북극출지(위도)를 맞추는 역할을 하며 동시에 양쪽 끝에 구멍이 있어 계형의 양끝의 구멍을 실을 넣어 이어지게 되어 있는데 이 실이 별의 운동을 관측하는 역할을 한다.

진대성(句陳大星)[106]이 나타나고, 안 고리의 안에는 천추성(天樞星)[107]이 나타나니, 남북의 적도를 바르게 하는 것이다. 바깥 고리는 지름이 2촌 3분이고, 넓이가 3분이며, 안 고리는 지름이 1촌 4분 반, 넓이가 4리(釐)이고, 두께는 모두 2분인데 약간 서로 대여서 십자와 같다. '계형' 두 끝에 빈 곳의 안팎에 각각 작은 구멍이 있고, '정극환' 바깥 고리의 양쪽에도 작은 구멍이 있어, 가는 노끈으로 여섯 구멍[六穴]을 통해 꿰어서 '계형'의 두 끝에 매었는데, 위로는 해와 별을 살피고 아래로는 시각을 알게 한 것이다. '주천환(周天丸)'[108]에는 주천도(周天度)[109]를 새기되, 매도(每度)를 4분으로 하고, '일구환(日晷丸)'[110]은 100각을 새기되, 매각(每刻)을 6분으로 하였다. 성구환도 일구환과 같이 새겼으나, 다만 자정이 신전자정(晨前子正)[111]에 지나서 하늘이 일주(一週)하는데, 1도를 더 지나가는 것과 같이 다름이 있다. '주천환'을 사용하는 법은, 먼저 수루(水漏)[112]를 내려서 동지 신전자정을 맞추고, '계형'으로 북극 둘째 별이 있는 곳을 살펴서 바퀴 가에 표시하고, 인해 주천 첫 도의 초에 맞게 한다. 그러나 세월이 오래되면 천세에 반드시 차가 생기니,

---

106 6개의 별로 이루어진 구진(句陳) 가운데 가장 큰 별을 구진대성(句陳大星)이라 하는데, 이는 오늘날의 북극성(北極星)을 뜻한다. 북극성은 천구의 북극에 가장 가까이 있는 별로, 위치가 거의 변하지 않기 때문에 북쪽 방향을 알아내는 데 도움이 된다. 자미원(紫微垣)에 속한 별이다.

107 전통 별자리 체계에서 삼원(三垣)의 하나인 자미원(紫微垣)의 북극 별자리에 속한 별

108 주천환(周天環)의 오기(誤記)로 보인다. 666쪽 주천도분환(周天度分環)

109 태양의 적도상(赤道上) 일행(日行)을 1도(度)로 하여 항성년(恒星年)으로 표시한 것. 주천도를 사분력(四分曆)에서는 365도 1/4, 삼통력(三統曆)에서는 365도 385/1539[365.25]로 정했다.

110 일구환(日晷環)의 오기(誤記)로 보인다. 666쪽 일구백각환(日晷百刻環)

111 자정(子正)은 밤 12시를 달리 이르는 말이다. 지난날에 쓰던 12시간 가운데에서 자시(子時, 밤 11시~새벽 1시)의 중간에 해당하는 시간을 말한다.

112 세종 19년 4월 15일 일성정시의(日星定時儀)

『수시력(授時曆)』[113]으로 상고하면, 16년이 약간 지나서 1분이 뒤로 물러나고, 66년이 약간 지나서는 1도가 뒤로 물러나므로, 이에 이르러 다시 살펴서 정한다. 북극 둘째별은 북극에서 가깝고 가장 붉고 밝아서, 여러 사람이 보기 쉽기 때문에 이것으로 측후(測候)[114]한다. '일구환' 의 사용은 '간의(簡儀)'[115]와 같고, '성구환'을 사용하는 법은 첫해 동지 첫날, 새벽 전 밤중 자정을 시초로 하여 '주천환' 초도의 초에 맞게 하여 하루에 1도, 이틀에 2도, 사흘에 3도로 하여 364일에 이르면 곧 364도가 되고, 다음 해 동지 첫날 자정에는 365도가 되니, 하루에 공도(空度)가 3분이고, 이틀에 1도 3분으로 364일에 이르면 곧 363도 3분이 된다. 또 다음 해 동지 첫날에는 364도 3분이니 하루의 공도가 2분이고, 이틀에 1도 2분으로, 364일에 이르면 곧 363도 2분이 된다. 또 다음 해 동지 첫날에는 364도 2분이니 하루의 공도가 1분이고, 이틀에 1도 1분으로 365일에 이르면 곧 364도 1분이 되니 이를 일진(一盡)이라고 이른다. 일진이 되면 다시 처음으로 돌아온다.

이 설명문의 정확성과 치밀함은 가히 천재적이다. 임금이 시각을 정하는 제도를 서술한 글이 이처럼 간이(簡易)하고 상세하여 손바닥

---

113 고려시대부터 조선 중기까지 사용되었던 역법(曆法). 원나라 지원(至元) 18년(1281)에 허형(許衡)·왕순(王恂)·곽수경(郭守敬) 등에 의해 편찬되어 시행된 역법으로 원나라는 물론 명나라에서도 이름만 바뀐 대통력(大統曆)으로 시행되어 1644년까지 전후 약 400년 가까이 사용되었다. 우리나라에서는 고려 충선왕 때 전래되어 그 일부만이 사용되었고, 세종 24년(1442)에 이르러 수시력과 대통력이 『칠정산내편(七政算內篇)』으로 편찬되어 효종 4년(1653) 시헌력(時憲曆)으로 바꾸어 쓸 때까지 사용되었다. 중국 역대 역법 중에서 가장 우수한 역법이었고 우리나라에 크게 영향을 미쳤다.

114 천문, 기상을 관측함.

115 간의(簡儀)는 혼천의를 간략하게 만든 천문기기로 행성과 별의 위치, 시간의 측정, 고도와 방위를 정밀하게 측정할 수 있는 조선시대의 천체관측기기이다.

을 가리킴과 같이 명백하기 때문에, 김돈 등이 능히 한 글자도 바꾸지 못하고 그 글의 머리와 끝만 보태어 그대로 명을 지었다고 한다.

■ 19년 4월 15일

처음에 임금이 주야측후기(晝夜測候器)[116]를 만들기를 명하여 이름을 '일성정시의(日星定時儀)'라 하였는데, 이에 이르러 이룩됨을 보고하였다. 모두 네 벌[件]인데, 하나는 내정(內庭)[117]에 둔 것으로 구름과 용을 장식하였으며, 나머지 셋은 다만 발이 있어 바퀴자루[輪柄]를 받고 기둥을 세워 정극환(定極環)[118]을 받들게 하였다. 하나는 서운관(書雲觀)[119]에 주어 점후(占候, 구름을 보고 길흉을 점침)에 쓰게 하고, 둘은 함길·평안 두 도의 절제사 영에 나누어 주어서 군중의 경비하는 일에 쓰게 하였다. 승지 김돈에게 명하여 서(序)와 명(銘, 내력을 새긴 글귀)을 짓게 하니, 그 글에 이르기를, "의상(儀象)[120]은 더 말할 것 없이 요·순으로부터 한·당에 이르기까지 모두 귀중히 여겨서 그 글이 경사(經史)[121]에 갖추어 나타났으나, 예전과 시대가 멀어서 그 법이 자세하지 아니하였는데, 삼가 생각하건대 우리 전하께서는 세상에 뛰어난 신성(神聖)한 자질로써 정무를 보살피는 여가에 천문법상(天文法象)의 이치에 유념하시어, 무릇 예

---

116  일성정시의(日星定時儀). 낮과 밤에 시각을 측정할 수 있는 기구
117  임금이 사적인 생활을 하는 궁궐의 내부
118  사유환(四遊環)과 규형(窺衡), 적도환(赤道環), 백각환(百刻環), 계형(界衡), 입운환(立運環), 지평환(地平環) 등과 함께 간의(簡儀)를 구성한다.
119  고려 말부터 조선 초까지 기상관측 등을 관장하던 관서. 세조 12년(1466)에 관상감으로 개칭되었다.
120  의기(儀器). 하늘을 관측하는 데 사용하는 천문기구
121  경서(經書)와 사기(史記)

전에 이르는바, 혼의(渾儀)·혼상(渾象)[122]·규표(圭表)[123]·간의(簡儀) 등과 자격루(自擊漏)[124]·소간의(小簡儀)[125]·앙부(仰釜)[126]·천평(天平)[127]·현주(縣珠)[128]·일구(日晷)[129] 등의 그릇을 빠짐없이 제작하게 하셨으니, 그 물건을 만들어 생활에 이용하게 하시는 뜻이 지극하시었다. 그러나 하루의 시각이 100각이요, 그리고 밤과 낮이 반씩이로되 낮에는 햇볕을 헤아려서 시간을 아는 그릇은 이미 갖추었으나, 밤에 이르러서는 『주례(周禮)』[130]에 별을 보고 밤 시각을 구분하는 글이 있고, 『원사(元史)』에도 별로써 시각을 정하는 말이 있으나 그 측정하는 방법은 말하지 아니하였으므로, 이에 밤낮 시각을 알리는 그릇을 만들기를 명하여 이

---

122 천체의 운행을 관측하는 기구의 하나. 오늘날의 천구의(天球儀) 또는 천체의(天體儀)라고 불리는 천구(天球)의 모델이라고 할 수 있다. 시대에 따라 여러 종류의 혼상이 제작되었는데 동서양 어디서나 찾아볼 수 있고 천문과학유물 중에서도 중요한 천문의기(天文儀器)의 하나라고 할 수 있다.

123 방위·절기·시각을 측정하던 천문관측기기. 표(表)는 지상에 수직으로 세운 막대이고, 규(圭)는 표의 아래 끝에 붙여 수평으로 북을 향해 누인 재[尺]를 말한다.

124 자동 물시계. 세종 16년(1434) 왕명을 받아 장영실(蔣英實)·이천(李蕆)·김조(金銚) 등이 처음으로 물시계를 만들었는데 시(時)·경(更)·점(點)에 따라서 자동적으로 종·북·징을 쳐서 시보를 알리도록 되어 있었다. 그 구조는 『증보문헌비고(增補文獻備考)』와 『국조역상고(國朝曆象考)』에 실려 있으며, 보루각(報漏閣)의 자격루와 흠경각(欽敬閣)의 자격루가 기록되어 있다.

125 가지고 다닐 수 있도록 작게 만든 간의(簡儀)

126 앙부일구(仰釜日晷). 가마솥[釜] 모양의 해시계. 앙부일구는 해 그림자를 만드는 막대인 영침(影針), 해 그림자를 받아 시각과 절기를 읽는 반구형의 수영면(受影面), 수영면의 주둥이에 해당하는 시각과 절기를 표기한 지평환(地平環), 이를 지지하고 있는 네 개의 다리, 그리고 다리를 받치는 동시에 물을 채워 수평을 잡을 수 있도록 고안된 십자 모양의 물받이로 구성되어 있다.

127 천평일구(天平日晷). 천평일구는 적도시반(赤道時盤)을 가진 휴대용 해시계이다. 이 해시계는 세종 19년(1437)에 처음 제작한 것으로 말 위에서 사용했다고 한다.

128 현주일구(懸珠日晷). 세종 때 만들어진 사각형의 휴대용 해시계. 세종 19년(1437) 4월에 만들어진 것으로 보이나, 그 이전에 이미 만들어졌을 가능성도 배제할 수 없다. 제작자는 분명하지 않은데, 다만 1432년에 세종이 예문관 제학 정인지(鄭麟趾)에게 대제학 정초(鄭招)와 함께 천문의기(天文儀器)를 만들도록 명한 사실로 보아 정인지와 정초, 이천(李蕆) 등이 제작과정을 전담했을 것으로 보인다. 현주일구는 중국에서도 찾아볼 수 없는 세종 때 유일하게 만들어진 창작품인데, 다행히 그 모양이 기록으로는 남아 있어서 대략이나마 그 구조를 짐작할 수 있다.

129 일영(日影). 해시계

130 중국 주(周)나라 왕실의 관직제도와 전국시대 각 국의 제도를 기록한 유교 경전

름을 '일성정시의(日星定時儀)'라 하였다.

이제 김돈이 쓴 명을 읽어보자.

무릇 인사의 동정(動靜)하는 기틀[機]은 실로 해와 별의 운행하는 법칙에 매였고, 해와 별의 운행은 의상 가운데 밝게 나타나므로 옛 성인이 반드시 정치하는 도의 첫째 일로 삼았으니, 요의 역상(曆象)[131]과 순의 선기(璇璣)[132]가 이것이다. 우리 전하께서 제작하신 아름다운 뜻은 곧 요·순과 더불어 법을 같이하였으니, 천고에 내려오면서 일찍이 없던 거룩한 일이다. 아아, 지극하도다. 이를 마땅히 새겨서 후세에 밝게 보여야 할 것이므로 신(臣) 돈이 감히 손으로 절하고 머리를 조아리며 명을 지어 올리노라.

## 4. 세종과 르네상스 시대의 천재들

이같이 세종은 과학·천문·음악·미술 등 모든 분야에서 천재적인 능력을 보인 것이다. 그리고 또한 당대 시대를 뛰어넘는 놀라운 발상들은 모두가 세종의 두뇌에서 나온 것이다. 당시의 대표적인 신

---

131 역(曆)을 추산하고 천체의 운행을 관측함.
132 선기옥형(璇璣玉衡). 혼천의(渾天儀)의 다른 이름

무기인 신기전(神機箭)[133] 또한 세종의 천재적 두뇌에서 나온 것이다.

무릇 천재들의 번뜩이는 재주는, 그가 어떤 분야에 관심을 가지고 얼마만큼 노력하느냐에 따라서 그 분야에서 많은 것들을 남긴다. 세종(1397~1450)보다 55년 후에 태어난 레오나르도 다빈치와 78년 후에 태어난 미켈란젤로는 전 세계적으로 공인받고 있는 천재들이다. 이제 앞에서 본 세종을 염두에 두고 이탈리아 르네상스 시대의 두 천재의 업적을 잠시 살펴보자.

**레오나르도 다빈치**(1452~1519)는 회화 · 건축 · 철학 · 시 · 작곡 · 조각 · 물리학 · 수학 · 해부학 등 다양한 분야에 능했다. 나아가 그는 여러 가지 악기를 잘 다루었고 직접 악기를 만들기도 했다. 그는 토목에도 손을 댔다. 또한 직접 수차와 수문을 만들고 방대한 영지를 관개하는 새로운 방법을 개발하기도 했다. 그가 가장 관심을 가졌던 것은 비행기와 잠수함이었는데, 그것들을 설계하는 과정에서 기중기와 자동 드릴을 제작하는 새로운 방식을 고안했다. 그는 모든 예술과 과학에 정통했다. 물론 모든 만능 천재가 그렇듯이 그도 지칠 줄 모르고 일했다. 그는 화실에서 먹고 자는 생활을 했는데, 다행히도 하루에 몇 시간만 쉬면 몸이 거뜬해지는 천부적인 체력을 지녔던 모양이다. 그 덕분에 날마다 20시간 동안 끊임없이 수학을 연구하고, 기하학

---

[133] 세종 30년(1448) 제작된 병기로서 고려 말기에 최무선(崔茂宣)이 화약국에서 제조한 로켓형 화기(火器)인 주화(走火)를 개량한 것이다. 대신기전(大神機箭) · 산화신기전(散火神機箭) · 중신기전(中神機箭) · 소신기전(小神機箭) 등의 여러 종류가 있는데, 『국조오례의(國朝五禮儀)』「군례(軍禮)」'병기도설(兵器圖說)'에 신기전에 관한 내용이 기록되어 있다.

문제를 풀고, 비행기를 설계하고, 여러 가지 안료와 건축 자재를 실험할 수 있었다. 이 팔방미인의 한 가지 결점은 심각한 끈기 부족이었다. 그는 대형 기마상을 만드는가 싶더니 곧바로 신형 대포를 제작해야겠다는 생각에 그 일을 옆으로 밀쳐 버렸다. 대포는 겨우 시작했을 뿐인데 얼마 안 가 시장에서 팔리는 플랑드르 물감보다 더 나은 물감을 만들고 싶은 유혹을 느꼈다. 이렇게 쉴 새 없는 두뇌 활동에 쫓겨 레오나르도는 한번 시작한 일을 끝까지 마무리한 경우가 드물었다. 그는 예순일곱 살까지 살았으나 완성한 일은 더 일찍 죽은 사람보다 터무니없을 정도로 적다.

**미켈란젤로**(1475~1564)는 조각가이자 화가로 조각 작품을 통해 사람 몸의 아름다움을 잘 표현했다. 그는 잠시도 붓을 놓지 않고 먹는 것도 마시는 것도 잊은 채 쉬지 않고 그림을 그리기도 했다. 때로 일에 파묻혀 잠도 몇 시간밖에 자지 않았다. 항상 병치레하면서 '식사할 시간도 없이' 일에 몰두해 작업을 멈추지 않았다. 돌산에 묻혀 있던 거친 돌덩이는 미켈란젤로의 손을 통해 불후의 생명체로 탄생할 수 있었다. 그런 세밀함이 가능했던 것은 인체 구조를 이해하려고 부단히 애를 쓴 미켈란젤로의 지식 욕구에서 비롯되었다. 그는 이전의 어떤 화가도 표현하지 못했던 미세한 근육 하나하나의 움직임까지 정밀하게 포착했다. 몸의 근육만이 아니라 표정까지도 다양하고 풍부하게 그려 냈다. 그는 갖은 고통과 위험을 감내하며 자신의 창의적 영감을 실천에 옮기기 위해 자신의 모든 것을 걸었다. 이런 고통의 삶 속에서도 그는 90세까지 장수를 하였다.

이 천재들과 비교하면, 세종은 엄청난 정치적 역량을 발휘하며 그 막중한 국가의 업무를 처리하면서 과학·천문·음악 등으로 빛날 뿐만 아니라, 더더욱 불가사의한 훈민정음을 창제했으니 참으로 놀라운 천재라 할 것이다. 이 천재들이 보이는 공통점은 지칠 줄 모르고 일을 했다는 것이다. 때로는 식사할 시간도 없이 일에 몰두해 작업을 멈추지 않았을뿐더러 잠도 제대로 자지 않았다. 그에 반해 세종은 위치와 여건상 오로지 한글 창제에만 몰두할 시간을 가질 수 없었으니 안타까운 일이 아닐 수 없다.

# 3 장

# 신의 한 수 – 한글 창제

인간의 힘으로는 도저히 이룰 수 없을 것 같은 위대한 작업에 대하여 사람들은 경탄한다. 이런 일들 가운데 가장 으뜸은 한글 창제일 것이다. 나는 이 일을 인류역사상 최대의 미스터리라고 생각한다. 별에서 떨어진 것도 아니고, 땅에서 솟아난 것도 아니다. 분명히 1443년 세종이 직접 만들었다고 기록되어 있다. 그런데도 온갖 허무맹랑한 설, 해괴한 설들이 무성하다. 이것은 다른 사람이 이룬 것에 대한 질투에서 나왔다기보다는 자신으로서는 상상할 수조차 없는 엄청난 일을 자신의 능력에 비추어 짐작할 수밖에 없는 딱한 인간들의 소치이다. 그들은 자신의 무능에 비추어 그런 엄청난 일을 세종이 혼자서 해냈을 리 없다고 믿어 버린다. 그리고 집현전 학자들을 시키고 감독만 하였으리라고 짐작해 버린다. 그러나 만들 당시의 사실들을 기록한, 가장 믿을 수 있는 자료, 즉 『세종실록』 곳곳에는 세종이 '친히'

만들었다는 사관의 기록들이 반복되어 나온다. '친(親)히'라는 말은 함부로 쓸 수 있는 말이 아니다. 더욱이 엄격한 사실 기록에서 어떤 양보도 하지 않았던 사관이 그 말을 함부로 썼을 리 없다.

## 1. '친히'라는 말의 엄중함

세종이 주어인 문장에서 '친히'라는 말은 다른 사람이 아닌 세종이 직접 행했다는 뜻이다. 다시 말해, 다른 사람이 한 일에 대해 '친히'라는 말을 쓴다는 것은 상상할 수조차 없다. 앞에서 살펴보았듯이, 세종은 국가의 불행한 일을 자신이 부덕한 탓으로 여겼고, 한재나 수재 때에는 백성들 걱정에 밤잠을 설치면서도 그렇게 생각했다. 그런 인물이 신하들이 한 일을 자신이 한 것처럼 '친히' 했다고 기록하라는 명령을 내렸을 리 없다. 그리고 사관의 일은 임금의 명령도 침투할 수 없는 엄격한 사실성을 요구하는 일이었다. 그러니 우리는 '친히'라는 말을 눈여겨보며 당시의 기록을 살펴볼 필요가 있다. 편의상 '친히'라는 낱말 밑에 밑줄을 그었다.

■ 25년(1443년) 12월 30일
임금이 친히 언문 28자를 지었다.

■ 5년 10월 11일
임금이 헌릉비석소(獻陵碑石所)에 친히 거둥하여 비석 새기는 것을 보다.

▪ 7년 3월 9일

당상관에게 강무 중 친히 술잔을 내리다.


▪ 7년 3월 16일

감사 한유문을 악차(幄次)[134]로 불러들여 친히 술잔을 내리다.


▪ 7년 9월 28일

임금이 친히 사슴 한 마리를 쏘아 잡다.


▪ 15년 5월 26일 (여진 정벌 후 승전 연회에서)

임금이 친히 술잔을 잡아 최윤덕, 이순몽, 김효성, 이징석, 홍사석 등에

게 주다.


▪ 16년 3월 8일

명하여 시험생 답안지 5통을 들여다가 친히 보다.


▪ 19년 9월 3일

임금이 여러 승지들에게 "과거 보는 해마다 먼저 제술(製述, 글을 지음)

로서 취하되, 시험장에서 내가 친히 글을 외우게 하여 그 학문을 보는

것이 어떻겠느냐." 하다.

---

134 거둥(擧動) 때 막(幕)을 둘러치고 임금이 쉬던 곳

■ 20년 10월 7일

강무(講武)<sup>135</sup>할 것을 종묘에 고하는 제사에 쓸 향과 축문을 <u>친히</u> 전하였다.


■ 20년 10월 12일

<u>친히</u> 제릉(齊陵)<sup>136</sup>에 제사 지내다.


■ 21년 8월 17일

사정전(思政殿)<sup>137</sup>에 나아가 <u>친히</u> 사서(四書)·오경(五經) 중의 일서(一書)를 뽑아서 관시(館試)에서 입격(入格)한 거자(擧子)<sup>138</sup> 30명을 강(講)하였다.


■ 24년 9월 10일

임금이 <u>친히</u> 건원릉(健元陵, 태조묘)<sup>139</sup>에 제사를 드리다.

---

135 조선시대 왕의 친림하에 실시하는 군사훈련으로서의 수렵대회. 봄·가을 두 계절에 수렵을 하여 잡은 동물로 종묘사직에 제사하고 잔치를 베풀었다.
136 태조(太祖) 이성계(李成桂)의 비(妃) 신의왕후(神懿王后) 한(韓)씨의 능. 경기도(京畿道) 개풍군 상도면 풍천리에 있다.
137 경복궁(景福宮) 안에 있는 편전(便殿)으로 근정전(勤政殿)의 북쪽에 있다. 편전은 임금이 항상 거처하면서 정사를 보던 궁전이다. 임금이 문신들과 함께 경전을 강론하고 종친·대신들과 주연(酒宴)을 베풀던 곳이며, 임금이 친림(親臨)하여 문·무과(文武科)를 보이던 곳이다.
138 과거에 응시하는 사람
139 태조 이성계(李成桂)의 능. 경기도 구리시 인창동 동구릉(東九陵)에 있다.

■ 24년 9월 11일

임금이 친히 헌릉(獻陵, 태종묘)에 제사를 드리다.


■ 26년 5월 13일

친히 문과(文科)를 근정전에서 시험 보이다.


## 2. 세종, 친히 한글을 창제하다

세종 임금이 한글을 창제했다는 것은 아래의 기록들에 의한 것
이다.

1) 『세종실록』(25년 12월 30일), "임금이 친히 언문 28자를 지었다."

2) 『훈민정음 해례본』 정인지의 서문(28년 9월 29일), "25년 겨울에
전하께서 정음 28자를 처음으로 만들어 예를 간략하게 들어 보
이고……"

3) 최만리의 반대 상소(26년 2월 16일)에 대하여 세종은 "설총의 이
두는 옳다 하고, 제 군주가 한 일은 그르다 하는 까닭은 무엇이
냐?" 하고 반문한다.

4) 『동국정운』 신숙주의 서문(29년 9월 29일), "어제 하신 훈민정음으
로 그 음을 정하고……"

5) 신숙주의 문집 『보한재집』에 '한글 28자를 만든 것은 세종이
며, 집현전 학자들은 세종의 명을 받아 한글 서적을 편찬했다.'
라고 서술했다.

그 옛날의 일을 규명하는 데 있어 가장 믿을 만한 판단의 근거는 무엇일까? 무엇보다도 당시의 역사적 사실을 기록하는 사관의 기록일 것이고, 다음으로는 그 일과 관련된 사람들의 기록일 것이다.

마지막으로 또 하나의 기록을 보자.

6) 성삼문의 『직해 동자습』 서문, "우리 세종과 문종께서 이것을 걱정하시고 이미 훈민정음을 만드시니……" 하는 기록도 있다.

이상으로 미루어 보아 세종이 한글 창제 작업을 직접 한 것은 분명하다.

## 3. 집현전 학자들은 무엇을 했나?

우선 기록부터 살펴보자.

1) 『세종실록』 26년 2월 16일, "집현전 학자 최항, 박팽년, 신숙주, 이선로, 이개, 돈녕부 강희안 등에게 명하여, 언문으로 『운회』를 번역하게 하고……"

2) 성현(1439~1504)의 『용재총화』 제7권, "세종께서 언문청을 설치하고, 신숙주·성삼문에게 명하여 한글을 짓게 하니……"

3) 『세종실록』 27년 1월 7일, "집현전 부교리 신숙주와 성균관 주부 성삼문과 행사용 손수산을 요동에 보내 운서를 질문하여 오게 하다."

이 기록들의 중요한 의미 중의 하나는, 이 학자들의 참여는 25년

12월 전이 아닌 25년 12월 후의 일들로 바로 한글 창제 이후의 일이라는 점이다. 그러므로 한글 창제 시기로 기록된 25년 12월 이전에 집현전 학자들의 한글 창제 작업 참여에 대한 근거는 전혀 없다.

임금이 신하들에게 어떠한 과제를 부여하면 작업한 신하들의 이름이 거의 반드시 기록되는데, 이 한글 창제 작업에 관하여는 일언반구의 언급도 없다. 한글 창제 작업에 관련되었으리라 추측되는 집현전 학자들의 25년 12월 이전의 행적을 구체적으로 모두 다 파악하기란 어렵다. 그러나 이 집현전 학자들의 행적 중에서 그나마 의미 있는 것을 끄집어내어 본다면, 세종 24년 삼각산 진관사에서의 사가독서 정도가 있는데, 그들은 박팽년 · 성삼문 · 신숙주 · 하위지 · 이석정 등으로 알려져 있다. 만일 이들이 이 기간에 한글 창제 작업과 관련이 있었다면, 중요 인물 중 하나인 신숙주를 그 중요한 일을 하다 말고 작업 막바지인 다음 해(25년) 일본 통신사 일행으로 파견할 수 있을까? 이들 학자 중의 하위지는 훗날 26년 2월 최만리의 훈민정음 반대 때 상소의 일원이었으니 한글 창제에 가담했을 리 없다. 만일 24년 사가독서 기간에 위 학자들이 한글 창제 작업과 관련된 것을 하였다면, 그 창제 작업 사실은 반대 상소보다도 훨씬 전에 이미 알려졌을 것이다.

위에서 살펴본 기록들에도 불구하고 일부에서 주장되어 온 엉뚱한 논리들이 있다.

1) 개인의 힘으로 문자가 창제되었다는 것은 재고되어야 하며, 세종의 신격화는 고쳐져야 한다.

2) 세종을 신격화하려는 신하들의 마음이었을 것이고, 왕의 대행을 주장하던 세종이 연구 생활을 했다는 것은 상상할 수 없는 것이다.

한글 제정 노고의 결과로 발병한 안질을 조작이라 하고, 연구도 없이 과장과 왜곡으로 국민을 오도한다는 등의 언급들도 살펴볼 필요가 있다.

모든 지식분자들이 한문을 사용했던 당시의 상황에서 '한글'이라는 새 글자의 창제 작업은 폭넓은 지지를 받을 수 없었다. 오늘날에도 한글이 과학적이라는 주장은 터무니없는 엉터리이고, 한글은 '문자가 아니라 발음부호에 지나지 않는 것'이라는 납득이 어려운 주장을 하고 있는 것을 보면, 세종의 한글 창제에는 엄청난 용기가 필요했을 것이다. 그러니 당대에 한글 창제가 아주 위대한 업적으로 받아들여졌을 리 없다. 그러니 당대의 사관이나 학자들이 그런 일을 하여 세종께 바쳐 세종을 신격화시키겠다고 합심하여 노력했을 리는 만무하다.

세종은 신하들의 업적을 자기 것으로 돌리는 그런 일을 할 분이 아니다. 당시 지식인들의 수장급인 최만리를 비롯한 학자들의 한글 창제 반대 상소를 보면 당당하고 의기양양하고 임금을 궁지로 몰아넣을 만큼 기세등등했다. 이런 것으로 보아 새 글자 창제 작업은 시끄럽게 떠들 일도 아니었고 드러내 놓고 여럿이 상의할 일도 아니었을 것이다. 그런 일을 두고 신하들이 세종을 신격화하려는 마음에서 자기들은 빠지고 세종의 이름만 기록했다는 것은 논리적으로 맞지 않는 것이다. 오히려 명나라에 대한 눈치 보기, 즉 사대주의가 대세였던 시대 상황에서 중국 글자와 다른 새 글자를 만들어 내는 일은 왕위를 걸 만큼 위험천만한 일이었다. 그런 까닭에 한글 창제 작업에 대하여 드러내 놓고 공개적으로 작업하기는 쉽지 않았을 것이다. 따라서 왕이 직접 창제하였다는 사실은 강조할 수 없었고, 창제 후 동원된 집현전 학자들이 참여하여 이루어진 것으로 되었을 것이다.

## 4. 새 글자 창제에 임하는 세종의 마음

세종은 국가통치를 원활하게 하기 위하여 우매한 백성을 깨우쳐 동참하게 하는 데 필요한 쉬운 우리 문자의 필요성을 절감했다. 일찍이 즉위 7년, 세종은 그 지독한 가뭄 걱정에 오도카니 앉아서 날 새기를 거듭하다가 마침내 목숨을 잃을 뻔하지 않았던가. 또 이 나라 이 백성을 위한 일이라면 어떠한 반대나 난관이 있더라도 그 일을 해내고야 말지 않았던가. 그동안 수많은 것을 이루어냈지만, 그러나 억만년을 내려갈, 아니 이 나라 이 겨레와 영원히 운명을 같이할 새 글자를 만드는 일은 그 무엇에 비할 바가 아니었다. 또 이 작업이야말로 세종 자신이 아니면 그 누구도 결단할 수 있는 일이 아니었다. 세종은 그 일을 자신이 해내지 못한다면, 우리 민족은 영원히 우리 글자를 갖지 못하게 될지 모른다고 생각했을 것이다. 그래서 세종은 새 글자 만드는 일이야말로 자기 생전에 꼭 이루어내야 할 일로 여겼을 것이다. 그러니 세종의 각오는 그 어느 때보다도 비장했으리라. 한편으로 그동안 관심 두고 오랫동안 생각을 해 왔지만, 본격적으로 이 작업에 착수하면서 앞으로 닥쳐올 역작용에 대해서도 많은 생각을 하지 않을 수 없었을 것이다.

과연 그것을 어떻게 만든단 말인가? 어디서부터 어떻게 시작해야 한단 말인가? 또 그것은 도대체 얼마나 걸릴 것인가? 과연 내 살아생전에 이루어 낼 수 있을 것인가? 혹시 끝을 맺지 못하고 중간에 그만두어야 하는 것은 아닐까? 설령 새 글자를 만들어 내더라도 조선의 학자들은 어떻게 생각할 것이며, 특히 반대하는 세력들의 반발은 어느 정도로 어떻게 나올 것인가? 이에 대하여 어떻게 대처해 나가야 할 것인가? 세종도 이제는 한창 젊을 때와 달리 체력은 점점 떨어지고 그동안의 무리로 각종 잔병들이 연이어 생기니 이제는 더 이상 미루거나 머뭇거릴 수 없게 되었다.

그리하여 세종은 이 나라 이 민족을 위하여 자신이 할 수 있는 종합 완결편으로 해야 할 일들을 구상했다. 이 중에 외침을 막기 위해서는 천리장성 쌓는 일을 추진한다. 어느 날 세종은 도승지에게 조용히 '생각한 지 오래나, 난중하게 여겨 감히 발설하지 못하였다. 성공할는지 여부는 기필할 수 없으나, 비밀히 의논하고 조심하여 드러나지 말게 하라.'라고 하여 천리장성의 대역사는 시작되었던 것이다. 그러나 이보다 더욱 큰 문제, 만년 대계 아니 이 민족의 운명과 함께 할 새 글자 창제 작업은 누구와 상의할 것인가. 새 글자 연구라는 것이 단기간에 딱 끝날 수 있는 것도 아닐뿐더러, 얼마나 오래 걸릴지도 기약할 수 없는 일인데, 그 비밀이 작업 끝까지 유지될 수 있으리라 보장할 수는 없는 일이었다. 만일 집현전 학자들에게 시킨다면 다른 일을 지시할 때처럼 구체적으로 지침을 내려 내가 무엇을 만들려고 하는데 너희들이 연구하여 보고하라고 했을 것이다. 그렇게 하면 얼마 안 있어 주위에 알려질 것이고, 그렇게 되면 최만리의 예에서처럼 그 반대의 소리가 얼마나 시끄러웠겠는가.

그리하여 마침내 세종은 이 작업을 주위에 알릴 것 없이 조용히 자신이 하기로 작정한다. 그래서 실록에는 한글 창제에 관한 기록이 거의 보이지 않는다. 더 이상 체력이 떨어지거나 병으로 앓아 드러누워 버리기 전에 해야겠는데 문제는 어떻게 조용한 나만의 시간을 내는가였다. 그리하여 경연은 계속 중지하고, 되도록 정사를 줄이기 위해 장성한 세자에게 일을 하나씩 넘기는 방안을 강구하기도 하지만, 그때마다 임금의 숨은 뜻을 알 길 없는 신하들의 강력한 반대에 부딪히곤 한다. 정말 여간 답답한 일이 아닐 수 없었다. 잠 못 이루는 밤이 이어질 수밖에 없었다.

## 5. 한글 창제는 언제 시작했을까?

정확하게 언제부터 시작했을까, 그 시기를 알아낸다는 것은 어려운 일이다. 그래도 실록의 여러 기록들을 면밀히 살피며 실낱같은 희망을 이어갈 수밖에 없다. 본격적으로 시작한 시기로 추정되는 세종 20년 전후의 주요 기록부터 추적해 보자.

▪ 16년 6월 26일

『자치통감(資治通鑑)』[140] 교열(校閱)[141]


▪ 16년 9월 22일

수찬(修撰),[142] 경연 정지


▪ 16년 12월 11일 (오류 교정, 밤중까지)

친히 교정을 보기도 하였는데, 어떤 때는 밤이 깊은 줄 모르고 교
정을 보았다.


윤회에게 이르기를, "요즘 이 책을 읽으면서 글 읽는 것이 참으로 좋
다는 것을 깨달았다. 총명함이 날마다 더해지니 잠도 점점 줄어든다."
하다.


▪ 17년 7월 29일

윤대[143] 시작

---

140 중국 북송(北宋)의 사마광(司馬光, 1019~1086)이 주(周)나라 위열왕(威烈王)이 진(晉)나라 3경[卿, 한
(韓)·위(魏)·조(趙)]을 제후로 인정한 BC 403년부터 5대(五代) 후주(後周)의 세종(世宗) 때인 960년
에 이르기까지 1,362년간의 역사를 1년씩 묶어 편찬한 것이다.
141 자세히 살펴보거나 점검하면서 읽음.
142 재료를 뽑고 글을 지어 책을 꾸며냄.
143 백관이 임금 앞에서 차례로 정치 의견을 아뢰던 일

- 18년 2월 27일

『훈의통감(訓義通鑑)』을 문신들에게 나눠 주다.


- 18년 4월 4일

주자소 인쇄


- 18년 4월 12일

의정부 서사제 교서


## 6. 우리 글자에 대한 열정과 시간을 벌기 위한 묘수


한서 『자치통감』은 기원전 403년부터 기원후 959년까지 1,362년 간의 113명 왕의 역사를 1년씩 묶어 편찬한 294권의 책으로 제왕의 정치 교과서 또는 제왕을 위한 책이라 불릴 정도로, 잘 다스려지는 세상을 이룩하기 위한 치세(治世)의 방법까지 찾아낼 수 있는 책이라 할 수 있다. 중국의 역대 왕조에서 일어난 일들을 기술하여 그 속에 수많은 사건과 이에 대응하는 인간의 성공과 실패, 음모와 정략, 정의 와 불의, 충신과 간신의 모습 등이 잘 드러나 있다. 그리하여 그 누구 에게나 어느 시대에나 사람들에게 필요한 지혜를 전해 주고 있다.

세종은 2년 가까이 이 『자치통감훈의(資治通鑑訓義)』[144]를 교열하는 일을 하며, 역대 왕들의 치적과 각 나라의 흥망성쇠들을 통하여 많은 생각을 하게 되었을 것이다. 그렇다면 세종의 성격으로 미루어 조선의 왕으로서 이 나라를 위하여 어떻게 해야 할 것이며, 또 이 백성들에게 무엇을 해 줄 수 있을 것이며, 또한 백 년 천 년 대계를 위하여 할 수 있는 것은 무엇인가 생각했을 것이다.

수많은 생각들 가운데에서 문득 떠오르는 한 가지! 전에부터 자주 생각했던 것, 불쌍한 우리 백성들이 까막눈이라 삶에 도움 되는 책을 읽을 수 없으니 얼마나 답답할 것인가? 그것은 바로 우리 글자가 없어 잘 통하지 않는 어려운 한자를 빌려 쓰기 때문이다. 그렇다면 우리 글자를 만들어 주면 어떨까? 이 나라 천년, 만년 대계를 위하여 우리만의 글자가 필요한 것이다. 이것은 알고 보면 투철한 자주사관이다. 민본주의와 자주사관은 이처럼 긴밀하게 이어질 수밖에 없는 것이었다.

그리고 중국은 물론이요, 주변의 몽고·서하(몽고 서부에 있던 나라)·여진·일본·서번 등 다른 나라들은 어찌됐건 자기네 글자가 있는데, 우리만 고유의 문자가 없다는 것이 뼈아프게 의식되었을 것이다. 세종은 『자치통감』의 교열도 마쳤으니, 이제는 역사적인 새로운 일에 매진해야겠다고 굳게 결심한다. 그런데 시간이 문제였다. 시간이 있어야 여러 다른 나라 글자도 살펴보고, 참고 문헌들도 들여다보고,

---

144 훈의(訓義)는 한자(漢字)와 한문(漢文) 읽는 법과 뜻을 말한다.

이 궁리 저 궁리도 해보고 할 것 아닌가. 아무리 천재라 하더라도 하나의 완벽한 작품을 위하여는 그렸다가 지우고 또 그렸다 지우고 하는 수많은 시행착오를 반복해야 하니 많은 시간이 필요했다.

천재 발명가 에디슨은 축전지를 발명하는 데 2만 5,000번이나 실패했다. 그렇다면 세종은 훈민정음 발명에 몇만 번을 실패한 끝에 성공했을까? "천재란 99%가 땀이며, 나머지 1%가 영감이다."라는 말이 있듯이, 세종은 그 작업 기간에 밤을 지새우며 얼마나 많은 땀을 흘렸을까? 그동안 얼마나 정신적 · 육체적 고초가 심했을까?

무엇보다 시간을 어떻게 냈을까? 낮의 일과 틈틈이 하기에는 일이 번다하고 여러 신하들도 상대해야 했으니, 세종은 그 엄청난 일을 해내기에는 마땅한 환경에 있지 않았다. 그렇지만 우선 일과의 양이라도 줄일 계획을 하던 중 의정부서사제(議政府署事制)[145]라는 묘수가 떠올랐다. 이는 육조를 일일이 상대하기보다도, 의정부에 보고하여 가부를 논의하게 한 뒤 왕에게 보고하는 제도였다. 이로써 일의 양이 많이 줄어 여유가 생겼고, 신하들은 자신들의 권한이 늘어나 반대할 이유가 없었다.

- 18년 4월 12일 (40세)

교지에 "조종께서 이미 제정하여 놓은 법령을 다만 수시로 손익할 뿐이니, 지금 태조께서 제정하여 놓으신 법에 의하여, 육조에서는 각각

---

145 육조(六曹)의 업무를 의정부를 거쳐 국왕에게 올라가게 한 제도

맡은 직무를 먼저의 정부에 품의(稟議)<sup>146</sup>하고, 의정부에서는 가부를 의논하여 아뢴 뒤 분부를 받아 도로 육조로 돌려보내서 시행하게 하고, 오직 이조와 병조에서의 관리 제수나, 병조에서 군사를 쓰는 것과 형조에서 사형수 이외의 형결은 해당 조(曹)로 하여금 직접 아뢰어서 시행하게 하고 즉시 정부에 보고하여, 만일에 합당하지 못한 일이 있으면 정부에서는 이에 따라 반대하고 다시 계문해서 시행하게 하라. 이렇게 되면 거의 옛날 재상에게 전임(專任)하는 본의에 합당할 것이니 예조에서는 중외에 밝게 알리라." 하다.

■ 18년 5월 25일

도승지(都承旨)<sup>147</sup> 신인손에게 명하여 의정부에 가서 세 의정[三議政]<sup>148</sup>과 더불어 정사를 의논하게 하였다.

■ 18년 10월 1일

도승지 신인손에게 명하여 정부에 의논하기를, "내가 의논하도록 명령한 일은 서로 논박하면서 각기 마음속에 쌓인 바를 진술하면서도, 육조의 상신(上申)하는 일은 뇌동(雷同)<sup>149</sup>하여 보고하면서 아무런 다른 의논이 없는 것은 무슨 이유인가." 하니, 영의정 황희 등이 "성상의 명령이 진실로 마땅합니다. 그러나 신등이 어찌 육조의 상신한 것을

---

146 웃어른 또는 상사에게 글이나 말로 여쭈어 의논함.
147 임금의 비서 기관인 승정원(承政院)의 책임자
148 영의정(領議政)·좌의정(左議政)·우의정(右議政)
149 옳고 그름의 분별도 없이 남을 따름.

소홀히 하여 그렇게 한 것이겠습니까. 다만 상신한 것이 만약 합하지 못한 점이 있으면, 다시 마감(磨勘)[150]하게 하여 신등의 의견에 모두 합한 후에야 이를 보고하게 한 까닭으로 다른 의논이 없는 것입니다."

하였다.

---

150 하던 일을 마무리해 끝냄.

# 4 장

# 세종의 안질과 건강 문제

　세종은 제도의 개혁으로 일상 업무의 양을 줄였지만, 그래도 본격적으로 큰일을 시작하기에는 환경이 여의치 않았다. 일의 성격상 본격적인 작업은 신하들의 눈을 피해 일과 후에 하는 야간작업이 될 수밖에 없었다. 이 작업은 밤에 호롱불로 글과 책들을 읽어가며 하는 일이었으니, 일차적으로 눈에 무리가 올 수밖에 없었다. 결국 안질이 생겼다. 그래서 본업이 의사인 나는 한글 창제를 본격화한 시점으로부터 완성을 전후한 시기까지 세종의 건강 상태를 세밀히 점검해 보기로 했다.

　건강이 나빠서 한글 창제 작업이 불가능했을까? 아니면 건강이 창제 작업이 불가능할 정도는 아니었지만, 힘들고 어려운 작업에 매달리다 보니 안 좋은 건강이 더 나빠진 것은 아닐까? 이에 대한 사실 확인은 여간 어려운 문제가 아닐 것이다.

▪ 5년 8월 4일

경기 · 충청 · 경상 · 전라 · 강원 · 황해 · 함길도의 감사에게 칠목(漆木. 옻나무)의 열매를 이삭까지 달아서 따서 한성으로 올려 보내도록 하였다. 대개 기름을 짜서 임금이 밤에 독서하는 데 제공하려 한 것이니, 그 기름이 연기가 없고 밝은 때문이다.

한글 창제 과정에서 보인 세종의 건강 문제를 다음의 두 가지 관점에서 살펴보기로 한다.
  1. 안질 관련 주요 맥점 세 가지
  2. 한글 창제 작업 시작 이후 건강상의 추이

## 1. 안질 관련 주요 맥점 3가지

### 1) 신하가 임금 안질 생길까 걱정

▪ 16년 12월 11일 (38세)

대제학 윤회 등이 날마다 편찬하는 『자치통감훈의』를 매일 저녁 궐내에 들이다. 임금이 친히 오류(誤謬) 된 것을 교정하기를 혹은 밤중에 이르도록 하였다.
이날에 임금이 윤회 등에게 "근일에 이 글을 봄으로 인하여 독서하는 것이 유익한 것을 알았다. 총명이 날마다 더하고 수면이 아주 감하여졌다." 하였다.

윤회 등이 "밤에 가는 글씨를 보면 안질이 나실까 두렵습니다." 하니, 임금이 "경의 말이 옳다. 내 조금 쉬겠다." 하다.

밤에 책을 읽으며 교정하는 일은 눈에 무리를 가져올 수밖에 없다. 그렇지만 이 시점까지 안질은 우려는 되지만 심각한 단계는 아니었던 것 같다. 『자치통감훈의』라는 분량이 많은 책을 밤마다 직접 교정하는 작업을 했으니, 이 일 시작하고 몇 달 뒤부터 신하가 임금의 안질을 걱정하기에 이르고 있다.

## 2) 안질의 발병 원인 — 사관 기록

■ 23년 4월 4일 (45세)

(온천에서) 도승지 조서강 등이 문안드리니, 임금이 "내가 두 눈이 흐릿하고 깔깔하며 아파, 봄부터는 음침하고 어두운 곳은 지팡이가 아니고는 걷기에 어려웠다. 온천에서 목욕한 뒤에도 효험을 보지 못하였더니, 어젯밤에 이르러서는 본초(本草)의 잔 주석(註釋)을 펴 놓고 보았는데도 또한 볼 만하였다." 하여, 조서강 등이 "안심하시고 오래 목욕하시어 영구히 치유되게 하옵소서." 하다.

온천에 오느라 며칠 글들과 책을 멀리하고, 또 온천욕도 하면서 푹 쉬니까, 그렇게 나빴던 안질이 조금은 좋아져 잔 주석도 볼 만하였으리라. 이 시점은 한참 연구에 매진하고 있는 때로, 세종 자신이 눈이 몹시 아파 매우 힘들었노라고 얘기하고 있다. 그렇지만 주위에서 지켜본 사관은 당시 상황을 다음과 같이 기록하고 있다.

이 당시에 임금이 부지런히 모든 일을 하였고, 또한 글들과 전적(典籍)을 밤낮으로 놓지 않고 보기를 즐겨하였으므로, 드디어 안질을 얻게 된 것이다.

사관은 그 무렵 임금의 상태에 대하여, 모든 일을 부지런히 하면서 글들과 서적들하고 밤낮으로 씨름하는 모습을 이렇게 기록하면서, 이것이 결국 안질의 원인이 되었다고 분명하게 설명하고 있다.

## 3) 안질이 이미 나았다

▪ 31년 12월 3일 (53세)

임금이 하연·황보인·박종우·정분·정갑손에게 "나의 안질은 이미 나았다. 말이 잘 나오지 않던 것도 조금 가벼워졌으며, 오른쪽 다리의 병도 차도가 있음은 경등이 아는 바이지만, 근자에는 왼쪽 다리마저 아파져서 기거(起居)할 때면 반드시 사람이 곁부축하여야 하고, 마음에 생각하는 것이 있어도 반드시 놀라고 두려워서 마음이 몹시 두근거리노라. 예전에 공정왕(恭靖王, 정종)께서 광주(廣州) 기생의 이름을 생각하여도 생각이 나지 않아서 사람을 시켜 묻게 한 뒤에야 심중이 시원하신 듯하였고, 또 연회 때에 신색이 이상하시더니 얼마간 있다가야 안정하시고는 사람에게 말씀하시기를, '마침 생각하는 것이 있었으나 뜻을 이루지 못하여 얼굴빛이 변함에 이르렀노라.' 하셨다. 그때 내 매우 이상하게 여겼더니, 이제 왼쪽 다리가 아픔에 때로 이를 생각하니, 기운이 탈진됨을 깨닫지 못하다가 오래되어서야 평상으로 회복되고는 하니, 예전에 괴이하던 일이 내 몸에 이르렀노라. 박연, 하위지가 온천에서 목욕하고 바로 차도가 있었지만, 경들도 목욕하고서 병을 떠나게 함이 있었는가. 나도 또한 온천에 목욕하고자 하노라." 하니, 황보인·박종우·정갑손이 "신등도 일찍이 배천온천(白川溫泉)에 가서 목욕하여 병을 고쳤습니다." 하였다.

'안질이 나았다 하니, 그 안질이 과연 어떤 안질인가! 그 오랜 기간 그토록 세종을 괴롭혀 온 제일 고질적 안질, 그리하여 신하들에게 하는 모든 요청의 주요 단골 메뉴로 올랐던 그 안질이 나았다니, 참으로 놀랄 지경이고 도저히 믿기지 않는다. 빈말로 아니면 노인이 치매에 걸려 헛소리하는 그런 허황된 말이라고 볼 수도 없겠다.

위 진술의 온천 가려는 이유 설명에서 자신의 몸 상태에 관하여 소상하고도 일관성 있게 하나하나 나열하고 있다. 또 이 부분에서 짚고 넘어가야 할 아주 중요한 사실은, 한글 작업 중 완성 이전에 만일 당뇨병의 합병증으로 오는 망막증이나 백내장을 앓았고, 시력을 상실할 정도로 진행됐었다면, 그로부터 10년이나 경과한 지금 이 시점에 안질이 나았다는 말이 나올 수 있겠는가 하는 사실이다. 위의 당뇨로 오는 망막증은 시간이 많이 경과되고 나서 가역적으로 저절로 좋아지지는 않는 것이다.

위 세 가지 맥점을 도표로 정리해 보자.

| 16년 12월 | 23년 4월 | 24년 9월 | 24년 10월 | 25년 12월 | 27년 5월 | 31년 12월 |
|---|---|---|---|---|---|---|
| 신하가 임금 안질 생길까 걱정 | 사관이 안질 원인 설명 | 첨사원 개설 | 세자강무 | 한글 완성 | 세자 서무 대행 | 안질 나음 |

**17년 7월**

『자치통감훈의』 교정 작업이 끝나고, 경연 다시 시작.

이어서 『통감감목』 작업 등을 하면서 뭔가 큰일을 결심하였다.

**18년 4월**

의정부서사제 실시.

이 시기 전후하여 본격적으로 구상 시작하였다.

**23년 4월**

작업을 열심히 하다 보니 안질이 심해졌다.

**25년 12월**

작업 완성 그 후 세자 서무 대행 등 여러 가지 방법으로 손 놓고 쉬어 가니,

**31년 12월**

안질이 나았다.

## 2. 한글 창제 작업 시작 이후 건강상의 추이

### 1) '큰일'을 위한 시간 벌기

- 18년 4월 12일 (40세) (의정부 서사제)

의정부와 육조의 관계를 정비하도록 교서를 내리다.


- 18년 5월 25일

도승지 신인손에게 명하여 의정부에 가서 세 의정[三議政]과 더불어 정
사를 의논하게 하였다.


- 18년 7월 29일

이계전과 김문을 명하여 『강목(綱目)』·『통감(通鑑)』의 훈의(訓義)를 찬
술하게 하고, 유의손으로 하여금 서문을 짓게 하다.
무릇 버리고 취하기를 모두 임금의 재단을 받았다.


- 18년 11월 14일

사간원에서 이듬해 강무를 행하지 않을 것을 건의하다.


- 19년 3월 27일

임금이 사정전(思政殿)에 나아가 신인손에게 명령하기를, "지금 왕위
에 있은 지가 20년인데 조금도 다스린 공효가 없고, 해마다 계속하여
수재를 만나 기근이 끊이지 않고, 이웃 도적이 자주 변경을 소요(騷擾)

하게 하여 정교(政敎)<sup>151</sup>가 무너지고, 간사한 도둑이 날마다 불어나서, 무릇 100가지 시책이 꿈쩍하면 뉘우침만 있으니, 부하(負荷)<sup>152</sup>의 무거움을 이기지 못할까 하여 실로 깊이 공경하고 두려워한다. 물러나 피하여 하늘의 견책에 답하고자 하여, 세자로 여러 정무를 참예하여 결단하게 하려고 지난해 가을부터 대신에게 의논하였으나, 대신이 고집하여 불가하다 하고, 또 내가 아직 늙지 않았으므로 이 의논을 있을 수 없다 하였기 때문에 곧 뜻대로 하지 못하였었다. 그러나 위에 있은 지가 이미 오래고, 일을 경험한 것이 또한 많으며, 예지(銳志)가 이미 쇠하여 90세의 늙은이와 다름이 없고, 또 병이 있어서 이른 아침부터 밤 늦게까지 정사를 듣기가 참으로 견디기 어렵다. 세자는 지금 나이 20이 넘었고 경전(經傳)과 사기(史記)를 고루 보았으며 지기(志氣)가 바야흐로 왕성하여 능력이 있을 만한 때다. 그러므로 서무(庶務, 특별하지 않은 일반적 사무)를 참여하여 결단하게 하겠다. 지금 한 나라의 정사를 모조리 세자에게 전하여 주고 방자하게 스스로 편안하려는 것이 아니다. 일의 큰 것을 친히 결단하면 하늘과 조종께서 나를 명하여 임금으로 삼은 책임은 처음부터 감히 피하는 것은 아니다." 하다.

세종은 41세의 나이에 벌써 자신의 건강 상태를 90세의 늙은이와 다름없다고 말하고 있다. 그래서 세자에게 중요하지 않은 일반적 사무를 맡기고, 자신은 "일의 큰 것을 친히 결단하려" 한다. 여기서 세

---

151 정치와 교육
152 부담(負擔)

좋은 시간을 만들기 위해 좀 과장하여 표현한 것 같다.

■ 19년 4월 1일

도승지에게 명하여 의정부에 논의하게 하기를, "대저 사람의 일이 늙을 때와 젊은 때가 다름이 있어 나의 계획한 일이 젊은 때와 다른 것이 많고, 또 풍질(風疾)이 있어 스스로 힘쓰기 어려워 세자로 모든 정무를 대신 다스리게 하되, 중요한 일들은 내가 마땅히 그대로 주장하겠다. 이제는 세자로 섭정하게 하겠으니 내 뜻을 미리 알아 두라." 하다.

지난가을, 그러니까 병진년(18년)의 가뭄 때 세종은 인간이 할 수 있는 모든 방법들을 다 동원해 봤지만 별다른 효과를 보지 못했다. 그 사이 심신은 지쳐 가고 그럴수록 더욱 초조해진 세종은 19년 3, 4월에 다시 세자 섭정을 본격적으로 거론한다. 그렇지만 섭정은 자신만 편하자고 제안한 것이 아니었다. 앞에서 보았듯이, 세종의 마음속에는 '큰일'이 있었다. 바로 그 일에 필요한 시간을 마련하는 데에는 의정부서사제로는 턱없이 부족했다. 그래서 세종은 마침내 세자 섭정을 서두르게 된 것이다.

■ 19년 9월 3일

임금이 여러 승지들에게 "과거 보는 해마다 먼저 제술(製述, 글을 지음)로서 취하되, 시험장에서 내가 친히 글을 외우게 하여 그 학문을 보는 것이 어떻겠느냐." 하니, 권채가 "전시(殿試)[153]에는 글 짓는 것은 파하고 외우는 것으로 등급을 정하는 것이 좋습니다." 하니, 임금이 "어찌 단지 등급만 할까. 통하지 못한 자는 뽑지 않는 것이 좋겠다." 하였다.

신인손이 "전하의 건강에 피로하실까 염려되옵니다." 하니, 임금이 "무엇이 피로하겠느냐. 하루 동안을 한정할 것이 아니라 비록 5, 6일이라도 좋을 것이다." 하고, 또 "내가 경연에 나아가고자 하나 집현전 관원이 다른 곳에 나누어서 출근하므로 오랫동안 강의를 정지했었다. 만약에 네 사람만 되면 두 사람씩 서로 교대해서 입시(入侍)[154]하여도 경연에 나아갈 수 있겠다." 하였다.

"무엇이 피로하겠느냐"는 반문은 아직은 건강에 큰 이상 없다는 것을 암시하고 있다. 그러니 앞에서 자신의 건강을 90세 노인에 비유한 데에는 다소의 과장이 있었을 것이다.

▪ 20년 4월 16일
근정전 조회

▪ 20년 4월 17일
임금이 근정전에서 문무과방(文武科榜)[155]을 의절과 같이 발표

---

153 복시(覆試)에 합격한 자를 궐내(闕內)에 모아 국왕이 친림하여 시행하는 과거. 과거시험의 가장 마지막 시험
154 대궐 안에 들어가 임금에게 뵘.
155 문무과(文武科) 과거 합격자를 발표함. 방방(放榜)

▪ 20년 4월 18일

**상참**(常參, 임금에게 정사를 아뢰던 일) · **경연**(經筵, 임금이 신하들과 국정을 협의하던 일)

▪ 20년 4월 19일

상참 · 경연

▪ 20년 4월 20일

임금이 정부에 의논

▪ 20년 4월 21일

평원대군[156] 결혼

▪ 20년 4월 22일

경연

▪ 20년 4월 23일

상참 · 경연

---

156 평원대군(平原大君, 1427~1445) : 세종과 소헌왕후(昭憲王后) 사이의 일곱 번째 왕자인 이임(李琳)

경연

(기록 없음)

## 2) 임질(淋疾) = 대상포진

나는 여기서 언급된 임질이 호사가들이 말하는 성병(性病)인가에
대하여 궁금증을 갖고 많은 생각을 하지 않을 수 없었다. 방탕하고
무절제한 생활을 한 왕이라면 그럴 수 있겠지만, 어찌 세종 같은 분
이 임질에 걸릴 수 있단 말인가. 그러니 기록을 통해 임질 발언이 나
오게 된 전후 부분을 살펴보자.

■ 20년 4월 28일

영의정 황희, 좌찬성 신개, 운성군(雲城君) 박종우, 우찬성 이맹균, 좌참
찬 조계생, 우참찬 최사강, 지중추원사 이중지, 중추원사(中樞院使) 한
확, 병조판서 황인 등을 불러, 임금이 "내가 전일에 대신들과 재차 의
논하기를, '중대한 일을 제외한 그 나머지의 모든 일은 모두 세자로 하
여금 대행해 다스리게 하려 한다.'라고 하였더니, 대신들이 모두 '불가
하다.'라고 하여 드디어 그 의논을 정지한 바 있다. 그러나 내가 전부
터 물을 자주 마시는 병이 있고, 또 등에 부종(浮腫)을 앓는 병이 있는
데, 이 두 가지 병에 걸린 것이 이제 벌써 2년이나 되었다. 그러나 그

병의 뿌리가 다 근절되지 않은데다가 이제 또 임질(淋疾)을 얻어 이미 열하루가 되었는데, 번다한 서무를 듣고 재가(裁可)하고 나면 기운이 노곤하다. 이 병을 앓은 자가 모두 '비록 나았다가도 다시 발작한다.' 하며, 또 의원이 '이 병을 치료하려면 마땅히 희로(喜怒)하지 말고 마음 깨끗이 가지고 화락하게 길러야만 한다.'라는 것이다." 하다.

임금이 많은 신하들 앞에서 자신이 임질을 앓고 있다고 말하고 있다.

▪ 20년 4월 29일
임금이 편하지 아니하여 의정부 · 육조 및 2품 이상이 문안하다.

▪ 20년 4월 30일
임금이 편하지 아니하다.

▪ 20년 5월 1일
임금이 편하지 못하여 의정부 · 육조와 부제학 이상이 문안하다.

▪ 20년 5월 2일
의정부 · 육조와 부제학 이상이 문안하다.
임금이 "이후부터는 문안을 없애도록 하라." 하다.

▪ 20년 5월 7일

내전에서 종친들과 연회 베풀다.


▪ 20년 5월 25일

임금이 편치 못하여 왕세자에게 명하여 백관을 거느리고서 칙서를 맞게 하고, 혜령군 이지와 권제를 사정전으로 인견하고 안장과 말을 하사하다.


▪ 20년 5월 27일

효령대군의 병이 위독하매, 임금이 친히 소문(疏文, 부처에 빌다)에 수결하다.

승정원에 전지하기를, "내가 지난번에 세자로 서무를 나누어 처결하게 하려고 하였는데 뒤에 다시 생각하니 역시 미가(未可)[157]한 것이 있다. 옛날 당(唐)나라 태종(太宗)이 질병이 있어 태자를 불러 정사를 처결하게 하였다가 바로 병이 치유되어 드디어 다시 친히 정사를 다스린 바도 있으니, 지금 하필 그 서무를 나눌 필요가 있겠느냐. 내 병은 차도와 심함이 무상하여 조금이라도 말을 하거나 움직이거나 기뻐하거나 노여워하여 성질을 낼 적이 있으면 찌르는 듯이 아픈 증세가 즉시 발작하곤 하니, 이 병이 길고 짧을 것을 헤아릴 수 없는 터이다. 대저 신하가 임금을 섬김에는 본시 오랫동안 조현(朝見)[158]하지 않을 수

---

157 …할 수 없다.
158 신하가 조정에 나아가 임금을 뵘.

없는 것이며, 임금이 영을 시행함에 있어서도 어찌 일개 환관으로만 명을 전달하게 하여서야 되겠는가. 병이 들면 세자에게 명하여 정사를 다스리게 하고, 병이 나으면 곧 다시 친히 정사를 보는 것이 실상 일의 이치에 합당할 것이다. 이에 대신에게 명백히 유시하고, 세자에게 명하여 군신(群臣)과 대하여 서무를 대결(代決)[159]하게 하고 나는 휴양에 전심하려고 하니, 경등은 이 뜻을 살펴 알지어다."라고 하니, 신인손·김돈·허후 등이 눈물을 흘리며, "근일 비록 정사를 보지 않으셨사오나 별로 적체된 일이 없사오며, 또 성상의 춘추가 아직 높지 않으시고 병세도 또한 날로 치유되어 가시고 있사온데, 어찌 돌연 이 같은 성지를 토로하시옵니까. 온 나라가 실망할 것입니다. 비록 대신에게 유시하신다 하더라도 감히 몇 사람이나 그 성지를 받들 사람이 있사오리까. 이 뜻을 노정하지 마시고, 다만 어쩔 수 없으시다면 마땅히 서무를 덜어서 의정부에 부탁하시옵소서." 하매, 임금이 "그러하면 덜 만한 사무를 감안하여 보고하라." 하다.

▪ 20년 6월 1일
임금이 몸이 편하지 않다.

▪ 20년 6월 7일
임금이 몸이 편하지 않다.

---

159 대리(代理)로 결제함.

▪ 20년 6월 12일

임금이 편찮은 지가 오래되어 의정부와 육조에서는 매일같이 문안하고, 승지 김돈·성염조 등이 조석으로 약을 달여 바쳐 왔는데, 이에 이르러 구체적으로 병증(病症)을 기록하여 따로 하나의 사목(事目)으로 삼아, 사은사가 가는 길에 뒤쫓아 보내어 요동의 의원과 북경 어의(御醫)에게 약을 묻게 하다.

이렇게 하여 80일 만에 건강을 회복한다.

▪ 20년 7월 6일
근정전 조회

▪ 20년 7월 15일
근정전 조회

이후의 행적을 보면 체력적으로 힘든 강무가 행해졌다.

▪ 20년 10월 7일
강무(講武)할 것을 종묘에 고하는 제사에 쓸 향과 축문을 친히 전하였다.

■ 20년 10월 9일

임금이 장차 제릉(齊陵, 할머니 묘)에 성묘하고자 원평(原平) 광탄(廣灘)[160]
에 머물다.


■ 20년 10월 10일

임진(臨津) 통제원(通祭院) 서평(西平)[161]에 머물다.

이날 큰바람이 불고 비와 눈이 오다. 장막이 모두 풍우에 찢어지고 날
리다. 춥고 얼고 한 사람들을 구제하게 하였다.


■ 20년 10월 11일

해풍(海風) 소정(所井)[162]에 머무르다. 바람이 차다.


■ 20년 10월 12일

친히 제릉(齊陵)에 제사 지내다.

장단현(長湍縣) 관송(貫松) 들에서 머물렀다.


■ 20년 10월 13일

적성(積城) 광시원(廣施院) 들에 머무르다.

---

160  경기도 파주시 광탄면
161  경기도 파주시 임진강 일원
162  개성(開城) 남쪽 13리에 있다.

- 20년 10월 14일

한성에 돌아오다. 임영대군 집에 나아가다.


- 20년 10월 15일

임금이 여러 승지를 불러 보다.


- 20년 10월 16일

경복궁으로 돌아오다.


- 20년 10월 17일

상참(常參, 신하들이 임금에게 정사를 아뢰던 일)


- 20년 10월 18일

상참 · 정사


## 3) 봄 강무

- 21년 윤2월 19일

강원도 철원 등지에서 강무


- 21년 윤2월 28일

환궁

- 21년 윤2월 30일

상참 · 정사


- 21년 3월 1일

근정전 조회


- 21년 3월 2일

상참


## 4) 임질 회고


- 21년 7월 2일

임금이 초본(草本)을 보고 승정원에 이르기를 "지난가을에 임질(淋疾)이 나아 10월에 친히 제릉(齊陵)에 제사하는데, 비 · 바람이 치고 길이 좁아서 가마를 타지 못하고 말을 타고 갔다 왔는데, 대신이 안부를 묻기에 내가 편안하다고 대답하였더니, 이튿날 전질(前疾)이 조금 도졌었다. 지난봄에 강무할 때 전질이 다시 도질까 염려하여, 비록 말을 타기는 하였으나 내 손으로 고삐를 잡지 아니하여 신체를 쉬도록 하였다. 환궁하는 날에 대신이 안부를 묻기에 내가 편안한다고 대답하였더니, 이튿날 전질이 도로 도지고, 또 안질이 생겨서 시력이 어두워졌다. 지금은 비록 조금 낫기는 하였으나, 친히 행하여 신체를 피로하게 하기가 어려울 것 같다. 강무는 큰일이니 어찌 신병으로 폐할 수 있는가. 세자로 하여금 나를 대신하여 강무하려 하니, 이 뜻과 전지(傳旨)를 가지고 의정부로 하여금 의논하게 하여 아뢰라." 하다.

## 5) 세종의 병세를 분석한다

임금이 많은 신하들 앞에서 자신이 임질을 앓고 있다고 말한다. 더구나 여기 언급된 임질은 한자로도 성병(性病) 임질과 같으니 어찌 할까? 과연 오늘날 말하는 성병인가 아닌가, 아니면 다른 어떤 병인가 에 관하여 본격적으로 초조한 마음과 궁금증을 갖고 풀어 보았다.

### (1) 임질을 성병으로 보기 어려운 이유

① 20년 4월 28일 기록에 나오는 임질이 성병이라고 가정하면, 세 종 자신이 국가의 여러 원로 대신들을 불러 놓고 국사를 논하 는 중에 '내가 지금 성병 앓는 지가 11일째요.'라고 공공연히 설명한 것이 되는데 그런 일이 가능할까?
② 5월 27일의 설명 중에 '조금이라도 말하거나 움직이거나 희로 로 성질내면 찌르는 듯이 아픈 증세가 발작한다.'라고 말한 것 으로 보아 성병으로 보기 어렵다.
③ 만일 성병이라면 어떤 행사, 즉 가을 제릉 행차, 봄 강무 등 멀 리 말 타고 무리하면 재발하고, 또 바로 3일 만에 그치겠는가.
이상의 이유들로 보아 세종이 말하는 임질은 성병일 가능성이 없다.

## (2) 세종이 말하는 '임질'은 과연 어떤 질환인가?

① 여기에서 잠깐 생각을 다른 방향으로 돌려 보자.

한자 사전에 의하면, 임질(淋疾)의 '임(淋)' 자는 '물 뿌릴 림, 물방울 떨어질 림'이다. 그러니 임질이라는 용어는 물방울, 또는 물방울 떨어지는 어떤 모양과 관계있는 것은 아닐까?

② 위에서 이미 보았듯이, 세종이 말하는 '임질'의 증세는 '찌르는 듯한 아픔'을 동반한다.

> ### 🖎 이제 ①, ② 두 가지를 합쳐서 정리해 보자.
>
> 모양 : 피부에 물방울=수포(水疱) 같은 것들이 돋는다.
> 증상 : 찌르는 듯이 아프고, 조금이라도 움직이거나 말을 해도 발작한다. 특히 과로나 무리로 몸 상태가 안 좋을 때 발생한다.

위의 사항들에 합당한 질환을 찾아보았다. 그 결과, 세종이 말하는 '임질'은 요즈음 의학 용어로 대상포진(帶狀疱疹)과 같은 것임을 알 수 있었다.

그렇지만 대상포진이라는 병명은 그 당시에는 존재하지 않았다. 『세종실록』뿐 아니라 『조선왕조실록』 어디에도 등장하지 않는다. 그 시대에는 일반적으로 병에 대하여 현대와 같이 세분화하여 알 수 없었기에 마땅한 병명을 붙이지 못하고 대강의 그룹군으로 분류할 수밖에 없었다. 세종의 본인의 병에 관한 설명들과 기록들을 보면, 당시에 설명할 마땅한 병명이 없어서 단지 피부에 생긴 물방울들을 뿌려 놓은 듯한 모양을 보고, '물 뿌릴 림(淋)' 자를 써서 그냥 '淋疾(임질)'이라 불렀을지 모른다.

이 병을 앓고 며칠 지나면 물방울 모양의 피부 발진이 생기고, 11일째쯤이면 제법 많은 물방울 모양의 수포들이 물방울 뿌린 듯한 모양을 이룬다.

번다한 업무를 처리하고 나면 피곤하다. 앓았던 자는 '나았다가 다시 발작한다' 말하고, 의사는 반드시 스트레스받지 말고 안정을 취하라고 말한다.

이 책 저 책 뒤적거리고 이 궁리 저 궁리하며 한글 창제에 착수했지만 그 일이 쉽게 이루어졌을 리 없다. 밤새 뒤척이며 이런저런 궁리를 하고, 정체 모를 신기루에게 헛손질을 하며 잠 못 이루는 밤들이 이어졌으니, 몸도 마음도 지쳐가고 정신적 스트레스가 쌓여 갔을 것이다. 낮에도 마음대로 쉴 수 없는 것이 '왕위'였으니, 이런 생활을 오래 계속하다 보면 병이 생기는 것은 자명하다.

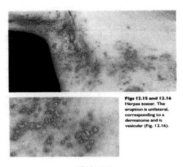

대상포진

## (3) 그 외의 질환들

　세종의 건강에 관하여 언급되는 부분들에서 그 밖의 질환들을 모아 보았다. 이 병들 역시 애매 모호한 부분이 많아 현대 의학으로 병명을 콕 집어 말하기는 어렵다.

　① 풍질 : 풍사(風邪)로 인해 생기는 제반 병증

- 8년 5월 11일
지신사가 "본래 풍기가 있으신데 한재로 술을 드시지 않아…"

- 9년 4월 20일
임금이 "전일 중풍으로 목이 뻣뻣해 아직 낫지 않아…"

- 13년 8월 7일
"전하께서 본래 춘추 계절에는 풍질(風疾)이 발작하는데, 지난여름에는 한 달을 이어 병이 발작하였고, 이제 문소전과 헌릉에 별제를 행하고자 하여 탕에서 목욕하실 즈음에 상풍(傷風)[163]으로 부종(浮腫)이 나고, 조금 신열이 나므로,…"

---

163 바람을 쐬면 생기는 모든 병증(病症)

▪ 13년 8월 18일

김종서를 불러 "내가 풍질을 얻은 까닭을 경은 반드시 알지 못할 것이다. 접때 경복궁에 있을 적에 그때가 바로 한창 더운 여름철이었는데, 한낮이 되어 잠시 2층에 올라가서 창문 앞에 누워 잠깐 잠이 들었더니, 갑자기 두 어깨 사이가 찌르는 듯이 아팠는데 이튿날에는 다시 회복되었더니, 4, 5일을 지나서 또 찌르는 듯이 아프고 밤을 지나매 약간 부었는데, 이 뒤로부터는 때 없이 발작하여 혹 2, 3일을 지나고, 혹 6, 7일을 거르기도 하였다." 하다.

▪ 14년 9월 4일

승정원에 "내가 근년 이후로 풍질이 몸에 배어 있고, 온갖 방법으로 치료하여도 아직 효과를 보지 못하였다. 이제는 병의 증상이 계속 발생하므로 내년 봄에 충청도의 온수(溫水)[164]에 가겠다." 하다.

▪ 17년 4월 1일

사신에게 말하기를, "전하께서 본래 풍질이 있으신데 마침 다시 재발하여, 부득이 진양대군 유(珤)에게 명하여 대신 전별연을 행하겠습니다." 하다.

---

164 충청남도 온양 온천

- 19년 4월 1일

도승지 신인손에게 명하여 의정부에 가서 논의하게 하기를, "대저 사람의 일이 늙을 때와 젊은 때가 다름이 있어서 나의 계획한 일이 젊은 때와 다른 것이 많고, 또 풍질이 있어서 스스로 힘쓰기 어려워서 세자로 하여금 섭정하게 하겠으니 내 뜻을 미리 알아 두라." 하다.

- 21년 1월 13일

임금이 김돈에게 "내가 비록 앓는 병은 없으나, 젊을 때부터 기력이 미약하고 또 풍질로 인한 질환으로 서무를 억지로 다스리기 어렵다. 이제 작은 일은 모두 세자에게 위임하여 체결하고, 오직 큰일만 과인이 듣고 결단하여 편히 보양하고자 한다." 하다.

- 21년 11월 1일

시강관(侍講官)[165]들에게 "내 본래 풍질을 앓는지라 매양 겨울철을 당하면 목욕할 수 없다. 옛말에 '내가 제사에 참예하지 아니하면 제사를 아니 지냄과 같다.' 하였는데, 만일 대행함으로써 상례로 삼는다면, 내 후세에 태만한 임금이 대행으로써 예(例)를 삼아 친히 제사를 지내지 아니할까 염려되니, 너희들은 재계·목욕과 제사하는 예법을 상고하여 아뢰라." 하다.

---

165 경연(經筵)에서 임금에게 경서(經書)를 강독하는 정4품 버슬

- 28년 4월 30일

임금이 풍증(風症)으로 수전증(手顫症)이 있어 수결(手決)을 하기가 어려워서 권도(權道)<sup>166</sup>로 압자(押子)<sup>167</sup>를 찍고, 드디어 이 뜻으로 겸하여 요동(遼東)에 자문(咨文)<sup>168</sup>하다.

- 31년 9월 2일

좌의정·우의정·좌참찬·우참찬·예조 판서를 불러 "내 풍질 때문에 칙서를 친히 맞이하지 못하겠으나 세자로 하여금 대신 행하려 하니, 이 뜻을 미리 사신에게 알리라." 하다.

② 소갈병(消渴病)

일반적으로 당뇨병으로 알려져 있으나 애매한 면이 있어 확정짓기 어렵다. 안질 설명 중 당뇨 합병증으로 오는 망막증, 백내장 등을 의심하지만, 그것은 아니다.

- 즉위년(1418) 10월 9일

상왕이 일찍이 하연으로 하여금 정부와 육조에 유시하기를, "주상은 사냥을 좋아하지 않으시나, 몸이 비중(肥重)하시니 마땅히 때때로 나와 노니셔서 몸을 존절(尊節)<sup>169</sup>히 하셔야 하겠다." 하다.

---

166 방도
167 서명
168 명(明)나라 각 부(部) 또는 지방관과 왕복하던 외교 문서의 하나
169 소중하게

■ 13년 3월 26일

대언들이 "일찍이 신들에게 갈증을 멈추게 할 약을 문의하라 명하셨사온데, 의원은 말하기를, '마땅히 먼저 식이요법으로 다스려야 할 것인데 흰 수탉[白雄鷄]·누른 암꿩[黃雌雉]·양고기[羊肉] 등은 모두 능히 갈증을 멈추게 한다.' 하오며, 뒤를 잇기가 어려운 물건도 아닙니다." 하니, 임금이 "어찌 내 한 몸을 위해 이같이 후히 하겠는가. 닭은 이어 댈 수 없고, 꿩은 바치는 자가 있지만, 양은 본국에서 나는 물건이 아니니 더욱 먹을 수 없는 것이다." 하다.

강권하니, 드디어 "내 이를 시험하겠다. 그러나 다시 내 명령을 기다리라." 하다.

만약 당뇨라면 이 같은 음식들은 득보다 실이 많았을 텐데, 과연 임금이 잡수셨는지 알 수 없다.

■ 13년 8월 18일

"30살 전에 매던 요대(허리띠)가 모두 헐거워졌으니, 그것으로 허리둘레가 줄어진 것을 알겠다."

체중 감소는 4년의 '허손병', 7년의 죽음의 문턱까지 간 일 등이 원인이 아닐까?

■ 20년 4월 28일

"내가 전에 물을 자주 마시는 병이 있었고, 또 등 위에 부종을 앓는 병이 있었는데 지금 또 두 가지 병에 걸린 것이 벌써 2년이나 되었다. 그러나 그 병의 뿌리가 다 근절되지 않은데다가…"

▪ 21년 6월 21일

또 소갈증(消渴症)이 있은 지가 이미 열서너 해가 되었다. 그러나 이제는 역시 조금 나았다.

▪ 21년 7월 4일

또 소갈증을 앓아서 하루에 마시는 물이 어찌 한 동이만 되었겠는가. 내가 염려하기를, 만일 3년만 지나면 몸이 피곤하여 질 것이라 하였더니, 지금 완쾌한 지가 2, 3년쯤 되었다.

▪ 24년 6월 16일

근년 이래로 내가 소갈증과 풍습병(風濕病)을 앓게 되어 모든 명령과 시행이 능히 처음과 같지 못한데, 온정(溫井)에 목욕한 이후에는 소갈증과 풍습병이 조금 나은 것 같다.

그 외, 일반적 감기, 설사, 요통, 사지통, 부종, 종기 등이 있다.

## 3. 시간을 만들기 위한 대책들

세종은 나랏일을 줄이려고 의정부서사제 시행이라는 묘수를 내

보기는 했지만, 그것만으로는 밤의 연구 작업에 매진하기는 시간이 턱없이 부족하고, 과로로 몸에 무리가 가서 결국 대상포진을 앓고 나니 몸이 지치고 힘들었다. 결국, 시간을 만들기 위하여 세자에게 정무를 대행시키려 했지만, 신하들이 눈을 부릅뜨고 갖가지 구실을 끌어다 대며 가로막았다. 신하들이 보기에 세종의 건강이 그렇게까지 나빠 보이지도 않고, 그럴 만한 명분도 없었다. 그러나 세종은 몸이 안 좋고 여기저기 아파서 너무 힘들다는 갖가지 핑계로, 옛날 병과 지금 안 좋은 곳들을 모두 끌어다 대며 아무리 하소연해도 신하들은 요지부동이었다. 결국, 한시적 강무 중단, 향 축문 전달 중지, 근정문 조회 및 일반 조참 중지 등으로 개인 시간을 조금 늘렸을 뿐이다.

① 18년 4월 12일, 의정부서사제 채택

② 19년 4월 1일, 세자 섭정 계획

    - 19년 9월 3일, 신하가 건강 피로 염려

③ 20년 4월 7일, 대상포진 발병

    - 한글 작업 본격적으로 진행

④ 20년 10월 9일, 제릉

⑤ 21년 1월 13일, 서무 대행 계획, 1, 2년 뒤 반드시 시행하기로

⑥ 21년 6 · 7월. 강무 대행 시도

    - 21년 가을 · 22년 봄, 강무 정지

⑦ 21년 11월 13일, 사형죄 반포 의논

    - 한글 작업 골격 잡기

⑧ 23년 2월 20일, 조참 줄이고, 향 축문 전하지 않게

⑨ 24년 2월 24일, 세자 정사 보기 원함.

　- 5일 3일, 정사 줄이고, 시력 휴양 2, 3년 해야

　- 세자 종묘 제사, 무예 연습

⑩ 24년 6월 16일, 내 뜻 이미 결정

⑪ 24년 7월 28일, 첨사관 두자.

　- 9월 3일, 첨사원 제도

　- 9월 8일, 강무 대행하자.

　- 10월 7일, 세자 강무 대행

⑫ 25년, 봄 강무 정지

　- 4월 19일, 왕위 사퇴하고 병 조리하겠다.

　- 마무리 작업 거의 다 왔나?

　- 5월 15일, 망제 향 축문 친히 전하다. 이후, 상례화

　- 5월 22일, 정사, 열흘에 한 번

　- 10월 1일, 세자 헌릉 삭제 대행


## 1) 일반 서무를 세자에게 대행시키자


■ 21년 1월 13일 (43세)

임금이 경연에 나아가 참찬관 김돈에게 "내가 비록 앓는 병은 없으나, 젊을 때부터 기력이 미약하고 또 풍질(風疾)로 인한 질환으로 서무를 억지로 다스리기 어렵다. 이제 작은 일은 모두 세자에게 위임하여 체결하게 하고, 오직 큰일만 과인이 듣고 결단하여 편히 보양하고자 한다." 하니 신하들이 반대하다.

임금이 "그러나 1, 2년을 기다려 반드시 내 뜻을 이루리라." 하다.

세자에게 서무를 이양하겠다는 이유가 '안질'이 아니라 '풍질'이다. 그러니까 아직은 안질이 심각한 상태가 아니었고, 건강도 그다지 나쁜 것은 아닌 것으로 보인다. 그런데도 1, 2년을 기다리더라도 반드시 자신의 뜻을 이루겠다고 선언한다. 그만큼 시간이 절실히 필요했던 것이다.

▪ 21년 윤2월 19일
철원 강무

▪ 21년 윤2월 28일
환궁

▪ 21년 윤2월 30일
상참 · 정사

▪ 21년 3월 1일
조회

▪ 21년 3월 2일
상참

- 21년 3월 3일

근정전 잔치


- 21년 3월 4일

상참

사정전에서 칙서를 맞이하다.


- 21년 3월 5일

양주 수당(藪堂)에 거둥하여 매사냥 구경


- 21년 3월 8일

상참 · 정사


이 당시만 해도 강무도 하고 조회도 열심히 한다. 크게 건강에 이
상은 없는 듯하다.

## 2) 강무를 세자에게 대행시키자

재위 21년, 세종은 강무하기에 다소 체력적 부담을 느끼면서 당
시 26세인 세자도 배려한 듯 강무를 세자에게 대행시킬 뜻을 강력하
게 밝힌다. 이에 대해 신하들은 한결같이 강력히 반대한다. 그리하여
이 문제를 놓고 임금과 신하들 사이에 일대 파란이 인다. 세종은 온
갖 이유를 다 끌어다 대고, 특히 병에 관하여 과거의 기억들을 들추

며 병명을 죽 나열한다. 신하들을 설득하기 위하여 약간의 과장법을 동원한 듯하다.

- **21년 6월 21일**

임금이 김돈에게 "내가 젊어서부터 한쪽 다리가 아팠는데 10여 년쯤 되니 조금 나았다. 또 등에 부종(浮腫)으로 아픈 적이 오래다. 아플 때는 마음대로 돌아눕지도 못하여 그 고통을 참을 수가 없었다. 지난 계축(15년) 봄에 온정(溫井)에 목욕하고자 하였으나, 대간(臺諫)에서 백성에게 폐가 된다 하고, 대신도 그 불가함을 말하는 이가 있었다. 내가 두세 사람의 청하는 바로 인하여 온정에서 목욕하였더니 과연 효험이 있었다. 그 뒤 간혹 다시 발병할 때도 있으나 그 아픔은 전보다 덜하다. 또 소갈증(消渴症)이 있은 지가 열서너 해 되었다. 그러나 이제는 역시 조금 나았다. 지난해 여름에 또 임질(淋疾)을 앓아 오래 정사를 보지 못하다가 가을 겨울에 이르러 조금 나았다. 올봄 강무(講武)한 뒤에는 안 좋은 왼쪽 눈은 막이 가리는 데까지 이르고, 또 오른쪽 눈도 인해 어두워 한 걸음 사이에서도 사람이 있는 것만 알겠으나 누구누구인지를 알지 못하겠으니, 지난봄에 강무한 것을 후회한다. 한 가지 병이 겨우 나으면 한 가지 병이 또 생기매 나의 쇠로(衰老)함이 심하다. 나는 큰일만 처결하고 작은 일은 세자로 처결하게 하고자 하나, 너희들과 대신들이 모두 말리기에 내가 다시 생각하매, 내가 비록 병이 많을지라도 나이가 아직 늙지 아니하였으니, 내가 가볍게 말을 낸 것을 후회한다. 다만 강무는 나라의 큰일이고 조종께서 이미 세우신 법이다. 하물며 이제 동서(東西) 두 국경의 수어(戍禦)[170]를 바야흐로 일으켰으니, 군자의 준비를 늦출 수야 있겠느냐. 내가 지난번에 세자로 강무하게 하려고 하였더니 대신들이 말리고 너도 역시 말렸는데, 나는 그 옳은 줄을 알지 못하겠다. 하물며 이제는 쇠하고 병이 심하여 금년 가을과 내년 봄에는 친히 사냥하지 못할 듯하니, 세자로 숙위(宿衛) 군사를 나누어 강무하게 하고, 군중의 일은 병조의 당상(堂上) 한 사람과 병방승지(兵房承旨) 한 사람이 같이 의논하여 처결하며, 만일 큰일이 있거든 세자에게만 고할 뿐이다. 너희들은 병조의 당상과 더불어 사목(事目)을 의논하여 아뢰라." 하니, 김돈이 "예로부터 세자는 군부(君父)의 곁을 떠나지 아니하였습니다. 신이 지난번에 아뢰기를, '현시로써 말씀 올리면, 세자가 비록 삼군(三軍)의 군사를 거느리고 온 나라에 행할지라도 누가 의심하고 다른 마음을 가진 이가 있겠사옵니까마는 후세에서 예사로 삼아 행한다면 반드시 소인(小人)이 있어 이간하는 자가 있을 것입니다.' 하오니, 전하께서 신에게 이르시기를, '네 말이 옳다. 나와 태종(太宗) 사이에도 박습, 이관 등의 무리가 있었다.'라고 하셨으므로, 신은 생각하기를, 전하께서 이런 의논을 다시 내시지 않으시리라고 하였더니, 이제 다시 상교(上敎)를 받자오니 이는 행할 수 없는 일이옵니다." 하다.

여기 안질에 관한 기록을 보면 상당히 심각한 듯하다. 그러나 거

---

170 지켜서 막음.

슬러 올라가 지난봄 강무(21년 윤2월 19일~28일) 후에 며칠간의 행적을 살펴보면, 일과가 평소의 예(상참, 정사, 잔치)와 별 차이 없이 행해졌다. 만일 안질이 이 정도로 심했다면 강무 일정 자체를 단축했거나, 또는 강무 후에 충분한 휴식을 가져야 했을 것으로 생각된다. 아마도 자신의 뜻을 관철시키기 위해 조금은 자신의 병을 과장하여 표현한 것 같기도 하다.

어쨌든 세종의 이유 설명은 이후에도 몇 차례 반복된다.

▪ 21년 7월 2일

임금이 승정원(承政院)에 "기해(1년)에 이종무가 동정(東征)할 때와 계축(15년)에 최윤덕이 북벌할 때 세자로 대병(大兵)을 통솔하게 할 수 없다고 말하는 자가 있었으나, 태종(太宗)과 내가 듣지 않았었다. 세자로 군사를 나누어 나를 대신하여 강무하게 하는 것이 어찌 불가함이 있는가. 하물며 나는 숙질(宿疾)이 발작하기도 하고, 게다가 안질(眼疾)을 앓고 있어 친히 행하기가 어려울 것 같으니 이런 사의(事意)로써 전지(傳旨)를 초(草)[171]하여 올리라." 하였다.

도승지(都承旨) 김돈 등이 "신등은 태자가 수라[膳]를 보살피고 안부를 물어 조석으로 임금의 곁을 떠나지 않는다는 말을 들었사오나, 홀로 사졸(士卒)을 거느리고 교외에 행한다는 말은 듣지 못하였습니다. 지금 부득이한 일이 없는데 군사를 나누어 거느리게 하면 의리에 어떠

---

171 초고(草稿)·시안

할까 하옵니다. 또 이것은 큰일이니, 대신으로 가부를 의논한 연후에 전지를 초하는 것이 편리하고 도움이 될까 하옵니다." 하였다.

임금이 "내가 비록 늙지는 않았으나 숙질(宿疾)이 때 없이 발작하므로, 내 뜻으로는 너희들이 마땅히 나에게 이 일을 행하라고 권할 것으로 생각하는데 도리어 불가하다고 하니, 너희들이 불가하다고 하면 대신 도 또한 불가하다고 할 것이다. 빨리 전지를 지어 올리라. 장차 대신에 게 의논하겠다." 하니, 김돈 등이 "지금 가뭄이 너무 심하여 풍년과 흉 년을 알 수 없으니, 만일 흉년이 든다면 강무도 또한 기약할 수 없는 것입니다. 또 명령을 내린 뒤에 대신이 만일 불가하다고 하면, 지금 큰 가뭄을 당하여 대신과 대간(臺諫)이 궐문을 지키고 같은 말로 간(諫)하 여 말리면, 신등은 인심(人心)이 부동(浮動)할까 두렵사오니, 비옵건대 비가 흡족한 것을 기다려도 늦지 않을까 하옵니다." 하였다.

임금이 "너희들의 흉년에 대한 말은 그럴듯하나 내 뜻은 이미 결정하 였다. 세자가 행하면 역기(驛騎)[172]와 사복마(司僕馬)와 공억(供億)[173]의 비용도 또한 모두 감하여져서 폐단도 적을 것이다. 올가을이나 명년 봄에는 내가 친히 행하기 어렵기 때문에 세자로 나를 대신하여 행하 게 하는 것이다. 만일 내가 병이 나을 때를 기다린다면 내가 장차 행할 것이다. 빨리 지어 올리라." 하였다.

승정원에서 전지를 초하여 올렸는데, 그 글에 "강무는 큰일이고, 조종

---

172 역참(驛站)에 비치해 두고 공무(公務)로 여행하는 자에게 제공하던 말
173 음식물을 준비해 접대하는 것

(祖宗)의 성법(成法)[174]이니 폐할 수 없는 것이다. 하물며 우리나라는 동서로 야인의 걱정이 있고 연해에는 섬 오랑캐의 근심이 있으니 사졸을 훈련하는 것이 진실로 오늘날의 급무이다. 내가 숙질이 있어 몸이 고달프면 곧 발작되고, 지금 또 안질을 앓고 있어 친히 행하기 어려우므로, 세자로 금위(禁衛)[175]의 군사를 나누어 거느리고 나를 대신해서 행하여 무사(武事)를 익히게 하여 불우(不虞)의 변(變)에 방비하려 하니, 마땅히 행하여야 할 사건(事件)을 병조(兵曹)로 마련하게 하여 아뢰라." 하였다.

임금이 초본(草本)을 보고 승정원에 "지난가을에 임질이 나아서 10월에 친히 제릉(齊陵)에 제사하는데, 비·바람이 치고 길이 좁아 가마를 타지 못하고 말을 타고 갔다 왔는데, 대신이 안부를 묻기에 내가 편안하다고 대답하였더니, 이튿날 전질(前疾)[176]이 조금 도졌었다. 지난봄에 강무할 때 전질이 다시 도질까 염려하여, 비록 말을 타기는 하였으나 내 손으로 고삐를 잡지 아니하여 신체를 쉬도록 하였다. 환궁하는 날에 대신이 안부를 묻기에 내가 편안하다고 대답하였더니, 이튿날 전질이 도로 도지고, 또 안질이 생겨 시력이 어두어졌다. 지금은 비록 조금 낫기는 하였으나, 친히 행하여 신체를 피로하게 하기가 어려울 것 같다. 강무는 큰일이니 어찌 신병으로 폐할 수 있는가. 세자로 강무하게 하고 싶다. 이런 뜻으로 전지하여 의정부에 의논하게 하여 아뢰라." 하였다.

---

174 실정법(實定法)
175 내금위(內禁衛). 임금의 호위와 궁중을 지키기 위해 설치된 군대 조직
176 앞서부터 있던 질병

■ 21년 7월 3일

임금이 "내가 다만 올가을에만 행하려고 하는 것이 아니라, 지금으로부터 내가 만일 병이 있으면 마땅히 세자로 대행하게 하여 상례(常例)로 삼으려는 것이다. 또 내가 늙으면 부득이 세자로 자차분한 일들을 대행하게 할 것이니, 늙지 아니하여 세자로 미리 작은 일들을 섭행하게 하는 것이 좋지 않은가. 빨리 병조에 전교하라." 하다.

병조판서 황보인과 참판(參判) 신인손이 대궐에 나아가 "전일에 전하께서 신등에게 이르시기를, '고전(古典)을 상고해서 하라.' 하시었는데, 알지 못하거니와 이미 고전을 상고하셨습니까. 이제 교지를 받자오매 신등은 할 바를 알지 못하오니, 비옵건대 아직 이 거행을 정지하소서. 또 행하여야 할 사의(事宜)는 의정부(議政府)에 보고합니까, 직접 아룁니까." 하였다.

임금이 "내 뜻이 이미 결정되었고 또 이미 대신에게 의논하였으니 어찌 경의 말을 듣고 고칠 수 있겠는가. 빨리 사건을 갖추어 직접 내게 아뢰라." 하니, 황보인 등이 "원하옵건대 승정원과 함께 의논하게 하소서." 하므로, 임금이 "좋다."라고 하였다.


■ 21년 7월 4일

의정부에서 아뢰기를, "신등은 세자가 강무하라는 명령을 듣고 놀라움을 이길 수 없습니다. 되풀이하여 이를 생각하여도 예전에는 이런 예가 없었사오니 행할 수 없습니다." 하니, 임금이 "우리나라는 군국(軍國)이니 무예를 강습하는 것을 더욱 늦출 수 없다. 어찌 내 몸의 병으로 혹시라도 폐할 수 있겠는가." 하였다.

또 아뢰기를, "예로부터 임금이 군사를 세자에게 나누어서 밖에 나가게 한 일은 없습니다. 새 법을 만들어서 후세에 비방을 받게 하지 마소서." 하였다.

임금이 "중국 조정에서는 종친(宗親)을 의심하고 꺼리는 것이 심하나, 그사이에 혹 섭정(攝政)한 때도 있다. 나는 그렇지 아니하여 종친에게도 매우 후하게 대접하고 조금도 의심하고 꺼리는 마음이 없다. 하물며 세자는 장차 나를 이어서 나라를 다스릴 사람이겠는가. 대개 강무는 병사를 훈련하고 익히는 것이니 감히 폐할 수 없다. 만일 세자가 행할 수 없다면, 경들은 강무를 폐하지 않는 방법을 생각하고 의논하여 아뢰라." 하였다.

영의정 황희, 좌의정 허조, 우의정 신개, 좌찬성 이맹균, 우찬성 성억 등이 대궐에 나아가 "대소 신료들이 모두 불가하다고 하오니 어찌 후세의 비방이 없겠습니까. 지금 전하께서 강무를 폐지할 수가 없어 세자로 대행하게 하신다면, 혹시 세자가 연고가 있으면 또 어느 사람으로 대신하시렵니까. 신등의 뜻을 이미 갖추 아뢰었사오니 다시 무슨 말을 하겠습니까." 하였다.

김돈이 이 뜻으로 친히 사정전(思政殿)에 아뢰니, 임금이 "내가 무술(즉위년, 1418)에 세자로 있을 때 벼가 꽤 잘되었는데, 가을에 이르러 즉위한 뒤에 장맛비가 벼를 상하였고, 기해(1년)에 이른 가뭄이 있었고, 경자(2년)에 또 이른 가뭄이 있었으니, 내가 즉위하지 못할 사람으로서 즉위하였기 때문일 것이다. 병진(18년)년에 가물고 흉년이 들어 기근이 몹시 심하였는데, 고금(古今)에 없었던 일이었다. 내가 세자에게 선위(禪位)하려 하였으나, 재변(災變)을 타서 갑자기 대위(大位)를 물려주면 혹자의 의심을 가져올까 염려하여 결행을 못 하였다. 지금 또 추성(秋成, 온갖 곡식이 익음)이 되는 때를 당하여 수십 일 동안 비가 내리지 않는다. 재변이 이와 같으니 내가 매우 부끄럽다. 내가 즉위하던 처음에는 나이가 젊었기 때문에 능히 나라를 다스릴 수 있을 것으로 생각하였고, 여러 신하도 더불어 나라를 다스릴 수 있다고 생각하였다. 기해(1년)에 오른편 다리가 아팠으나 의원 치료를 하여 조금 나았고, 매년 등에 거듭 부종(浮腫)이 나서 몸을 움직이지 못하다 계축(15년)에 온천 목욕하여 조금 나았고, 그 뒤 한두 해 동안 부종이 있기는 하였으나 아픈 것이 3분의 2는 감하였고, 소갈병(消渴病)을 앓아 하루에 마시는 물이 어찌 한 동이만 되었겠는가. 내가 염려하기를 만일 3년만 지나면 기부(肌膚)[177]가 피곤하여 질 것이라 하였더니 지금 완쾌된 지가 2, 3년쯤 되었다. 전년(前年)에는 임질(淋疾)을 앓아 오랫동안 정사를 보지 못하였다. 모든 일이 위에서 행하면 아래에서 본받는 것은 상리(常理)이니 게으른 버릇이 나로부터 시작될까 두렵다. 지난가을에 제릉(齊陵)에 거둥하였고, 올봄에 평강(平康)[178]에서 강무한 뒤 임질이 다시 도졌다가 3일 만에 그치었고, 지금 또 눈병이 나 오래 일을 보지 못하니, 온갖 정사(政事)가 해이함이 없겠는가. 그러나 내 나이 아직 늙지는 않았다. 지난번에 내가 큰일은 총찰하여 다스리고, 세자로 작은 일은 익혀 다스리도록 하려고 하였는데, 지금 다시 생각하니 내가 경이(輕易)[179]

---

177 근육과 피부
178 강원도 회양도호부(淮陽都護府) 평강현(平康縣). 강무상소(講武常所)가 있다.
179 함부로. 쉽사리

하게 말을 낸 것을 후회한다. 오직 강무만은 조종(祖宗)의 성헌(成憲)[180]이요, 나라의 큰일이니 폐할 수 없는 것이다. 우리나라는 북으로는 야인과 연하고 동으로는 섬 오랑캐와 접하였으니 강무 훈련의 법을 더욱 폐할 수 없다. 그러므로 내가 군사를 나누어 세자에게 거느리게 하여 무예를 강습하려는 것이니, 경들이 불가하다고 고집하는 것을 매우 그르게 여긴다. 나의 병 증세가 몸을 수고롭게 하면 복발하니, 올가을과 명년 봄에는 내가 친히 행하기 어려울 것이 분명하다. 그러나 한 몸의 연고로 인하여 국가의 큰일을 폐할 수는 없다. 경들이 만일 세자가 행할 수 없다고 한다면 물러나서 다른 방법을 생각하여 아뢰라. 경들이 또 아뢰기를, '세자가 연고가 있으면 또 어떤 사람으로 대신하겠느냐?'라고 하는데, 이것은 어찌 세 번 생각하는 데에 이르는가. 두 번만 생각하면 가할 것이다. 계문자(季文子)[181]가 세 번 생각한 뒤에 행하는 것은 잘못한 것이었다. 경들이 내 뜻을 저지하려고 하여 세 번 생각하기에 이른 것이리라." 하였다.

황희 등이 또 "신등이 비록 물러나서 생각하고자 한들 다시 무슨 말이 있겠습니까. 만일 몸에 병이 있으시어 원행하시기 어렵다면, 대열(大閱)[182]을 하시든가 혹은 근교에 거둥하여 무사(武事)를 익히시면 거의 의리에 합할 것입니다." 하니, 임금이 "내 뜻으로는 아름다운 일이라고 생각되는데 경들은 어째서 불가하다 하는가." 하였다.

---

180 이미 이전에 제정해 지켜 오는 법. 성법(成法)
181 계문자는 노(魯)나라의 대부이다.
182 임금이 친히 행하는 대열무(大閱武)

황희 등이 "당(唐)·우(虞) 이래로 이런 법이 있지 않았으니, 원컨대 전하께서는 굽히셔서 노신(老臣)의 말을 좇으소서." 하니, 임금이 "내 계책이 이미 정하여졌으니 끝내는 반드시 행하겠다. 다만 지금 비가 시기를 어기고 있으니 나의 이 거행이 시의(時宜)에 어긋나는 것 같다. 내가 마땅히 다시 생각하여 후일을 기다리겠다." 하였다.

이처럼 세종은 강무의 세자 대행을 강력한 의지와 설득으로 실행하려 했으나, 신하들의 완강한 거부로 결국 실행되지 못하고 만다. 세종은 과거의 병들을 모두 열거하는데, 그 병들이 나았다 더쳤다를 반복하여 현재는 아프지 않은 것으로 되어 있다. 이 시점에서 세종은 안질만 앓고 있다. 그런데 그해(21년) 가을과 이듬해 봄 자신이 강무하지 못할 것으로 미리 정해 놓고 있는 점은 이상하다. 내 생각으로는 무엇인가 말 못 할 중요한 작업을 진행하고 있는데, 그 일을 마무리하는 데 그때까지의 시간이 필요하다고 생각했던 것 같다.

■ 21년 8월 5일
이때에 이르러 임금이 또 김돈에게 "내가 조회를 받을 때에 전내에 앉아 있으면 여러 신하가 내 얼굴빛을 볼 수 없는데, 하물며 야인·왜객(倭客)이야 어떻게 보겠는가. 사람마다 인견(引見)하면 예가 또한 번잡하다. 고전(古典)과 중국의 제도에 의하여 혹 문에 나와 앉아 조회를 보는 것이 어떤가. 정부에 의논하여 아뢰라." 하다.

이 말로 미루어, 당시 세종의 건강이 아주 나쁜 편은 아닌 듯하며,

또 안질도 몹시 나쁜 상태는 아닌 듯하다. 만일 건강이 몹시 나쁘거나 내 눈이 몹시 나쁘면, 다른 사람이 나를 보는 것에 대해 신경을 쓸 수도 없고, 밖에 나가서 하자는 생각은 더욱이 하기 어려울 것이다.

### 3) 21년 후반, 22년 전반의 행적

■ 21년 8월 6일
상참, 압록강 밖의 옛 성과 비문을 조사케 하다.

■ 21년 8월 7일
상참

■ 21년 8월 8일
상참 · 정사

■ 21년 8월 9일
상참

■ 21년 8월 10일
근정전 조회

- 21년 8월 21일

무과에서 강(講)


- 21년 11월 13일

사형수 판결, 사죄 20조(條) 반포 의논


- 21년 12월 15일

사형수가 많아 줄일 방법 의논


이해(21년)에는 가을 강무 없이 지나갔다.


- 22년 2월 22일

천리장성 계획


이해(22년)에는 안질에 대한 언급 없이 지나갔다. 그리고 정사를 모두 정상적으로 처리했다.


- 22년 8월 19일

"일체의 대례(大禮)는 모두 근정전(勤正殿)에서 거행하고, 그 외의 조참 (朝參)과 객인(客人)을 인견할 때는 모두 근정문(勤政門)에서 거행하라."

- 22년 9월 15일

천리장성 쌓기 시작


- 22년 9월 17일

임금이 편찮으므로 의정부와 육조에서 문안


- 22년 10월 1일

평강 등지 강무


- 22년 10월 10일

환궁


- 22년 10월 11일

근정전 조회


- 22년 10월 12일

상참


- 22년 10월 13일

상참


- 22년 10월 14일

상참

이후 거의 매일 상참, 조회를 하고 있다. 22년은 별다른 말 없이 지나가고 있는 것으로 보아 한글 작업이 한창 진행 중이며 상당한 진전을 보이고 있었을 것이다.

23년(45세)에 들어서면서 임금은 안질이 심해져 온천 치료를 계획한다.

▪ 23년 1월 9일

부교리(副校理) 최항, 전 현감(前縣監) 정중건이 안질을 앓고 있으므로, 평산(平山) 온정(溫井)[183]으로 가서 목욕하여 안질이 치료되는지 시험하게 하다.

▪ 23년 1월 19일

온수(溫水)와 평산(平山)으로 사람을 보내 목욕하여 안질이 치료되는지 시험하게 하다.

▪ 23년 1월 11일

처음으로 근정문(勤政門)에 나아가 조회를 받으니, 2품 이상은 영제교(永濟橋)[184] 안에 서게 하고 3품 이상은 영제교 밖에 서게 하다.

---

183 황해도 평산도호부(平山都護府)

184 경복궁(景福宮) 광화문(光化門)과 홍례문(弘禮門)을 지나 있던 다리이다. 근정문(勤政門) 앞 석교(石橋)이다. 처음에는 금천교(禁川橋)라 했다.

- 23년 1월 26 · 29일

매사냥


- 23년 2월 1 · 6 · 11 · 16일

근정문 조회


- 23년 2월 3일

봄 강무 정지


- 23년 2월 20일

임금이 승정원에 "내가 안질을 얻은 지 이제 10년이나 되었으므로, 마음을 편히 하여 조섭(調攝)[185]하고자 하니, 매월의 대조회(大朝會)와 아일(衙日, 5 · 11 · 21 · 25일)[186]의 조참(朝參)과 야인들의 숙배(肅拜)를 제외하고는 모두 다 없애게 할 것이며, 향과 축문도 친히 전하지 말게 하라." 하다.

승지 등이 온천행을 재삼 청하므로 그제야 허락하고, 임금이 "내가 안질을 앓은 지가 10여 년이 되었는데, 이제 그대들이 굳이 청하여 이 행차가 있는 것이니, 대신으로 하여금 나의 본뜻을 알게 함이 옳겠다." 하다.

---

185 조리(調理)
186 임금과 여러 신하들이 모여 조회를 하고 정사를 보던 날

▪ 23년 2월 21일

근정문 조회


▪ 23년 3월 6 · 11일

근정문 조회


## 4) 안질을 치료하기 위해 온천에 가다


● 23년 (45세)

1월 9일, 평산 온정 목욕, 안질 치료 시험

1월 19일, 온수 · 평산 보내 목욕해 안질 치료 시험

2월 20일, 안질 10년

3월 17일, 온수행, 20일 도착

5월 5일 환궁


● 24년 (46세)

3월 3일, 이천 온천행, 16일 도착

4월 16일 출발, 22일 도착


● 25년 (47세)

3월 1일, 온양행, 3일 도착

3월 17일 출발, 20일 도착

4월 3일 출발, 6일 환궁

■ **23년 4월 4일** (안질의 원인 설명)

도승지 조서강 등이 문안드리니, 임금이 "내가 두 눈이 흐릿하고 깔깔하게 아프며, 봄부터는 음침하고 어두운 곳은 지팡이가 아니고는 걷기에 어려웠다. 온천에서 목욕한 뒤에도 효험을 보지 못하였더니, 어젯밤에 이르러서는 본초(本草)의 잔 주석(註釋)을 펴 놓고 보았는데도 또한 볼 만하였다." 하다.

온천에 오느라 며칠 글들과 책을 멀리하고 온천 목욕도 하면서 푹 쉬니까, 그렇게 나빴던 안질이 조금은 좋아져 잔 주석도 볼 만하지 않았을까? 이 시점은 한참 연구에 매진하고 있는 때로, 세종 자신은 눈이 몹시 아파 매우 힘들었노라고 얘기한다. 그러나 주위에서 늘 지켜본 사관은 당시 상황을 다음과 같이 기록하고 있다.

"이 당시에 임금이 모든 일에 부지런하였고, 또한 글과 전적(典籍)을 밤낮으로 놓지 않고 보기를 즐겨 하였으므로 드디어 안질을 얻게 된 것이다."

23년 4월 4일을 기준으로 하여 거슬러 올라가 보면, 안질에 대하여는 21년 6·7월 진술('봄 강무 후 눈이 아파서 올가을과 내년 봄 강무는 못하겠다') 이후 22년 말까지는 더 이상 아무런 언급이 없다.

그렇다면 이 기간에는 아무 일도 하지 않고 쉬기만 하였을까? 그와 반대로 앞서 언급되었듯이 이 기간 동안 모든 업무를 꾸준히 계속하였을 뿐만 아니라, 더욱이 이 기간에 주요 업무들이 시행되었고 강무도 행해졌다. 그런데 왜 유독 경연만은 열리지 않았을까? 이것을 알아보는 데 혹시 도움이 되지 않을까 하여 비교표를 만들어 보았다.

| 21년 7월 ~ 22년 말 행적 | 모든 업무 꾸준히 계속 주요 업무 시행, 강무 시행 | 경연 없음 (21년 3월 이후) |
|---|---|---|
| 23년 4월 4일 기록 | 모든 일 부지런하고, | 글과 전적 보기를 밤낮으로 즐겨 |

| | 20년 | | 21년 | | 22년 | |
|---|---|---|---|---|---|---|
| | 상참급 | 경연 | 상참급 | 경연 | 상참급 | 경연 |
| 1월 | 12회 | 10회 | 13회 | 10회 | 5회 | |
| 2월 | 15회 | 15회 | 11회 | | 13회 | 천리장성 |
| 윤2월 | | | 12회 | 10회 강무 | | |
| 3월 | 18회 | 15회 | 8회 | | 21회 | |
| 4월 | 23회 | 18회 | 5회 | 가뭄, 정지 | 13회 | |
| 5월 | | 아픔 | 5회 | | 1회 | 가뭄 |
| 6월 | | 아픔 | 3회 | 대행요구 | 2회 | |
| 7월 | 5회 | 아픔 | 2회 | 대행요구 | 4회 | |
| 8월 | 11회 | 아픔 | 14회 | | 16회 | |
| 9월 | 7회 | 아픔 | 2회 | | 6회 | 천리장성 |
| 10월 | 9회 | 강무 | 7회 | | 15회 | 강무 |
| 11월 | 12회 | 2회 | 8회 | 사형수 판결 | 13회 | |
| 12월 | 5회 | 12회 | 8회 | | 4회 | |

표에서 보면, 글과 전적 보기를 밤낮을 가리지 않고 하였는데 경연은 열리지 않고, 그럼 도대체 무엇에 관하여 글과 전적 보기를 그토록 열심히 하였단 말인가? 그것은 바로 새로운 글자에 관한 본격

적 연구였던 것이다. 이보다 더 중요한 일이 있겠는가? 22년도의 행적을 살펴보면, 상당히 부지런하고 주요한 일들을 수행하고 있으며 의욕적인 일들이 벌어진다. 상참 정도의 일은 20년, 21년, 22년을 비교해 보면 비슷하게 있으나, 경연은 20년에 많이 하고 22년에는 없다.

또 경연은 21년 3월 이후부터 25년 12월 한글 창제 완성 전까지 없다가 완성 이후 26년 10회, 27년 2회 열린다.

■ 23년 4월 9일

임금이 "내가 안질을 얻은 지 이제 4, 5년이나 되었는데, 금년 정이월에는 왼쪽 눈이 거의 실명하다시피 하였었다. 목욕한 뒤부터는 매우 신효(神效)가 있어 실명하는 데에 이르지 않았으니, 나도 스스로 기뻐하거니와 신민(臣民)치고 누가 하례하지 않겠는가. 나의 안질이 비록 조금은 나았다 하더라도 아직은 영구히 나은 것도 아니고, 목욕하는 행차도 반드시 계속될 것인데 어찌 자주 채붕(綵棚, 임금이 행차할 때 환영의 뜻으로 여러 빛깔이 있는 실, 종이, 헝겊 따위를 문이나 지붕, 다리, 길에 내다 걸어 장식하던 일)을 베풀게 할 것인가." 하다.

■ 23년 4월 17일

임금의 병이 나았으므로 온수현을 온양군(溫陽郡)으로 승격

▪ 23년 4월 28일

임금이 환조(桓祖, 증조할아버지)[187]의 기제(忌祭)이므로 소선(素膳)을 드시니, 도승지 조서강 등이 "온천에서 목욕하신 뒤오라 기체(氣體)[188]가 평상시와 같지 아니하오니, 청하건대 육선(肉膳)을 드시옵소서." 하니, 임금이 "내가 질병도 없는데 어찌 고기를 먹겠느냐." 하였으나, 조서강 등이 재청하므로 곧 허락하다.


▪ 23년 5월 5일

환궁


▪ 23년 5월 7일

근정전에서 잔치


▪ 23년 5월 15일

사정전에서 곡연(曲宴, 잔치)

이천(伊川) 온천 욕실 공사


▪ 23년 5월 16일

근정문 조회

근정문에서 문과 시험


---

187 조선 태조 이성계(李成桂)의 아버지인 이자춘(李子春)
188 기체후(氣體候)의 준말. 어른에게 편지로 문안할 때 기력과 체력을 높이어 이르는 말

모화관 거둥, 무과 시험

- 23년 5월 20일
상참 · 정사

- 23년 5월 21일
근정문 조회

- 23년 5월 26일
근정문 조회

- 23년 6월 5일
정사

- 23년 6월 6일
근정문 조회

- 23년 6월 8일
종친 격봉 구경

- 23년 6월 13일
정사

- 23년 6월 16일
근정문 조회


- 23년 7월 16일
근정문 조회


- 23년 7월 21일
근정문 조회


- 23년 7월 22일
또 홍보에게 "이제 농사일이 한창인데 거둥하여 백성을 소요하게 하
는 것은 마음에 미안하다. 그러나 내 병이 낫지 아니하였는데, 들으니
이천(伊川)의 온천이 매우 좋다고 한다. 그러므로 내가 장차 거둥하려
고 이미 사람을 보내어 수리하게 하였다." 하다.


- 23년 7월 24일
세자빈 졸


뜻밖의 불행한 사고로 상당한 충격을 받았을 것이며 많은 고민을
하게 되어 건강에도 아주 부정적인 영향을 끼쳤을 것으로 생각된다.


- 23년 7월 29일
의생 등이 "때가 한창 혹독하게 덥사온데, 오랫동안 소선(素膳, 고기나 생

선이 없는 반찬)을 진어(進御)하시오면 병환이 나실까 염려되옵니다. 만일 병환이라도 나시면 후회하여 무엇 하겠습니까." 하니, 임금이 "내가 지금 쇠약해 늙은 것도 아니요, 또 병도 없는데 어찌 감히 고기를 먹어 고제(古制)[189]를 어기겠는가." 하다.


▪ 23년 8월 16일
조회


▪ 23년 8월 18일
상참(常參)[190]


▪ 23년 8월 22일
문소전 제사


▪ 23년 8월 26일
근정문 조회


▪ 23년 9월 1일
조회

---

189 옛날의 제도
190 의정(議政)·중신(重臣)·시종관(侍從官) 등이 매일 편전에서 임금을 뵙고 정사를 보고하던 일

■ 23년 9월 6일

이어(移御)[191]


■ 23년 9월 21일

세자빈 장사


■ 23년 9월 25일

상참 · 정사


■ 23년 12월 12일

임금이 승정원에, "나의 안질이 근래에 조금 나았으나, 이 병이 때 없이 왕래하여, 낫고 낫지 아니함을 기필할 수 없다. 근래에 조계(朝啓)[192]와 상참을 멈춘 적이 오래였으니, 형벌과 정사가 밀리고 막힘이 깊이 우려되니 기후가 온화한 날을 기다려서 보고하라. 내가 장차 친히 재결하겠다." 하다.


24년(46세), 이 당시에 한글 작업은 계속되고 있었다. 반면에 이해에 안질은 점점 더 심해진다. 모든 국가의 사무를 직접 관장하면서, 또 한글 작업을 같이 병행한다는 것은 도저히 불가능하다. 세자에게

---

191 임금이 거처하는 곳을 옮김.
192 매일 아침 문무백관이 상복(常服) 차림으로 임금을 조알하는 상참(常參)을 마친 후 조신(朝臣)들이 임금에게 국사(國事)를 아뢰는 정규 회의. 상참 의식이 끝나면 계사(啓事)할 관원들은 사관(史官)과 함께 전내(殿內)에 들어가 부복(俯伏)하고 차례로 용건을 계문(啓聞)하였다.

서무 대행은 아무리 해도 안 되니 억지로 첨사원(詹事院)[193]을 설치하고, 강무만이라도 대행시킨다.

■ 24년 2월 24일

임금이 또 "나의 안질이 날로 심하니 세자로 정사를 보게 하고 싶다." 라며 간측(懇惻, 딱하고 가엾다)하게 전지(傳旨)하니, 좌석에 있는 자들이 자기도 모르게 눈물을 흘리면서, "성상께서 아직 춘추(春秋)가 성하시므로 안질은 곧 회복해 나으실 것이오니, 갑자기 세자에게 정사를 보게 하여 신민의 소망을 놀라게 할 수는 없습니다." 하고서 거듭 다시 청하니 그만두기로 하다.

## 5) 윤곽 잡혀 가는 한글

이제 세종은 『용비어천가(龍飛御天歌)』[194]를 지을 계획을 갖고 자료를 준비시킨다. 이것은 한글 작업이 어느 정도의 윤곽이 잡혀 가고 있었고, 이 문자, 즉 순수한 조선 문자를 가지고 조상의 찬란한 역사를 기록할 생각을 하고 있는 것으로 보인다.

---

193 세종(世宗) 24년(1442) 동궁(東宮)이 서무(庶務)를 맡아 보게 되자 그 업무를 보좌하기 위해 설치한 관아
194 조선 세종 때 선조인 목조(穆祖)에서 태종(太宗)에 이르는 6대의 행적을 훈민정음으로 노래한 서사시로 총 10권으로 구성되었다.

▪ 24년 3월 1일

『용비어천가』 자료 준비 지시


▪ 24년 3월 2일

"『태조실록』 보니 너무 간략하다. 사적 갖추어 기록하라."


▪ 24년 3월 3일

이천 온정 거둥 겸해 봄 강무 거행


▪ 24년 3월 16일

온정 도착


▪ 24년 4월 16일

온정 출발

도중 훈련 참관


▪ 24년 4월 22일

한성 도착


▪ 24년 5월 3일

영의정 황희, 우의정 신개, 좌찬성 하연, 좌참찬 황보인, 예조판서 김종서, 도승지 조서강을 불러 "나의 안질이 날로 심하여 친히 기무(機務)[195]를 결단할 수 없으므로 세자로 서무(庶務)를 처결하게 하고자 한다." 하니, 황희 등이 "임금께서 비록 눈병을 앓으시지만 연세가 한창이신데 갑자기 세자에게 서무를 대신 처결하게 하신다면, 다만 온 나라 신민(臣民)들만 실망할 뿐 아니라 후세에서 모범하는 데 있어 어떻다 하겠습니까. 또 중국 조정이나 남북의 이웃 나라가 이를 듣는다면 또한 어떻다 하겠습니까. 신등은 옳지 못하다고 생각합니다."라고 하므로, 임금이 "경(卿)등의 말이 이와 같으니 내가 다시 말하지 않겠다." 하다.

조서강을 불러 보고, "내가 안질을 앓은 지는 지금 벌써 10년이나 되었으며, 근래 5년 동안은 더욱 심하니, 그 처음 병이 났을 때 이와 같이 극도에 이르게 될 줄은 알지 못하고 잘 휴양하지 않았던 것을 내가 지금에 와서 이를 후회한다. 작년에 온양에서 목욕한 후에는 병의 증상이 조금 나았으므로 내 생각에는 이로부터는 완전히 나을 것이라고 여겼는데, 10월 이후로는 또다시 그전과 같으니, 비록 종묘(宗廟)[196]에 친히 제사를 지내고자 하여도 벌써 희망이 없게 되었다. 문소전(文昭殿)은 내가 실행하는 것이 이미 익숙해졌으니, 오르고 내리기가 비록 어렵더라도 혹간 친히 제사를 지낼 때도 있을 것이나, 지금부터는 종묘 제사와 무예를 연습하는 일은 진실로 친히 실행하기가 어렵겠는데, 대신들이 어찌 내 병이 이렇게 극도에 이르른 줄을 알겠는가. 그 정사를 보는 것을 줄이고 시력을 휴양하기를 2, 3년만 연장시킨다면 그래

195 중요하고 비밀을 꼭 지켜야 할 일
196 조선시대에 역대 임금과 왕비의 위패를 모시던 왕실의 사당

도 낫지 않겠는가. 그대가 이 뜻으로 대신에게 자세히 알려 그들로 하여금 다 이를 알게 하라." 하다.

한글 작업이 본격적으로 진행되면서 안질도 그만큼 더욱 심해졌을 것이다. 그래서 임금은 제발 세자를 대행시켜 한글 작업에 전력투구할 시간을 한 2, 3년 더 갖고 싶었지만, 임금의 의중을 알 리 없는 신하들은 세종의 건강 상태만 염두에 두고 정무를 세자에게 넘길 정도로 건강이 나쁜 것은 아니라고 생각했을 것이다. 어쨌든 이로부터 꼭 1년 7개월 후에 한글은 완성되었다.

▪ 24년 5월 6일
근정문 조회

▪ 24년 5월 11일
근정문 조회

▪ 24년 5월 15일
임금이 문소전에 친히 제사

▪ 24년 6월 16일
정사 보다.
임금이 여러 승지에게 "근년 이래로 내가 소갈증(消渴症)과 풍습병(風濕病)을 앓게 되어 모든 명령과 시행이 능히 처음과 같지 못한데, 온정에 목욕한 이후에는 소갈증과 풍습병이 조금 나은 것 같다. 그러나 안질이 더 심하게 되니, 이로 인하여 여러 병증이 번갈아 괴롭히게 되므로 능히 정치에 부지런히 할 수가 없다. 무릇 사람의 몸에서는 귀와 눈이 간절한 것이 되는데 안질이 발생한 이후에는 시력이 미치지 못한 것이 있으니, 비록 부지런하고자 하지마는 되겠는가. 의방(醫方)[197]에도 또한 일찍 일어나 몸을 무리하는 것을 피하라고 한 까닭으로 일반 사무는 세자로 처결하고자 하나, 대신들이 모두 '옳지 않습니다.' 하고, 그대들도 또한 '옳지 않습니다.'라고 하니, 나는 그 옳지 않다고 하는 뜻을 알지 못하겠다. 나의 병세를 보건대 쉽게 낫지 않을 것 같으므로 휴가를 얻어 정신을 화락하게 하고 병을 휴양하기를 원하는 것이 나의 진정이니, 신자(臣子)의 마음도 또한 어찌 나로 하여금 병을 참아 가며 정치에 부지런히 근무하여 병이 더 심한 데에 이르게 하려고 하겠는가. 나의 뜻은 이미 결정되었다. 내가 이 말을 꺼내는 것은 그대들과 더불어 그 옳고 그른 것을 의논하려는 것은 아니다. 다만 그대들에게 이 뜻을 다 알도록 하는 것뿐이다." 하다.

안질이 더 심해져 모든 정사를 보면서 한글 작업을 계속한다는 것은 불가능하다고 여긴 듯하다. 그렇지만 세종의 성격상 한글 작업을 포기할 수는 없었으니, 세자 대행 문제를 더 이상 대신들과 의논하지 않고 자신의 뜻대로 밀고 나가겠다는 뜻을 분명히 밝히고 있다.

---

197 의사의 처방. 의술(醫術)

## 6) 초강수, 첨사원을 설치하다

▪ 24년 7월 28일

동궁에 첨사관을 두어 서무를 처리하도록 하고자 하다.

▪ 24년 8월 2일

집의 이사철이 첨사원 설치를 반대하는 의견을 아뢰다.

임금이 "내가 근래에 병을 앓기 때문에 여러 정치의 온갖 기무(機務)에 결함이 있을 것을 염려한다. 또 나의 병세는 하루 이틀에 낫기를 기대할 수 없다. 마침내는 세자로 일을 처리하게 하지 않을 수 있겠는가." 라고 하다.

이사철이 "이 관직(첨사원)은 옛날에 없었던 것을 지금 갑자기 설치한다면, 다만 신등만이 듣고 놀랄 뿐 아니라 크고 작은 신민들이 다 그러할 것입니다. 만약 만기(萬機)[198]가 너무 많고 번잡하여 성체(聖體)에 피로함이 있다면 상례에 따라 시행하는 공사는 의정부가 바로 시행할 것으로, 반드시 동궁으로 다스리게 할 것은 아닙니다. 또 동궁은 정사 볼 때마다, 또 상시(常時)의 보고와 서무의 결정에 참여하여 처리하지 않는 것이 없으니, 구태여 따로 여러 가지 일을 처리해야만 정치(政治)를 알 수 있는 것은 아닙니다. 한 나라의 일은 본래 두 곳에 나누어 보고 할 수는 없는 것입니다. 하물며 전하께서는 춘추가 정히 강성하

---

198 임금이 보살피는 여러 가지 정무(政務)

시니 어찌 작은 병환으로 서무를 나누어야 하겠습니까." 하니, 임금이 "지레짐작으로 강변(强辯)하지 말라." 하다.

### ▪ 24년 8월 4일

대사헌 정갑손, 장령 민건, 지평 허사문 등이 궐하(闕下)[199]에 나가 "어제의 하교에 '첨사원은 내가 부득이하여 설치한다.'라고 하시었으나, 이 일은 종묘사직에 관계되는 것입니다. 만약 부득이한 것으로 말한다면 종묘사직보다 더 소중한 것은 없습니다. 지금 장차 큰 법을 세우심에 어찌하여 대신에게 의논하여 국민의 여론을 청취하지 않습니까. 신등은 되풀이하여 사리(事理)를 따져 보아도 하나도 가하다고 할 것이 없습니다." 하니, 임금이 "경등은 일의 미세하고 기밀한 데를 알지 못하고 실정에 먼말을 하고 있다."라고 하다.

대사헌 등이 다시 "신등은 본래 타국(他國)의 신하가 아닙니다. 국정(國政)의 대체(大體)에 있어서 무엇을 모르겠습니까. 전하께서는 춘추가 한창 장성(將盛)하시고 별로 고달프게 해야 할 일도 없사온데 국가의 서무를 어찌하여 반드시 동궁에게 맡겨야 한단 말입니까. 더욱이 태조와 태종도 또한 이 제도는 설치하지 않았사온데, 어찌 조종(祖宗)이 세우지 않은 법을 갑자기 오늘날에 시행하려고 하십니까. 예전부터 없었던 일을 이제 갑자기 시행하였다가 만약 영원한 후세까지 다 오늘과 같은 성세(盛世)일 수 있다면 오히려 좋을 것이지만, 적어도 혹이나 그

---

199 대궐

렇지 못하다면 말류(末流)[200]의 폐단은 이루 다 말할 수 없을 것입니다. 깊이 생각하시고 헤아림을 더하여 모름지기 대신 및 백성들과 더불어 모의(謀議)하도록 하십시오."라고 하므로, 임금이 "나는 다시 할 말이 없다. 경등도 또한 무슨 다시 더 진술할 말이 있겠는가. 내가 마땅히 친히 대사헌 정갑손을 보고 타이를 것이다."라고 하였다.

정갑손이 다시 "임금의 하교하심이 이미 자세하고 신등의 말도 또한 다하였습니다. 비록 인견(引見)[201]하시는 영광을 입더라도 성상께서는 하교하실 말씀이 없고 신도 계달(啓達)할 것이 없습니다. 그러나 지금 인용한 당나라 제도를 보니 첨사원은 요속(僚屬)[202]에 대한 일을 관장하였을 뿐이고 천자(天子)의 서무를 다스린 것은 아닙니다. 또 동궁은 신하이온데 어찌 스스로 전단(專斷)하고 위에 사뢰지 않을 수 있겠습니까. 이 관직을 한번 설치하면 부자(父子)와 군신(君臣)의 도리가 어그러질 것입니다. 또 역대(歷代)의 옛일을 가지고 말하더라도 어찌 어질고 훌륭한 임금들이 첨사원을 설치함이 좋다는 것을 알지 못하였겠습니까. 뿐만 아니라 예로부터 지금에 이르기까지 아직 이 법은 없었던 것이 어찌 다 오활(迂闊)[203]하여 그러하였겠습니까. 전하께서는 거듭 깊이 헤아려 생각하시옵소서." 하니, 임금이 "경등의 말은 실로 자세하게 다 하였다. 내가 마땅히 친히 보고 나의 뜻을 일러 주리라." 하였다.

---

200 말세(末世)
201 임금이 의식(儀式)을 갖추어 의정(議政)을 만나 봄.
202 지위가 낮은 관료붙이
203 세상 물정에 어둡다. 현실에 맞지 않다.

■ 24년 8월 11일

근정문 조회


■ 24년 8월 14일

임금이 광화문 밖에 나아가 무과 시험


■ 24년 8월 18일

임금이 근정전에 나아가 문과, 무과 방방(放榜)


■ 24년 8월 23일

의정부 좌참찬 황보인이 의정부의 의논을 가지고 와서 "첨사원에 대
하여 역대(歷代)를 상고하여 보니 삼대(三代)[204] 이전에는 이것이 없었
습니다. 우리나라와 중국은 사세(事勢)가 달라서 서연과 익위사(翊衛
司)[205]만으로도 동궁의 여러 가지 일을 처리하기에 넉넉합니다. 더군
다나 동궁은 오로지 경사(經史)를 강론하는 것을 힘쓸 뿐이고 다시 다
른 일은 없사오니, 첨사원이란 것은 실로 쓸데없는 관부로서 결코 설
치하여서는 아니 되겠습니다." 하니, 임금이 "경등의 말이 옳다. 그러
나 근래에 나의 안질이 더욱 심하여져서, 칙서(勅書)를 맞이하는 일은
나라의 큰일이건만 오히려 몸소 친히 하지 못하고 세자로 대행하게
하니, 이것도 또한 부득이하기 때문이다. 경등은 큰일을 대행하게 할

---

204 중국 상대(上代)의 하(夏) · 은(殷) · 주(周)의 세 왕조
205 세자익위사(世子翊衛司), 왕세자를 배종(陪從)하여 호위하는 일을 관장하는 관청

때에도 일찍이 중지시키지 않았었는데, 이 관부(첨사원)를 설치하여 서무를 나누어 처리하는 것은 무엇이 대체(大體)에 해롭다고 하여 거듭 와서 아뢰는가. 승정원에서 금년의 농사가 성숙하였다고 하여 나에게 농사를 시찰하라고 청하나, 다만 안질이 점점 심하기 때문에 그 청을 듣지 아니하였다. 경등은 이러한 여러 가지 사정과 이유를 알지 못하고 이런 말을 하는 것이다."라고 하다.

황보인이 다시 "칙서를 대신 영접하는 것은 특히 한때의 일일 뿐이니 해로울 것이 없습니다. 그러나 만약 이 관부를 설치하면 명령이 두 곳에서 나오게 되어 사람들의 마음에 의심이 생길 것이므로, 후세에 폐단이 있지나 않을까 염려되옵니다. 원컨대 첨사원을 설치하지 마시고 예전 그대로 승정원으로 여러 가지 일을 보고하게 하시고, 동궁이 항상 좌우에 모시고 있어서 마땅한 바를 상량하여 재결하게 하옵소서. 이것이 본부(本府)의 뜻입니다."라고 하였다.

예조참판 허후가 육조의 의논을 가지고 와서 "정부와 대간(臺諫)[206]이 모두 첨사원을 설치하지 말기를 청하오니 그 청에 좇으옵소서." 하니, 임금이 "내가 어찌 좌우를 돌아다보고 대답할 수 있겠는가."라고 하였다.

대간(臺諫)이 관사(官司)의 문을 닫고 대궐에 나아가 반대하는 의견을 아뢰니, 임금이 "조종 때에는 큰일들이 있었기 때문에 이 일에 미칠 여가가 없었을 것이다. 내가 이미 깊이 헤아려서 설치한 것이다."라고

---

206 간언(諫言)을 맡아보던 관리를 이르는 말로, 곧 사헌부(司憲府)와 사간원(司諫院)의 벼슬을 통틀어 이르던 말

하였다.

정갑손이 다시 "성상께서 말씀하시는 소위 큰일이란 것을 신등이 비록 알지 못하나, 조종이 어찌 당연히 설치해야 할 것을 설치하지 않았겠습니까. 전하께서 이 관부를 설치하시는 것은 진실로 근래에 상참(常參)과 조계(朝啓)를 받음이 예전같이 아니하시고, 혹 조계와 상참의 일을 그만두려는 것이 아닌가 염려됩니다. 비록 관부를 설치한들 동궁이 어찌 상참과 조하(朝賀)[207]를 받을 수 있겠으며, 또 어찌 감히 정사를 볼 수 있겠습니까. 분명히 옳지 않사오니, 바라건대 신등의 주청을 따르소서."라고 하니, 임금이 "경등은 자세하고 긴밀한 뜻을 알지 못하고 한갓 유자(儒者)[208]의 정대(正大)한 말만 가지고 와서 아뢸 뿐이다."라고 하다.

■ 24년 8월 24일

좌찬성 하연과 좌참찬 황보인이 "어찌 따로 새 관부를 세워야 합니까?" 하니, 임금이 "요사이 앓고 있는 안질의 증세가 경미하지 않다. 정사를 보고 손님을 접대할 즈음에는 마음을 쓰고 부지런히 생각할 일이 많으므로, 의서(醫書)에는 비록 근로를 피하라고 하였지만, 어찌 이것을 가지고 갑자기 게을리할 수 있겠는가. 지난봄부터 그 증세가 더욱 심하므로 상참과 시사(視事)[209]를 정지하였으나, 외교와 변방의

---

207 조정에 나아가 왕께 하례(賀禮)함.
208 유학자
209 임금이 정사를 보는 일

보고 문서만은 부득이 친히 열람하였다. 하지만 반쯤 읽고는 눈을 감고 쉬어야 다음을 펴 읽을 수 있을 정도이니, 어찌 이와 같이 하여 나라를 다스릴 수 있겠는가. 내가 친히 하지 않는 일을 세자로 참결(參決)[210]하게 하는 것이 어찌 옳지 않단 말인가. 또 영칙(迎勅)[211]이나 습무(習武)[212]하는 것과 같은 일을 세자가 대행하게 되면, 그 사무를 처리하는 관원이 없을 수 없는 것이다. 비록 서연관이 있으나 오로지 강경(講經)[213]만을 관장하므로 치사(治事)의 임무까지를 겸임할 수는 없다. 지금 첨사원을 설치하는 것은 서무를 즉시 세자에게 맡기려는 것은 아니다. 다만 사무를 맡을 관부를 안 둘 수 없기 때문이다. 경등이 만약 내가 오래도록 임금의 지위를 누리게 하고 싶어 한다면, 경등의 말은 불가(不可)하지 않은가. 마침내는 세자로 하여금 일을 다스리게 될지라도 반드시 먼저 승정원을 통하여 처리하게 할 것이다." 하다.

## 7) 세자가 강무를 대행하다

임금에게는 말할 수 없는 '부득이한 까닭'이 있었다. 그래서 세자에게 강무를 대행시키려 한다. 그렇지만 신하들은 그 부득이한 까닭을 모르니, '부득이한 까닭이 없는데 왜 세자로 하여금 강무를 대행

---

210 참여하여 결정함.
211 명나라 황제의 칙서(勅書)를 가지고 오는 사신을 맞이함.
212 무술을 연습해 익힘.
213 과거 시험에서 시관(試官) 앞에서 사서오경(四書五經) 중 지정된 부분을 읽고 해석한 뒤 시관의 질문에 대답하는 구술시험

케 하려 하느냐.'라고 반문할 수밖에 없다. 정갑손은 "성상께서 말씀하시는 소위 큰일이란 것을 신등이 비록 알지 못하나" 하는 단서를 붙이고서도 '첨사원' 같은 게 필요한 것이라면 선조들께서 만들지 않았을 리 없다고 말한다. 그렇지만 임금은 그 '부득이한 까닭'이나 '큰일'의 내용을 말할 수 없으니 안타까울 수밖에 없다. 세종은 그저 "경 등은 나의 뜻을 알지 못한다."라고 말할 수밖에 없다.

- 24년 9월 3일
의정부에서 첨사원의 제도를 개정하여 아뢰다.

- 24년 9월 6일
장령 민건이 "대체로 법을 세우는 것은 장차 후세의 준칙(準則)[214]을 삼으려는 것입니다. 오늘에 동궁으로 강무를 대행하게 하면 뒷날의 폐단이 적지 않을 것이니 이 명령을 중지하옵소서." 하니, 임금이 "나는 너희들의 말이 옳지 않다고 생각한다. 나는 이 일을 하고자 한 지 오래되었으나 저지하는 자가 있어서 시행하지 못하였던 것이다. 지금은 부득이한 까닭이 있어서 이렇게 시행하는 것이니 너희들은 말하지 말라."라고 하다.

---

214 표준으로 삼아서 따라야 할 규칙

■ 24년 9월 8일

대사헌 정갑손 등 사헌부의 전원(全員)이 함께 대궐에 나아가 "신등이
첨사원을 그만둘 것을 주청(奏請)하였더니, '첨사원을 설치하는 것이
무슨 해로움이 있단 말인가. 너는 동궁이 군사를 영솔(領率)하여 큰일
이라도 일으킬 것으로 생각하느냐.'라고 하셨는데, 지금 이미 첨사원
을 세우고 또 동궁으로 하여금 강무를 대행하게 하려고 하시오니, 만
약 대궐 안의 여러 가지 사무라든가 전일의 문·무과의 강경 등과 같
은 일이라면 대행하여도 좋겠사오나, 어찌 사졸을 나누어 가지고 강
무를 거행하게 할 수야 있겠습니까." 하니, 임금이 "세자가 비록 강무
에 나가더라도 어찌 호령(號令)[215]을 시행하겠는가. 이것은 삼군(三軍)
의 진무(鎭撫)[216]들이 사냥하는 것과 다름이 없는 것이다. 내가 늙고 병
들어 친히 강무를 거행할 수 없고, 또 세자로 대행하지도 못하게 한다
면 군용(軍容)[217]을 정제할 수 없을 것이고 사졸들의 마음도 장차 해이
하게 될 것이니, 이번의 행사는 세자로 하여금 나가서 활 쏘고 말달리
게 하려는 것이 아니고 장차 군의 위용을 살피고 와서 나에게 보고하
게 하려는 것이다."라고 하다.

정갑손 등이 다시 "세자가 호령할 일이 없다면 하필 강무를 대행해야
하겠습니까. 이제 이미 대행하게 되었다면 군중(軍中)의 일을 어찌 세
자에게 품의하지 않고 거행할 수 있겠습니까. 만약 부득이한 까닭이

---

215 명령하는 소리
216 조선 초기 여러 군영에 두었던 군사실무 담당 관직
217 군사의 형태

있다면 대행하는 것도 좋겠사오나, 지금 부득이한 까닭도 없는데 갑자기 동궁으로 하여금 대행하게 하는 것이 도리에 어떻겠습니까. 임금이 몸이 비록 평안치 않음이 있으나 회복될 날을 예정하여 기다릴 수 있을 것입니다. 또 전에는 강무를 혹은 봄이나 가을에 혹 한 번 거행하기도 하고, 혹은 1년의 간격을 두고 거행하기도 하였습니다. 금년은 봄에 이미 여러 달을 강무하여 사졸들을 훈련하였으니, 이번 가을의 강무는 비록 정지하더라도 좋겠습니다.”하니, 임금이 “제향(祭享)²¹⁸·영칙(迎勅)·강무와 같은 일들은 세자로 대행시키겠다는 것을 내가 일찍이 그 말을 한 일이 있다. 나의 뜻이 이미 결정되었으니 고칠 수 없다.”하매, 정갑손 등이 다시 “모든 일은 비록 이미 시행하던 것이라도 폐단이 있으면 당연히 고쳐야 할 것이거늘, 하물며 이 일은 일찍이 아직 시행하지 않은 것입니다. 만약 이미 결정하였으니 고칠 수 없다고 한다면 대신이 어찌 임금의 잘못을 바로잡을 도리가 있겠습니까. 또 어찌 반드시 언관(言官)을 설치하겠습니까. 지금 성상께서 몸이 평안치 못한데 동궁이 식선(食膳)²¹⁹을 살피며 문안을 드리는 일을 하지 않고 군졸을 통솔하여 나가서 강무하는 일은 매우 온당하지 아니합니다. 또 동궁은 바야흐로 학문할 때에 있는데 새매와 사냥개를 데리고 사졸(士卒)을 갖추어서 들판을 달리면서 학업을 일삼지 않는다면 이것은 동궁을 교양하는 길이 아닙니다. 첨사원의 설치를 중지하시도록 여러 번 계청(啓請)하였으나 윤허하지 않으시고, 강무 대행의 정지도 또 계

---

218 나라에서 지내는 제사. 제사의 높임말
219 음식물

청을 듣지 않으시니 신등은 직책이 언관에 있으므로 부끄러움이 매우 깊습니다. 만약 신등의 말한 것이 도리에 맞지 않으면 죄책(罪責)을 내리소서." 하니, 임금이 "경등은 나의 뜻을 알지 못한다. 내가 어찌 정치에 게을러서 동궁으로 하여금 대행시키겠는가. 내가 안 할 수 없기 때문이다."라고 하였다.

정갑손이 다시 "만약 부득이한 일이 있다면 신등이 어찌 감히 여러 말을 하여 임금의 귀를 간범(干犯)²²⁰하겠습니까. 지금 부득이한 일이 없는데 큰일을 대행시키시니 신등은 분격하고 답답함을 이기지 못하는 것입니다." 하니, 임금이 "내가 지금 병이 있어서 서무를 친히 재결할 수 없다. 기강(紀綱)이 점점 퇴폐해질 것이 두렵고 염려된다. 어찌 일이 급해지기를 기다린 뒤에 대행하게 해야 하겠는가." 하다.

정갑손이 다시 "우리나라 사람들이 모두 다 복이 없어서 임금이 병환이 즉시 낫지 않는다면 성상의 타이르는 말이 그러하겠으나, 성상의 경미한 병은 마땅히 며칠 안 되어서 쾌히 회복하실 것인데, 어찌 이런 말씀을 하여서 여러 사람의 청문(聽聞)²²¹을 놀라게 하십니까." 하니, 임금이 "나의 병이 매우 무거워서 친히 강무를 거행할 수 없으므로 군국(軍國)의 일이 해이하고 폐지될 것을 염려하여 세자로 대행하게 하는 것이다. 경등은 나의 뜻을 알지 못하고 자주 이 말을 한다." 하다.

신하들이 고집이 세기 때문에 세자에게 강무를 대행시키는 일을

---

220 간섭하여 남의 권리를 침범함.
221 퍼져 돌아다니는 소문. 설교·연설 따위를 들음.

반대하는 것은 아닌 듯하다. 그들이 보기에 세종의 병은 '경미'하다. 그래도 임금은 자신의 병이 '무겁다'고만 말한다. 이런 것을 보면, 세종에게는 병 때문에 고통을 겪는 것보다 아무에게도 알릴 수 없는 한글 창제에 전념하느라 끝없이 신하들을 설득하려고 노력했던 일이 더 힘겨웠을지 모르겠다.

하루 이틀도 아니고 수많은 날을 잠도 제대로 못 자고 강행군했으니 지치기도 하고 체력은 점점 더 떨어졌을 것이다. 특히 눈은 아프기도 짓무르기도 하고 이루 말할 수가 없는 지경이었던 것으로 보인다. 그렇다고 신하들에게 '내가 사실은 새 글자 작업을 하고 있어서 몸이 안 좋다. 그러니 제발 내가 잔일은 세자에게 맡기고 오로지 새 글자 연구에만 매달리련다. 제발 봐다오.'라고 속 시원히 털어놓을 수도 없었다. 신하들의 압박을 못 이겨 실토라도 했다면 그 뒤끝은 어떻게 되었을까? 그 결과는 실록에 한글 창제 과정에 대해 일언반구도 나오지 않는다는 사실로 역추적해 볼 수 있다.

그리고 한글이 창제된 이후에 터져 나온 반대의 목소리들로도 유추해 볼 수 있는 일이다. 최만리 일파의 무지막지한 상소문에서 보듯 오랑캐들이나 하는 짓을 왜 하느냐며 온 나라 신하들, 말깨나 하는 모든 선비까지 총동원하여 꼬리에 꼬리를 물고 한글을 반대하지 않았던가. 중국에 대한 사대사상에 기대어 나 죽이라며 벌떼처럼 덤벼드는 날에는 그 중대한 작업을 중단할 수밖에 없었을 것이다.

그러니 우리는 스스로 다짐한 비밀을 끝까지 지켜 내며 한글을 완성해 내고야 만 세종의 뚝심과 인내력에 놀랄 수밖에 없다. 먼 훗날을 내다보며 세종은, 글자를 가진 민족만이 영원히 존재할 수 있다는 신념을 다지고 또 다지며 어떠한 난관이 있더라고 반드시 새 글자를 만들고야 말겠다고 거듭 다짐했을 것이다.

- 24년 10월 7일
세자 강무 대행

- 24년 10월 10일
세자 강무에서 돌아오다.

- 24년 10월 11일
근정문 조회, 정사

- 24년 10월 16일
근정문 조회, 정사

- 24년 10월 21일
근정문 조회, 정사

- 24년 10월 26일
근정문 조회

**대상포진 후 신경통**

▪ 24년 11월 11일

임금이 병환이 나다.


▪ 24년 11월 12일

임금이 승정원에 "나의 병은 만약 몸을 움직이고 말을 하면 찌르는 것 같은 아픔이 더욱 심하므로, 내가 2, 3일 동안만 말을 하지 않고 조리하겠으니 그대들은 이를 알라." 하였다.

임금이 병환이 나서 왕세자에게 명하여 종친을 사정전에서 연회하게 하다.


▪ 24년 11월 19일

종묘의 제사를 세자가 대행할 때 모든 일을 임금이 친히 제향하는 예에 의거하게 하다.


▪ 24년 11월 23일

임금이 병이 좋아져 문안하지 못하게 하다.


▪ 24년 11월 30일

정사


▪ 24년 11월 24일

임금이 승정원에 "내가 병이 있은 이후로 계축년(癸丑年, 15년)에 온양에서 목욕하고, 신유년(辛酉年, 23년) 봄에 온양에서 목욕하고, 금년에 또 이천(伊川)의 온정에서 목욕하니 내 병이 거의 조금 나았으나 그래도 영구히 낫지는 않았다. 이것은 나의 종신토록 지낼 병이므로 목욕으로 능히 치료할 수 없는 것이다. 그러나 목욕한 후에는 나은 듯하므로 또 온양에서 목욕하고자 하니, 그 시위(侍衛)[222] 군사는 간편한 데 따르도록 하고, 그대들이 마감(磨勘)하여 아뢰라."

■ 25년 1월 3일

임금이 승지(承旨)[223]들에게 "내 두 눈이 밝지 않고 오른쪽 손도 저리므로 금년 봄에 온천에 가서 목욕이나 하고 싶으나, 내 생각해 보니, 전자에 두 번이나 온천 목욕을 하였어도 모두 효력을 보지 못하고 공연히 백성만을 괴롭게 했을 뿐이니, 그리하지 않고 나았을 것만 같지 못하다. 그러니 장차 무슨 낯을 들고 또 목욕하겠느냐. 그 온천 가는 것을 그만둘까 한다." 하니, 조서강 등이 "신등이 근래에 온천에서 목욕하고 온 사람을 만나는 족족 물어보옵는데, 몸을 전연 움직이지 못하던 사람이 온천 목욕을 3년을 해서 나은 일이 있다 합니다. 목욕은 오래 할수록 좋은 것이므로 오래 하시오면 효험을 보실 것이옵니다. 금년에 충청도는 아주 풍년이옵고 백성의 부역(賦役)도 없사오니, 온천 목욕을 하시되 기필코 오랫동안 하시기를 바랍니다. 그렇게 하셔도 효험이 없으시거든 그만두셔도 좋지 않겠습니까." 하니, 임금이 "내 두 번이나 목욕을 경험해 보았으니 효험이 있을 것 같으면 너희들이

---

222 임금을 곁에서 모시고 호위함. 혹은 호위하는 사람
223 임금의 비서 기관인 승정원(承政院)에 딸려 왕명의 출납을 맡아 보던 정3품의 당상관(堂上官)

청하기를 기다리지 않고 하겠는데, 효력이 없는 줄 알면서 강행하는 것이 어찌 옳겠느냐." 하다.

오른쪽 손이 저린 것은 아마도 한글 작업을 계속하다가 손을 무리한 데에서 비롯되었을 것이다.

■ 25년 1월 10일

신개 등이 임금께 온천에 거둥하기를 심히 간청하니, 임금이 "나의 안질이 이제 이르러 점점 심해가는데, 대신들이 나에게 온천 목욕을 가라고 청하는 것은 왕년에 조금 효험이 있었던 때문이나, 내 온천 목욕을 세 번이나 하였어도 별로 신통한 효과가 없었소. 만일 그것이 효험이 있다면 경등이 청하기 전에 갈 것이지만, 여러 번 온천엘 갔어도 한 번도 효험을 보지 못했으니 마음에 심히 부끄럽소. 나의 병은 하늘이 준 것이니 온천이 어찌 능히 내 병을 고치겠소. 앞으로는 성문 밖을 나가지 아니하여 남에게 속는 것을 피하고 천명(天命)을 기다리려 하오. 내 뜻은 이미 정해져 있으나 대신들이 힘써 청하니 내 다시 생각하겠소." 하고, 인하여 봄 강무를 정지하기를 명하다.

■ 25년 2월 28일

임금이 승지들에게 "내 두 번 온천에 갔었는데 민폐가 많으므로 이제 그만두려 하였더니, 너희들이 정부 대신들로 더불어 가기를 청하고, 내 또한 다리 아픈 병이 있기에 마지못하여 가려 하니, 너희들은 나의 깊은 뜻을 알아서 폐단이 없도록 조치하라." 하다.

- 25년 3월 1일

온양 온천 거둥


- 25년 3월 3일

온양 온천 도착


- 25년 4월 3일

온천 출발


- 25년 4월 6일

환궁


- 4월 17일

세자가 정사를 섭행하고 승화당에 남면하여 조회 받도록 명하다.

임금이 직접 교지(敎旨)를 지어 승지들에게 내어 보이고, "나는 본래 병이 많았는데, 근래에 와서 병이 더욱 심하고, 또 왕위에 30년 동안이나 있었으므로 부지런해야 할 (정사에) 게으름을 피운 지 오래되었다. 임금이 늙고 병들면 세자가 정사를 섭행하는데, 이것은 고례(古禮)이다. 지금부터 세 차례의 대조하(大朝賀)²²⁴와 초1일 · 16일 조참(朝參)은 내가 친히 이를 받을 것이나, 그 외의 다른 조참은 모두 세자를 시켜 승화

---

224 동지(冬至) · 정조(正朝) · 성절(聖節)에 문무백관이 대궐에 모여 임금에게 하례하는 의식

당(承華堂)에서 남면(南面)[225]하여 조회를 받도록 할 것이니, 1품 이하는 뜰아래에서 배례(拜禮)하고 아울러 신(臣)이라 일컫도록 하라. 사람을 임용하거나 사람을 형벌하거나 군사를 움직이는 것은 내가 친히 결단하겠으나, 그 나머지 서정(庶政)[226]은 모두 세자에게 결재를 받도록 하라. 이같이 한다면 나도 안심하고 병을 조리할 수 있을 것이다." 하다.

### ▪ 25년 4월 18일

사헌부 대사헌 등이 합사(闔司)[227]하여 대궐에 나아와 "신등이 듣건대 세자에게 서정을 분담시켜 다스리도록 한다는데 결망(缺望)[228]됨을 견딜 수 없습니다." 하니, 임금이 "내가 본래 병이 많았는데 근래에 더욱 심하다. 세자에게 정사를 대행하도록 한 것은 내 병을 요양하려는 것이다." 하다.

## 8) 두 번째 초강수, 왕위를 내려놓겠다

세종이 초강수를 두었다. 왕위를 사퇴하겠다는 것, 이것이야말로 신하들로서도 더 이상 어찌해 볼 수 없는 최후의 발언이다. 한글 작업 완료 시점이 불과 몇 개월 남지 않았을 때 최상의 결과를 얻기 위

---

225 남쪽을 향해 앉는 것. 이는 군주가 정사를 볼 때 앉는 자리이다.
226 각 방면의 정무(政務)
227 온 관사(官司). 임금에게 극간(極諫)할 때 사헌부(司憲府)와 사간원(司諫院)의 온 관원이 관아의 문을 닫고 나가던 일
228 바라는 대로 되지 않아 원망함.

하여 막바지 박차를 가하고 있었던 것으로 보인다. 그래서 흐트러짐 없이 작업을 마무리하기 위하여 신하들에게 최후의 일격을 가할 수밖에 없었던 것이 아닐까.

이와 함께 정무도 열흘에 한 번 보겠다고 못 박는다. 이후 향과 축문을 전하는 일 외에 의식(儀式)을 갖지 않고 한글 창제의 마무리에 전력을 다한다.

- 25년 4월 19일
의정부와 육조가 계속하여 부당함을 아뢰다.
예조판서 김종서는 "옛날 성인께서 꼴 베는 사람의 말도 반드시 가려서 듣는다고 하였습니다. 지금 노성(老成)한 신하가 모두 불가하다고 하니 성찰하시기를 엎드려서 바랍니다." 하니, 임금이 "내가 본래 질병이 많아서 오늘에 시작된 것이 아님은 대신들도 이미 아는 일인데, 여러 신하가 나로 하여금 안심하고 병을 조리할 수 있게 하려면 오늘날의 일을 어찌 정지하도록 청하겠는가. 반드시 정지시키고자 한다면, 나는 차라리 왕위를 사퇴하고 병이나 조리하겠다." 하다.

- 25년 4월 20일
세자가 동궁 정문에서 남면하도록 교지를 고쳐 명하다.

- 25년 5월 12일
왕세자가 조회를 받을 계조당을 짓다.

■ 25년 5월 15일

망제에 쓸 향과 축문을 친히 전하다.


■ 25년 5월 16일

왕세자가 섭정하는 제도를 정하다.


■ 25년 5월 22일

전지하기를, "금후에는 열흘에 한 번씩 정사를 보겠으나, 혹 직접 보고하여야 할 공사(公事)가 있으면 열흘이라는 기한에 구애되지 말라." 하다.


■ 25년 5월 29일

삭제에 쓸 향과 축문을 친히 전하다.


■ 25년 8월 29일

이승손 등이 "이제 성체(聖體)가 편하지 못하시온데 다른 약으로 치료할 수 있는 바가 아니옵고, 목욕하신 뒤에 좀 그 효험이 있사오니, 청하옵건대 금년에 다시 온천에 거둥하소서." 하니, 임금이 "내가 온천에 목욕한 것이 두세 번이 되나 눈이 어두운 것은 전보다 갑절이나 되니, 나는 다시 목욕하기를 원하지 아니한다. 너희들은 말하지 말라." 하다.

이승손 등이 다시 "이 앞서는 1년에 두 번 거둥하신 때가 없었사오니, 금년에는 두 번 거둥하시어 효험을 보게 하소서." 하니, 임금이 듣지 아니하매 청하기를 두세 번이나 하다.

임금이 "목욕한 뒤에 내 눈이 더욱 어둡다. 목욕해서 효험을 얻으면 가하지만, 만일 혹시라도 더욱 어두워지면 이는 곧 위태로운 짓이니 반드시 후회할 것이다." 하다.

좌찬성(左贊成) 하연 등이 역시 온천에 거둥하기를 청하여 두세 번에 이르니, 임금이 "옛사람이 이르기를, '붕우(朋友)[229]가 죽으면 곡(哭)하고, 눈이 어두우면 곡한다.' 하였으니, 이것은 사람의 큰 병인 것이다. 내가 어찌 내 몸을 사랑하지 아니하겠는가. 그러나 내가 온천에서 목욕할 때에 눈동자에 덮는 막(膜)이 있었는데, 아마 열기가 위로 올려 치밀어 그런 것이라 여겼더니, 이내 낫지 아니하여 지금에 이르러서는 더욱 어두우니, 이것은 나의 종신(終身)의 병이라 목욕으로 고칠 것이 아닌 것이다. 비록 온천을 한성으로 옮겨 와도 내가 목욕하지 아니할 것이다." 하다.

▪ 25년 10월 1일
세자 헌릉 삭제 대행

▪ 25년 10월 30일
친히 삭제 향과 축문을 전하다.

▪ 25년 11월 14일
친히 망제 향과 축문을 전하다.

---

229 친구. 벗

- 25년 12월 14일

친히 망제 향과 축문을 전하다.

## 9) 훈민정음, 마침내 빛을 보다

- 25년(1443) 12월 30일

이달에 임금이 친히 언문(諺文) 28자를 지었는데, 그 글자가 옛 전자(篆字)를 모방하고, 초성·중성·종성으로 나누어 합한 연후에야 글자를 이루었다. 무릇 문자에 관한 것과 이어(俚語, 항간에서 쓰는 말)에 관한 것을 모두 쓸 수가 있고, 글자는 비록 간단하고 요약하지마는 전환(轉換) 시키는 것이 무궁하니, 이것을 만백성을 위한 훈민정음(訓民正音)이라고 일렀다.

이제야 임금의 문자 창제가 최초로 실록에 오른다. 그러니까 완성된 뒤에야 비로소 훈민정음은 밀실에서 나와 빛을 보게 된 것이다. 작업의 흔적으로 보아 실로 7년여 만이다. 이 천지개벽과도 같은 사건이, 이렇게 세종이란 임금 한 사람의 신념과 의지 그리고 노고에 의하여 이루어졌다. 아주 조용히 비밀리에 진행되었지만, 그 무엇보다도 또렷하고 찬란하게 역사의 장으로 떠오른 것이다. 병에 시달리며 피를 말리다시피 하는 악전고투 속에서 진행되어 온 세종의 새 글자 창제 작업이 드디어 빛을 보게 된 것이다.

아무리 천재라 해도 새 글자 창제 작업은 한 사람의 힘으로 해낼 수 있는 일이 아니었다. 그런데 해냈다. 그것도 임금이라는 막중한 임무 속에서. 세종은 시간을 내기 위해 온갖 방법을 궁리했다. 그 가운데 가장 중요한 것은 일반적 업무를 세자에게 대행시키는 것이었다. 신하들로서는 왜 그래야 하는지 그 까닭을 알 수 없었다. 그래서 신하들은 완강하게 반대할 수밖에 없었다. 그렇지만 세종은 새 글자 작업 때문이라고 터놓고 속 시원히 말해 줄 수 없었다. 그래도 세종은 외롭고도 괴로운 기나긴 시간을 견뎌내며 그 엄청난 일을 해냈다. 그 시대에는 세종이 해낸 그 일이 얼마나 위대하고 뜻깊은 일인지 제대로 아는 이가 없었던 것으로 보인다.

당시의 실록에 비추어 볼 때 이것은 기적이라고 말할 수밖에 없다. 인간이 도저히 예측할 수 없는 일이 일어날 때 우리는 그것을 기적이라 부른다. 그런데 실제로 기적이 일어났다. 아니, 세종이 기적을 만들어 냈다. 인간으로서 기적을 만들어 낸다는 것은 신적인 영역으로 들어서는 것을 의미한다. 인간이 신적인 영역으로 들어서는 것은 목숨을 거는 위험천만한 일이다. 세종이라고 해서 그 위험을 피해 갈 수는 없었다. 앞에서 보았듯이 세종은 인간으로서 견디기 어려운 온갖 병들에 시달렸다. 죽지 않은 것만 해도 천만다행이라 해야 할 것이다.

## 10) 세종, 이제야 삶의 여유를 찾다

- **26년(48세) 1월 1일**

임금이 강녕전에서 잔치하다.

이제 그동안 남몰래 애태우며 해 오던 이 작업을 마무리 지었으니, 조금은 홀가분한 마음으로 나빠진 건강, 특히 안질 치료에 전념할 수 있게 되었다. 그래서 모든 질병에 좋다는 청주 초수에, 세종은 정말 파격적으로 아예 60일이라는 장기간, 그것도 봄·가을에 걸쳐 두 차례 휴양을 가게 된다.

- 26년 1월 27일

어떤 사람이 "청주(清州)에 물맛이 호초(胡椒)[230] 맛과 같은 것이 있어 이름하기를 초수(椒水)라 하는데, 모든 질병을 고칠 수 있고, 목천현(木川縣)[231]과 전의현(全義縣)[232]에도 또한 이러한 물이 있습니다." 하니, 임금이 이를 듣고 장차 거둥하여 안질을 치료하고자 하여 행궁(行宮)을 세우게 하고, 이 물을 얻어 가지고 와서 아뢴 자에게 목면(木緜) 10필을 하사하다.

- 26년 2월 5일

김훼 등을 청주 초수리(清州椒水理)에 보내 목욕하여 안질을 치료하여 보라 하였더니, 김훼 등이 돌아와 "안질이 조금 나았습니다." 하다.

---

230 후추
231 충청도 청주목 목천현
232 충청도 청주목 전의현

# 5 장

# 훈민정음의 새로운 운명

새 글자 작업은 마쳤으나 그것으로 모든 것이 다 끝이 난 것은 아니었다. 세종은 사장되어 가는 몽고 팔사파 문자의 행로를 보았다. 앞으로 이 새 글자가 사장되지 않고 어떻게 하면 널리 사용될 수 있을까, 나아가 이 나라에 영구히 뿌리를 내리도록 할 수 있을까 하는 것은 세종에게 닥쳐 온 또 다른 커다란 문제였다. 만일 이 단계에서 실패라도 하는 날에는 지금까지의 온갖 고생이 한낱 물거품처럼 사라질 뿐만 아니라 영원히 이 나라 이 민족은 자신의 글자를 가질 수 없을지도 모르는 일이었다. 그래서 세종은 다른 일은 모두 제쳐두고 남은 생애를 오로지 새 글자의 활용과 보급에 전력투구해야만 될 것으로 판단했다. 지금까지의 새 글자 창제 작업이야 세종 혼자만의 노력으로 가능했고, 또 그럴 수밖에 없었지만, 이제부터의 활용과 보급은 반대로 공개적으로 여러 사람을 동원해야만 할 수 있는 일이었다.

그리하여 먼저 집현전 학자들 몇 명에게 작업을 논의하게 하니 그 즉시 엄청난 반대 상소가 올라왔다. 명나라를 의식한 사대주의 선비들일수록 반대가 심했다. 정말 무례할 정도의 상소였다. 그러나 모든 일에 있어 주도면밀한 세종이었기에 그러한 반대 상소를 예상하고 있었는지도 모른다. 준비라도 하고 있었던 듯, 세종은 우물쭈물하지 않고 파장이 커지기 전에 그런 상소를 올린 집현전 학자들을 단번에 하옥시켜 버린다. 세종은 여느 때와는 달리 유례없는 단호함을 보인다. 이는 절대 군주로서 세종의 확신에 찬 국정철학과 함께 신념에 찬 통치자로서 단호함의 일단을 보여 준 사례라 할 수 있겠다. 하지만 인본주의자 세종은 머지않아 그들 모두를 훈방시켜 주는 여유를 보여 준다.

## 1. 젊은 학자들에게 번역을 명하다

새 글자 한글은 완성 후 우선 집현전 학자를 중심으로 언어학에 능력 있는 비교적 젊은 학자들을 선발하여 하나하나 가르치면서 가장 기본적인 중국어 자전 번역 작업을 하도록 한다. 장성한 첫째 세자, 둘째 수양대군, 셋째 안평대군 등을 붙여 연구를 관장케 하면서 딴말이 나오지 않도록 감독을 하게 한다. 이것이 집현전의 우두머리 부제학을 비롯한 중견 학자들에게 알려지면서 일제히 상소가 올라온다.

■ 26년 2월 16일

집현전(集賢殿) 교리(校理)²³³ 최항(36세), 부교리 박팽년, 부수찬(副修
撰)²³⁴ 신숙주, 이선로, 이개, 돈녕부(敦寧府)²³⁵ 주부 강희안 등에게 명
하여 의사청(議事廳)에 나아가 언문(諺文)²³⁶으로 『운회(韻會, 중국어 자
전)』를 번역하게 하다. 동궁과 진안대군(晉安大君), 안평대군²³⁷으로 하
여금 그 일을 관장하게 하였는데, 모두가 임금의 판단에 따라 주었으
므로 상(賞)을 거듭 내려 주다.


## 2. 사대사상에 찌든 학자의 반대 상소

최만리는 '언문'을 두고 그 창제가 신묘하고 만물을 창조하고 지
혜를 운전하는 것이 천고에 뛰어나다고 야유하고 나서, 중국의 비위
를 거스르게 되면 어떻게 하겠느냐면서, 언문 창제는 "대국을 섬기
고 중화를 사모하는 데 부끄러운 일"이며, 오랑캐와 같아지는 것이라
고 질타한다. 그는 또 옛것이 아니라 새것이기 때문에 안 되고, 한자
를 익히는 것이 학문을 발전시키는 것이니 언문부터 써서는 안 된다
고 말하고 나서 "왜 야비하고 상스럽고 무익한 글자를 창조했느냐"

---

233 집현전(集賢殿) 등에 둔 정5품 관직
234 집현전 등에 둔 종6품 관직
235 왕친·외척의 친선을 도모하기 위한 사무를 처리하던 관청
236 한글을 낮추어 이르던 말
237 안평대군(安平大君, 1418~1453) : 세종과 소헌왕후(昭憲王后) 사이의 셋째 아들인 이용(李瑢). 1453
년 계유정난이 일어나고 강화도로 귀양 갔다가 교동(喬桐)으로 옮겨져 사사되었다.

고 임금을 질타한다. 그는 또 언문은 시골의 상말이고, 새롭고 기이한 기예에 지나지 않으며, 학문에 방해가 된다고 주장한다. 그는 또 언문이 법조문을 쉽게 읽어 억울한 옥사를 없게 한다고 주장하지만, 억울한 옥사는 문자 때문이 아니라 관리가 어떤 사람이냐에 따른 것이라고 논제를 이탈한다.

■ 26년 2월 20일

집현전(集賢殿) 부제학(副提學) 최만리 등이 상소하기를,

"언문(諺文)을 제작하신 것이 지극히 신묘하와 만물을 창조하시고 지혜를 운전하심이 천고에 뛰어나시오나, 오히려 의심되는 것이 있사와 뒤에 열거하오니 재고 바랍니다.

1. 우리 조선은 조종 때부터 내려오면서 지성스럽게 대국(大國)을 섬기어 한결같이 중화(中華)의 제도를 준행(遵行)[238]하였는데, 이제 글을 같이하고 법도를 같이하는 때 언문을 창작하신 것을 듣고 보니 놀라움이 있습니다. 말하기를, '언문은 모두 옛 글자를 본뜬 것이고 새로 된 글자가 아니라,' 하지만, 글자의 형상은 비록 옛날의 전문(篆文)[239]을 모방하였을지라도 음을 쓰고 글자를 합하는 것은 모두 옛것에 반대됩니다. 만일 중국에라도 흘러 들어가서 혹시라도 비난하여 말하는 자가 있으면, 어찌 대국을 섬기고 중화를 사모하는 데에 부끄러움이 없사오리까.

---

238 좇아서 행하다.
239 한자의 고대 서체의 하나인 전서체(篆書體) 문자

1. 옛부터 중국 전토 안에 풍토는 비록 다르나 지방의 말에 따라 따로 문자를 만든 것 없고, 오직 몽고 · 서하 · 여진 · 일본과 서번(西蕃)<sup>240</sup> 등이 각기 그 글자가 있되, 이는 모두 미개한 민족의 일이므로 말할 것이 없습니다. 역대로 중국에서 모두 우리나라는 기자(箕子)의 남긴 풍속이 있다 하고, 문물과 예악을 중화에 견주어 말하기도 하는데, 이제 따로 언문을 만드는 것은 중국을 버리고 스스로 오랑캐와 같아지려는 것입니다.

1. 신라 설총(薛聰)의 이두(吏讀)<sup>241</sup>는 비록 야비한 상말이나, 모두 중국에서 글자를 빌어서 어조(語助)에 사용, 문자가 원래 서로 분리된 것이 아니므로, 비록 서리(胥吏)나 하인이라도 반드시 익히려 하면 먼저 몇 가지 글을 읽어서 대강 한자(漢字)를 알게 된 연후라야 이두를 쓰게 되니, 이두를 쓰는 자는 모름지기 한자에 의거하여야 능히 의사를 통하게 되는 때문에 이두로 인하여 한자를 알게 되는 자가 많사오니, 또한 학문을 발전시키는 데에 한 도움이 되었습니다. 만약 우리나라가 원래부터 한자를 알지 못하는 세대라면 우선 언문을 빌어서 한때의 사용에 이바지하는 것은 오히려 가할 것입니다. 바른 의논을 고집하는 자는 반드시 말하기를, '언문을 시행하여 임시방편을 하는 것보다는 차라리 더디고 느릴지라도 중국에서 통용하는 한자를 습득하여 길고 오랜 계책을 삼는 것만 같지 못하다.'라고 할 것

---

240 중국의 서쪽에 있는 번국(蕃國)이란 뜻. 서역, 곧 중앙 아세아의 여러 나라
241 한자의 음(音)과 훈(訓)으로 우리말을 표기하는 방법으로, 신라의 설총이 정리했다. 문장 배열은 우리말 어순으로 하되, 조사 · 어미 · 부사, 기타 특수한 용어를 한자의 훈과 음을 이용해 나타내던 방법. 신라(新羅) 때부터 개화기(開化期) 때까지 실용문을 쓸 때 널리 이용되었다. 넓은 뜻으로는 향찰(鄕札) · 구결까지도 포함한다.

입니다. 이두는 시행한 지 수천 년이나 되어 장부와 문서나 계약과 회계 등의 일에 방애(防碍)됨이 없는데, 어찌 예로부터 시행하던 폐단 없는 글을 고쳐 따로 야비하고 상스러운 무익한 글자를 창조하시나이까.

만약에 언문을 시행하오면 관리 된 자가 오로지 언문만을 습득하고 학문하는 한자를 돌보지 않아 관리들이 둘로 나뉘어질 것입니다. 관리 된 자가 언문을 배워 통달한다면, 후진(後進)이 모두 이러한 것을 보고 생각하기를, 27자의 언문으로도 족히 세상에 입신(立身)할 수 있다고 할 것이오니, 무엇 때문에 고심(苦心) 노사(勞思)²⁴²하여 성리(性理)의 학문을 궁리하려 하겠습니까. 이렇게 되면 수십 년 후에는 한자를 아는 자가 반드시 적어져서 비록 언문으로써 능히 공무(公務)를 집행한다 할지라도, 성현의 문자를 알지 못하고 배우지 않아서 담을 대하는 것처럼 사리의 옳고 그름에 어두울 것이오니, 언문에만 능숙한들 장차 무엇에 쓸 것이옵니까. 언문은 한자와 조금도 관련됨이 없고 오로지 시골의 상말을 쓴 것이겠습니까.

가령 언문이 전조(前朝) 때부터 있었다 하여도 오늘의 문명한 정치에 오히려 그대로 물려받을 수 있겠습니까. 반드시 고쳐 새롭게 하자고 의논하는 자가 있을 것으로서 이는 환하게 알 수 있는 이치이옵니다. 이번의 언문은 새롭고 기이한 한 가지 기예(技藝, 재주)에 지나지 못한 것으로서 학문에 방해됨이 있고 정치에 유익함이 없으므

---

242 몹시 근심함.

로 아무리 생각하여도 그 옳은 것을 볼 수 없사옵니다.

1. 만일 말하기를, '사형(死刑)에 대한 옥사(獄事) 같은 것을 이두 문자로 쓴다면 문리(文理)를 알지 못하는 어리석은 백성이 한 글자의 착오로 혹 원통함을 당할 수도 있겠으나, 이제 언문으로 그 말을 직접 써서 읽어 듣게 하면 비록 지극히 어리석은 사람일지라도 모두 다 쉽게 알아들어서 억울함을 품을 자가 없을 것이라.' 하오나, 예로부터 중국은 말과 글이 같아도 소송 사이에 억울하게 잘못된 것이 심히 많습니다. 가령 우리나라로 말하더라도 옥에 갇혀 있는 죄수로서 이두를 해득하는 자가 친히 조서를 읽고서 허위인 줄을 알면서도 매를 견디지 못하여 그릇 항복하는 자가 많사오니, 이는 조서의 글 뜻을 알지 못하여 원통함을 당하는 것이 아님이 명백합니다. 만일 그러하오면 비록 언문을 쓴다 할지라도 무엇이 이보다 다르오리까. 이것은 형벌의 공평하고 공평하지 못함이 법 집행 관리의 어떠하냐에 있고, 말과 문자의 같고 같지 않음에 있지 않은 것을 알 수 있으니, 언문으로써 옥사를 공평하게 한다는 것은 신등은 그 옳은 줄을 알 수 없사옵니다.

1. 무릇 일에 공(功)을 세움에는 가깝고 빠른 것을 귀하게 여기지 않사온데, 국가가 근래에 조치하는 것이 모두 빨리 이루는 것을 힘쓰니, 두렵건대 정치하는 체제가 아닌가 하옵니다. 만일에 언문은 할 수 없어서 만드는 것이라면 이것은 풍속을 변하여 바꾸는 큰일이므로, 재상으로부터 아래로는 모든 관리에 이르기까지 함께 의논하되, 나라 사람이 모두 옳다 하여도 오히려 다시 세 번을 더 생각하고, 중국에 상고하여 부끄러움이 없으며, 100년이라도 성인(聖人)을 기다려

의혹됨이 없은 연후라야 이에 시행할 수 있는 것이옵니다. 이제 넓게 여러 사람의 의논을 채택하지도 않고 갑자기 관리들 10여 명으로 가르쳐 익히게 하며, 또 가볍게 옛사람이 이미 이룩한 운서[韻書, 한자를 운(韻)에 따라 분류하고 배열한 자전]를 고치고 근거 없는 언문을 억지로 끌어다 맞추어 기술자 수십 명을 모아 인쇄하여서 급하게 널리 반포하려 하시니, 천하 후세의 공론(公論)에 어떠하겠습니까.

또한 이번 청주 초수리(椒水里)에 거동하시는데도, 특히 연사가 흉년인 것을 염려하시어 호종하는 모든 일을 간략하게 하셨으므로, 언문 같은 것은 국가의 급하고 부득이하게 기한에 미쳐야 할 일도 아니온데, 어찌 이것만은 행재(行在)에서 급급하게 하시어 병환을 조섭하시는 때에 번거롭게 하시나이까.

1. 이제 동궁이 비록 덕성이 성취되셨다 할지라도 아직은 학문에 전심(專心)하시어 더욱 그 이르지 못한 것을 깊이 연구해야 할 것입니다. 언문이 비록 유익하다 이를지라도 특히 문사(文士)의 육예(六藝)의 한가지일 뿐이옵니다. 하물며 만에 하나도 정치하는 도리에 유익됨이 없사온데, 정신을 연마하고 사려를 허비하며 날을 마치고 때를 옮기시니 실로 바쁜 학업에 손실되옵니다. 신등이 모두 마음에 품은 바가 있으면 감히 함묵(含默)할 수 없어서 삼가 마음 깊은 곳에서 우러나오는 말을 다 하와 우러러 성총을 번독하나이다.”

하다.

## 3. 상소에 대한 신속한 조치

이 격렬한 상소에 대하여, 세종은 전에 일찍이 볼 수 없었던 무서운 결단을 보여 준다. 초전(初戰)에 완전히 기를 꺾어 버리려는 결연한 의지를 드러낸다. 그 순간 강하게 나가지 않으면 시기를 놓치게 되고 10년 가까이 온 몸과 마음을 바쳐 이루어 낸 중대사를 그르치게 될지 모른다는 위기 의식 때문이었을 것이리라. 우물쭈물하며 방치했다가는 온 나라가 시끄러울 것이고, 그렇게 시간이 흘러가면 우리 글이 얼마나 커다란 축복인지 백성들에게 알리기도 전에 분쟁 속에 묻혀 버릴 것이다.

평소 그렇게 아끼던 집현전 학자들이 상소를 올리자마자, 세종은 기다리기라도 했다는 듯이 조목조목 반박하고 파면과 곤장형으로 강력하게 대처한다. 세종이 이렇게까지 강경하게 나오리라고는 그 누구도 생각지 못했을 것이다. 이제 상소 후에 벌어진 일들을 간추려 보기로 한다.

임금이 소(疏)를 보고 최만리 등에게 "너희들이 이르기를, '음(音)을 사용하고 글자를 합한 것이 모두 옛글에 위반된다.' 하였는데, 설총(薛聰)의 이두(吏讀)도 역시 음이 다르지 않으냐. 또 이두를 제작한 본뜻이 백성을 편리하게 하려 함이 아니겠느냐. 만일 그것이 백성을 편리하게 한 것이라면 이제의 언문도 백성을 편리하게 하려 한 것이다. 너희들이 설총은 옳다 하서 임금의 하는 일은 그르다 하는 것은 무엇이냐. 또

네가 운서를 아느냐. 사성칠음(四聲七音)[243]에 자모(字母)가 몇이나 있느냐. 만일 내가 그 운서를 바로잡지 아니하면 누가 이를 바로잡을 것이냐. 또 소에 이르기를, '새롭고 기이한 하나의 기예(技藝)'라 하였으나, 내 늘그막에 날을 보내기 어려워서 서적으로 벗을 삼을 뿐인데, 어찌 옛것을 싫어하고 새것을 좋아하여 하는 것이겠느냐. 또는 전렵(田獵)[244]으로 매사냥을 하는 예도 아닌데 너희들의 말은 너무 지나침이 있다. 그리고 내가 나이 늙어서 국가의 서무를 세자에게 오로지 맡겼으니, 비록 세미(細微)[245]한 일일지라도 참예하여 결정함이 마땅하거늘 하물며 언문이겠느냐. 만약 세자로 항상 동궁에만 있게 한다면 환관(宦官)에게 일을 맡길 것이냐. 너희들이 시종(侍從)하는 신하로서 내 뜻을 밝게 알면서도 이러한 말을 하는 것은 옳지 않다." 하다.

세종은 신하들의 무례한 상소에 대해 화를 내기보다는 그 부당함을 하나하나 예를 들어가며 설파하고 있다. 이를테면 설총이 옳으면 임금의 일은 더 옳은 것이어야 하는데, 너희들은 설총은 옳다 하면서 임금이 하는 일은 왜 그르다 하는 것이냐고 꾸짖을 뿐이다. 그리고 운서와 사성칠음에 대해 너희가 무엇을 아느냐고 반문한다. 최만리는 집현전의 수장급인데, 임금의 전문적인 언어학적 질문에 아무런

---

243 사성(四聲)은 중국 육조(六朝)·수(隋)·당(唐) 시대의 중국어의 성조(聲調), 즉 평성(平聲)·상성(上聲)·거성(去聲)·입성(入聲)의 총칭이고, 칠음(七音)은 일곱 가지 악조(樂調), 곧 궁(宮)·상(商)·각(角)·치(徵)·우(羽)·반상(半商)·반치(半徵)이다. 음운학(音韻學)에서 칠음은 어금닛소리[牙音]·혓소리[舌音]·입술소리[脣音]·잇소리[齒音]·목구멍소리[喉音]·반혓소리[半舌音]·반잇소리[半齒音]이다.
244 짐승을 사냥하는 것으로 군사훈련도 겸했다.
245 아주 가늘고 작음.

답변도 하지 못한다.

이런 것으로 미루어, 세종의 한글 창제에 대해 집현전 학자들조차 까맣게 모르고 있었던 것은 부정할 수 없는 사실인 듯하다. 그렇다면 한글 창제는 세종과 집현전 학자들이 함께한 것이라는 설은 깨질 수밖에 없다. 새 글자에 대해 집요하게 반기를 드는 집현전 학자들의 태도가 그것을 반증한다.

임금이 "전번에 김문이 '언문을 제작함에 불가할 것은 없습니다.' 하였는데 지금은 도리어 불가하다 하고, 또 정창손은 '삼강행실(三綱行實)을 반포한 후에 충신·효자·열녀의 무리가 나옴을 볼 수 없는 것은 사람이 행하고 행하지 않는 것이 사람의 자질 여하에 있기 때문입니다. 어찌 꼭 언문으로 번역한 후에야 사람이 모두 본받을 것입니까.' 하였으니, 이따위 말이 어찌 선비의 이치를 아는 말이겠느냐. 아무짝에도 쓸데없는 용속(庸俗)²⁴⁶한 선비이다." 하였다.

먼젓번에 임금이 정창손에게 "내가 만일 언문으로 삼강행실(三綱行實)을 번역하여 민간에 반포하면 어리석은 남녀가 모두 쉽게 깨달아서 충신, 효자, 열녀가 반드시 무리로 나올 것이다." 하였는데, 정창손이 이 말로 계달한 때문에 이제 이러한 하교가 있은 것이다.

---

246 속되어 이렇다 할 특징이 없음.

## 4. 상소에 대한 처벌

세종은 7명을 구속하고, 정창손은 파직하였으며, 김문에게는 곤장 100대를 때리게 했다.

임금이 또 하교하기를, "내가 너희들을 부른 것은 처음부터 죄주려 한 것이 아니고, 다만 소(疏) 안에 한두 가지 말을 물으려 하였던 것인데, 너희들이 사리를 돌아보지 않고 말을 변하여 대답하니 너희들의 죄는 벗기 어렵다." 하고, 드디어 부제학(副提學) 최만리, 직제학(直提學) 신석조, 직전(直殿)[247] 김문, 응교(應敎) 정창손, 부교리(副校理) 하위지, 부수찬(副修撰) 송처검, 저작랑(著作郎)[248] 조근을 의금부에 내렸다가 이튿날 석방하라 명하였는데, 오직 정창손만은 파직시키고, 의금부에 "김문이 앞뒤에 말을 변하여 계달한 사유를 국문하여 아뢰라." 하다.

- 26년 2월 21일
의금부에서 조사하여 "김문은 율(律)이 대제상서사불이실(對制上書詐不以實)[249]에 해당하니 장(杖) 100대 3년을 처하소서." 하니, 다만 장(杖) 100대를 속(贖)[250] 바치게 하다.

---

247 집현전의 정4품 관리
248 집현전의 정8품 관리
249 『대명률(大明律)』「형률(刑律)」 사위조(詐僞條)의 한 조문. 무릇 대제(對制)·주사(奏事)·상서(上書)에서 거짓으로 속이며 사실대로 고하지 아니한 자는 장(杖) 100대와 도(徒) 3년형에 처한다고 하였다.
250 돈 등을 바쳐 죄를 면하는 일

- 26년 2월 28일

청주 초수리 거둥

- 26년 3월 2일

초수리 도착

- 26년 4월 4일

전만호 유면 등을 전의현(全義縣) 초수(椒水)에 보내 병을 치료하여 시
험해 보게 하다.

- 26년 4월 12일

여러 대군(大君)들이 승정원에 "전하께서 27일에 환궁하시고자 하나,
초수가 자못 효험이 있으니 여러 승지들이 마땅히 오래 머무르시도록
청하게 하라." 하매, 도승지 이승손이 청하다.
임금이 "내 생각으로는 전보다 다름이 없는 것 같으나 남들이 볼 때
조금 나은 것 같다 하니, 내가 마땅히 다시 머물러서 그 효험을 보겠
다." 하다.


## 5. 세종, 치료에 힘쓰다

한글 작업도 일단락되었고, 여러 사람에게 알렸으며, 집현전 학자
들에게 『운회』 번역 작업을 시켜 놓았으니, 이제는 전같이 노심초사

하며 애태울 필요가 없었다. 그래서 세종은 온천 요양 60일이라는 파격적인 결단을 내리고, 안질 치료를 비롯 건강 회복에 힘을 기울였다.

임금이 "당초에 60일로 한정한 것을 이미 한성과 지방에서 다 알고 있으니 신의(信義)를 잃어버릴 수 없으며, 내월 초3일은 곧 60일이니 내가 마땅히 환궁하여야겠다." 하다.

## ▪ 26년 5월 2일

임금이 승정원에 "오는 가을에 다시 초수에 갈 여부를 내가 마땅히 한성에 돌아간 뒤에 의논하여 결정할 것이니, 그러나 내가 늙어져서 이러한 거조(擧措)²⁵¹가 있게 되어 부끄러운 일이다. 그런데 이곳은 한성과의 거리도 멀고 큰일이 있으면 여러 번 내왕하면서 의논해야 하니, 일이 많이 지연되고 역로(驛路)도 번거롭고 시끄러울까 내가 심히 염려되는데, 목천(木川) 초수는 한성에서 거리도 멀지 않고 내왕하기에도 심히 편리할 것이다. 그러나 목천이 비록 가깝다 하더라도 만약에 행궁(行宮)을 새로 지으려면 백성들의 수고가 모두 많을 것이며, 이곳은 비록 멀다 하더라도 행궁이 이미 되어 있어 백성들이 두 번 수고하지 않을 것이니 어떻게 하면 좋겠는가." 하다.

## ▪ 26년 5월 3일
초수 출발

---

251 행동거지(行動擧止)

■ 26년 5월 7일

환궁


■ 26년 5월 13일

친히 문과(文科)를 근정전에서 시험 보이다.

임금이 대장경(大藏經)에 의방(醫方)이 있다는 말을 듣자 그 판본(板本)
이 흥천사(興川寺)에 있으므로 장차 싣고 와서 보려고 하다.

우승지 유의손 등이 "외인(外人)들이 그 이유는 모르고 석전(釋典)[252]을
숭신(崇信)한다 할 것이오매 옳지 못하오니, 의원으로 상고하여 보게
하소서." 하니 그대로 따르다.


■ 26년 6월 7일

충청도 관찰사에게 "초수로 눈을 씻어서 효험을 본 사람이 많다. 전일
(前日) 행차하였을 때에 호종(扈從)[253]한 자가 그 물을 마시고 혹은 효
험을 본 자가 있으며 혹은 효험이 없는 자도 있고 혹은 설사가 났으나
오래지 않아서 도로 나은 자가 있으며, 전 중추원사(中樞院事) 윤번은
한 달 동안에 이르도록 마시었어도 마침내 효험을 보지 못하니, 초수
를 마신다고 하여 병을 치료할 수 있는 여부는 역시 확실히 알 수 없
다. 지난번에 초수를 마시어 병을 치료한 자가 하나뿐이 아니니, 아무
개는 아무 병이 나았고, 아무개는 아무 병이 낫지 않았다는 것을 갖추

---

252 불경(佛經)
253 임금이 탄 수레인 거가(車駕)를 모시어 좇음.

자세하게 조사하여 아뢰라." 하다.


▪ 26년 7월 15일

임금이 "금년은 크게 가물고 또 천재(天災)가 있었으며, 나의 병은 이미 오래되어 초수에 거둥하더라도 치료될 수 없을 것 같다. 그러나 경 등이 힘써 청하니 내 마땅히 다시 생각하겠다."라고 하다.


▪ 26년 윤7월 15일

청주 초수 도착


▪ 26년 윤7월 22일

눈병을 앓는 사람인 이내은 등을 전의(全義)의 초수에 보내어 치료하여 효력을 시험하게 하다.


▪ 26년 윤7월 23일

전 경시서령(京市署令) 장택 등을 전의의 초수에 보내어 안질을 치료하여 효력을 시험하게 하다.


▪ 26년 9월 22일

초수 출발


▪ 26년 9월 26일

환궁

안질 치료를 위해 초수 온천 치료를 두 번이나 해 보았지만 효과를 보지 못했다.

▪ 26년 11월 20일

우의정 신개 등이 또 초수에 거둥하기를 청하니, 임금이 "내가 경들의 청하는 것을 듣지 아니함은 겸양(謙讓)으로 그러는 것이 아니고, 또한 민폐가 있다고 그러는 것도 아니다. 만일에 백성들에게 은혜가 미치는 일이라면 해야 할 것이고, 하지 아니하면 경들이 굳이 청해야 할 것이다. 초수에 행행하는 일 같은 것은 나 한 사람의 병에 관한 일이니, 옛 사람은 그 친구의 아들이 죽어도 울었다는데, 하물며 제 몸의 병을 내 어찌 생각지 아니하겠는가. 지금 내가 다시 가고자 하지 아니함은 효험이 없기 때문이고 민폐가 있기 때문은 아니다. 경들의 청하는 말에는 매양 작은 폐에 구애하지 말라고 하나, 내가 만약 폐만 생각한다면 지난봄에 천재지변이 거듭 있었어도 오히려 경들의 청하는 대로 따랐으며, 금년 겨울에는 아무리 흉년이라 해도 구황(救荒)²⁵⁴하는 정책만 다한다면 백성을 살릴 만하니, 오늘의 염려는 지난가을같이 심하지는 아니한데 어찌 경들의 청을 어기겠는가. 지난가을에 간 것도 나는 본디 가고 싶지 않았으나 경들이 굳이 청하므로 내 마지못해 따랐던 것이니, 지금도 만약 해야 할 일이라면 어찌 따르지 않겠는가. 또 나의 먹고 입는 것이 다 백성에게서 나오는 것이니 폐가 없을 수 없는데, 그

---

254 흉년 등으로 말미암아 굶주림에 빠진 빈민을 구제하는 일

폐가 됨을 알면서도 먹고 입지 않을 수 없으니, 어찌 오직 이 일에만 민폐를 계교하여서 하지를 않겠는가." 하다.

■ 26년 12월 7일
광평대군(다섯째 아들, 당시 20세) 졸(卒)

■ 26년 12월 10일
영의정 황희 등이 육선(肉膳)[255]의 진어(進御)를 청하니, 임금이 "내가 지금 아무런 병환이 없으니 따를 수 없다." 하고, 우의정 신개가 다시 "전하께서 지금은 병환이 없다 하시나 병환의 뿌리가 혹 움트면 뒤에 반드시 후회가 있을 것입니다. 하물며 태종 대왕의 유교(遺敎)가 있사오니 마땅히 육선을 드시옵소서." 하니, 임금이 "내가 경의 말을 듣지 아니한다고 경들은 반드시 나를 무례(無禮)하다고 할 것이나, 그 말하는 것을 들을 수 없다." 하고, 황희 등이 또 굳이 청하되 끝내 허락하지 아니하다.

■ 27년 1월 16일
평원대군(일곱째 아들, 당시 19세) 졸(卒)

---

255 고기붙이로 만든 반찬

## 6. 양위의 뜻을 밝히다

장성한 두 아들이 한 달여 간격으로 세상을 뜨니 그렇지 않아도 좋지 않은 건강과 특히 안질이 더욱 나빠졌을 것이다. 세종은 충격이 컸던 듯 양위의 뜻을 밝힌다.

▪ 27년 1월 18일

임금이 진양대군(晉陽大君, 수양대군, 7대 세조)으로 하여금 신개, 하연, 권제, 김종서에게 전지하기를, "근년에는 수재와 한재가 잇따르고 또 내 오래된 병이 떠나지 않으며 두 아들을 연거푸 여의니 하늘이 도와 주지 않음이 분명하다. 병으로 인하여 조회도 받지 못하고, 또 이웃 나라 사신들도 만나 보지 못하며, 제향의 향축(香祝)[256]도 몸소 전하지 못하고, 구중궁궐 안에 깊이 있어서 모든 일을 다 환자(宦者)[257]를 시켜서 명령을 전하게 하매 잘못된 것이 많으니, 임금의 직책이 과연 이래서 되겠는가. 세자로 왕위에 나아가서 정사를 다스리게 하고 나는 물러나 앉아서 국가의 중대한 일은 내가 장차 친히 결정하고자 하노라. 이 것은 역대의 내선(內禪)[258]과 비교할 것이 못 되니 경들은 그리 알라." 하며, 임금이 강행하려 하매 신개 등이 끝끝내 불가함을 말하여 밤중까지 이르렀다. 이튿날도 다시 충간하니 임금이 "장래 일은 비록 성

---

256 향과 축문(祝文)
257 환관(宦官), 내시(內侍)
258 임금이 살아 있는 동안에 아들에게 임금 자리를 물려주던 일

인이라도 미리 알기 어려운 것이니, 뒷날에 내선하고 안 하는 것은 기필할 수 없으나, 오늘에 있어서는 우선 경들의 청함을 그대로 따르겠다." 하다.

■ 27년 5월 1일

영의정 황희, 우의정 하연, 예조판서 김종서, 좌참찬 이숙치, 우참찬 정인지 등을 부르고 전지하기를, "전자에 내가 세자에게 선위(禪位)[259]하고 한가롭게 있으면서 병을 수양하고자 하였더니, 경들이 울면서 청하기를 마지아니하기로 억지로 그대로 따랐으나, 되풀이해 생각하니 번쇄(煩碎)[260]한 여러 일을 일체 친히 처결하면 반드시 다른 병이 날 것이니 내가 심히 염려한다. 중한 일 외의 일체 서무를 세자로 대신 다스리게 하고자 한다." 하니, 황희 등이 "이는 비록 내선(內禪)에 비할 것은 아니나, 정사가 두 곳에서 나오면 뒷날 세상에서 어떻게 여기오리까." 하매, 임금이 "경등은 나의 병을 알지 못하고 이처럼 굳이 청하나, 근래에 눈이 어둡고 기운이 쇠하여, 만약 약한 몸을 억지로 일으켜 친히 서무를 재결하게 되면 반드시 오래 살지 못할 것이다. 그러므로 한가롭게 몸을 수양하여 만약에 한두 해 동안이라도 목숨을 연장하여 세상에 살아 있는다면 어찌 다행하지 아니하겠느냐. 대체로 큰일은 내가 직접 다스리겠으나, 그 나머지의 서무는 세자로 대신 다스리게 하고자 하니, 이것은 몸을 보호하기에 급급히 하는 뜻이다. 경등은 어찌하여

---

259 임금이 승하(昇遐)하기 전에 왕위를 다른 사람에게 물려주는 것
260 자질구레함

내 병을 헤아리지 아니하고 억지로 말하는가." 하니, 황희 등이 마지못해 "우선 상지(上旨)[261]에 의하여 시행하옵소서." 하다.

■ 27년 5월 17일
세자 서무 재결하다.

■ 27년 9월 27일
종친(宗親)을 불러 격구(擊毬)를 구경하다.

■ 28년 1월 22일
임금이 "내가 오래된 병이 있어 상시(常時) 깊은 궁궐에 거처하면서 환관(宦官)으로 하여금 말을 전달하게 하니, 나의 말한 바와 아랫사람의 진술한 바가 어찌 능히 다 전(傳)하여져 빠진 것이 없겠는가. 또한 세자로 하여금 모든 정사를 재결하게 되니 어찌 내가 친히 보는 것과 같겠는가. 그러나 형세가 이미 이 지경에 이르렀으니 어찌 능히 정사를 보겠는가. 내가 말할 것이 있으면 대신을 불러들여 말하고, 신하들이 말할 것이 있으면 반드시 와서 아뢰게 되니, 어찌 접견하기를 기다린 뒤에야 되겠는가." 하다.

---

261 임금의 뜻

## 7. 두 아들과 왕후를 여의다

28년 3월 24일, 세종은 두 아들 잃고 나서 얼마 되지 않아 또 왕비마저 여의었다. 소현왕후는 즉위 초 아버지가 사사되고 어머니는 노비로 되고, 왕비 자신도 쫓겨날 처지였었으니, 한세상을 회한과 고통속에서 살아왔을 것이다. 그런데도 왕비는 그 모진 시련을 다 이겨내고, 긴 세월 동안 묵묵히 내조를 잘하였다. 세종은 애정이 컸던 만큼 잃은 슬픔도 그만큼 컸으리라!

▪ 28년 4월 3일

도승지 유의손 등이 "대저 사람의 혈기는 50에 비로소 쇠하는 것입니다. 성상께서 본래 오랜 병환이 있으신데, 요사이 중궁(中宮)[262]의 상사(喪事)로 인하여 육선(肉膳)을 드시지 않으시니, 신등은 놀랍고 두려움을 이길 수 없습니다. 두 번이나 육선을 드시기를 청하였사오나, 아직도 윤허를 받지 못하였사오니, 종사(宗社)[263]의 대계(大計)를 위하여 신등의 청을 굽어 좇으소서." 하니, 임금이 "이 일은 평생에 두 번 있을 수 없는 것이다. 또 내가 지금 병이 없으니 경등은 다시 말하지 말라." 하다.

---

262  왕비(王妃)
263  종묘(宗廟)와 사직(社稷)

■ 28년 5월 8일

의정부에 "내가 오랜 병이 있어 국가의 만기(萬機)²⁶⁴를 친히 결단하기 어려워, 큰일을 제(除)한 외의 서무(庶務)는 이미 세자로 처결하게 하였었다. 지금 세자가 상중에 있으므로, 크고 작은 일을 내가 친히 청단(聽斷)²⁶⁵하였는데, 근래에 전병(前病)이 점점 더하여 총찰(總察)²⁶⁶하여 다스리기가 더욱 어려우니, 따로 의논할 것이 있는 것 등등의 일은 내가 친히 재결(裁決)하겠고, 나머지 사무는 모두 세자에 맡겨 청결(聽決)한다." 하다.


■ 28년 6월 18일

집현전 직제학 이계전 등이 공법(貢法)²⁶⁷의 폐단을 논한 글을 올리니, 임금이 보고, "집현전에서 두 번 글을 올렸는데 어째서 김문의 이름이 없는가." 하고, 드디어 이계전과 응교(應敎) 어효첨, 예조판서(禮曹判書) 정인지, 도승지(都承旨) 황수신을 내전에서 불러 보고 친히 하교하기를, "옛날에 내가 경연(經筵)에 임할 때는 항상 집현전 관원을 보고 매양 내 심회(心懷)를 말하고, 저들도 또한 가진 포부를 개하였는데, 근래에는 몸이 질병에 걸리어 오래 접견하지 못하였으니 나의 심회를 자세히 알지 못할 것이다. 지금 상소하여 공법의 폐단을 논한 것도 나의

---

264 임금의 여러 가지 정사(政事)
265 다른 사람의 의견을 청취한 뒤에 결단함.
266 모든 일을 맡아 총괄하여 살핌.
267 중국(中國) 하(夏)나라 때의 세(稅)를 매기는 법. 세종 때 시행하기 시작한 공법은 손실답험의 폐단을 지양하며, 농업 생산력의 발전에 상응하고, 객관적 기준에 의거하는 전세제도로의 개혁을 꾀한 것이다. 1436년(세종 18년)에는 공법상정소(貢法詳定所)를 설치, 1444년 공법 실시를 위한 최종안이 채택되었다.

입법(立法)한 본의를 알지 못하는 것이다. 그 일을 말하려고 불러온 것이다. 내가 즉위한 이래로 입법한 것이 많은데, 밝지 못한 소치로 그 종말에 반드시 후폐(後弊)[268]가 있을 것을 연구하지 못하였다. 전폐(錢幣)[269] · 호패(戶牌)[270] · 수차(水車) · 아악(雅樂) 같은 것들을 낱낱이 들기 어렵다. 입법할 때에 만일 그 종말을 미리 헤아려서 살펴 처리하였던들 이렇게까지는 되지 않았을 것이다. 생각하여 보면 옛적의 인군(人君)은 겨우 약관(弱冠)이 넘어서 일을 헤아려 밝게 판단하여 공업(功業)을 이룬 이가 있는데, 저들은 어떻게 그러하였는지 알 수 없다. 나는 능하지 못하다. 손실(損實)[271]의 법은 우리나라에서 시작한 것이 아니라 실은 전조(前朝)에서 행한 법인데, 우리 태조(太祖)께서 인습하여 행하였다. 처음 손실의 법을 행하던 당초에 백성들이 대단히 편하게 여기었고, 나도 어렸을 때 역시 생각하기를, 이 법은 곧 은(殷)나라의 철법(徹法)이고 주(周)나라 정전(正田)의 제도라 여겼는데, 오래되매 그 폐단이 점점 심하였다. 이에 말하는 자가 많아 공법의 의논이 비로소 일어난 것이다. 그러나 내가 곧 시행하지는 않았는데, 그 뒤에 신개가 비로소 건의하여 공법을 행하고자 하였다." 하고, 인하여 정인지를 불러 "경등이 중시(重試)하던 해에 또한 제목을 내 책문(策問)[272]하였고, 또 경이 충청 감사로 있을 때 글을 올려 청하였으므로, 내가 드디어 뜻을

---

268 뒷날의 폐단
269 돈. 사물의 가치를 나타내며, 상품의 교환을 매개하고, 재산 축적의 대상으로도 사용하는 물건
270 16세 이상 정남(丁男)이 차고 다니던 일종의 신분증명서
271 손실답험(損實踏驗). 농사의 잘되고 못된 것을 관원이 실제로 답사하여 그 손실에 따라 조세의 등급을 매기던 제도
272 문과(文科) 시문(試問)의 한가지. 곧 시무책(時務策)

결단하여 행한 것이다. 지금 거의 10년이 되었는데, 그 효과는 보지 못하고 이해(利害)에 대한 말이 분분하다. 나의 본의는 많이 거두자는 것이 아니라 오직 손실의 법이 사정에 따라 경(輕)하게 하고 중(重)하게 하여, 말류(末流)의 폐단이 장차 이루 말할 수 없을 것을 염려하였기 때문에 이 법을 행하고자 한 것이다. 내가 만일 곧 잊어 버려 덮어 두고 하지 않으면 나의 병든 몸에도 좋겠다. 다만 예전 사람이 말하기를, '몸이 그 수고로움을 당하여 편안한 것을 뒷사람에게 물려주라.' 하였으니, 이것이 내가 잊지 못하는 것이다. 지금 집현전의 상소에 5결(結)을 연복(連伏)[273]한다는 말이 있으니, 내가 그 뜻을 자세히 알지 못하겠다. 너희들은 말하여 보라." 하고, 또 "지금 상소에 '백성이 넉넉하면 임금이 누구와 더불어 넉넉지 못하겠는가.' 하였고, 또 연전(年前)의 상소에도 또한 '공법을 세워 국고(國庫)를 채운다.'라고 말하였는데, 내가 어찌 많이 거두기 위하여 이 법을 행하는 것인가. 집현전 선비 같은 사람들도 내 뜻을 알지 못하니, 하물며 기타 사람들이겠는가." 하다.

이날 해가 질 때 들어가 파(罷)하고 나오니 밤이 이미 2경(更)이었다.


이와 같은 논의가 밤늦도록 주제별로 계속 이어졌다. 세종은 건강이 좋지 않은 상태였지만, 자신이 결정하지 않으면 안 되는 일에 대해서는 이처럼 성심을 다했다.

---

273 경계가 남의 땅 안으로 길게 이어져 들어감.

▪ 28년 7월 19일

영릉(英陵, 소헌왕후)에 장사하다.


▪ 28년 8월 4일

처음으로 육선(肉膳)을 사용하다.


▪ 28년 8월 10일

통사(通事) 김유례를 보내 무단 월경한 중국 사람 김정능 등 9명을 잡아서 요동(遼東)으로 가게 하다.

처음에 김정능이 야인에게 사로잡혀 몰래 두만강(豆滿江)을 건너 바로 함흥부(咸興府)에 이르렀으므로, 그 경상(境上)에서 능히 검문하지 못한 사람을 조사하여 밝힌 장계(狀啓)[274]가 이미 승정원에 도착하였는데도 승지가 즉시 보고하지 않으니, 임금이 이를 알고 크게 노하여 "국가의 일은 모두 이곳을 경유하여 나가는데, 어찌 이를 생각하지 않고서 망령되게 함부로 지중(持重)[275]하였는가. 그대들은 모두 나이가 젊은 사람이다. 내가 뽑아서 이 임무를 임명하였는데 근일에 보고한 일이 얼마나 되는가. 김정능의 일로써 체포되어 옥에 갇힌 사람이 한두 사람도 아니며 또한 하루 이틀도 아닌데 어찌 빨리 보고하지 않는가. 내가 구중궁궐에 깊이 있으면서 오로지 그대들에게 위임하였음에도 그대들이 이와 같으니, 국가의 일은 그 누가 이를 다스리겠는가." 하니 도

---

274 왕명을 받고 외방에 나가 있는 신하가 자기 관하의 중요한 일을 왕에게 보고하거나 청하는 문서
275 몸가짐을 정중히 함.

승지 황수신 등이 엎드려 사죄하다.


## 8. 『훈민정음해례본』의 완성

한글의 쓰인 모양과 원리를 설명한 『훈민정음해례본』은 훈민정음 창제 완료 시점에서 2년 9개월이란 시간이 흐른 뒤에 비로소 책으로 나오게 되었다. 학자들이 집단으로 참여하여 만든 설명서만 해도 이만한 시간이 걸렸으니, 세종 임금 홀로 한글을 창제하며 얼마나 오랜 세월 불철주야 심신을 불태웠겠는가. 어쨌든 정인지의 서문에도 세종이 직접 '훈민정음'을 만들었다는 말이 나온다. "계해년(25년) 겨울에 우리 전하께서 정음(正音) 28자를 처음으로 만들어 대략을 예를 들어 가며 설명하시고……"가 그것이다.

▪ 28년 9월 29일

어제(御製, 임금이 지은 글)에 "나랏말이 중국과 달라 한자와 서로 통하지 아니하므로, 우매한 백성들이 말하고 싶은 것이 있어도 마침내 제 뜻을 잘 표현하지 못하는 사람이 많다. 내 이를 딱하게 여기어 새로 28자를 만들었으니, 사람들로 하여금 쉬 익히어 날마다 쓰는 데 편하게 할 뿐이다.

ㄱ은 아음(牙音)이니 군(君)자의 첫 발성(發聲)과 같은데 가로 나란히 붙여 쓰면 규(虯)자의 첫 발성(發聲)과 같고,

ㅋ은 아음(牙音)이니 쾌(快)자의 첫 발성과 같고,

ㆁ은 아음(牙音)이니 업(業)자의 첫 발성과 같고,

ㄷ은 설음(舌音)이니 두(斗)자의 첫 발성과 같은데 가로 나란히 붙여 쓰면 담(覃)자의 첫 발성과 같고,

ㅌ은 설음(舌音)이니 탄(呑)자의 첫 발성과 같고,

ㄴ은 설음(舌音)이니 나(那)자의 첫 발성과 같고,

ㅂ은 순음(脣音)이니 별(彆)자의 첫 발성과 같은데 가로 나란히 붙여 쓰면 보(步)자의 첫 발성과 같고,

ㅍ은 순음(脣音)이니 표(漂)자의 첫 발성과 같고,

ㅁ은 순음(脣音)이니 미(彌)자의 첫 발성과 같고,

ㅈ은 치음(齒音)이니 즉(卽)자의 첫 발성과 같은데 가로 나란히 붙여 쓰면 자(慈)자의 첫 발성과 같고,

ㅊ은 치음(齒音)이니 침(侵)자의 첫 발성과 같고,

ㅅ은 치음(齒音)이니 슐(戌)자의 첫 발성과 같은데 가로 나란히 붙여 쓰면 사(邪)자의 첫 발성과 같고,

ㆆ은 후음(喉音)이니 읍(挹)자의 첫 발성과 같고,

ㅎ은 후음(喉音)이니 허(虛)자의 첫 발성과 같은데 가로 나란히 붙여 쓰면 홍(洪)자의 첫 발성과 같고,

ㅇ은 후음(喉音)이니 욕(欲)자의 첫 발성과 같고,

ㄹ은 반설음(半舌音)이니 려(閭)자의 첫 발성과 같고,

ㅿ는 반치음(半齒音)이니 양(穰)자의 첫 발성과 같고,

、은 탄(呑)자의 중성(中聲)과 같고,

ㅡ는 즉(卽)자의 중성과 같고,

ㅣ는 침(侵)자의 중성과 같고,

ㅗ는 홍(洪)자의 중성과 같고,

ㅏ는 담(覃)자의 중성과 같고,

ㅜ는 군(君)자의 중성과 같고,

ㅓ는 업(業)자의 중성과 같고,

ㅛ는 욕(欲)자의 중성과 같고,

ㅑ는 양(穰)자의 중성과 같고,

ㅠ는 슐(戌)자의 중성과 같고,

ㅕ는 별(彆)자의 중성과 같으며,

종성(終聲)은 다시 초성(初聲)으로 사용하며,

ㅇ을 순음(脣音) 밑에 연달아 쓰면 순경음(脣輕音)이 되고, 초성(初聲)을 합해 사용하려면 가로 나란히 붙여 쓰고, 종성(終聲)도 같다.

ㆍㅡㅗㅜㅛㅠ는 초성의 밑에 붙여 쓰고, ㅣㅓㅏㅑ ㆍㅕ는 오른쪽에 붙여 쓴다.

무릇 글자는 반드시 합하여 음을 이루게 되니, 왼쪽에 1점을 가하면 거성(去聲)이 되고, 2점을 가하면 상성(上聲)이 되고, 점이 없으면 평성 (平聲)이 되고, 입성(入聲)은 점을 가하는 것은 같은데 촉급(促急)[276]하게 된다."

세종이 직접 한글 창제 작업을 하였으므로 이 글도 직접 작성할 수 있었을 것이다.

---

276 바싹 따르다.

예조판서 정인지의 서문에 "글을 배우는 사람은 그 지취(旨趣)[277]의 이해하기 어려움을 근심하고, 옥사(獄事)를 다스리는 사람은 그 곡절(曲折)의 통하기 어려움을 괴로워하였다. 옛날에 신라의 설총(薛聰)이 처음으로 이두(吏讀)를 만들어 관부(官府)와 민간에서 지금까지 이를 행하고 있지마는, 그러나 모두 글자를 빌려서 쓰기 때문에 혹은 간삽(艱澁)[278]하고 혹은 질색(窒塞)[279]하여, 다만 비루하여 근거가 없을 뿐만 아니라 언어의 사이에서도 그 1만분의 일도 통할 수가 없었다. 계해년(25년, 1443) 겨울에 우리 전하께서 정음(正音) 28자를 처음으로 만들어 대략을 예를 들어가며 설명하시고 명칭을 '훈민정음(訓民正音)'이라 하였다. 28자로써 전환(轉換)하여 다함이 없이 간략하면서도 요령이 있고 자세하면서도 통달하게 되었다. 그런 까닭으로 지혜로운 사람은 아침나절이 되기 전에 이를 이해하고, 어리석은 사람도 열흘 만에 배울 수 있게 된다. 이로써 글을 해석하면 그 뜻을 알 수가 있으며, 이로써 송사(訟事)를 청단(聽斷)하면 그 실정을 알아낼 수가 있게 된다. 어디를 가더라도 통하지 않는 곳이 없어, 비록 바람 소리와 학의 울음이든지, 닭 울음소리나 개 짖는 소리까지도 모두 표현해 쓸 수가 있게 되었다. 마침내 상세히 해석을 가하여 여러 사람을 깨우치게 하라고 명하시니, 이에 신이 집현전 응교(集賢殿應敎) 최항, 부교리(副校理) 박팽년과 신숙주, 수찬(修撰) 성삼문, 돈녕부주부(敦寧府注簿) 강희안, 행집현전부수찬

---

277 취지. 목적
278 어렵고 매우 거북한 데가 있다.
279 몹시 놀라거나 싫어서 기막힐 지경에 이름.

(行集賢殿副修撰) 이개, 이선로 등과 더불어 삼가 모든 해석과 범례(凡例)를 지어 그 경개(梗槪)[280]를 서술하여, 이를 본 사람으로 하여금 스승이 없어도 스스로 깨닫게 되었다. 그러나 그 연원(淵源)[281]의 정밀한 뜻의 오묘(奧妙)한 것은 신등이 능히 발휘할 수 있는 바가 아니다. 우리 전하께서는 하늘에서 낳으신 성인으로서 제도와 시설(施設)이 백대(百代)의 제왕보다 뛰어나시어, 정음(正音)의 제작은 전대의 것을 본받은 바도 없이 자연적으로 이루어졌으니, 그 지극한 이치가 있지 않은 곳이 없으므로 인간 행위의 사심(私心)으로 된 것이 아니다." 하였다.

## 9. 임금이 직접 한글로 조서를 쓰다

세종은 관리들에게 '정음'을 교육시키려고 언문으로 쓴 조서를 보내 읽게 한다. 의금부, 승정원, 우의정, 우찬성 등 요직에 있는 신하들에게 보여 주니, 이것은 이제 관리들도 한글을 공부하고 알아야 한다는 것을 몸소 실천하여 보여 준 것이다. 이와 함께 한글 공부 안 하면 더 이상 관리로서 자기 일을 하기 어렵다는 것도 암시했을 것이다.

▪ 28년 10월 9일
사헌부 집의 정창손이 불사를 정지시키기를 상소하였다. 소가 올라가

---

280 소설 · 희곡 따위의 전체의 내용을 간추린 대강의 줄거리
281 사물의 근원

니 임금이 크게 노하다. 사헌부 정창손 등 여러 명과 사간원 우사간(右司諫) 변효경 등 여러 명을 의금부에 내리고, 이내 좌부승지(左副承旨) 이사철에게 명하여 가서 이들을 국문(鞫問)하게 하였다.

■ 28년 10월 10일
임금이 대간(臺諫)의 죄를 일일이 들어 언문(諺文)으로 써서 환관(宦官) 김득상에게 명하여 의금부와 승정원에 보이게 하다.

■ 28년 10월 13일
우의정 하연, 우찬성 김종서, 좌참찬 정분이 "신등은 생각하기를, 사헌부에서 보고한 뜻이 좋으니 너그러이 용서하시기를 청합니다." 하니, 수양대군에게 명하여 대간(臺諫)의 죄를 일일이 들어 책망한 언문서(諺文書)[282] 몇 장을 가져와서 보이며, "경등이 내 뜻을 알지 못하고서 왔으니, 만약 이 글을 자세히 본다면 알 수 있을 것이다." 하다.

■ 28년 11월 8일
『태조실록(太祖實錄)』을 내전(內殿)에 들여오기를 명하고, 언문청(諺文廳)을 설치하여 사적(事迹)을 상고해서 용비시(龍飛詩)[283]를 첨입(添入)[284]하게 하다.

---

282 훈민정음(訓民正音)으로 작성한 문서
283 『용비어천가(龍飛御天歌)』
284 더 보태어 넣음.

춘추관(春秋館)에서 "실록은 사관(史官)이 아니면 볼 수가 없는 것이며, 또 언문청은 얕아서 드러나게 되고 외인(外人)의 출입이 무상(無常)하니, 신등은 매우 옳지 못하다고 여깁니다." 하였다.

임금이 즉시 내전에 들여오게 함을 돌리고, 춘추관 기주관(記注官)[285] 어효첨과 기사관(記事官)[286] 양성지로 하여금 초록(抄錄)하여 바치게 하다.


## 10. 훈민정음, 시험 과목에 오르다

세종은 기력이 점점 쇠해져 거의 모든 일을 세자에게 맡기고, 하급 각급 관리 시험과목에 훈민정음을 필수과목으로 정하여 시험하도록 한다.

▪ 28년 12월 26일

이조(吏曹)에 "금후로는 이과(吏科)와 이전(吏典)의 취재(取才, 시험하여 뽑음) 때에는 훈민정음도 아울러 시험해 뽑게 하되, 비록 의리(義理)는 통하지 못하더라도 능히 합자(合字)하는 사람은 뽑게 하라." 하다.

---

285 춘추관(春秋館)에 딸려 그때그때의 정사를 기록하는 일을 맡은 5품 벼슬
286 춘추관의 정6품에서 정9품까지의 관직. 역사의 기록과 편찬을 담당했다.

■ 29년 3월 16일

승정원에 "대저 군주는 정사에 부지런하고 게으름이 없어야만 하늘이 주는 복을 편안히 누릴 수 있을 것이다. 그러나 나이 이미 많아 쇠진하면 기력도 따라 파리하고 피곤하게 된다. 지금 나의 기력의 쇠약함이 해마다 더하고 달마다 더하여 날로 더욱 심하게 되니, 비록 스스로 힘쓰고자 하나 후회가 있을까 염려가 된다. 지금부터는 중요한 일 외 그 나머지 잗단 사무는 모두 세자로 하여금 재결하게 하니, 교지(敎旨)를 초(草)하여 경중과 외방에 널리 알리라." 하다.

우의정 하연, 좌참찬 정분, 우참찬 정갑손이 문안하고, 인하여, "듣자옵건대 임금의 옥체(玉體)가 불편하시다 하오니 놀라고 두려움을 견딜 수 없습니다. 임금님께서 병으로써 수양하시고자 하니 신등이 감히 명령을 어길 수 없겠습니다. 형벌의 재결은 번거로우니 친히 청단(聽斷)할 수 없겠사오며, 3품 이하의 관원을 제수하는 것도 또한 그만둘 수 있겠지마는, 다만 새로 법규와 규칙을 만드는 것은 국가의 큰 체통(體統)에 관계되니 마땅히 임금께서 재결하셔야 될 것입니다." 하니 그대로 따르다.


■ 29년 4월 20일

이조에 "이제부터는 함길도 자제로서 관리시험에 응시하는 자는 다른 도의 예에 따라 6재(六才)[287]를 시험하되 점수를 갑절로 주도록 하고,

---

다음 식년부터 시작하되, 먼저 훈민정음을 시험하여 합격한 자에게만 다른 시험을 보게 할 것이며, 각 관아의 관리시험에도 모두 훈민정음을 시험하도록 하라." 하다.

▪ 29년 5월 5일

임금이 강녕전(康寧殿)<sup>288</sup>에 나와 창기(倡妓)와 재인(才人)으로 하여금 『용비어천가(龍飛御天歌)』를 연주하게 하였다.

▪ 29년 9월 29일

『동국정운(東國正韻)』<sup>289</sup>이 완성되니 명하여 간행하다.

집현전 응교 신숙주가 교지를 받들어 서문을 지었는데, 이르기를, "생각건대 우리 주상전하께옵서 유교를 숭상하시고 도를 소중히 여기시며 문학을 힘쓰고 교화를 일으킴에 그 지극함을 쓰지 않는 바가 없사온데, 만기(萬機)를 살피시는 여가에 이 일에 생각을 두시와, 이에 신(臣) 신숙주와 수 집현전 직제학 최항, 수직 집현전 성삼문, 박팽년, 수 집현전 교리 이개, 수 이조 정랑 강희안, 수 병조 정랑 이현로, 수 승문원 교리 조변안, 승문원 부교리 김증에게 명하시와 세속의 습관을 두루 채집하고 전해 오는 문적을 널리 상고하여 연구하지 아니함이 없이 하여 옳은 길로 바로잡게 하셨사온데, 신들이 재주와 학식이 얕고

---

288 경복궁(景福宮) 안에 있는 임금의 침전(寢殿)

289 세종 30년(1448) 활자본으로 발간된 우리나라 최초의 음운서(音韻書). 훈민정음(訓民正音) 완성 후 한국 한자음의 혼란을 바로잡기 위해 중국 송나라의 운서(韻書) 『광운(廣韻)』·『집운(集韻)』과 명나라 운서 『홍무정운(洪武正韻)』 등을 참고로 삼아 엮었다. 6권 6책이다.

짧으며 학문 공부가 좁고 비루하매 뜻을 받들기에 미달(未達)하여 매번 지시하심과 돌보심을 번거로이 하게 되겠사옵기에, 하나의 합침과 하나의 나눔이나 한 성음과 한 자 운마다 모두 위에 결재를 받고, 어제(御製)[290]하신 훈민정음으로 그 음을 정하다. 글이 완성되매 이름을 하사하시기를, '동국정운(東國正韻)'이라 하시고, 인하여 신 신숙주에게 명하시어 서문을 지으라 하시니, 이것이 우리 성상께서 성운(聲韻)에 마음을 두시고 고금을 참작하시어 지침을 만드셔 억만 대의 모든 후생들을 길 열어 주신 까닭이다. 훈민정음(訓民正音)이 제작됨으로부터 만고(萬古)의 한소리도 털끝만큼도 틀리지 아니하니 실로 음을 전하는 중심 줄인지라." 하였다.

## 11. 훈민정음으로 쓰인 위대한 작품과 저술들

훈민정음은 이제 관청의 기록 문서에도 쓰이고, 시험과목에 올랐으며, 위대한 문학작품의 저술에도 쓰이며, 아름답고 편리한 문자임을 만천하에 알리게 된다. 그렇게 쓰인 『용비어천가』가 연주되고, 한글로 쓰여진 자전도 나온다. 『동국정운』 신숙주의 서문에도 세종이 훈민정음을 창제했다는 말이 들어 있다. "어제(御製)하신 훈민정음으로 그 음을 정하다."라는 말이 그것이다. 그리고 "우리 성상께서 성운

---

290 임금이 몸소 짓거나 만듦. 또는 그런 글이나 물건

(聲韻)[291]에 마음을 두시고 고금을 참작하시어 지침을 만드셔 억만 대의 모든 후생들을 길 열어 주신 까닭이다."라는 대목을 보면 이 무렵에 이미 '훈민정음'이 얼마나 위대한 업적인지 분명히 알게 된 것으로 보인다. 훈민정음이 "억만 대의 모든 후생들을 길 열어 주신" 위대한 업적임을 분명히 밝히고 있으니 말이다.

▪ 30년 3월 28일

상주사(尙州使) 김구를 불러 집현전에서 언문으로 사서(四書)를 번역하게 하다.

▪ 30년 4월 26일

세자가 계조당(繼照堂)[292]에서 조참(朝參)[293]을 받고 또 승화당(承華堂)에서 정사를 보다.

▪ 30년 4월 28일

임금이 가뭄을 근심하여 선(膳)을 거두고 예조에 전지하기를, "문소전

---

291 음운(音韻). 한자의 음(音)과 운(韻). 언어의 외형을 구성하는 음과 운의 배합. 고저. 억양 등에서 나는 모든 목소리
292 세종 25년(1443)에 왕세자가 문무백관의 조회를 받기 위해 건춘문 안에 세운 건물
293 왕이 정전(正殿)에 친림(親臨)한 앞에 모든 조신(朝臣)이 나아가 뵈는 일

(文昭殿),<sup>294</sup> 휘덕전(輝德殿), 현덕빈(顯德嬪) 혼궁(魂宮)<sup>295</sup>의 공상(供上)<sup>296</sup> 이외는 각 전·각 궁에 술을 내지 말고, 여러 도에서 삭망에 진상하는 것도 천신(薦新)<sup>297</sup>을 제외하고 바치지 말라." 하다.

■ 30년 6월 15일

내전(內殿)에서 곡연(曲宴. 임금이 가까운 사람들과 하는 작은 잔치)하다.

■ 30년 7월 17일

문소전(文昭殿) 서쪽 빈 땅에 불당을 짓겠다.

■ 30년 7월 27일

대간이 불당 설치에 관해 아뢰고 대성도 이에 대해 아뢰고 사직서를 바치다. 좌의정 하연 등을 빈청(賓廳)<sup>298</sup>에 불러 환관(宦官) 김득상과 최읍으로 하여금 언문서(諺文書) 두어 장을 가지고 오게 한 뒤 사신(史臣)을 물리치고 비밀히 의논하다.

---

294 조선 태조(太祖) 및 신의왕후(神懿王后)의 혼전(魂殿). 태조 5년(1396)에 지어 신의왕후의 위패를 모시고 인소전(仁昭殿)이라 했던 것을 태종 8년(1408) 태조가 승하하자 같이 봉안하여 문소전으로 고쳤다. 세종 15년(1433) 태종의 위패도 모셨다.
295 왕세자의 장례 뒤 3년 동안 신위(神位)를 모시던 궁전
296 서울과 지방의 관원이 토산물을 대전(大殿) 등 각 전(殿)에 바치는 일
297 새로 농사지은 과일이나 곡식을 먼저 사직(社稷)이나 조상에게 감사하는 뜻으로 드리는 의식
298 조선시대 궁중에 설치한 회의실. 영의정·좌의정·우의정 3정승과 정2품 이상 고위 관료들이 모여 국사에 관한 중요한 안건을 협의했다.

▪ 30년 7월 28일

대간이 두세 번 불당 역사를 정지할 것을 청하였으나 회답하지 아니
하다.

▪ 30년 8월 4일

임영대군(臨瀛大君)의 집에 이어(移御)하다.

처음에 불당을 짓기를 명령할 때에 임금이 비록 반드시 말하는 자가
있을 것을 알았으나, 의례로 하다가 그만두리라고 생각하였는데, 대
간, 집현전, 정부, 육조(六曹),[299] 대소 문신, 국학(國學) 제생(諸生)에서
추부(樞府)[300] 무신에 이르기까지 모두 극진히 간하여 기어이 청을 얻
으려 하니, 임금이 불쾌하여 철선(撤膳)[301]한 것이 여러 번이었고, 전지
(傳旨)할 때에도 선위(禪位)할 뜻을 조금 비치었으며, 또 이어(移御)[302]한
다는 명령이 있으매 여러 신하가 억지로 누름을 황공하게 여기어 감
히 말을 하지 못하였다. 오직 집현전과 대간이 말을 올려 마지않았으
나, 뒤에 듣고 다시는 감히 말하지 아니하였다.

---

299  기능에 따라 나랏일을 분담해 집행하던 여섯 개의 중앙(中央) 관청(官廳). 곧 이조(吏曹)·호조(戶曹)
    ·예조(禮曹)·병조(兵曹)·형조(刑曹)·공조(工曹)를 통틀어 이르는 말
300  조선시대 서반(西班)의 종1품 아문(衙門)으로 특정한 관장 사항이 없이 문무의 당상관(堂上官)으로
    서 소임이 없는 자들을 소속시켜 대우하던 기관인 중추부(中樞府)
301  감선(減膳). 나라에 재앙이 들 때 임금이 친히 근신하기 위해 육선을 들지 않던 일
302  임금이 거처하는 곳을 옮김.

## 12. 서산에 걸린 태양, 길게 드리운 그림자

큰일도 마쳤고 여유롭게 살 수 있는 조건에 있었지만, 세종은 두 아들과 사별한 데다가 왕후까지 여의었으니, 임금의 마음은 스산하기 그지없었을 것이다. 그래서 불교에 의지하려는 마음이 일었을 것으로 보이지만, 유교를 숭상하는 신하들은 불당을 짓겠다는 임금에게 격렬하게 반대한다.

이제, 외롭고 기나긴 인고의 항해를 마칠 무렵, 황혼의 그림자 길게 드리운 인생 말년에 이른 세종의 모습을 눈여겨보려 한다. 이와 함께 그동안 끈질기게 세종을 괴롭혀 온 안질을 중심으로 정신적 상태와 쇠잔해진 건강 상태를 기록들을 통해 가늠해 보고자 한다.

▪ 30년 8월 5일

대간(臺諫)이 불당의 역사를 정지하기를 두세 번이나 청하였으나 회답하지 아니하다.

임금이 만년에 병으로 대신과 접견하지 못하였는데, 광평(廣平)과 평원(平原) 두 대군(大君)이 연하여 죽고, 소헌왕후(昭憲王后)가 또 승하하니 임금의 마음이 힘입을 데가 없었다.

▪ 31년 1월 1일

내전에서 곡연(曲宴)을 베풀었는데 세자 및 종친 2품 이상이 잔치에 입시하다.

■ 31년 1월 19일

사간원 좌헌납 조백규가 "어제 상교(上敎)<sup>303</sup>를 듣고 물러가서 상고하오니, 다만 이지직이 일찍이 불충(不忠)의 죄를 받았으나 그 자손이 채용되어 당상관(堂上官)까지 이르렀습니다. 이지직은 간관(諫官)<sup>304</sup>이 되어 일을 말한 것이 그릇되었으니, 진실로 김훈의 죄와는 같지 아니합니다." 하니, 임금이 "이지직이 무슨 일로 무슨 죄를 받았는가." 하매, 조백규가 "자세히 알지 못하옵니다." 하다.

임금이 "김훈이 처음 죄를 받을 때 유사가 불충으로 논죄하기를 청하나, 태종께서 특히 사신으로 나가서 복명하지 아니한 율(律)로 판단하시고, 또 종편(從便)하게 하였으며, 또 공정왕(恭靖王, 정종)은 태종과 더불어 조금도 털끝만 한 틈과 혐의로운 마음이 없었으니, 김훈이 비록 공정왕을 뵈었을지라도 본디 태종을 배반하고 공정왕을 따름이 아니다. 기해(1년) 사이에 이적이 사사로 장수를 청하여 동정(東征, 대마도 토벌)에 나아가게 하였는데, 일이 발각되자 내가 가산(家産)을 몰수시키고 관노(官奴)로 만들게 하였으나, 이내 종편(從便)하게 하였으니, 이것이 어찌 불충한 예(例)이랴. 나의 뜻으로는 김훈의 가산을 다시 돌려주고자 한다. 간관이 일을 말하면 일의 처음과 끝을 자세히 캐서 말하는 것이 당연하거늘, 무슨 까닭으로 어제 묻는 말에도 알지 못한다고 대답하고, 오늘 묻는 말에도 또 알지 못한다고 대답하는가. 간관으로 있

---

303 임금의 지시
304 임금의 잘못을 규간(規諫)하는 벼슬. 사간원(司諫院)과 사헌부(司憲府)의 벼슬아치를 통틀어 이르는 말

는 이가 오히려 이와 같을까. 내가 즉위한 지 30여 년이 되었으나 이와 같이 웃을 만한 말을 듣지 못하였다. 내가 도리어 얼굴이 붉어진다." 하니 백규가 곧 물러가다.

아직은 기억이 총총하다.

■ 31년 1월 27일

임금이 "이제 간관(諫官)을 힐문(詰問)[305]하는 것은 이로써 죄주고자 함이 아니라 내 뜻을 알게 하려고 함이다." 하고, "내가 근년 이래로 여러 번 슬픈 일을 겪고 병이 몸에 얽혀서 혹 부녀에게나 혹 환관에게 기뻐하고 노여워함이 무상(無常)하나, 공사(公事)에는 감히 나타내지 아니하였더니, 근일에는 공사하는 사이에도 발작하기를 무상(無常)하게 하고, 또 전해 10월 사이에 오심구역(惡心嘔逆)[306]을 얻어서 12월에 이르러 조금 나았더니, 세후에 다시 발작되었다가 요사이는 또 나았다. 그러나 지금 기뻐하고 노여워함이 일정하지 못한 것을 내가 오히려 아는 것은 정신이 심히 어둡지 아니하기 때문이다. 만약 한두 해가 지나면 정신이 어두워서 전연 모를 것이라고 생각한다. 경등은 알고 있으라." 하다.

---

305 따져 물음.
306 오심(惡心)은 위(胃)에 한습열(寒濕熱)이 들거나 담(痰)이나 식체(食滯)로 인해 속이 메슥거리고 토하기도 하는 증상이고, 구역(嘔逆)은 속이 메슥메슥하여 토하려는 것이다.

심리적으로 변화가 많고, 메스꺼운 구토 증세가 있으며, 임금 자신이 한두 해 사이에 의식이 오락가락할 것으로 예상하고 있다.

■ 31년 2월 25일

임금이 두 대군(大君)을 연달아 잃고 왕후가 이어 승하하니 슬퍼함이 지극하여 인과화복(因果禍福)의 말이 드디어 그 마음의 허전한 틈에 들어맞았다. 임금이 불사(佛事)에 뜻을 둔 데는 수온의 형제가 도운 것이다.

인생 말년에 찾아온 허무 또는 허전함 때문에 세종은 불교에서 모종의 위안을 찾고 있었던 것으로 보인다.

■ 31년 3월 18일

임금이 도승지 이사철에게 "지금 처녀를 고르되 어떻게 선택할까." 하니, 이사철이 "대대로 악질(惡疾)이 있는 자와 음란(淫亂)함이 있는 자와 불충(不忠), 불효(不孝)를 범한 자 및 세계(世系, 조상으로부터 내려오는 계통)가 평미(平微)한 자와 집안이 외롭고 쓸쓸한 자는 취하지 아니할 것입니다." 하다.

임금이 "이 몇 가지 일을 논하지 말고 모두 다 골라서 아뢰면 내가 친히 보겠다. 비록 가난한 사람의 자손일지라도 버릴 수 없다." 하다. 영응대군[307]의 배우자를 다시 고르기 때문이다.

---

307 영응대군(永膺大君, 1434~1467) : 세종과 소헌왕후(昭憲王后) 사이의 여덟 째 아들인 이염(李琰)

며느릿감을 고르는데 가난한 집 처녀도 괜찮다고 말한다.


■ 31년 5월 6일

처음에 중국 배 한 척이 표류하여 영광군(靈光郡) 고도도(古道島)에 이르렀다.

임금이 "내가 중국 배의 체제를 보고자 한 지 오래인데, 지금 우리 지경에 들어왔으니 이것은 하늘이 준 것이다." 하다.

이조 참의 김흔지를 보내 그 체제를 보고 그 양식에 의하여 배를 짓게 하매, 사간원(司諫院)에서 상신하기를, "전라도는 전품(田品)을 분간하는 일과 입거(入居)³⁰⁸를 재촉 독려하는 일로 인하여 사명이 번다하오니, 청하옵건대 김흔지의 가는 것을 정지하소서." 하였으나 윤허하지 아니하다.


아직도 중국 배에 대해 알고 싶은 마음이 지극하다.


■ 31년 6월 18일

임금이 승정원에 "금년 2월에 비가 많았는데 3, 4월에는 비가 적었고, 단오(端午)에 비가 왔으나 땅에 깊이 들어가지 못하였고, 이달 초7일에 이르러 비로소 비가 왔으나 소낙비여서 흙에 들어가지 못하였으니, 지난날을 두루 보건대 금년 같은 가뭄이 없다. 내 평상시에도 생각이 남

---

308 함길도 등 북방의 양계(兩界) 지방으로 이주하는 일

에게 미치지 못하고 또 안심하고 있지도 못한데, 하물며 또 이 같은 재변을 당하여 임금의 자리에 편안히 있을 수 있는가. 액운(厄運)이 이와 같으니, 조그마한 집에 옮겨 거처하고, 동궁(東宮)으로 하여금 궐내에 들어와 있게 하고자 하는데, 나의 몸이야 어디를 간들 어떠하랴. 저기에 있으나 여기에 있으나 위(位)를 누리는 것은 전과 같고, 재변에 대한 나의 대답으로서도 또한 마땅히 어떠한가." 하다.

■ 31년 6월 16일

집현전(集賢殿)에서 상서하기를, "금년 한재(旱災)가 근래에 없는것이나, 병진(18년) 이래로 인심이 여러 번 천재(天災)를 겪어서 그다지 놀라고 이상하게 여기지 않고, 국가에서도 재앙을 두려워하여 흉년에 대비하는 일이 또한 전일의 급급(急急)한 것 같지 않사옵니다. 이제 한번 비가 잠깐 내리매 공을 부처에게 돌리어 급히 보공재(報供齋)³⁰⁹를 베푸시니, 전하께서 한재가 이렇게 극도에 이른 것을 듣지 못하신가 하옵니다. 이번에 사헌 감찰(司憲監察) 하순경(河淳敬)이 흥천사의 비 오기 비는 일을 감찰할 때 중들로 더불어 불전(佛殿)에 두루 뛰어다니어 땀이 흘러 등이 흠뻑 젖어 풍헌(風憲)³¹⁰의 체통이 땅에 쓰러졌을 뿐이 아니라 조정의 체모를 크게 잃었으니, 명하여 보공(報供)을 파하시고 또 하순경을 내치어 대사(臺司)³¹¹의 기강을 엄숙하게 하시옵소서." 하다.

---

309 불은(佛恩)에 보답하기 위해 공양하는 재
310 풍기(風氣)를 바로잡고 관리의 정사청탁(正邪淸濁)을 감찰 규탄하는 직임
311 의정부(議政府)

좌의정 하연 등을 불러, "지금 집현전에서 상소하여 보공재를 정지하기 청하고, 또 하순경을 내치기를 청하여 말이 자못 조롱하고 비방하였으니 어떻게 처리하여야 할까. 또 감찰(監察)은 모든 제사에 반드시 배례를 행하는 법이니, 이제부터 승도(僧徒)가 비를 빌 때에도 감찰로 또한 배례를 행할 것으로 항식(恒式)을 삼는 것이 어떠한가." 하다.

옛말을 끌어다 언문(諺文)으로 써서 말이 반복하여 거의 20여 장이나 되었는데, 대개 뜻이 여러 신하들이 풍속을 따라 부처에 향하지 않고 사사로 비방하고 의논한다는 데에 있고, 또 집현전에서 간하는 말의 그릇된 것을 깊이 배척하였다.

불전에서 비 오기를 비는 일로 인해 관리의 체통이 땅에 떨어졌다는 상소에 대해 그 내용이 조롱과 비방이 있으니 이를 벌하고, 승려들이 비를 빌 때 감찰이 배례하는 것을 공식으로 삼기 바란다는 내용의 글을 언문으로 20장이나 썼다.

■ 31년 7월 1일

임영대군[312] 집으로 거처를 옮기다. 이때 대간과 집현전에서 보공재에 대하여 누차 간하였으므로 임금이 불쾌하여 거처를 옮긴 것이다. 동궁(東宮)으로 내전에 들어오게 하여 내선(內禪)하려 하였으나, 대신들이 굳이 청하여 그만두다.

---

312 임영대군(臨瀛大君, 1420~1469) : 세종과 소헌왕후(昭憲王后) 사이의 넷째 아들인 이구(李璆)

불당 짓는 일, 보공재 등으로 신하들과의 마찰이 계속되어 속이 편치 않았던지 세종은 여러 친인척들 집으로 거처를 옮긴다.

도체찰사(都體察使)[313] 황보인을 함길도에 보내 행성(行城)을 쌓게 하였다. 임금이 황보인을 내전에서 인견(引見)하고 변방 일을 은밀히 의논하였는데 오랫동안 있다가 나왔다.
임금이 병을 얻으면서부터 아무리 지친(至親, 매우 가까운 친족)이라도 일찍이 접견하지 않았는데, 지금 인을 인견한 것은 그 일을 중요하게 여겨 총애하고 신임하기 때문이었다.

■ 31년 7월 11일
세자가 우부승지 이계전을 불러 안평대군(安平大君, 3남)에게 보내 사람을 물리치고 이르게 하기를, "모레 나로 하여금 내전(內殿)에 들어가라 하시는데, 내가 만일 한번 들어가게 되면 상(上)께서 마침내 다시 들어가시지 않을까 두렵다. 형편이 이미 이루어져 매우 염려스러우니 네가 의정부당상(議政府堂上)의 여러 집에 가서 내 뜻을 잘 말해, 극진히 아뢰어 청해 나로 하여금 들어가 거처하지 않게 하라. 옛사람이 승낙 없이 바로 들어간 일이 있지만, 지금엔 비록 그렇게는 못 하더라도 혹 천천히 해서 기회를 잃지 말도록 하라." 하고, 인하여, "상(上)의 이번 일은 반드시 집현전에서 극언(極言)으로 간쟁(諫諍)한 소치(所致)이니 네

---

313 조선시대 의정(議政)이 맡은 임시관직. 왕의 명을 받아 할당된 지역의 군정과 민정을 총괄하여 다스렸다.

마땅히 이를 알라." 하다.

■ 31년 7월 12일

황희가 "혐의적은 일은 엄격히 하지 않을 수 없는 것이오니, 동궁은 마땅히 혐의적은 것을 분별하여 들어가 거처하지 말도록 함이 가하옵니다." 하니, 임금이 "어찌 혐의적은 것을 분별하라고 말을 하는가. 내가 소가(小家)에 거처하여 여생을 보전하려 하고, 동궁으로 궁궐에 들어가서 지키게 하고 또 자주 대신을 접견하여 정사를 의논하면 가한 것이 아닌가. 내 지금 병이 있어 앉으면 열이 나고 누우면 냉(冷)해져서 아무리 난돌(煖堗)[314]로써 따뜻하게 하려 해도 따뜻하게 할 수 없으니, 대사(大事)는 그만두고라도 인력(人力)으로 할 만한 것은 하는 것이 가한 것이다. 이렇게 하지 아니하고 사세(事勢)에 얽매어 오래도록 대내(大內)에 거처하는 것은 불가하지 않은가." 하니, 황희 등이 "궐내는 어디나 가한 데가 없습니다." 하다.

임금이 "그러면 동궁으로 하여금 들지 말고 내가 환궁하기를 기다리라. 단 환궁을 오는 봄에 하든지, 혹 3년 후에 하든지, 혹 10년 후에 하든지 나로 하여금 임의대로 하게 하면, 내 마땅히 안락하게 지내겠노라. 또 지금 기무(機務)가 번다(繁多)해서 내가 감당할 수 없으니, 1품이상 제수하는 일은 대사(大事)이므로 내 마땅히 할 것이나, 그 나머지 서무(庶務)는 일체 세자에게 위임하는 것이 어떻겠는가." 하니, 황희 등

---

314 뜨뜻한 구들방

이 다시 아뢰다.

임금이 "노대신(老大臣)이 더위를 무릅쓰고 간곡히 청하니 내 우선 따를 것이요, 후에 다시 상량하여 정하겠다." 하다.


■ 31년 7월 28일

임금이 경복궁(景福宮)으로 환어(還御)[315]하다.

의정부에서 사인(舍人)을 시켜 문안드리고, "이렇게 더위가 심하온데 환궁(還宮)하셨으니 신등은 더없이 기쁘고 축하하옵니다." 하니, 임금이 "근일에 나와 동궁과 여러 대군이 모두 불편하고, 환시(宦侍)[316] 두 사람이 열병을 앓으므로 머무를 수 없기 때문에 부득이 환궁한 것이다. 다만 사람들의 조롱과 비평만 가져왔을 뿐이다." 하다.


■ 31년 9월 2일

통사 김신이 급보하기를, "중국 황제가 7월 17일에 친히 6군(軍)을 거느리고 거용관(居庸關)을 나와 대동성(大同城)에 이르셨는데 달달(達達)이 패하여 도망가매, 황제 역시 끝까지 추격하지 않고 8월 18일에 어가(御駕)를 되돌리셨습니다." 하다.

좌의정 하연, 우의정 황보인, 좌참찬 정분, 우참찬 정갑손, 예조판서 허후를 불러 "내 옛일을 본 것이 적지 않다. 옛 현철(賢哲)이 나이는 젊어

---

315 임금이 거처를 옮겼다가 궁으로 돌아옴.
316 환관(宦官). 내시(內侍)

도 큰일을 결정하였으니, 등우(鄧禹)[317]는 광무(光武)를 알고 섬겨 드디어 대업(大業)을 이루었고, 당(唐) 태종(太宗)도 또한 대사(大事)를 일으켜 마침내 천하를 얻었으며, 우리나라의 일로 말하더라도 이숙번도 젊은 나이에 우리 태종(太宗)을 보필하여 큰 공을 이루었으니, 이는 다 지략이 남보다 뛰어나 능히 진영 안에서 계획을 세워 천리 밖에 승리를 결정한 자들이다. 내 나이 젊지 않으며 본 바도 적지 않은데, 중요한 일을 과단함이 옛사람에 미치지 못하니 심히 부끄러이 여기노라.

옛적 동진(東晉)[318]에 노순(盧循)[319]이 반란을 일으켰는데, 남방(南方)의 적은 도적이었다. 맹창(孟昶)[320]이 이기지 못할까 두려워하여 임금을 모시고 피하려고 하매, 유유(劉裕)가 말하기를, '피하지 말고 굳게 지키자.' 하였다. 맹창이 믿지 않고 죽으려 하니, 유유가 말하기를, '싸움이 패한 후에 죽어도 늦지 않다.' 하였으나 맹창이 듣지 않고 죽었는데, 뒤에 유(裕)가 드디어 이겼으며, 사안(謝安)[321]은 부견(符堅)[322]의

---

317 등우(鄧禹, 2~58) : 중국 후한(後漢) 때의 정치가. 어려서부터 명석했고 후한을 세운 광무제(光武帝)와 친해 그의 곁에서 공을 세웠다. 광무제가 즉위하고 나서 여러 지역을 다니며 항복을 유도해 사람들이 '백방(百方)'이라 불렀다.

318 316년 멸망했다가 그 이듬해 다시 일으킨 중국의 진조(晉朝). 사마예(司馬睿)가 세워 남경(南京)에 도읍했다. 춘추전국(春秋戰國)시대 나라의 하나로 11대 104년으로, 420년 가신(家臣)에게 멸망했다.

319 동진(東晉) 말기인 399년 무렵 노순(盧循)과 손은(孫恩)에 의해 농민반란이 일어났다.

320 맹인찬(孟仁贊). 중국 5대10국시대 후촉(後蜀)의 제2대이자 마지막 황제(재위 : 934~965). 964년 송나라 태종(太宗)이 왕전빈(王全斌)이 이끄는 대군을 보내 후촉을 공격했다. 965년 검문관(劍門關) 전투에서 후촉은 크게 패했고, 송나라 군대는 후촉의 수도인 청두(成都)를 포위했다. 맹창은 2월 23일에 송나라에 투항했고, 이로써 후촉은 송나라에 병합되었다.

321 중국 동진(東晉) 중기의 재상(宰相). 제위를 찬탈하려는 환온의 야망을 저지했고, 재상 재직 시 전진 왕 부견의 남하를 막았으며 사현과 부견의 군대를 비수에서 격파했다. 명재상으로 칭송이 높았고 당시의 손꼽히는 문화인이기도 했다.

322 5호16국(五胡十六國)시대 전진(前秦)의 제3대 왕(재위 : 357~385). 372년에 순도(順道)를 시켜 고구려에 불경과 불상을 보내 불교를 전파했다. 383년 대군을 거느리고 동진(東晉)을 공략했으나 비수(淝水) 전투에서 대패했다. 이어 항복한 장수 중에 모용수(慕容垂) 등이 등을 돌렸고, 385년 후진(後秦)의 요장(姚萇)에게 붙잡혀 살해되었다.

대거(大擧)[323]한 때를 당하여도 손님을 맞아 바둑을 두면서 거동이 태연하고 야외에 나가 놀므로 진(晉)나라 사람들이 힘입어서 안정하였으며, 오(吳)나라 손호(孫皓)는 적국을 경멸하여 유의하지 않다가 적병이 성에 들어와 임금을 잡은 후에야 국민이 드디어 알았고, 고려 공민왕 때에는 홍군(紅軍)[324]이 쳐들어왔는데 적변을 보고한 자가 있었으나 적이 따라 들어와 경성을 함락시키니 공민(恭愍)이 겨우 몸만 빠져나왔다. 이것을 본다면 맹창은 너무 두려워하는데 잃었고, 사안은 두려워하지 않는데 얻었으며, 손호와 공민은 두려워하지 않는데 잃은 것이다. 이제 광녕(廣寧)의 성식(聲息.)[325]을 처음 듣고 사람들이 모두 소동했지만, 내 마음은 한편으로는 두렵기도 하고 한편으로는 무서워할 것이 없다. 옛사람이 큰일을 당할 적에 반드시 일에 임해서는 두려워하고 지모를 내어 성사시키라 하였는데, 일에 임해서 두려워하는 것은 두려울 것이 없지 않다는 것을 말함이요, 지모를 내어 성사시킴은 두려워하기만 할 것이 아니라는 것을 말함이다. 그러므로 지금 너무 두려워하여 소요스러울 것도 없고, 또한 두려워하지 않아 방비를 잊어

---

323 많은 무리들이 한꺼번에 들고일어나는 것. 크게 서둘러 일하는 것

324 홍건적(紅巾賊). 중국 원(元)나라 말기에 허베이성(河北省) 일대에서 일어난 한족(漢族) 반란군. 머리에 붉은 두건을 둘렀다고 해서 홍건적이란 이름이 붙었다. 1359년 12월 모거경(毛居敬)이 4만 명의 무리를 이끌고 쳐들어와 의주(義州) 등이 함락되었다. 또한 수문하시중(守門下侍中) 이암(李嵒)을 서북면도원수로, 경천흥(慶千興)을 부원수로, 김득배(金得培)를 도지휘사로 삼아 침입을 막으려 했으나 철주(鐵州)와 서경[西京, 평양(平壤)]이 계속 함락되었다. 이에 이암 대신 이승경(李承慶)을 도원수로 삼고, 다음 해 1월에 2만 명의 군사를 보내 서경을 탈환했다. 또 2월에는 정주(靜州)·함종(咸從) 등지에서 이들을 섬멸해 모두 압록강 이북으로 몰아냈다. 1361년 10월 반성(潘誠)·사유(沙劉)·관선생(關先生)·주원수(朱元帥) 등이 10만의 무리를 이끌고 다시 고려를 침범했다. 삭주(朔州)·이성(泥城)·무주[撫州, 영변(寧邊)] 등이 함락되고, 흥의역[興義驛, 우봉(牛峰)]에 이르러 개경(開京)을 위협했다. 이에 공민왕은 광주(廣州)를 거쳐 복주(福州, 지금의 경상북도 안동)로 파천(播遷)하고 개경은 함락되었다. 다음 해 1월에 고려군은 개경에 진격해 적을 대파하고 관선생·사유 등을 잡아 죽였다. 이에 적은 압록강을 건너 모두 퇴각했다.

325 소문(所聞)

서도 안 되는 것이니, 이 두 가지를 요량하여 알맞게 처리하라. 경등은 이 뜻을 알아 포치(布置)[326]하라." 하다.

전장에 나간 중국 황제의 소식을 듣고, 세종은 마땅히 두려워할 대상에 대해서는 미리 방비하고, 그렇지 않은 대상에 대해 지레 두려워하지 말아야 한다는 요지로 신하들에게 옛날의 사례를 들어가며 설명한다. 그리고 경들은 "너무 두려워하여 소요스러울 것도 없고, 또한 두려워하지 않아 방비를 잊어서도 안 되는 것이니, 이 두 가지를 요량하여 알맞게 처리하라"고 당부한다. 이처럼 기억력이 총총하고 논리정연한 것을 보면, 세종은 몸은 비록 노쇠해졌지만 정신은 여전히 명민한 것으로 보인다.

■ 31년 10월 18일

사은사(謝恩使) 김하가 급히 보고하기를, "요동(遼東) 사람의 말에 '야선(也先)이 군사 3천으로써 정통 황제(正統皇帝, 포로 된 명 황제)를 송환한다.'라고 하옵니다." 하매, 임금이 하연·황보인·정분·정갑손과 승문원 제조 정인지·허후·김청을 불러 "중국의 변(變)은 천고에 없었던 바이며, 황제를 송환한다는 것도 뜻밖의 일이다. 야선의 생각이라 여겨지는 것의 하나는, 정통 황제가 도로 들어가게 되면 반드시 경태(景泰, 계승한 황제)와 시새움이 있게 되어 내란을 이룰 것이요, 이렇게 되

---

326 배치

면 서서히 그 형세를 보아서 그들의 계책을 실시하고자 하는 것이겠고, 또 하나는 중국에서 정통 황제의 아우를 세워서 황제로 삼았으니, 비록 구류(拘留)하여 돌려보내지 않는다 하더라도 결국은 이익이 없기 때문이라 할 것이다. 생각하건대 이 두 가지에 벗어나지 않을 것이니, 이런 이유에서 헤아린다면, 중국에서 황태후의 명령으로 다시 정통 황제를 세울 수도 있을 듯한데, 만일 그렇게 되면, 정조(正朝)[327]의 표전(表箋)[328]에다 경태(景泰)[329]로서 연호를 기록하는 것은 매우 절실하지 못하니 어떻게 처리해야 하겠느냐." 하다.

---

327  정월 초하루. 설날
328  표문(表文)과 전문(箋文)
329  명(明)나라 제7대 경태제(景泰帝) 주기옥(朱祁鈺) 재위(1450~1457) 때의 연호

# 6 장

# 임금과 세자

임금이 신병으로 고통을 겪더니, 이번에는 또 세자가 몹시 아프다. 그래서 인생의 말년에 접어든 임금이 젊은 세자의 병을 걱정해야 하는 사태가 벌어졌다. 이처럼 한 개인으로서 세종의 말년은 결코 복된 것이 아니었다. 그 수많은 업적을 이루기 위하여 흘린 땀과 노고로도 보상받을 수 없는 불행이었다. 어쩌면 백성들의 더 나은 삶을 위해 그토록 치열하게 몸 바쳐 일한 세종의 생활 태도가 가족들에게 남모르는 정신적 고통을 안겨 주었을지 모른다.

그 오랜 거친 항해 끝에 찾아온 것은 달콤한 휴식이 아니었다. 이제는 지칠 대로 지친 세종의 버팀목이 되어 뒤를 이어받아야 할 세자가 도리어 병에 걸려 목숨이 위태로울 지경이 되니 세종은 다시 나설 수밖에 없었다. 그러나 그것이 생의 마지막 길이 될 줄을 그 누가 알았으랴!

| 임 금 | 세 자 |
|---|---|
| **31년**<br>9월 24일　　**불편**<br>10월 25일<br>11월 14일　　친히 서무 결재할 것<br>11월 15일<br>11월 25일<br>12월 3일　　온천 목욕 겸 훈련 계획<br>12월 10일　　기뻐서 잔치<br>12월 25일<br><br>**32년**<br>1월 2일<br>1월 22일　　**편찮음**<br>1월 26일　　**나음**<br><br>윤 1월 1일<br>윤 1월 10일<br>윤 1월 20일<br><br><br>2월 4일　　영응대군 집으로<br>2월 9일　　병환 나아 보공재<br>2월 13일<br>2월 14일　　신하들 잔치 건의,<br>　　　　　　20일 뒤에나 보자<br>　　　　　　**결재 → 위독** | **등창**<br>▼<br>종기 근 빠지다<br>보사제<br><br><br>**또 종기**<br>▼<br>**종기 나아감**<br><br><br>중국 조서 맞다<br>세자가 임금 걱정<br>**아픔**<br>▼<br><br><br>**창근 빠지다** |

▪ 31년 10월 21일

세자가 계조당에서 조참을 받고 백관들이 처음으로 사배례(四拜禮, 임금에게 네 번 절하는 의례)를 행하다.

## 1. 세자의 등창

■ 31년 10월 25일

세자에게 등창(背疽)이 생기니 여러 신하를 나누어 보내 기내(畿內)의 명산(名山), 대천(大川)과 신사(神祠), 불우(佛宇)에 빌게 하고, 정부 · 육조 · 중추원에서 날마다 문안드리게 하다.

■ 31년 10월 26일

명하여 종묘 · 사직 · 소격전(昭格殿)³³⁰으로 나누어 가 빌게 하다.

■ 31년 11월 1일

형조에 전지하기를, "세자의 질환이 여러 날이 되도록 낫지 못하여 내가 심히 염려하니, 오는 11월 초1일 이전에 범한 바의 간도(奸盜)³³¹ 이외의 도죄(徒罪) 이하는 이미 발각되었거나 아직 발각되지 못하였거나, 또는 이미 결정(結正)되었거나 아직 결정되지 않은 것을 막론하고 모두 사면하게 하라." 하다. 수양대군(首陽大君), 도승지 이사철에게 명하여 약사재(藥師齋)를 불당(佛堂)에서 행하게 하고, 안평대군(安平大君)에게 수륙재(水陸齋)를 대자암(大慈菴)에서 행하게 하다.

---

330 도교(道敎)의 삼청성신(三淸星辰)에 대한 초제(醮祭)를 맡아 보던 관아
331 간악한 도둑

- 31년 11월 5일

여러 신하를 보내 두루 제도(諸道)의 명산, 대천과 신사, 불우에 기도하게 하다.


- 31년 11월 14일

승정원에 전지하기를, "동궁의 병이 오래되었으나 아직도 차도가 없는데, 정월 이전에 아뢸 일도 반드시 재가를 얻지 못하였을 것인즉, 모든 서무(庶務)는 내가 친히 결재할 것이니 혹시라도 지체하지 말고 보고하도록 하라." 하다.


- 31년 11월 15일

임금이 우부승지 이계전에게 "지금 동궁의 종기[腫]는 의원의 착오로 쑥뜸이 익지 못한 때문인데도, 이를 물은즉 '해(害)가 없습니다.' 하여 동궁으로 하여금 배표(拜表)하고 조참(朝參)까지 받게 하였다니, 걸음걸이에 몸이 피로하여 종기의 증세가 다시 성하게 한 것이었다. 또 실지로서 아뢰지 않아 갑자기 중함에 이르게 하여 위태로운 증세가 심히 많았으니 의원의 착오를 어찌 이루 말할 수 있겠느냐. 어쩔 수 없어 생명을 하늘에 맡겼더니, 다행하게도 이제 종기의 근[腫核]이 비로소 빠져나와 병세는 의심할 것이 없게 되어 한 나라의 경사가 이에 지날 수가 없다." 하다.


- 31년 11월 18일

정부 · 육조 · 중추원에서 문안드리다.

임금이 "동궁의 종기 근이 어제 빠졌으니, 내 심히 기뻐하노라." 하다.

이에 2품 이상은 모두 시어소(時御所)³³²에 나아가 하례하다.

■ 31년 11월 19일

영녕대군(永寧大君, 8남)의 집으로 이어(移御)하다.

■ 31년 11월 25일

세자의 병이 나아 여러 신하를 보내 은혜 갚는 제사[報祀]를 행하게 하다.

■ 31년 11월 27일

의정부에서 백관들을 거느리고 세자의 병 나음을 하례하다.

■ 31년 11월 29일

세자가 시어소로 옮기다.

종친은 예조(禮曹)에서, 문무 2품 이상은 의정부에서 사연(賜宴)³³³하다.

■ 31년 12월 3일

임금이 하연 · 황보인 · 박종우 · 정분 · 정갑손에게 "나의 안질(眼疾)

은 이미 나았다. 말이 잘 나오지 않던 것도 조금 가벼워졌으며, 오른

쪽 다리의 병도 차도가 있음은 경등이 아는 바이지만, 근자에는 왼쪽

---

332 그때의 임금이 현재 거처하던 집
333 왕이 신하에게 잔치를 베풀어 주다.

다리마저 아파서 기거(起居)할 때면 반드시 사람이 곁부축하여야 하고, 마음에 생각하는 것이 있어도 반드시 놀라고 두려워서 마음이 몹시 두근거리노라. 예전에 공정왕(恭靖王, 정종)께서 광주(廣州) 기생의 이름을 생각하여도 생각이 나지 않아 사람을 시켜 급히 묻게 한 뒤에야 심중이 시원하신 듯하였고, 또 연회 때에 신색이 이상하시더니 얼마간 있어서야 안정하시고는 사람에게 말씀하시기를, '마침 생각하는 것이 있었으나 뜻을 이루지 못하여 얼굴빛이 변함에 이르렀노라.' 하셨다. 그때 내 매우 이상하게 여겼는데, 이제 왼쪽 다리가 아픔에 때로 이를 생각하니, 기운이 떨어짐을 깨닫지 못하다가 오래되어서야 평상으로 회복되고는 하니, 예전에 괴이하던 일이 내 몸에 이르렀노라. 박연, 하위지가 온천에서 목욕하고 바로 차도가 있었지만, 경들도 목욕하고서 병을 떠나게 함이 있었는가. 나도 또한 온천에 목욕하고자 하노라." 하니, 황보인 · 박종우 · 정갑손이 "신등도 일찍이 배천온천(白川溫泉)[334]에 가서 목욕하여 병을 고쳤습니다." 하다.

이에 지승문원사(知承文院事) 강맹경을 배천온천에 보내고, 인하여 명하기를, "그전에 이천으로 거둥했을 때 폐단이 많았음은 말할 수 없다. 온양, 초수행궁(椒水行宮)에서도 너무 지나쳤으나, 모두 이엉[茨]을 덮었을 따름이니, 너는 배천으로 가되 폐단이 나지 말게 하라. 그렇다고 내가 거처할 곳이 너무 좁게 해서는 안 될 것이다." 하다. 또 병조판서 민신으로 지응사(支應使)를 삼다.

---

334 황해도 연안도호부(延安都護府) 배천군(白川郡)에 있는 온천

임금이 승정원에 "동궁은 내 노환 때문에 멀리 떠날 수 없으므로 강무는 행할 수 없겠다. 이번 배천의 행차에는 개성(開城) 등지의 길을 경과하게 되니 날짐승을 번육(繁育)[335]시켜 연도(沿途)에서 훈련함이 어떻겠느냐. 그러나 이 때문에 군졸을 더함은 불가하니, 다만 호위하는 군사로써 이를 할 것이다." 하니, 좌승지 조서안 등이 "이 기회에 강무하는 것이 편하겠습니다." 하다.

■ 31년 12월 9일

도진무 정효전, 이징옥, 김효성, 병조판서 민신, 지중추원사 이징석, 한성 부윤 고득종, 병조 참의 신처강, 첨지중추원사 신숙청을 불러 배천온천으로 거둥함에 있어 수로로 가는 것의 편의 여부를 의논하다.

■ 31년 12월 11일

강맹경이 보고하기를, "청하옵건대 역도(役徒) 1,000명으로써 가옥(假屋)은 40간(間)을 짓게 하시고, 또 녹각성(鹿角城)[336]을 설치하옵소서." 하니, 임금이 "내가 온정(溫井)에 가고자 하는 것은 어쩔 수 없음에서이다. 그러나 병의 차도가 있고 없음은 아직 기필할 수 없다. 강맹경은 내가 가고자 한다 하여 크게 행궁(行宮)을 지으려 하니, 황해도의 백성이 굶주림과 질병을 앓는 나머지에, 이 같은 폐를 준다면 내 어찌 가

---

335 번식(繁殖)
336 적의 침입을 막기 위하여 짧은 나무토막을 비스듬히 박거나 십자 모양으로 울타리처럼 만들어 놓은 방어물

겠느냐. 욕실과 거처할 집은 그전 것을 그대로 수리하여 다시 짓지 말게 하고, 녹각성도 설치할 필요가 없는 것이다." 하고, 또 승정원에 "내가 수로(水路)로 해서 가고자 함은 그 사이에 작은 포구(浦口)가 있어 자유자재로 갈 수 있지 않을까 하여서인데, 이제 수로가 험악하다고 아뢰니 갈 수 없겠다. 그러나 세 별실(別室)과 시녀(侍女)로 수가(隨駕)[337]할 자를 20명에 지나지 못하게 한 것은 수로로 해서 가고자 함이니 어떻게 할까." 하니, 도승지 이사철 등이 "수로로 가실 수는 없습니다." 하다.

## 2. 세종의 안질

31년 12월 3일자 실록을 보면, 세종은 신하들에게 "나의 안질(眼疾)은 이미 나았다."라고 말한다. 이와 관련하여 세종의 병에 대한 진술을 두 가지 측면에서 살펴볼 필요가 있다.

### 1) "안질이 나았다"는 말의 사실성 여부

지난 오랜 세월 그토록 괴롭혀 온 안질에 대하여, 이날 세종은 대단히 놀랄 만한 발언을 하였다. 그런데 안질 외의 다른 건강 문제, 즉

---

337 임금의 가마를 수행하는 것

언어 문제, 다리의 아픔, 두근거림 등에 대한 진술이 구체적이고 과거의 예를 들어가며 소상히 피력하고 있는 것으로 보아 안질이 나았다는 말은 실언이 아닌 것이 분명하다.

이와 함께 온천 행차에 관한 발언에서도 세종은 세부적인 것들까지 소상하게 지시한 것으로 보아, 이날 이 발언은 절대적으로 신뢰할 만하다. 그러면 그토록 오래 세종을 괴롭혀 온 안질이 도대체 어떻게 나았을까? 이 의문을 풀려면 훈민정음 완성 시점을 전후로 한 안질 관련 기록들을 다시 한 번 살펴볼 필요가 있다.

## 2) 한글 완성 전후의 안질 관련 기록들

- 16년 12월 11일

윤회 등이 "밤에 가는 글씨를 보면 안질이 나실까 두렵습니다." 하다.

- 21년 6월 21일

"지난봄 강무한 뒤에는 왼쪽 눈이 아프고 막이 덮어 가리는 데 이르고, 오른쪽 눈도 인해 어두워 한 걸음 사이에서도 사람이 있는 것만 알겠으나 누구누구인지를 알지 못하겠으니 지난봄 강무한 것을 후회한다."

- 21년 7월 2일

"숙질(宿疾)[338]이 발작하기도 하고 게다가 안질을 앓고 있어 친히 행하기가 어려울 것 같다."

- 21년 7월 4일

"지금 또 눈병이 나서 오래 일을 보지 못하니 온갖 정사(政事)가 해이함이 없겠는가."

- 23년 1월 9일

평산 온정(平山溫井)으로 가 안질 치료를 시험하게 하다.

- 23년 1월 19일

평산으로 보내 안질 치료를 시험하여 보게 하다.

- 23년 2월 20일

"내가 안질을 얻은 지 이제 10년이나 되었으므로 마음을 편히 하여 조섭하고자 하니, 매월의 대조회(大朝會)와 아일(衙日)[339]의 조참(朝參)과 야인들의 숙배(肅拜, 하직 인사)를 제외하고는 모두 다 없애게 할 것이며, 향과 축문도 친히 전하지 말게 하라."

---

338 지병(持病)
339 임금이 여러 신하들과 모여 조회를 하고 정사를 보는 날

### ▪ 23년 4월 4일 (안질 원인)

이 당시에 임금이 모든 일에 부지런하였고, 또한 글과 서적을 밤낮으로 놓지 않고 보기를 즐겼으므로 드디어 안질을 얻게 된 것이다.

"내가 두 눈이 흐릿하고 깔깔하게 아프며, 봄부터는 음침하고 어두운 곳은 지팡이가 아니고는 걷기에 어려웠다. 온천에서 목욕한 뒤에도 효험 보지 못하였더니, 어젯밤 이르러서 본초(本草)의 잔 주석(註釋)을 펴놓고 보았는데도 또한 볼 만하였다." 하다.

### ▪ 23년 4월 9일

"내가 안질을 얻은 지 이제 4, 5년이나 되었는데, 금년 정이월에는 왼쪽 눈이 거의 실명하다시피 하였었다. 목욕한 뒤부터는 매우 신효(神效)가 있어 실명하는 데에 이르지 않았다."

### ▪ 23년 4월 17일

임금 병이 나아서 특별히 온수현(溫水縣)을 승격하여 온양군(溫陽郡)으로 삼다.

### ▪ 23년 12월 12일

"나의 안질이 근래에 조금 나았으나, 이 병이 때 없이 왕래하여 낫고 낫지 아니함을 기필할 수 없다."

### ▪ 24년 2월 24일

"나의 눈병이 날로 심하니 세자로 하여금 정사를 보게 하고 싶다."

■ 24년 5월 3일

"나의 눈병이 날로 심하여 친히 기무(機務)를 결단할 수 없으므로 세자로 서무(庶務)를 처결하게 하고자 한다."

"내가 눈병을 앓은 지는 지금 벌써 10년이나 되었으며, 근래 5년 동안은 더욱 심하니, 그 처음 병이 났을 때 이와 같이 극도에 이르게 될 줄은 알지 못하고 잘 휴양하지 않았던 것을 내가 지금에 와서 이를 후회한다. 작년 온양에서 목욕한 후에는 병의 증후(證候)가 조금 나았으므로 내 생각에는 이로부터는 완전히 나을 것이라고 여겼는데 10월 이후로는 또다시 그전과 같으니, 비록 종묘(宗廟)에 친히 제사를 지내고자 하여도 벌써 희망이 없게 되었다. 정사 보는 것을 줄이고 시력(視力)을 휴양하기를 2, 3년만 연장시킨다면 그래도 낫지 않겠는가."

■ 24년 6월 16일

"안질이 발생한 이후에는 시력이 미치지 못한 것이 있으니, 비록 정치에 부지런하고자 하지마는 되겠는가. 병을 휴양하기를 원하는 것이 나의 진정(眞情)이다. 나의 뜻은 이미 결정되었다."

■ 24년 7월 28일

첨사원 설치

■ 24년 8월 23일

"승정원에서는 금년의 농사가 성숙하였다고 하여 나에게 농사를 시찰하라고 청하나, 다만 안질이 점점 심하기 때문에 그 청을 듣지 아니하였다. 근래에 나의 안질이 더욱 심해져 칙서(勅書)를 맞이하는 일은 나라의 큰일이건만, 오히려 몸소 친히 하지 못하고 세자로 대행하게 하니, 이것도 또한 부득이하기 때문이다."

- 24년 8월 24일

"요사이 앓고 있는 안질의 증세가 경미하지 않다. 정사를 보고 손님을 접대할 즈음에는 마음을 쓰고 부지런히 생각할 일이 많으므로, 의서(醫書)에는 비록 근로(勤勞)를 피하라고 하였지만, 어찌 이것을 가지고 갑자기 게을리할 수 있겠는가. 지난봄부터 그 증세가 더욱 심하므로 상참(常參)[340]과 시사(視事)를 정지하였으나, 외교와 변방의 보고 문서만은 부득이 친히 열람하였다. 하지만 반쯤 읽고는 눈을 감고 쉬어야 다음을 펴 읽을 수 있을 정도이니, 어찌 이같이 하여 나라를 다스릴 수 있겠는가?"

- 24년 10월 7일

세자 강무 대행

- 25년 1월 3일

"내 두 눈이 밝지 않고 오른쪽 손도 저리므로 금년 봄에 온천에 가서 목욕이나 하고 싶으나……"

---

340 의정(議政) · 중신(重臣) · 시종관 등이 매일 편전에서 임금을 뵙고 정사를 보고하던 일

■ 25년 4월 19일

"내가 본래 질병이 많아 오늘에 시작된 것이 아님은 대신들도 이미 아는 일인데, 여러 신하가 내가 안심하고 병을 조리할 수 있게 하려면 오늘날 일을 어찌 정지하도록 청하겠는가. 반드시 정지시키고자 한다면, 나는 차라리 왕위를 사퇴하고 병이나 조리하겠다."

■ 25년 5월 22일

"금후에는 열흘에 한 번씩 정사를 보겠으나, 혹 직접 계달하여야 할 공사(公事)가 있으면 열흘이라는 기한에 구애되지 말라."

■ 25년 8월 29일

"내가 온천에 목욕한 것이 두세 번이나 눈이 어두운 것은 전보다 갑절이나 되니, 나는 다시 목욕하기를 원하지 아니한다."

"목욕한 뒤에 내 눈이 더욱 어둡다. 목욕해서 효험을 얻으면 가하지만, 만일 혹시라도 더욱 어두워지면 이는 곧 위태로운 짓이니 반드시 후회할 것이다."

"내가 온천에서 목욕할 때에 눈동자에 덮는 막(膜)이 있었는데, 아마 열기가 위로 올려 치밀어 그런 것이라 여겼더니, 이내 낫지 아니하여 지금에 이르러서는 더욱 어두우니, 이것은 나의 종신(終身)[341]의 병이라 목욕으로 고칠 것이 아닌 것이다. 비록 온천을 한성으로 옮겨와도

---

341 평생

내가 목욕하지 아니할 것이다."


- 25년 12월 30일

훈민정음 완성


- 26년 2월 5일

안질 초수 치료

청주 초수리(淸州椒水理)에 보내 목욕하여 안질을 치료하여 보라 하였더니, 김췌 등이 돌아와 "안질이 조금 나았습니다." 하다.


- 26년 2월 28일

청주 초수리 거둥


- 26년 4월 4일

전의현(全義縣)[342] 초수(椒水)에 보내 치료를 시험해 보게 하다.


- 26년 5월 2일

"오는 가을에 다시 초수에 갈 여부를 내가 마땅히 한성에 돌아간 뒤에 의논하여 결정할 것이니, 그러나 내가 늙어져서 이러한 거조(擧措)[343]가 있게 되어 부끄러운 일이다."

---

342 충청도 청주목 전의현
343 행동거지(行動擧止)

- 26년 윤7월 15일

청주 초수 거둥


- 26년 윤7월 22일

전의의 초수에 보내 치료를 시험하게 하다.


- 26년 윤7월 23일

전의의 초수에 보내 치료를 시험하게 하다.


- 26년 11월 20일 (안질 초수 치료 포기)

"지금 내가 다시 가고자 하지 아니함은 효험이 없기 때문이고, 민폐가 있기 때문은 아니다."


- 27년 5월 1일

"경등은 나의 병을 알지 못하고 이처럼 굳이 청하나, 근래에 눈이 어둡고 기운이 쇠하여, 만약 약한 몸을 억지로 일으켜 친히 서무 재결하게 되면 반드시 오래 살지 못할 것이다."


- 27년 5월 17일

서무 세자 결재

- 28년 3월 24일

왕비 졸(卒)


- 31년 12월 3일

안질 이미 나았다. 온천 가겠다.


## 3) 결론

이상에서 보았듯이, 세종은 세자의 강무 대행이나 서무 대행 등의 이유로 건강상의 문제, 특히 안질을 계속 언급하고 있다. 돌이켜보면, 16년『자치통감훈의』교정 작업을 하고 있을 때, 야간에 잔글씨를 보면 안질이 생기지 않을까 하고 신하가 걱정하고 있다. 이에 세종 자신도 쉬겠다고 수긍한다. 23년 사관이 당시 세종이 모든 것을 부지런히 하였고, 글과 서적 보기를 밤낮으로 즐거이 하여 안질이 생겼다고, 안질의 원인을 설명하고 있다. 세종은 온천 목욕 뒤 밤에 잔 주석이 볼 만하였다고 진술한다.

25년 한글 완성 무렵까지, 안질로 인하여 세자 대행을 여러 차례 요구하고, 완성 뒤에는 안질 치료를 위해 초수 온천행을 1년 동안 두 차례 하였으나 효과가 없어 포기한다.

세종은 훈민정음 완성 후 충분한 휴식과 안정을 취하며 절대적 압박감에서 벗어난다. 이러한 생활이 몇 년 계속되고, 세자 대행으로 정신적·육체적 휴식을 취한다. 그리하여 31년 안질이 나았다는 놀라운 발언을 하게 된다.

그렇지만 여기 기록된 안질에 대한 부분은 의사의 진료기록이 아니다. 이 기록들은 단지 세종 자신이 자기의 의사 관철을 위해 절대적으로 반대하는 신하들에게 자신의 몸이 안 좋은 상태를 아주 과장되게 표현한 것이고, 그러다 보니 안질에 대한 설명들이 전후 경과로 볼 때 그때그때 표현이 다르고 앞뒤가 서로 맞지 않는 부분도 있는 듯하여 사실 현대의학으로 정확한 병명을 집어내는 것이 결코 쉽지 않을 듯하다.

그렇지만 한 발이라도 사실에 가까이 가고 싶은 마음으로 들여다보았다. 세종은 아마도 밤에 잠을 못 자며 호롱불을 밝히고 글씨 등을 오래 계속적으로 보며 연구해야 하니 요즈음 많이 거론되는 안구건조증이 생겼을 가능성이 있고, 또 눈에 무리를 계속하다 보니 결막염이 점점 심해지지 않았을까 생각된다. 아무래도 충분한 휴식과 아울러 밤에 잠을 폭 자야만 좋아질 터인데, 신하들 눈을 피해 야간 작업을 할 수밖에 없었고 제대로 쉴 수도 없어 이 안질은 한글을 완성할 때까지 점점 더 심해졌던 것으로 보인다. 그러나 지금까지 많이 거론되고 있는 당뇨병성 망막증이나 백내장은 시간이 경과한다고 해서 저절로 좋아지는 것이 아니므로, 세종의 안질과는 관련이 없을 것으로 추측된다.

또한 이 한글 작업을 하면서 꼭 해내야 한다는 정신적 압박이 심하지 않았나 싶고, 그리하여 원래 젊어서부터 여러 가지 이유로 잠 못 이루는 밤이 많았는데, 이 무렵에는 수많은 불면의 밤을 보내야 하지 않았나 싶다. 그리하여 체력은 급격히 떨어지고, 안질은 심해져만 가고, 결국은 수명 단축의 한 원인으로 작용하지 않았나 싶다.

세종은 거의 말년까지 비교적 기억력이 좋았고, 또 관심이 가는 중요한 일에서는 보통 이상의 의욕을 보이기도 했다. 국방에 대한 의지는 여전히 확고했고, 국제 정세에 관한 판단도 정확했다. 생의 마지막 3개월 전, 병 치료를 위해 온천에 갈 계획을 진행시키는 등, 생에 대한 희망은 그래도 밝게 남아 있었다. 그러나 안타깝게도 그곳은 갈 수 없는 곳이 되고 말았으니, 생의 거의 마지막까지도 세종의 한글에 대한 열의와 집념은 꺼지지 않았다.

임금이 새 글자를 직접 사용하기도 하고, 또 계속 관심을 갖고 여러 방면으로 활용 및 보급에 앞장서니, 큰 파도들이 주욱 밀려 나가며 파문을 일으키듯 한글은 넓게 넓게 또 멀리 멀리 이 나라에 퍼져 나갈 수 있었던 것이며, 굳건한 뿌리를 내릴 수 있었던 것이다. 이로써 한글은 창작과 아울러 활용 및 보급에 있어서도, 세종이 아니었더라면 아마도 거의 효과를 거두지 못했을 것이다. 그것은 전적으로 세종의 신념에 의한 강력한 추진력과 주도면밀한 시행 때문에 가능했었다. 여기에서 또 한 번 세종의 주도면밀하고 열정적인 모습을 보게 된다.

# 7 장

# 성군의 길, 마지막 여정

가시밭길과도 같은 그 길을 걷고 또 걸어온 끝에 세종이 도달하게 되는 마지막 여정을 배웅하는 마음으로 살펴본다.

세자의 종기가 근도 빠지고 나아서 12월 3일 세종은 온천에 가겠다고 말한다. 그런데 그의 온천행은 어떻게 되었을까?

▪ 31년 12월 10일
종친은 시어소에서, 문·무 2품 이상은 의정부에서, 3품 당상관은 예조에서, 기로(耆老, 노인)들과 재추(宰樞)³⁴⁴는 기로소(耆老所)에서 사연(賜宴)하다.

---

344 의정부(議政府)의 대신과 중추부(中樞府)의 장상(將相). 문무의 고관대작을 통틀어 일컬음.

인하여 "오늘의 기쁜 경사를 비할 데가 없어서 왕자에게 명하여 가서 술을 권하게 하는 것이니, 그대들은 마음껏 즐김이 옳겠다." 하니 밤을 새워서야 그만두었다.

■ 31년 12월 11일
임금이 승정원에 "이제 신악(新樂)이 비록 아악(雅樂)에 쓰이지는 못하지만, 그러나 조종(祖宗)의 공덕을 형용하였으니 폐할 수 없는 것이다. 의정부와 관습도감(慣習都監)[345]에서 함께 이를 관찰하여 그 가부를 말하면, 내가 마땅히 손익(損益)하겠다." 하다. 임금은 음률을 깊이 깨닫고 계셨다. 신악(新樂)의 절주(節奏)는 모두 임금이 제정하였는데, 막대기를 짚고 땅을 치는 것으로 음절을 삼아 하루 저녁에 제정하였다.

■ 31년 12월 25일
세자에게 또 종기가 났으므로 여러 신하를 나누어 보내 기내(畿內)의 신사(神祠)와 불우(佛宇)에 기도하다.

■ 31년 12월 28일
임금이 승정원에 "지금 오는 사신은 다 유학자이다. 신숙주 등이 교열한 운서(韻書)를 물어 바르게 하고자 하니, 사신이 입경(入京)한 뒤에는 신숙주, 성삼문 등으로 하여금 태평관(太平館)에 왕래하게 하라." 하다.

---

345 향악(鄕樂)과 당악(唐樂) 및 여기(女妓)의 노래와 춤의 훈련, 무동(舞童)과 관현(管絃)을 맡은 소경[盲人] 등을 다스리던 관아

■ 32년 1월 2일

곡연(曲宴)을 베풀고, 또 종친(宗親)에게는 시어소(時御所)에서, 문무 2
품 이상은 의정부(議政府)에서, 당상관(堂上官) 이상은 예조(禮曹)에서
잔치를 내리다. 이튿날에 임금 상[御案]에 썼던 과실과 고기 및 내온(內
醞)을 승정원에 내리면서 "동궁의 병이 나아가므로 내 심히 기뻐서 특
별히 내려 주는 것이니 각기 모두 취하도록 마시라." 하다.

■ 32년 1월 14일

사헌부에서 "의원(醫員) 노중례 등이 군부(君父)의 명을 소홀하게 하였
으므로 그 죄가 가볍지 않사온데 특별히 말감(末減)[346]에 좇았사오니,
청하옵건대 모름지기 율에 따르소서." 하니, 임금이 "의원 수효가 적
은데 이들을 버리고 다른 쓸 만한 사람이 없고, 또 동궁 병이 회복되어
마침내 경사가 있었으며, 죄를 줄 때 널리 의논하여 결정한 것이니 이
에서 더할 수 없다." 하다.

■ 32년 1월 16일

경복궁(景福宮)으로 환어(還御)

■ 32년 1월 18일

임금이 하연 등에게 "내가 이미 병들고 세자도 또한 회복되지 못하였

---

346 감면하여 가장 가벼운 형벌에 처함.

으므로, 세손(世孫, 단종)으로 하여금 조서(詔書)를 맞이하게 하려는 것은 명분이 이미 정해진 것이고, 또 나이가 어리므로 행례(行禮)[347]할 때에 비록 잘못 실수가 있을지라도 저들이 반드시 허물 삼지 않을 것이기 때문이다. 그러나 길고 넓은 의복을 입고 높은 계단을 오르내릴 때만에 하나라도 잘못됨이 있다면 후회됨이 말할 수 없을 것이다. 나와 동궁이 함께 병이 있고 장손(長孫)도 또한 어리니 경들은 잘 제도를 의논하여 정하라. 근일에 동궁이 나를 보러 왔을 때 평지(平地)는 행보(行步)가 편이(便易)하나 섬돌을 오를 때에는 다리와 무릎에 힘이 없었으니, 사신이 만약 내월에 입경(入京)하게 되고 동궁의 몸이 평강하다면, 전정(前庭)[348]에 나가서 조칙(詔勅)[349]만을 받게 하고, 문밖에서 명령을 맞이하는 것과 사신에게 잔치 베푸는 것은 왕자로 대신하게 하는 것이 어떠할까." 하다.

■ 32년 1월 20일

임금이 승정원에 "이제 사은사(謝恩使)를 조서안으로 이미 낙점(落點)하였으니 부사(副使)가 있어야 하지 않느냐." 하니, 도승지(都承旨) 이사철이 즉시 승문원(承文院)으로 전례(前例)를 상고하게 한즉, 태자(太子)가 있을 때는 모두 부사가 있었으므로, 임금이 "북경에 가는 사신이 부사가 있는 것은 이미 전례가 있는데, 전례를 조사하는 책임이 승문

---

347 예식을 행함.
348 앞뜰
349 조서(詔書)

원에 있거늘 어찌 조사하여 들이지 못함이 이에 이르렀는가. 추핵(推劾)[350]하려고 하는데 어떠한가." 하니, 이사철이 "만일 상교(上敎)가 없었더라면 대사(大事)를 그르칠 뻔하였습니다. 마땅히 헌부(憲府)[351]에 내려 핵문(劾問)[352]하게 하소서." 하다.

임금이 또 "사대문서(事大文書)는 승문원에서 전장(專掌)하면서, 전일의 무역할 마필(馬匹)[353]의 포치를 늦게 하여 이제까지 보내지 못하였으니, 아울러 추핵하게 하라." 하다.

▪ 32년 1월 22일

임금이 편하지 못하여 흥인문(興仁門)[354] 밖 효령대군(孝寧大君) 집으로 이어(移御)하였는데, 세자가 가마[輴]를 타고 수행하고, 여러 대군과 대소 시위군사가 모두 걸어서 따라갔다. 좌참찬(左參贊) 정분과 좌부승지(左副承旨) 이계전을 보내 불당에 공작재(孔雀齋)를 베풀고, 도승지 이사철은 흥천사(興天寺)에서 관음 정근(觀音精勤)을 베풀고, 여러 신하를 보내 기내(畿內)의 명산대천과 신사(神祠)·불우(佛宇)에 기도드리다.

▪ 32년 1월 23일

중 53명을 모아 구병정근(救病精勤)[355]을 베풀고, 종묘(宗廟)와 사직(社

---

350 죄인을 심문하고 탄핵함.
351 사헌부(司憲府)의 준말
352 죄상을 따져 물음.
353 말과에 딸린 집짐승의 하나
354 흥인지문(興仁之門). 한양 도성의 동쪽 정문
355 병을 치료하기 위해 중이나 무당으로 하여금 정성 들여 힘써 기도드리게 하는 일

稷)에 기도하며, 여러 신하를 보내 명산대천에 기도드리다.

배천(白川)의 거둥을 정지하도록 명하다.


■ 32년 1월 24일

소윤(少尹)[356] 정효강을 상원사(上元寺)에 보내 구병수륙재(救病水陸齋)
를 베풀다.


■ 32년 1월 26일 (임금의 병환이 나았다.)


■ 32년 1월 26일

임금이 그대로 따라 부윤(府尹) 김하를 개성에 보내어 사신에게 "사신
이 조서를 받들고 왔으나, 내 오래된 병으로 인하여 몸소 맞이할 수 없
으므로 세자로 하여금 조서를 맞이하게 하는 것이 진실로 마땅하나,
세자가 작년 10월 12일에 등 위에 종기가 났는데, 길이가 한 자가량 되
고 넓이가 5~6치[寸]나 되는 것이 12월에 이르러서야 곪아 터졌는데
창근(瘡根)[357]의 크기가 엄지손가락만 한 것이 여섯 개나 나왔고, 또 12
월 19일에 허리 사이에 종기가 났는데, 그 형체가 둥글고 지름이 5~6
치나 되는데, 지금까지도 아물지 아니하여 일어서서 행보하거나 손님
을 접대하는 것은 의방(醫方)에 꺼리는 바로서 생사(生死)에 관계되므
로, 역시 세자로 조서를 맞이하게 할 수 없습니다. 그러나 세자로 대궐

---

356 한성부(漢城府)·개성부(開城府)·상서사(尙瑞司) 등에 두었던 정4품 벼슬
357 헌데가 성한 살과 경계 되는 곳

뜰에서만 부축하여 붙들고 서로 맞이하게 하겠습니다." 하다.

- **32년 윤1월 1일**

세자가 이어소(移御所)에서 경복궁 근정전(勤政殿)의 뜰에 와서 조서를
맞이하다.

- **32년 윤1월 2일**

병환이 나았으므로 보공재(報供齋)를 베풀다.

- **32년 윤1월 3일**

의정부와 육조에서 시어소에 나아가 임금의 몸이 회복되었음을 하례
하고, 인하여 "무릇 여러 공사(公事)를 신등으로 하여금 직접 행이(行
移)하게 하셨사오나, 지금은 동궁께서도 안녕하시니 전대로 신달(申
達)[358]하여 시행하게 하소서." 하다.

(마지막에도 글자 관심)

직집현전(直集賢殿) 성삼문, 응교(應敎) 신숙주, 봉례랑 손수산에게 명
하여 운서(韻書)를 사신에게 묻다.

---

358 왕세자가 임금을 대신해 정사를 볼 때 신하가 정사에 관계되는 일을 왕세자에게 여쭈어 아룀.

▪ 32년 윤1월 6일

조관(朝官)<sup>359</sup>을 보내어 중외(中外)의 여러 곳에서 보사제(報祀祭)를 지
내다.


▪ 32년 윤1월 7일

전첨(典籤) 이서(李墅, 효령대군의 아들)의 집으로 이어(移御)하다.


▪ 32년 윤1월 9일 (세자, 임금을 걱정하다)

사헌부에서 상소(上疏)하다.


▪ 32년 윤1월 10일

세자가 대사헌 이승손을 불러 "성체(聖體)가 비록 회복되었다 하더라
도 아직은 그전 같지 못하시니, 소문(疏文)<sup>360</sup>으로 계달(啓達)<sup>361</sup>하면 문
사(文辭)<sup>362</sup>가 심히 많아 성체가 수고로우실까 염려되니 마땅히 틈을
타서 말로서 계달하게 하라." 하다.


▪ 32년 윤1월 13일

예겸(禮謙, 중국 사신)이 성삼문에게 "전하의 병환은 무슨 증세입니까."
하니, 성삼문이 "풍증(風症)입니다." 하니, 예겸이 "전하께서 매일 재상

---

359 조신(朝臣). 조정에서 벼슬살이를 하고 있는 신하
360 상소문(上疏文, 상소하는 글)
361 임금에게 의견을 아룀.
362 문장(文章)에 나타난 말

을 보내 문안하시는데, 우리들이 한 번도 문안을 드리지 않는 것이 옳은가." 하다.

임금이 "사신이 한강정(漢江亭)363에 나가 놀면 잔치하여 대접하는 모든 일을 전례에 따라 하라." 하다.


■ 32년 윤1월 18일

사신이 또 "명일에 왕부(王府)에 나아가 하직을 고하려 한다." 하니, 임금이 "사신에게 굳이 청하여 대궐에 나오지 말게 하라." 하다.


■ 32년 윤1월 19일

사신이 석등잔(石燈盞)364을 요구하니 각각 한 개씩을 주라 명하고, 임금이 "사신이 비록 선비로서 이름을 얻었다 하나, 실은 욕심쟁이로다." 하다.


■ 32년 윤1월 20일

사신이 북경으로 돌아가니, 수양대군(首陽大君)이 모화관(慕華館)365에서 전송할 때, 대군(大君)이 자세하게 세자가 세 곳이나 종처가 나서 밖으로 나오지 못하는 사실을 말하니, 사신이 조금 그 의심하던 것을 풀

---

363 현재의 한남동 강변에 있던 정자
364 돌로 만든 등잔
365 조선(朝鮮)시대에 명(明)나라와 청(淸)나라 사신을 맞이하던 곳. 태종(太宗) 7년(1407) 지금 서대문(西大門) 밖 북서(北西)에 영은문(迎恩門)과 함께 세웠는데 뒤에 모화관은 독립관으로, 영은문은 뜯고 그 자리에 독립문을 세웠다.

고, "왕자의 말을 들으니 우리 마음이 개운하다." 하였다. 대군이 이 일로써 들어와 아뢰니, 임금이 몹시 놀라 예조참판 이변과 도승지 이사철에게 명하여 벽제역(碧蹄驛)까지 쫓아가서 사신에게 설명(세자의 병세)하도록 하다. 드디어 달음질하여 이사철이 돌아와 복명(復命)하니, 밤중이 되었는데 임금이 과연 자지 않고 기다렸다.

세자가 또 편하지 아니하니, 조정 관원을 보내 기도하게 하다.

■ 32년 윤1월 24일

안숭선의 집으로 이어하였는데, 세자는 병으로 이서의 집에 있게 하다.

■ 32년 윤1월 29일

임금이 승정원(承政院)에 "영응대군(永膺大君, 8남)의 집을 짓느라고 사람의 집을 많이 헐었는데, 이제 장차 거처를 그곳으로 옮기려 한즉, 선공제조(繕工提調)와 경등이 화재를 방비한다고, 또 부근에 사람의 집을 철거시킬 것을 청하였고 그 집 주인도 역시 옮겨 살라 한다 하니, 이말은 심히 불가하다. 이제부터는 내가 사람의 집을 철거시키라는 명령이 없으면 집주인도 마음대로 자진하여 옮겨 살려는 이유가 없을 것이다. 다만 불을 금지하는 명령을 엄하게 할 뿐이니라." 하다.

사헌부에서 "이적, 김세민, 이현로, 윤배의 죄는 용서함을 입게 함은 불가하오니 명령을 거두소서." 하니, 임금이 "내 처음 병이 심했을 때, 동궁(東宮)의 청으로 사면령을 반포하였는데, 그때에는 한 사람도 그 불가한 것을 말하는 자가 없더니, 이제 병이 나아서야 비로소 그 불가함을 말하니, 병이 나았다 하여 말할 수 있다면 너무 무례하지 않은가. 너희들은 후생(後生)이니 변통을 알지 못하겠거니와, 대사헌은 대신인 데 어찌 감히 이와 같은 무례한 일을 하는가. 사면한 것은 다른 일 때 문 아니고 나 때문인데, 이같이 말하면 내 심히 부끄럽다." 하다.

■ 32년 2월 4일 (마지막 거처로)
임금이 영응대군 집으로 거처를 옮기다.

■ 32년 2월 6일 (북방 문제)
영의정 하연, 좌찬성 박종우, 좌참찬 정분이 의논하여 "지금 평안도 는 피폐되었는데도 김종서가 많은 군사를 거느리고 오래 머물러 있음 은 마땅하지 않사오니 불러 돌아오게 함이 편할 것이옵고, 감사(監司) 에게 전대로 도절제사를 겸하게 하여 모든 군사행정에 관계되는 것은 감사가 총찰하고, 방위하거나 경비하는 모든 일은 삭주(朔州)와 강계 (江界) 절제사가 맡아서 하게 하소서." 하고, 좌의정 황보인은 "영변(寧 邊)을 혁파하고, 그곳의 노비를 강계와 삭주에 나누어 배속시키게 하 소서." 하니, 임금이 "좌의정의 말이 옳다. 그러나 후일에 반드시 사변 으로 인하여 변경할 때가 있을 것이니 우선 영의정의 말을 따르겠다." 하다.
드디어 평안도 도관찰사 박이창에게 병마 도절제사를 겸하게 하다.

■ 32년 2월 9일
임금의 병환이 나아서 신하를 보내 신사(神祠)와 불우(佛宇)에 보사제를 지내다.

- 32년 2월 11일

평안도 도절제사 김종서에게 유시하기를, "군사 거느리고 올라오라"
하다. (북방 몽고에 대비하여 31년 8월 보냄)

- 32년 2월 14일

의정부와 육조에서 청하기를, "임금께서 병환이 이미 회복되셨으므로
풍정(豊呈, 임금에게 경사가 있을 때 무엇을 바치던 일)을 드리려 하였사오나,
동궁(東宮)께서 편하지 못하시므로 즉시 드릴 것을 청하지 못했사온
데, 이제 동궁께서도 회복되셨사오니 풍정을 드릴 것을 청하옵니다."
하니, 임금이 "동궁이 비록 이미 회복되었으나, 어제 창근(瘡根)이 비로
소 빠졌으니 20일 뒤에 다시 소일(消日)하고 아뢰라." 하다.

"20일 뒤에 보자"고 한 이날에도 세종은 법 제도에 관해 논의하고
외적에 대해 마지막 당부하는 등 임금으로서 해야 할 일을 다 마치고
나서 밤 9시경 갑자기 편찮아졌다.

임금이 동부승지 정이한에게 "왜인, 야인을 상대하는 것은 관계되는
것이 가볍지 않은데 편안한 것이 몸에 배어, 해가 오래고 날이 깊어 모
든 일에 게으르고 늦어질까 두려우니, 마땅히 삼가 조심하기를 항상
하루같이 하여 혹시라도 조금도 허술함이 없도록 하라." 하고, 즉시 예
조와 병조에 명하여, 해당되는 관리를 경계하여 단단히 타일러 삼가하

게 하라 하다. 이 앞서 임금의 몸이 완전하게 평복되지 못하여 승정원 (承政院)에서 사건을 아뢰지 않았으므로 일이 지체되는 것이 많았는데, 이에 이르러 비로소 사건을 아뢰매, 모든 사무를 재결하는 데 처리하기를 물 흐르듯 하되 모두 끝까지 정밀하게 하기를 평일과 다름이 없었다. 밤 2고(밤 9시경)에 이르러 도로 편하지 않았다.

### ▪ 32년 2월 15일

중 50명을 임금 계신 곳에 모아 구병정근(救病精勤)을 베풀게 하다. 여러 신하를 보내어 종묘사직(宗廟社稷)과 명산대천(名山大川)이며 신사불우 (神祠佛宇)에 기도드리고, 정부·육조가 모여 번 들게 하다. 세자가 내의 (內醫)에게 명하여 모든 약을 드릴 때는 반드시 정부에 의논한 연후에 달여 드리게 하다. 임금이 병환이 위독하여 정근(精勤)[366]을 정지하다.

---

366 나라의 가뭄이나 재앙이 들 때 승려들을 모아 정성을 다해 기도하고 법회를 열어 설법하던 일

# 맺음말

# 하늘이 내린 민족의 성군

　지치고 병든 임금이 젊은 세자에게 모든 걸 맡기고 휴양 겸 치료를 위하여 온천에 가려고 준비하였는데, 세자가 등짝에 손바닥만 한 종기가 생겨 앓게 되니, 임금이 다시 세자가 할 일을 대신 처리하였다. 지치고 지친 임금은 결국 쓰러지고 말았다.

　어쩌면 그것이 세종의 타고난 운명이었는지 모른다. 나는, 생의 마지막 순간까지 일을 떠안고 갈 수밖에 없었던 세종의 일생을 실록의 기록을 통해 살펴보았다. 인생의 후반부에 갈수록 세종은 나라 다스리는, 만 가지의 과중한 업무를 혼자 다 처리하기에는 체력적 한계를 느껴 여러 방법으로 나라의 중요한 업무를 제외한 일상적 작은 일의 굴레에서 하나하나 조금씩 벗어나려 한다. 그러나 신하들의 완강한 반대에 부딪히곤 하였으니, 그것은 백성을 위해 막중한 일을 스스로 떠안은 임금 자신이 자초한 일이었다. 세종은 결국, 나라의 아주 중요한 일을 제외하고 일반적인 업무는 세자에게 대행시킨다.

그러나 그것도 잠시, 세자에게 그 지독한 등창이 생긴다. 게다가 오래도록 낫지 않았고, 나은 듯하다가 다시 발병하여 위독한 지경에 이르게 된다. 그러니 이제는 노쇠한 그야말로 인생 말년의 세종이, 도리어 젊은 세자를 걱정하여야 하고, 또 훌훌 벗어버렸던 서무를 다시 맡아 결재해야만 하게 되었다. 이것이 바로 세종의 생명력을 마지막까지 고갈시킨 결정적인 원인이었다. 세종은 그렇게 일에 파묻힌 채 저 영원한 세상으로 떠났다.

그 옛날 한 천재 왕이 있어 감히 신의 한 수를 두었다. 그 한 수를 위하여 그는 스스로 온몸을 불살라 한 줌 재가 되었다. 그러나 그 신의 한 수에서 피어난 기적의 꽃, 한글은 우리 민족과 함께 영원히 살아남았다. 아니, 살아남은 데 그치지 않고 가장 우수한 문자라는 전 세계 언어학자들의 칭송과 함께 영광스러운 미래를 약속받았다.

어쩌면 한글의 이러한 영광은 세종 자신도 알지 못했을 것이다. 세종은 그저 백성들이 우리말에 꼭 들어맞는 문자를 쉽게 터득하고, 그 한글로 번역되거나 쓰여진 글자와 책들을 통해 농삿일을 배우고, 법률을 이해하고, 시를 짓고 노래 부를 그날을 위해 수많은 날을 잠 못 이루며 지새웠고, 신하들 몰래 시간을 내기 위해 수많은 밤을 지새우니 안질 등 병과의 싸움은 계속될 수밖에 없었다. 나랏일을 돌보면서 호롱불 아래에서 노심초사하며 밤새 공부와 연구를 그렇게 거듭하고, 그러는 동안 눈은 짓물러 나을 새가 없었다. 몸은 아무리 힘들고 지쳐도 편히 쉴 수가 없었다. 서서히 꺼져가는 촛불처럼 그렇게 임금의 몸은 산화되어 갔다.

인류의 역사상 이처럼 위대한 군주는 없었다. 그는 우리에게 오늘의 한반도, 즉 영토와 함께 우리말을 자유자재로 쓰고 보존할 수 있는 위대한 문자를 선물하고 하늘나라로 돌아갔다. 여러 민족의 문명들이 다 소멸하는 까마득한 미래에도 그분의 정신과 한글은 생생히 살아 있을 것이다.

부 록

# 1. 세종 대왕 관련 연표

1397년 4월 10일 세종 탄생

1398년 정종 왕위 오름.

1400년 태종 왕위 오름.

1408년 충녕군에 책봉. 심온 딸과 혼인

1412년 충녕대군 진봉

1414년 장자 향(5대 문종) 탄생

1417년 둘째 유(7대 세조) 탄생

1418년(세종 즉위년, 22세)

  6월 세자 제(양녕대군) 폐함. 충녕대군 세자 책봉

  8월 10일 세종 왕위 오름.

  10월 첫 경연, 『대학연의』 강론

  12월 세종 장인 심온 죽음.


1419년(세종 1년, 23세)

  6월 이종무 227척 병선, 대마도 토벌


1420년(세종 2년, 24세)

  1월 효자, 절부, 의부, 순손 표창

  3월 집현전 확장, 영전사, 대제학, 제학, 부제학, 직제 함녹관 둠.

  7월 세종 어머니 원경왕후 세상 떠남.

  10월 활자 경자자 만들기 시작


1421년(세종 3년, 25세)

  1월 유관과 변계량이 개수한 『고려사』 바침.

  3월 주자소에서 경자자 완성, 인쇄법 개량

  10월 원자 향(문종)을 세자 책봉

  11월 태종과 임금이 내정에서 타구


1422년(세종 4년, 26세)

1월　도성 수축 시작

2월　도성 역사 마침.

5월　태종 승하

8월　육전수찬색 설치

9월　혐진 올적합 거을가개가 경원부 침입

10월　오랑캐가 경원부 침입


1423년(세종 5년, 27세)

3월　창 쓰는 것 익히는 법 규정 정함.

4월　경원부에 목책 쌓음.

6월　건주 좌위 지휘 동맹가첩목아가 아무하(회령)에 환거

12월　정종과 태종의 실록 수찬케 함.


1424년(세종 6년, 28세)

1월　각 도 유이하는 사람들 금함.

2월　경복궁에서 포를 쏘게 하다.

　　　군사 활쏘기 연습을 위해 사청(射廳)을 대궐 안에 지으라.

9월　동교에서 크게 사열하다.

　　　상중에 중지했던 강무 다시 시작

　　　겸진 우디거가 경원부 침입

11월　악기도감에서 악기 제조


1425년(세종 7년, 29세)

3월　격구 시작

5월　서강 효령대군 별서 이름을 희우정이라 지음.

7월　왕지를 개칭하여 교지라 함.

8월　경기 남양에서 경돌 캐냄.

9월　평양에 단군 사당 별도로 세우게 함.


1426년(세종 8년, 30세)

2월　『속육전』 수찬 완료

7월  임금이 가뭄 걱정으로 10일 전부터 앉아 철야하여 병이 나다.

윤7월  병환이 심해지자 종묘와 산천에 기도하다.

요동 의원 진찰, 정신적 과로 때문이다.

8월  임금이 병 앓은 지 50일 되고, 몹시 앓은 것도 10일로 병이 위중하였다가
나았다.

9월  초부터 정사 보겠다.

12월  젊은 학자, 사가독서하게 함.

1427년(세종 9년, 31세)

5월  박연, 경기 남양 경돌로 편경 만듦.

1428년(세종 10년, 32세)

11월  이직 등, 『육전(六典, 육조의 집무 규정)』 5권 찬집

1429년(세종 11년, 33세)

5월  정초 등, 『농사직설』 편찬

7월  신라, 고구려, 백제 시조묘를 사전에 기재, 치제하게 함.

1430년(세종 12년, 34세)

1월  "양녕 관계되는 소장은 다 태워버리라."

2월  『농사직설』 반포

강무 중 동사자 26명 발생

3월  공법(貢法) 가부, 수령 및 백성에게 묻게 하다.

8월  공법 가부 조사 결과

10월  공처노비 산아 휴가에 대한 법 제정

1431년(세종 13년, 35세)

1월  하정 예식에 새로 만든 아악 연주

3월  춘추관, 『태종실록』 편찬 완료

4월  태조 · 정종 · 태종 실록 충주사고 보안케 함.

11월  여연군 성 쌓음.

1432년(세종 14년, 36세)

  6월 『삼강행실도』 편찬 완료

  7월 영북진성 쌓음.

12월 여진족 여연 침략


1433년(세종 15년, 37세)

  1월 황희, 신찬, 『경제속육전』 편찬 완료

  2월 후원에서 군사 활쏘기 참관

  4월 최윤덕 등 파저강 야인 토벌

  5월 최윤덕 우의정 삼음.

  6월 자성군 설치(4군 설치 시작)

        정초 등, 혼천의 만듦.

        유효통, 『향약집성방』 찬진(撰進, 글을 지어 임금에게 올림)

윤8월 양로연 베풀다.

11월 함경도 2진 설치. 2,200호 이주

12월 "양녕 들어온 때 봉장은 접수 말라."

        파저강 야인 이만주 토산물 바침.


1434년(세종 16년, 38세)

  3월 희우정 거둥, 새로 제조한 전함 관람

  4월 『삼강행실도』 반포

  5월 알목하를 회령진이라 함.

  6월 『자치통감훈의』 편찬 시작

  8월 사정전에서 양로연 베풀다.

  9월 『자치통감』으로 경연 정지

10월 앙부일구 제작, 혜정교와 종묘 앞 설치

12월 『자치통감훈의』 야간 교정, 안질 날까 걱정


1435년(세종 17년, 39세)

  2월 화약 제조, 화약고 세움.

  7월 야인 여연군 침입

『자치통감훈의』 작업으로 중단했던 경연 윤대 다시 시작

**1436년**(세종 18년, 40세)

  4월 『자치통감훈의』 편찬 인쇄, 신하들에게 줌.

      의정부서사제 교서

  5월 공법절목 정함.

윤6월 공법 상정 설치

  7월 강목 편찬

  9월 회령부 축성

**1437년**(세종 19년, 41세)

  3월 일부 정사를 세자에게 넘길 뜻 비침.

  4월 일성정시의 완성

  7월 공법 시행

  8월 공법 폐함.

  9월 이천 등, 파저강 야인 정벌

 10월 경원, 경흥 축성

**1438년**(세종 20년, 42세)

  1월 장영실, 흠경각 이룩

  4월 대상포진 앓기 시작

  5월 선원전 이룩

  7월 조회, 대상포진 회복 후 처음

      공법을 경상, 전라도에 시험

**1439년**(세종 21년, 43세)

  1월 세자 서무 대행 계획, "1, 2년 뒤 반드시 시행하겠다."

      양녕 접견 5단계, 양녕 형을 위해 책망 달게 받겠다.

  2월 중외 축옥 체제 정함.

  6월 세자 강무 대행 시도

  7월 세자 강무 대행의 이유로 안질을 거론

8월  공험진과 윤관의 9 성터 조사
11월  제사 대행 궁리
　　　사형수 판결. 사죄 20조 반포 의논

1440년(세종 22년, 44세)
2월  천리장성 계획
5월  경상, 전라 양도 공법 시행하게 함.
7월  다시 공법 시행하게 함.
9월  천리장성 쌓기 시작. 평안도 여연 조명간 구자, 장성
11월  온성군 신설

1441년(세종 23년, 45세)
1월  처음으로 근정문에서 조회
2월  안질로 조참 줄이고, 향 축문 전하지 않게 하다.
　　　봄 강무 정지
3월  온수 온천
　　　평안도 조명간 행성 만들기로 함.
4월  봄부터 눈이 흐릿하고 깔깔하게 아프며, 지팡이 없이는 걷기 어려웠다.
　　　"모든 일 부지런히 하고, 글들과 전적을 밤낮으로 보아 안질 생겼다."(사관)
5월  온천에서 환궁
6월  정인지 등에게 『치평요람』 편찬케 함.
7월  세자빈 졸(출산 직후)
　　　충청도에 공법 시행케 함.
8월  측우기 제작 비치
9월  온성부 행성 쌓음.

1442년(세종 24년, 46세)
2월  "안질 날로 심하니 세자 정사 보게 하고 싶다."
3월  『용비어천가』 자료 준비 지시
　　　'『태조실록』 너무 간략하다. 사적 갖추어 기록하라.'
　　　이천에서 온천욕 겸 봄 강무

평안도 여러 구자 성과 보를 수축

4월  환궁

5월  정사 줄이고, 시력 회복 위해 2, 3년 휴양. 세자 종묘제사, 무예 연습

7월  첨사원 설치

8월  임금과 신하 간 '부득이' 논쟁(세자 서무 · 강무 대행에 관해)

10월  세자 강무 대행

11월  대상포진 후 신경통


**1443년**(세종 25년, 47세)

1월  두 눈이 밝지 않고, 오른쪽 손도 저려

봄 강무 정지

2월  다리 아픈 병

일본 통신사 변효문, 신숙주 등 대마도주와 계해조약

3월  온양 온천 거둥

4월  환궁

세자에게 서무 섭행 명하다.

'세자 대행 정지시키려 하면, 왕위 사퇴하고 병 조리하겠다.'

5월  왕세자 조회 받을 계조당 짓다.

삭, 망제에 쓸 향과 축문 친히 전하다. 이후 계속됨.

정사 10일에 한 번씩 보겠다.

8월  평안도 위안, 우예 2군 설치

9월  온성군, 종성군 행성 쌓음.

12월  훈민정음 창제


**1444년**(세종 26년, 48세)

2월  훈민정음으로 『운회』 번역케 함.

최만리 등, 반대 상소

3월  청주 초수 온천에서 60일간 요양

5월  환궁

7월  평안도, 함길도에 병서 보냄.

윤7월  15일 청주 초수 온천에 가다.

9월 환궁

11월 전분 6등, 연분 9등의 제를 정함.

　　 안질 초수 치료 포기

12월 광평대군(다섯째 아들, 20세) 졸


1445년(세종 27년, 49세)

1월 신숙주 · 성삼문 · 손수산 요동 보내 운서에 관한 질문 하게 함.

　　 평원대군(일곱째 아들, 19세) 졸

3월 화포 공장 장려의 책,『치평요람』,『제가역상집』,『칠정산』 내 · 외편 편찬

4월 권제 등,『용비어천가』10권 편찬

5월 세자 서무 대행

8월 감련관을 각 도 파견, 화포 주조

10월 『의방유취』 완성

11월 아인의 매년 내조하는 횟수 정함.

　　 태조 · 정종 · 태종 실록을 춘추관 · 충주 · 전주 · 성주 사고 비치


1446년(세종 28년, 50세)

3월 왕비 소헌왕후 승하

6월 집현전에서 공법의 폐단 논함.

7월 소헌왕후 영릉 장사

9월 훈민정음 반포

　　 『훈민정음 해례본』 완성(정인지 서문, '전하께서 정음 만들어')

10월 공문서에 훈민정음 사용(임금이 대간의 죄 언문으로 써)

11월 언문청 설치 (용비시 첨입)

12월 이과 및 이전 시험에 훈민정음을 시험 과목으로


1447년(세종 29년, 51세)

2월 신 화포 주성하게 함.

　　 『용비어천가 주해』 완성

3월 중요한 일 외 세자 재결

4월 함길도 관리시험, 먼저 훈민정음 합격자만 응시하게 함.

5월  용비어천가 연주

7월  『석보상절』 간행

「월인천강지곡」 완성

9월  『동국정운』 완성(훈민정음으로 음을 정함)

10월 『용비어천가』 군신에게 내려줌.

11월 신숙주, 『사성통고』 편찬

1448년(세종 30년, 52세)

3월  언문으로 사서 번역

4월  세자 조참, 정사

원손 홍위 왕세손으로 책봉

7월  문소전 서북 공지에 불당 세우게 함.

성균관 사부 학당 생도들 불당 건립 반대

좌의정 불러, 언문서 2장 가져와 의논

전라도 전지 등급 정하게 함.

9월  『총통등록』을 각 도에 주고 춘추관에 소장

10월 『동국정운』 반사(頒賜, 임금이 신하에게 줌)

11월 문소전 불당 완공(내불당)

1449년(세종 31년, 53세)

6월  옛말을 끌어다 언문으로 20여 장 써서, 좌의정 불러

10월 세자 등창

12월 '안질 이미 나았다.' 온천 계획

「취풍령」, 「여민락」, 「치화평」 등의 신악 연주

세종 스스로 신악을 만들다.

1450년(세종 32년, 54세)

윤1월 성삼문 · 신숙주 · 손수산으로 하여금 운서를 명나라 사신에게 묻게 함.

의주 읍성 및 행성 쌓음.

2월  17일 세종대왕 승하

## 2. 자주 나오는 당시 관제

### 의정부
- 재상들이 모여 회의를 하는 곳으로 합의를 통해 국정을 총괄

### 6조
- 각기 분야별 행정을 나누어 맡아 하던 곳
- 이조 · 호조 · 예조 · 병조 · 형조 · 공조

### 승정원
- 국왕의 비서기관
- 왕명의 출납(出納)을 맡아 보았으며, 대언사(代言司)라고도 함.
- 1405년 승정원을 독립 관서로 설치
- 지신사, 좌 · 우 대언, 좌 · 우 부대언(副代言) 및 당후관(堂後官)과 동부대언 (同副代言)
- 1433년(세종 15년) 지신사
- 도승지로, 대언 - 승지로 고쳐 승정원 제도 완비. 육조의 업무 분담
- 도승지; 이조, 좌승지; 호조, 우승지; 예조, 좌부승지; 병조, 우부승지; 형조, 동 부승지; 공조, 이방 · 호방 · 예방 · 병방 · 형방 · 공방의 6방
- 육방의 승지는 모두 정3품 당상관(堂上官)으로 임명, 당후관으로는 정7품, 주 서(注書) 1명 일기(日記) 등 기록
- 국왕을 비판하고 관리들을 규찰하는 일
- 간쟁권을 행사한 기관이 사간원 · 사헌부 · 홍문관 - 3사

### 대간
- 대사간 · 사간(종3품) · 헌납(정5품) · 정언(6품)
- 국왕과 관료들을 상대로 간쟁과 감찰 기능을 수행
- 관리를 임명하는 일에도 막강한 권리, 관리 후보자의 신분과 경력 등을 조사, 승인하는 권리인 서경권도 있음.

## 사헌부

- 대사헌 · 집의(종3품) · 장령(정4품) · 지평(정5품) · 감찰(정6품)
- 정치적 언론과 백관을 규찰해 탄핵하는 언론 참여

〈규정(糾正) 감찰〉

① 언론 활동
  - 목적은 이상 정치의 구현
  • 간쟁 : 왕의 언행에 잘못이 있을 때 이를 바로잡기 위함.
  • 탄핵 : 관원의 기강을 확립하기 위한 언론으로 부정 · 비위 · 범법한 관원을 논란, 책망해 직위에 있지 못하도록 함.
  • 시정 : 정치의 옳고 그름을 논해 바른 정치로 이끌어 나가기 위함.
  • 인사 : 부정, 부당, 부적한 인사를 막아 합리적이고 능률적인 정치가 이루어 지도록 함.
② 중추적인 정치 참여
  - 의정부 · 육조의 대신들과 함께 왕이 중신을 접견해 정치적 보고와 자문을 받는 자리인 조계(朝啓) · 상참(常參)에 참여
  - 의정부 · 육조와 함께 정치와 입법에 관한 논의에도 참여
③ 시신(侍臣) 기능
  - 경연과 서연에 입시, 왕의 행행(行幸)에도 호종
④ 서경
  - 고신(告身)과 의첩은 사헌부와 사간원의 심사와 같음. 5품 이하의 관원에 한정
⑤ 법사(法司) 기능
  - 법령 집행, 백관에 대한 규찰, 죄인에 대한 국문(鞫問), 결송(決訟) 등의 일을 행사

## 사간원

- 대사간, 사간, 헌납, 정언 등 4인으로 구성
- 관원은 간관(諫官)이라 함.
- 사헌부의 '5. 법사 기능'을 제외하고 비슷한 역할

## 의금부

- 왕의 특명에 따라 죄인을 다스리던 기관

## 돈녕부

- 종성(宗姓) 및 이성(異姓)의 친근자를 대우해 친척 간의 의를 도모. 종친으로서 태조의 계통도 아니고 봉군도 할 수 없는 자들과 정계에 나갈 수 없는 외척들의 예우를 위한 기관

## 삼군도총제부(三軍都摠制府)

- 독자적 군령 기관
- 관직으로는 3군에 각각 도총제(都摠制) · 총제(摠制) · 동지총제(同知摠制) · 첨총제 외 겸총제(兼摠制) 또는 겸상호군(兼上護軍) · 경력(經歷) · 도사(都事) 이하의 행정직
- 1,432년(세종 14년) 삼군도총제부 폐지, 그 대신 중추원 다시 설치

## 삼군진무소(三軍鎭撫所)

- 군령상의 기능
- 도진무(都鎭撫) : 1409년(태종 8년)에 설치한 3군진무소(三軍鎭撫所)의 장관
- 정원은 3명으로 하여 각각 1군씩 담당

## 도절제사

- 조선 초기 한 지방의 군대를 맡아 지휘하던 무관 벼슬. 각 도 1인

## 사복시

- 궁중의 가마 · 마필 · 목장 등을 관장한 관청

## 관찰사(觀察使)

- 감사(監司) · 도백(道伯)
- 두 가지 기능
  1. 외관(外官)의 규찰. 국왕의 특명을 받은 사신으로 끊임없이 도내를 순력하면서 1년에 두 차례 수령을 비롯한 모든 외관에 대한 성적을 평가, 보고

2. 지방 장관 기능, 모든 외관의 상급 기관으로, 도내의 모든 군사와 민사를
   지휘, 통제
- 직속 관원 : 경력 · 도사 이외에 검률(檢律) · 심약(審藥)
- 도사 : 관찰사를 보좌하는 역할. 모두 종5품
- 도순무사 : 나라에 난리가 났거나 사변이 발생하였을 때, 임금의 명령을 받고
  그 지방에 나가서 순행하며 군무(軍務)를 살피고 백성들을 무마하는 일을 맡
  은 임시 벼슬

### 집현전

- 영전사(領殿事) 2명, 대제학(大提學) 2명, 제학(提學) 2명, 부제학(副提學) 1명,
  직제학(直提學) 1명, 직전(直殿) 1명, 응교(應敎) 1명, 교리(校理) 1명, 부교리
  (副校理) 1명, 수찬(修撰) 1명, 부수찬(副修撰품) 1명, 박사(博士) 1명, 저작(著
  作) 1명, 정자(正字:) 1명
- 학자 양성과 학문 연구를 위한 기관. 중요한 직무는 경연(經筵)과 서연(書筵)
- 경연은 왕과 유신이 경서 · 사서를 강론하는 자리로, 국왕이 유교적 교양을 쌓
  아 올바른 정치를 할 수 있도록 하는 것. 서연은 왕이 될 세자를 교육하는 것
- 외교문서 작성. 과거의 시험관으로도 참여. 일부는 사관(史官)의 일
- 중국 고제(古制) 연구, 편찬 사업 등 학술 사업을 주도

## 3. 참고문헌

세종대왕기념사업회, 『세종장헌대왕실록』
국사편찬위원회, 『조선왕조실록』
이태극(세종대왕기념사업회), 『세종대왕의 어린 시절』
손보기(세종대왕기념사업회), 『세종대왕과 집현전』
홍이섭(세종대왕기념사업회), 『세종대왕』
강규선, 『훈민정음 연구』(보고사)
이한우, 『세종 조선의 표준을 세우다』(해냄출판사)
이한수, 『세종시대 家와 國家』(한국학술정보)
김슬옹, 『세종학과 융합인문학』(보고사)
김슬옹, 『훈민정음해례본 입체강독본』(박이정)